국가경쟁력 향상의 길

국가경쟁력 향상의 길

한국적 문제의 진단과 처방

안 영 도 지음

比峰出版社

할아버지에 대한 기억에 부쳐

감사의 말

이 책은 1996년 여름 로스앤젤레스에서 서울로 오는 비행기 안에서 쓴 약 25쪽 분량의 에세이가 그 출발점이 되었다. 그 글은 활자화(活字化)되지는 못하였지만 1997년 초에 한 조그만 스터디그룹에서 발표되었다. 발표 당시 다수의 참여자는 저자의 의견이 "래디컬하고 편향되었다"고 비판하였다. 그러나 그 해의 끝 무렵에 한국경제에 대한 저자의 비관적 전망이 현실로 나타났고, 그 덕분에 저자는 주변 사람들로부터 상당한 인기를 얻었다.

저자에게는 1995년과 1996년의 경상수지 동향이 예사롭지 않게 보였고, 경상적자(經常赤字)의 원인은 '한국기업의 취약한 경쟁력'인 것으로 분석되었다. 어쨌든 1997년의 위기로 한국경제는 비상상태에 빠졌다. 새로운 전기(轉機)를 맞은 셈이며 어떤 형태이건 변화가 불가피하게 되었다.

이 책에서 저자는 국가경쟁력을 '제고'(提高)하기 위하여 우리 국민 개개인, 개별기업, 정부가 무엇을 어떻게 하여야 할 것인지 그 접근방법과 행동방향을 종합적으로 제시하고자 시도하였다. 그 출발점이 되는 국가경제의 현상분석을 위해서는 양적 지표에 관한 한 1996년의 것을 중심에 두었다 1997년과 1998년의 한국경제는 정상상태가 아니었기 때문이다.

저자는 누구보다 먼저 설익은 논리의 글임에도 불구하고 흔쾌히 출간을 승낙한 비봉출판사 朴琪鳳 사장께 감사드린다. 그리고 집필에 크게 도움이 되는 여러 가지 조언을 해준 朴德濟 형과 바쁜 직장생활중에서도 자료수집에 시간을 쪼개어 준 金瑞哲 군에게 깊은 고마움을 전한다. 아울러 오랜 기간 재정 지원을 아끼지 않은 넷째 삼촌과, 살림을 도맡아야 하는 짜증스러움 속에서도 원고를 몇 번이나 읽으면서 의견을 제시하고 교열해 준 집사람에게 큰 신세를 졌음을 밝힌다. 끝으로 엉성한 글뭉치를 그럴싸한 책으로 만들어 준 편집부 직원 여러분의 애씀을 되새긴다.

1998년 11월

이 영도

▐▐ 차례

사례(事例) 차례

도표 차례

그림 차례

일러두기

1. 인용된 자료나 사실의 출처는 문장의 끝에 작은 글씨로 괄호 안에 표시되어 있음. 보도자를 특별히 밝힐 필요가 없는 정기 간행물 기사는 간행물 이름과 날짜를 밝혔음. 논문이나 저서는 저자의 이름만 밝혔는데 자세한 내용은 "참고문헌"에 나와 있음.

2. 출처표시에서 대중매체는 대부분 약칭을 사용한 바 공식명칭은 아래와 같음.

동아 : 동아일보 (수도권판)
매경 : 매일경제신문 (서울판)
서경 : 서울경제신문 (서울판)
조선 : 조선일보 (수도권판)
중앙 : 중앙일보 (대체로 수도권판)
한경 : 한국경제신문 (서울판)
KBS : 한국방송공사 TV (서울지역)
MBC : 문화방송 TV (서울지역)

BW : Business Week (미국판)
FEER : Far Eastern Economic Review (홍콩판)
Fortune : Fortune (미국판)
LAT : The Los Angeles Times (미국판)
WSJ : The Wall Street Journal (미국판)

3. 인용이나 사례에 나오는 기업체나 사람의 이름은 원칙적으로 영문 두문자(頭文字) 형태로 익명(匿名) 처리하였음. 두문자는 실제와 상관없이 저자가 임의로 선정한 것임. 실제는 동일한 기업체를 등장하는 장소에 따라 서로 다른 두문자로 표시하기도 하였음.

4. 통화 단위 중 "원"(₩)은 한국 원(Korean won), "달러"($)는 미국 달러(US dollar), "엔"(¥)은 일본 엔(Japanese yen)을 가리킴. 1996년 말의 통화간 교환비율은 아래와 같음.

$1 = ₩ 844.20
$1 = ¥ 116.20
¥1 = ₩ 7.2651

5. 장(章)의 끝에 따로 붙은 '덧붙임'이나 '부표'는 참조하지 않아도 본문을 읽기에 크게 지장 없음.

풀이말

1. 우리의 당면 현실

새로운 천년의 시작에 즈음하여 우리 한국민(韓國民)은 희망과 설렘보다는 정치·사회적 불안정과 경제적 어려움에 짓눌려 있다. 정치적으로는 쳐다보기 민망한 정치인들의 행태(行態)와 끊임없이 되풀이되는 부패 스캔들이 우리를 우울하게 한다. 사회적으로는 손쉬운 '도덕적 타협'으로 선악의 구분이 없어진 듯하고, '사회감시기구'의 기능이 퇴화하여 질서와 윤리의 붕괴를 조장하고 있다. 경제적으로는 경상수지가 큰 폭의 적자를 기록하여 국가가 외환부도의 위기에 몰리고, 크고 작은 기업들이 재정적으로 지극히 부실하여 파산하거나 그 일보 직전에 있다.[1]

그 결과 많은 국민이 실직(失職)의 공포에 휩싸여 있고 사회적 부조

---

[1] 1998년에는 경상수지 흑자를 기록할 것이 확실했지만 그것은 비상상태에서 이루어진 것이므로 일단 논외(論外)에 부친다.

리를 계속 접해야 하는 스트레스를 받고 있다. 다리, 백화점, 아파트 등이 언제 무너져 내릴지 불안해하며 사고로 교통이 막히고 정비불량으로 지하철이 불통되지 않을까 걱정해야 한다.

사회 전반에 걸친 이와 같은 난국(難局)은 일시적 경기불황이나 외부요인에 의해 우연히 생긴 일이 아니다. 그것은 정부 주도의 경제개발 개시 이후 40여 년 간 나라를 지탱해 온 사회경제적 상부구조와 하부구조가 낳은 문제들이 누적되어 한계점(critical mass)에 다다라서 나타난 현상일 뿐이다.

유일한 경쟁우위의 상실

한국의 '국가경쟁력'은 국내외의 많은 사람들이 막연히 생각해 왔던 것처럼 강하지 않았다. 1970년대 후반부터 약 10여 년 간은 우리 기업들이 그런 대로 경쟁력을 갖추었고 상당한 경제적 성과를 올린 것이 사실이다. 그러나 1987년의 민주화에 따른 노동자의 권리 '회복'(恢復), 그리고 1988년의 올림픽이 남긴 자기과신과 정신적 이완(弛緩)은 우리가 가졌던 경쟁력의 원천인 '값싼 임금'과 '가난에서 탈출하자는 집념'이 사라지게 만들었다.

1987년의 민주화는 사회의 발전과정상 당연히 있어야 했던 일이다. 근로자들이 '값싼 임금'에서 벗어나 정당한 몫을 찾는 것은 국가발전에 도움을 줄 수 있었다. 계층간의 갈등이 해소되고 근로자의 사기가 올라가서 생산성이 증가될 수도 있었기 때문이다. 그러나 우리 사회는 그런 긍정적 효과를 이끌어 내는 데에 실패하였다.

환경이 달라졌음에도 기업은 전략의 수정, 경영방식의 개선 혹은 기술의 개발을 소홀히 하였다. 그 결과 '저임금'이라는 경쟁우위(competitive advantage)의 소멸이 바로 기업의 대외경쟁력 상실로 나타났던 것이다. 근로자를 부당하게 처우하여 비용을 절감한 덕분에 '있는 것처럼 보였던' 기업경쟁력이 참모습을 드러낸 것이었다.

"88 올림픽"은 국가경쟁력 강화라는 측면에서 보면 우리 스스로 선택한 전략적 실수였다. 올림픽을 치른 후에 정부, 기업, 개개인은 나라의 경제력과 기업의 대외경쟁력이 대단하다는 착각에 빠졌다.

경쟁우위의 상실과 자만심이 어우러진 1980년대 말부터 국가경제는 내실(內實) 면에서 쇠락하기 시작하였다. 쌓였던 문제가 가벼운 외부의 충격에 의해 터진 것이 1997년에 시작된 '금융 외환시장의 혼란'이다. 언젠가 겪어야 할 혼란이 우연히 그 해에 닥친 것이다. 누구의 잘못이라고 할 것 없이 공동의 책임일 뿐이다.

우리 모두의 책임

한국의 기본적 문제는 대외경쟁의 첨병으로 나서는 기업들의 경쟁력이 취약하다는 데에 있다. 기업경쟁력이 취약하게 된 것은 일차적으로 기업 자신의 책임이다. 여러 가지 이유 중에서 가장 중요한 것은 잘못된 사업확장 전략, 흔히 말하는 "백화점식 경영"이라고 할 것이다. 경쟁이 치열한 요즈음의 기업환경에서 초점을 분산시키면서 좋은 경영성과를 거두기란 사실상 불가능하다.

기업의 뒤를 받쳐주는 것은 정부와 국민 개개인이다. 불행히도 우리 정부는 관치금융과 정경유착을 통하여 자원배분을 왜곡시켰고 법규와 제도를 자의적으로 운영하여 개별기업과 국민 개개인에게 불편, 추가 비용, 혼란을 초래하였다. 국민 개개인은 경쟁 상대국이라고 생각해 온 나라들의 직업인들보다 전문기능이 취약하고 직업윤리가 불분명하여 조직구성원 혹은 사회구성원으로서 주어진 역할을 제대로 해내지 못하였다.

그렇게 보면 기업뿐 아니라 우리 정부와 국민 개개인도 외국과의 경쟁을 이겨낼 수 있는 힘, 즉 경쟁력이 부족하였던 것이다.

기업, 정부, 개인의 경쟁력이 취약하게 된 근본원인에는 여러 가지가 있겠지만, 저자는 그 중에서도 '정부의 정책적 실수'와 우리의 '전통적 사고와 관습'이 가장 중요하다고 생각한다. 1962년에 본격적으로 시작된 경제개발은 왕왕 수단의 정당성을 무시하였고, 장기적 발전보다는 단기적 성과를, 내실보다는 외형을 중시하는 잘못된 평가기준을 만들어 내었다.

권위주의, 사적 인간관계의 중시, 명분의 중시 등 전통적 가치관은 기존질서에 대한 승복(承服), 손쉬운 절충과 타협 등으로 나타났다. 정치지도자와 관료는 정책철학이 부족하여 정책의 일관성이나 합목적성이 무시되는 경우가 많았고 법규와 제도를 정치적으로 운영하였다. 국민 개개인은 정부, 기업, 다른 개인에 의한 질서 파괴행위를 못 본 듯 지나쳤고 개인이나 소속집단의 이익을 위해 직업윤리를 예사로 내팽개쳤다. 사회 지도층과 국민이 합하여 '원칙이 무시되는 사회'를 만들어 온 것이다.

차분함과 냉철함

이대로 간다면 우리는 그토록 염원해 왔던 "제2의 일본"이 되기는커녕 코웃음쳤던 멕시코나 태국에 뒤쳐지게 될지도 모른다. 대외부채가 쌓여서 나라가 다시금 부도의 위기에 몰리고, 기업은 대외경쟁력을 상실하여 점차 위축되며, 국민들은 상대적 소득수준이 점차 낮아지고 심리적으로 불안정하게 되어 건전한 개인생활을 영위하지 못하게 될지도 모른다.

이런 상황에서 우리에게 필요한 것은 무엇보다 먼저 '차분히 생각을 가다듬는 일'이다. 우리가 나아가야 할 방향이 어디인지를, 무엇을 어떻게 하여야 난국을 수습할 수 있을 것인지를 정부는 정부대로, 기업은 기업대로, 개인은 개인대로 깊이 생각해 보아야 할 것이다.

우리에게는 지금까지의 허세(虛勢)와 과장(誇張) 그리고 자기변명보다는 냉철한 자기비판이 요구되고 있다. 외국인의 시각을 의도적인 "한국 때리기"라 하여 반박하거나 분통을 터트리기 이전에 왜 그러한 결과가 초래되었는지 따져 보아야 할 것이다. 기업은 백화점식 경영에 대한 사회적 비판에 신경질적으로 대응하기 이전에, 점차 어려워지는 경쟁적 환경에서 살아남기 위해서 진정으로 무엇을 해야 할 것인지를 생각해 보아야 할 것이다.

국가건, 기업이건, 개인이건 남으로부터 존경을 받고 싶으면 조용히 자기 실력을 키우는 길밖에 없다. 전시적 국제행사, 과장섞인 기업광고, 바람몰이식 캠페인 등은 이제 지양(止揚)할 때가 되었다. 허풍과 허세는 그 밑천이 이내 드러나게 마련이므로 상대방을 실망시키고 종국적으로 비웃음을 사게 되어 사정이 도리어 악화될 뿐이다.

소리만 요란한 "경제 살리기" 캠페인은 문제의 본질을 흐트릴 우려가 있다. 스포츠 행사를 통한 카타르시스는 자칫 정신적 이완을 불러올 수 있다. 우리에게 필요한 것은 근본원인을 분석하고 그 바탕에서 해결책을 찾아내어 실행하는 것이다. 그것을 위해서는 무엇보다 먼저 '차분함과 냉철함'이 요구되는 것이다.

이 책에서 저자는 이 시점에서 온 국민이 해야 할 일이 진정으로 무엇인지를 짚어 보고자 한다. 그것을 위하여 먼저 현실을 진단해 보고, 그런 현실이 초래된 표면적 이유와 근원적 원인을 분석해 본 후에, 그 바탕 위에서 정부, 기업, 개개인이 취해야 할 대책을 제시하고자 한다.

사회과학적인 현상은 흔히 정치, 경제, 사회, 문화의 각 측면에서 분석되지만 그런 제반 사항들은 독립적으로 이루어지기보다는 상호 연관되어 있다. 이 책에서의 논의는 국가경제와 기업경영이라는 경제적 현상이 중심이지만 정확하고 깊이 있는 분석을 위하여 정치, 사회, 문화적 현상도 아울러 다룰 것이다.

2. 국가경쟁력

현 시점에서 우리의 문제점은 '국가경쟁력이 취약함'이라고 압축해서 말할 수 있다. "국가경쟁력을 10% 향상하자"는 한 전직 대통령의 지시에 그러한 현실 인식이 잘 함축되어 있다. 저자는 이에 전적으로 동감하고 있으며, 이 책의 목적 또한 '국가경쟁력의 향상'을 위한 구체적 방안을 제시하는 데에 있다.

국가경쟁력의 정의

'국가경쟁력'이란 보통 국가의 '경제적' 경쟁력을 말하는 바, 이는 '한 나라가 다른 나라와 경제적인 측면에서 겨루어서 이겨낼 수 있는 힘'이라고 정의할 수 있다.

경제적 경쟁에서 우선 생각해 볼 수 있는 것이 국가경제의 규모인바, 경제 규모가 큰 나라(예를 들어 중국)는 경제규모가 작은 나라(예를 들어 싱가포르)보다 경제력이 크다고 할 수 있다. 그러나 이것은 국가경쟁력 향상의 핵심은 아니다.

우리가 원하는 것은 국가경제의 각 구성원이 다른 나라의 구성원과 경제적으로 겨루어서 이겨낼 수 있는 힘이다. 따라서 진정한 의미에서의 국가경쟁력이란 '한 나라의 경제적 구성원이 다른 나라의 경제적 구성원과 겨루어서 이길 수 있는 힘을 총체적으로 평가하여 일컫는 말'이라고 정의할 수 있으며, 저자는 이 책에서 이를 따르기로 한다.

경제학에서 '국가경제의 주체'는 정부, 기업, 가계(家計)의 세 가지로 구분된다. 이 삼분법(三分法)을 빌어서 한 국가의 경제적 구성원을 정부, 기업, 개인의 세 가지로 구분하여 앞으로의 논의를 전개하기로 한다. 이 세 구성원 중에서 국가경쟁력을 직접 좌우하는 것은 기업이다. 왜냐 하면 한 나라의 경제적 활동의 절대 부분을 기업이 담당하고 있고, 대외(對外) 경쟁의 마당에 표면적으로 나서는 것 역시 기업이기 때문이다.

그렇다고 경영의 질, 즉 '기업전략의 적절성과 경영능력의 적합성'만이 기업경쟁력을 좌우하는 것은 아니다. 정부의 책임인 '사회경제 질서 및 사회간접자본의 효과성과 효율성,' 그리고 '국민 개개인의 능력 및 자세' 등이 기업활동의 받침이 된다. 결국 세 가지 성격의 구성원이 합하여 국가경쟁력을 결정하게 되는 것이다.

국가경쟁력의 구성요소

이제 기업, 정부, 개인으로 나누어 국가경쟁력을 구성하는 요소들을 살펴보기로 하자.

기업경쟁력.　개개의 기업은 국내외 시장에서 각종 상품을 고객에게 팔기 위해 다른 나라의 기업과 경쟁한다.[1] 그럴 때에 경쟁에서 이기게 하는 것은 상품의 ① 기능성(機能性), ② 가격경쟁력, ③ 품질경쟁력 및 ④ 고객서비스 경쟁력이다. 다시 말해서 기업의 경쟁력은 궁극적으로 '얼마만큼 다양한 기능을 가진 품질 좋은 상품을 어느 정도 값싸게 생산해 낼 수 있으며, 생산된 상품을 얼마만큼 편하게 고객이 사용할 수 있게 하느냐'는 것으로 표현된다. 그러한 기업경쟁력은 우선적으로 그 기업의 경영철학, 경영방침, 경영전략, 직원관리 방법 등으로 나타나는 '경영의 질'에 의해서 결정된다.

정부경쟁력.　정부는 기업이 효과적이고 효율적으로 경쟁할 수 있도록 공정한 경쟁의 마당과 합리적인 기본규칙(사회경제적 법규와 제도)을 마련해 주어야 한다. 아울러 각종 사회간접자본(SOC)을 시설해 주어 기업이 시간과 비용을 최소화할 수 있도록 도와 주어야 한다. 앞의 것을 '보이지 않는 하부구조,' 뒤의 것을 '보이는 하부구조'라고 이름 붙일 수 있을 것이다. 정부의 경쟁력은 결국 정부가 마련한 두 가지 하부구조가 기업의 활동에 도움을 주는 정도에 따라 결정된다. (1990년대에 와서 '보이는 하부구조'의 부실이 경쟁력을 취약하게 하였다는 인식이 널리 퍼진 바 있는데, 실제로는 '보이지 않는 하부구조'의 문제점이 더 큰 듯하다.)

개인경쟁력.　개별기업은 그것을 구성하고 있는 '개개인의 기여'와 그것이 유기적으로 연결되는 데서 나오는 '조직의 힘'(일종의 synergy)으로 운영된다. 기업체의 구성원은 보통 경영의 총체적 책임을 맡은 경영층(經營層)과 경영층이 결정한 사항을 집행하는 일반 직원으로 구분되는데 기업성과는 이들 구성원의 노력의 집합체라고 할 수 있다.

개개 구성원이 기업성과에 기여하는 정도는 성실도, 업무 집중도 등으로 표현되는 '자세'(attitudes)와 업무 수행에 관련된 지식 및 기술로 표

---

1) 기업이 고객에게 제공하는 '상품'은 '제품'과 '서비스'(用役)를 포함한다.

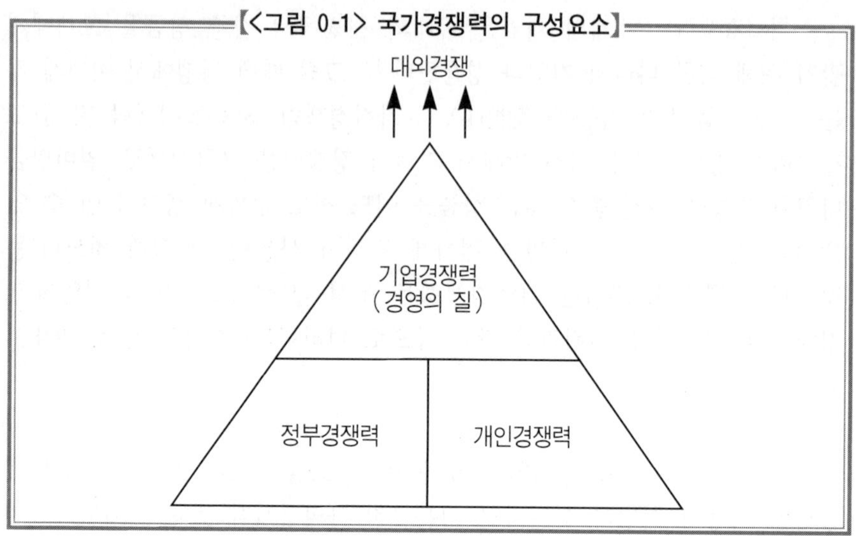

현되는 '능력'(competencies)에 달려 있다. 개개 구성원의 자세와 능력이 바로 개인의 경쟁력인데, 기업경쟁력은 개인경쟁력이 그 출발점이 된다고 할 수 있다. '조직의 힘'이라는 것은 앞에서 말한 경영의 질에 따라 결정되므로 그 자체가 기업경쟁력의 일부이다. 경영의 질은 두말 할 필요 없이 경영층을 구성하는 개개인의 경쟁력을 바탕으로 한다고 할 수 있다.

국민 개개인은 기업의 구성원일 뿐 아니라 사회와 정부의 구성원이기도 하다. 정부정책의 방향선택과 그 집행, 그리고 사회경제 질서의 유지는 개별 공무원과 국민 개개인의 능력과 자세에 따라 크게 좌우된다. 즉, 개인이 하부구조의 질에 영향을 미친다.

종합하면, 개인의 경쟁력이 기업의 경쟁력을 결정하는 하나의 토대가 되는 것이다.

위의 설명을 정리하면 〈그림 0-1〉과 같다. 국가간 경제적 경쟁의 첨병(尖兵)으로 나서는 것은 기업이며, 경쟁의 성과는 기업경쟁력으로 결정된다. 기업경쟁력은 다시 경영의 질, 정부경쟁력, 개인경쟁력에 의해 좌우된다. 대외경쟁에 한정하여 생각해 본다면 기업이 상부구조(上部構造)가

되고 정부와 개인은 기업의 활동을 도와 주는 하부구조(下部構造)가 되는
셈이다.

3. 논의(論議)의 기본 전제

인간생활에서 경제적 부(富)가 차지하는 의미는 지역과 시대에 따라
다르고 사람마다 다르다. 경제적 부가 반드시 사회적 안정과 문화적 풍요
로움을 가져다 주는 것은 아니다. 그러나 현대생활에서 경제가 가지는 일
반적 중요성과 2000년을 전후한 시점의 특수상황에 비추어 한국민에게는
국가의 경제적 경쟁력을 향상시키는 것이 지상(至上)의 과제라 해도 과언
이 아니다. 그래서 이 책에서의 논의는 경제적 효율성에 초점을 맞추기로
한다. 다만 장기적 관점의 접근이기 때문에 때때로 단기적 효율성의 포기
를 주장하기도 할 것이다.

자기비판이 발전에 유익함

20세기를 정리해 가는 시점에서 세계에서 가장 성공한 기업경영자로
평가받는 미국 인텔(Intel)사의 그로브(A. Grove)는 "노심초사(勞心焦思)
하는 사람만이 살아남는다"는 명제를 창안하여 기업경영과 관련하여 끊임
없이 자기성찰(自己省察)과 자아비판(自我批判)을 하도록 제안한 바 있다.
그의 애기를 들어 보자 :

[당신의 회사가] 성공적이면 성공적일수록 더 많은 사람들이 당신의 회사로
부터 무엇인가를 빼앗아 가려고 하게 되는데, 그러한 요구는 아무 것도 남지 않
을 때까지 계속된다. 경영층의 임무는 다른 사람들의 공격으로부터 회사를 보호
하고, 임직원들로 하여금 회사방어자의 자세를 견지하게 하는 데에 있다.
　　내가 안달하는 대상은 여러 가지이다. 우리 회사의 제품이 [시장에서 인기를
잃어] 엉망이 되어 버리지 않을까 걱정한다. 신제품의 도입시기가 너무 빠르지

않을까 걱정한다. 공장이 잘 안 돌아가지 않나 걱정하고, 공장의 숫자가 너무 많지 않나 걱정한다. 어떻게 하면 제대로 자격을 갖춘 사람을 고용할 수 있을까 걱정한다. 직원들의 사기가 점점 하락하지 않을까 걱정한다.

두말 할 필요 없이 나는 우리의 경쟁자들에 대해서도 걱정한다. 다른 회사가 지금 우리가 하고 있는 것을 더 적은 비용으로 더 잘하는 방법을 찾아내지 않을까 걱정한다. 우리의 경쟁자가 우리를 제치고 고객을 빼앗아 가지 않을까 걱정한다. (Grove)

그로브의 메시지는 "현재의 경쟁적 위치가 아무리 유리하다고 해도 스스로의 능력이 부족하지 않을까 하고 항상 걱정하는 사람만이 이기게 된다"는 것으로 요약해 볼 수 있다. 자아비판, 자기성찰이 있어야만 자기발전이 가능하다는 이야기이다. (엄밀히 말하면, 자기비판이 있어야 현상유지가 가능하다는 것이다.)

전통적으로 중국, 일본, 독일 사람은 엄살이 심하고 한국 사람은 허풍이 심하다. 그들은 스스로의 능력이 모자라고 여건이 어렵다고 얘기한다. 반면에 우리는 없는 실력도 있는 것처럼 얘기하고 상황이 나빠도 그렇지 않은 것처럼 가장하려고 한다. 중국, 일본, 독일 사람은 조용히 스스로의 실력을 키우면서 때가 오기를 기다린다. 반면에 우리는 허세를 보여 상대가 착각하게 만들거나 상대를 위압하여 현장을 모면하려고 노력한다.

이들 두 가지의 상반되는 방법 중에서 어느 것이 전술적으로 우수한지를 판단하기는 어렵지 않다. 잘라 말하면, 우리의 방법이 잘못되었다. 우리는 현재 국경을 넘어서 인적·물적 교류가 활발히 이루어지고, 정보가 공유(共有)되는 시대에 살고 있다. 이런 상황에서 허풍이나 허세는 금방 탄로가 나서 비웃음과 조롱의 대상이 되기 십상이다. 과대선전은 상대방으로 하여금 경계심을 가지게 하므로 경쟁에서 불리하게 작용하기도 한다. 마지막으로, 허풍은 자칫 자기도취를 불러오지만 엄살은 스스로를 냉정하게 돌아볼 기회를 가져다 준다.

누가 뭐라 해도 일본과 독일은 한국보다 강하고 중국도 우리에 못지 않다. 당장의 현실이 그러함에도 계속하여 잘못된 전술을 쓴다면 우리의 장래는 결코 밝지 못할 것이다. 허풍보다는 엄살을 배워야 할 때이다.

현재의 우리 여건은 어렵다. 모두들 그렇게 말하고 있다. 그러나 하고 있는 말을 제쳐 두고 우리의 행동은 실제로 어떠한가? 국민 각자가 이 어려움이 '나의 일'이라고 판단하면서 어떻게 돌파구를 찾을 것인가를 진정으로 걱정하고 있는가? 많은 사람들이 '눈앞에 보이는 개개인의 이익'에 집착하여 '전체의 이익' 혹은 '장래의 큰 성과'를 저버리고 있지는 않은가?

불행히도 사태의 심각성을 피부로 느끼지 못하는 사람이 많으며 전체적으로 자기성찰과 자아비판이 부족한 듯하다. 그래서 이 책에서 저자는 냉철한 자기비판에 도움을 주고자 다소간 '비판적인 시각'을 견지하고자 한다.

일본, 미국, 한국 그리고 중국

1980년대는 일본 기업의 대외경쟁력이 최고조에 달했던 시기였다. 미국에서는 일본식 경영을 배우자는 열기가 대단하였다. 당시 일본식 경영의 핵심은 '회사와 직원, 직원 상호간의 온정주의적 인간관계'인 것으로 지적되었고, 그것으로부터 직원들의 높은 생산성이 나오는 것으로 믿어졌었다. 그러나 1990년대에 들어오면서 일본은 정치적 후진성과 관치금융 때문에 발생한 자원배분의 왜곡, 시장기능의 불구화(不具化) 등의 숱한 문제점을 드러내었다. 결과적으로 일본은 본받지 말아야 할 나라로 전락하고 말았다.

그 사이 미국은 기술력과 '시장경제적 질서'를 앞세워 대외적으로는 많은 산업에서 다른 나라를 압도하고 대내적으로는 사상 유례가 드문 경제적 호황을 구가하게 되었다. 1980년대가 일본의 십 년이었다면, 1990년대 이후는 미국의 시대가 된 셈이다.

일본과 미국은 아래와 같이 여러 면에서 대조적이다 :

① 상품기술과 공정기술. 미국의 기업은 남이 쫓아갈 수 없는 기초기술력을 바탕으로 끊임없이 새로운 상품을 만들어 낸다. 반면 일본 기업은

기초기술이 미국에 비해 취약하지만 생산 공정(工程)을 합리화하고 개선하는 데에는 탁월한 재주가 있다. 그래서 미국 기업보다 낮은 제조원가에 더 나은 품질의 제품을 생산해 낸다. 일본 기업의 공정기술은 아직도 타의 추종을 불허한다.

② 수익성과 매출액. 미국의 기업은 모든 거래에서 철저히 경제적 효율성을 기준으로 삼는다. 매출액보다는 수익성을 먼저 생각한다. 일본 기업은 직원 개개인의 생산성보다는 회사에 대한 충성심을 중요시하고, 기업 간의 거래관계에서 경제적인 계산보다는 경제 외적인 유대관계에 많은 관심을 둔다. 왕왕 매출액의 크기 자체를 목적으로 수익성을 포기하기도 한다. 그래서 채산성 측면에서 미국 기업이 일본 기업을 크게 앞선다.

③ 자유경제와 관치금융. 경제규모가 작은 도시국가를 제외하면 미국은 경제자유화가 가장 잘 실현된 나라이다. 미국의 정부는 기업간의 경쟁이 공정하게 이루어지도록 게임의 법칙을 합리적으로 만들고, 그것이 확실하게 지켜지도록 감시할 뿐 원칙적으로 자원의 배분, 기업의 경영, 개인의 경제활동에 관여하지 않는다. 금융기관의 대출은 전적으로 스스로의 책임이고, 가계수표가 부도처리되면 그것은 거래 당사자간의 문제일 뿐이다.

반면 일본은 재무부(大藏省)가 각종 인·허가권과 통화신용정책 결정권을 포함한 공식적 권한, 나중에 불이익을 주겠다는 "무언의 압력," 그리고 구석구석에 포진해 있는 전직 관료들을 통해 중앙은행과 금융기관에 막강한 영향력을 행사하고 있다. 그 결과 일본 금융기관의 경영능력은 낙후되고 감당하기 어려운 부실 채권을 안게 되었는데 그것이 1990년대에 이르러 일본경제에 최대의 걸림돌이 되고 말았다. 한마디로 일본은 경제 자유화 측면에서 후진국이다.

기업경영과 연관지어 말하면 미국은 하부구조가 잘 발달되어 있지만 일본은 매우 뒤떨어져 있는 셈이다.

④ 자유인과 순종인.　미국 사람들은 어려서부터 틀에 얽매이지 않고 자유분방한 교육을 받는다. 따라서 개개인은 잘 길들여져 있지 않고 제 각각이다. 그들을 어떤 특정한 방향으로 몰고 가기는 쉽지 않지만 개개인은 독창적인 아이디어를 잘 낸다. 한마디로 그들은 창의력이 높다.

일본 사람들은 주어진 틀에 잘 훈련되어 있다. 다행인 것은 그 주어진 틀이 '근면과 성실'이라는 점이다. 그들은 맡은 바 임무를 성실히 수행하며 그것을 위해서는 개인의 희생을 기꺼이 감수하기도 한다. 그들은 직업의식 혹은 장인정신(匠人精神)이 강하다. 반면에 그들은 개성이 둔화되어 창의력은 다소 떨어진다.

한마디로 미국인들은 자유인(maverick)이고, 일본인은 순종인(conformist)이라고 할 수 있다. 이러한 개개인의 성향의 차이가 결과적으로 미국 기업은 기술개발, 일본 기업은 공정개선에 강하게 되었다고 볼 수 있다.

한국과 한국인도 나름대로의 특기가 있고, 누구에게나 자랑할 수 있는 능력과 성향이 있다. 그러나 1990년대 말의 시점에서 우리는 변화(變化)와 변신(變身)을 절실하게 요구당하고 있다. 과거의 틀에서 벗어나야 하는 것이다. 이를 위하여 우리가 본받아야 할 것은 일본이 아니고 미국이다.

물론 미국의 제도가 모두 다 잘 되어 있거나 미국이 항상 강한 것은 아니다. 모든 미국 기업이 항상 혁신을 잘 하거나 모든 미국 사람이 다 창의력이 있는 것은 아니다. 미국에도 2류, 3류 기업이 있고, 창의력은커녕 덧셈, 뺄셈도 못하는 사람이 많다. 다만, 2000년을 전후한 시점에서 우리가 처한 시대적 특수상황에 비추어서, 그리고 총체적으로 보았을 때에, 우리 정부, 기업, 개인이 본받아야 할 것은 미국이라는 말이다.

세계에서 잠재력이 가장 큰 나라는 아무래도 중국이다. 그 나라의 크기와 깊이를 짐작하기는 쉽지 않다. 중국은 근대적 의미의 경제개발을 1970년대 말에 시작하여 그 역사가 상대적으로 짧다. 그러나 "재주는 곰이 넘고 돈은 중국인이 번다"는 속담대로 그들은 전통적으로 계산이 빠르고 상술(商術)에 밝다.

중국은 겉보기로는 30년 가까이 사회주의 체제하에 있었지만, 나라의 크기 때문에 그 짧은 기간에 사회주의 관념이 국민의 의식 속에 자리잡은 것으로 보기는 어렵다. 통치이념만 빼면 중국은 자본주의 국가나 다름없다. 그 나라는 다른 나라와의 거래에서 지극히 타산적이다. 현실적으로 미국을 포함한 많은 선진국가의 기업들이 중국의 실리적 계산 앞에서 곤욕을 치르고 있다.

우리는 중국이라는 나라나 중국 사람 개개인을 가볍게 생각하고 접근해서는 아니 될 것이다. 오히려 그들의 철저한 상업주의 정신을 배워야 할 것이다.

이 책에서 저자는 주로 미국을 모델로 하여 논의를 전개하지만, 일본이나 중국 등의 장점도 필요에 따라 인용할 것이다.

개방되는 국내시장

1960년대 이후 지구촌(global village)이라는 말이 유행되어 왔다. 현실을 보더라도 정보화 시대(information age)가 도래하여 모든 정보가 전 세계에 동시적으로 전파되고 있다. 고르바초프(M. Gorbachev)의 말대로 "어떤 나라이건 경제, 정치, 사회적 환경을 다른 나라와 차단시킬 수는 없는 것이다."

세계 각국의 개개인이 어디에서 무슨 일이 일어나고 있으며, 어느 회사 상품의 품질이 어떠하고, 가격이 어느 정도인지를 알고 있다. 따라서 좋은 제품을 값싸게, 편하게 쓰고자 하는 소비자의 욕구는 시장을 대외개방하지 않을 수 없게 만든다.

더구나 미국을 선두로 한 선진각국은 개발도상국에 대하여 시장을 개방하라고 채근이 대단하다. 우리 정부는 '자청하여' 세계무역기구(WTO)와 경제개발협력기구(OECD)에 가입하였다. 그들 기구에 가입한 전제조건을 충족하기 위하여 우리는 시장을 개방하여야 한다. 아울러 1997년에 국가부도 위기를 극복하기 위해서 각급 외국기관으로부터 구제금융을 받았기 때문에 우리는 더욱 심한 개방압력을 받게 되었다. 자의든 타의든 우리는 더이상 시장개방을 늦출 수가 없게 된 것이다.

기업의 경쟁환경.　그런 여건에서 기업은 다른 국내기업뿐만 아니라 외국기업도 직접적 경쟁 상대자가 된다는 사실을 알아야 한다. 예를 들어 삼성전자는 경쟁자를 LG전자나 대우전자에 국한시키지 말고 소니, 마쓰시타, 필립스는 물론이고, 텍사스 인스트루먼트, 히타치, 더 나아가 IBM, 인텔 등도 포함시켜야 한다.

시장개방 이전에도 삼성전자는 막강한 외국기업과 해외시장에서 경쟁하여야 했고, 그 결과 크게 고전해 왔던 것이 사실이다. 이제 삼성전자는 국내에서도 제품의 기능, 가격, 품질 및 고객서비스를 놓고 그들과 한판 승부를 벌여야 할 위치에 놓여 있다. 따라서 삼성전자는 LG전자나 대우전자보다는 외국기업의 전략과 경영능력을 더욱 관심 깊게 주목하여야 할 것이다.

정부의 입장.　'경쟁의 세계화'라는 측면에서 정부는 상당히 유리한 위치에 있다. 아무리 서비스가 뒤떨어진다 해도 행정만은 개방하지 않아도 되기 때문이다. 우리의 교통행정이 아무리 불만투성이라고 해도 외국 정부에 이를 위탁할 수는 없고, 외국으로부터 개방압력이 있는 것도 아니다.

그렇다고 해서, 행정서비스가 전혀 대외경쟁과 무관한 것은 아니다. 정부의 서비스가 비효과적이고 비효율적이면 정부의 고객인 기업이나 개인이 한국을 버리고 조건이 좋은 다른 나라로 떠날 것이기 때문이다. 아무리 과소평가해도 기술력 있는 외국기업의 한국에 대한 투자를 방해하는 효과는 있다. 그렇게 되면 정부가 목표로 하는 '풍요로운 국가의 건설'은 쉽게 달성되지 않을 것이다.

개인의 입장.　상품시장이 개방되면 인력시장도 개방된다고 보아야 한다. 따라서 국민 개개인의 입장에서 보아도 좋은 직장을 놓고 경쟁하는 상대로서 한국인뿐만 아니라 외국인도 포함시켜야 한다. 우선 우리 국민이

해외에 나가서 근무하는 경우는 그 고용주(雇用主)가 외국기업이든 한국
기업이든 현지인과 경쟁을 하게 된다. 반대로 한국에 들어와 있는 외국기
업에서 근무할 때 우리는 좋은 자리를 두고 외국인과 경쟁해야 한다.

예를 들어 씨티은행(Citibank) 서울지점에 근무하는 한국인들은 같은
점포 내에서 미국인들과 경쟁하고 있다. 만일, 포드(Ford)가 국내에 자동
차 생산시설을 만든다면 생산직 근로자도 외국인과 경쟁하여야 한다. 개방
된 환경에서는 국민 개개인도 외국 사람을 경쟁상대로 생각해야 하는 것
이다. (직접 부딪치는 것에 더하여 국민 개개인은 경제적 부를 놓고 외국
인과 간접적으로도 경쟁한다. 개개인의 능력이 뛰어나면 기업이 대외경쟁
을 이겨내게 되어 개인의 부가 늘어나는 것이다.)

4. 논의전개 순서

이 책은 크게 네 부분으로 나누어져 있다. 제1부에서 제3부까지는 현
상 및 그 원인에 대한 진단(診斷)인데 제2부는 제1부의, 제3부는 제2부의
원인 설명이 되도록 배열되어 있다. 그러한 인과(因果)관계, 그리고 이 책
의 기본골격이 <그림 0-2>에 도시(圖示)되어 있다. 그림에서 숫자는 각각
의 주제가 다루어지는 장(章)을 나타낸다. 제4부는 현상을 개선하기 위한
대책, 즉 처방(處方)인 셈이다.

제1부(제1~4장)에서는 한국 국가경쟁력의 현주소를 분석한다. 제1
장에서 거시적 총량지표(總量指標)를 검토한 다음, 제2~4장에서 기업경
쟁력 측면을 양적 성과, 질적 분석 그리고 해외경영으로 나누어 따져 볼
것이다.

제2부(제5~8장)에서는 국가경쟁력을 결정하는 표면적 요인들을 미
시적 차원에서 분석한다. 먼저 경영의 질을 기업전략과 경영능력을 중심으
로 살펴본다. 다음으로 정부의 경쟁력, 즉 정책의 효과성과 행정의 효율성
을 다룬다. 마지막으로 국민 개개인의 경쟁력, 즉 직업인으로서의 능력과
자세를 논할 것이다.

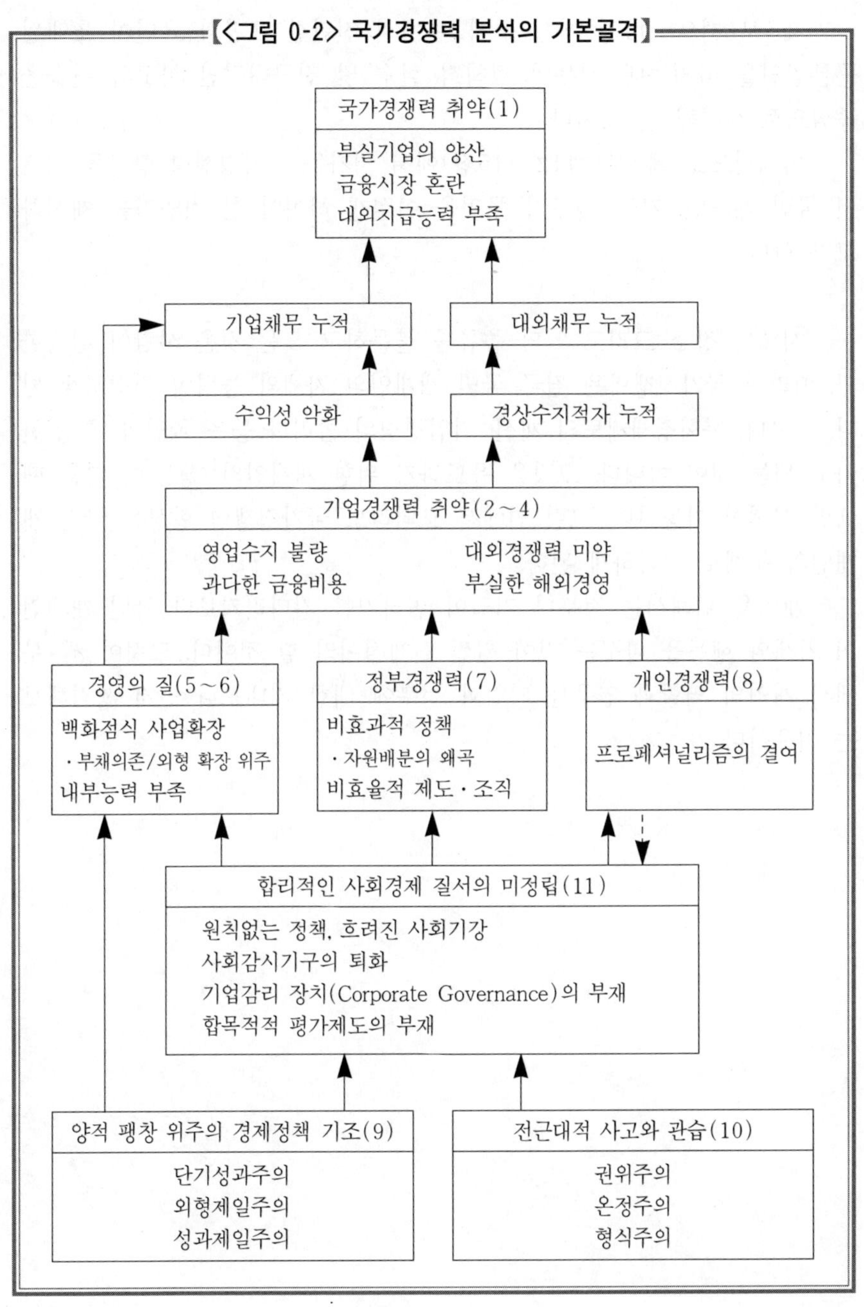

【〈그림 0-2〉 국가경쟁력 분석의 기본골격】

　제3부(제9～11장)에서는 제2부에서 진단한 표면적 요인이 초래된 근본원인을 따지는데, 정부의 정책적 실수 및 전근대적인 사고와 관습을 중심으로 생각해 볼 것이다.

　마지막으로 제4부(제12～15장)에서 저자는 국가경쟁력 향상을 위해서 국민 개개인, 기업, 정부가 무엇을 어떻게 하여야 할 것인가를 제시하고자 한다.

　시대와 장소 그리고 일의 종류를 불문하고 모든 것은 사람이 결정한다. 따라서 국가경쟁력은 결국 국민 개개인의 자세와 능력이 결정하게 된다. 더구나, 사회경제제도의 개선, 기업경영의 합리화 등은 국민이 '희망'한다고 되는 것이 아니다. 그것을 유도하기 위한 개개인의 '행동'이 따를 때에만 실현이 가능하다. 그런 면에서 보더라도 국가경쟁력 향상은 국민 개개인의 문제로 귀착하게 된다.

　개혁을 위해서는 정부나 기업이 변하기를 기다리기보다 국민 개개인이 자세와 행동을 바꾸는 것이 훨씬 실제적이라 할 것이다. 그것이 제4부에서 개인의 역할과 임무를 기업과 정부에 대한 기대보다 먼저 생각해보는 이유이다.

덧붙임

연구조사 방법

　　사회과학 이론을 세우기 위한 연구조사 방법은 일반적으로 정량적(定量的) 방법(quantitative method)과 정성적(定性的) 방법(qualitative method)으로 나눈다. 정량적 방법은 수치로 나타난 자료를 분석하는 것으로서 각종 기관에서 수집한 통계자료에서 이론을 이끌어 내는 것과 설문조사(survey)를 통계적 방법으로 분석하는 두 가지 방법이 흔히 쓰인다.

　　정량적 방법은 기본자료 및 판단의 기준을 수치로 나타낼 수 있기 때문에 이론의 정립에 있어서 객관성을 확보하기가 쉽다. 그러나 그 방법은 새로운 이론을 창출해 내지는 못하고 이미 만들어져 있는 가설(假說)을 '간접적으로' 증명하기 위해서만 사용할 수 있다. 전문용어로 말하면 정량적 방법은 수치화(數値化)된 각종 변수간의 상관관계(correlation)를 말해 줄 뿐이지 인과관계(causality)를 설명하지는 못한다. 인과관계는 별도의 이론을 통해서 따로 만들어야 하는 것이다.

　　정성적 방법은 사회현상의 현장(field)에 찾아가서 구성원들을 관찰하거나 그들과 직접 대화한 것을 바탕으로 새로운 이론을 구성하거나 이미 세워져 있는 가설을 증명하는 방법을 말한다. 직접관찰법, 사례연구법 등이 흔히 쓰이는 형식이다.

　　정성적 방법은 새로운 이론을 창출하고 원인과 가설을 '직접적으로' 증명한다는 장점이 있다. 그러나 얻어진 이론의 객관성이 순전히 연구자(researcher)의 건전한 판단력과 학문적 윤리에 의존할 수밖에 없다는 맹점이 있다. 따라서 사회과학 이론을 세움에 있어서 정량적 방법과 정성적 방법을 모두 쓸 수 있으면 그것이 가장 바람직한 것이다.

　　이 책에서 저자는 정량과 정성의 두 가지 방법을 혼용할 예정이다. 어떤 현상은 정량적으로, 다른 경우는 정성적으로, 가능할 때는 두 가지 방법을 통하여 검토·분석할 것이다. 분석을 위한 기본자료는 저자의 현장

경험과 학문적 연구 그리고 각종 통계 및 언론보도를 통하여 구하였다.

저자는 20년 가까이 기업체에 근무하면서 한국 경영의 현장을 깊은 관심을 가지고 관찰하였다. 아울러 여러 해에 걸쳐 외국의 대학에서 경영학석사(MBA) 및 박사 과정을 이수하였다. 학위논문 작성을 위한 현장조사(field research)를 시행하면서 100여 명의 넘는 기업체 임직원 및 유관기관 근무자(외국인 포함)와 인터뷰를 가졌다.[2] 이 책의 기본골격은 그와 같은 저자의 일선 경험과 학문적 연구를 통해 짜여진 것이다.

이 책에서의 논의는 저자 고유의 경험, 즉 교육과정, 근무한 직장, 체재하였던 국가, 그리고 소신과 철학에 영향을 받을 수밖에 없다. 이론체계의 개발이 연구자의 경험과 사고방식의 영향을 받는 것은 사회과학적 연구방법의 특성상 어쩔 수 없는 일이라고 할 것이다. 그러나 개별 연구자의 영향은 이론체계의 유효성(validity)을 좌우한다기보다 어디에다 주안점을 두느냐 하는 가치판단이나 취향(flavor)의 문제라 보아야 할 것이다. 그런 만큼 저자는 이 책에서의 논의가 나름대로의 객관성을 가진다고 생각한다.

일반적으로 국가경제는 기업, 정부, 개인의 경제활동의 집합으로 이해되어 거시적(巨視的) 총량을 비교·분석하는 방법으로 다루어진다. 반면 국가경제의 구성원인 기업, 정부, 개인의 활동을 분석할 때는 미시적(微視的) 차원에서 목적과 수단 혹은 원인과 결과의 연관성을 따지는 방법이 사용된다. 이 책에서는 거시적·미시적 방법의 두 가지가 다 사용될 것이다. 거시적 방법은 주로 국가경쟁력의 위상을 가늠해 보기 위하여, 미시적 방법은 기업단위의 경쟁력을 해부하고 국가경쟁력이 취약한 요인을 분석하기 위하여 사용될 것이다.

---

2) 이 책의 여러 곳, 특히 제4, 6장에서 저자의 학위논문을 자주 인용하였으나 따로 표시하지는 않았다(*cf.* Ahn).

제1부

국가경쟁력의 진단(診斷)

제1부는 우리나라의 총체적 경쟁력의 위상(位相)을 가늠하는 모두 4개의 장으로 구성되어 있다.

제1장에서는 총량지표를 중심으로 국가경제의 건실도(健實度)를 따져볼 것인데, 특수한 우리의 여건에 비추어 대외거래의 성과, 그 중에서도 경상수지가 논의(論議)의 핵심이 될 것이다.

제2장은 양적 지표를 중심으로 우리 기업의 경쟁력을 수익성과 재무구조의 건전성 측면에서 생각해 볼 것이다.

제3장은 우리 기업의 경영능력 및 상품경쟁력을 중심으로 어떤 측면에서 어떻게 취약한지를 질적으로 분석할 예정이다.

제4장에서는 범국가적 지원을 받은 수출(輸出)의 타산(打算)과 호기롭게 시도한 해외경영의 허실(虛實)을 짚어본다.

한국경제는 한국인에게나 외국인에게나 허상(虛像)이었다. 1997년의 금융외환 위기까지는 대다수의 내외국인, 각종 국내외 기관, 각급 국제기구 등이 한국경제를 낙관하였다. 상당 기간 한국은 개발도상국의 모델로 각광받기도 하였다. 그러나 질적 뒷받침, 즉 내실이 없는 양적 팽창은 곧 한계에 부닥치게 마련인 바, 한국경제라고 예외일 수는 없었다.

경제개발 40여 년 만에 한국의 진정한 경쟁력은 밖으로 드러났다. 외환부족으로 국가부도의 위기에 몰린 것이 바로 그것이다. 외환위기가 표피(表皮)의 증상이라면 내피(內皮)에는 금융시장의 혼란이 있었고 그 바탕에는 취약하기 짝이 없는 기업경쟁력이 있었다. 겉으로만 그럴싸하고 속은 비어 있던 기업경쟁력이 총체적 위기를 불러 온 것이다.

제1장 국가경쟁력의 현주소
- 누적된 경상수지 적자, 불리한 기업환경 -

　이 장(章)에서는 경제성장률, 수출실적, 해외투자 등의 거시경제적 총량지표를 중심으로 우리나라의 경제적 경쟁력을 살펴보기로 한다.

　개발 초기부터 1996년 말까지 35년간 한국의 경제는 급성장하여 세계의 부러움을 샀다. 그러나 대외경쟁의 성적표라고 할 수 있는 경상수지는 만성적 적자를 면치 못하였다.[1] 개발 초기의 적자는 당시의 경제적 여건상 어쩔 수 없었다 하더라도 1990년대의 적자는 국가경쟁력이 취약했던 결과로 보아야 할 것이다.

　거시경제 지표의 바탕이 되는 기업경쟁력에 대해서는 제2∼4장에서 다루기로 한다.

---

1) 미국도 만성적 경상수지 적자를 기록하고 있지만 여러 면에서 우리나라와 입장이
　 다르다.

1. 경제성장

　　우리나라의 경제개발은 1962년의 제1차 경제개발 5개년계획으로부터 시작되었다. 그후 5개년계획은 1996년에 마감한 제7차까지 순차적으로 입안(立案)되었다. 그런 연유로 우리의 경제개발은 처음부터 정부 주도로 이루어졌다. 5개년계획은 국민총생산(GNP)을 늘리는 '경제성장'과, 사회간접자본 시설을 확충하고 산업구조를 재조정하며 기업경영을 근대화하는 '경제개발'을 동시에 목표로 삼았다.

　　정부의 강력한 경제개발 드라이브는 국민들의 근면성실한 근로의식 및 기업의 과감한 투자와 어우러져 유례를 찾아볼 수 없을 정도로 빠른 경제성장을 가져왔다. 1970년대 후반부터 외국인들은 "한강의 기적"이라 부르면서 한국의 경제능력을 높이 평가하였다. 선진국으로부터는 많은 구매선(buyer)들이 찾아와서 '값싸지만 그런대로 품질이 좋은' 우리 상품을 즐겨 구매하였고, 후진국으로부터는 많은 사람들이 찾아와서 우리의 경제개발 정책을 배우고자 하였다.

　　실제로 1962년 경제개발 개시로부터 1988년 올림픽까지 우리의 경제성적표는 상당히 양호하였다. 이 26년간 국민총생산(GNP)은 440배나 신장하였다(<표 1-1>). 1인당 GNP는 87달러에서 4,295달러로 상승하여 국민 각자가 생계유지 수준에서 벗어나서 여유있는 생활을 즐기게 되었다.

　　같은 기간 동안 수출은 1,000배 늘어나서 1988년에는 총액 600억 달러를 달성하였고, 유수의 국가와 어깨를 겨루는 수출대국이 되었다. 무엇보다 자랑스러운 것은 대외거래 성적을 나타내는 종합지표인 상품수지가 1986년부터 흑자로 돌아섰다는 점이었다. 1988년에 그 금액이 113억 달러에 달하여 흑자기조(黑字基調)가 뿌리를 내리는 것처럼 보였다. 수출이라는 단순한 외형(外形)뿐만 아니라 상품수지라는 내실에서도 성과를 올리게 되었던 것이다.

　　1989년 이후에도 경제성장과 수출신장(輸出伸張)이라는 외형적 측면에서 본 우리의 경제성적은 나무랄 바 없었다. 1988년부터 1996년까지 국민총생산은 3배로 늘어나서 1996년에는 GDP가 390조원(약 4,800억 달러)

<표 1-1> 주요 경제지표

	1962	1970	1980	1988	1990	1995	1996	1997
GNP/GDP (조 원)	0.3	3	38	133	180	352	390	421
(십억 달러)	2.3	8.0	60.6	179.8	251.8	452.6	480.2	442.6
실질 경제성장률 (%)	2.2	8.9	-3.7	12.4	9.3	8.9	7.1	5.5
일인당 GNP/GDP (달러)	87	248	1,597	4,295	5,883	10,037	10,543	9,511
상품수출 (십억 달러)	55백만	0.9	17.2	60.0	63.7	124.6	130.0	138.6
상품수입 (십억 달러)	390백만	1.8	21.8	48.7	66.1	129.1	144.9	141.8
상품수지 (십억 달러)	-335백만	-0.9	-4.6	11.3	-2.4	-4.5	-14.9	-3.2
경상수지 (십억 달러)	-56백만	-0.6	-5.3	14.5	-2.0	-8.5	-23.0	-8.2
연말 환율 (W/U$)	130.0	316.65	659.90	684.10	716.40	774.70	844.20	1415.20

주 : 1) 연도별 GNP/GDP는 경상가격임. 1990년까지는 GNP, 1995년 이후는 GDP임.
  2) 상품 수출입은 국제수지 기준, 즉 FOB임.
  3) 국제수지 관련 수치는 1980년도부터 IMF 신기준이 적용됨.
  4) 1997년도 수치는 잠정치가 일부 있음.
자료 : 한국은행. 경제통계연보 및 조사통계월보 등

으로 세계 제11위의 경제대국이 되었다. 1인당 GDP는 10,000달러를 넘어서서 국민들은 선진시민을 꿈꿀 수 있게 되었다.[2] 같은 기간 상품수출은 연평균 10%씩 신장하여 1996년에는 총액이 1,300억 달러에 이르러 세계 9대 수출대국이 되었다.

그러나 문제는 경제의 내실에 있었던 바, 상품수지는 1989년에 흑자폭이 급격하게 줄어들어 1990년부터 적자로 돌아섰고, 적자폭이 점차 커져

---

2) 과거에는 활동 주체의 '국적'을 중심으로 '국민총생산'(GNP)의 개념이 주로 쓰였으나, 국경을 지나는 사람과 자원의 이동이 자유로워지자 '장소'를 중시하여 '국내총생산'(GNP)이 더욱 널리 쓰이게 되었다. 한국의 경우 두 개념의 수치가 거의 비슷하다.

서 1996년에는 150억 달러라는 엄청난 숫자를 기록하게 되었다.

누적된 상품수지 적자는 대외 외화부채, 즉 외채(外債)가 걷잡을 수 없이 빠른 속도로 늘어나게 만들었다. 외채의 누적으로 우리나라는 1997년에 와서 부도의 위기에 처하게 되었던 것이다.

정리하면, 우리 경제는 성장이라는 외형(外形)면에서는 그럴 듯 했으나, 상품수지라는 내실(內實) 측면에서 1989년부터 국가경쟁력을 상실하게 되었다. 그 결과 1990년대 중반부터 국가경제 운영이 한계에 봉착하게 되었다.

1989년부터 국가경쟁력을 잃기 시작한 주된 이유는 민주화에 따라서 '값싼 임금'이라는 경쟁우위가 사라지고 올림픽으로 말미암아 근무기강이 해이해졌음에도 불구하고 기업이 적절하게 변신(變身)하지 못한 점이라고 할 것이다(올림픽의 功過에 대해서는 제10장 참조).

2. 수출실적의 질적 측면

우리의 대외경쟁력을 구체적으로 가늠하기 위하여 수출거래의 내용을 분석해 보자. 우리의 수출실적이 1990년대 중반까지 양적으로 급성장해 온 것에 대해서는 두말할 여지가 없다. 그러나 그 질적인 내용이 칭찬할 만큼 좋은 것은 아니다.

수출의 산업별 구성

우리의 수출은 1960~1970년대의 경공업제품 중심에서 1980년대 이후의 중화학제품 중심으로 바뀌었다고 할 수 있는데, 이것은 정부가 산업정책을 통하여 적극 유도한 결과이다(제9장 참조). 산업재(産業財)라 할 수 있는 중화학제품은 상표 이미지(image)나 제조업체별 특성보다는 제품을 얼마나 싸게 생산하느냐가 사업 성패의 관건(關鍵)인데, 고객관리 등 판매활동이 쉬운 대신에 이윤이 낮은 것이 보통이다. 따라서 중화학 중심

의 수출구조는 처음부터 수익성보다는 양적 팽창 위주의 정책이 될 수밖
에 없었다.

1990년대에 와서는 중화학제품 중에서도 자동차, 반도체, 선박의 수출
비중이 매우 높아졌다. 이 중 자동차 수출의 상당 부분은 해외지사 앞으로
재고를 이전한 것에 지나지 않았다. 반도체 및 선박은 한때 수출에서 "효
자 노릇"을 톡톡히 하였지만, 경기(景氣)에 크게 영향을 받은 결과, 수출신
장에 안정적으로 기여하지 못하고 있다. "수출전략 상품"의 대외경쟁력과
외환획득 능력은 다소 회의적이라 할 수 있다.

주문자상표 부착 방식

수출판매에 있어 소위 "주문자상표 부착 방식"(OEM)은 계약을 체결
한 후 선적을 이행하고 사후관리하는 제반 절차가 손쉽지만 채산성(採算
性)이 떨어지고 수출물량의 기복이 심한 것이 보통이다.

"자기상표 수출"은 해외현지에 판매망을 구축하고 소비자의 인식을
높여야 한다는 어려움이 있지만 좋은 상표 이미지만 수립하면 높은 수익
을 확보할 수 있다. 특히 대량판매시에는 자기상표를 가지는 것이 긴요하다.

우리의 총수출 중 자기상표 부착 방식의 비중은 매우 낮은 것으로 알
려져 있다(한국무역협회). 의복이나 운동용구 등 일부 경공업제품에서 자기상
표를 부착하고 있으나 총수출 중 차지하는 비중은 미미하다. 중화학제품
중에서는 자동차 및 전자제품 등의 내구소비재가 자기상표를 부착할 수
있는 대표적인 품목인데, 이들도 선진국에서 자기상표로 자리잡지는 못하
였다. 그런 측면에서도 수출채산성이 의문스럽다.

수출 지역별 구성

우리의 수출을 지역별로 나누어 살펴보면 상당한 문제점이 드러난다.
총수출 중에서 선진국(IMF분류 기준 19~21개국)으로 향한 수출의 비중
은 1987년에 77%가 될 때까지 꾸준히 늘어나다가 그후 점차 줄어들어서

【〈그림 1-1〉선진국에 대한 수출 성과】

가. 수출총액 중 선진국에 대한 수출비중

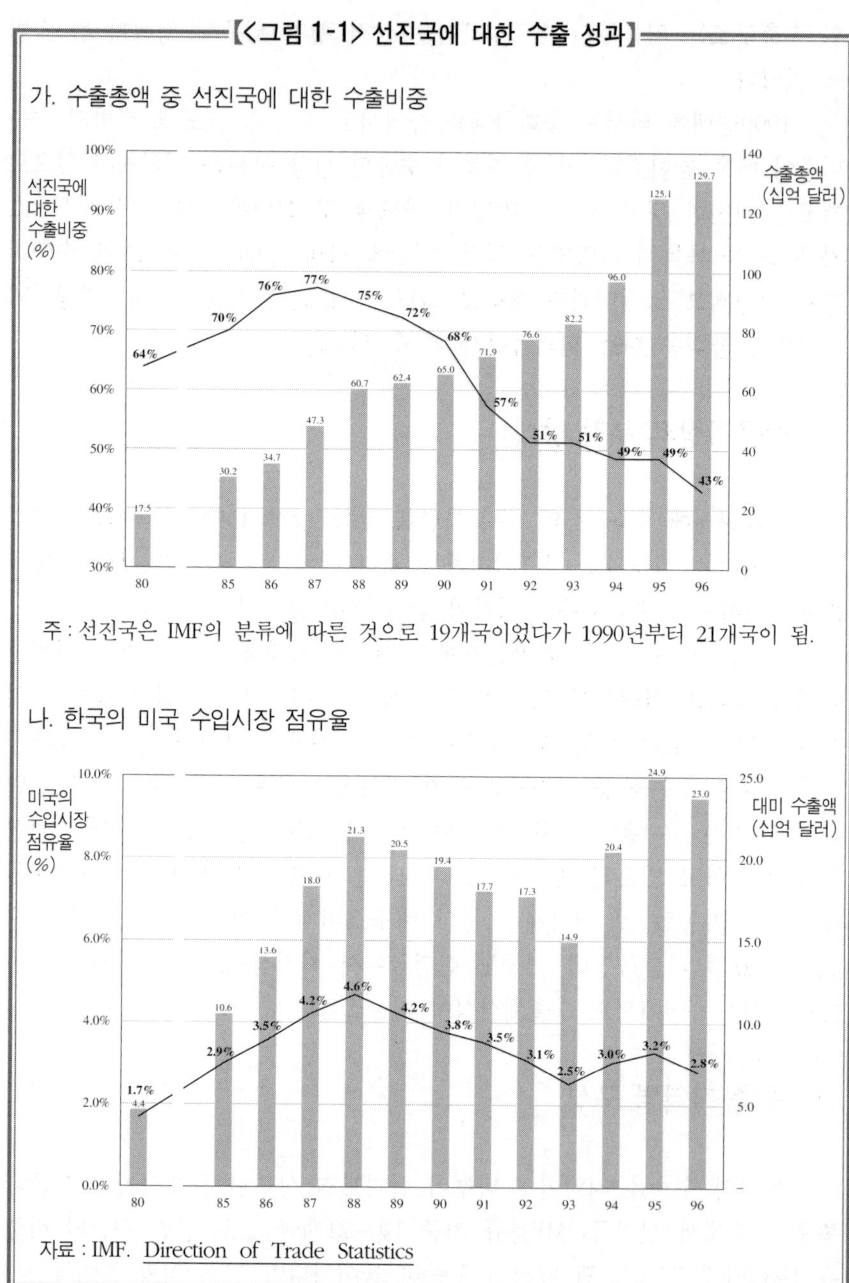

주 : 선진국은 IMF의 분류에 따른 것으로 19개국이었다가 1990년부터 21개국이 됨.

나. 한국의 미국 수입시장 점유율

자료 : IMF. Direction of Trade Statistics

1996년에는 43%가 되었다(<그림 1-1>). 세계 최대 시장인 미국의 수입(輸入) 총액 중에서 한국으로부터의 수입이 차지하는 비중은 1988년 4.6%가 될 때까지 꾸준히 증가했으나, 그후 점차 줄어들어 1996년에는 2.8%에 불과하였다. 미국으로 향하는 우리의 수출은 상당 기간 절대액마저 줄었다.

그런 현상은 우리 상품이 1989년 이후 경쟁력을 점차 상실하였음에도 정부와 기업이 수출액수를 늘리고자 옛 동구권(東歐圈)을 포함한 저개발 지역으로 무리하게 진출한 결과라고 해석할 수밖에 없다.

수출 총액이 두 자리수의 증가율을 자랑하였으나 그 질적 구성에는 여러 가지로 문제가 있었던 것이다. 특히 <그림 1-1>에 나타난 바람직하지 못한 현상은 1989년부터 국가경쟁력이 쇠퇴하기 시작하였음을 잘 나타내 주고 있다.

저개발국에 대한 수출의 문제점

저개발국에 편중된 수출은 적어도 세 가지 측면에서 문제가 있다.

첫째, 저개발국은 구매력에 한계가 있다. 선진국 시장을 포기하다시피 하고 저개발국에 치중한다면 수출성장은 머지않아 한계에 다다르게 될 것이다.

둘째, 저개발국(특히 중국)은 현재는 우리의 시장이지만 머지않아 우리의 경쟁자가 될 소지가 매우 크다. 따라서 저개발국에로의 수출은 더더욱 빠른 시일 내에 그 한계에 다다르게 될 것이다.

셋째, 무엇보다 심각한 것은 저개발국에 대한 수출이 대금회수에 따르는 위험이 매우 높다는 점이다. 우리나라는 외환관리법에서 대외채권 미회수(未回收)를 엄하게 다루고 있기 때문에 수출대금을 회수하지 못한 사례가 있어도 해당 기업이 공개하지 않는 것이 통례이다. 그래서 정확한 미회수 채권의 전모를 파악할 방법은 없다. 다만 지역분쟁, 정치적 불안, 지급능력 부족 등의 사유로 한국 업체가 집단적으로 대금을 회수하지 못한 국가가 상당수 있었다. 그와 같은 미회수 채권의 금액이 무시할 수 없는 규모임이 확실하고 보면 그것이 우리 경제에 남긴 상처는 매우 크다고 할 것이다.

해외직접투자의 성과

기업의 대표적 대외활동으로 수출과 더불어 해외직접투자를 꼽을 수 있다. 우리 기업들은 1970년대부터 해외에 자회사(子會社)를 설립하여 현지시장에서 현지기업과 경쟁해 왔다. 종합상사는 해외진출의 선도자(先導者)로서 판매 자회사를 설립하였고, 1980년대 초에는 제조업체인 LG전자(당시 금성사)와 삼성전자가 미국에 생산법인을 세웠다.

1980년대 말에 국내의 임금이 상승하자 해외투자는 점점 더 활성화되었고, 1990년대 중반에는 "세계화"의 기치 아래 정부가 기업의 해외진출을 장려한 바 있다. 세계화와는 별도로 종합상사들은 1980년대 중반 이후부터 "현지화"를 내걸고 미국을 비롯한 선진국에서 유통사업에 참여하고자 여러 형태의 직접투자를 시행하였다.

1996년 말 현재 한국 기업의 해외직접투자는 총 6,700여 건, 138억 달러에 이르고 있다. 그러나 해외투자 역시 양적 팽창과는 별도로 그 질적 내용이 매우 허술하다. 우선 해외투자가 오래 전부터 활발하게 이루어지고 있음에도 해외투자의 궁극적 목표인 본사 앞으로의 이익배당, 즉 과실송금(果實送金)은 거의 없다고 해도 과언이 아닐 정도로 미미하다. 대부분의 기업이 해외영업에서 이익을 남기지 못하기 때문에 본사에 대한 배당은 아예 생각하지도 못했던 것이다.

위에서 보듯이, 많은 기업이 범국가적 지원을 등에 업고 수출과 해외진출에 적극 나섰지만 그 질적 내용은 매우 허술하였다. 수출과 해외사업의 질적 성과에 대해서는 제4장에서 좀더 구체적으로 따져볼 것이다.

3. 수출이 경상수지 적자의 "주범"(主犯)

　1990년대 중반 이후 기업의 대외활동이 부진하여 무역이 적자(赤字)를 보이자 국제수지(國際收支), 그 중에서도 경상수지(經常收支)에 대한 일반의 관심이 높아졌다. 실제로 누적된 경상수지 적자가 외환위기를 불러왔음에 비추어 볼 때 국제수지에 대한 정확한 이해가 매우 중요하다 할 것이다.

　국제수지는 한 나라의 대외거래에서 일정 기간 발생한 자금의 유입(流入)과 유출(流出)을 집계한 것이다(덧붙임 : 국제수지표 해설 참조). 대외거래는 성격에 따라 경상거래와 자본거래로 나누며 그에 따라 국제수지도 경상수지와 자본수지로 나눈다. 여기서는 국가경쟁력과 직접 관련된 경상수지를 중심으로 따져보기로 한다.

경상수지의 의미

　경상수지는 대외 상품 수출입(輸出入), 대외 서비스(用役) 거래, 대외 투자활동을 통틀어 국가 전체가 벌어들인 외환(外換, foreign exchange)에서 지출한 외환을 뺀 것이다. 경상수지는 한마디로 대외활동의 총체적 성적표라 할 수 있다.

　경상수지가 흑자이면 벌어들인 외환이 많다는 것으로 외화자산이 쌓이게 된다. 반대로 적자가 되면 지출한 외환이 더 많은 것으로 저축해 두었던 외화자산을 헐어서 쓰거나 외국에서 꾸어와야 한다. 외환의 "수지(收支)가 맞지 않으면," 다시 말하여 수입(收入)보다 지출(支出)이 많으면, 궁극적으로 대외 외화부채가 늘어날 수밖에 없다. 그것은 기업이나 가계(家計)의 "수지가 맞지 많으면" 빚이 늘어나는 것과 똑같은 원리이다.

　빚이 정도 이상으로 늘어나면 원금은 물론 이자마저 부담이 된다. 다른 빚을 얻어 상환기일이 닥친 원금을 갚아야 하고, 이자를 갚기 위해 새로 돈을 꾸게 된다. 빚이 눈덩이처럼 불어나기 시작하는 것이다. 빚진 사람의 상환능력을 주의깊게 관찰하던 전주(錢主) 중의 하나가 어느 순간 돈을 꾸어주기를 거절하면 연쇄반응을 일으켜서 빚진 사람은 부도위기에 몰리게 된다. 우리가 1997년에 겪었던 외환위기가 바로 그런 현상이다.[3]

외채를 상환하는 자금은 종국적으로 경상수지 흑자를 통해서만 조달이 가능하다. 그것은 기업이나 가계가 진 빚은 "돈을 벌지 않으면" 줄일 수 없는 것과 같다. 결국 경상수지가 문제 '발생'과 '해결'의 열쇠를 쥐고 있는 것이다.

경상수지는 크게 상품수지, 서비스수지, 소득수지(所得收支)로 나눌 수 있다. 그 중 경상수지의 기본이 되는 것은 아무래도 상품수지이다. 우선, 대다수 국가의 경우 경상활동 중에서 상품의 수출입이 차지하는 비중이 매우 크다. 다음, 한국의 경우는 전통적으로 제조업보다는 서비스 산업의 경쟁력이 더 취약하다. 마지막으로, 과거의 경상수지 적자가 남긴 외채 때문에 우리나라의 소득수지(투자수익수지)는 처음부터 적자일 수밖에 없다.

따라서 만성적인 경상수지 적자 및 누적되는 외채의 근본원인은 '상품수지 적자' 혹은 '상품 수출경쟁력의 취약성'이라고 결론지을 수밖에 없다. 결국 '기업경쟁력의 문제'로 돌아오는 것이다.

경상수지를 개선하기 위해서는 그 원인에 대한 정확한 분석이 필요하다. 1996년의 국제수지 요약표를 중심으로 세부 항목별로 점검해 보자(<표 1-2>). 1996년에 경상수지 적자는 230억 달러로서 사상최대를 기록하였고, 그것은 다음해에 일어난 외환시장 혼란의 기폭제로 작용하였다.

경상수지 적자 총액 중에서 상품수지(輸出 - 輸入) 적자가 150억 달러 적자로 전체의 65%를 차지하고 있다. 다음으로 여행수지가 26억 달러

---

3) 외환위기의 극점(極點)이었던 1997년 12월 말 현재 한국의 대외 총부채는 대략 2,000억 달러, 순부채는 대략 900~1,300억 달러였던 것으로 추정된다. 순부채의 개략치는 아래와 같이 유추해 볼 수 있다.

경상수지 누적적자(1950~1997)	:	약 500억 달러
회수불능 수출채권 및 D/A 수출 결손금	:	약 500억 달러
		(누적수출액 1조 달러의 5%)
기업·금융기관 해외사업 결손금, 해외자산 평가손	:	약 100억 달러
합　계	:	약 1,100억 달러

<표 1-2> 국제수지 통계

(1996년 실적, 단위 : 백만 달러)

경상계정		자본계정 / 준비자산 증감	
상품수지	-14,965 (65%)	자본수지	23,327
수출 : 129,968 (+)		직접투자 : -2.345	
수입 : 144,933 (-)		증권투자 : 15,185	
서비스수지	-6,179 (27%)	(portfolio investment)	
운수 : -1,465 (6%)		기타투자 : 11,085	
여행 : -2,603 (11%)		기타자본 : -598	
(유학 -1,104, 여행 -1,499)			
통신 : -63		준비자산 증감 (증 -, 감 +)	-1,389
보험 : -108		(외환 보유고)	
특허권 : -2,246 (10%)			
기타 : -306		오차와 누락	1,067
소득수지	-1,815 (8%)		
급료 및 임금 : 564			
배당 및 이자 : -2,379 (10%)			
경상이전수지	-46 (-%)		
경상수지	-23,005 (100%)	계	23,005

(　) 경상수지 대비 구성비

자료 : 한국은행. <u>조사통계월보</u>

(11%), 배당 및 이자가 24억 달러(10%), 특허권 등의 사용료 22억 달러 (10%), 운임 및 항만 경비 15억 달러(6%)의 순으로 적자가 이어지고 있다.

상품수지 적자의 원인

　경상수지에서 차지하는 비중으로 따져보면 상품수지 적자가 경상수지 적자의 주된 요인임은 명백하다. 앞에서 말한 대로 우리 수출 자체의 외형 적 성장은 크게 나무랄 게 없다. 그러나 그 수출이 외환가득에는 기여하지 못한 것이다.

　그렇게 된 것에 대하여 크게 두 가지 이유를 생각해 볼 수 있다. 첫 째, 수출한 상품이 제값을 받지 못하면 그 상품을 생산하기 위하여 수입

(輸入)한 시설재, 원자재, 각종 서비스에 대해 지불한 외환이 더 많았다는 것이 된다. 즉, 판매가격이 생산비용보다 낮다는 것으로, 상품수지는 적자가 될 수밖에 없다.

둘째, 수출대금을 통째로 회수하지 못하거나 회수가 지연된다면 나중에 국제수지 통계상에 외환지출 요인으로 나타나게 된다. 수출은 대금수취와는 상관없이 선적과 동시에 외환 수입(收入)으로 기재되지만, 대금이 회수되지 않으면 나중에 정정되어야 한다.

실제로 우리의 수출은 위의 두 가지 측면에서 상당한 문제가 있었고 그것이 만성적 상품수지 적자로 나타나게 된 것이다. 국가 전체가 수출에 애썼지만 내용이 좋지 않아 수출을 뒷받침하기 위해 투입한 수입에 크게 못미치게 된 셈이다. '밑지는 수출'을 하였고, 그 결과 '수출이 늘수록 상품수지 적자가 증가하게 된 것'으로 해석할 수 있다.

과소비(過消費) 논란의 허구성. 여기서 수출상품 생산의 효율성과 과소비 문제를 따져보기 위하여 수입(輸入)의 내용을 분석해 보자(<표 1-3>).

우선 소비재를 보면, 곡물과 식음료품을 제외한 일반소비재는 전체 수입의 5.8%인데, 그 대부분은 제조기술, 품질관리, 특수용도, 국내생산의

<표 1-3> 성질별 · 용도별 수입실적

(1996년 실적, 단위 : 백만 달러)

	내 수 용	수 출 용	계
곡물 및 식음료	7,564 (5.0)	531 (0.4)	8,095 (5.4)
공업용 원료 및 연료	42,186 (28.1)	32,315 (21.5)	74,501 (49.6)
자 본 재	44,277 (29.4)	14,619 (9.7)	58,896 (39.1)
비내구 소비재	3,078 (2.0)	153 (0.1)	3,231 (2.1)
내구 소비재	4,491 (3.0)	1,013 (0.7)	5,504 (3.7)
기　　　타	110 (0.1)	－	110 (0.1)
계	101,706 (67.6)	48,631 (32.4)	150,337 (100)

( ) 총수입 대비 구성비, %　　　　　　　　　　　　　(통관기준, CIF 가격)

자료 : 관세청. 수출입동향

경제성 등의 측면에서 수입이 불가피한 것으로 보아야 할 것이다. 다만 호화가구, 고급 위스키, 화장품, 모피, 골프와 스키용품 등을 수입한 것은 과소비라는 비난을 받을 여지는 있지만, 이것을 다 합쳐 보아야 총 수입의 0.6%에 불과하다.

설사 소비재 수입 전체가 모두 과소비성이라 하더라도 총수입의 작은 부분에 지나지 않는다. 그것이 경상수지 적자의 ‘주된 요인’이라고 말할 수는 없다. 더군다나 국민이 소비재를 수입하게 된 것은 국산 대체품을 개발하지 못한 기업에 부분적인 책임이 있다.

다음, 공업용 원료 및 연료가 전체 수입의 절반을 차지하고 있다. 그것이 필요 이상으로 많이 수입되었다면 국가산업의 구조와 기업의 생산성 및 기술력의 문제라고 해야 할 것이다. 그것은 수출품과 생활필수품 생산에 쓰였으므로 국민 개개인의 소비성향 때문은 아니다. 특히 원유(原油), 원목(原木), 원피(原皮), 원면(原綿), 원모(原毛) 등의 기초원자재가 원료와 연료 수입금액의 약 1/4을 차지하는데, 이들은 우리의 부존자원의 구조상 수입이 불가피한 것이므로 소비자를 나무랄 것은 못된다.

마지막으로, 생산설비 및 부품으로 구성된 자본재가 전체 수입의 39%를 차지하고 있다. 우리는 수입이 증가할 때 “자본재 수입이 증가한 결과이기 때문에 우려할 필요가 없다”는 논리의 전개에 익숙해 있다. 그러나 자본재 수입이 정당화되려면 그 자본재가 효과적·효율적으로 사용되고 상품생산에서 만족스러운 성과를 올려야만 한다. 그렇지 않다면 자본재가 필요 이상으로 수입되었다고 할 수 있고, 그에 대한 책임은 개인 소비자가 아닌 기업이 져야 한다.

종합적으로, 상품수지 적자에 대해 소비자가 책임을 져야 할 부분은 지극히 미미하다. 그렇다면 상품수지 적자의 원인은 기업활동의 비효율성에서 찾아야 할 것이다. 기업은 총수입의 39%에 해당되는 자본재를 수입하였고, 이것을 바탕으로 총수입의 50%에 해당하는 원료와 연료를 사용하여 상품을 생산하였으며, 생산된 상품 중 일부를 수출하였다. 수출은 어차피 전체 금액 모두가 기업이 담당하는 부분이다.

결과적으로, 수출입거래의 절대적 부분이 기업의 직접 책임이다. 그것이 잘못되어 있다면, 즉 큰 규모의 상품수지 적자가 발생한다면, 그것은 당연히 기업경쟁력의 문제로 인식되어야 할 것이다.

다시 말하여, 기업이 효과적으로 생산할 능력을 갖추지 못한 상태에서 시설재를 도입하여 생산설비를 갖추고 내수용이든 수출용이든 상품을 생산하였지만 부가가치가 작아서 필요한 만큼 외환가득 효과를 창출하지 못했던 것이다. 그것이 현실에 반영된 것이 바로 상품수지의 적자이다. 상식과는 달리 '과소비'가 아닌 '과투자'(過投資)가 상품수지, 나아가 경상수지 적자의 가장 중요한 원인이 된 것이다.[4]

서비스수지 적자의 원인

경상수지의 11%에 해당하는 적자를 보인 '여행수지'부터 짚어보자. 우리나라를 방문하는 외국 여행객들은 여러 가지 이유로 그 숫자가 크게 늘어나지 않고 있다.

반면 국민의 해외여행은 출장, 관광, 해외연수 및 유학 등의 목적으로 빠른 속도로 늘어나고 있다. 해외여행에서 국민이 다소 방만하게 외화경비를 지출하고 있는 것은 사실이다. 분에 넘치는 사치여행과 물품구매, 초·중·고생의 도피성 해외유학, 본사나 국내의 손님접대 목적의 지사 운영 등의 사례가 많기 때문이다. 따라서 국민들이 해외여행 서비스를 과소비하였다고 말할 수 있는데, 이는 개인과 기업 모두의 책임이라고 할 것이다.

경상수지의 10%에 해당하는 적자를 보인 '특허권, 상표권, 저작권, 독점판매권 사용료 수지'는 기업의 기술력과 창의력이 모자라기 때문에 발생한 것으로, 이는 결국 기업경쟁력의 문제로 귀착된다. 경상수지의 6%에 해당하는 적자를 보인 '운수서비스 수지'는 상당한 상품수송 운임 수입을 올렸음에도 불구하고 막대한 선박·항공기의 운항(運航)경비와 항만경비를 지급하였기 때문에 발생한 것으로, 이도 역시 수출입과 관련된 기업의

---

4) 여기서 과투자(過投資)는 적정 생산성을 달성할 준비가 되어 있지 않은 상태에서 감행하는 '분수에 넘치는 투자'를 의미하는 바, 이는 유효수요(有效需要)를 초과하는 생산설비를 갖추는 과잉투자와는 구별되어야 할 것이다.

경비로 보아야 한다.

종합하면, 서비스수지 적자의 일부분, 즉 과분한 해외관광과 유학에 대해서 국민 개개인에게도 책임이 있기는 하지만, 전체적으로 보면 서비스수지 적자 역시 기업경쟁력의 문제라고 해야 할 것이다.

소득수지 적자의 원인

소득수지에서는 경상수지의 10%에 해당하는 24억 달러의 적자를 보인 '배당과 이자'가 문제인데, 이것은 크게 보아 34억 달러(경상수지의 15%)에 달하는 대외부채(外債)에 대한 이자의 지급 때문에 발생하였다고 볼 수 있다.

외채가 증가한 것은 공공부문의 책임도 있는데, 그것은 크게 보아 사회간접자본의 확충을 위한 것이라고 볼 수 있다. 공공부문을 제외한 나머지의 외채는 모두 기업의 책임으로 보아야 할 것이다. 기업은 시설재 도입과 해외투자를 위해서 외채를 사용한다. 외채의 사용은 시설재의 생산성과 해외경영의 성과에 따라서 경상수지를 개선하는 효과도 있을 수 있지만, 이런 측면에서 우리 기업의 성적은 회의적이다. 국내에서 과투자가 있었던 것처럼 해외에서도 과투자가 일어났기 때문이다.

경상수지 적자가 누적되고 외채의 규모가 커짐에 따라 대외이자 지급은 점차 늘어나게 되는데, 이것은 다시 경상수지 적자와 외채의 규모를 확대시키게 된다. 그것이 바로 외채가 무서운 이유이다.

경쟁력 없는 왜곡된 국가경제 구조

상품수지, 서비스수지, 소득수지 적자의 원인에 대한 논의를 종합하면, 경상수지 적자는 크게 보아 기업부문의 문제라고 할 수 있다. 그 중에서도 기업의 과투자가 핵심 요인이다. 경쟁력이 취약함에도 무분별하게 투자를 확대하였고 그 결과 벌어들인 외환보다 지출한 외환이 많게 되었다.

한국경제에서 수출이 차지하는 비중을 감안하면 기업의 과투자는 결국 수출을 위한 것이었다고 볼 수 있다. 온갖 희생을 무릅쓰고 수출을 확대하고자 한 수출지상주의가 잘못된 산업구조를 낳았다. 그것이 수출입 구조를 뒤틀리게 만들었고 경상수지 적자를 초래하게 된 것이다. 한마디로, 수출이 바로 경상수지 적자의 "주범"(主犯)이 되었다. 상상하기 힘든 아이러니가 빚어진 것이다.

4. 경상수지 개선 대책

경상수지 적자의 주인(主因)이 기업부문이라면, 경상수지를 개선하는 해답 역시 기업부문에서 찾아야 한다.

1996년을 전후하여 항간에는 경상수지 적자가 과소비(過消費)로 인하여 초래되었기에 소비절제를 통하여 문제를 해결해야 한다는 의견이 많았다. 앞에서 따져보았듯이 그것은 사태의 본질을 잘못 파악하여 빚어진 오류(誤謬)일 뿐이다.

여기서 추가적으로 거시경제 지표를 확인해 보면 한국의 1996년 가계저축은 GNP 대비 14%였다. 미국의 3%는 물론, 지나친 저축으로 세계의 비난을 받고 있는 일본의 가계저축 9%보다도 훨씬 높다. 우리 국민의 과소비를 나무랄 근거가 없다. 같은 해에 기업부문은 GNP의 10%를 저축하고 26%를 투자하여 엄청난 초과수요를 창출하였고 그것이 직접 상품수지 적자로 나타나게 된 것이다.[5] 거시경제 지표를 확인하여도 민간의 과소비

---

5) 1996년 한국의 총저축은 GNP 대비 34.8%로, 기업 9.8%, 가계 13.7%, 정부 11.3%로 구성되어 있고, 총투자 역시 34.8%로, 기업 25.7%, 가계 7.5%, 정부 5.6%, 해외투자 -5.0%, 통계상 착오 1.0%로 구성되어 있다. 여기서 해외투자 -5.0%가 곧 경상수지 적자에 해당하는데, '국내투자'를 위해 '해외저축'을 들여온 셈이다(한국은행·경제통계연보).

참고로 국민소득 계정에서 경상수지를 음미해 보면, 그것이 적자인 것은 국가 전체가 투자하고 소비한 것이 국내에서 생산한 것보다 많다는 말이 된다. 즉, 다음의 등식이 성립한다 : [경상수지 적자 = 국내총생산 - (민간투자 + 민간소비 + 재정지출)]. 이 공식을 통해서 보면 투자, 소비, 정부지출을 줄여서 경상수지를 개선할 수 있다. 그 원리가 바로 IMF가 외환지원의 부대조건(conditionality)으로 긴축을 요구하는 이론적 근거이다.

를 나무랄 이유는 없다.

과투자(過投資)의 해소

경상수지 개선 방법은 두 가지로 생각해 볼 수 있다. 첫째는 생산설비를 효과적·효율적으로 활용하는 것인데, 이것은 곧 기업경쟁력의 향상을 말하며 긴 시간을 필요로 한다.

그래서 단기적으로는 두번째의 방법에 의존할 수밖에 없는데, 바로 무분별한 투자를 억제하는 것이다. 소비재 수입을 줄이거나 해외여행을 억제하는 것은 처음부터 그 효과가 의심스럽고, 국민의 불편을 초래하는 데다가, 자칫 여러 가지 역효과를 초래할 수도 있다. 결국, 경상수지 적자의 원인인 과투자를 삼가는 것이 유일한 해결방법이다.

여기서 우리에게 필요한 것이 발상의 전환(paradigm shift)이다. 기업이 투자를 줄이면 많은 사람들이 일자리를 잃거나 소득이 감소하게 된다. 그것은 사실이다. 그렇지만 그것은 우리에게 주어진 어쩔 수 없는 선택이다(맺음말 참조). 우리가 적극적으로 그 길을 선택하지 않으면, 우리는 1997년에 당했던 것처럼 더 어려운 상태에서 그 방법을 강요당한다. 시장의 원리란 그저 냉혹할 뿐이며 어려울 때 도와줄 원군(援軍)이 있는 것도 아니다.

우리의 국가경제와 기업경영은 현재의 상태로는 더이상 지탱하기 어렵다. 현재의 우리 경제는 한마디로 '경쟁력이 없는 기업이 과대한 생산설비를 설치하고, 과다한 직원을 채용하여, 생산성을 초과하는 급여를 제공하는 상태'인 것이다. 그 결과는 부채의 누적으로 이어질 뿐이다. 마치 가계가 분수에 넘는 지출을 계속하면 빚만 늘어나는 것과 같다.

과투자가 일어나면 인건비, 금융비용, 지가(地價)가 상승하여 상품 생산비용을 증가시켜 기업경쟁력을 압박한다(제5장 참조). 기업이 스스로의 무덤을 파는 격이 된다. 개인은 정당한 보수를 초과하는 과소득(過所得)을 얻어 근로의욕이 감퇴되고 과소비(過消費)를 하게 된다. 경상수지 적자요인이 더욱 많아지는 것이다.

　한마디로, 경상수지를 개선하는 효과적인 방법은 기업의 과투자를 줄이는 것이다. 투자를 축소하는 것은 기업의 가격경쟁력을 회복하는 지름길이 되기도 한다.

외환보유고의 의미

　<표 1-2>에서 경상수지 적자는 비슷한 금액(233억 달러)의 자본수지 흑자로 메워졌다. 자본수지 흑자는 크게 보아 외채의 증가에 해당한다. 즉, 경상수지 적자만큼 외채가 늘어난 것이다.

　국제수지가 균형을 찾는 과정에서 14억 달러의 준비자산(외환보유고)이 늘어났다. 그런데 준비자산은 우리나라가 가지고 있는 대외자산 중에서 소유권자가 '우연히도' 한국은행인 것을 특별히 가리키는 말이다. 그것은 국제수지의 건전성이나 국제수지를 개선할 수 있는 잠재력 등과는 아무런 상관이 없다. 그것은 중앙은행이 시중은행 지원 등 위급한 때에 사용하거나, 외환시장이 불안정할 때 일시적으로 개입하기 위한 예비자금의 성격에 지나지 않는다. 준비자산(외환보유고)의 많고 적음은 국제수지의 본질과는 상관없는 기술적 이슈(issue)일 뿐이다.

　준비자산이 부족하면 비상 시기에 어려움을 겪게 된다. 그렇다고 적정규모 이상을 보유하는 것은 두 가지 면에서 바람직하지 않다. 우선, 중앙은행은 그 기능상 자산의 효과적 운용에는 관심이 없다. 따라서 중앙은행이 가지고 있는 외화자산에 대한 수익률은 시중은행이 가지고 있는 외화자산에 비해 낮고 그만큼 국가 차원에서는 손해가 된다. 다음, 준비자산은 중앙은행의 '자산'이기 때문에 그것이 증가하면 중앙은행의 '부채'인 본원통화(本源通貨)가 늘어난다. 그 결과 국내 통화량이 증가한다. 준비자산을 인위적으로 늘리거나 줄이는 것은 통화신용정책상의 왜곡을 초래할 수 있다.

5. 기업경영 환경

한 나라가 대외경쟁을 함에 있어서 기업은 첨병이 된다. 기업경쟁력은 내부능력과 외부환경에 의해 결정된다. 내부능력은 경영능력과 각종 자원을 말하며, 외부환경은 정치, 사회, 경제, 문화적 환경과 인적자원, 부존자원 등 여러 요인이 포함된다.

근래에 와서 몇몇 외국 기관들이 나름대로의 평가기준에 의해 국가별 경쟁력 순위를 산정하여 발표하고 있다. 그들은 대체로 '국가경쟁력'을 '외부환경이 기업경영에 얼마나 도움을 주는가'라는 관점에서 파악하고 있다. 즉, 순위표에서 국가경쟁력이 높은 것은 기업환경이 양호하여 해당 국가에 소재한 기업들이 같은 노력으로 큰 성과를 올릴 수 있음을 나타낸다.

이 책에서는 <그림 0-1>에 나타나 있듯이 환경요인을 크게 정부와 개인(인적자원)으로 구분하였는데, 구체적 평가요소의 구성에 있어서는 그들 기관과 큰 차이가 없다.

참고 삼아 특정 기관의 자료에 따라 우리나라의 기업환경을 경쟁국가와 비교해 보기로 한다. 아울러, 우리나라의 사회간접자본과 기초과학에 대해서 살펴볼 것이다. 그밖의 환경요인들은 제3장(생산비 관련), 제7장(정부부문), 제8장(인적자원)에서 자세히 다룰 것이다.

국가경쟁력 지표

나라마다 역사와 문화가 다르기 때문에 어떤 일이건 국가간의 비교는 기술적으로 어렵다. 국가경쟁력의 경우도 마찬가지인데, 평가기준의 선택과 평점의 부여가 다소간 주관적이기 때문에 어느 기관의 자료이건 절대적이라 할 수 없다. 따라서 그런 자료들은 참고하는 정도의 의미만 두는 것이 좋다.

국가경쟁력의 의미에 대한 이해를 돕고자 스위스에 소재한 IMD의 국가경쟁력과 기업경쟁력에 대한 설명을 소개하면 아래와 같다:

세계경쟁력연보(World Competitiveness Yearbook)는 특정 국가의 환경이 어떻게 국내 기업의 경쟁력을 유지시켜 주는가 하는 것을 평가하여 순위를 매긴다. 경제학 문헌에 따르면, 한 나라의 경쟁력은 GDP나 생산성이라는 개념으로 단순화될 수 없는데, 그 이유는 기업이 소속 국가의 경제뿐만 아니라 정치, 문화, 교육적 측면과도 씨름해야 하기 때문이다. 그러므로 소재 기업들에게 가장 효율적인 구조(structure), 제도(institutions), 정책(policies)으로 구성된 환경을 만들어 주고자 국가들은 서로 경쟁하는 것이다. 국가경쟁력과 기업경쟁력은 상호의존적인데, 연보는 국가경쟁력에 초점을 맞추고 있다. (IMD)

IMD가 매년 4월에 발표하는 세계경쟁력연보는 널리 인용되고 있는 국가경쟁력 지표 중의 하나인데, 1998년의 자료가 이 장(章) 끝의 <부표 1-2>에 전재(轉載)되어 있다.

IMD가 국내경제, 국제화, 정부, 금융, 하부구조, 경영, 과학기술, 인적자원의 여덟 가지 기준을 두고 종합평가한 결과에 따르면, 한국은 1998년 현재 28개 OECD 국가와 18개 신흥개발국 등 합계 46개국 중에서 35위를 차지하고 있다. 대만(16위)과 중국(24위)에 뒤쳐져 있고, 태국(39위)보다 약간 앞서 있다. 한국은 국제화에서 꼴찌를 기록하였고 금융은 45위에 불과하였다. 대만과 비교하면 모든 분야에서 뒤쳐지고 중국에 비해서는 하부구조(사회간접자본 등) 면에서 앞설 뿐 나머지는 모두 열세이다. 한마디로 국내의 기업경영 여건이 매우 열악(劣惡)한 것이다.

사회간접자본

사회간접자본 시설은 기업비용 중의 하나인 물류비(物流費), 즉 상품을 소비자의 손까지 전달하는 과정에서 발생하는 포장, 보관, 수송 등의 비용에 큰 영향을 미친다. 결국 사회간접자본 시설의 발달 정도가 가격경쟁력을 결정하는 요인 중의 하나가 되는 셈이다.

우리나라에서 물류비가 과다하게 발생하고 있음은 경부고속도로의 상습적 체증이 잘 말해 준다. 그래서 서울서 부산까지의 수송관련 비용이 부

〈표 1-4〉 국가 물류비 현황

(단위 : 조 원)

	총물류비	수송비	재고유지비	포장비	하역비	물류정보비	일반관리비
1986	14.0 (14.7)	8.6 (9.0)	3.7 (3.8)	0.4 (0.4)	0.3 (0.3)	0.5 (0.5)	0.6 (0.6)
1994	47.8 (15.6)	31.0 (10.1)	10.9 (3.6)	1.1 (0.4)	0.9 (0.3)	1.8 (0.6)	1.9 (0.6)
1995	57.9 (16.5)	38.1 (10.8)	12.9 (3.7)	1.5 (0.4)	1.0 (0.3)	2.2 (0.6)	2.3 (0.6)
1996	63.8 (16.3)	42.4 (10.9)	13.8 (3.6)	1.4 (0.3)	1.1 (0.3)	2.6 (0.7)	2.6 (0.7)

( ) GDP 대비 %

자료 : 변의석

산에서 미국 로스앤젤레스까지의 운임보다 더 많이 드는 실정이다.[6]

교통개발연구원이 추계(推計)한 1996년 한국의 총물류비가 64조원, 이 중 수송비는 42조원, 수송비 중 도로수송비는 29조원이었다(〈표 1-4〉). 이들 비용은 GDP 대비 각각 16%, 11%, 8%로 미국의 물류비, 수송비 비율인 11%, 6%보다 훨씬 높다. 더욱 문제인 것은 1989년 이후 1995년까지 GDP 대비 물류비, 수송비, 도로수송비의 비중이 꾸준히 높아지고 있다는 사실이다(변의석).

사회간접자본이 부실하면 물류비 외에 교통혼잡으로 인한 시간낭비가 따르는데, 이는 결국 생산성의 저하로 나타난다. 교통혼잡 손실을 추계하면 우리나라의 경우 GDP의 4%(약 15조원, 1996년)로 미국의 1%(약 75억 달러, 1994년)와 크게 대비된다(BW, 98. 5. 18).

높은 물류비와 교통혼잡 비용은 결국 기업의 가격경쟁력을 떨어뜨린다. 그만큼 사회간접자본이라는 측면에서 우리의 기업여건이 경쟁국과 비교하여 불리한 것이다.

어느 나라에서나 사회간접자본 시설의 건설은 정부의 몫이다. 우리의

---

6) 산업연구원에 따르면, 20피트짜리 컨테이너 하나의 로스앤젤레스와 부산간 해상운임이 128만원인데, 서울과 부산간 이동비용은 145만원이다(1997년).

사회간접자본 시설이 부족·부실한 것은 제5공화국 이후 재정지출의 우선 순위에서 뒤로 밀렸기 때문이다(제7장 참조).

기초기술

기업의 제품 및 공정기술은 다시 기초기술과 응용기술로 나누어 볼 수 있다. 그 중 응용기술은 개별 기업의 책임이고 기초기술은 전문 연구기관, 나아가서 사회 전체가 맡아야 한다고 할 수 있다. 따라서 기초기술을 개발하는 데에는 정부의 정책적 배려가 필수적이다.

1980년대부터 외국기술의 도입이 점차 어려워지자 우리 정부는 기술개발에 대한 투자를 강조하여 왔다. 1990년을 전후하여 첨단산업을 지정하는 등 여러 경로로 기업의 신기술 투자를 장려하였고, 기업체들은 이러한 정부방침에 호응하여 R&D 투자를 늘렸다. 정부 스스로도 많은 연구소를 설립하여 기술개발을 촉진하고자 하였다. 그런 덕분에 1995년에는 국가 전체의 기술개발에 대한 투자가 GDP의 2.7% 수준이 되어 비율 면에서 선진국 수준에 이르렀고, 대만과 싱가포르를 포함한 대다수 신흥개발국을 앞지르게 되었다.

그러나 후발 주자인 우리로서는 절대액 면에서 선진국 수준에 아직도 많이 부족하다. 한국 전체의 기술개발 투자액은 미국 전체 투자액의 6% 수준에 불과하며 단일 기업인 GM과 비슷한 실정이다. (기술개발 투자는 비율뿐만 아니라 투자총액도 중요하다.)

더욱 문제인 것은 기술투자비가 어떻게 쓰였느냐는 것인데, 우리의 경우는 시설투자에 약 30%를 소모하고 있고 필요 이상의 관리인력을 채용하고 있다. 기술개발 투자 총액은 많으나 실제 연구활동에 충당할 수 있는 예산의 폭은 그만큼 줄어들고 마는 것이다.

특히 기초기술 개발을 담당해야 할 정부출연 연구소는 과다한 관리인력 배치에 따른 예산낭비는 물론이고 연구의 수행과정도 문제투성이인 것으로 알려져 있다. 실상을 살펴보자 :

우리나라에는 50개가 넘는 국책연구소가 있다. 사회과학계열 연구소는 대체로 본연의 연구보다는 주무부처의 비위에 맞는 보고자료를 만들어 내는 것에 치중하는 것으로 알려져 있다.

자연과학계열 연구소도 과학기술적 가치보다 보고용 실적에 치중하는 경우가 많다. 예산을 배정받기 위해 무의미한 과제를 선정하기도 한다. 연구결과에 대해서도 정확한 평가없이 "무조건 성공"으로 판정하는 것이 현실이다. 불량 판정을 받는 것은 전체의 5%에도 미달하는 것으로 알려지기도 했다. 한 언론의 보도를 보자:

3년 전 과기부는 N컴퓨터사와 손잡고 컴퓨터 이중운영체계 개발에 20억원 가까운 연구 예산을 투입했다. 이 연구는 시장성이 없다는 이유로 처음부터 학계에서는 실패 가능성이 높다는 지적이 압도적이었다. 하지만 당시 김모 장관은 자신의 임기중 성과에 집착, 연구를 강행했다. 결과는 참담한 실패. 장관의 '장담'과는 달리 기술이 저급한 수준에 머물러 시장에 제대로 진입도 못했다.

최근 한 대기업 부설 A연구소는 연구 중간에 결과가 나오지 않아 실패로 처리하려 한 연구를 정부에 성공인 양 보고해야 했다. 이 연구소 김모 이사는 "공동 연구한 정부출연 S연구소 측에서 '실패할 경우 또다시 연구비를 타기 힘들다'고 우겨 어쩔 수 없었다"고 털어놨다. (중앙, 98. 6. 1)

각 연구소의 예산낭비도 그 정도가 매우 심하다. 환율변동으로 실험기계 구입을 다음해로 미루었더니, 주무부처 공무원이 "배정된 예산을 안 쓰고 반납하면 내년에는 아예 없으니 필요 없어도 무조건 사라"고 권유하기도 한다. 연구소에는 대체로 연구인력보다 관리직이 더 많다. 퇴직한 관리들을 일시 수용하는 연구소도 많다(조선, 97. 7. 15). 연구와 관련되어 지출되는 비용도 식비, 주대, 출장비 등의 소모성 경비가 많다. 연구원 4명이 2년간 수천만 원을 술값으로 사용한 사례가 보도되기도 했다. 그래서 "국가 연구비는 눈먼 돈"이라는 비아냥거림을 받는다

⋮ (중앙, 98. 8. 24).

정부출연 연구소가 이렇듯 비효과적·비효율적으로 운영되다 보니 우리의 과학기술이 대만과 중국에도 못미치는 것으로 평가받게 된 것이다 (<부표 1-2> 참조). 기초기술 개발이 취약한 만큼 '응용기술 개발' 혹은 '혁신'을 위한 우리의 기업여건은 경쟁국에 비하여 열악(劣惡)하다고 할 수 있다.

아시아 성장 한계론

1994년 말에 발표된 크루그만(P. Krugman)의 논문 하나가 아시아 각국을 발칵 뒤집어 놓은 적이 있다(Krugman, 1994b). 그는 아시아 신흥개 발국(NICs)을 종이호랑이라 부르면서 이 지역의 경제성장은 곧 한계에 부 닥칠 것이라고 하였다.

그의 논리는 한 나라의 '일인당 소득'의 계속된 성장은 '단위 투입에 대한 소출의 증대'(rise in output *per unit of input*)가 있을 때, 다른 말 로 '자본과 노동의 총체적 생산성'(total factor productivity)의 증가가 있 을 때에만 가능하다는 것이다. 나중에 그는 한국이 생산성의 갭을 줄이지 않고서도 미국의 생활수준을 따라잡으려면 "한국 사람 각자가 두 개의 박 사 학위, 5십만 달러의 장비를 갖추고 일해야만 할 것"이라고 잘라 말하기 도 하였다(WSJ, 95. 10. 20).

그의 논리 자체는 동어반복(同語反覆), 즉 같은 말을 되풀이한 것에 지나지 않는다. 문제의 핵심은 한국을 포함한 아시아 각국의 성장에 생산 성 증가가 얼마나 기여하였나 하는 점인데, 크루그만은 문제의 논문에서 '다른 학자들의 실증적 연구결과를 인용'하여 아사아의 성장이 생산성 증 가보다는 노동과 자본 투입량의 증가에 따른 것이었고, 그렇기 때문에 더 이상 투입할 노동과 자본이 없어지면 성장이 멈춘다는 것이었다.

1997년부터 한국, 태국, 인도네시아가 겪은 위기가 크루그만의 예언과 맞아떨어진 것인지 딱부러지게 결론을 내리기는 어렵다. 그러나 제3장과 6

장에서 설명하겠지만, 우리 기업의 기술력과 경영능력이 낮음에 비추어 그의 주장이 우리에게 닥친 어려움을 적어도 부분적으로는 설명해 준다고 할 것이다.[7]

어쨌거나 국가경제의 지속적인 발전을 위해서는 생산성의 증가가 불가결하다는 사실은 재론의 여지가 없는 진리이다. 생산성의 증가는 물론 산업기술(technology)의 개발과 경영능력(management skills)의 향상이 있을 때에만 가능한 일이다. 그런 의미에서 한국이 당면하고 있는 문제점과 그 해결방안에 대하여 크루그만의 주장이 시사해 주는 바가 적지 않다고 할 것이다.

6. 요약 및 결론

한국은 근대적 경제개발 개시부터 1990년대 중반까지 약 35년간 GDP 성장률이나 수출증가율 등의 외형적 경제지표로 보아서는 우등국가였다. 내실 면에서도 1980년대 말 한때 상품수지 흑자를 기록하여 나쁘지 않은 듯하였다. 그러나 1990년대의 시작과 더불어 한국경제는 한계를 드러내었다. 생산요소 비용의 상승과 더불어 수출상품의 가격경쟁력을 상실하는 시점에서 한국 기업들이 신상품 개발, 품질향상, 생산공정의 합리화 등의 필요조치를 취하지 못했던 것이다.

경쟁력이 취약한 우리의 수출기업들은 선진국에서 설 땅을 잃고 경쟁자가 많지 않은 저개발 지역으로 진출할 수밖에 없었다. 그런 궁여지책으로 고도의 수출신장률은 유지하였지만 선진국에서는 제값을 받기가 어려워져 채산성이 낮아졌고 저개발 국가에서는 미회수 채권이 늘어났다. 열심

---

7) 프리드만(M. Friedman)은 한국과 싱가포르의 성장은 투입요소의 증가에 크게 의존하여 크루그만의 이론이 적용되지만, 대만과 홍콩의 성장은 다르다고 하였다 (WSJ, 97. 2. 12). 이는 한국경제의 지속적인 성장을 위해서는 기술개발과 자원의 효율적 사용이 필수적이라는 말에 다름 아니다. 한 컨설팅 회사(McKinsey)의 분석에 따르면, 1970~1995년간 한국 산출량 증가의 77%가 투입량의 증가에 따른 것이라고 하는 바, 크루그만의 주장을 상당한 정도로 뒷받침해 주고 있다(맥킨지).

히 수출하였지만 전체적으로는 '밑지는 장사'였다. 국가 전체로 보아 수출은 증가하였지만 수입(輸入)이 더 많아 상품수지는 적자를 면치 못하였다. 경상수지 적자가 누적되고 외채(外債)가 늘어 갔다. 채산성을 맞추지 못하는 기업은 매출액이 늘수록 적자폭이 커지고 부채가 증가하는 것과 흡사한 형국이었다.

외채가 쌓이면 경상수지 적자는 더욱 늘어난다. 사정이 악화되면 어느 순간 더이상 차입이 불가능해져서 유동성 위기(liquidity crunch)에 몰린다. 그것이 1997년의 금융외환 위기이다. 그 위기의 본질은 결국 기업경쟁력이 취약함에 있었던 것이다.

1990년대에 와서 몇몇 외국기관에서 국가경쟁력 지표를 발표하고 있다. 그 내용은 사회의 하부구조, 과학기술 수준 등 전반적 기업여건을 국가간에 비교하는 것이다. 그런 지표에 의하면, 한국의 기업환경은 모든 면에서 주요 경쟁국가에 뒤떨어진다. 기업경쟁력을 강화할 바탕이 마련되어 있지 못하다고 할 수 있다. 기업환경이 나쁜 것은 대체로 정부의 책임이다.

한마디로 한국의 국가경쟁력은 취약하다. 기업환경이 개선되고 그 바탕 위에서 실제로 기업이 진정한 수출경쟁력을 갖추어야만 우리는 안정된 경제발전을 이룰 수 있다. 그렇지 못하고 수출이 늘어도 상품수지 적자가 계속된다면 위기는 언제나 닥칠 수 있다.

덧붙임

국제수지표 해설[8]

한 나라의 경제적 대외거래는 모두 국제수지표(balance of payment)에 집계된다. 국제수지표는 기업의 회계장부나 가계의 가계부(家計簿)에 해당한다. 이 표에는 각종 거래가 '경상계정'(經常計定), '자본계정'(資本計定), '준비자산'(외환보유고)의 증감 등의 세 가지로 분류·정리된다.

경상계정은 기업회계의 손익계산서에 해당하는 것으로, 외환의 수입(收入)과 지출(支出)을 발생시키는 제반 원인행위가 기재된다.

자본계정은 대차대조표에 해당하는 것으로, '경상활동의 결제(決濟)와 관련되어 일어나는 자산과 부채의 변동' 및 '순수 금융거래(자금의 貸借 및 투자자금의 流出入)'가 기재된다. (대차대조표와 자본계정에 기재되는 항목의 성격은 동일하나, 前者에는 자산과 부채의 총액이 기재되고 後者에는 자산과 부채의 增減이 기재된다는 차이가 있다.)

준비자산의 증감은 통화당국(한국은행)의 자본계정에 해당하는 것으로 외환보유고의 증감이 기재된다.

일정 기간의 경상계정과 자본계정의 각 거래를 정리하여 외환수입과 지출의 잔액을 계산해 낸 것을 각각 경상수지, 자본수지라고 한다. 국제수지표의 기재도 복식부기의 원리를 따르므로 이 두 가지의 수지와 준비자산의 증감을 합하면 언제나 균형, 즉 영(零)이 된다. 다음의 작성 사례를 보자 :

(보기 1A-1) 국제수지표의 작성

외환의 유입(流入)이 일어나는 행위는 수입(收入)이고 유출(流出)이 일어나면 지출(支出)이 되며, 수입과 지출의 차이가 수지(收支)

---

8) 여기서 설명하는 것은 1993년에 확정된 IMF 신기준에 따른 것이다, 우리나라는 1998년부터 신기준을 채택하여 국제수지표를 작성하고 있다.

이다.

10,000달러어치의 옷을 수출하고 그 대금을 A외국환은행을 통하여 회수하면 '수출'(輸出)이라는 외환유입이 있고, 그 대전은 A외국환은행의 해외구좌로 결제되어 '해외예금'이라는 외환유출이 있게 된다.

한편 B외국환은행이 외국의 거래은행으로부터 5,000달러를 차입하여 한국은행에 원화를 대가로 매각하였다면 '외화차입'이라는 외환유입이 일어나고 한국은행의 해외예금, 즉 '준비자산의 증가'라는 외환유출이 일어난다. (수출입 결제나 貸借거래에 따르는 달러화의 이동은 미국소재 은행에 있는 예금구좌의 소유권이 바뀌는 방식으로 처리되므로 자금이 실제 국내로 반출·입되는 것은 아니다.)

앞의 두 가지 거래를 종합하면 경상수지(상품수지) 흑자 10,000달러, 자본수지 적자 5,000달러, 준비자산(외환보유고) 증가 5,000달러가 되어서 세 가지 수지를 합치면 영(10,000 − 5,000 − 5,000 = 0)이 된다. 여기서 자본수지는 해외자산이 늘어나면 지출(−)이 되고, 같은 이치로 준비자산이 증가하면 지출(−)이 되는 점에 특히 유의하여야 한다.

경상계정과 자본계정은 다시 거래의 성격에 따라 몇 단계로 세분된다. 그 자세한 내용이 <부표 1-1>에 나타나 있다.

<부표 1-1> 개편 후 국제수지 계정과목

Ⅰ. 經常計定

A. 商品 및 서비스收支

1. 商品收支
   1.1 一般商品
   1.2 加工用財貨
   1.3 運輸調達財貨
   1.4 財貨修理
   1.5 非貨幣用金

2. 서비스收支
   2.1 運輸
      2.1.1 여객
      2.1.2 화물
      2.1.3 운항 및
            항만경비
      2.1.4 기타
   2.2 旅行
      2.2.1 순수여행
      2.2.2 유학 및 연수
   2.3 通信서비스
   2.4 保險서비스
   2.5 特許權 等 使用料
   2.6 事業서비스
   2.7 政府서비스
   2.8 其他

B. 所得收支

1. 給料 및 賃金

2. 投資所得
   2.1 直接投資所得
      2.1.1 배당
      2.1.2 이자

2.2 證券投資所得
   2.2.1 배당
   2.2.2 이자
2.3 其他投資所得

C. 經常移轉收支

1. 一般政府
2. 其他部門
   2.1 送金
   2.2 其他

Ⅱ. 資本計定

A. 投資收支

1. 直接投資收支
   1.1 內國人海外投資 [1]
   1.2 外國人海外投資 [1]
2. 證券投資收支
   2.1 資産(內國人投資)
      2.1.1 株式
      2.1.2 債券
         2.1.2.1 중장기채
         2.1.2.2 단기채
         2.1.2.3 파생금융
                 상품
   2.2 負債(外國人投資)
      2.2.1 株式
      2.2.2 債券
         2.2.2.1 중장기채
         2.2.2.2 단기채
         2.2.2.3 파생금융
                 상품

3. 其他投資收支
   3.1 資産(內國人投資)
      3.1.1 貸出
         3.1.1.1 長期 [2]
         3.1.1.2 短期 [2]
      3.1.2 貿易關聯信用
         3.1.2.1 長期
         3.1.2.2 短期
      3.1.3 現金 및 預金 [3]
      3.1.4 其他 [3]
   3.2 負債(外國人投資)
      3.2.1 借入
         3.2.1.1 長期 [2]
         3.2.1.2 短期 [2]
      3.2.2 貿易關聯信用
         3.2.2.1 長期
         3.2.2.2 短期
      3.2.3 現金 및 預金 [3]
      3.2.4 其他 [3]

B. 其他資本收支

1. 資本移轉

2. 特許權 等 其他資産

Ⅲ. 準備資産增(−)減

Ⅳ. 誤差 및 漏落

주 : 1) 주식자본, 수익재투자 및 기타자본으로 구분
    2) 통화당국, 일반정부, 예금은행 및 기타부문으로 구분
    3) 통화당국, 예금은행 및 기타부문으로 구분
자료 : 한국은행. IMF 기준에 의한 국제수지 통계해설. 1998. 5.

<부표 1-2> 국가경쟁력 비교표

가. 국가별 종합순위 (1998. 4. 19. 현재)

순위	국 가 명	순위	국 가 명	순위	국 가 명
1	**미국**	17	스웨덴	33	터키
2	싱가포르	**18**	**일본**	34	멕시코
3	홍콩	19	아이슬란드	**35**	**한국**
4	네덜란드	20	말레이시아	36	그리스
5	핀란드	21	프랑스	37	브라질
6	노르웨이	22	오스트리아	38	체크 공화국
7	스위스	23	벨기에	**39**	**태국**
8	덴마크	**24**	**중국**	40	인도네시아
9	룩셈부르크	25	이스라엘	41	인도
10	캐나다	26	칠레	42	남아프리카
11	아일랜드	27	스페인	43	베네수엘라
12	영국	28	헝가리	44	콜롬비아
13	뉴질랜드	29	포르투칼	45	폴란드
14	독일	30	이태리	46	러시아
15	오스트레일리아	31	아르헨티나		
16	**대만**	32	필리핀		

나. 분야별 한국 및 경쟁국의 순위 (1998. 4. 19. 현재)

분야	국내 경제	국제화	정부	금융	하부 구조	경영	과학 기술	인적 자원
1위 국가	미국	미국	미국	미국	미국	미국	미국	싱가포르
한국	**34**	**46**	**34**	**45**	**31**	**34**	**28**	**22**
미국	1	1	13	1	1	1	1	8
일본	15	34	27	23	21	24	2	11
대만	8	32	14	19	26	7	7	18
중국	5	20	5	42	40	30	13	24
태국	16	37	22	44	41	41	43	35

주 : **국내경제** : 경제규모 및 성장, 투자, 저축, 소비, 산업생산, 물가 등

　　국제화 : 경상거래, 국제수지, 자본거래, 개방의 정도 등

　　정부 : 재정, 재정정책, 정부기구의 효율성, 규제와 간섭, 법질서와 치안 등

　　금융 : 자본조달의 용이성, 증권시장 활성화, 은행권의 효율성 등

　　하부구조 : 물류 시스템(수송, 유통), 전기, 통신, 컴퓨터, 에너지 자급도, 환경보호 등

　　경영 : 생산성, 임금, 기업경영 성적, 경영능력, 산업평화, 기업문화 등

　　과학기술 : 연구개발 투자 및 인력, 개발환경, 지적 재산권 등

　　인적자원 : 인구 및 노동력의 구성, 고용과 실업, 교육여건, 생활의 질, 가치관 등

　자료 : IMD

제2장 기업경쟁력의 양적 분석
-낮은 수익성, 엄청난 부채-

이 장(章)에서는 손익계산서 및 대차대조표에 나타난 우리 기업의 경영성적을 중심으로 경쟁력의 척도인 수익성(收益性), 안정성(安定性), 성장성(成長性)을 분석해 보기로 한다. 여기서는 개별기업의 경우를 따지지 않고 전체 혹은 다수 기업의 실적을 합한 총량지표를 중심으로 생각할 것이다.

기업경영의 목표를 한마디로 정의하기는 어렵지만 현실적으로는 '이윤의 극대화'라고 말할 수 있다. 그 점은 "돈을 벌기 위해서 장사한다"는 흔히 들을 수 있는 사업개시의 변(辯)에서 잘 드러난다. 기업이 상품을 생산하여 고객에게 공급하는 것은 결국 그러한 목표를 달성하기 위한 방편이라고 할 수 있다. 그러므로 기업경쟁력을 평가하는 (양적) 척도(尺度)는 무엇보다 먼저 수익성으로 나타나게 된다. '수익성'은 일단 경쟁력의 '결과'이지만 기업경영은 역사성이 있으며, 또한 수익성이 안정성을 결정해 주기 때문에 과거의 수익성은 미래의 수익성을 가늠해 주는 척도가 되는 것이다.

재무구조 등으로 표시되는 '안정성'은 전략선택의 폭을 좌우함으로써 '장래의 수익성'에 영향을 미치고 장기적 생존능력을 결정한다. '성장성'은 '규모의 경제'라는 말에 함축되어 있듯이 규모확대가 '장래의 수익성' 증가 로 연결되기 때문에 중요하다고 할 수 있다.

1. 한국 기업의 '공표된' 수익성

기업의 수익성 지표는 여러 가지가 있지만 여기서는 '영업이익'과 '순 이익'을 중심으로 따져보기로 한다. 영업이익은 금융비용(이자)을 지급하기 이전의 이익으로 영업 자체의 성과를 나타내 주므로 '경영능력'의 척도가 된다고 할 수 있다. 순이익은 모든 비용과 세금을 공제하고 난 후의 잉여 금으로서 주주의 몫이 된다. 순이익은 또한 기업부채를 상환할 수 있는 자 금원이기도 하다.

영업이익

공식적으로 보고된 결산보고서를 중심으로 생각하면, 1990년대에 들 어와서도 한국 제조업체의 영업이익률은 6~8%로 미국이나 대만 등에 비 하여 손색이 없고 일본보다는 오히려 낮다(<표 2-1>).

순이익

한국 기업의 순이익률은 미국이나 대만에 비해 월등히 낮을 뿐만 아 니라 절대 수치가 제조업의 경우 1~2%에 그치고 있다(<표 2-1>). 순이 익으로 본 우리 기업의 수익성은 우려할 정도로 낮다고 할 것이다.

대표적 우량기업이라 할 수 있는 우리나라 상장회사(제조업 및 서비스업 포함)의 1996년 수익성을 살펴보자. 471개 12월 결산법인의 매출액 순이익률은 평균 1.0%에 불과하고, 산업별로 세분해 보아도 2%를 초과하는 예가 드물다(<부표 2-1> 참조). 기업의 크기에 따라 수익성을 분석해 보면 대기업이 중소기업보다 오히려 더 나쁜 결과를 보일 때도 적지 않다. 증권거래소 자료에 따르면 1996년중에 대기업으로 분류되는 상장기업의

\<표 2-1\> 경쟁국간 제조업 수익성 비교

(단위 : %)

가. 매출액 영업이익률

	한국	미국	일본	대만
1987	7.2	6.6	4.1	7.5
1988	6.8	7.3	4.9	6.7
1989	6.0	6.6	5.0	5.9
1990	6.5	6.1	4.8	7.0
1991	6.6	4.9	4.2	6.4
1992	6.6	5.2	3.3	5.7
1993	7.0	6.0	2.5	5.0
1994	7.7	7.4	2.9	6.6
1995	8.3	7.7	3.3	7.3
1996	6.5	7.4	3.6	n/a

나. 총자산 영업이익률

	한국	미국	일본	대만
1987	8.7	7.6	5.2	8.9
1988	8.2	8.5	6.2	7.6
1989	6.6	7.5	6.1	6.0
1990	6.8	6.7	5.8	6.7
1991	6.6	5.1	4.9	6.4
1992	6.3	5.5	3.6	4.8
1993	6.5	6.3	2.6	4.4
1994	7.4	8.0	3.1	5.9
1995	8.3	8.5	3.6	6.1
1996	6.2	8.1	3.9	n/a

다. 매출액 순이익률

	한국	미국	일본	대만
1987	1.9	4.8	1.7	9.1
1988	2.0	5.9	2.2	7.7
1989	1.6	5.0	2.3	9.0
1990	1.4	4.0	2.1	6.2
1991	1.4	2.5	1.7	6.0
1992	0.9	1.0	1.0	5.7
1993	1.1	2.8	0.6	5.3
1994	2.0	5.4	0.8	7.6
1995	2.8	5.7	1.3	6.6
1996	0.5	6.2	n/a	n/a

라. 자기자본 순이익률

	한국	미국	일본	대만
1987	10.7	12.9	7.5	23.6
1988	10.2	16.3	9.5	18.5
1989	6.4	14.1	9.3	17.9
1990	5.5	10.8	8.3	11.1
1991	5.6	6.4	6.4	11.9
1992	3.5	2.7	3.4	9.3
1993	4.2	8.1	2.0	8.7
1994	7.7	15.5	2.6	12.6
1995	10.9	16.4	4.2	10.2
1996	1.9	17.0	n/a	n/a

주 : 한국은행, 미국 상무부, 일본 재무부, 대만은행의 추계(推計) 수치임.
자료 : 한국은행. 기업경영분석 ; 일본 재무부. 재정금융통계월보

이익률은 0.9%에 불과한 반면 중소기업으로 분류되는 상장기업들은 2.2%인 것으로 나타난 바 있다. 대기업 중에서도 30대 재벌그룹 중에 소속된 상장기업의 평균치는 0.3%에 불과하다.

매출액 이익률 1%라는 것은 100원어치의 물건을 팔아 1원의 이익을 남겼다는 것으로 경기가 조금만 나빠지거나 한 건의 작은 사고(받아 둔 어음의 不渡 등)만 생겨도 금방 적자로 돌아설 수 있는 매우 불안한 수치이다. 이런 정도의 수익성으로는 주주에 대한 적정한 배당은커녕 막대한 부채를 상환하기에도 턱없이 모자란다.

한국 기업체 '전체의 평균이익률'이 1~2%에 불과한 사실을 한 단계 더 깊이 생각해 보면 '적지 않은 개별 기업체가 적자상태일 것'이라는 추정이 가능해진다. 적자인 기업은 부채가 늘 수밖에 없고, 부채가 늘면 금융비용이 증가하여 이익을 내기가 한층 더 어려워지는 악순환이 시작된다. 부채가 누적되면 언젠가는 부도의 위기에 몰리게 된다. 실제로 1997년의 위기는 많은 숫자의 대소기업이 부도처리되는 것으로 시작되었다. 근본적으로 한국기업의 수익성은 '위태위태한 것'이다.

우리를 더욱 우울하게 하는 것은 결산보고서의 신뢰성 문제이다. 우선, 국제회계 기준은 기업의 수익성을 보수적으로 평가하도록 되어 있지만 우리의 회계기준은 수익성을 오히려 과대평가하도록 되어 있는 것이 많다. 더구나, 우리나라에서는 손익을 경영층의 뜻대로 조정하는 '분식결산'(粉飾決算)이 오래 전부터 폭넓게 이루어져 왔기 때문에 공식 결산보고서의 신뢰성이 더욱 낮을 수밖에 없다.

2. '공인'(公認)된 분식결산

증권거래소에 제출되는 결산자료는 각 기업체가 작성하여 공인회계사(CPA)가 '적정'하다는 의견을 붙인 것이다. 한국 기업의 실제 수익성은 그런 공식 절차를 거쳐 보고된 내용보다 훨씬 더 나쁠 것으로 추정된다.

공인회계사가 "공인"한 분식결산

　적지않은 기업체들이 적자(赤字)인 영업결과를 흑자(黑字)로 보이도록 분식결산(粉飾決算)을 해 오고 있고, 공인회계기관도 기업체와의 거래관계를 유지하기 위해 이를 묵인 내지 방조해 왔다.

　　한국 기업의 분식결산은 금융외환 위기를 계기로 전세계에 공개되었다. 그러나 분식결산이 관행화된 것은 이미 오래 전의 일이며 이 사실은 업계의 공공연한 비밀이었다. 거대 상장기업체인 Z사의 회계부서에 근무한 적이 있는 한 간부 직원은 저자에게 아래와 같이 실토한 바 있다 :

　　우리 회사는 납세 성적이 좋아서 성실 세무신고 법인으로 표창 받은 적이 많다. 그러나 사실을 알고 보면 허약하기 짝이 없는 회사이다. 1970년대 말부터 이미 결산하기가 어려웠다.[1] 그 이후 현재까지 해마다 이익이 난 것으로 발표되었지만 현실과는 상당한 차이가 있다. (1995년)

　　분식결산은 매우 많은 기업에 의해 이루어지고 있다. 특정 기업체가 경영이 어려워져 부도처리되거나 법정관리에 들어가면 거의 예외없이 분식결산한 사실이 문제가 되곤 하는 것이 현실이다. 1990년대 후반에 와서는 H, D, K 그룹의 장부조작 사건을 필두로 이러한 사례가 특히 많이 보도되었다. 분식결산 사실이 발각되어 해당 기업의 경영주와 관련 공인회계기관이 징계조치를 받은 사례도 적지 않다(공인회계사의 직업윤리에 대해서는 제7장 참조).

　　분식결산은 "우량기업"이라고 해서 예외는 아니다. 앞의 Z사는 대표적 우량기업으로 외부에 알려져 있었고 1990년대 초반까지는 투자 유망종목에 단골로 꼽히곤 하였다. 1998년에 "우량" 재벌 H그룹에 소속된 특정 기업체에 대해 "퇴출(退出) 명령"이 내려진 적이 있다. 그와 관련하여 고위당국자(금감위 부위원장)가 "흑자라고 결산보고 되었지만 실사(實査)해

---

1) "결산하기가 어렵다"는 말은 "정상적으로 처리하면 손익계산상 적자가 된다"는 말이다.

보니 적자였다”는 요지로 공개 석상에서 분식결산 사실을 확인해 주기도
하였다(KBS, 98. 8. 1).

분식결산이 오랜 기간 만연하다 보니, 때에 따라서는 누적된 사실왜
곡의 정도가 매우 심하여 공표되는 재무제표가 아무런 의미를 가지지 못
할 경우도 있다. K자동차의 경우는 1998년 중 자산실사 과정에서 ‘일차적
으로 밝혀진 것만 따져도’ 부풀려진 자산과 축소된 부채액의 합계가 무려
3조 원에 달해 총자산의 1/3에 육박하였다.

참고로, 분식결산을 위한 장부조작에 사용되고 있는 방법에는 매출액
부풀리기, 대손충당금 줄여 잡기, 재고자산 가치 부풀리기, 감가상각비 줄
여 잡기 등 여러 가지가 있다. “기업들이 밀집한 도심 구멍가게에서 가장
잘 팔리는 서류는 ‘간이 세금계산서’”라고 알려져 있기도 하다. 이런 계산
서는 분식결산을 위한 “조작된 영수증”으로 사용되는 것이다(조선, 98. 1. 4).

제도적으로 ‘공인’된 분식결산

위에서 논의한 것은 특정 기업체의 탈법적(脫法的) 내지 위규적(違規
的) 행위에 관련된 것들이지만, 문제가 더욱 심각한 것은 기업체가 손익을
임의조정하도록 제도적으로 허용되거나 사실상 묵인되고 있다는 점이다.
그와 같은 예는 여러 가지가 있지만 그 중 대표적인 것을 소개하면 아래
와 같다 :

① 외화표시 자산·부채의 외환차손익 반영기준. 1996년중에 한국 원화
는 많은 외국 통화에 대하여 시세하락(depreciation)하였다. 따라서 외화
부채의 원화 환산에 수반되는 외환차손을 입은 업체가 많았다. 그러자 정
부는 기업회계 기준을 바꾸어 외환차손익을 해당 영업년도의 손익에 반영
하지 않고 자본조정 항목으로 숨길 수 있도록 허용하였다. 더구나 기업체
가 두 가지 방법 중 어느 하나를 임의로 선택할 수 있게 하여 손익계산서
를 기업체간에 비교할 수 없게 만들어 버렸다. 전문가가 아닌 외부인사들
로서는 어느 기업체가 경영상태가 좋은지를 평가할 수 없게 되었던 것이다.

1997년의 금융외환 위기로 외환차손이 급격히 늘어나자 정부는 다시 회계 기준을 바꾸어 외환차손을 '이연자산'으로 분식하여 해당 회계년도의 손익에 나타나지 않도록 하였다. 국제 회계기준에 어긋나는 이런 조치들은 현실을 호도(糊塗)하는 일에 다름 아니다.

❷ 주식 평가손익의 반영기준.   증권회사를 비롯한 기관투자가는 자기 자금으로 주식에 투자하고 있다. 주식시세의 변동에 따라서 그들의 자산가치가 변동되므로 해당 사업년도의 손익에 큰 영향을 미치게 된다. 그런데 우리의 회계원칙은 주식 평가손익을 15~100% 사이에서 임의로 반영할 수 있도록 허용하고 있다(1996년 기준, <표 2-2>). 결과적으로 증권회사의 손익은 도무지 종잡을 수가 없게 되고 말았다.

❸ 해외자산의 대손처리 기준.   우리나라 경제의 대외의존도가 높다 보니 많은 기업체들이 큰 금액의 대외 수출채권과 해외 투자자산을 가지고 있다. 그런데 수출채권의 상당 부분이 부실화되었지만 그런 사실이 결산에 반영된 비율은 매우 낮다. 수익성이 낮기 때문에 부실채권은 대손(貸損) 처리하려는 기업이 많지 않기도 하지만, 까다로운 외환관리 규정 때문에 기업이 원한다 해도 사실상 불가능에 가깝다.

<표 2-2> 증권회사 세전이익 및 주식평가손

(1996회계년도, 단위 : 십억 원)

	세전 순이익	상품 주식평가손		
		97. 3. 31	반영액	**반영비율**
신 영	33.2	9.7	1.5	**15%**
현 대	16.0	78.4	11.8	**15**
L G	-20.1	114.4	17.2	**15**
대 유	14.0	19.3	3.0	**15.3**
대 우	-37.8	107.6	21.5	**20**
신 흥	0.8	17.1	8.5	**49.5**
동 원	8.3	14.4	14.4	**100**
삼 성	-35.4	15.7	15.7	**100**

자료 : 증권감독원(34개 증권회사 중에서 일부를 임의 발췌함).

우리 기업이 해외에 직접투자하여 수익성 측면에서 성공한 사례는 알려진 바가 거의 없는 반면, 실패한 사례는 일반에 알려진 것만 해도 수십만 달러에서 수억 달러, 심지어 십억 달러를 넘는 것까지 수없이 많다. 그러나 그러한 사례들이 투자손실로 손익결산에 제대로 반영되지 않고 있다.

④ 연결재무제표의 작성기준. 정부가 기업체로 하여금 자회사의 경영성적을 본사의 그것과 합치도록 유도하고 있기는 하지만, 아직도 기업평가 자료로서 널리 사용되거나 그 중요성이 인식되지 못하고 있다. 연결 대상이 되는 자회사에 대한 경영책임은 궁극적으로 모기업이 지게 되므로 이들 회사의 손익과 재무구조는 모기업의 손익이나 재무구조와 합쳐져서 평가되어야 마땅한데, 우리의 현실은 모기업만 단독적으로 생각하는 것이 일반 관행이 되어 사실을 크게 왜곡시키고 있다.

많은 기업이 해외경영에서 손실을 보고 있는데 이것을 연결하지 않으면 본사의 수익성이 과대평가된다. 다수의 기업이 자회사 이름으로 자금을 차입하도록 지불보증해 주고 있다. 자회사 차입금을 연결하면 부채의 규모가 크게 늘어나게 된다.

1997사업년도를 기준으로 볼 때 연결대상이 되는 253개 상장회사(금융기관 제외)의 부채는 모두 304조에서 435조로 늘었고 순손실은 6천억원에서 5조원 가까이로 늘었다. 한 전자회사는 1,200여 억원의 순이익이 연결 후에 6,000여 억원의 손실로 바뀌었고, 한 종합상사는 11조원의 부채가 연결 후에 34조로 늘어난 바 있다(<부표 2-3> 참조). 그런 일이 많다 보니 증권거래소는 "상당수 상장사들이 종속회사와의 내부거래를 통해 이익규모를 부풀리거나 적자를 떠넘기는 경우가 많다는 방증"이라고 분석하기도 하였다(중앙, 98. 5. 6).

한마디로 한국 기업의 수익성은 실제보다 훨씬 과대평가되어 있다.

세금을 내기 위한 분식결산

우리 기업체가 회계장부를 조작하는 것은 대개 적자인 기업을 흑자인 것처럼 꾸미는 형식이다. 그것은 해당 기업체 내지 소속 재벌그룹의 체면과 '상장회사'라는 간판을 유지하고 아울러 자금조달에서 이익을 얻고자 함이다.

정부가 공식적으로 혹은 사실상 허용하는 방법으로 손익을 조정하는 경우도 일반적으로 재무상태를 실제보다 낮게 보이게 하고자 하는 것이다. 그것에는 대외적으로 체면을 유지하고 해외시장에서 자금조달을 용이하게 하기 위한 정부의 배려가 깔려 있다.

그러나 어떤 형태건 손익을 조작하는 데에는 몇 가지 심각한 문제가 뒤따른다.

첫째, 기업체를 평가하는 잣대가 없어진다. 자산가치의 변동을 평가하느냐 마느냐의 여부, 부실채권을 현실화하느냐 마느냐의 여부를 기업체가 임의로 결정한다면 그렇게 해서 공표된 재무제표를 근거로 기업체간의 경영상태 및 능력을 비교할 방법이 없어진다. 예를 들면 1996년도 결산에서 외환차손을 반영하지 않은 H전자(순이익 700여 억원, 외화환산 손실 자본조정 1,000억원)와 외환차익을 반영한 D중공업(순이익 700여 억원)의 손익을 비교하는 것은 아무런 의미가 없다. 또한 회계기준을 자주 바꾸는 것은 특정 기업의 경영성과에 대한 시계열(時系列) 분석을 불가능하게 만든다.

둘째, 기업경영 상태를 외부인사(투자자, 금융기관, 거래업체)에게 속이는 결과를 낳는다. 예를 들어 한 민간 경제연구소는 외환차손을 정확하게 반영하였더라면 우리나라 30대 그룹 모두가 1996년에 적자를 본 것으로 추정한 바 있다(한경, 97. 3. 5). 많은 "우량" 기업체가 해외 자회사를 연결하는 순간 형편없는 '불량' 기업이 되고 만다. 결산보고서를 믿고 주식에 투자한 개인이나 자금을 대출해 준 금융기관은 사실상 '속임'을 당한 것이다.

셋째, 개별 기업체의 허약체질이 장막 속에 가려져서 곪은 상처가 수술되지 않는다. 건강한 체질로 회생(回生)이 가능한 기업체가 필요한 조치를 취할 시기를 놓치면 돌이킬 수 없는 상태에 빠지게 될 가능성이 매우 크다. 경쟁력 없는 기업이 도태되지 않고 살아남아 있으면 국가자원을 낭비하는 결과가 초래된다.

모든 자산을 원칙적으로 시세에 따라 평가하고, 부실한 채권을 평가절하하여 대손충당금으로 적립하게 하는 엄격한 미국의 기업감리제도(corporate governance)가 많은 기업체를 건강하게 하는 밑받침이 된 점을 우리는 타산지석으로 삼을 필요가 있을 것이다(*cf.* FEER, 97. 6. 5).

넷째, 적자인 기업을 흑자인 것으로 조정하게 되면 해당 기업체는 보고된 이익금에 대한 법인세를 납부하여야 한다. 한 민간 연구소가 표본조사한 대표적 "우량기업"을 포함한 10개사는 1996년중 순이익이 4,000여억원인 것으로 공표하였으나 외환차손을 사실대로 반영하면 3,000여 억원의 적자를 보았다. 그런 분식결산 때문에 10개사는 833억원의 법인세를 납부하였다. 개별기업으로 보아서는 적자라는 자금결손에 세금납부라는 자금 유출(流出)이 덮친 꼴이 된다. 이것이 기업체 스스로의 선택일진대 현명한 판단이라고 보기 어렵다.

어느 나라에서건 기업체가 절세(節稅)를 목적으로 손익을 조정하는 것은 흔히 있는 일이지만, 세금을 내기 위해 불특정 다수 기업이 상습적으로 분식결산하는 예는 한국과 일본을 제쳐 두고는 찾아보기 어렵다.

3. 수익성과 경쟁력

기업의 수익성은 기업경쟁력의 결과이다. 우리의 기업체들이 일반적으로 존립의 의미가 의심스러울 정도로 수익성이 낮다면 그것은 그들의 경쟁력의 절대수준이 매우 낮았기 때문이고, 또 그런 상태가 오랫동안 계속되어 왔기 때문이라고 할 수 있다.

미국이나 대만 제조업체의 기업의 순이익률은 한국의 그것보다 월등히 높다. 그들의 경쟁력이 높은 것이다. (<표 2-1>은 해당국 관계기관이 추계한 수치임.)

주요 기업의 1996년 실제 결산자료를 보면 미국의 500대 기업은 평균 6.7%의 매출액 순이익률을 달성하였는데 우리나라 상장기업의 평균 1.0%와는 비교가 되지 않을 정도로 높다(<부표 2-2> 참조). 손익이 결산

보고서에 반영되는 정도를 감안한다면 경쟁력의 실제차이는 공표된 수치보다 더욱 클 것이다.

각종 사실을 종합하면 수익성 측면에서 본 한국 기업의 경쟁력은 역사적으로 매우 취약했다고 할 수 있다.

'공표된 이익률'이 오랫동안 계속하여 낮았다는 사실과 공식·비공식적인 분식결산이 만연되어 있다는 사실을 감안하면 적지 않은 우리 기업이 적자를 보면서 경영을 계속해 왔다는 의구심을 불러일으키기에 족하다. 현실적으로 많은 기업이 이익률이 매우 낮고 경기(景氣)와 상관없이 일정 수준을 유지한다. 예를 들어 종합상사들은 0.5% 내외의 이익률을 장기간 유지하는 것으로 보고되어 왔다. 손익을 인위적으로 조정했다는 간접적 증거가 될 수도 있다.

'적자기업을 흑자로 분식하여 존속시켰다'는 가설(假說)이 사실이라면 그것은 기업들이 무작정 돈을 빌려서 사업을 확장하였고, 적자를 벌충하기 위하여 또 다시 빚을 끌어대었다는 결론이 된다. 그런 현상이 상당 기간 계속되었다면 경쟁력 측면에서 존립기반을 상실한 기업이 장기간 존재함으로써 심각한 정도로 국가자원을 낭비하였다고 할 수 있다.

수익성은 나아가 기업의 재무구조를 결정한다. 수익성이 높은 업체는 이익금을 유보(留保)하여 자기자본을 확충하고 부채를 줄일 수 있다. 자기자본 비율이 높아지는 것이다. 반대로 수익성이 낮으면 부채가 늘어나서 재무구조가 나빠진다. 재무구조는 장래의 기업경쟁력에 큰 영향을 미친다(6절 참조).

정리하면, 기업의 수익성은 기업경쟁력을 나타내는 가장 중요한 척도이다. 한국기업은 수익성이라는 척도에 비추어 볼 때 경쟁력이 낙제점이라고 할 수밖에 없다.

4. 외부자본에 의한 기업확장

기업도 하나의 유기체(有機體)로서 성장한다. 기업이 성장하면 건물,

설비 등 고정자산, 재고와 매출 채권 등의 유동자산 그리고 다른 형태의 기타 자산이 늘어나게 된다. 그와 같이 늘어나는 자산에 투자(投資)하기 위해서는 새로운 자금이 필요하다.

자금의 원천(源泉)은 크게 내부조달자본(internal capital)과 외부조달자본(external capital)으로 나눌 수 있다. 내부조달자본은 이익잉여금과 감가상각비로 구성된다. 외부조달자본은 주식발행, 차입금, 기업신용(매입채무의 증가) 등으로 구성되어 있다. 재무제표 중의 '현금 흐름표'는 이와 같은 자금의 운용과 조달에 관한 정보를 제공해 준다.

1960년대 이후 우리 기업체들은 국가경제와 함께 빠른 속도로 성장하여 왔다. 따라서 큰 금액의 투자자금이 필요하였다. 그러나 기업의 수익성이 낮았기 때문에 이익잉여금은 기업확장을 위한 자금에는 턱없이 모자랐다. 성장욕구에 못 미치는 수익성, 구체적으로 '투자자금의 소요(所要)에 못 미치는 이익잉여금'은 필연적으로 기업들로 하여금 외부자금에 의존하게 하는 결과를 낳았다.

한국은행의 추계에 의하면 1993~1995년 사이에 금융기관을 제외한 우리 기업들은 총투자자금의 대략 1/3을 내부자본(이익잉여금과 감가상각비)에, 2/3는 외부자본(유상증자 및 각종 부채)에 의존하였다. 이에 비해 미국의 기업들은 같은 기간중에 2/3를 내부에, 1/3을 외부에 의존하였다. 전체적으로 한국 기업의 외부자본 의존도가 월등히 높았다. 그것은 부분적으로 경제성숙도의 차이 탓이라 할 수 있지만 우리의 경우는 외부자본 의존도가 지나쳤다는 데에 문제가 있다. (대만의 경우와 비교하면, '경제성숙도'를 말하는 것은 핑계에 지나지 않는다고 볼 수도 있다.)

내부자본 중에서 감가상각비는 과거에 투자한 원본을 회수한 것이므로 거슬러 올라가면 내부자본일 수도 있고 외부자본일 수도 있다. 그렇게 보면 기업체의 자본조달 경로는 대차대조표를 기준으로 내부자본인 ① 이익잉여금, 외부자본인 ② 납입자본금 및 ③ 부채 등의 세 가지로 대별할 수 있다. 이들 셋 중 납입자본금은 외부에서 유입되었지만 이익잉여금과 함께 '자기자본'으로 분류되는 특징이 있다.

한국 기업은 전통적으로 외부자본인 부채와 유상증자에 의존하여 투자자금을 조달하여 왔다.

부채에 의존한 기업 확장

우리 기업들은 전통적으로 부채, 그 중에서도 금융기관 차입금에 의존해서 성장하고 사업을 확장해 왔다. 수익성이 낮은 데다가 차입금에 대한 의존도가 지나치게 높아서 크고 작은 기업들이 원리금을 상환하기가 어렵게 되자 금융시장이 혼란에 빠졌고 그것이 외환시장의 혼란으로 발전하였다. 그것이 1997년에 우리가 맞은 위기의 본질이었다.

자금 조달원으로 부채에 의존하는 정도를 나타내기 위하여 흔히 부채비율이나 자기자본 비율을 사용한다.[2] 한국은행이 추계한 바에 따르면 우리나라 제조업체의 평균 부채비율은 1996년 말 현재 317%로서 미국의 2배, 일본의 1.5배, 대만의 3.5배에 이른다(<표 2-3>). 한마디로 무리하게

<표 2-3> 경쟁국간 '제조업' 부채비율 비교

(단위 : %)

	한 국		미 국		일 본		대 만	
	부채비율	자기자본 비율	부채비율	자기자본 비율	부채비율	자기자본 비율	부채비율	자기자본 비율
1991	307	25	147	40	221	31	98	51
1992	319	24	168	37	216	32	93	52
1993	295	25	175	36	213	32	88	53
1994	304	25	167	38	210	32	87	53
1995	287	26	160	39	207	33	86	54
1996	317	24	154	39	193	34	n/a	n/a

주 : 한국은행, 미국 상무부, 일본 재무부, 대만은행의 추계 수치임.
자료 : 한국은행. 기업경영분석

---

2) 부채비율과 자기자본 비율은 같은 내용을 다른 말로 표현한 것에 지나지 않는다. 이 둘의 관계는 아래와 같다 :

$$\text{부채 비율} = \frac{1 - \text{자기자본 비율}}{\text{자기자본 비율}}$$

부채에 의존하여 성장해 왔고 그것이 일반화되었다고 할 수 있다.

우리가 현실에서 경험하는 기업 부채비율은 한국은행의 추계치보다 훨씬 높다. 우리 국가경제에서 재벌기업이 가진 양적 비중과 질적 역할은 세계에서 유례가 없이 큰데, 그런 재벌의 부채비율은 전체평균보다 더 높다. 30대 재벌소속 기업(금융기관 제외)의 평균 부채비율은 1995년 및 1996년 말 현재 대략 400%였으며(<부표 2-4>), 1997년 말에는 500%를 넘어섰다. 크게 염려해야 할 수치이다. 과다한 부채가 초래하는 문제점은 다음 절에서 다루도록 한다.

무절제한 유상증자(有償增資)

차입과는 별도로, 많은 상장기업체, 특히 자금이 상습적으로 부족했던 대기업들은 증시(證市)에서 유상증자를 하는 방법으로 소요자금의 상당 부분을 충당해 왔다. 우리는 주식발행을 통한 자금조달은 차입금보다는 훨씬 건전한 것으로 치부하여 정부는 정부대로 유상증자를 적극 장려해 왔고, 기업은 기업대로 규정(規程)과 시장여건이 허락하는 한 최대한으로 활용해 왔다. 적지 않은 대기업이 연례행사처럼 유상증자를 실시한 적도 있었다.

기업들에게 유상증자는 재무구조도 좋게 만들 수 있고, 배당금 부담이 적은 덕분에 '매우 값싼', 그래서 편리하기 이를 데 없는 자금원(資金源)이었던 것이다. 그런 관념은 한 일간지 기사를 통해 짐작해 볼 수 있듯이 우리나라에서는 상당히 보편화되어 있다:"상장회사 절반 이상이 올해 증시에서 자금조달을 할 수 없게 됐다. 증자요건이 강화돼 값싼 자금조달 수단인 유상증자나 전환사채(CB) 발행이 불가능해진 때문이다"(한경, 97. 4. 4).

그러나 우리가 증시를 통하여 조달한 자금이 '값싼 자기자본'이라고 편하게 생각하는 데에는 상당한 문제가 있다. 무엇보다 먼저 기업이 안이(安易)하게 생각하는 만큼, 기관투자가나 소액투자자의 손실로 돌아오게 되는 점에 유의하여야 한다. 기업공개이건 유상증자이건 주식을 판매하여 조달한 자금은 엄연히 외부투자자들의 주머니에서 나온 '외부자금'이다. 투자자들이 주식을 살 때는 투자수익이라는 대가를 기대하므로 건전한 경영자라면 '외부자금'에 대해 응분의 보상을 해 주겠다는 의무감을 느껴야 마땅하다.

주식은 채권(債卷)이나 은행예금보다도 투자위험이 높기 때문에 주식투자 수익률이 회사채나 예금의 금리보다 높아야 한다는 것은 기초적인 경영학 이론 중의 하나이다. 따라서 건전한 기업가라면 금융기관으로부터의 차입금에 대하여 느끼는 이자율 부담보다도 주주들의 몫이 될 자기자본 이익률에 더 큰 부담을 느껴야 마땅하다.

만약 어떤 기업의 경영층이 안이하게 생각하여 기업의 수익성이 낮아지고 주주에게 돌아가는 이익이 적어진다면, 즉 주식자금이 그야말로 '값싸다면' 그 기업은 주주에 대한 도리를 망각하는 것이 된다. '현명한 투자자들'은 그런 기업을 외면하게 되어 장차 증시를 통한 자금조달이 어려워질 것이다.

1990년대에 들어서서 우리나라 주식시장은 장기침체에 빠져 있었다. 다른 원인이 있을 수 있지만 기본요인은 상장기업의 수익성은 형편없었던 반면 주식은 무절제하게 발행되어 투자자들이 주식시장을 이탈한 결과라 할 것이다.

선진 각국 특히, 기관투자자나 소액주주의 발언권이 센 미국에서 방만한 유상증자는 금기(禁忌) 사항 중의 하나이다. 한 기업금융 전문가(G. Donaldson)의 연구조사 결과에 따르면, 다수의 미국 기업들은 "내부에서 조달된 자금이 허용하는 범위 내에서 사업을 키워 나가는 것을 장기적 목표로" 세우고 있으며, 대부분의 기업체는 "이익잉여금에 의존하는 것이 가장 저항을 덜 느끼는 방법"으로 생각하고 있다(Brealey & Myers). 경영층이 주식투자자를 무서워하고 있는 것이다.

그런 연유로 미국의 기업들은 유상증자를 시행하기보다는 오히려 그 반대로 자기주식(自社株)을 사들여 발행주식수를 줄이는 경향이 있다. 실제로 1984~1995년의 12년간 미국 기업들은 전체적으로 주식시장에서 7천억 달러어치의 자사주를 순매입(자사주 매입-주식발행·매각)하였고,

1990년대 후반에는 자사주 매입이 우량기업 사이에 유행처럼 번져 나갔다 (Ellsworth). 자사주 매입이 그만큼 외부자본 의존도를 낮춤은 두말 할 필요 가 없다.

미국 기업들이 유상증자, 즉 주식시장을 통한 외부자금 조달을 기피 하고 있는 것은 소위 "물 타기"(dilution)가 초래할 주당가치의 하락을 우 려한 일반 투자자들의 압력이 있기 때문이다. 1990년대 말 이후에는 주주 들이 한 술 더 떠서 이익잉여금으로 자사주를 매입하여 주가를 상승시키 라고 압력을 넣기도 한다. 하나의 사례를 보자:

(사례 2-1) 소액주주에 의한 주가부양 조치 요구(미국)

크라이슬러(Chrysler Corp.)는 억만장자 투자자인 커코리언 씨를 달래는 한 방편으로 [분기별] 배당금을 60% 올리고 10억 달러어치의 자사(自社) 주식을 [증시에서] 매입하겠다고 발표하였다. 아울러 커코리언 씨로 하여금 동사 주식을 더 많이 살 수 있게 하기 위하여 주주권리 규정을 완화하였다.

크라이슬러 사의 이러한 극적인 조치는 커코리언 씨가 동사에 주가 부양(浮揚)을 위해 필요한 대책을 강구하라고 요구한 후 17일 만에 취해진 것이다. 커코 리언 씨는 동사 주식의 9%를 소유한 최대 주주이다. 예견된 바 있는 크라이슬러 의 이와 같은 결정에 대해 커코리언 씨의 대변인은 만족감을 나타내었다. (WSJ, 94. 12. 2)

다시 말해서, 미국의 현명한 투자자들은 개인이건 기관이건 경영층이 주주의 이익에 반하여 기업을 경영하거나, 자산을 처분하거나, 주식관련 증권을 발행하면 가만히 있지 않는다. 이들은 경영층의 이러한 행위에 대 해 직접적인 압력, 경영권 분쟁(proxy fight), 사외이사 파견, 민사소송, 마지막으로 해당 주식을 팔아 치워 버리는 것 등 구체적인 행동으로 대 응한다.

정리하면, 유상증자, 즉 주식시장을 통하여 조달한 자금은 기업이 부 담없이 사용할 수 있는 '값싼 자금'이 아니다. 유상증자는 엄연히 외부자금 이며 경영층은 그러한 자금에 대해서 금융기관 차입금보다 더 큰 부담을 느껴야 마땅하다. 장차 한국 투자자의 인식이 달라지면 유상증자는 더이상 값싼 자금의 공급수단으로 남아 있지도 않을 것이다.

유상증자 자금이 차입금과 다른 점이 있다면 경영층이 '최선을 다해서' 경영을 했음에도 성과가 나쁠 때 자본비용, 즉 배당금을 지급하지 않아도 되기 때문에 일시적으로 여유를 가질 수 있다는 정도로만 생각하여야 할 것이다.

5. 형편없는 내부자본 비율

기업의 자금원(資金源)으로서 자기자본이 부채보다 안정적이라는 것이 일반적 인식이다. 부채는 약정기일이 되면 상환해야 하는 부담이 있지만 자기자본은 그런 부담이 없기 때문이다.

부채를 상환하는 방법은 크게 두 가지를 생각할 수 있다. 첫째, 효과적인 기업경영으로 수익을 올린 후 이익잉여금으로 갚는 것인데 이것이 가장 바람직한 방법이다. 이익잉여금에 의한 상환이야말로 차입경영이 정당화될 수 있는 근거라 할 것이다.

둘째, 새로운 부채를 일으켜 기일이 도래한 기존의 부채를 상환하는 방법이다. 두번째의 방법은 해당 기업의 경영상태가 불안하거나 자금시장 여건이 어려워지면 활용이 불가능할 수도 있다. 자금을 차입할 수 없게 되는 상태가 바로 부도(不渡)이다. 기업의 존립이 위협받게 되는 것이다.[3]

그런 의미에서 자기자본이 많을수록 더욱 안정적(安定的)이라고 말할 수 있다. "자기자본 비율"이 기업 안정성의 척도로 널리 쓰이는 이유이다.

재무구조의 의의

기업의 재무구조는 총자본, 즉 자기자본과 부채의 구성을 말하는 것

---

3) 비상상태에서는 자산을 처분하여 부채를 상환할 수도 있다.

으로 '자금상환의 부담'을 나타내 준다. 그것은 해당 기업의 당장의 존립 가능성, 즉 '단기적 안정성'을 표시한다.

재무구조는 기업경쟁력 혹은 경영의 건전성과 관련하여 위와 같은 측면 이외에 아래의 두 가지 의미를 더 가지고 있다 :

①경쟁력의 척도. 재무구조는 해당 기업의 역사적 소산물(所産物)로서 창립 이래 그 기업의 경영성적을 나타내 주는 척도가 된다. 어떤 기업이 경쟁력이 높아서 많은 이익을 창출했다면 이익잉여금(내부자본)을 투자자금으로 많이 사용하였을 것이다. 다른 기업이 이익 창출력이 낮았음에도 계속적으로 기업규모를 확장하였다면 유상증자와 금융기관 차입금(둘 다 외부자본임)을 늘여서 자금을 조달하였을 것이다.

재무구조를 내부자본과 외부자본, 즉 '이익잉여금'과 '증시 조달자금 및 부채'의 둘로 구분해 보면 해당 업체의 '과거의 경쟁력'을 가늠해 볼 수 있다. 기업경영은 연속성이 있으므로 과거의 경쟁력은 미래의 경쟁력의 척도가 될 수 있다.

②장기적 안정성의 척도. 재무구조는 그 기업체가 장래에 부담해야 할 비용의 정도를 나타내므로 기업경영의 장기적 안정성을 나타내 주는 척도가 된다. 금융기관 차입금, 회사채 등이 주를 이루는 부채에 대해서는 회사의 경영상태와는 상관없이 미리 정해진 이자를 지급하여야 하므로 해당 기업체에게는 '계약상의 부담'이 된다.[4]

유상증자를 통해서 조달한 자금에 대해서도 그에 대해서 경영층은 시장 이자율보다 높은 수익률을 달성시켜 주어야 한다는 '심리적 부담'이 있다.

이익 잉여금도 주주의 재산이라는 점에서 경영층은 그것을 보호할 의

---

4) 한국 제조업체의 1996년 말 재무구조를 보면 대략 25%의 자기자본, 50%의 차입금, 25%의 기타 부채로 구성되어 있다(한국은행 · 기업경영분석). 여기서 차입금이란 명시적(明示的)으로 이자를 지급하게 되어 있는 것으로, 금융기관 차입금 및 회사채 등의 직접금융을 포함한다.

무가 있으나 그것은 주주들의 호주머니에서 직접 나온 돈이 아니고 경영성과의 집합체이다. 경영층의 부담이 덜하다고 할 수 있다(G. Donaldson의 의견).

그렇게 볼 때 내부자본과 외부자본의 구성은 해당 기업에 대한 '장래 비용부담의 정도'를 나타내 주므로 기업경쟁력의 척도가 된다. 내부자본이 많을수록 중장기적으로 경영이 안정된다(6절 참조).

내부자본 비율의 의의

종합적으로 '내부자본 비율'은 과거와 미래의 기업경쟁력의 효과적인 척도인 바, 특정 기업의 '수익성'과 '장기적 안정성'을 나타내는 지표로 사용될 수 있다. 기업경영의 건전성 척도로서 '자기자본 비율'에 못지 않은 의미를 가진다고 할 것이다. 내부자본 비율은 아래와 같이 정의할 수 있다 :

$$내부자본 비율 = \frac{내부자본(이익잉여금)}{총자본}$$

특히 다수의 기업이 유상증자를 남발하는 방법으로 자기자본 비율을 높여 "우량기업"이라는 대접을 받는 우리의 여건에서는 경쟁력에 대한 합리적 평가와 주주의 권익보호라는 측면에서 내부자본 비율의 의미는 더욱 크다고 할 것이다. 다음의 사례를 보자 :

(사례 2-2) 자기자본 비율과 기업건전성의 괴리

증시를 통한 자금조달에 대한 인식은 재벌그룹간에 상당한 차이가 있다. 어떤 그룹은 적극적으로 나서고 다른 그룹은 기피한다. 증시활용 정도의 차이가 상당 기간 누적되면 재무구조가 크게 달라지게 된다. 유상증자를 자주 실시한 기업은 경쟁력 혹은 수익성과는 상관없이 자기자본 비율이 높아지게 되어 실제 이상으로 "우량기업"인 것처럼 보인다. 지표와 현실의 차이가 발생하는 것이다.

실례로 1996년 공표된 자료를 근거로 V그룹 소속 한 회사와 Z그룹

소속 한 회사의 재무구조를 비교해 보자:

(단위 : 십억 원)

회사명	부채총계	납입자본금	이익잉여금	총자본
V전자	4,283	469	971	6,263
Z중공업	6,101	2.642	186	8,929

여기서 자기자본 비율과 내부자본 비율을 계산하면 아래와 같다.

자기자본 비율 : V = 23%, Z = 32%
내부자본 비율 : V = 16%, Z = 2%

자기자본 비율을 보면 Z사가 훨씬 나아 보인다. 그러나 Z사는 내부자본 비율은 2%에 불과하여 V사보다 불량할 뿐만 아니라 절대수치에서 취약하기 이를 데 없는 것이다. Z사의 수익성은 역사적으로 미약했을 뿐 아니라 장래 또한 밝지 못하다고 할 것이다. 그런 상황에서 자기자본 비율에 근거하여 Z사가 V사보다 '안정성이 높다'고 말한다면, "차입금의 원리금은 상환하여야 되지만 주식투자자의 돈은 신경쓰지 않아도 된다"는 논리적 오류에 빠지게 되는 것이다.

극히 낮은 한국 기업의 내부자본 비율

나라마다 자금조달 관행과 배당성향(당기순이익을 주주에게 배당해주는 정도)이 다르다. 예를 들면, 한국 기업은 유상증자를 실시하여 자금조달을 하지만 미국 기업은 정반대로 자사주를 매입하여 '부(負)의 유상증자'를 시행하고 있다. 한국 제조업체의 평균 배당성향은 1990년대 상반기에 25%를 넘은 적이 없으나, 미국의 경우는 최소한 40%였고, 일본은 최소한 30%였다.

이런 저런 이유로 '자기자본'의 구조는 기업별 혹은 나라별로 매우 다르다. 따라서 나라간에 기업 재무구조의 건전성을 비교할 때는 자기자본 비율보다 내부자본 비율을 사용하는 것이 더욱 의미가 있다고 할 것이다.

<표 2-4> 경쟁국간 기업 재무구조 비교

(1996년 말 현재, 단위 : %)

	한 국	미 국	일 본
자산			
유동자산	45	38	50
고정자산	40	30	50
기타자산	15	32	0
총자산	100	100	100
부채와 자본			
유동부채	48	27	46
고정부채	29	34	34
납입자본금	17	15	6
이익잉여금	6	24	14
부채와 자본 총계	100	100	100
자기자본 비율	23	39	20
내부자본 비율	6	24	14

주 : 1. 금융을 제외한 '전산업의 법인기업체'에 대한 추계치
    2. 납입자본금 = 자본금 + 자본잉여금
    2. 자기자본 비율 = (납입자본금 + 이익잉여금) / 부채와 자본 총계
    3. 내부자본 비율 = 이익잉여금 / 부채와 자본 총계
자료 : 한국은행. 기업통계연보 ; 일본 재무부. 법인기업통계연보 ; U.S. Dept. of Commerce.
     Quarterly Financial Report

    각국의 공공기관이 추계한 바에 따르면 1996년 말 현재 한국 기업 전체(금융기관 제외)의 내부자본 비율은 6%에 불과하며, 이는 미국 기업체 평균 24%, 일본 기업체 평균 14%에 훨씬 미치지 못한다(<표 2-4>). 한마디로 한국의 기업은 미국이나 일본의 기업에 비해서 경쟁력이 취약하고, 장래의 안정성도 뒤떨어진다고 해야 할 것이다.

    '자기자본 비율'로 평가한다면 한국 기업이 미국 기업에는 훨씬 못미치지만 일본 기업보다는 양호한 것으로 나온다. 자기자본 비율이 현실을 오도하는 또 하나의 증거라 할 것이다. 국가간의 재무구조는 내부자본 비율에 따라 비교하는 것이 더욱 합리적이다.

가장 나쁜 것이 재벌기업의 재무구조

우리나라 상장기업의 1996년 말 현재의 재무구조는 전체 기업보다 다소 양호하다. 그러나 재벌기업의 재무구조는 전체 기업보다 더 나쁘다(<부표 2-4>, <부표 2-5> 참조). 경영능력과는 상관없이 외부자본을 비교적 손쉽게 끌어들일 수 있는 재벌기업의 여건 덕분이었다고 할 것이다.

1996년 말 현재 30대 재벌 그룹의 평균 '자기자본 비율'은 21%로서 상장기업 평균 28%, 전체 기업 평균 23%에 미치지 못한다. 재벌그룹 소속의 대표적 상장기업의 '내부자본 비율'도 대체로 5% 이하인 바 상장기업 평균 8%, 전체 기업 평균 6%에 미치지 못한다.

한국 재벌기업의 경쟁적 지위가 어디인지 잘 보여 준다고 할 것이다.

6. 기업의 존립을 위협하는 부채

한국 기업들은 전통적으로 수익성이 낮아 내부자본의 축적이 극히 미미하였음에도 불구하고 빠르게 사업을 확장하였고, 그 때문에 매우 취약한 재무구조를 가지게 되었다. 막대한 차입금의 원리금 상환부담은 기업의 존립 자체를 위협하고 있다. 실제로 1997년에는 조그마한 외부의 충격으로도 많은 기업이 도산하였는데 이는 과다한 차입금 때문이었다.

부담하기 어려운 차입금 이자

1990년대 말의 시점에서 보면 우리나라의 많은 기업들이 이미 건전한 경영상태를 벗어나 있다. 주주인 투자자들에 대한 수익률 보장은 이미 기대할 수 없게 되었다. 주주의 자산가치 소멸은 그렇다 치더라도, 각종 장단기 부채에 대한 원금과 이자의 상환 문제는 그 기업이 존재하는 한 모른 체 할 수가 없다. 불행히도 상당수의 우리 기업들은 부채, 특히 금융기관 차입금에 대한 이자의 상환도 감당하기 벅찬 실정에 이르렀다.

공정거래위원회가 집계한 바에 따르면 1996년 말 현재 30대 재벌그룹의 총부채는 '알려진 것'만도 270조원에 달하는 바, 이 중 약 170조원을 차입금(금융기관 신용 및 직접금융)인 것으로 가정하면 연간 명시적 이자 지급액이 총매출액의 7%에 달할 것으로 추산된다(<부표 2-5>). 우리나라 기업들의 손익구조상 이와 같은 비용을 부담한다는 것은 매우 어려운 일이다. 한국은행이 추정한 바에 따르면 1993~1996년간 전체 기업체의 영업이익은 매출액의 6% 내외에 머물렀다. 따라서 재벌 기업이 차입금 이자를 부담하면서 흑자를 내기란 구조적으로 무리이다. (영업이익은 매출액에서 매출원가와 일반관리 판매비를 차감한 것으로 이것으로 해당 기업은 금융비용을 상환하여야 한다.)

각 기업이 건전한 상태로 돌아오고자 한다면 부채의 상당액을 상환하여야 한다. 30대 재벌그룹이 아무런 신규투자 없이 순이익을 전액 부채상환에 쓴다고 가정해도 적정수준으로 부채를 줄이는 데에는 장구(長久)한 시일이 걸린다. 1996년 말의 부채를 기준으로 순이익률 1%를 가정하면 자기자본 비율 50%(부채비율 100%에 해당)를 달성하는 데에 28년, 33.3%(부채비율 200%에 해당)가 되는 데에 12년이 걸린다.

물론 우리 기업들의 경쟁력이 훨씬 나아진다면 수익성이 높아져서 순이익도 높아진다. 그렇지만 기업경쟁력이라는 것은 역사성이 있기 때문에 어느 날 갑자기 좋아지지는 않는다. (더군다나 소위 "오너"가 최고경영자를 겸임하고 있기 때문에 리더십의 변화를 기대할 수 있는 형편도 아니다.)

재벌의 부채는 당국이 집계·발표하는 것 이외에도 자회사 내지 사실상 경영을 지배하는 회사의 부채가 더 있다(<부표 2-3> 참조). 만일 자회사 등의 숫자를 포함하면 전체 부채는 엄청나게 늘어나게 된다. 물론 자회사나 관계회사가 수익성이 뛰어나서 모회사의 자금운용에 보탬이 될 수도 있지만 모회사의 경영성과가 좋지 않은 형편에서 자회사의 경영이 뛰어나기를 기대하기는 어렵다. 실제로 많은 기업이 국내외의 부실 자회사 때문에 곤욕을 치르고 있는 것은 이제는 상식이 되고 있다(제4장 참조).

한마디로 재벌의 부채규모는 알려진 것보다 훨씬 크다. 한편 재벌기

업의 수익성은 분식결산이 만연하고 있음을 감안하면 알려진 것보다 훨씬
나쁘다. 문제가 심각하기 짝이 없는 것이다.

한국 기업체 전부의 부채규모를 정확하게 확인할 방법은 없다. 국내
금융기관의 민간부문에 대한 국내여신 총액(개인대출 포함)은 1997년 말
현재 약 750조원에 이른다. 기업은 해외 금융기관에서 차입하기도 하고,
다른 기업으로부터 신용을 얻기도 하고, 회사채나 기업어음 등 직접금융도
활용하므로 실제 부채는 그 숫자보다 훨씬 늘어날 것으로 추정된다.

한국개발연구원이 1997년 말 현재의 기업부채를 약 1,000조원으로 추
정한 바 있는데 이것은 GDP의 2.5배에 달하는 수치이다. 기업경쟁력이 매
우 취약함에 비추어 기업들이 이를 감내하기는 사실상 불가능하다. 금융기
관의 채권은 기업의 도산 및 경제성장의 둔화와 더불어 점차 부실화되어
가고 있다. 과다한 기업부채가 국가를 위기로 내몰게 된 것이다. 부채 문
제가 짧은 시간 내에 해결될 가능성이 희박한 정도인 만큼 국가경제가 정
상적인 상태로 돌아가기가 어려운 것이다.[5]

발에 묶인 납덩이

재무구조가 나쁘면, 특히 내부자본 비율이 낮으면 기업의 활동이 여러
가지로 제약을 받게 되어 경쟁력이 낮아지고 성장은 한계에 부딪히게 된다.

첫째, 금융비용 부담(차입금 이자와 배당금) 때문에 연구개발(R&D)이
나 광고 등 당장 급하지는 않지만 장래의 경쟁력 강화에 필요한 일에 투
자할 여력이 없어진다.

---

[5] 1997년의 금융외환 위기 이후에 기업부채 문제를 해결하는 방법으로 유상증자를
통하여 자기자본 비율을 높이는 방안이 많이 거론되었다. 그러나 우리 기업들의 경
우는 부채비율보다는 부채의 절대적 규모가 문제이다. 금융기관의 차입금을 출자전
환하거나 유상증자를 통하여 자기자본 비율을 높인다는 것은 원금상환 압박은 줄
일 수 있지만 배당금 지급에 대한 책임은 이자의 경우나 마찬가지이다. 만약 적정
배당금을 포기하면서 출자전환을 하는 금융기관이 있거나 유상증자에 응하는 투자
자가 있다면 현명한 판단이라 하기 어렵다. 사실상 유일한 합리적 대책은 '자산을
줄여서', 즉 수익성이 낮은 사업을 포기함으로써 부채를 줄이는 것이라 할 것이다
(맺음말 참조).

둘째, 부채가 많으면 새로운 사업에 대한 투자를 기피하게 된다. 기업 발전의 원동력은 혁신(革新)에 있다고 하겠는데 새롭고 혁신적인 사업은 아무래도 위험부담이 커서 재무구조가 취약한 기업은 감당하기가 어렵다. 혁신없는 기업이 남보다 앞서갈 수는 없다.

셋째, 재무구조가 나쁜 기업체는 금융비용 부담 때문에 많은 이익금을 창출할 수 없으므로 자금의 내부조달이 불가능하다. 아울러 재무구조가 나빠져서 차입이나 유상증자를 통한 자금의 외부조달도 어려워진다. 새로운 사업에 투자할 자금이 없기 때문에 성장이 불가능해진다.

우리 기업들은 과거에 경쟁력이 취약하였다. 과다한 부채는 기술개발과 혁신적 사업에 투자하는 것을 어렵게 만드므로 현재와 장래의 경쟁력도 약할 수밖에 없다. 지금의 속력이 그렇게 빠르지 못함에도 불구하고 커다란 납덩이를 매달고 달리기 시합에 나서야 하는 입장에 처해 있는 셈이다.

7. 체질을 허약하게 하는 한국 기업의 성장성

1960년대 이후에 국가경제가 사상 유래가 없을 정도로 빠르게 성장하였는데, 기업의 외형적인 성장, 즉 매출액의 증가 속도는 국가경제 성장 속도를 능가하였다. 그런 현상은 1996년까지도 변함없이 계속되었다. 한국은행의 추계에 따르면 제조업 전체의 매출은 1991~1996년 사이에 연 10~20% 신장하였다. 증권거래소 집계에 따르면 1996년 중에 543개 상장회사의 매출액은 평균 14%, 30대 재벌그룹의 매출액은 평균 16% 늘어났다.

성장성도 기업경쟁력의 척도가 될 수 있다. 실제로 국내외의 많은 기업들이 단기적인 수익성은 포기하고 장기적인 관점에서 시장점유율 확대를 위한 성장 전략을 추구해 왔다. 성장 전략의 근거는 생산에서 규모의 경제(economies of scale)를, 마케팅에서 독보적 지위(preemptive position)를 확보하자는 데에 있다.

규모의 경제는 규모를 확장하여 생산량을 늘리고 단위당 생산원가를 낮추고, 판매량을 늘려 단위당 판매비 및 관리비를 줄이는 것이다. 독보적 지위는 상표의 인지도를 높여서 다수의 소비자가 그 회사의 상품을 자연스럽게 선택하게 하고, 그 상품이 동종 상품의 표준(industrial standard)이 되게 하는 것이다.

한국 기업의 전형적 성장전략은 동종 산업에서의 확장보다는 이종 산업에 대한 백화점식 진출이었다. 규모의 경제와 독보적 지위라는 이점을 얻을 수 있는 방법이 아니었다. 거기다가 왕왕 외형확대를 위하여 많은 비용을 투입하였다. 외형이 기업손실을 초래한 것이다. 그와 연관된 대표적 기업관행을 보자 :

① **경쟁력을 해치는 규모확대.** 재벌그룹의 매출액 신장은 기존사업을 확대하기보다는 새로운 사업을 추가하는 방식에 의존하는 경우가 많다. 기업의 신설이건 기업의 인수이건 새로운 사업에 참여하는 방식은 경쟁력 확보와는 거리가 멀다. 따라서 자칫 초점을 흐리게 되어 전체적인 경쟁력을 떨어뜨릴 수 있다. 국내 유수의 모 재벌그룹은 1996년 내내 외국 정기 간행물에 "1995년중 40% 성장하여 총매출액이 640억 달러가 되었다"는 기업이미지 광고를 하였다. 매우 놀라운 성취 같지만 그런 성장이 경쟁력 강화에 도움이 된다고 보기 어렵다. 그 광고를 본 다수의 외국인들이 갸우뚱하였을지도 모른다.

② 손실을 초래하는 매출액 신장. 종합상사가 기록하는 수출액 신장은 가공(架空) 실적을 쌓은 경우가 더러 있고, 손실을 감수하면서 밀어낸 결과일 때도 많다. 그런 폐습은 수출포상제 실시 이후 형태만 달라질 뿐 끊임없이 계속되어 오고 있다. 예를 들어 1996년중 몇몇 상사가 55억 달러어치의 금을 수입한 것으로 집계되었는데, 이 금의 대부분은 가공(加工)되지 않고 재수출(再輸出)되어 수출 및 매출 실적으로 집계되었다. 이 과정에서 수출상사는 각종 부대비용을 지불하고 막대한 외환차손을 입었다. 매출신장이 기업손실을 초래하여 경쟁력을 좀먹은 것이다.

위와 같은 일이 상당히 넓게 유행하는 현실에 비추어 볼 때, 한국 기업의 성장성이 경쟁력의 향상으로 나타났다고 기대하기는 힘들다. 경영학적 상식과는 달리 한국에서는 '성장성'이 경쟁력의 척도가 되지 못하는 것이다. 위와 같은 경영관행은 한국 기업의 최대 약점이므로 나중에 집중적으로 다루도록 한다(제4, 5장).

어떤 경우라도 수익을 희생한 성장전략은 한계가 있어야 한다. 성장 자체는 목적이 될 수 없고, '장기적 수익'을 확보하기 위한 '단기적 수단'이 될 수 있을 뿐이다. 그래서 성장전략은 원칙적으로 단기에 그쳐야 한다. 그럼에도 우리는 국가경제와 기업이 성숙단계에 들어온 1990년대 후반까지도 '수익을 무시한 성장 위주의 전략'을 고수해 왔다. 국가와 기업이 내실을 다지지 못하고 덩치만 키웠다. 그 결과 남과 싸워서 이길 수 있는 힘이 부족한 '허약체질'이 되고 만 것이다.

8. 요약 및 결론

한국 기업의 수익성은 매우 취약하다. 호황기라도 매출액 순이익률이 2%를 맴도는 정도이다. 그 정도라면 불황기가 되면 적자경영이 되기가 십상이다.

실제 불황기가 닥치면 우리 기업의 공표된 이익률은 1%대로 떨어지기도 한다. 우리 사회에는 오래 전부터 분식결산이 만연되어 왔다. 1997년에 드러난 것처럼, 경우에 따라서는 분식결산으로 인한 기업회계 왜곡의 정도가 매우 심하다. 따라서 다수의 기업이 공표자료와는 달리 장기간 결손(缺損)을 보아 왔다는 의심을 가질 수밖에 없다. 우리 기업의 부채가 상상외로, 필요이상으로 많은 것이 그런 의심을 뒷받침해 주기도 한다. (영업결손은 기업부채의 증가로 나타난다.) 1997년에 다수의 기업이 부도처리되자 그때까지 적자결산이 한 번도 없었던 수많은 기업이 적자로 돌아섰다. 의심을 받쳐 주는 또 다른 증빙자료가 될 수 있다.

수익성은 '기업경쟁력의 결과'이다. 그러나 기업경쟁력이 역사성이 있는 점을 감안하면 수익성은 장래의 '경쟁력을 가늠하게 하는 지표'가 되기도 한다. 수익성으로 평가한 한국 기업의 경쟁력은 매우 취약하다.

결산회계자료를 믿을 수 있다면 전체 한국 기업의 영업이익률은 미국이나 대만에 비해 뒤떨어지지 않는다. 그렇다면 순이익이 작다는 것은 재무구조의 문제이다. 즉, 과다한 차입의존으로 금융비용이 많다는 말이다. 어쨌거나 과다한 부채는 한국 기업의 암(癌)이다. 아무리 경영능력이 뛰어나다고 하더라도 과다한 부채로 말미암아 대외경쟁에서 뒤처지게 되고 나아가 기업의 존립까지 위협받게 된다. (제3장에서 보듯 한국 기업의 실제 경쟁력이 형편없으므로 문제는 더욱 심각하다. 100m를 20초에 달리는 선수가 모래주머니를 달고 단거리 경주에 나서는 것과 흡사한 바가 없지 않다.)

우리는 습관적으로 유상증자를 통해 자기자본 비율을 높이면 재무구조가 개선되는 것으로 생각해 왔다. 그러나 그것은 주주가 납입한 자본금은 "값싸게 취급해도 무방하다"는 매우 잘못된 인식이다. 주주가 기대하는 투자수익률이 차입금에 대한 이자율보다 높아야 한다는 것이 상식이고 보면 납입자본금은 '값비싼 자금'이 되어야 마땅하다.

기업이 수익률의 부담없이 모험적 투자를 할 수 있는 유일한 자금이 있다면 그것은 이익잉여금이다. 그런 의미에서 재무구조의 건전성은 자기자본 비율보다는 내부자본 비율(이익잉여금 비율)로 따져야 마땅하다. 내부자본 비율로 본 한국 기업의 경쟁력은 더욱 취약하다. 미국이 평균 24%, 일본이 14%임에 비하여 한국은 6%에 지나지 않는다.

한국경제는 재벌기업의 수익성과 재무구조가 일반기업보다 더욱 나쁘기 때문에 더 큰 문제가 된다. 재벌기업은 우리나라의 인적자원과 물적자원의 중추(中樞)를 점하고 있고 기술개발을 선도할 것으로 기대되고 있다. 불행히도 재벌은 그 역할을 해 주지 못하고 있다. 1997년의 위기 이후에 밝혀진 것처럼 재벌은 오히려 국가경제에 부담이 되고 있는 듯하다.

한국 기업의 성장성은 건전성이나 경쟁력의 척도가 되지 못한다. 성장성은 규모의 경제나 시장선도자(market leader)의 이점을 누릴 수 있을 때에만 경쟁력의 강화로 나타날 수 있다. 불행히도 한국 기업, 특히 재벌그룹의 성장은 경영초점을 흐리는 다각화 형식을 취할 때가 많고, 매출액 신장을 위해 과다한 희생을 치르는 일이 흔하다. 한국 기업의 성장성은 장기적 경쟁력이나 단기적 수익성에 도움이 되지 않는 것이다.

<부표 2-1> 한국 기업의 수익성

가. 상장기업 (12월 결산 법인)　　　　　　　　　(1996년 실적, 단위 : 십억 원)

산 업 별	업 체 수	매 출 액	당기 순이익	매출액이익률(%)
1. 어업, 광업	4	394	8	1.9
2. 음식료	33	10,232	-7	-0.1
3. 섬유	27	9,739	-98	-1.0
4. 의복, 가죽, 신발	16	2,633	62	2.3
5. 목재, 종이, 출판 인쇄	16	2,927	56	1.9
6. 화학	34	10,503	144	1.4
7. 의약, 화합물	29	4,962	80	1.6
8. 석유, 고무, 플라스틱	18	14,418	118	0.8
9. 비금속 광물제품	17	5,420	80	1.5
10. 1차 금속	28	19,497	675	3.5
11. 조립금속, 기계장비	25	3,427	45	1.3
12. 컴퓨터, 전자, 통신	49	46,354	834	1.8
13. 전기, 기계	10	2,598	51	2.0
14. 운수장비, 기타 제조	45	47,350	171	0.4
15. 건설	44	29,757	121	0.4
16. 자동차 판매 수리	3	8,437	53	0.6
17. 도소매, 무역	31	100,789	71	0.1
18. 운수, 통신	13	10,501	-145	-1.4
19. 금융, 기타 서비스	29	32,371	1,054	3.3
계	**471**	**327,590**	**3,375**	**1.0**

<부표 2-1> 계속

나. 30대 재벌그룹   (1996년 실적, 단위 : 십억 원)

그룹명	상장회사(12월 결산 법인)				그룹 전체(금융기관 제외)			
	회사수	매출액	순이익	이익률(%)	회사수	매출액	순이익	이익률(%)
현 대	16	56,937	193	0.3	57	67,991	179	0.3
삼 성	11	52,848	126	0.2	80	60,113	129	0.2
L G	8	33,496	256	0.8	49	46,674	360	0.8
대 우	8	30,472	242	0.8	30	38,253	323	0.9
선 경	4	13,914	35	0.3	46	26,641	292	1.1
쌍 용	8	15,692	-94	-0.6	25	19,446	-98	-0.5
한 진	6	7,719	-199	-2.6	24	8,708	-191	-2.2
기 아	4	8,998	-21	-0.2	28	12,144	-129	-1.1
한 화	4	6,159	*	*	31	9,658	-185	-1.9
롯 데	4	2,195	26	1.2	30	7,193	53	0.7
금 호	3	2,733	40	1.5	26	4,447	-6	-0.1
한 라	4	2,769	74	2.7	18	5,294	23	0.4
동 아	2	3,468	39	1.1	19	3,886	37	0.9
두 산	8	2,653	-88	-3.3	25	4,043	-108	-2.7
대 림	3	2,778	10	0.3	21	4,832	12	0.2
한 솔	4	1,242	37	3.0	23	2,513	-7	-0.3
효 성	2	3,865	9	0.2	18	5,478	35	0.6
동국제강	6	2,393	91	3.8	17	3,075	92	3.0
진 로	1	102	1	0.6	24	1,481	-155	-10.5
코오롱	4	3,213	25	0.8	24	4,134	23	0.6
하위 10대	12	6,670	-77	-1.2	204	20,161	-76	-0.4
계	122	260,316	725	0.3	819	356,163	609	0.2

자료 : 증권거래소, 공정거래위원회, 대신경제연구소(한경, 97. 3. 15, 97. 3. 17 ; 조선, 97. 5. 10)

<부표 2-2> 미국 S&P 500대 기업의 수익성

(1996년 실적, 단위 : 십억 달러)

산 업 별	업 체 수	매 출 액	당기 순이익	매출액 이익률(%)
2. 식료품(Food)	22	247.8	8.1	3.3
4. 일상용품(Consumer Products)	28	252.7	21.3	8.4
5. 제지, 임산 가공(Forest Products)	12	89.3	3.1	3.5
5. 출판, 방송	12	47.1	1.5	3.2
6. 화학	16	116.3	9.7	8.3
7. 의약품, 건강관리(Health Care)	35	221.2	25.8	11.7
8. 연료(Fuel)	28	537.1	32.2	6.0
10. 금속(Metals), 광업(Mining)	21	69.9	2.5	3.6
11. 각종 제조업	31	141.1	9.2	6.5
12. 전기, 전자	25	146.3	10.0	6.8
12. 사무 기기, 컴퓨터	34	272.2	18.2	6.7
14. 항공, 방산(Defense)	6	98.6	4.6	4.7
14. 자동차, 자동차 부품	10	411.4	14.2	3.5
14. 동력 공급(Utilities)	38	169.5	15.8	9.3
15. 주택, 부동산	8	29.1	1.2	4.1
17. 복합 기업(Conglomerates)	12	153.8	10.9	7.1
17. 소매(Discount and Fashion Retailing)	21	355.5	9.9	2.8
18. 포장(Containers and Packaging)	6	24.7	0.5	2.0
18. 통신	20	252.7	23.6	9.3
18. 수송	12	97.3	5.7	5.9
19. 은행	28	224.0	31.3	14.0
19. 비은행 금융기관	39	341.4	29.5	8.6
19. 레저(Leisure Time Industries)	16	100.2	6.3	6.3
19. 기타 서비스	19	79.4	3.1	3.9
계	499	4,478.6	298.2	6.7

주 : 1. 500사 선정 기준 – 미국의 신용평가 회사인 스탠더드 푸어스(Standard & Poors)
　　 가 관리하는 500대 기업 주가지수(S&P 500)를 구성하는 회사. 작성일 현재 1개
　　 사의 자료는 미확인
　　 2. 업종난의 숫자는 <부표 2-1>의 한국 업종 분류와 대비하기 위하여 편의상 붙인
　　 것이며 기준이 일치하는 것은 아님.
자료 : Business Week. March 24, 1997.

<부표 2-3> 한국 기업 연결 전후의 재무상황 비교

가. 상장회사 전체통계 (연결대상 업체)　　　　　　　　　(1997년 결산자료)

	제조업 (189사)		제조업+기타 (253사)		제조업+기타+금융 (279사)	
	연결 전	연결 후	연결 전	연결 후	연결 전	연결 후
자산총액(조 원)	252	326	393	527	898	1,191
부채총액(조 원)	197	272	304	435	790	1,078
자본금(조 원)	55	50	89	84	108	104
납입자본금	40	41	60	61	75	77
이익잉여금	15	9	29	23	33	27
외부주주 지분	n/a	4	n/a	8	n/a	10
자기자본 비율 (%)	22	17	23	17	12	10
내부자본 비율 (%)	6	3	7	4	4	2
매출액(조 원)	175	222	347	426	394	496
영업이익(조 원)	19	20	26	28	24	26
당기순이익(조 원)	-0.6	-3.9	-0.6	-4.6	-4.5	-8.6
영업이익률(%)	11	9	7	7	6	5
순이익률(%)	-0.3	-1.7	-0.2	-1.1	-1.5	1.7

나. 주요 기업의 연결 전후 재무상황　　　　　　　　　(1997년 결산자료)

부채 총계(십억 원)			단기 순이익(십억 원)		
회 사 명	연결 전	연결 후	회 사 명	연결 전	연결 후
(주) 대우	11,471	33,602	삼성전자	124	-610
삼성전자	17,236	27,386	LG 전자	92	-573
LG 전자	7,313	16,806	현대전자	-184	-570
삼성물산	6,814	13,857	금호건설	5	-166
현대전자	9,398	15,909	LG 반도체	-290	-459
금호건설	1,742	6,208	아남반도체	-252	-349
현대건설	8,204	12,025	삼성전관	104	22

자료 : 증권감독원. 증권조사월보 ; 증권거래소(중앙일보, 98. 5. 6)

〈부표 2-4〉 한국 "우량기업"의 재무구조

가. 상장기업의 재무구조　　　　　　　　　　　　　　(1996년 말 현재, 단위 : %)

	제조업(189사)	기타산업(121사)	계(530사)
자산			
유동자산	38	42	40
고정자산	62	58	60
총 자산	100	100	100
부채와 자본			
유동부채	40	41	40
고정부채	33	32	32
납입자본금	20	19	20
이익잉여금	7	8	8
부채와 자본 총계	100	100	100
자기자본 비율	27	27	28
내부자본 비율	7	8	8

주 : 1. 금융기관을 제외한 전 상장기업체의 (단독) 결산보고 자료

　　2. 납입자본금 = 자본금 + 자본잉여금

　　2. 자기자본 비율 = (납입자본금 + 이익잉여금) / 부채와 자본 총계

　　3. 내부자본 비율 = 이익잉여금 / 부채와 자본 총계

자료 : 증권감독원. 증권조사월보

나. 재벌그룹 간판기업의 재무구조　　　　　　　　　　　　　(1996년 말 현재)

기업명	자본구조 (단위 : 십억 원)				자기자본 비율(%)	내부자본 비율(%)
	부채	납입자본금	이익잉여금	총자본		
현대자동차	6,330	1,284	385	7,999	21	5
삼성전자	10,749	1,728	3,361	15,838	32	21
LG전자	5,350	1,314	178	6,842	22	3
(주)대우	7,393	1,451	407	9,251	20	4
SK (주)	7,590	1,763	416	9,739	22	4
쌍용양회	2,063	1,133	142	3,338	38	4
대한항공	5,705	1,239	-307	6,637	14	자본 잠식
기아자동차	5,627	1,262	56	6,945	19	1
한화	1,100	357	23	1,480	26	2
롯데제과	480	20	60	560	14	11

주 : 국내외 자회사를 연결하지 않은 단독 대차대조표에 따름.

　자료 : 대우증권. 상장회사 서베이

<h2 align="center"><부표 2-5> 재벌그룹의 부채현황</h2>

(1996년 실적, 단위 : 십억 원)

그룹명	자산 총액	부채총액	자기자본 비율(%)	매출액	부채/ 매출액(%)
현 대	52,821	42,979	19	67,991	63
삼 성	50,711	36,897	27	60,113	61
L G	37,068	28,766	22	46,674	62
대 우	34,240	26,449	23	38,253	69
선 경	22,743	18,042	21	26,641	68
쌍 용	15,802	12,700	20	19,446	65
한 진	13,910	11,789	15	8,708	135
기 아	14,206	11,912	16	12,144	98
한 화	10,592	9,348	12	9,658	97
롯 데	7,754	5,100	34	7,193	71
금 호	7,390	6,119	17	4,447	138
한 라	6,627	6,320	5	5,294	119
동 아	6,289	4,906	22	3,886	126
두 산	6,369	5,561	13	4,043	138
대 림	5,849	4,731	19	4,832	98
한 솔	4,214	3,138	26	2,513	125
효 성	4,131	3,253	21	5,478	59
동국제강	3,698	2,536	31	3,075	82
진 로	3,937	3,813	3	1,481	257
코오롱	3,840	2,922	24	4,134	71
하위 10대	27,801	22,846	18	20,161	113
계	339,990	270,127	21	356,163	76

자료 : 공정거래 위원회 (조선, 97. 5. 10)

<부표 2-5> 계속

참고 : 부채상환 소요 연수 계산(假想)

당기 순이익*		초기 자기자본 (조 원)	초기 부채 총액(조 원)			상환 소요 연수(年)*		
이익률 율 (%)	이익금 (조 원)		총액	차입금 *	기타부채 *	차입금 전액	자기자본 비율 50%	자기자본 비율 33.3%
0.2	0.7	70	270	170	100	243	143	62
0.5	1.8	70	270	170	100	94	56	24
1.0	3.6	70	270	170	100	47	28	12
2.0	7.1	70	270	170	100	24	14	6
3.0	10.7	70	270	170	100	16	9	4

주 : * 표는 모두 가상치임.
1. 당기 순이익금은 매출액을 1996년의 356조원인 것으로 하고 각각의 가정 당기 순이익률을 곱함. 1996년의 실제 이익률은 0.2%이었음.
2. 자기자본과 부채총액은 1996년 말 현재의 수치를 사용. 차입금 의존률(=차입금/총자산)이 50%인 것으로 가정.
3. 연 이자율 15%로 가정하면 초기의 차입금 이자 지급액이 연 26조원에 이름.

제3장 기업경쟁력의 질적 분석
- 보잘것없는 기술·가격·품질경쟁력 -

제2장에서 살펴 보았듯이 한국 기업의 양적 성적표는 매우 불량하다. 그렇게 된 것은 개개기업의 '경영의 질(質)'이 뒤떨어지기 때문이라고 할 수밖에 없다. 실제로 대다수 한국 기업의 경우, 경영 전략(戰略)이 잘못되었거나 취급하는 상품의 경쟁력이 낮다.

이 장(章)에서는 우리 기업의 전략상의 실수, 빈약한 기술력 그리고 취약한 상품의 가격·품질·고객서비스 경쟁력 등에 대해서 따져 보기로 한다.

1. 전략의 빈곤(貧困)

기업경영은 어느 산업에 투자하여 어떤 방향으로 운영해 나가겠다는

결정이 그 출발점이다. 그와 관련된 우리 기업들의 대표적 패러다임(para-
digm)으로 '남 따라 나서기'와 '저가(低價) 전략'을 들 수 있다. 새로운
사업을 궁리하기보다는 다른 기업을 모방하는 경향이 있고, 그럴 때는 나
름대로의 손익계산도 생략하고 과감하게 나선다. 특별한 기술이나 장기(長
技)도 없이 너도나도 같은 사업을 하다 보니 내세울 게 없고, 그러다 보니
가격경쟁으로 나설 수밖에 없다.

남 따라 나서기

우리 기업들은 전반적으로 아이디어가 부족하다. 새로운 사업을 시작
하는 것은 새로운 기회를 포착해서라기보다 남이 하니까 뒤쳐져서는 안되
겠다는 생각에서 따라나서는 경우가 대부분이다.

사실 "거름 지고 장에 가는" 행동양식은 우리의 의식구조와 교육방법
에 그 뿌리를 두고 있기 때문에 기업경영에 국한되지 않고 사회 각 단면
에서 드러나고 있는 현상이다. 1980년대 초에 한 외국 인사가 그런 현상을
두고 "들쥐"(lemmings) 같다고 하여 물의를 빚은 적이 있지만 그 지적은
우리 사회에 '남 따라 나서기'가 얼마나 널리 그리고 깊이 퍼져 있는지를
알려 주었다고 할 것이다.[1]

우리나라의 경제를, 특히 대외경쟁이라는 측면에서 좌우하는 것은 10
대 혹은 30대 등으로 일컬어지고 있는 재벌그룹이다. 그들은 거의 대부분
의 산업에서 서로 경쟁하고 있다. 그와 같이 많은 산업에서 무차별적으로
경쟁하고 있는 현실은 한마디로 '남 따라 나서기' 전략에 연유를 두고 있
다고 할 수 있다.

기간산업을 놓고 말하더라도 삼성의 반도체 산업을 뒤쫓기 위해 현대
와 LG가 반도체 산업에 막대한 투자를 하였고 대우도 계속 마음을 두고
있다. 현대, 대우가 자동차 판매로 덩치를 키우니까 이미 국가적으로 생산
설비가 과잉인 상태에서 삼성이 뛰어들었다. 화학, 전자, 중공업 등 모두

---

1) 한 영국 언론인이 일본인에 대하여 같은 표현(lemmings)을 쓴 적이 있다(Reading).

비슷한 양상이다.

재벌의 욕심은 업종의 구분이 없고 중소기업에 적합한 분야라고 해서 자제되지 않는다. 재벌은 은행, 증권회사, 종합금융회사, 보험회사, 리스회사, 할부금융회사 등 거의 모든 금융 업종에 관여하고 있다.

그 결과 재벌은 말 그대로 "백화점식"으로 사업을 벌이고 있다. 1996년 말 현재 우리나라의 상위 10대 재벌은 24~80개의 자회사를 거느리고 있다(<부표 5-1> 참조). 하나의 재벌에 그처럼 다양한 사업을 충실하게 경영할 내부능력이 있으리라고 기대하는 것은 애당초 무리이다.

남 따라 사업을 시작하는 것은 비단 재벌그룹에 국한되지 않고 소규모 기업이나 개인 사업가도 마찬가지다. 작게는 특수 식당이나 커피 전문점에서 크게는 창업투자회사 등에 이르기까지 그런 대로 영업이 될 것 같으면 앞뒤 재지 않고 뛰어들곤 하는 것이 현실이다. 그런 현상은 정부가 새롭게 개방한 산업, 우리나라에 처음 등장하는 산업, 사업체 설립이 비교적 간단한 서비스 산업 등에서 더욱 두드러지게 나타난다.

이제 우리 주변에서 쉽게 볼 수 있는 남 따라 나선 사업의 사례를 보기로 하자:

① 한국에는 국가경제의 규모에 비해 금융기관의 숫자가 지나치게 많다. 1996년 말 현재 15개의 시중은행, 10개의 지방은행, 34개의 증권회사, 30개의 종합금융회사, 18개의 투자신탁회사, 33개의 생명보험회사, 57개의 신기술금융 및 창업투자회사, 36개의 팩토링 회사, 25개의 리스회사가 있었다. 이미 8개의 신용카드회사가 있음에도 18개 기업이 참여하겠다고 나서기도 했다.

② 1990년대에 와서 몇몇 외국인 업체가 단독으로 혹은 국내업체와 제휴하여 대규모 할인점을 개설하여 선풍적인 인기를 얻었다. 그러자 유통업과는 별로 관련이 없었던 상위 4개 재벌을 포함한 14개 재벌그룹이 그 사업에 참여하거나 할 예정인 것으로 알려진 바 있다(중앙, 97. 4. 6). 많은 대기업들이 경쟁적으로 외국의 식당 체인과 제휴하여 외식 산업에 참여하고 있으며, 적지 않은 숫자의 재벌들이 단체급식 시장을 놓고 경쟁하고 있

다. 유수의 대기업이 놀이공원(theme park) 건설에 팔을 걷어붙이고 나서고 있고 상위 그룹 계열사들이 경보(警報) 산업에 참여하고 있으며 외제 차량 국내 대리점 자격을 놓고 경쟁하기도 했다.

③ 기업들은 수익성과는 상관없이 스포츠 구단과 언론기관을 운영하고 있고 나아가 바둑대회나 골프시합 등의 국제행사도 경쟁적으로 유치하고 있다.

④ 남 따라 나서기는 기업의 해외진출에서도 확연히 드러난다. 한국 기업의 해외진출은 지역별·업종별로 지나치게 편중되어 한국 기업끼리 현지에서 경쟁하는 양상을 보인다(제4장 참조).

⑤ 1996년 말 현재 등록된 일간신문은 114개이고 잡지는 7,800개에 이른다. 1998년 현재 수도권에만 40개에 달하는 TV 방송국이 있다. 이윤을 남기는 언론 사업체가 거의 전무함에도 이렇게 숫자가 많은 것은 남이 한다니까 너도나도 나선 결과라 할 수밖에 없다.

현대와 같은 전방위 경쟁(hyper-competition) 시대에 남 따라 사업을 벌여서는 성공하기가 사실상 불가능하다. 더구나 우리나라와 같이 그 정도가 심하여서는 공멸(共滅)밖에 있을 수 없다. 그런 현실을 두고 한 컨설턴트(한국인)는 "사지(死地)로 몰려가는 피라미 떼"라고 꼬집기도 하였다 (1996년). 결과가 공멸이라는 사실은 1997년의 금융외환 위기 이후 점차 현실로 나타나고 있다.

저가(低價) 전략

남 따라 무작정 새로운 사업에 나서다 보니 그 사업을 위해 특별히 준비한 게 있을 리 없다. 사업전략, 상품개발 능력, 제조 노하우나 공정기술, 인적자원 등의 측면에서 경쟁자들보다 유리한 점, 즉 경쟁우위(competitive advantage)에 있는 것이 없다. 상품도 차별화되지 않고 특별하게 원가를 절감할 비법도 가지고 있지 않다.

한편, 시장에는 너도나도 하면서 참여한 수많은 경쟁자가 있다. 그런 여건에서 개별 사업주체가 손쉽게 선택할 수 있는 길은 저가전략이 될 수밖에 없고, 그러다 보면 출혈경쟁에 이르게 된다.

손실을 줄이고자 하면 생산비를 낮추어야 하는데 그것을 위해 개별 사업 주체는 시설확장을 통하여 생산량을 증가시켜야 한다. 생산량을 늘리면 상품 단위당의 고정비를 줄일 수 있으므로 제품의 생산단가를 낮출 수 있는 것이다. 바로 "규모의 경제"를 추구하는 것이다. 그러면 시장에 공급되는 물량이 더욱 늘어나게 되고 다시 가격을 인하해야 하는 악순환에 빠지게 된다.

포터(M. Porter)는 일찍이 효과적인 기업전략으로 "생산비용 측면에서의 우위"와 "상품이나 고객서비스에서의 차별화"라고 적시(摘示)한 바 있는데 그의 이론은 그후 경영전략의 고전이 되었다(porter, 1980). 차별화가 불가능한 상태에서는 우리 기업들이 선택한 대량생산을 통한 저가전략은 부분적으로 올바른 것이라 할 수 있다. 그러나 차별화를 포기하고 전적으로 저가전략에 의존하는 데에는 적어도 세 가지의 문제가 있다.

첫째, 경쟁자가 많은 상태에서 모두가 생산량 확대를 추구하면 산업 전체로 보아 만성적 공급과잉이 나타나게 되고 가격인하 경쟁은 더욱 치열해진다.

둘째, 소비자의 욕구는 다양하고 쉽게 변한다. 변하는 욕구를 따라잡기에는 소규모의 시설 투자로 발빠른 변신을 하는 것이 유리할 때가 많다. 그런 면에서 저가에만 의존하는 것은 구식(舊式) 전략이라고 할 수 있다.

셋째, 우리나라는 노임, 물류비용, 지가(地價) 등의 측면에서 상당한 정도로 고비용 구조가 되어 있다. 그렇다고 제품이나 공정 기술력이 높아서 생산비를 절감할 수 있는 형편도 아니다. 그런 상태에서 저가전략은 스스로 한계가 있으며 특히 외국 기업과의 경쟁에서는 매우 불리한 요소로 작용할 수도 있다.

총체적 부실의 위험

남 따라 벌이는 사업 → 저가전략 → 과잉투자 → 과당경쟁은 1990년대 후반에 뚜렷하게 나타난 한국 경제의 대표적 병폐 중의 하나이다.

기간산업이라고 일컬어지는 철강의 경우를 보면, 무리한 투자에 따르는 결손금의 누적과 자금압박으로 5대 철강업체 중 3개가 1997년에 부도처리되었다.

자동차 업계는 기존업체의 경쟁적인 설비확장과 또 다른 대기업의 신규참여 때문에 국내에서는 업체간에 소모적 분쟁이 일어나고 해외에서는 자동차 업계의 비난의 표적이 되고 있다. 한편, 공장의 가동률은 떨어지고 누적되는 재고를 처분하기 위하여 할인판매를 하거나 해외 자회사로 실어 보낼 수밖에 없다. 그 결과 기업의 재무상태는 악화될 수밖에 없다.

그와 같은 사정은 가전(家電), 조선(造船), 유화(油化) 등 거의 대부분의 기간 산업에서 공통적으로 발생하고 있다.

이제 기업체간의 과당경쟁과 관련된 몇 가지 문제사례를 추가로 더 살펴보기로 하자:

① 34개의 증권사는 1996회계년도에 합계 6천억 원의 결손을 기록한 외에 추가로 1조 4천억 원의 상품주식 평가손을 입었는데 이는 회사간의 과열된 실적 경쟁이 그 주요한 원인인 것으로 보도된 바 있다. 1988년 이후에 신설된 25개의 생명 보험회사들은 94회계년도에 6천억 원, 95년 8천억 원, 96년 9천억 원의 결손을 기록하였다. 8개의 신용카드 회사들은 1997년 상반기 현재 약 1조원에 육박하는 부실채권을 안고 있다.

② 대외거래에 있어서도 동일한 거래처를 두고 국내 업체끼리 경쟁하는 일이 자주 발생하고 있다. 예를 들면 97년 5월에 벨기에의 한 선사(船社)가 3개의 국내 조선회사를 별도로 접촉하여 출혈경쟁을 유도한 사례가 있었다(조선, 97. 5. 24).

국내 재벌그룹간의 영상(映像) 사업을 둘러싼 경쟁으로 할리우드(Hollywood)로부터의 영화 수입가격이 대만 업체가 지불하는 것보다 8배 더 높은 것으로 알려지기도 했다. 어느 대기업 영상사업 책임자를 통해 그 경쟁의 한 단면을 보자:

Q사 친구들 때문에 참 어렵다. 우리 회사가 흑자를 조금 낸다는 소문을 듣고 A사도, B사도, 너도나도 영화사업에 뛰어들었다. 그런데 Q사가 특히 문제이다. 그들은 할리우드의 영화업자를 만나고 다니면서 우리 회사가 제시한 값에다가 무조건 10%를 더 얹어 주겠다고 말하고 있다. 그 결과 영화 판권 값이 턱없이 높아진다. 내가 오랫동안 거래해 왔던 한 영화업자는 나에게 "어차피 판권이 너희 회사가 아니고 Q사로 갈 텐데 우리를 위해서 처음부터 값을 높여서 불러 달라"고 농담반 진담반으로 말한 적이 있다. (1997년)

그와 같은 과당경쟁은 우리나라 비디오 시장을 "끝이 안 보이는" 불황의 늪에 빠지게 하는 원인이 되었다(한경, 97. 5. 24).

③ 1980년대 말부터 중남미, 동남 아시아 등의 개발도상국에 경쟁적으로 진출했던 봉제, 신발, 완구 등 경공업에 종사하는 기업체 중 많은 숫자가 1990년대 중반에 들어와서 경영이 악화되어 투자액을 제대로 건지지 못하고 철수하였다. 그 주된 요인 중의 하나가 한국 기업체끼리의 과당경쟁으로 노임은 상승한 반면 제품가격은 하락하였다는 점이다(중앙, 94. 12. 21).

④ 1990년대에 와서 앞서거니 뒤서거니 해외에 진출한 증권회사들은 총체적으로 "부실 덩어리"가 되어 가고 있는데, 사전에 준비가 되어 있지 않았던 점과 한국 회사간의 과당경쟁이 그 주요한 이유로 꼽히고 있다.

정리하면, 국내 및 해외에서의 과당경쟁은 점차 출혈경쟁의 양상으로 나타나게 되었다. 그런 현상이 심화되자 많은 기업이 지급불능 사태에 빠지게 되었고 그것이 금융기관의 부실로 이어졌으며 급기야 1997년에는 금융외환 위기가 발생하게 되었다. 특별한 내부능력이나 독특한 전략 없이 무턱대고 남 따라 사업을 벌이고 기업규모를 확대한 것이 결국 국가경제 전체의 위기로 나타나게 된 것이다. 그런 결과는 충분히 예견(豫見)할 수 있었던 일이다. 그런 의미에서 불행의 씨앗은 아주 오래 전에 잉태(孕胎)

되었다고 말할 수 있다.

시설확장 경쟁이 초래한 또 하나의 문제점은 소량주문을 기피하게 만드는 것이다. 즉, 대규모 시설에 작은 수량의 생산으로는 채산성이 없는 것이다. 한국 수출기업체들이 외국구매선(buyer)으로부터의 소량주문을 거절하여 그들이 대만이나 홍콩 등의 경쟁국가로 발길을 돌리고 있는 것은 이미 오래 전부터 큰 문제점으로 지적되어 왔다.

소량주문은 그것이 쌓여서 큰 금액이 되기도 하지만, 좋은 가격을 받을 수 있다는 장점이 있다. 더구나 구매선이 시험판매하기 위해 소량을 주문했다면 그것은 곧바로 대량주문으로 이어질 가능성이 있는 것이다. 그러한 소량주문을 배척하는 것은 큰 약점이 아닐 수 없다.

2. 부족한 상품개발 능력

어떤 기업이 특정 산업에 종사하면서 성공할 수 있는 비결, 즉 지속적으로 성장하고 이익을 창출해 낼 수 있는 능력은 궁극적으로 취급하는 상품(제품 혹은 서비스)이 가지는 경쟁력에 있다. 경쟁력 있는 상품은 좋은 값에 많이 팔리게 되므로 기업은 경제적으로 성공할 수 있다. 상품의 경쟁력은 그 상품의 ① 기능, ② 가격, ③ 품질, ④ 고객서비스에 의해 결정된다. 1990년대 말의 시점에서 우리나라의 많은 기업들은 이 네 가지 측면 모두에서 대외경쟁력이 취약하다.

상품의 기능경쟁력은 소비자의 욕구(needs)를 새롭게 촉발하거나 기존 욕구를 보다 효과적으로 충족시킬 수 있는 능력이다. 일본의 소니(Sony)가 개발한 워크맨(Walkman)은 소비자들로 하여금 이동하면서 음악을 즐길 수 있게 하였고, 우리나라의 해태음료에서 개발한 '갈아 만든 배'는 과일과 음료를 동시에 취하는 새로운 개념의 상품이라고 할 것이다.

반면에 오디오 테이프에 대한 콤팩트 디스크나 재래식 자동차 핸들에 대한 파워 스티어링은 보다 효과적으로 기존의 욕구를 충족시킬 수 있게 한 상품기술이다.

그와 같은 상품의 기능경쟁력은 신제품을 개발하고 기존 제품의 성능을 높일 수 있는 '기술력'과 '창의력'이 그 밑받침이 된다. 우리 기업들은 대체로 기술력과 창의력 양측면에서 경쟁력이 취약하다.

기술의 개발보다는 도입

1962년에 시작된 근대적 의미에서의 경제개발은 그것이 한 단계 마무리되는 "88올림픽"까지의 약 26년간 값싸지만 질적으로 우수한 노동력과 외국에서 빌려온 자본 및 기술에 크게 의존하였다.

전근대, 일제 점령, 해방 후의 정치적 혼란기까지 산업자본을 축적하거나 산업기술을 개발하지 못하였던 우리로서는 외국의 자본과 기술에 의존한 경제개발 전략은 어쩔 수 없는 선택이었는지도 모른다. 그러나 우리는 빠른 시일 안에 독자적인 기술력을 키워야만 계속적으로 대외경쟁력을 확보할 수 있게 될 것이라는 사실을 간과하여 기술개발에 대한 투자를 소홀히 하고 손쉽게 외국 기술을 도입하는 행동양식을 반복하였다.

결과적으로, 경제개발이 개시된 지 40년이 가까워 오는 시점에서도 우리는 아직 많은 부분, 특히 '기간산업의 핵심기술'에서 해외기술에 의존할 수밖에 없다. 예를 들어 자동차 산업의 외형적인 팽창에도 불구하고 엔진 혹은 엔진 제조기술은 대체로 해외에 의존하고 있다. L그룹은 한동안 TFT-LCD 계기판의 응용기술에서 앞서간다는 것을 기업 이미지 광고의 주제로 삼았지만 실제로 어느 정도가 자체기술인지 의문스럽다. S그룹은 반도체 산업에서의 제품 발전, 자동차 산업의 신규 참여 등에 있어서 외국 기업에 크게 의존하고 있다(Fortune, 97. 5. 12 ; BW, 97. 6. 2).

1990년대 중·후반에 이동통신 사업이 붐을 이루었는데 그 핵심 기술은 역시 미국 기업으로부터 도입한 것이었다. 그 실상을 한 신문의 보도를 통해서 살펴보자 :

기라성 같은 한국의 이동통신 업계 8개 회사가 퀄컴이라는 미국의 한 회사에 '노예'처럼 끌려 다니고 있다. 퀄컴은 한국이 채택한 CDMA(디지털 휴대폰 방식 중 하나) 오리지널 기술을 갖고 있는 미국의 조그만 회사. 이 회사에 국내 이동통신 업체들은 돈을 버는 대로 비싼 로열티를 꼬박꼬박 갖다 바치고 있다. 정보통신부는 현재 다른 디지털 휴대폰 기술(예를 들어 유럽방식 GSM)을 일절 인정하지 않고 있다. 이 때문에 퀄컴은 한국 업체들이 CDMA 이외의 다른 기술을 채용할 수 없는 약점을 최대한 활용, 아무리 졸라도 로열티 인하를 해 주지 않고 있다. (조선, 97. 6. 29)

외국 기술의 도입에는 위의 사례에서와 같이 기술사용료(royalty)의 지급이 뒤따른다. 우리나라의 기술사용료 대외지급은 근래에 와서도 꾸준히 증가하고 있다. 정부의 통계에 따르면 1996년에 약 23억 달러의 지급이 있었는데 이는 1995년보다 18%, 1994년보다 80% 증가한 수치이다. 그와 같은 증가율은 GDP의 증가율을 훨씬 웃도는 것으로, 기술의 대외의존도가 점차 높아지고 있다고 유추해 볼 수 있다.[2]

기술의 대외의존에는 두 가지 심각한 문제가 뒤따른다.

첫째, 외국 기업체가 후속 기술의 공급을 거절하면 그뿐, 그것으로 한국기업들은 한계에 봉착하게 된다. 실제로 "88올림픽"을 전후하여 한국의 경제력을 과대평가한 외국 기업들이 한국 기업을 경쟁자로 인식하여 기술제공을 거부하기 시작하였다. 그 결과 우리 정부는 특히 일본 정부와의 교섭에서 "기술이전을 촉진해 달라"는 것을 단골 요청사항으로 넣어야만 했다. 그러나 그런 요청에 대한 성과는 당초부터 기대할 수 없었던 것이, 일본 기업이 한국 기업을 경쟁자로 인식한 이상 '기술을 이전해 주는 어리석음'을 저지르지는 않을 것이기 때문이다.

둘째, 해외기술을 도입할 경우 공급선으로로부터 시설과 부품을 계속적

---

2) 소비재에 있어서는 상표의 개발이 제품의 기능개발 못지 않게 중요하다. 우리 기업들은 상표 측면에서도 개발보다는 도입에 주력하고 있는 것이 현실이다.

으로 도입해야 하는 경우가 많아 결과적으로 국가경제의 대외의존도를 높일 우려가 높다. 실제로 1962~1992년간에 우리는 70억 달러를 지급하고 약 8,000건의 해외기술을 도입하였는데 그 절반이 일본 기술이었으며, 그 결과 우리는 만성적인 대 일본 상품수지 적자에 시달려야 했다(WSJ, 95. 10. 24).[3]

R&D 투자의 허실

GDP 대비 R&D 투자 비율이라는 양적 측면에서 우리나라는 선진국과 비슷하고 주요 신흥개발국보다는 높은 수준에 있다. 그러나 정부출연 연구기관의 활동 내용이 부실한 것과 마찬가지로 기업의 기술개발 활동도 그 질적인 면에서는 취약하다.

'연구활동'에 대한 투자 미흡.   기술 분야에 근무하는 한 고위 관료의 말을 빌리면 기업이 R&D에 투자했다고 보고하는 비용 중의 많은 부분이 연구소 건설에 필요한 토지, 건물, 관리 인력 등 연구활동과 직접 관련이 없는 부분이 많다고 하는 바, 외형적인 수치만으로 R&D에 대한 투자를 가늠하는 데에는 무리가 따른다.

미약한 중소기업의 기술투자.   R&D 투자는 대기업 중심으로 이루어지고 있으며, 대다수의 중소기업은 여력이 없다. 대기업들은 각종의 연구소를 경쟁적으로 만들어 고급인력을 유치하였고, 그 결과 연구원들에 대한 대우는 급격히 향상되었다. 반면, 정부 통계에 따르면 전체 중소 제조업체의 70% 이상이 포화기(飽和期) 내지 쇠퇴기의 기술을 사용하고 있으며, 1995년중 기술개발에 투자한 중소기업체가 전체의 7%에 불과하였다(중소기업청).

---

3) 기술의 대외의존 자체만으로는 크게 걱정할 일이 아닐 수도 있다. 그러나 한국처럼 외국기업의 직접투자를 배척하면서 스스로는 기술개발을 게을리한다면 경상수지 적자가 늘어나서 국가경제 운영상 문제가 될 위험이 크다.

기술의 개발에 있어서 대기업과 중소기업의 역할분담은 적어도 두 가지 이유로 건전한 국가경제의 발전을 위해 바람직하다.

첫째, 대기업이 기초기술이나 기간산업에 관련된 기술의 개발에 투자해야 한다면 중소기업은 구체적 응용기술 개발이나 부품 등의 기능 향상에 대한 투자를 담당해야 할 것이다.

둘째, 기업생리상 대기업이 예견할 수 있는 기술의 발견에 치중할 수밖에 없다면 예기치 않은 기술의 발견(serendipity)은 중소기업의 장기(長技)라고 할 것이다. 한 나라 전체의 경제활동에 있어서 중소기업이 '혁신과 변화의 원천'이라고 할 수 있는데, 실제로 미국의 경우 신생기업(start-up)들이 국가경제 활성화의 원동력이 되고 있는 것으로 널리 알려져 있다. 그 측면에서 본다면 우리나라의 많은 중소기업이 기술투자는커녕 운전자금의 조달조차 힘겨워 하고 있는 현실은 국가 전체의 기술개발에 대한 전망을 어둡게 한다고 할 것이다.

기술개발에서의 조급함.　다수의 대기업들이 대형기술이나 단기성과 위주로 투자하고 있다.

새로운 기술이라는 것은 가능성이 있는 분야에 장기적으로 꾸준히 투자하여야 그 성공 여부를 알 수 있으며, 또한 '조직 전체의 기술개발 능력 축적'에 기여할 수 있게 되는 것이다. 그러나 우리의 많은 대기업들은 당장에 응용할 수 있는 기술에만 관심을 쏟는다. 그러다 보니 기술의 개발보다는 개발된 기술의 인수에 더욱 적극적인 경향이 있다. 이와 관련하여 한 재미교포 기업가의 말을 들어보자 :

(사례 3-3) 외양(外樣)으로 평가되는 기술

[1995]년 우리는 직원 10여 명에 사무실도 초라했으나 테크놀로지는 이미 개발해 놓고 있었다. 그때 한국 굴지의 H그룹 전자사업 담당 미주 총책임자가 찾아왔다. 당시 도와 달라고 했으면 꼭 돈을 따지기보다 얼마든지 도와주고 싶었다. 그러나 만나 봤더니 자기네가 더 크다고 하는 생각, 초라하고 조그만 기업을 어떻게 믿느냐는 불신 등에 얽매여 이해를 못하는 것은 물론 관심도 별로 없었

다. 고작 한다는 소리가 서류상으로 테크놀로지 개발의 확실한 근거를 제시하라
는 것이었다. 근래에는 S그룹 쪽에서 "당신네가 원한다면 우리 브랜드로 당신네
상품을 팔아줄 수도 있다"는 식의 어이없는 제의가 왔다……

　　그들은 상대방이 사무실도 좋고 사람도 많아야지 믿지, 초라한 상태에서의
테크놀로지 포텐셜을 잡아채질 못한다. 뭘 눈으로 봐야 그때 가서 이거로구나 한
다. 외형은 아무 상관없는데 … 그때 H그룹이 우리 기술을 잡았으면 지금 세계시
장을 잡았을 것이다……

　　H그룹 사람을 만나고 얼마 후 이번엔 우리가 뉴저지의 AT&T 벨 연구소를
찾아갔다. 우리 기술을 설명하는데 처음엔 실무자급이 나오더니 자기네 수준을
넘는다며 다음 단계의 '고수'들을 불러 왔다. 그들도 자기들보다 우리가 많이 안
다며 더 수준 높은 전문가들을 불러 왔다. 이런 식으로 다섯번째에 가서는
AT&T의 최고 전문가 한 사람과 마주 앉았다. 그는 설명을 듣더니 "벨에는 이런
테크놀로지가 없고, [이들] 테크놀로지는 우리 것보다 낫다"며 그 자리에서 1백
50만 달러를 바로 송금하겠다고 약속했다. (중앙, 97. 6. 9)

세계에서 가장 활발하게 신기술 개발이 이루어지는 미국의 실리콘 밸
리에서는 대만, 인도, 이스라엘 등 경쟁국가의 기업과 개인의 활동이 활발
하다. 그러나 우리는 그렇지 못하다. 현지에서 경쟁국가의 기업들이 상호
연계하여 초기 단계부터 착실히 기술을 개발해 가고 있음에 비추어 한국
기업들은 "배타적, 경쟁적, 직선적"으로 기존 기업을 인수하였기 때문에 인
수 및 운영 자금으로 수십억 달러를 투자하였지만 기술획득과 개발이라는
측면에서는 만족할 만한 성과를 거두지 못하였다(참조 : 중앙, 97. 5. 12).

기업인수 방식의 기술도입은 인수된 기업이 후속 기술을 계속 개발해
내어야 장기적 가치가 있다. 그러나 우리 기업들은 피인수 기업의 연구인
력에게 자율권을 주지 않고 시시콜콜히 간섭하여 그들로 하여금 회사를
떠나게 만드는 경향이 있다. 기술은 곧 사람이라고 한다면, 기술개발 목적
으로 인수한 기업에서 기술을 개발할 사람이 떠나 버린다면 그것은 곧 기
술이 없는 빈껍데기 회사를 인수한 것과 마찬가지이다(<사례 4-8> 참조).

상품의 개발보다는 모방

신상품의 개발에는 반드시 뛰어난 기술력이 뒷받침되어야 하는 것은 아니다. 독특한 아이디어가 있으면 웬만한 기술력으로도 새로운 상품, 기발한 상품을 만들어 낼 수가 있다. 새로운 아이디어를 도출하는 데에는 타고나거나 훈련에 의해 갖추어지는 '창의력'과 새로운 상품을 개발하고자 꾸준히 노력하는 '자세'가 필요하다.

능력의 문제는 접어 두고 자세의 문제를 따져 보면, 우리 기업들은 새로운 상품을 개발하기보다는 '남 따라 만들기'에 더욱 관심이 많은 것으로 보인다. 한 신문이 "미 투(me too)전략"이라고 표현한 대로 한 상품이 히트 조짐만 보이면 모방제품이 우후죽순처럼 쏟아진다. '배를 갈아 만든 음료 상품'이 잘 팔리자 33개의 업체가 배로 만든 음료를, 32개의 업체가 대추로 만든 음료를 생산하여 이전투구(泥田鬪狗)를 벌이게 되었다(한경, 96. 5. 16).

수많은 신문과 방송은 보도 내용은 물론 기획 프로그램이나 구성 형식까지 서로 '베끼기' 때문에 차별화되지 않는다. 스포츠 신문은 모두가 제1면을 온통 제목으로 뒤덮다시피 하고 대중 TV 매체는 모두가 화면에 어지러운 자막을 넣고 있다. 일본에서 유래된 듯한 그런 일은 스스로의 품위와 가치를 손상시킬 뿐인데도 모두가 시행하는 것을 보면 상품의 모방 이외의 이유로는 설명하기 어렵다. 적어도 9개의 신문사가 '히트 상품'을 선정·발표하여 소비자를 혼동시키고 있기도 하다(1998년).

신상품의 개발보다는 모방에 치중하는 이런 자세는 당연히 우리나라에서 상품화되어야 할 것이 종종 외국 기업에 의해 이루어지는 바람직하지 못한 결과를 낳는다. 김치의 상품화에 일본 기업이 앞서가고 있어서 관심 있는 많은 사람들이 우려하고 있는 것은 잘 알려진 일이다. 1990년대 말에 와서는 일본 기업이 고추장을 상품화하겠다고 노력중이고, 전주비빔밥을 만드는 장치를 일본 기업이 개발하여 우리가 이를 역수입하게 된 일까지 있었다(한경, 97. 5. 13). 한국의 야생식물이 외국에서 개량되어 신품종으로 등록되고 우리는 그것을 역수입해야 하는 일도 많다(조선, 98.

10. 13).

그런 사례들이 말해 주는 것은 우리에게 부족한 것은 무엇보다 먼저 "뭔가 새로운 상품을 개발해 보겠다"는 의지(意志)라고 할 것이다. 의지가 없으면 능력이 뛰어나도 아무 소용없는 법이다.

새로운 세기에는 기업환경의 변화가 더욱 심할 것으로 예상되고 있다. 그런 환경에서는 새로운 사업과 상품을 개발해 낼 수 있는 능력이 무엇보다 중요한 성공의 비결이다. 실제로 경쟁국가의 기업들은 그런 준비를 착실히 해 왔다. 경영 컨설턴트의 말을 들어보자 :

> 최근의 한 설문조사에 응한 미국의 관리자(manager) 중 80%는 2000년에는 품질(quality)이 경쟁우위(competitive advantage)의 원천이 될 것이라고 믿었다. 그러나 일본 관리자들의 82%가 품질이 현재 [1990년대 중반]에는 큰 강점이라고 생각했지만 2000년에도 그럴 것이라고 예측한 사람은 겨우 절반에 불과하였다. 일본 관리자들이 2000년의 경쟁우위의 원천으로 첫번째로 꼽은 것은 전혀 새로운 상품과 사업을 창조해 내는 능력이었다. 그것은 일본 관리자들이 품질에 대해 등을 돌리겠다는 것을 의미하는 것인가? 물론 아니다. 그 말은 2000년이 되면 품질은 시장 진입을 위한 입장료(price of market entry)일 뿐, 더이상 특별한 경쟁우위가 될 수 없다는 것을 나타낼 따름이다. (Hamel and Prahalad)

우리는 그런 준비 면에서도 뒤쳐지고 있다.

3. 심각하게 낮아진 가격경쟁력

1997년 한 단체에서 1,000개 수출업체를 대상으로 설문조사한 바에 따르면, 약 52%가 일본 및 신흥 아시아 공업국의 업체에 비해 수출상품의 경쟁력에서 열세를 느끼고 있고 그 중 80%가 가격이 문제인 것으로 지적하였다(한국무역협회). 그러나 여러 경로를 통해 알려진 바에 따르면 수출업체가 해외시장에서 겪는 경쟁적 열세는 이보다 훨씬 심각하다는 것이다.

산업연구원의 분석에 따르면 우리 기업들은 1994년부터 자동차, 조선, 가전, 반도체, 기계, 철강, 석유화학, 섬유 등 대부분의 수출 주종산업에서 대외경쟁력을 잃고 있다(한국산업연구원).

그 결과 우리 기업들은 선진국 시장에서의 입지를 점차 잃고 급기야 후진국 시장으로 밀려나게 되었다. 가격에 있어서 중국 및 동남아 신흥공업국에 밀리고 기술력에 있어서는 일본이나 미국 등 선진국을 따라잡지 못하고 있는 것이다. 미국 전자제품 유통업체의 관계자가 한국 지사를 철수시키면서 한 말은 우리 기업의 경쟁적 지위를 잘 나타내 준다 : "한국 상품은 품질에 비해 가격이 너무 높고 기술적으로도 한국만의 장점이 없어 사 봤자 장사가 안 돼 어쩔 수 없이 철수 결정을 내린 것입니다"(중앙, 97. 4. 4).

1980년대 중·후반까지 우리나라는 GDP 및 수출에서 고도의 성장을 이루어 왔고 내부적으로도 아무런 문제점이 없는 것처럼 보였다. 그러나 1987년 민주화 선언과 1988년 올림픽으로 다수 국민이 경제적 욕구를 다소 무분별하게 분출시키고 국가경제에 대해 지나친 자신감을 갖게 되었다. 그 결과는 임금, 물류비, 지가의 상승으로 나타나 우리나라는 순식간에 저생산비 국가에서 고생산비 국가로 변하였다.

수출상품의 생산비가 높아질 때 이에 상응한 기능이나 품질의 향상이 따르지 못한다면 경쟁력을 잃게 되는 것은 오히려 당연한 일이다. 그 점이 바로 우리 기업들이 겪고 있는 어려움의 핵심이라고 할 것이다.

기업활동과 관련되어 발생하는 비용은 인건비, 물류비, 토지 사용료, 금융비용 등 여러 형태가 있다. 그 외에도 공공사업 및 정부조직 운영과 관련되어 조세 형태로 부담하는 간접부담 비용이 있다. 정부운영이 비효율적이면 결국 기업 부담으로 돌아와 상품의 가격경쟁력을 떨어뜨리는 요인으로 작용한다.

기업체가 부담하는 비용을 <표 3-1>과 같이 분류해 볼 수 있는데, 정부와 관련된 비목(費目)에 대해서는 제7장에서 살펴보기로 하고 나머지 비목만 여기에서 다루기로 한다.

<표 3-1> 기업비용의 분류

	직접 부담	간접 부담
내부비용	*생산직 임금 *사무직 급여 *생산간접비(생산설비 사용료) *기타 간접비	
외부비용	*물류비 *토지사용료(地價 혹은 임차료) *금융비용(이자 등) *준조세/준법비용(법규 준수와 절차 이행) *접대비/촌지/부패비용	*정부사업비 *정부조직 운영비 *정부 산하기관 운영비 *특권계층 지원비

주 : 내부비용과 외부비용은 편의상의 구분에 지나지 않음.

<표 3-2> 주요국 제조업 시간당 임금

(단위 : 미 달러)

국가별	1985	1995	증가율
독 일	9.60	31.88	3.3배
일 본	6.34	23.66	3.7
프 랑 스	7.52	19.34	2.6
미 국	13.01	17.20	1.3
한 국	1.23	7.40	6.0
싱가포르	2.47	7.28	2.9
대 만	1.50	5.82	3.9
홍 콩	1.73	4.82	4.1
중 국	0.19	0.25	1.3

자료 : Morgan Stanley(한경, 96. 11. 4)

높은 임금, 낮은 노동생산성

한 외국 기관의 분석에 따르면 1985~1995년간 우리나라 제조업 임금이 6배 상승하여 주요 27개국 중에서 최고의 상승률을 기록하였다. 그 결과 1995년 현재 한국의 평균 노임은 시간당 7.4달러로 싱가포르, 대만, 홍콩보다 높다(<표 3-2>).

임금수준이나 임금상승률이 높아도 그것이 노동생산성 향상으로 뒷받침되면 큰 문제가 아니다. 자본장비율 등 작업환경의 차이 때문에 노동생산성을 국가간에 단선적으로 비교하기는 어렵다. 다만 한국생산성본부에 따르면 우리나라의 노동생산성은 미국, 일본 등은 물론 싱가포르나 대만에도 훨씬 못 미치는 것으로 분석되어 1990년대 중반의 노임수준이나 과거 10여 년 간의 임금상승이 생산성 향상으로 뒷받침되지 못하고 있음을 짐작케 한다(조선, 97. 5. 30).[4]

경제정의 혹은 분배의 형평성 측면에서 볼 때 부당하게 낮았던 생산직 근로자의 임금수준이 일정 기간 생산성 증가율을 앞질러 적정선까지 상승하는 것은 오히려 바람직한 일이라 할 수 있다. 그러나 1980년대 후반 이후 임금이 지나치게 빠르게 상승하였고, 그 결과 1990년대 중반에 와서는 생산직 근로자의 임금이 기업 채산성이나 사무직 급여 수준과의 형평이 깨질 정도가 되었다.

대표적 예로, 1997년 현재 현대, 기아, 대우 등 자동차 3사의 생산직 '평균' 연봉이 35백만 원이었는데 그것은 임금이 3년 동안 46%나 신장한 결과였다. 그러나 같은 기간 중 노동생산성은 17% 증가하는 데에 그쳤다(중앙, 97. 3. 10). 그런 연봉은 사무직 중견간부 수준이 될 정도로 높을 뿐만 아니라, 그 무렵 자동차 업계가 과당경쟁으로 존립 자체를 위협받고 있는 상황에 비추어 볼 때 정당화될 수 없는 것이었다.

통계 숫자는 제쳐 두더라도 임금과 생산성의 불균형을 초래하는 구체적인 사례들을 주위에서 흔히 볼 수 있다. 많은 근로자들의 근무기강이 해이하여 작업 강도(intensity)가 떨어지고, 자세가 피동적이며, 육체적으로 힘든 일은 기피한다. 절실하지 않은 이유로 작업을 거부하는 일이 빈번하고 상당한 숫자의 노조전임 직원의 보수를 기업이 부담하는 불합리한 제

---

4) 한 경영컨설팅 회사의 보고서에 따르면, 1995년 국민 일인당 수량을 기준으로 볼 때 한국과 미국의 총요소 투입량(노동과 자본 투입량)은 98 : 100으로 비슷하나 총요소 생산성이 51 : 100으로 차이가 커서 일인당 GDP는 50 : 100이 되었다(맥킨지). 일인당 같은 양의 자본을 사용한다고 할 때 한국의 노동생산성은 대략 미국의 77%, 단위자본당 같은 노동량을 투입할 때 한국의 자본생산성은 미국의 75%였다. 근로자의 자질, 기술수준, 경영능력 등이 두루 문제가 된다고 하겠다.

도도 그대로 유지되고 있다. 당사자의 능력, 자질, 자세나 기업의 재무상태
와 상관없이 근로자를 해고하기란 불가능에 가깝다. 모두가 인건비 부담을
가중시키는 요인이다.

되짚어 보아야 할 사무직 생산성

사무직 근로자에게 지급하는 급여는 제조원가에 포함되지는 않지만
판매되는 상품의 가격에 반영되어야 한다는 점에서 생산직 근로자의 임금
과 다를 바 없다. 우리는 일반적으로 사무직 근로자의 생산성을 소홀히 취
급하고 있지만, 저자는 한국 사무직 근로자의 생산성이 경쟁국가보다 상당
히 낮고, 그것이 가격경쟁력을 떨어뜨리는 매우 중요한 요인으로 작용하는
것으로 추정한다. 개별 사무직 근로자의 능력과 자세에 대해서는 다음 기
회(제8, 11장)로 미루고 여기서는 그들의 생산성을 저하시키는 우리나라
의 독특한 관습과 제도에 대해서 따져보기로 한다.
어느 유명 기업인이 서양의 근로자들은 "9 to 5"(아침 9시부터 저녁
5시까지 근무하는 것을 말함)이지만 자신이 경영하는 회사는 "5 to 9"이
라고 자랑한 적이 있다. 실제 우리나라의 사무직 근로자들이 회사에 바치
는 시간은 최근에 와서 상당히 짧아졌음에도 불구하고 아직도 경쟁국가보
다 길다. 그러나 중요한 것은 근무시간의 길이보다 근무중에 개개 근로자
가 창조한 부가가치, 즉 생산성이다. 한국의 사무직 근로자들은 너무 많은
시간을 비생산적인 일에 허비하고 있기 때문에 생산성이라는 측면에서는
오히려 경쟁국에 뒤질 것으로 추정된다.

근무시간중의 사무(私務) 처리. 많은 사무직 근로자가 아직도 개인적
인 용건의 처리를 위하여, 친구를 만나기 위하여, 그리고 이발과 목욕을 하
기 위하여 근무시간을 사용하고 있다. 휴가조차 얻을 수 없었던 과거의 습
관이 아직도 남아 있어서 그런지는 모르지만 이런 것은 공사(公私)를 구
분하지 못하는 일인만큼 이제는 삼가야 한다.

　　과다한 관리자.　기업의 다단계 직급 체계는 많은 간부를 생산해 낸다. 결과적으로 실제 일을 처리하는 사람에 비해 "관리자"로 불리는 감독자가 너무 많다. 저자는 일선 경험을 통하여 할 일이 없어 빈둥거리는 과장, 부장, 임원을 흔하게 목격하였고, 동료 직원이 잡담하러 놀러와서 짜증스러워 한 적이 많았다.

　　할 일이 많지 않은 고위 간부들이 골프로 시간을 허비하는 것과 관련하여 대기업체와 거래가 많은 한 사업가의 얘기를 들어보자:

　　　　기업의 임원들이 시간 보내는 것을 보면 온통 골프이다. 한국에서 일요일에 골프를 하려면 어느 골프장을 가든 이른 새벽에 나가야 한다. 오후에 차가 밀리면 귀가시간이 늦어질 수밖에 없다. 한잔 하기도 하고 여흥이 있으면 고스톱도 한판 친다. 집에 와서 어쩌다 보면 마누라 서비스도 해 주어야 한다. 다음날 아침 비실비실 하면서 출근해서는 회의로 아침나절을 허비한다. 화요일은 그 다음 주 부킹(booking)날이다. 하루 종일 어느 골프장, 몇 개 부킹할까를 가지고 시간을 다 보낸다. 그러고 나면 누구하고 칠까 그걸 가지고 수요일, 목요일 계속 신경 쓴다. 내가 보기엔 주말 골프를 위해 주중에 하루 평균 4시간씩 낭비한다.
　　　　그렇게 하여 막상 필드에 나가면 골프나 제대로 치나? 나무 밑에 공이 들어가면 손으로 들어내어야 하고, [그린 위에서는] 웬만한 거리이면 OK를 받아야 하고…. (1997년)

　　그의 말이 다소 과장된 듯하지만 그렇다고 현실과 동떨어진 이야기는 아니라고 할 것이다. 기업 간부들의 회의에서 단골 화제는 언제나 골프인 것이 현실이기도 하다.

　　인간관계 수립을 위한 시간소비.　우리나라에서는 많은 일이 경제논리보다는 인간관계에 의해 처리되고 있다(제10장 참조). 그래서 많은 기업이 유관기관이나 다른 기업체, 혹은 장래성있는 개인과 좋은 인간관계를 맺도록 직원들을 독려하고 있다. 그것을 위해서 우선 접대비, 경조사비, 명절 선물, 촌지, 뇌물 등 각종 형태의 비용이 든다.

그러나 눈에 보이는 금전적 지출보다 더 심각한 것은 사무직 근로자들이 바쳐야 하는 시간이다. 많은 기업의 간부들은 "섭외"(涉外)라는 명목으로 거래처를 일없이 방문하는 데에 많은 시간을 쓴다. 거래처의 접대에는 점심시간을 전후한 근무시간, 저녁시간, 휴일이 바쳐진다. 거래처 직원의 경조사에는 시간대를 불문하고 참석해야 하며, 때에 따라서는 서울에서 목포까지의 거리도 상관하지 말아야 한다. 그런 일에 바쳐지는 근무시간은 그 자체로 낭비이다. 일과 후의 시간을 바친다 해도 생활리듬이 깨져서 다음날의 근무에 지장을 주게 된다.

왕래를 요구하는 업무관행.　서양에는 우편으로 처리되는 많은 일들이 우리나라에서는 사람이 왕래해야만 이루어진다. 관공서나 금융기관에 문의 전화를 하면 "와서 얘기하라"는 답변을 듣는 경우가 많다.

관공서에 인·허가 신청을 하거나, 금융기관에 대출 신청을 하자면 많은 부대서류를 구비하여야 하고 서류들을 구비하기 위해서는 관련 기관에 직접 출입하여야 한다. 주거이전이나 주민등록등본 발급 등 '눈에 잘 뜨이는 일'은 일부 간소화되기도 하였으나 대부분의 일은 복잡하고 어렵다. 경험이 없는 사람은 자칫 단일 목적을 위하여 같은 기관을 여러 번 방문해야 하기도 한다. 다음의 사례를 보자:

(사례 3-4) 방문해야 처리되는 단순업무

저자는 1996년 말에 운전면허증을 재발급 받기 위하여 관할경찰서를 4번이나 방문하여야 했다. 사전에 전화로 확인하여 나름대로 신청서류를 준비해 갔지만 빠진 것이 있어서 처음은 헛걸음이었다. 두번째 갔을 때는 경찰서는 근무중이었으나 교통안전기금을 수납할 은행이 업무를 마감한 시간이라서 허탕을 쳤다. 세번째로 방문하여 수속을 끝냈더니 한 달쯤 후에 다시 와서 임시면허증을 반납하고 새 면허증을 찾아가라는 대답이었다.

방문해야만 업무가 처리되는 일은 기업간의 거래에서도 흔히 발생되고 있다. 예를 들면 정해진 기일의 대금결제처럼 단순한 일이 방문수금 형태로 이루어질 때가 많다.

교통혼잡으로 허비하는 시간. 업무처리를 위해 왕래하는 과정에서 교통체증 때문에 허비하는 시간이 많다. 저자의 경험에 비추면 미국의 웬만한 대도시에서 업무시간중에 15분이 걸릴 거리가 서울이나 부산에서는 족히 60분이 걸린다.

정리하면, 한국의 사무직 근로자는 구시대적인 관행과 제도 때문에 근무시간 중의 많은 부분을 비생산적인 일에 허비하고 있다. 그렇게 낭비되는 시간은 결과적으로 기업 비용을 증가시켜서 상품 가격의 인상 요인으로 작용하게 된다.

뒤처진 공정기술, 낮은 자본생산성

기업이 내부적으로 부담하는 비용 중에 생산설비 사용료(감가상각비 형태로 지급)가 있는데, 이는 제품의 설계와 공정의 효율성 여부에 따라 좌우된다. 같은 기능의 상품이라도 만들기 쉽게 부품 숫자를 줄인다거나 공정을 합리화하여 제작 시간을 줄인다거나 하면, 생산설비를 적게 사용하고도 같은 양의 제품을 생산할 수 있게 된다. 우리의 제조 및 공정 기술수준에 대해서는 본격적인 연구가 없어서 단언할 수 없지만 일반적 기술수준에 비추어 볼 때 경쟁국에 미치지 못할 것으로 추정된다.

일본은 제조기술과 공정기술에 있어서 세계에서 가장 뛰어난 나라이다. 그것은 2차대전 직후부터 데밍(E. Deming)의 품질관리기법(TQM)을 도입하여 품질개량과 공정개선에 혼신의 힘을 기울인 덕분이다. 개개 기업의 전직원이 투철한 업무개선(kaizen) 의지를 가지고 제조 및 공정기술을 개발하고 연마하여 세계를 통틀어 가장 나은 생산기술을 보유하게 되었다.

일본을 본떠서 우리나라에서도 업무개선 운동이 활발히 전개되었다. 그러나 우리의 운동은 대체로 내실보다는 형식에 치우쳤다. 실제적 효과보다는 "품질 관리대상" 등 상을 받는 것이 목표가 되어 유관단체에 대한 업체간의 로비 경쟁이 치열하게 벌어지곤 했다. 대형 제조업체의 중견간부로 근무할 적이 있는 사람이 업무개선 운동의 실상을 전한다 :

> 회사에서는 캠페인이 끊임없이 전개되었다. TQM, MRP, JIT 등등의 이름으로… 그러나 내용은 대동소이하였다. 어느 사장이 TQM을 시작한다. 한 2년 걸려 상을 받는다. 사장이 바뀐다. TQM은 없어지고 JIT를 내세운다. 온 회사가 분주하다. 한 2년 요란하게 시행하여 상을 받는다. 그도 떠난다. 또 다른 사장이 오면 또 다른 이름의 캠페인이 시작된다……. (1998년)

1980년대 말 이후 임금이 인상되자 역시 일본을 본떠서 대소의 기업체에서 "생력화"(省力化) 운동이 벌어졌다. 많은 중소기업들이 구인난(求人難)에 시달리자 정부는 생산자동화 사업을 적극 장려하였다("중소기업 진흥 및 제품판매촉진에 관한 법률"). 그러나 적지 않은 경우 시설의 도입이 생력화나 노동생산성 향상으로 연결되지 못하고 말았다. 기술과 기능이 뒷받침되지 못하였던 것이다. 그런 이유로 자동화 설비가 먼지를 뒤집어쓰고 낮잠자는 경우가 적지 않고, 때로 "능력을 무시한 자동화 투자"가 바로 기업부도의 원인이 되기도 하였다(기업은행).

정리하면, 기술부족으로 인하여 한국 기업의 자본생산성은 낮다고 볼 수밖에 없다(맥킨지). 따라서 제품생산에 있어서 생산설비 사용료가 경쟁국 기업보다 높다고 할 수 있다.

삼고(三高) : 물류비, 지가, 금리.

제1장에서 살펴본 대로 우리나라의 사회간접자본 시설이 만족스럽지 못하여 기업이 막대한 물류비용을 부담하고 있다. 문제를 더욱 심각하게 하는 것은 물류비의 비중이 해마다 증가해 왔다는 점이다. 사회간접자본 시설은 보통 막대한 투자를 필요로 하고 그 완성에 상당한 시일이 소요되므로 물류비 문제는 단시간 내에 해결되지 않을 것이고 그만큼 우리 상품

의 가격경쟁력 전망은 어두워진다.

일본에서 이루어진 한 조사에 따르면 서울의 상업용지 가격이 도시국가인 싱가포르, 홍콩에는 미치지 못하지만 대판(大阪)과 비슷하고 프랑크푸르트, 런던, 뉴욕, 파리, 로스앤젤레스보다 훨씬 높은 것으로 나타났다(한경, 97. 4. 22). 그와 같이 상대적으로 높은 지가(地價)는 서울에 국한되지 않고 전 상업용지에 공통되는 현상이며, 이것은 외국인이 한국에 대한 투자를 기피하는 대표적 이유 중의 하나로 지적되어 왔다. 토지가격이 높으면 기업이 토지를 구입하거나 빌려쓰는 비용이 높아지므로 결과적으로 상품의 판매가격이 높아질 수밖에 없다.

마지막으로, 우리의 금리수준은 경쟁국에 비해 월등히 높다. 한국은행의 비공식 자료에 따르면 우리의 실질금리가 8.4%일 때 미국은 4.1%, 일본은 0.2%, 대만은 6.7%로서 큰 차이가 나고 그것은 결국 판매가격의 차이로 반영되어 경쟁력을 떨어뜨린다. 설상가상으로 우리 기업의 재무구조 특성상 부채비율이 경쟁 국가보다 훨씬 높다. 그렇기 때문에 평균적인 기업은 엄청난 금융비용을 지불하여야만 한다. 제조업의 금융비용부담 상황이 <표 3-3>에 나와 있는데 한국 기업이 매출액의 5.6%로서 일본의 1.3%, 대만의 2.2%에 비하여 엄청나게 높다. 판매가격 인상에 대한 압력은 그만큼 강해진다.

이상에서 살펴본 바와 같이 우리 기업이 상품을 생산하여 소비자에게 공급하는 데에 들이는 비용은 생산직과 사무직의 인건비, 물류비, 토지사용료, 금리 등 모든 분야에서 주요 경쟁국보다 경쟁열위(competitive

<표 3-3> 경쟁국간 제조업 금융비용 비교

(1995년 기준, 단위 : %)

	한 국	미 국	일 본	대 만
실질금리*	8.4	4.1	0.2	6.7
부채비율	287	160	206	86
금융비율/매출액	5.6	n/a	1.3	2.2

자료 : 한국은행. 기업경영분석 ; *는 1997 국정감사 자료

disadvantage)에 있다. 그만큼 가격경쟁력이 낮을 수밖에 없는 것이다.[5] 그에 덧붙여 정부부문의 비효율 때문에 우리 기업들은 엄청난 추가비용을 부담하여야 한다(제7장 참조). 기업의 내적·외적 요인이 모두 가격경쟁력을 잃게 만들고 있는 것이다. 그러한 사정을 아래의 사례가 잘 요약해 주고 있다:

(사례 3-5) "미국의 '벤츠' 유치"[6]

미국 남부 앨라배마 주의 투스칼로사[Tusca loosa] 市에는 '메르세데스 드라이브'라는 이름의 도로가 있다. 독일 메르세데스 벤츠 자동차가 투스칼로사에 자동차 공장을 건설하기로 결정하자 시 당국이 특별히 도로 이름까지 붙여준 것. 앨라배마 주 정부의 공장유치 노력은 우리 공무원은 도저히 이해하지 못할 정도다. 3년 동안 각종 법인세를 면제해 주는 것은 기본이고, 주 정부와 시 예산에 아예 공장건설 지원비까지 책정했다. 주지사는 재임중 최대 업적으로 벤츠 공장 유치를 자랑스럽게 내세우고 있다. 지난 22일 열린 벤츠 공장 완공식을 위해 투스칼로사 시당국은 학교를 임시휴교 조치했다. 학생들은 자발적으로 봉사활동까지 벌였다. 환경관련 법규가 까다롭기로 유명한 미국에서 벤츠가 인·허가를 위해서 소요한 시간은 단 30일. 또 고속도로에서 공장 입구까지 도로를 만들어 주었고, 상하수도·전기 등 각종 기반시설도 완비해 주었다고 한다.

연 생산 6만 5천 대 규모의 벤츠 다목적용 차 공장을 짓는데 들어간 총 투자비용은 약 3억 달러(2천 7백억 원). 삼성자동차가 연산 8만 대짜리 자동차 공장을 짓는데 3조원이 들어간 것에 비교하면 10분의 1의 비용인 셈. 또 미국 은행들이 경쟁적으로 금리가 연 6%인 싼 자금을 빌려주겠다고 줄을 서는 덕분에 자금부담도 적다고 한다. 앨라배마 주 벤츠 공장에 고용된 미국인 생산직 근로자의 평균 연봉은 1만 5천 달러(1천 3백 50만 원)에서 최고 3만 달러(2천 7백만 원)에 불과하다. 이와 더불어 근로자들은 처음부터 노조를 설립하지 않기로 회

---

5) 재벌의 경쟁적 투자확대가 생산요소에 대한 만성적 수요초과 현상을 일으켰고, 그로 말미암아 생산요소 비용이 더욱 높게 되었다(제5장 참조).
6) 이 사례는 조선일보사의 허락을 얻어 기사 전체를 옮겨 실은 것이다. © 1997, 조선일보사

사측에 약속했다. 이에 비해 현대, 대우, 기아 등 우리나라 자동차 3사의 생산
근로자 평균 연봉이 3천만 원을 넘어선 지는 이미 오래다.

유르겐 슈렘프 벤츠그룹 회장은 독일이 아닌 미국 앨라배마에 공장을 건설
한 이유를 세 가지로 요약했다. 첫째, 지프형 차의 판매시장이 미국에 있으며 둘
째, 독일보다 인·허가가 쉽게 나오고 셋째, 공장 건설비가 훨씬 싸다는 것. 벤츠
공장을 보면서 앨라배마 주 정부와 투스칼로사 공무원을 한국 정부가 특채하면
어떨까 하는 생각이 들었다.(조선, 97. 5. 27)

4. 적당주의, 약한 품질경쟁력

우리 기업이 생산하는 상품은 가격경쟁력에서 중국 및 동남 아시아
제국 등 후발경쟁국은 물론 대만 등 전통적인 경쟁국가에 뒤지고 있으며
우리 모두 이 점을 잘 이해하고 있다. 한편 "88올림픽" 이후 한껏 높아진
자존심에 연유하여 우리의 대기업들은 미국 및 일본의 '세계 초일류 기업'
과 경쟁할 수 있는 것으로 자임(自任)해 왔다. 그러나 상품의 품질에 국한
시켜 보면 우리는 일본 기업의 적수가 될 수 없다.

오랜 기간에 걸친 거국적 품질개선 운동 덕분에 일본 제품은 기능상
의 하자나 불량품의 생산이 극히 적게 되었고, 그 결과 "상품 제조의 탁월
성"에서 다른 나라의 추종을 불허하고 있다(Micklethwait and Wooldridge). 일
본 기업이 품질관리에 철저함은 세계적으로 널리 알려져 1980년대에는 미
국 기업 사이에 일본을 배우려는 노력이 유행처럼 번지기도 한 바 있다.

일본 기업의 위와 같은 완벽에 가까운 품질관리는 물론 제품이나 공
정 개선과 관련된 기술의 뒷받침이 있었지만 그 출발점은 어디까지나 "완
벽한 제품을 내 손으로 만들겠다"는 철저한 장인정신(匠人精神)이라고 할
것이다. 기술이 필요조건이었다면 장인정신은 충분조건이었던 셈이다.

일본과는 달리 우리의 직업윤리와 작업의식(work ethic)은 곧잘 '적
당주의'로 대변되는데, 하는 일에 대한 애착이 부족하고 무슨 일이건 대충
처리하는 경우가 많다. 상품이 제 기능을 발휘하지 못하거나 불량품이 양

산(量産)되는 결과로 나타난다.

적당히 만들어 내는 상품

한 개의 상품이 기획되어 소비자에게 공급되기 전에 그 상품이 제대로 기능하는지(機能性), 그 기능이 오래 유지되는지(耐久性) 등을 반복된 실험을 통해서 철저히 검증하여야만 그 상품의 품질을 확인할 수 있다. 시중에 유통되는 우리 상품 중에는 제대로 기능하지 않는 것이 흔히 있다.

국내 일류의 문구제작사로 알려진 M사가 만드는 스카치 테이프는 '종이에 붙이는 것'이 주된 기능임에도 2~3일이 지나면 오그라들어서 떨어지고 며칠 더 지나면 누렇게 변색된다. 그에 비해 미국의 3M사가 만드는 제품은 3년이 지나도 그런 결점들이 나타나지 않는다. 한국의 M사 제품과는 달리 테이프 위에 어떤 필기구로도 글씨를 쓸 수가 있다.

더욱 심한 것으로 T사의 합지상자 포장 테이프는 처음부터 아예 달라붙지 않는다. C사가 만든 지퍼가 달린 비닐 포장 용기는 지퍼를 열려고 당기면 비닐이 먼저 찢어진다. 중소기업체들이 판매하는 주방용기 중에는 일주일이 지나면 녹스는 것이 더러 있다. 제대로 시험해 보지 않고 '적당히 만들어서' 시장에 내놓으니 그런 현상이 빚어진다고 할 것이다.

무엇을 적당히 만드는 우리의 습성은 건축물이나 도로의 설계에서도 흔히 볼 수 있다. 주변에서 방음장치가 잘 되어 있지 않은 아파트, 엘리베이터 용량이 턱없이 부족한 아파트를 흔히 볼 수 있다. 서울의 강변로는 동작교 등 주요 도로와 연결되는 진·출입로가 없다. 수많은 한강 다리(橋)의 공통된 결점은 연결 도로가 제대로 설계되지 않아서 모두가 교통의 병목이 되고 있다는 사실이다. '무성의한 마무리 때문에' 막대한 공사비를 들인 시설물이 제 역할을 다하지 못하는 것이다.

일본 기업이 상품을 설계하는 데 기울이는 노력은 우리로 하여금 두려움을 느끼게 할 때도 있다. 혼다(Honda)가 자동차를 개발할 때에 보였던 치밀성을 음미해 보면 그러한 일본 기업의 자세를 짐작해 볼 수 있다:

  1960년대 말 [혼다]가 자동차를 제조하기 시작한 직후에 소이치로 혼다(Soichiro Honda)는 "월드 카"를 만들겠다고 선언하였다. 그것을 위하여 동사는 각국의 차량과 주민의 생활습관에 대한 자료를 수집하려고 두 팀의 기술자들을 내보내 전세계를 돌게 하였다. 그 프로그램과 연계하여 혼다의 R&D 부서는 기술자들을 유럽에 파견하여 오로지 주민과 자동차의 관계(relationship)를 관찰하게 하기도 했다. 기술자들은 도로상태에서 주행습관에 이르기까지 모든 것을 조사하고 일본으로 돌아와서 발견한 사실들을 모두 보고하였다. 그런 정보는 혼다 사가 최초의 시빅(Civic) [모델]을 설계하는 데 도움이 되었다.

  미국에 주재하는 혼다 사의 설계팀은 트렁크 디자인에서 난관에 봉착하자 디즈니랜드의 주차장에서 오후 한 나절을 보내면서 사람들이 트렁크에 무엇을 집어넣고 꺼내는지, 어떤 동작이 관련되는지를 관찰하였다……. 혼다 사는 트렁크 사용에 관한 자료를 얻기 위하여 외부의 시장조사 전문가를 고용하지 않았다. 그들은 보다 직접적인 방법을 취하였고 결국 새로운 디자인을 얻게되었다.
(Hamel and Prahalad)

대충 시행하는 품질관리

  아무리 제품의 설계가 완벽하고 제조공정이 능률적이라고 해도 생산을 담당하는 사람들이 맡은 일을 적당히 처리한다면 불량품이 생산되고 출시(出市)될 가능성이 높아진다.

  일본의 많은 기업들은 품질관리 운동 초기부터 "제조과정에서 문제점이 발견되면 그 즉시 전 생산라인을 정지시키고 그 문제점을 현장에서 제거하도록 하는 방식"으로 불량품의 발생을 사전에 방지하고 있다. 일본보다 30년 이상 뒤진 시점에서 한 재벌그룹이 그런 방식을 도입했다 하여 화제가 된 적이 있지만 우리 기업들은 대체로 제품생산이 끝난 시점에서 불량품을 골라내는 방식을 쓰고 있기 때문에 구조적으로 일본보다는 불량품 발생 가능성이 높다.

불량품 발생은 공정기술보다는 근로자의 정신자세에 더 크게 좌우된다. 전통적인 '적당주의'가 높은 불량률의 큰 원인이 되기도 하지만 우리의 정신자세는 민주화 선언과 올림픽을 통해 더욱 해이해졌다. 그 결과 제조업체의 불량률이 급격히 높아졌다. 1990년을 전후하여 국내외의 인사들이 "임금은 올랐으나 이에 상응하여 생산성과 노동의 품질이 오르기는 커녕 오히려 크게 떨어져 수출된 상품에 대하여 세계 각국에서 클레임이 쇄도하고 있다"는 등 한국의 불량한 품질관리를 지적하기 시작하였다(유영준). 이 문제는 이완된 사회분위기 때문인지 세월이 흘러도 잘 고쳐지지 않았다.

일본 등 경쟁국가에서는 불량률을 주로 '백만 개 중 몇 개(PPM)'로 표현하지만 우리는 아직도 '백 개 중 몇 개(%)'로 나타내는 일이 많다. '세계 최고의 경영'을 자랑하는 미국의 GE는 1995년부터 "식스 시그마 품질"(Six Sigma quality)을 최우선 경영과제로 선정하여 큰 성과를 올리고 있다. "고객과 관련되는 모든 과정(제품과 서비스)이 완벽에 가까운 품질을 가지도록 추진"하는 것에 경영의 초점을 맞추고 있다. ("식스 시그마"는 불량률 3.4PPM 이하를 뜻하는 것으로 Motorola가 1987년에 시작한 완벽한 품질관리 운동이다. Motorola는 1990년대 초반부터 십억 개 중 몇 개인 PPB를 불량률 측정단위로 사용하고 있다.)

생산과정을 통해 만들어진 불량품이 검사과정을 통해서 전부 가려질 수는 없으므로 상당량이 시장에 나와 소비자에게 공급되는데 그런 불량품은 결국 해당 제품의 이미지를 떨어뜨리게 된다. 문제를 더욱 악화시키는 것은 불량품을 적당히 수리하여 그대로 시장에 내는 일도 일어나고 있다는 사실이다. 내구소비재 제조회사인 V사 미국법인 마케팅 책임자의 다음과 같은 말은 그 회사나 해당 상품의 상징성에 비추어 보면 다소 충격적이라고 할 것이다 :

(사례 3-7) 흠이 있는 상품의 출시(出市)

때때로 우리는 본사의 공장으로부터 "어떠어떠한 사항이 잘못되어 있다"는 설명과 함께 [내구소비재 상품]을 받는다. 그러나 그 상품은 그런 상태로 한국을 떠나서는 안 된다. 상품을 선적하는 사람이 그 상품이 그대로 미국 고객에게 인도되어도 괜찮다고 보기 전에는 한국을 떠나서는 안 되는 것이다. [잘못된 우리의 관행 때문에] 유통 채널이 제조과정의 일부가 되고 만다. [상품을 수리하는 업무]가 결과적으로 우리의 딜러에게 전가되는데 딜러는 제조과정과는 아무 상관이 없어야만 한다.

미국에서 고객만족을 달성하려면 [마케팅 책임자]나 딜러들 못지 않게 공장 사람들도 그것이 자기의 임무라고 믿어야만 한다. 딜러가 회사의 지원에 대한 신뢰감을 상실하면 전체 시스템이 무너져 내릴 수밖에 없다.… 본사는 아직도 생산수량이나 미국으로 선적한 수량에 관심이 많다. 이 두 숫자가 중요한 것은 사실이지만 고객이 상품에 만족하는 것보다는 덜 중요하다. (1996년)

1990년대 중반의 성수대교 및 삼풍백화점 붕괴사고는 전세계 대중매체의 집중 조명을 받아 나라 망신을 시킨 바 있다. 각종 시설물과 건축물의 시공과정에서 품질관리가 얼마나 부실하게 이루어지는가를 보여주는 상징적인 사건이라고 할 것이다. 아무리 큰 사고가 일어나도 당사자나 사회가 느끼는 경각심은 그 때뿐, 비슷한 사고가 끊이지 않는 것이 우리의 현실이다. 그리하여 건설산업은 부실시공의 대명사가 되고 있다.

1997년 9월 한달 동안 적어도 3곳의 놀이공원(theme park)에서 회전놀이 기구의 고장으로 이용자가 다치거나 공포에 떨게 된 사고가 일어났는데 공공 시설물의 관리가 얼마나 소홀한지를 잘 보여 주고 있다. "한국을 대표하는 항공사"를 자임(自任)하는 D항공은 1998년 9월중에 항공기 이착륙 사고를 3건이나 발생시켰다. 관련 항공기는 모두 같은 기종(機種)이었고, 사유는 모두 랜딩기어(landing gear) 고장이었다. 인명(人命)이 관련된 것의 품질관리조차 그렇게 소홀한 것이다. 인명을 무엇보다 소중하게 생각하는 선진국 사람들이 한국 기업의 자세가 그 정도라는 사실을 알게 되면 한국 기업의 신뢰성은 그날로 땅바닥에 떨어진다.

허술한 품질관리라는 문제점은 특정 산업의 현상이라기보다는 일반적 정신자세의 한 단면이라고 보는 것이 옳을 것이다.

준비없는 사업, 낮은 숙련도

기업이 새로운 사업을 시작하기 위해서는 외부여건과 내부능력을 면밀하게 재어 보아야 한다. 내부능력은 생산시설, 기타 필요한 물적자원을 확보할 수 있는 자금과 해당 사업을 무리없이 수행해 낼 수 있는 인적자원으로 크게 구분해 볼 수 있다.

우리 기업들, 특히 재벌그룹은 경쟁의식에 사로잡혀 내부능력을 고려하지 않고 사업을 벌이곤 하였다. 우리의 특이한 관행상 대기업인 경우는 금융기관을 통해 자금을 차입하는 데에 큰 어려움이 없다. 그러나 제대로 훈련이 된 인적자원을 확보하기는 만만치 않다. 인적자원의 양성에는 시간과 노력이 필요하기 때문이다.

예를 들어 말하자면 과당경쟁이 일어나고 있는 자동차 산업에서 능력을 갖춘 기술자나 기능공이 충분히 확보되었다고 보기는 어렵다. 민주화 선언과 올림픽 이후에 근로자들이 힘들고 어려운 일을 기피하여 많은 제조업 분야에서 숙련공을 확보하지 못해 어려움을 겪는 것 또한 사실이다.

작업자의 숙련도가 낮으면, 제조과정에서 기능미달 상품이나 불량품이 생길 가능성이 높아져서 우리 상품의 품질경쟁력을 떨어뜨리게 된다. 한 재벌그룹은 조선소도 짓기 전에 대형 유조선을 주문받았다고 자랑삼아 말해 왔지만, 그와 같은 사업개시는 품질을 생명으로 하는 1990년대 이후의 경쟁사회에서는 통하기 어려운 무모한 전략이라고 할 것이다.

서비스 산업은 성격상 시설에 대한 투자규모가 적기 때문에, 1990년대 이후의 경제 자율화(deregulation) 추세와 더불어 업종을 가리지 않고 업체가 난립하여 그 경쟁이 치열하다. 그 결과 훈련된 인력을 확보하는 것이 사실상 불가능하여 서비스의 품질을 떨어뜨리고 있다. 예를 들어 53개에 달하는 창업투자회사의 영업형태를 보면 직원들이 벤처 캐피털(venture capital)의 의미를 모르는 듯한 느낌을 주고 있다. 100개가 넘는 일간지에 실리는 적지않은 기사들이 보도가치가 없거나 과장되고, 때에 따라서는 허위이거나 사회정의에 어긋난다. 글을 쓴 기자들의 자질을 의심케 한다.

정리하면, 상품의 기획 및 제작 과정에서 소홀함과 미숙함으로 말미암아 우리 상품의 품질은 만족한 수준이 되지 못한다. 1990년대 후반에 와서는 선진 각국에 미치지 못함은 물론 대만 심지어는 중국에도 뒤진다는 보고가 있었다. 그러다 보니 '불량한 품질관리'가 '초점이 없는 마케팅 전략' 및 '부족한 애프터서비스'와 함께 우리 상품의 대외경쟁력을 떨어뜨리는 큰 원인으로 지적되고 있다(Glain).

5. 아직도 뒷전인 고객서비스

상품을 생산하여 고객(소비자)에게 공급하는 것은 판매하는 행위만으로 끝나지 않고 그것을 전후하여 여러 가지 고객서비스를 필요로 한다. 특히 1990년대 이후에 와서는 한 기업 혹은 한 상품이 경쟁력을 가지는 데에는 가격이나 품질보다는 고객서비스, 즉 구매의 편의성과 애프터서비스 등의 질이 더욱 큰 영향을 미친다.

소비자의 소득수준이 높아지고 개성을 찾는 경향이 강해져서 가격보다는 품질, 품질보다는 기능, 기능보다는 고객서비스를 중요시한다. 어떻게 보면 가격은 덜 중요하고, 품질은 '응당 갖추어져야 할 기본적 사항'(something taken for granted)이니까 시장에서의 승패는 결국 고객서비스에 의해 결정된다고 할 수 있다.

1980년대에 세계의 일류기업들이 일본의 품질관리 기법을 배우기 위해 애썼다면 1990년대 이후에는 미국의 고객서비스 정신을 배우기 위해 애쓰고 있다고 할 수 있다. 그러한 사정을 1990년대의 시작과 동시에 한 경영학자가 "1980년대가 품질의 시대였다면 1990년대는 고객만족의 시대이다"라고 정리한 바 있다(Eccles).

각국의 시장이 개방되고 기업간의 경쟁은 세계화되고 있다. 그런 환경에서 한국의 소비자 역시 물건을 사는 과정이 편하고, 사고 난 다음에 고장이 나거나 소모품이 떨어져도 전화 한 통으로 해결된다면, 가격이나 품질에 앞서서 그러한 '편리함'을 사고자 할 것이다. 다음의 사례를 보자 :

(사례 3-8) 정직한 A/S

지난 8월 초 나는 압력솥이 고장나 애프터서비스를 받으려고 경기도 부평의 주방기구 업체 '리빙스타'에 전화를 했다. 3년 정도 사용해 낡은 솥이었다. 오래 사용해서인지 3중 바닥의 바깥쪽 한 층이 벌어져 있었다. 이름을 '김범수'라고 밝힌 담당자는 솥의 상태를 듣더니 "수리는 안 되고 몸체만 새 것으로 교환하는 유상처리는 가능하겠다"고 했다. 그러면서 그는 솥을 1만 5천원과 함께 소포로 보내 달라고 했다. 잠시 후 그는 집으로 전화를 걸어 "소포보다 택배회사를 이용하는 게 쌀 것 같다"며 집 근처 택배회사 전화번호를 알려줬다.

김씨의 말에 따라 나는 8월 28일 솥뚜껑의 고무 패킹도 갈아 달라는 내용의 편지를 동봉해 부품비 3천원 등 2만원을 솥과 함께 보냈다. 다음 날 오전 뜻밖의 전화를 받았다. "압력솥 상태가 이런 줄 몰랐습니다. 소비자 잘못이 아니군요. 몸체는 무상으로 교환하고 고무 패킹 값 3천원만 받겠습니다." 고맙기도 하고 미안한 마음에 "그러면 택배 요금이라도 빼고 보내라"고 했더니 그는 소비자 잘못이 아니라며 정중히 사양했다.

깨끗이 포장된 소포가 도착한 것은 그 다음날. 안에는 새 것 같은 압력솥과 1만 7천원이 든 하얀 봉투가 들어 있었다. 외제 압력솥으로 바꾸어 볼까 하던 마음이 싹 가셨다. (조선, 97. 8. 7, 독자 투고)

이런 것이 진정한 고객서비스이다.

선진국에서는 '당연한' 것으로 받아들여지는 고객서비스가 우리나라에서는 아직도 '예외적'이다. 우리 국민 대부분은 위에 인용된 얘기를 듣고 나면 감동할 수밖에 없을 터이다. 그 사실은 그런 사례가 흔하지 않음을 단적으로 말해 준다. 일부 전자, 자동차 업체의 애프터서비스가 많이 개선된 것은 사실이지만, 아직도 '고객 만족'은 대체적으로 구호(lip service)상태에 머무르고 있다. 실생활에서 우리가 더 흔히 겪는 것은 아래와 같은 사례들이다 :

그와 비슷한 일은 많다. 자동차나 가전제품의 자체 결함을 공개적으로 고쳐주는 리콜(recall)은 시행하지 않고 적당히 넘기려고 최대한 버틴다. 한 번 구입한 상품을 반품이나 교환하고자 하면 종업원의 짜증을 들어야 한다. 3~4년 지난 내구소비재가 고장나면 부품공급이 안 되어 고칠 수 없는 사례도 많다. 비행기 티켓을 미리 샀다가 나중에 요금이 인상되면 추가요금을 물어야 하기도 한다. 정시 배달을 생명으로 하는 미국의 속달 서비스가 미국 본사의 감독권이 제대로 미치지 않는 한국 지사에 오면 '한국화' 되어 '지각배달 서비스'가 되어 버리기도 한다(1997년 저자의 경험).

그런 사정은 해외영업에도 그대로 나타나서 우리 상품의 신뢰도를 떨어뜨린다. 대표적인 예로, 수출기업들은 품질하자에 대한 클레임(claim)의 해결에 매우 인색하다. 이유 없이 시간을 끌고 근거 없이 변상금액을 깎으려고 든다. <사례 4-6>에서는 클레임 해결의 지연이 문제를 악화시킨 원인 중의 하나가 되기도 했다. 해외 현지에서 직접 영업을 하는 경우도 고객불만 사항을 신속히 처리해 주지 않아 불만을 증폭시키는 일이 흔하다. 미국에서 내구소비재를 직접 판매하는 V사의 마케팅 책임자(미국인)의 말을 들어보자 :

어떤 고객이 전화를 걸어서 불만 사항을 말하고자 하면 그는 통상 800번 [한국의 080전화에 해당] 전화를 받는 사람과 얘기를 시작하게 된다. 그러면 그 고객은 딜러와 상의하라는 지시를 받아서 딜러와 통화하게 되지만 어차피 우리 회사로 다시 돌아오게 되어 있다. 그 고객은 불평을 하다 지치면 소비자불만처리국(Better Business Bureau)에 신고를 한다. 중재과정을 거치고 그 결과에 따라 우리는 고객에게 변상을 하기도 하고 하지 않기도 한다. 결과적으로 모두 다 패자(敗者)가 된다. 회사에서는 5~6명의 사람이 이 일에 끼여들었고 특히 지역총책은 하루 온 종일을 [중재과정에] 낭비하였다. 우리는 그 많은 시간을 확실하게 고객을 잃는 것(to ensure we lose the customer)에 '투자'하였다. 고객이 [예를 들어] 네 번 이상의 전화를 하게 될 경우 그가 다시 우리 상품을 살 것이라고 기대할 수는 없는 것이다. (1996년)

그 영업 책임자는 "고객이 중요시하는 것은 번거롭지 않는 절차"(hassle-free process)라고 덧붙이는 것을 잊지 않았다.

한마디로 선진국 기업이 소비자의 편의를 먼저 생각하는 '고객 중심(customer-oriented)의 경영'을 하고 있는 반면 대다수의 우리 기업은 아직도 회사의 입장을 먼저 돌아보는 '공급자 중심'(supplier-oriented)의 옛 습관을 버리지 못하고 있다.

6. 낮은 경쟁력이 낳은 결과

이상에서 우리 상품의 기능, 가격, 품질, 고객서비스 경쟁력을 차례로 살펴보았다. 우리 기업과 상품의 경쟁력을 경쟁국가와 비교해 보면 기능,

즉 신제품 개발능력이라는 기술력 측면에서는 미국이나 일본에 대해 절대적 열위에 있다. 가격은 중국 및 동남 아시아 신흥개발국은 물론이고 대만이나 홍콩과의 경쟁도 어렵다. 품질은 일본과, 고객서비스 경쟁력은 미국과 비교조차 되지 않을 정도로 낮다.

우리의 기업이나 상품 중에 대외경쟁력이 있는 것으로 확실하게 내세울 것이 없다고 해도 과언이 아니다. 그 당연한 결과로 해외에서는 대금회수의 위험이 높은 지역을 제외하고는 점차 설 땅을 잃어가고 있다. 국내에서는 개방의 진행과 더불어 여러 산업에서 점차적으로 시장을 뺏겨 가고 있다.

"개도국에서는 고급품, 선진국에서는 중·저급품"

미국에서 이루어진 "1996 세계 소비자의식 조사" 결과에 따르면, 19개국 2만여 명의 소비자 중 41%가 일본 제품은 탁월하다고 평가했으나, 한국 제품에 대해서는 7%만이 그렇다고 답변하여 중국이나 대만보다 순위가 뒤쳐지는 것으로 나타났다(중앙, 96. 11. 5). 그 결과 한국 상품은 특히 선진국에서 점차 밀려나서 후진국으로 가고 있다.

대한무역진흥공사가 세계 115개국에서 조사한 바에 따르면 아프리카, 동유럽, 중남미 소비자들은 70~90%가 우리의 주요 수출상품이 중·상급 이상의 품질을 가졌다고 평가하였으나, 북미와 유럽에서는 그 비율이 50% 내외에 그쳤다(중앙, 97. 5. 13).

수출 주종상품 중의 하나인 자동차를 보면 우리 상품에 대한 선진국 소비자의 냉대(冷待), 후진국 소비자의 환대(歡待) 현상을 확연히 알 수 있다. 미국에서 한국산 자동차의 시장점유율은 1997년 상반기 현재 1.5%에 불과하다. 현대자동차가 이미 10년 전에 진출하여 판매신장을 위해 갖은 노력을 다했으나 상품경쟁력이 취약하여 큰 성공을 거두지 못하고 있다. 반면 한국산 자동차는 호주, 터키, 헝가리, 루마니아, 페루 등 10개국에서 수입차 시장점유율 1위를 기록하기도 했다(중앙 97. 5. 26). 그러나 그들 시장은 시장규모가 작고 대금회수의 위험성이 크기 때문에 다른 나라 기업이 큰 관심을 두지 않고 있다. 우리가 그들 시장에서 "경쟁하여 이겼다"
고 말하기는 어렵다.

사정이 그러하여, 유럽 등 선진국으로 가는 우리의 수출은 1980년대
후반 이후 점차 줄어 왔다. 궁여지책으로 많은 기업들이 후진국 시장을 개
척하고 또 상당한 정도로 성공하였다. 그러나 선진국 기업들이 기피하고
있는 이런 시장에서의 성공이 과연 어떤 의미가 있는지를 되짚어 보아야
할 것이다. 혼자만의 달리기였다면, 일등했다고 만족하기보다는 왜 남들은
그 달리기에 참석하지 않았는지를 먼저 따져 보아야 할 것이다.

잠식당할 가능성이 큰 국내시장

한편으로 우리는 산업의 구분없이 국내시장을 개방하여야 할 위치에
놓여 있다. 차이가 있다면 산업 혹은 품목에 따라 시기를 조금 조정할 수
있다는 것뿐이다. 다른 한편으로 우리 기업과 상품은 기능, 가격, 품질, 고
객서비스 각 측면에서 경쟁력이 취약하다. 선진국 기업은 그 사실을 잘
알고 있고, 아울러 우리나라의 소비자들의 구매력과 기대수준이 높은 것
도 알고 있다. 따라서 그들은 시장개방, 즉 외국 기업의 진입 허용과 수
입관세율 인하 조치가 있기를 기다려서 한국 시장으로 들어올 준비를 하
고 있다.

외국 기업이 국내시장으로 밀려 들어오면 우리 기업들이 고전할 것임
은 쉽게 짐작할 수 있는 일이며, 실제로 몇몇 산업에서 그런 일이 이미 일
어나고 있다. 많은 소형 가전제품(휴대용 전화기, 믹서기, 순간 온수기, 전
기 다리미, 헤어 드라이어, 커피 메이커, 전기 오븐, 전기 면도기, 토스터,
식기세척기 등)의 경우 외국 제품의 독무대가 되고 있다. 대형 TV 등의
품목에서도 외국 업체가 빠른 속도로 시장을 잠식하고 있다.

자동차의 경우 수입관세 인하 등 시장개방이 현실로 나타나면 외국
업체의 국내시장 잠식은 순식간에 이루어질 것으로 예측된다. 가격과 품질
에서 국산 자동차의 경쟁우위가 없는 데다가 고객서비스마저 취약하다 보
니 우리 자동차 업계가 심각한 타격을 입을 가능성이 큰 것이다. "판매를

개시한 지 3~4개월 내에 애프터서비스 체제를 완비하겠다"고 공언한 GM사 사장의 말은 우리 자동차 업계의 경각심을 일으키기에 충분하다(조선, 97. 4. 11).

국내 시장의 잠식은 서비스 산업에서 더욱 뚜렷이 나타날 것이다. 예를 들어 금융산업에서 씨티은행(Citibank) 등 외국은행이 이미 상당한 위력을 떨치고 있으며, 홍콩상하이 은행 등은 활동의 범위를 넓힐 계획으로 있다. 세계적 은행들은 철저한 고객서비스 정신으로 무장되어 있다. 그들은 "세금우대 예금이 새로 생겼으니 한 구좌만 개설해 달라"든가, "재산세 유치 캠페인 기간이니 재산세를 우리 은행에 내어 달라"든가 하는, 실속은 없고 귀찮기만 한 요구를 고객에게 잘 하지 않는다.

외국은행은 "예금의 이자율은 행원이나 외우고 다니지 차장이나 지점장은 몰라도 된다"라고 생각하지 않는다. 그들은 진정으로 고객이 필요한 것이 무엇인지 알려고 노력한다. 그들은 고객이 금융수익을 늘리고 외환위험을 회피하는 방법을 연구해서 가르쳐 준다. 그들은 당장의 은행수익보다는 고객을 편하게 해 주어 단골손님이 되도록 유도한다. 국내 은행은 '은행 중심,' 외국 은행은 '고객 중심'의 사고를 가지고 있다. 그렇다면 이 두 그룹이 같은 지평 위에서 경쟁할 때 고객이 누구를 선택할 것인지는 처음부터 판가름 날 수밖에 없다.

금융산업과 같은 현상은 할인판매업, 호텔, 식당, 병원, 보험, 건설감리, 신문·방송, 골프장, 부동산 중개, 여행안내 등 다른 서비스 업종에도 그대로 적용될 것이다. 그런 업종에서 한국인은 진정한 고객서비스가 무엇인지를 지금까지 경험해 보지 못하고 있다. 외국 일류업체의 서비스를 접하게 되면 많은 소비자가 외국업체로 옮아갈 것임은 거의 확실하다고 할 것이다.

수출시장의 위축에 덧붙여 국내시장마저 잠식된다면 한국 기업의 입지는 더욱 어려워질 수밖에 없다.

7. 요약 및 결론

양적 지표로 본 한국 기업의 경영성과가 나쁜 것은 기업전략과 상품 경쟁력을 살펴보면 쉽게 이해할 수 있는 일이다.

우리 기업들은 대체로 독자적인 경영전략을 수립하기보다는 남 따라 사업을 벌이고 남 따라 진행하는 경향이 있다. 내부능력이 준비되어 있지 않은 상태에서 대규모 투자를 서슴지 않는다. 치열한 경쟁사회에서 독창성 없이 남을 뒤쫓아서는 성공하기 어렵다. 준비없이 나서는 사업에서 훌륭한 성과를 올린다는 것은 불가능에 가깝다.

한국 기업의 기술수준은 만족스럽지 못하다. 산업을 불문하고 핵심기술은 외국에서 도입하고 있다. 현재의 수준이 낮을 뿐만 아니라 기술개발을 위한 투자도 미약하고 비효과적이다. 기술개발은 투자규모보다 개발인력의 정성과 애착, 부단한 노력이 중요함에도 우리 기업들은 전시성 투자, 화려한 기술에 더 관심이 많다. 투자효율이 낮을 수밖에 없다. 기술수준이 낮으면 신제품 개발, 기존제품의 기능개선, 제조공정 개선의 능력이 떨어진다.

제조하는 상품의 기능이 다양하지 못하고 성능도 뛰어나지 못한 상태에서 손쉽게 선택할 수 있는 것은 저가전략이다. 불행히도 우리의 여건에서는 생산비용을 낮추기가 매우 어렵다. 노임, 임대료, 금리 등의 제반 생산요소 비용이 높고 사회간접자본이 부실하여 물류비도 경쟁국가에 비해 월등히 높다. 생산직이건 사무직이건 노동생산성도 낮다. 한편, 과도한 정부 규제와 정부조직의 비효율적 운영은 조세, 준조세, 준법비용, 부패비용 등 엄청난 사회적 비용을 초래한다. 가격경쟁력을 확보하기가 매우 어려운 것이다.

그렇다고 한국산 제품의 품질이 뛰어난 것도 아니다. 1980년대 후반 이후 각급 근로자가 과도하게 욕구를 분출하고 정신적으로 해이해져서 품질관리 불량은 한국 기업의 핵심적 취약점으로 떠올랐다. 미국과 일본에서의 품질관리가 'PPM'으로 이루어진다면 한국에서는 아직도 '%'라고 해도 과언이 아니다.

고급화되고 까다로운 현대의 소비자들은 상품구매에서 가격과 품질은 기본으로 취급한다. 자연히 '고객서비스의 질'이 선택의 기준이 된다. 그들은 무엇보다 먼저 구매 전후의 편리한 절차(hassle-free process)를 원한다. 불행히도 우리 기업들은 아직도 고객서비스를 소홀히 생각하는 경우가 많다. 불량상품을 가능한 한 교환해 주지 않으려 하고 고객불만 사항에 대한 대응도 무성의하다. 전화 한 통화로 구매의 모든 절차, 불만사항 해결의 모든 과정이 끝나는 외국 일류기업과는 비교조차 할 수 없는 형편이다.

종합적으로 우리 기업이나 상품은 특별히 내세울 것이 없다. 그럼에도 기업들, 특히 재벌은 국내외에서 각종 사업을 의욕적으로 벌인다. 자연히 국내에서는 과잉생산이 일어나고, 해외에서는 경쟁이 치열하지 않은 저개발국으로 진출할 수밖에 없다. 우리 상품은 선진국에서는 저급품으로 후진국에서는 고급품으로 대접받고 있는 것이 현실이다. 기업 수익성이 형편없을 것임은 충분히 내다보인다.

세계화의 진행 및 후진국의 경제개발과 더불어 해외에서의 경쟁은 점점 치열해지고 국내시장도 개방되고 있다. 우리 기업들도 막연하게 남 따라 사업을 벌이는 행동양식에서 탈피하여 기술이건 가격이건 품질이건 고객서비스이건 남다른 장기(長技)를 갖추도록 해야 할 것이다. 그래야만 해외 시장을 침투하고 국내시장의 입지를 지킬 수 있을 것이다.

제4장 수출과 해외경영의 허실(虛實)
-외화내빈(外華內貧)의 해외영업-

　　종합상사의 대리점을 제외하면 한국 기업의 해외직접투자는 1970년
대 말에 비로소 시작되어 1980년대 중·후반부터 본격화되었다. 1994년
정부가 "세계화"를 구호로 내건 다음에는 과열이라 할 정도로 왕성하게 이
루어졌다. 그러다가 1997년 금융외환 위기를 맞아 자금조달이 어려워지자
다소 주춤하게 되었다.

　　해외진출 형태와 경영성과를 분석해 보면 우리 기업들은 공통적으로
해외경영의 어려움과 이에 따르는 위험을 크게 과소평가하였던 것으로 보
인다. 해외진출은 결코 능사(能事)가 아니며 어려운 국내 생산여건 혹은
좁은 국내시장을 탈피하기 위하여 손쉽게 의존할 수 있는 대안(代案)도
아니다. 그럼에도 우리 기업들은 그런 점을 간과하였고 결과적으로 큰 실
패를 자초하였다.

　　이 장(章)의 주목적은 우리 기업의 해외직접투자 현황을 점검해 보는

것이지만 그 출발점으로 우선 우리의 수출 성과를 되짚어 보기로 한다.

일반적으로 기업의 국제화 과정은 ① 단순수출, ② 해외 판매 자회사 설립, ③ 해외 생산 자회사 설립, ④ 세계화, 즉 자원의 조달과 배분이라는 측면에서 국경보다는 효율성에 입각한 기업경영, ⑤ 무국적(無國籍) 기업화의 다섯 단계로 나누어 볼 수 있다. 1990년대 말의 시점에서 우리 기업들은 주로 ①, ②의 단계에 있었고 일부 기업이 ③의 단계로 이행하였다고 말할 수 있다.

1. 점검해 봐야 할 수출 채산성(採算性)

1962년의 경제개발 개시 이후, 제7차 5개년 계획이 끝난 1996년까지의 35년간 우리나라는 거의 매년 두 자리 수의 수출금액 신장률을 기록하였다. 양적으로만 보면 우리는 세계 역사상 전례가 없는 성과를 이루었다. 그러나 그 이면인 수출의 질적 성과, 즉 채산성을 따져 보면 밝다고 할 수가 없다. 잘라 말하기는 어렵지만 아래의 여러 사실로 미루어 짐작할 때, 저자는 지금까지의 우리 수출은 사실상 어두운 면이 더 많지 않았을까 우려한다.

낮은 수출 채산성

정부는 경제개발 초기부터 "수출제일주의"를 표방하여 수출에 대해서는 각종 지원을 아끼지 않았다. 세월이 흐르면서 수출액수는 누구나 인정하는 가장 중요한 기업성적의 지표(指標)가 되었고 기업들, 그 중에서도 수출전문 기업인 종합상사들은 외형적인 수출실적을 늘리기 위하여 그야말로 치열하게 경쟁하였다. 때에 따라서는 수단과 방법을 가리지 않았다. 1970년대 이후에는 수출실적을 돈을 주고 사는 일이 공공연하게 이루어졌다. 동일한 해외구매선(buyer)을 두고 기업들이 경쟁적으로 수출가격을 낮추는 출혈경쟁(出血競爭)은 1990년대 말까지도 끊이지 않았다.

자연히 수출을 전문으로 하는 기업의 수출 마진(margin), 즉 수출가액(輸出價額)에서 구매가격(local 가격이라 불림)을 공제한 매출총이익의 비율이 낮아질 수밖에 없었고 대체적으로 수출계약건별로 0.5~5% 선에서 유지되었다.

그런 연유로 수출기업의 채산성은 매우 나빴다. 예를 들어 7대 종합상사의 1996년 실적을 보면 매출총이익이 겨우 3%를 초과하고 영업이익은 1%에도 미달하며 경상이익이나 순이익은 0.2%에 그치고 있다(<표 4-1>). 그같이 아슬아슬한 이익률은 한두 해 우연히 기록되는 것이 아니고 상사별·연도별로 큰 차이 없이 비슷한 수준으로 유지되어 왔다. (종합상사 영업의 위험도가 매우 높음에 비추어 그 수익률이 일정하게 장기간 유지되는 것은 한국과 일본이 아니면 상상하기 어렵다.)

숫자만의 수출실적

치열한 외형 숫자 경쟁에 직면한 수출기업들은 "해외고객을 찾아내어 국내 생산품을 판다"는 수출의 본래 의미와는 동떨어진 '숫자만의 수출 실

<표 4-1> 종합상사의 채산성

(1996년, 단위 : 십억 원, %)

상사별	매출액	매출총이익 (이익률)	영업이익 (이익률)	경상이익 (이익률)	순이익 (이익률)
*삼성물산	24,132	891 (3.7)	178 (0.7)	55 (0.2)	44 (0.2)
현대상사	20,553	92 (0.4)	23 (0.1)	15 (0.1)	12 (0.1)
*(주)대우	19,012	1,276 (6.7)	574 (3.0)	58 (0.3)	73 (0.4)
LG 상사	14,041	345 (2.5)	69 (0.5)	23 (0.2)	22 (0.2)
(주)쌍용	7,371	81 (1.1)	14 (0.2)	2 (0.0)	3 (0.0)
(주)선경	4,687	267 (5.7)	56 (1.2)	13 (0.3)	9 (0.2)
효성물산	2,761	156 (5.6)	54 (1.9)	2 (0.1)	2 (0.1)
평 균	13,222	444 (3.4)	121 (0.9)	24 (0.2)	21 (0.2)

*건설 부문 포함

자료 : 대우증권. 상장회사 서베이

적'을 쌓는 방법을 여러 가지로 창안해 내었다. 정부는 때때로 알고도 묵인하였고, 그 정도가 지나쳐서 사회적인 문제가 되면 그때서야 그런 행위를 금지하곤 하였다. 그러나 기업의 아이디어를 정부가 미리 통제한다는 것은 원래 어려운 일이므로 그러한 일은 형태를 바꾸어 되풀이하여 일어날 개연성(蓋然性)이 크다고 할 것이다.

정부가 공인한 대표적인 실적 부풀리기 사례는 1980년을 전후해서 상당 기간 유행한 '수리조선(修理造船) 실적'이라고 하겠다. 그것은 '무역외 거래'(지금은 서비스 거래)로 분류하여야 마땅한 '외국 선박을 수리하고 받은 용역대가'를 '중고 선박을 수입하여 수출한 것'으로 쳐서 용역대가의 20배까지를 수출실적으로 인정해 준 것이다.

기업차원에서 수출실적을 부풀리는 고전적 방법은 무신용장 방식(D/A)을 활용하는 것이다. 즉, 한국에서 생산 혹은 조달한 상품을 무작정 해외지사로 실어내는 것이다. 그 방법은 '수출지원금융'이 위력을 발휘하던 1970년대에서 1980년대 전반까지 크게 유행하다가 한동안 뜸하였으나, 1990년대 후반 시설과잉으로 재고가 누적되고 있는 특정 산업에서 다시 등장하였다. 특정 회사의 경우 때로는 총수출실적의 30%가 무신용장 방식이었던 바, 밀어내기식 수출의 규모를 짐작하게 해 준다(한경, 97. 8. 19).

해외로 이전된 재고가 현지에서 적기에 처분되지 못하면 수출대금의 회수가 지연될 수밖에 없다. 그 결과 통상 180일 이내로 한정되는 수출상품의 결제조건이 3년으로 장기화되는 어이없는 일이 벌어지기도 하였다. 요컨대 상품이 최종 소비자 앞으로 판매된 것이 아니라 재고가 본사에서 해외지사로 이전된 것에 지나지 않는다.

또 다른 대규모 가공(架空)실적의 예는 종합상사의 변칙적 '금괴(金塊) 수출입'이다. 그 방법에 의한 수출실적은 1996년중에 55억 달러, 1997년 7월까지 40억 달러나 되는 막대한 규모이며 회사별로 총실적의 20%에 육박하기도 하였다.

문제는 변칙적 수출에 상당한 비용이 따른다는 점이다. D/A를 이용하여 해외지사로 무작정 이전한 재고는 정상적으로 팔리기 어려울 것이므로 제품의 노후(老朽), 원화의 시세하락(depreciation) 등으로 상당한 손실

을 입을 위험이 있다. 변칙적 금괴 수출입에 관련된 비용이 어느 정도인지
는 아래의 언론 보도가 잘 나타내 주고 있다:

　　감사원 조사 결과 대기업 D사의 경우 지난해 1월 싱가포르 현지법인을 통
해 금괴 526kg을 미화 674만 달러에 외상 수입한 뒤 별도의 제조가공 과정을
거치지 않고 다음날 홍콩 현지법인을 통해 모 외국은행에 671만 여 달러에 수
출한 것으로 나타났다. 이 거래에서 D사는 3만 4천 달러의 적자를 냈음에도
이를 감추기 위해 홍콩 현지법인에 675만 달러에 수출한 것으로 편법 처리했
다. 이런 방식으로 작년 한해 동안 D그룹은 18억 달러, H그룹이 11억 달러 이
상을 거래한 것으로 나타났다고 감사원은 밝혔다. 특히 이들 대기업은 변칙 금
거래를 일반 수출입으로 취급, 수출실적을 41억 달러 가량 부풀렸으며, 수출입
신고, 관세, 부가가치세 납부, 화물의 보세장치장 반입·반출 등 일반 수출입 처
리에 따른 통관절차를 거침으로써 정상적인 타 업무에도 영향을 미쳤다고 밝혔
다. (조선 97. 8. 11)

　　기업들은 금 수출입을 금융수단으로도 활용하였다. 수출대금은 즉시
지급받고 수입대금은 60일에서 120일 간의 외상으로 처리함으로써 자금을
활용하는 것이다. 그러나 그에는 외환위험이 따르는데 1997년과 같이 원화
가치가 급격히 하락하면 막대한 외환차손을 입을 수밖에 없다. (당시 상황
으로 보아 환차손의 발생은 충분히 예견되었던 일이다.)
　　결과적으로 엄청난 비용을 들여 겉보기만의 실적을 올린 것이다.

대외 부실채권(不實債權)

　　실적을 높이기 위한 과당경쟁은 대금회수의 위험이 높은 지역에 무턱
대고 수출하여 결과적으로 부실채권이 누적되게 하는 결과를 낳았다. 선진
국 시장에서 경쟁력을 잃었고, 그 대안으로 구공산권을 포함한 저개발국으
로 진출할 수밖에 없었던 현실에 비추어 보면 부실채권의 누적은 미리 예

정되어 있었는지도 모른다.

문제는 대외 부실채권의 규모이다. 저자가 여러 경로를 통하여 인지한 바를 종합하면 그 규모는 상상하기 어려울 정도로 크다.

대외 미회수 수출채권을 국가별로 따져보면, 우선 러시아에 제공한 약 5억 달러 규모의 소비재 차관(借款)이 있다. 그것은 1990년을 전후하여 당시 소련(蘇聯)과의 수교(修交)에 대한 대가로 제공한 것인데 여러 기업체에서 상품을 수출하고 그 대금은 우리 정부가 대신 결제해 주는 형식으로 이루어졌다. 그후 러시아는 기일이 되었음에도 차관자금을 상환하지 않았다.

그밖에도 여러 기업이 개별적으로 러시아 등 구소련 국가에 많은 액수의 수출을 하였는데, 한때 수출 대전을 현금이 아닌 현물로 지급받는 방법이 활발하게 검토되었던 것으로 미루어 꽤 많은 기업들이 대금회수에 애로를 겪었던 것으로 짐작된다. 그와 같은 사정은 구소련 국가뿐 아니라 구동구권(東歐圈) 국가에서도 마찬가지였다.

다음, 1980년대 후반기의 이라크(Iraq)에 대한 수출이 있다. 이란(Iran)과의 전쟁을 전후한 당시의 이라크는 외환사정이 극도로 나빠 대외지급 능력이 매우 취약했음에도 우리 기업들은 수출을 감행하였고, 결과적으로 수출대금의 결제기일을 연장(rescheduling)해 줄 수밖에 없었다. 연장 당시의 채권규모는 기업별로 5천만 달러를 초과하기도 하였다. 사정이 그러함에도 정부는 "수출 포괄보험(包括保險) 제도"를 도입하여 이라크에 대한 수출을 촉진하였고, 1990년에 걸프전(Gulf War)이 발발하자 수출채권 전액을 회수할 수 없게 되고 말았다. 이라크에 잠긴 한국의 채권총액은 적게는 수억 달러에서 많게는 십수억 달러에 이를 것으로 추정된다.

그밖에도 나이지리아, 수단, 방글라데시, 이란 등 다수의 국가에 대해 많은 수출기업이 사실상 회수 불가능한 상당한 규모의 채권을 가지고 있다.

비교적 최근에 와서 문제가 된 지역이 베트남(Vietnam)인데, 사회주의 체제인 이 나라는 은행이나 기업이 대외신용을 중요시하지 않아서 국제적으로 경계의 대상이 되고 있다. 그런 베트남에도 우리 기업들이 경쟁적으로 수출하였고 그 결과 상당액의 부실채권을 안게 되었다. 베트남에

거주하는 한 교포 사업가의 말을 들어보자 :

(사례 4-2) 채권회수 위험을 무시하는 수출

[현지에 진출해 있는] 종합상사들이 영업하는 것을 보고 있으면 때로 한심하다는 생각이 든다.

약 2년 전의 일이다. S상사의 현지 지사는 설치되고 나서 한동안 실적이 없었다. 당연히 본사에서는 "무엇하고 있느냐"고 채근이었다. 급하던 차에 한 작자가 나타났다. 그것도 8백만 달러어치나 사겠다고…… 지사에서는 신이 나서 그 거래를 추진하였다. 해당 상품은 한국에서 제작할 수 없는 형편이라서 유럽에서 조달하여 현지 구매선(buyer)에게 납품하기로 했다. 구매선은 현지 은행을 통하여 S상사의 서울 본사 앞으로 신용장(L/C)을 열고, 본사는 국내 은행을 통하여 유럽 공급자 앞으로 신용장을 열었다. 상품의 선적이 이루어지자 서울 본사는 즉시 그 대전을 결제하였고 베트남 은행으로부터는 180일 후에 받기로 하였다.

여기까지는 아무 이상 없었는데, 문제는 180일 이후에 결제가 이루어지지 않은 점이었다. 여러 채널로 해결을 모색하여도 진척이 없자 S상사는 베트남 중앙은행에 항의하였지만 당사자끼리 해결하라는 답변이었다. "민간기업간의 일이니까 개입하기 곤란하다"는 것이었다. 신용장 개설은행은 그 이후로 "그 대금을 결제하자면 그러기 전에 우리 은행이 먼저 부도날 것"이라는 대답만 앵무새처럼 되풀이하였다. 나는 개인적으로 그 구매선도 알고 그 은행도 아는데 돈 받기가 쉽지 않을 것 같다. 이미 시간이 꽤 지났기도 하고……

그 거래는 처음부터 끝까지 문제점투성이였다.

첫째, 국가 위험이 높은 나라에 8백만 달러의 외상을 덥석 준 무모함이다. 이 나라는 대외 지급능력이 낮고 거기다가 아직 사회주의 국가이다…… 정부나 중앙은행이 외국인의 편을 들어 줄 것으로 기대하기 어렵다.

둘째, 한국 종합상사의 전략 부재이다. 모든 상사가 수출실적 확보에 혈안이 되어 거래의 내용보다는 계약체결 자체가 목적이 되고 있다. 그러한 사정을 잘 아는 베트남 업자들은 한국 수출상사들을 시험하거나 경쟁을 붙인다. 같은 패키지(package)를 가지고 여기저기 접촉한다. 그러면 경쟁자가 있게 된 것을 알게 된 상사들이 서로 먼저 계약하겠다고 덤빈다.

셋째, 더 큰 문제는 위기관리 능력이다. S상사의 경우, 문제를 일으켰던 당사자는 본사로 불려들어가고 후임자가 나왔다. 그 후임자가 자기 책임이 아닌 일을 적극적으로 해결할 의지를 가지지 않음은 오히려 당연한 일이라 할 것이다. 일 자체가 골치 아픈데다가 자신의 실적을 올리는 것이 더 급하기 때문에 허겁지겁 쫓아다닐 수밖에 없다. 그러다 보면 이 케이스는 점점 잊혀지게 된다. (1997년)

수출실적이라는 외형이 주목적이었던 위의 기업은 8백만 달러라는 막대한 금전적 손실을 입게 되었다. 그 정도의 손실은 종합상사의 수익성이 매우 낮음에 비추어 4~5년간의 경상이익이 한꺼번에 날아가 버린 것일 수도 있다(<표 4-1> 참조). 그렇게 하여 발생한 베트남에 대한 우리나라의 미회수채권은 1998년 중반까지 무역협회에 '통보된 것만 따져서' 1억 달러를 넘는 실정이었다(월간무역, 98. 7).

밝지 않은 전망

취약한 수출 채산성이 빠른 시일 내에 개선될 전망은 매우 불투명하다. 우리 기업들의 수출전략을 요약하면 외형확대를 기조로 한 물량공세와 지역적 시장확대인데 이는 출발점에서부터 이미 질 수밖에 없는 시합이다. 물량공세는 낮은 생산비가 그 전제가 되어야만 성공할 수 있는데, 우리 기업들은 가격경쟁력이 낮으므로 이 전제(前提)를 충족시키지 못하고 있다. 당장 실적을 올리기 쉽다고 하여 선진국을 피해서 저개발국으로 진출하는 것은 수출대금 회수가 불확실한 만큼 위험한 일이다.

생산비 측면에서 경쟁국보다 불리한 입장에 있는 우리 기업들이 수출 채산성을 확보할 수 있는 길은 저렴한 가격 이외의 방법으로 수출경쟁력을 기르는 길뿐이다. 즉, 상품의 기능을 개량하고 품질을 개선하며, 고객서비스를 철저히 함과 아울러 자체상표를 개발하고 이미지를 개선하여 우리 상품이 정당한 평가를 받도록 해야 한다. 그렇게 하기 위해서는 단기적 고통이 따르더라도 장기적 목표를 세워 이를 일관되게 추진해야 한다. 그러나 우리 기업들은 단기실적주의에 너무 오랫동안 물들어 올바른 방향으로 전환하지 못하고 있다.

대표적인 예가 '자체상표 수출'인데 1980년대 후반부터 기업과 정부는 이의 필요성을 인식하기 시작하였지만, 1990년대 말까지 이를 제대로 실현한 기업은 없다고 해도 지나친 말이 아니다. 자체상표 수출은 대다수 기업에서 구두선(口頭禪)에 지나지 않았다.

저자가 현장 확인한 바에 따르면, 한국의 가장 대표적 제조·수출업체라 할 Q, V, X사는 자체상표 수출을 오랫동안 강조해 왔지만 1990년대 후반까지도 회사 정책상의 우선순위는 언제나 ① 내수시장, ② 주문자상표 수출(OEM), ③ 자체상표 수출이었다. 그런 사정을 X사 미국 현지법인 직원(미국인)을 통해 들어 보자 :

(사례 4-3) 공염불이 되고 마는 자체상표 개발

[우리 회사는] 이념적으로는 "자체상표를 향한 매진(邁進)"이다. 불행히도 상품개발에 대한 최종 결정권은 공장에 있는데 공장은 [현지법인에게] "당신네 매출이 20%에 불과하므로 R&D 예산도 20%밖에 할당할 수밖에 없다"고 말해 왔다 …… 나는 지난 2년간 상품 디자인을 바꾸려고 애써 왔다. 그러나 한국에서의 대답은 "안 돼! 모두가 현재의 우리 디자인을 좋아하고 있어"라는 것이다. 그 말이 틀린 것은 아니다. 우리 상품이 기능을 하는 이상 [양판점(量販店) A사]도 우리 것을 좋아하고, [할인점(割引店) B사]도 우리 것을 좋아한다.

내가 "우리 상품은 이미지(image)가 중요하다. 우리 제품 중 일부는 이미지를 지향해서 개발되어야만 우리의 독자상표를 개발할 수 있다"고 말하면 공장에서는 "우리는 그것을 할 만한 자원이 없다. 모델별로 200,000개를 팔 수 없으면 신모델을 개발할 수 없다"고 답한다. 보라! 여기 한 회사가 있다 : 입으로는 "우리는 균질상품 회사(commodity company)가 아니고 독자상표를 개발한다"고 말하지만 실제로 개발하고자 하는 것은 특징없는 균질상품(commodity products) 뿐이다. (1996년)

결론적으로, 경영철학과 수출전략이 수정되지 않는 한 한국 기업들이

수출 채산성을 확보하기란 지극히 어려운 일이 될 것이다.[1]

2. 경쟁적 해외진출

해외투자는 보통 직접투자와 포트폴리오 투자로 나눈다. 직접투자 (foreign direct investment)는 경영에 참여하는 것을 목적으로 하고, 포트폴리오 투자(portfolio investment)는 배당금이나 주가차익을 목적으로 한 투자이다. 우리의 경우 포트폴리오 투자는 제한적으로 허용되어 있고 금융기관이 아닌 일반 기업의 관심사가 아니므로 여기서는 직접투자만 다루기로 한다.

해외직접투자는 단독으로 혹은 현지기업과 합작으로 해외에 법인을 신설하거나 기존 기업의 주식지분을 일부 또는 전부 인수(引受)하는 방법으로 이루어진다. 한국 기업이 경영권을 행사할 수 있는 정도는 대체로 주식 지분(持分)에 따라 결정된다. (우리 기업이 경영권을 장악하고 있는 해외직접투자 기업을 앞으로 "현지법인"이라 부르기로 한다.)

직접투자의 동기는 여러 가지가 있지만 현지화 전략과 세계화 전략으로 크게 나누어 볼 수 있다. '현지화(localization) 전략'은 현지법인을 직접 경영하여 독립기업으로서 이윤을 창출하는 것이 주목적이다. '세계화(globalization) 전략'은 본사 및 다른 지역의 현지법인과 연계하여 최상의 효율을 올리는 것이 그 궁극적 목표가 된다.

직접투자는 낯선 환경에서 기업을 경영해야 하는 만큼 현지에서 대리점 형식의 사무소를 여러 해 동안 운영해 본다든가, 외부 전문기관에 용역을 주어 현지의 기업환경을 철저히 조사해 보는 등의 면밀(綿密)한 사전준비를 필요로 한다. 그렇지 않으면 실패할 가능성이 매우 높다. 결코 가볍게 생각하거나, 남이 하니까 나도 따라 나설 성질의 일은 아니다.

---

1) 자기상표 개발이 언제나 유효한 것은 아니다. 대만의 경우는 주문자상표 부착방식으로 큰 성공을 거두고 있다. 문제는 한국 기업이 대량생산 체제를 갖추고 있는 한 자체상표 개발이 불가피하다는 점이다.

해외투자 동향

우리나라의 대외거래를 선도(先導)한 것은 무역회사, 그 중에서도 종합상사이다. 해외직접투자를 선도한 것도 종합상사이다. 그들의 초창기 해외직접투자는 통상 본사의 수출을 지원해 주던 '현지사무소'를 '법인'(法人)으로 전환하는 방식을 취하였다.

무역회사. 1970년대 초의 '남방(南方) 개발' 등 특수한 경우를 제외하면, 우리 기업의 해외직접투자는 1974년 (주)대우가 미국, 유럽 각국, 홍콩, 파나마 등지에 동시에 설립한 현지법인이 그 효시라 할 것이며, 뒤를 이어 무역회사들이 교역 규모가 큰 나라에 속속 현지법인을 설립하였다.

무역회사 중의 일부는 1970년대 후반 '현지 직접유통'에 왕성하게 참여하였지만 거의 예외없이 악성재고의 누적, 채권관리 미숙 등으로 막대한 손실을 입고 유통사업을 종료해야만 하였다. 그 뒤로도 여러 회사들이 현지 유통사업에 손을 대었다가 결과가 좋지 않아 중도포기하는 일을 반복하였다.

제조업. 제조업체들의 해외투자는 1970년대 후반부터 시작되었는데, 처음에는 판매법인이 주류를 이루었으며 1980년대 후반부터 생산시설에 대한 투자가 본격화되었다. 생산시설에 대한 최초의 대규모 투자는 종합상사인 (주)대우에 의해서 이루어졌는데, 아프리카 수단(Sudan)에 설립한 타이어 제조공장이었다. 그것은 총투자규모가 수천만 달러에 이르는 당시로서는 엄청난 규모였으며 수출입은행이 대부분의 자금을 지원해 주었다. 제조업체에 의한 본격적인 생산시설 투자는 LG전자가 미국 앨라바마 주에 설립한 TV세트 제조 공장이 시작이었다(1981년).

외국기업 인수. 외국 기업을 인수한 경우는 흔하지는 않지만 더러 있었다. 대우는 이 분야에서도 선구자적 위치를 점하고 있는데, 미국의 컴퓨터 회사(1986년)와 조립금속 회사(1986년) 등을 인수한 것이 초기의 대표적 사례라고 할 것이다.

1996년 말 현재 금융기관을 제외한 일반 기업의 해외직접투자는 한국은행에 등록된 것을 기준으로 6,700여 건, 138억 달러에 이른다(<표 4-2>).

우리 기업의 해외직접투자에는 몇 가지 특징이 있다.

첫째, 시기적으로 1980년대 중·후반과 1990년대 중반에 집중적으로 이루어졌다. 1980년대 중반에는 많은 섬유업체들이 미국과 유럽 각국의 섬유수출 쿼터(quota) 문제를 우회(迂廻)할 목적으로 방글라데시나 중미(中

<표 4-2> 지역별·업종별 해외직접투자 현황

(1996년 말 현재, 단위 : 건/백만 달러)

	광업	임업	수산업	제조업	건설업	운수보관	무역업	기타	계
아시아	21 344	8 31	59 18	3,788 4,519	125 327	56 62	395 390	354 364	4,806 6,055
중 동	4 104	0 0	0 0	18 47	15 13	0 0	5 2	5 2	47 169
유 럽	2 75	2 *	7 3	136 1,103	5 12	5 3	169 619	50 248	376 2,064
북 미	10 119	1 *	12 21	286 1,598	41 126	19 15	340 1,717	211 732	920 4,327
중남미	4 77	2 6	53 45	154 329	4 3	8 12	32 46	11 38	268 556
아프리카	3 58	0 0	4 *	22 85	4 34	0 0	14 12	8 85	55 273
오세아니아	21 123	8 46	8 3	55 42	14 13	0 0	27 33	48 53	181 313
계	65 900	21 84	143 90	4,459 7,723	208 528	88 91	982 2,819	687 1,522	6,653 13,757

주 : 1) 금융기관의 해외투자는 제외
　　2) *는 미미한 금액
자료 : 한국은행. 해외투자현지법인 현황

美) 각국에 생산법인을 설립하였다. 1980년대 말에는 높아지는 국내의 임금을 피하여 많은 기업들이 동남아시아 각국으로 생산시설을 이전하였다. 1990년대 중반에는 대중국 수교와 정부의 세계화 선언으로 해외진출이 붐을 이루었다.

둘째, 지역적으로 미국과 아시아에 편중되어 있다. 미국은 시장규모와 개방된 기업환경 그리고 그 나라의 상징성 등으로 인하여 어느 기업이건 최초의 판매법인은 미국에 설립하는 것이 관행이 되다시피 하였다. 중미, 동남아시아, 중국 등지에는 여러 기업이 비슷한 시기에 동시다발적으로 진출하였다.

셋째, 투자규모가 비교적 작다. <표 4-2>에 의하면 평균 투자규모가 건당 2백만 달러 내외인 것으로 나타난다. 그러나 1980년대 말 해외채권 발행이 허용되었을 때의 기존 현지법인에 대한 대폭적인 증자(增資), 1990년대의 전자·반도체 회사들의 다소 현시적(顯示的)인 미국 및 유럽 투자, D그룹의 의욕적 투자 등 특수한 경우를 제외하면 대체로 백만 달러 미만의 소규모 투자이다.

넷째, 현지기업과의 합작보다 단독투자를 선호(選好)한다. 1994년 말 현재의 통계로 보면, 총 4,200여 건의 해외직접투자 중 51%가 단독투자(100% 지분), 20%가 지배주주 투자(51~99% 지분), 나머지 29%가 과점주주(寡占株主) 투자(50%이하 지분)로 나타나고 있다. 과점투자는 우리 기업의 선택이기보다는 아시아, 중남미, 중동 등지의 일부 국가들이 단독투자를 제한하고 있기 때문인 것으로 보인다. (기업활동이 가장 자유로운 미국에서는 71%가 단독투자이다.) 우리 기업이 단독투자를 원하는 것은 신뢰할 수 있는 합작선(合作先)을 구하기 어려운 점도 있지만 동업에 익숙하지 않은 기업체질에 기인하는 것으로 해석된다.

다섯째, 기존기업의 인수보다는 법인을 신설하는 것이 대부분으로 전체의 95%에 이른다(하병기). 그러나 1990년대 중반에는 4대 그룹을 중심으로 첨단기술과 유명상표를 확보한다는 목적으로 선진국 기업을, 시장을 선점(先占)한다는 목적으로 구공산권 국가의 기업을 활발하게 인수하기도 하였다.

해외진출 동기(動機)

1995년 말을 기준으로 시행된 한 설문조사에서 해외투자 동기로 기업들은 "현지 노동력 이용과 노동비용 절감(응답업체의 45%)," "현지 시장 진출(28%)," "원자재 확보(11%)," "현지 자원의 확보(7%)," "수익 증대(3%)" 등이라고 답변하였다. 아시아 지역은 노동비용 절감이 가장 중요한 이유이었으며, 북미, 유럽, 대양주, 중동은 현지시장 진출이 주된 이유이었다(하병기). 다른 한 설문조사에서는 이밖에도 "수입규제 회피," "선진기술 및 경영기법 습득," "부품·반제품 등의 수출유발 효과" 등이 진출 목적으로 언급되었다(통상산업부).

3. 해외투자의 성과

해외직접투자의 표면적 동기가 어떠하든 그 궁극적 목적은 기업이윤을 창출하는 것이고, 창출된 이윤은 현지 재투자되거나 본사 앞으로 배당(흔히 果實送金이라 부름)된다. 그런데 우리 기업의 해외 현지법인의 본사 앞 과실송금 실적은 볼품이 없다. 해외로부터의 배당금 송금에 대해서는 공식적으로 통계가 작성되고 있지 않기 때문에 정확한 현황은 알 수 없다.[2] 그러나 본사 앞 송금 사례가 거의 알려진 바가 없음에 비추면 극히 미미한 숫자에 불과할 것으로 추정해 볼 수 있다. 우리 기업의 속성상 웬만한 규모의 대본사 과실송금이 있었다면 대중매체에 크게 홍보하였을 것이다.

형편없는 해외경영 성과

본사 앞 과실송금이 미미한 이유에 대해서는 두 가지의 해석이 가능하다.

___

2) 저자는 한국은행의 여러 부서를 접촉하여 과실송금에 관련된 통계를 입수하려고 하였지만 실패하였다.

첫번째 해석은 해외 현지법인들이 이윤을 올렸으나 이를 재투자(再投資)에 활용하기 위하여 현지에 유보하였다는 해석이다. 그러나 그런 논리는 설득력이 약하다. 한국에 있는 본사의 수익성이 형편없고 만성적으로 자금이 부족한 점에 비추어, 해외 이익금이 있다면 그것을 본사 앞으로 송금하여 본사의 손익상황을 개선하고 자금사정을 좋게 하였을 것이기 때문이다. (현지에서 필요한 운전자금이나 재투자 자금은 해외채권 등의 발행을 통하여 손쉽게 조달할 수 있다.)

두번째 해석은 대다수 해외 현지법인들의 경영성과가 부진하여 본사로 과실송금할 이윤이 창출되지 않았다는 것이다. 앞으로 자세히 다루겠지만, 우리 기업이 해외에서 실패한 사례는 세상에 알려진 것과 알려지지 않은 것을 합하여 무수히 많다. 그러나 해외 성공사례는 알려진 바가 사실상 전무하다. 일부 언론에 성공이라고 보도되는 것은 어김없이 현지에서의 일시적인 판매신장 정도의 단편적인 이야기이지 장기적으로 현지에 정착하였다거나 영업이익을 창출하였다는 것은 아니다.

그렇게 본다면 외형(外形) 팽창의 이면에 있는 해외투자의 내실(內實)은 보잘것없으리라고 추정된다.

구체적인 사례로 1990년대 중반에 이루어진 S, H, L전자 3사의 해외기업 인수는 짧은 시간 안에 수억 달러에 달하는 막대한 누적적자를 기록한 것으로 항간에 비교적 소상하게 알려진 바 있다.

저자가 1996년에 현장조사(field study)한 다섯 회사는 모두 우리나라의 간판기업이었는데, 두 회사는 미국 법인의 재무제표를 공개하였으나 셋은 거절하였다. 공개한 둘 중 한 회사는 적자상태였고 다른 한 회사는 흑자였다. 그러나 따로 확인한 바에 따르면 그 흑자기업도 사실은 적자였다.

재무제표를 얻지 못한 세 현지법인은 "공개하기가 거북하다"는 말로 적자상태임을 암시하였다. 실제 그 중 한 회사는 연간 적자규모가 1억 달러를 웃돈다고 현지신문에 보도된 적이 있었다. 다른 한 회사에 대해서는 공인회계사 사무실 직원이 아래와 같은 말로 장기간 적자였음을 확인해 주었다 :

　　S사 미국 법인의 손익계산서를 보면 해마다 아주 작은 규모의 이익이 나는 것으로 되어 있다. 이익금이 작고 규모가 일정하기 때문에 미국 국세청(Internal Revenue Service)은 세금을 줄이기 위하여 장부를 조작하는 것이 아닌가 하는 의심의 눈초리를 보내고 있다. 그러나 내가 아는 한 이 회사는 적자를 보고 있다. 그럼에도 회사의 체면이 걸려 있고 결산보고서를 은행에 제출하여 대출도 받아야 하는 까닭에 적자를 흑자로 고치고 있다. 결과적으로 내지 않아도 될 세금을 계속해서 내고 있으면서 세무당국의 의심은 의심대로 받고 있는 셈이다. (1996년)

　　결국, 대표적 재벌그룹의 간판기업들이 모두 해외에서 적자를 기록하고 있는 것이다. 주요 대기업의 재무제표가 연결(連結) 후에 크게 나빠지는 것은 그런 사실들을 간접적으로 확인해 주는 또 다른 증거가 된다(<부표 2-3> 참조).

　　해외 현지법인의 적자가 누적되면 그 여파(餘波)는 아래와 같이 크게 두가지로 나타난다 :

　　① 납입자본금의 비대화.　누적적자를 메우기 위하여 외부로부터 차입을 늘리거나, 본사가 투자한 자본금의 규모를 늘려야 한다. 실제로 일부 재벌그룹이 사업규모에 비해 지나친 규모의 현지금융을 쓰고 있는데, 이 중 상당 부분은 이와 같은 적자보전용(赤字補塡用)인 것으로 추정된다. 1980년대 말 다수의 재벌기업들이 해외증권을 발행하여 예전에 설립한 해외현지법인의 자본금을 대폭 늘린 적이 있는데, 그것은 큰 규모의 누적적자에서 오는 금융궁핍을 타개하기 위한 방편이었다.

　　② 소리없는 철수.　다른 방법은 해외법인을 청산하는 것이다. 해외법인을 청산하면 투자원금에 덧붙여 '누적적자'에 해당하는 만큼의 추가손실을 입게 되는 것이 보통이다.

체면을 중요시하는 우리 기업들은 사실상 활동을 중단한 해외법인을 관계기관에 제대로 신고하지 않는 경우가 많다. "밖으로 나가는 기업 수는 제대로 집계되고 있지만, 철수업체는 대부분 소리 없이 들어오고" 있는 것이 현실이다(중앙, 94. 12. 22).

저자는 한국은행의 자료를 근거로 납입자본 5백만 달러 이상인 66개의 미국소재 현지법인을 표본으로 설문조사를 시행한 적이 있다. 그 중 6곳은 폐쇄되거나 사실상 활동을 중단하였음이 확인되었고, 2곳은 소재가 확인되지 않았다(1996년). 줄잡아 10% 정도의 해외법인이 사실상 청산되었음에도 신고되지 않은 셈이다.

기업의 외형이 커짐에 따라, 해외투자 규모도 커지고 있다. 1990년대 중반 이후에 와서는 수천만 내지 수억 달러 규모의 해외투자가 예사로 이루어졌다. 특히 4대 재벌은 경쟁적으로 십억 달러 단위의 해외투자를 시행 또는 계획하고 있었다. 해외경영의 개선이 뒤따르지 않는 규모만의 확대는 '실패규모의 확대'로 나타날 가능성이 매우 크다고 할 것이다.

공통적인 문제점

현지법인의 경영성과가 매우 나쁜 데에는 개별기업별로 여러 가지 다른 이유가 있겠지만 다수 기업에 공통적인 이유는 아래와 같이 요약해 볼 수 있다.

① 무모한 사업착수
② 해외 경영능력 부족
③ 세계화와는 거리가 있는 경영자의 자세와 기업관행
④ 지역적·업종별 편중으로 인한 한국 기업끼리의 과당경쟁

우리 기업이 해외에 진출하는 표면적 동기는 여러 가지이지만, 그 과정을 보면 '남이 가니까 나도 나서는' 경우가 많다. 그러다 보니 해외투자

가 지역적으로, 업종별로 편중되는 경향이 있다.

1980년대 후반 "300여 개가 넘는 봉제완구 업체들이 파나마, 도미니카 등의 중남미 지역에 일시에 집중된" 바가 있고, 중국에는 1992~1997년 11월 사이에 4,600여 건, 55억 달러에 이르는 직접투자가 허가된 바 있다. 동남아 지역에는 섬유, 신발, 조립금속 업체가 편중되어 있다. 멕시코의 자유무역 지대에는 전자업종을 중심으로 우리 기업들이 많이 진출해 있다.

그와 같은 편중은 노동자, 원료, 시장을 두고 불가피하게 한국 기업들끼리 경쟁하여, 임금상승, 인력 빼가기, 덤핑 등의 결과를 낳게 만든다. 개별기업의 채산성은 악화되고, 때에 따라 노조결성을 촉진하거나 노조와의 분쟁을 촉발하여 결과적으로 사회적 문제를 야기시켜서 물의를 빚기도 했다(대우경제연구소 ; 왕윤종).

나머지 세 가지 문제점에 대해서는 제6장에서 따로 다루기로 한다.

4. 해외에서의 참담한 실패사례

이 절(節)에서는 우리 기업들의 해외 실패사례를 소개하여 해외경영의 실상을 가늠해 보기로 한다.

잘못된 평가기준

1990년대 중반까지 우리 언론은 기업이 해외에서 성공한 사례를 앞다투어 보도해 왔다. 그러나 실패사례는 상대적으로 잘 알려지지 않아 국민들은 우리 기업들이 해외에서 대단한 성공을 거두고 있는 것으로 크게 잘못 알고 있다. 심층취재와 깊이있는 분석보다는 기업체가 제공하는 자료에 의존하여 기사를 작성하는 언론의 속성상, 공식보도는 대체로 현실을 미화(美化)하는 것이다.

더구나 성공사례 보도는 국내기업의 평가와 마찬가지로 수익성보다는 매출액을 척도(尺度)로 사용한다는 공통적 맹점이 있다. 어느 기업이 어떤 지역에서 웬만큼 판매실적을 올리기만 하면, 이익은 상관없이 성공이라고 평가하는 것이 언론의 보도자세이다. 기업성공의 진정한 척도가 이윤이라면 언론이 보도한 경우의 대부분은 사실과 다른 셈이다. 다음의 예를 보자 :

> ## (사례 4-5) 섣부른 성공 판정
>
> 인도네시아에서 L사 TV는 불황을 모른다. 작년 한 해 동안 팔린 TV는 무려 36만 대. 인도네시아 시장점유율 1위(20%)를 기록했다 …… 宋부장은 "앞으로의 과제는 '제값 받기'를 하면서도 마켓쉐어를 고수하는 것"이라며 "이를 위해서는 생산이 판매를 안정적으로 뒷받침하는 것이 중요하며, 품질을 한 차원 높여 소니와 어깨를 겨룰 수 있는 수준까지 도약해야 한다"고 말했다. L사 측은 "최근 L제품을 가진 고객을 대상으로 '다음에는 무슨 제품을 사겠느냐'고 묻자 대부분 '소니'라고 답했다"고 솔직히 털어놓은 후, "이런 상황에서 현지진출 4년 만에 L사가 판매 1위를 기록한 것은 기적과도 같은 일"이라고 말했다. (조선, 1996)

기사는 해당 기업이 현지에서 크게 성공하고 있다는 톤(tone)으로 보도하고 있지만, '기사 끝 부분의 단서가 사실이라면' 성공이라고 말하기에는 너무 때가 이르다. 오히려 품질의 뒷받침이 없는 염가공세(廉價攻勢)로 판매량만 늘려서 팔수록 손실이 증가할 것으로 보인다. 현지고객이 동사 제품을 다시 사기를 꺼리는 것으로 보아 대량판매가 동사의 이미지를 해치고 있는 것으로 우려되기도 한다.

그렇잖아도 그 회사는 1970년대 말에서 1980년대 중반까지 비슷한 전략으로 미국 시장을 공략하였다가 상표이미지를 버렸다. 이미지가 나쁜 것이 지금은 그 회사의 큰 약점으로 작용하고 있다(cf. Aguilar and Cho). '실패할 가능성이 큰 전략'을 되풀이하고 그 회사는 과연 현지에서 성공하고 있는가?

현재의 이익률 혹은 장래의 이익창출 가능성이라는 측면에서 볼 때 우리 기업이 해외에서 성공한 사례는 극히 드물다.

허다한 사업실패 사례

한국 기업의 해외 실패사례는 헤아릴 수 없이 많다.

우선 언론에 보도된 제조업체의 사례를 보면, 정부가 세계화의 기치를 드높이던 1994년 말, 당시 중남미에 진출한 현지법인 중 100여 개가 철수했거나 철수하고 있었다. 현지 인건비는 상승한 반면, 주 시장인 미국의 상품가격은 떨어져서 채산성이 없어진 것이 주된 이유였다. 그들 기업이 제조설비를 폐쇄하여야 했던 형편으로 미루어 보면 대체로 투자 원본(元本)을 회수하지 못한 것으로 보인다(중앙, 94. 12. 21). H사가 1989년에 4억 3천만 달러를 투자한 캐나다의 자동차 공장은 채산이 맞지 않아 1993년 가동을 중단하였다.

잘 알려지지는 않았지만 무역회사의 실패사례는 더욱 흔하다. 종합상사를 비롯한 대형 무역회사들은 1970년대 중·후반부터 미국, 유럽 등지에서 다양한 형태로 현지 유통사업을 시도하였다. 1980년대 중반 "제조업체의 탈상사화"(脫商社化)로 수출대행 기능이 약화되자, 유통사업뿐 아니라, 현지 제조업체 경영, 자원 개발사업 참여, 삼국간 거래 등 "기능 고도화"를 위해서 다각도로 노력하였다.

그들의 이러한 시도는 대부분 처참하다 할 정도의 실패로 끝나고 말아 큰 손실을 남겼다. 사업이 실패하면 청산절차를 밟는 제조업체의 현지사업과는 달리, 무역회사들은 단위사업에 실패하더라도 현지법인 자체는 존속하기 때문에 실패사례가 외부에는 잘 알려지지 않는다. 단위사업의 실패는 결과적으로 차입금의 증가로 나타나 해외법인의 재무구조를 취약하게 만들었다.

해외기업의 인수는 그 역사가 짧지만, 그 역시 대체로 실패로 끝나고 있다. 비교적 잘 알려진 4대 재벌의 실패사례를 보면, 우선 H전자가 고급기술 사업에의 진출을 목표로 1994년에 "급하게" 인수하여 100% 지분을 소유하게 된 미국의 맥스터(Maxtor)는 인수 후 연속적으로 큰 폭의 적자를 기록하여 1997년 말 현재 552백만 달러의 납입자본금에 773백만 달러의 누적적자를 보이고 있다. S전자가 1995년에 인수한 미국의 AST 역시 계속된 적자로 1996년 말 현재 533백만의 납입자본금에 522백만 달러의 누적적자를 기록하고 있다.

L전자가 상표, 유통망, 신기술을 획득할 목적으로 1995년에 58%의 주식 지분을 366백만 달러에 인수한 미국의 제니스(Zenith)는 적자폭이 점점 확대되어 1998년 3월 말 현재 누적적자가 827백만 달러에 이르러 파산에 직면하게 되었다. 그 무렵 L전자는 제니스에 주식지분 이외에도 약 410백만 달러의 채권을 가지고 있었다(WSJ, 1998). D통신이 1989년에 17백만 달러에 인수한 미국의 리딩에지(Leading Edge)는 영업부진으로 1995년에 사실상 폐업하였는데, 그 때까지 총 30백만 달러의 자본금을 투입하였고 누적적자는 150백만 달러에 이르렀다(서경, 1995).

여기서 대표적인 유형별 사례를 구체적으로 살펴보기로 한다. (공개된 자료를 바탕으로 구성하였지만 匿名을 유지하기 위하여 출처는 밝히지 않음.)

(사례 4-6) 무역회사의 현지유통

무역회사인 Z사의 미국 법인은 1989년 하반기에 소매가격이 수천 달러인 내구소비재의 현지판매를 강화하기로 하고 현지에 상당한 기반이 있는 유통업체와 독점공급 계약을 체결하였다. 그 계약에서 Z사 측은 상품 공급, A/S, 클레임 처리를 책임지고, 유통업체는 연간 최소 구매수량을 보장하기로 하였다(구체적 수량은 추후 합의하기로 함). 매매조건은 90일 외상이었는데 지급을 보증하는 방법으로 유통업체가 Z사 앞으로 신용장(standby L/C)을 개설하기로 약정하였다.

당초 계획대로 유통업체는 $350,000의 첫 신용장을 개설하였고, 이에 따라 1989년 말부터 상품의 공급이 시작되었다. 그러자 본사에서는 수출목표의 달성을 위하여 판매량을 늘리라는 독촉이 뒤따랐고, 현지법인은 유통업체에게 구매량을 늘리라고 압박을 가하였다. 그 과정에서 유통업체가 사후에 신용장을 증액하여 주는 조건으로 상품의 공급은 계속되었다. 1990년 9월에 유통업체가 신용장 금액을 $500,000로 증액시켰을 때 외상금액은 $5,000,000를 넘어서고 있었다. Z사가 계속적으로 신용장 증액을 요구하자 유통업체는 1991년 4월에 가서야 $5,000,000에 달하는 사장 K씨의 개인보증(personal guaranty)을 제공하였다.

마침 업계는 상당한 불황으로 빠져들었고, 그에 따라 유통업체의 대금결제는 지지부진하였다. 계속된 불황으로 유통업체는 1991년 10월에 법정관리(Chapter 11)를 신청하게 되었다. Z사는 즉시 신용장을 추심(collection)하여 유통업체의 은행으로부터 $500,000를 회수하였지만, 아직도 $5,000,000를 상회하는 채권이 남아 있었다.

Z사가 개인보증에 근거하여 K씨에게 유통업체의 채무를 대신 지급해 주도록 요구했지만 처음부터 기대하기 어려운 일이었다. 1993년 봄이 되자 유통업자는 회사정리 절차(Chapter 7)를 밟게 되었고, 이에 Z사는 사장의 채무이행을 강제하기 위하여 소송을 제기하기에 이르렀다. 그때까지만 하여도 Z사는 K씨의 부동산을 압류함으로써 간단히 채권을 회수할 수 있을 것으로 기대하였다.

불행히도 일은 Z사가 원하는 대로 풀려 나가지 않았다. K씨가 Z사를 상대로 맞소송을 제기한 것이다. K씨의 주장은 다음과 같았다 : ① 상품의 품질이 나쁘고, A/S가 불량하였으며, 결과적으로 Z사 때문에 "잘 나가던" 유통업체가 망하게 되었다 ; ② Z사는 원하지도 않은 수량을 유통업자 앞으로 실어보냈다 ; ③ 위계(僞計)에 의하여 K씨의 개인보증을 받아 갔다 ; ④ 부당하게 신용장을 추심하여 대금을 회수해 갔다.

그후 1995년 여름까지 재판에 대비한 당사자 진술(deposition)과 청문(hearing)이 지루하게 이어졌다. 그런 절차에 유통업체 측에서는 K씨가 직접 참여하였으나 Z사의 증인은 언제나 문제가 있었다. 관련 직원이 모두 보직이동으로 서울 본사나 제3국에 거주하고 있었고 그나마 가장 핵심이 되는 인물은 사직하고 난 뒤였다. 증인을 부르기도 어려웠지만 관련 당사자가 여럿이고 모두 해당 업무에서 떠나 있었기 때문에 증언에 열의를 보이지 않았다.

거기다가 현지법인의 법률담당자는 미국 대륙의 반대편 본부에 재직하고 있었기 때문에 법 절차의 진행은 전적으로 미국인 고문변호사에 일임되고 있었다. 세월이 흐르면서 K씨가 소유 부동산을 점차 처분하여 총재산이 $1,000,000 정도에 불과한 것을 알게 된 고문변호사가 이 정도 금액을 받고 화해할 것을 제의하였으나 Z사 측에서는 누구도 책임있는 답변을 해 주지 않았다.

1995년 여름부터 약 8주일간 배심 재판(jury trial)이 계속되었는데 이 기간 내내 K씨는 법정에 나와 살았으나 Z사 측의 증인들은 모두 외국에 거주하였기 때문에 재판점을 들락날락하였다.

재판 종료 후에 다음과 같은 판결이 내려졌는데 Z사는 물론이고 K씨까지 깜짝 놀라고 말았다 : ① Z사의 주문은 모두 기각한다 ; ② Z사는 손해배상조로 K씨에게 $4,000,000를 지급하라 ; ③ Z사는 징벌배상금(punitive damage) 조로 K씨에게 $10,000,000를 지급하라 ; ④ Z사는 K씨의 소송비용 $1,500,000를 보상하라.

관련 인사들의 증언에 따르면 다음과 같은 사유로 배심단이 Z사 측의 주장을 믿지 않았기 때문에 그런 판결이 내려지게 되었다 : ① 계약조항과는 다르게 Z사가 K씨 앞으로 무한정 외상을 주었다 ; ② Z사 직원들은 누구도 진정으로 해당 사업을 걱정하지 않았지만, K씨는 사활을 걸고 임하였다. K씨는 심지어 상품 자체의 '상태'(niceties)에 까지 신경을 썼다 ; ③ Z사가 A/S에 매우 굼떴으며 품질 클레임이 한국까지 가서 늑장 처리되었다. 클레임은 그나마 확실한 근거 없이 대폭 감액되어 극히 일부만 인정되었다 ; ④ Z사 측 증인들의 법정에서의 언행이 적절치 못하여 나쁜 인상을 주었다.

(사례 4-7) 해외 판매 자회사

내구소비재 제조판매 회사인 V사가 미국 시장에 처음 진출한 것은 1986년이었다. V사는 이웃 나라에서 2년여 동안 시험판매를 해 보는 등 나름대로의 준비를 하였고, 그 덕분인지 미국 소비자의 처음 반응은 기대 이상으로 좋았다. 2차 연도의 판매는 더욱 활발하였는데 그 정도는 외국업체로서는 사상 유례가 없는 것이었다. 자신을 가지게 된 V사 측은 연간 매출 신장률 30%로 5년 후에 미국 시장의 6%를 점유할 것으로 예상하였다.

불행히도 제3차 연도부터 판매량이 줄어들기 시작하여 제4차 연도에는 급감하였다. 그렇게 되어 제6차 연도의 판매 대수는 제2차 연도의 절반 이하, 계획 수치의 1/5에 불과한 참담한 것이었다. 그 뒤로 판매량은 더욱 감소하여 1996년 무렵에는 2차 연도의 40%에 머무르게 되었다. 막대한 광고비를 투입하였음에도 판매는 신장되지 않았다. 업종의 성격상 간접비 부담이 많기 때문에 제2차 연도의 판매량을 달성하여야 타산을 맞출 수 있는 형편이었으므로 V사의 미국 영업은 해마다 막대한 적자를 기록할 수밖에 없었다.

V사가 초기에 대성공을 거둔 것은 첫째, 레이가노믹스(Reaganomics) 덕분에 당시의 미국 경제가 활황(活況)을 보이고 있었다. 둘째, V사의 제품 라인이 일본 기업체가 비우게 된 틈새(niche)를 적절하게 메우는 것이었다. 셋째, 싼 가격에 비해 품질은 괜찮은 듯하여 저소득층의 구미에 맞았다. 넷째, 일본 업체에서 오래 근무한 미국인 전문가를 특채하여 펼친 마케팅 전략이 효과적이었다. "V사는 거대한 국제기업으로 무엇이든 해낼 수 있다"고 미국 소비자에게 홍보한 것도 주효하였다. 다섯째, 한국을 제2의 일본으로 생각한 미국인들은 V사 제품이 일본 제품과 같은 품질을 가졌을 것으로 생각하였다.

초기의 성공이 백일몽(白日夢)으로 끝나고 대실패로 바뀌게 된 데에는 몇 가지 이유가 있었다. 첫째, 품목의 특성상 품질상의 하자(瑕疵)가 판매 후 일정 기간이 경과한 후에야 비로소 나타나기 시작하였다.

둘째, 효과적인 것으로 생각하였던 마케팅 전략이 후유증을 낳기 시작하였다. 판매량을 너무 급격하게 늘렸기 때문에 소비자 불만사항을 적기에, 적절하게 처리할 수 있는 수용능력을 갖출 수가 없었다. 과장된 기업 이미지 광고는 소비자로 하여금 미흡한 서비스에 더욱 분노하게 하였다. 딜러들은 모두 V사 제품만 취급하게 되어 있어서 판매량이 줄어들자 불평을 터뜨리기 시작하였다.

셋째, 약속한 신모델이 적기에 공급되지 않아 소비자들을 실망시켰다. 상품의 성격상 야간작업을 하는 것만으로는 납기를 맞출 수가 없었던 것이다.

가장 큰 문제는 V사의 위기관리 능력이었다. 아무런 비상대책(contingency plan)이 없었고 위기관리 시스템도 없었다. 실적이 나빠지자 노발대발한 그룹 회장은 해당 업종에 근무한 경력이 없는 그룹사의 간부를 차출하여 미국 영업의 책임자로 임명하고 "즉시에" 문제를 해결하라고 지시하였다. 신임 책임자는 부임하자마자 "월급만 축내는 믿을 수 없는" 미국인들의 권한을 박탈하고 그 중 일부는 해고하였다.

판매부진의 초기에 V사 측은 품질이나 상표 이미지의 개선을 위해 노력하기보다는 가격할인이나 품질보증(warranty)의 범위를 확대하여 문제를 해결하려고 하였다. 문제가 일시적이고 지엽적인 것이기 때문에 곧 사라질 것으로 과신하였던 것이다. 한국 시장에서의 경험을 미국 시장에 적용한 셈이었다.

판매부진이 상당 기간 계속되어 사태의 심각성을 깨닫게 된 V사가 품질개선에 주력하게 되었고, 1990년대 중반 무렵에는 미국산이나 일본산에 버금가는 품질수준을 확보하였다. 그러나 한번 실망한 미국 소비자는 다시 돌아오지 않았다.

(사례 4-8) 인수한 현지 제조업체

고급 기술(high-tech) 산업에 종사하는 Q사는 1990년대 상반기 몇 년간 특정 품목의 활황으로 큰 규모의 순이익을 올려서 막대한 자금을 비축하게 되었다. 그러던 차에 자금난에 시달리던 미국 소재 고기술 회사인 B사에 자본참여를 해 달라는 제의가 들어왔고, 제대로 검토할 시간도 없이 Q사는 B사의 지분 40%를 약 380백만 달러에 인수하였다. (Q사는 장기간에 걸쳐 사업성을 검토하다가 국내의 경쟁업체에게 해외 기업의 인수 기회를 빼앗긴 경험이 있었는데 그 전철을 밟지 않기 위하여 이번에는 '신속하게' 의사를 결정하였다.)

당시 B사는 무리한 사업확장, 초점없는 상품구성으로 영업결손을 보이고 있었지만 매출규모에서는 업계 6위를 기록하고 있었다. Q사는 B사가 종사하고 있는 업종에서 독자적으로 미국 시장에 진출하려고 시도하였으나 실패한 바 있었기 때문에 여러 가지 측면에서 B사를 이상적인 전략적 제휴선(提携先)으로 여겼던 것이다.

첫째, '기술선도회사'를 지향하는 Q사에게는 B사의 신기술이 필요하였다. 둘째, 미국 시장에서의 영업 활성화를 위해서는 그런대로 성가(聲價)가 있는 B사의 상표 이미지가 필요하였다. 셋째, 미국에서의 영업 신장을 위해서 B사가 확립한 유통망을 활용할 수 있을 것으로 기대되었다. 넷째, Q사의 부품을 B사가 사용함에 따른 시너지 효과를 기대할 수 있었다.

당초 Q사는 이사회를 통해서만 B사에 관여할 뿐 일상 경영은 창업자를 정점으로 한 기존 경영층에 위임할 계획이었다. 그러나 B사의 시장점유율이 점점 떨어져서 10위권 밖으로 밀려나고 분기 당 1억 달러를 상회하는 영업적자가 계속되자, Q사의 계속된 자금지원이 불가피하였고 그에 따라 경영에 간섭하는 정도가 높아지게 되었다.

인수 후 1년이 조금 지난 시점에서 Q사의 추가지원은 총 260백만 달러에 이르렀고, 지분의 절반을 확보하게 됨에 따라 Q사 측에서 이사회장과 최고경영자(CEO) 자리를 모두 맡고 한국에서 수십 명의 직원을 파견하여 사실상 경영 전권을 장악하였다.

그 후로도 시장점유율 하락과 영업적자가 이어지자 1997년 중반 Q사는 잔여 지분을 170백만 달러에 공개 매수하여 B사를 상장 폐지하였다.(미국의 상장회사는 매 분기별로 손익을 공개하게 되어 있어서 B사의 적자는 Q사의 이미지에 흠집을 내고 있었다.) 1997년 말까지 B사의 누적적자와 Q사의 총투자규모는 각각 10억 달러를 상회하게 되었다.

인수 후 3년 동안 막대한 자금을 투자하고 경영진이 나름대로 각고의 노력을 하였지만 B사의 회생(回生) 가능성은 매우 불투명하였다.

여기서 하나 유의할 것은 인수 후 6개월 남짓한 사이에 B사의 주요 미국인 간부가 모두 회사를 떠났고, 그에 따라 경영 측면에서 B사는 사실상 한국 회사가 되고 말았다는 점이다. 기술과 경영에서 B사의 가치를 대변했다고 할 정도로 핵심인물이었던 창업자(CEO)는 인수 후 4개월 만에 경영에서 손을 떼었고, 그 후임자로 외부에서 영입한 인물도 9

개월째에 회사를 떠나고 말았다. 그 사이 사장, 재무책임자(CFO), 생산 책임자를 포함한 핵심간부 8명이 줄줄이 사직하거나 면직되었다. [3]

벌과금 납부사례

적지 않은 숫자의 우리 기업들이 해외에서 변칙적 상거래, 원칙에 어긋난 회계처리 등 현지의 법규와 관행을 무시한 기업활동으로 현지 정부 당국으로부터 벌과금을 문 바 있다.

선진국은 기업체에 대한 법규적용이 매우 엄격하기 때문에 벌과금의 규모는 기업체의 존립을 위협할 정도로 클 수도 있다. 특히 미국은 기업의 부적절한 행위에 대해서는 징벌적(懲罰的) 성격의 벌과금이나 손해배상금 (punitive damage)을 물리기 때문에 각별히 유의하지 않으면 뜻하지 않게 큰 손실을 입을 수 있다.

한 예를 들면, S사는 개인이 운영하는 미국의 조그마한 회사에 150만 달러를 출자하여 49%의 지분을 획득한 적이 있는데, 그 개인의 지적재산권 침해 행위로 인하여 1995년에 65백만 원의 손해배상금을 그 개인과 공동으로 부담하라는 판결을 받은 적이 있다. 다른 한 사례를 보자 :

(사례 4-9) 변칙거래에 대한 벌과금

1970년대 말부터 E사는 국내의 한 대형 철강회사로부터 여러 가지의 철강제품을 내국 신용장(local L/C) 방식으로 구매하여 미국 각 지역의 판매 자회사로 수출해 오고 있었다.

철강제품은 최종 소비재가 아닌 기초 원자재라는 측면에서 해외구매선의 발굴보다는 국내의 제조업체로부터 "물량 배정"을 받는 것이 수출실적을 늘리는 비결이었다. 자연히 수출물량을 배정받기 위한 수출상 사간의 경쟁이 매우 치열하였고, 그 결과 수출대행 수수료(수출 신용장 금액에서 내국 신용장 금액을 뺀 것)는 수출액의 0.5% 내외에 불과하

---

3) 드러커(P. Drucker)는 관료주의적 회사가 창업가적 회사(entrepreneurial firm)를 인수하면 "백발백중" 실패한다고 말한 바 있다(Drucker, 1985).

게 되었다. 철강수출은 회사의 이익에는 거의 도움이 되지 않았고 인건비 등의 간접비를 감안한다면 오히려 손실을 초래할 수도 있었다. 그러나 품목의 성격상 거래단위가 컸기 때문에 철강수출을 대행하는 것은 수출실적 올리기에는 더없이 큰 도움이 되었다.

1980년을 전후하여 미국은 자국의 철강산업을 보호하기 위하여 최저수입가격 제도(Trigger Price System)를 도입하였다. 즉, 미국으로 수입되는 철강제품에 최저 수입단가를 설정하였던 것이다. 그 최저 수입단가로는 E사가 취급한 철강제품은 미국의 현지제품과 대비하여 경쟁력이 없었다.

큰 금액의 수출실적을 잃게 된 E사는 기존 거래선과 협의하여 최저수입가격 제도를 우회하는 방법을 고안해 내게 되었다. 겉보기로는 최저수입가격 이상으로 매매하는 것으로 하고 나중에 겉보기 매매가격과 실제 거래가격과의 차이를 변상해 주는 방식이었다.

여러 거래선과 상당 기간 그렇게 변칙적 거래를 해 오는 사이 미국의 사법 당국이 그 내용을 알게 되었다. 그후 E사는 오랫동안 사실조사와 법정투쟁에 시달려야 했다. 1980년대 중반에 쌍방합의 아래에 내려진 최종판결은 E사가 4천만 달러에 가까운 벌금을 무는 것이었다. 그 벌금은 E사의 일년치 이익금 전액에 해당하는 엄청난 규모였다.

E사를 더욱 난처하게 만든 것은 해당 제품을 생산하였던 철강회사의 입지가 워낙 강하여 부과된 벌금을 그 회사 앞으로 한푼도 전가(轉嫁)시킬 수가 없다는 점이었다.

금융기관의 해외사업

금융기관의 해외사업 성과도 일반 기업의 성적보다 하등 나을 것이 없다. 우선 해외사업의 역사가 비교적 긴 은행을 보면 해외점포에서 수익을 올린 경우는 극히 드물고 대부분 부실채권이 누적되어 고전을 면치 못하고 있다.

한 통계에 따르면, 13개 국내은행 해외점포의 1996년중 순이익은 모두 합쳐 180백만 달러였는데 부실채권은 420백만 달러에 이르는 것으로 나와 있다. 1997년에는 아시아 금융위기로 말미암아 한국 은행들의 태국, 인도네시아 등의 국가에 대한 채권이 대량으로 부실화되었다.

1990년대 초에 해외진출을 시작한 증권회사, 1990년대 중반에 시작한 종합금융회사(종금사)의 경영성적은 더욱 형편없다. 그들은 현지 여건에 대한 기본적 지식도 없이 남 따라 무턱대고 진출하여 참담한 경영실패의 결과를 낳았다. S증권 동경(東京) 지점은 1997년 초에 한 고객이 주식매수 대금을 미납하는 바람에 117억원의 손실을 입었는데 이는 영업의 기본조차 갖추지 못한 결과라 할 것이다. 증권감독원의 집계에 따르면, 1996년 3월 현재 11개 증권사의 24개 해외사업장 중에서 17개가 누적적자로 인하여 자본잠식 상태에 이르렀다.

외환위험이나 국제금융에 대한 기초지식도 갖추지 못하고, 동남아 지역 등으로 몰려나갔던 종합금융회사 역시 낭패를 당하고 있다. 1997년 아시아 금융위기 당시 21개 종합금융회사가 태국에서 안게 된 부실채권만 6~7억 달러에 이르는 것으로 추정되었다. 태국에서의 한국 금융기관들의 활동과 관련하여 신문기사를 인용한다:

(사례 4-10) 금융기관의 해외 부실영업

시중은행과 종금사를 포함한 국내 10여 개 금융기관이 태국의 부실기업에 대출해 줬다 물린 것으로 드러났다. 3일 금융계에 따르면 일부 은행과 D, C 등 종금사들은 최근 부실화된 태국의 투자회사인 '원 홀딩 컴퍼니'에 모두 1억 달러 이상의 외화 지원을 해 줬던 것으로 나타났다. 이 가운데 3천만 달러는 외환은행 방콕 지점이 주간사를 맡고 국내 종금사들을 중심으로 공동 투자단을 구성했고, 각 기관은 1백만~3백만 달러씩 대출해 준 것으로 알려졌다. 또 종금사들은 지난해 말 원 홀딩 컴퍼니가 발행한 7천만~8천만 달러 규모의 단기 할인채를 매입해 이 회사가 최종 도산할 경우 돈을 고스란히 떼일 가능성도 있다.

(중앙, 97. 4. 4)

덧붙여 해외건설을 살펴보면 한마디로 어설프게 시작하여 골치덩어리를 안고 끝내고 말았다고 할 수 있다. 1970년대 이후 외환부족 문제를 해결해 줄 것으로 기대되어 온갖 정책적 특혜를 받았지만 막대한 부실채권을 남겼고 많은 업체를 파산으로 내몰고 말았다. 잘 알려진 예를 들면 H건설은 이라크의 7천억 원을 포함하여 해외 미회수 채권이 2조 5천억 원에 이르고 있다. 그밖에도 D건설은 리비아의 미수금을 원유로 대신 받아야 했다. 그런 식으로 여러 업체가 중동, 아프리카의 여러 나라에서 곤욕을 치렀다.

그런 결과가 초래된 것은 구체적 이유나 절차가 어떻든 우리 정부와 기업체의 실수라고 할 수밖에 없다. 해외건설 기자재의 해외의존도가 높은 점을 감안하면 부실 해외건설은 외환획득은커녕 외채의 증가에 기여하고 말았는지도 모를 일이다.

5. 우려되는 저개발국 진출

민주화와 "성공적 올림픽 개최"로 우리 국민이 한창 기세를 올릴 때, 우리 상품은 해외에서 경쟁력을 잃었다. 선진국에서의 입지가 좁아지자 우리 기업들은 저개발국에서 새로운 시장을 개척하고자 노력하였다. 때마침 동구권의 사회주의 체제가 붕괴하고, 중국 및 베트남과의 국교가 정상화되면서 그러한 지역으로 앞다투어 진출하였다. 수출은 물론이고 현지 직접투자까지 급속도로 늘어났다.

사업을 벌여서 매출실적을 올리면 '성공'이라고 평가하는 우리의 평소 습관대로 해당 기업은 자기선전을 하였고 다수의 언론까지 해외에서의 '성과'에 찬사를 보냈다. 전형적인 언론평가를 들어보자 :

최근 동구에서 펼쳐지는 한국 유수 대기업의 '해외 영지'를 돌아볼 기회를 가졌다. 언어, 풍습 모든 것이 생소한 곳에서 밤낮으로 애쓰는 우리 기업의 모습은 보는 이로 하여금 절로 뿌듯한 마음을 가지게 했다. 우리 기업의 애씀보다 더 인상적인 것은 현지의 반응이었다. 외국 기업이라고 차별하기는커녕 우리 기업의 투자를 고맙게 여기고 있는 것이었다. 왜 이렇게 한국 기업에 대한 대접이 다른가. 그 답은 개별기업이 속해 있는 경제사회에 대한 기여에서 찾을 수 있을 것 같다. 우리 기업이 외국에서는 나름대로 '토착기업'으로서 그 경제, 사회의 발전에 최선을 다하고 있는 것이다.

우선 투자자금의 동원부터 한국 기업은 나라 안과 밖에서의 행태가 차이를 보이고 있다. 나라 안에서는 금융시장을 위기로 몰 정도로 부도위기에 몰려도 '자구책' 마련에 인색하면서, 나라 밖에서는 아무도 돌보려 하지 않는 빚덩이 국영기업을 발빠른 자구책으로 짧은 기간 안에 어엿한 기업으로 되살려 놓고 있다. (중앙, 97. 9. 23)

기업체가 해외에 진출하는 첫째 목적은 이윤의 추구이지 현지 사회에 대한 기여가 아니다. 위에서 평하고 있는 기업이 "현지 국가의 기초경제부터 탄탄하게 다져가면서 먼 장래의 이익을 추구하자"는 원고심려(遠顧深慮)의 전략을 가지고 있다면 모를까, 그것이 아니라면 우리는 당연히 무엇보다도 먼저 투자의 위험성을 생각해 보아야 한다. 현지에 투자한 우리 기업은 무엇보다 먼저 현지의 "빚덩이 국영기업"을 왜 다른 사람들은 "아무도 돌보려 하지 않았는지"를 몇 번이고 되짚어 생각해 보았어야 할 일이다. (아무도 들어가지 않는 나라에 홀로 들어가서 "대접받는" 것은 그렇게 어려운 일이 아니다.)

우리 기업들은 중국, 인도, 동남아시아 각국, 중남미 각국 등 경제적으로 불안정한 많은 나라에도 경쟁적으로 진출하고 있다. 그런 나라들의 기업환경도 열악(劣惡)하기는 동구권과 마찬가지인 바, 그들 나라에 진출하는 목적이 이익창출이라면 매우 신중하게 추진하여야 할 것이다.

이제 동구권 국가와 중국을 중심으로 저개발국 진출의 위험성을 짚어보기로 한다.

동구권(東歐圈) 진출에 따르는 위험

미국과 유럽의 기업들은 근 한 세기 동안 사회주의 체제에 있었던 러

시아 등 구소련 국가들은 물론이고, 사회주의 역사가 상대적으로 짧고 비
교적 서방세계와 지리적으로 가까운 폴란드, 헝가리, 체코 등의 국가에 진
출할 때에도 신중에 신중을 기한다. 온갖 위험성을 따져 보고 그래도 미심
쩍어 초기의 투자 규모는 상대적으로 작게 한다.

무엇보다 먼저 그러한 나라들은 기업여건이 성숙되어 있지 않다. 크
루그만(P. Krugman)은 옛 동독이 통일 독일에 큰 부담이 된다면서, 그 이
유로 낡은 설비(antiquated factories), 심각한 환경오염(environ-mental
disasters), 사회주의적 근로 윤리(socialist work habits) 등을 들었다
(Krugman, 1994a).

다른 동구권 국가의 사정이 동독보다 나을 것은 없다. 오히려 더 열
악하다 할 것이, 독일과 같이 구매력이 큰 '국내시장'도 없고 자리가 잡힌
부품 공급업체도 없다.[4] 그에 더하여, 러시아 등 일부 국가는 조세제도,
노동관련 법규, 상업분쟁 해결장치 등 '보이지 않는 하부구조'는 물론이고
도로, 항만, 통신시설 등 '보이는 하부구조'도 갖추어져 있지 않다.[5] 그런
까닭에 서방국가의 기업들은 동구권 지역에 투자하기를 꺼리며 폐쇄 직전
의 현지기업은 "돌보려 하지 않았던" 것이다.

우리 기업은 동구권 진출과 관련하여 서방의 기업에 비하여 적어도
네 가지의 핸디캡이 더 있다. 첫째, 우리의 기술력이 떨어지므로 제품의 품
질이나 노동의 생산성이 떨어질 가능성이 많다. 둘째, 우리는 동구권 현지
의 문화, 관습, 언어 등에 대해서 서방국가의 사람들보다 더욱 무지하다.
셋째, 서방기업은 대체적으로 신규사업에 투자할 이익잉여금이 있지만, 우
리 기업들은 거의 예외없이 신규 투자자금을 차입하여야 하기 때문에 금
융비용을 추가로 부담하여야 한다. 넷째, 우리나라는 서방국가보다 현지에
서 훨씬 먼 거리에 있기 때문에 여러 측면에서 현지투자 기업을 관리하는
비용이 더 든다.

---

4) 지리적으로 가까운 서구가 동구권 국가의 시장이 될 수도 있지만 아직은 시기상조
   이다.
5) 대만의 세계적 컴퓨터 회사인 에이서(Acer)는 러시아의 환경이 좋지 않아서 러시
   아 시장을 목표로 인근의 핀란드에 투자하였다.

그러한 추가적 핸디캡 때문에 우리 기업이 현지에 투자하고자 할 때에는 서방 기업들보다 몇 배 더 조심하는 것이 마땅하다. "현지에 아무도 없다"는 것은 아마도 '진출해야 할 이유'이기 보다는 '진출하지 말아야 할 이유'일 것이다.

그와 같이 기업환경이 어려움에도 우리 기업들은 구동구권 지역에 대한 대규모 투자를 서슴지 않는다. 서방 기업들은 확실하지 않은 목욕물에 함부로 들어가지 않고, 굳이 들어가고자 하는 경우에도 손가락으로 목욕물의 온도를 확인해 본다. 그러나 우리 기업들은 덥석 온몸을 담그고 있는 듯하다.

"세계경영"으로 잘 알려진 D사의 폴란드 진출사례 중 하나를 살펴보자:

(사례 4-11) 폴란드 진출 기업

D사는 1995년 여름 폴란드 국영 자동차 F사를 인수하기로 의향서(letter of intent)를 교환한 후 3개월 뒤에 인수계약을 체결하였다. 그 계약에서 D사는 F사의 지분 70%를 240백만 달러에 인수하기로 하였는데, 부대조건으로 6년에 걸쳐 11억 달러를 투자하여 생산설비 규모를 연산 120,000대에서 220,000대로 확장하고, 21,000명의 종업원을 모두 고용승계하며, 현지부품 조달 비율을 80%까지 높이기로 약정하였다. F사는 자동차 조립시설 외에 13개의 부품회사를 거느리고 있었고 휴가시설(vacation resort), 병원, 학교, 농장 등의 사업도 벌이고 있었다.

그 사업에 필요한 자금은 전액 외부차입한다는 것이 D사의 계획이었다.

F사(폴란드 정부)는 D사와 처음 접촉하기 훨씬 전인 1991년부터 GM과 제휴하고자 협상하였으나, GM측이 설비의 일부만을 인수하고 종업원은 1/4만 고용하겠다고 고집하였기 때문에 어려운 처지에 빠져 있었다. 그래서 D사를 찾게 되었는데 15분 만에 그룹 "총수"로부터 긍정적인 답변을 들었다.

그러자 GM은 F사와의 제휴를 포기하고 약 300백만 달러를 투자하여 폴란드 남부에 연산 70,000~100,000대 규모의 소형차 조립공장을 신설하여 1998년부터 가동하였다.

D사의 과감한 결정은 우리나라에서는 호평을 받기도 하였으나 외국의 시각은 대체로 "무모한 시도"(brash gambit)라는 것이었다.

첫째, 폴란드를 포함한 동구권에 대규모로 투자한다는 것은 환율, 조세제도, 구매력 등 여러 가지 여건상 시기상조라는 것이었다(Ford의 CEO Trotman의 의견).

둘째, F사의 시설이나 종업원의 생산성으로 보아 D사의 인수조건이 지나치게 후하다는 것이었다. GM을 포함한 구미의 자동차 업계에서는 F사를 "종업원은 많고 판매처는 적은 공산주의 시절의 애물단지(Communist-era white elephant)"로 보았다. 그 점은 협상을 담당한 폴란드의 통상산업 차관보가 다음과 같은 말로 시인하였다 : "솔직히 말해서 구식인(old-fashioned) 공장을 통째로 그것도 그렇게 많은 돈을 주고 사겠다는 투자자를 찾는다는 것은 우리 모두에게는 불가능한 일로 생각되었다. F사의 전 종업원에게 이것은 엄청난 기회이다. 자동차 산업 전체에게도 이것은 엄청난 기회이다"(LAT). F사의 한 노동자는 "처음에는 동화(fairy tale)인 것 같았다"고 말하기도 하였다. 종업원이 너무 많지 않느냐는 질문에 대하여 D그룹 총수가 "생산량을 3~4배 늘리면 된다"는 요지의 답변을 한 바 있는데, 스스로 과다 인력을 인정한 셈이다(Fortune).

D사는 1996년 3월부터 F사의 경영을 맡아서 연말까지 18,000대의 한국산 승용차를 단순조립(SKD)하고, 80,000대의 F사 고유 모델을 생산하였다. 1997년에는 170,000대를 조립 혹은 생산할 계획이었다. 그 과정에서 특정 모델은 "3개월이나 주문이 밀리는" 인기를 누렸지만 그 반면에 D사는 여러 가지 어려움을 겪었다.

우선, 생산설비의 보수와 증축을 위한 투자를 계속해야만 했다.

둘째, 수백 명의 근로자를 한국으로 초빙하여 현장실습을 시켜서 기술과 작업윤리를 갖추게 해야만 했다.

셋째, 사장급을 포함한 수십 명의 본사직원을 현지에 파견해야 했고, 이들은 현지인과의 의사소통에 애를 먹었다. 한국인 경영층과 폴란드 노동자 사이에 두 단계의 통역이 필요하다는 말이 있을 정도였다.

넷째, 폴란드 시장이 다소 활황을 보이자 서구산의 자동차까지 몰려들어와 판매경쟁이 치열하였다. 그에 대응하여 F사는 D사가 한국에서 했던 것처럼 저가격, 24시간 A/S, 유리한 할부 금융조건을 마케팅 전략으로 선택할 수밖에 없었다.

다섯째, EU의 압력으로 당초 폴란드 정부의 양해사항이었던 반제품 상태(SKD)의 자동차 무관세 반입이 사실상 불가능하게 되었다.

여러 가지 어려움에도 D사는 F사가 드넓은 '유럽 시장의 전초기지'가 될 것으로 기대하였다. 다행히 몇 가지 좋은 징조가 있기는 했다.

첫째, 폴란드의 경제가 빠르게 성장하였다. 1997년에는 GDP 성장률이 6.9%를 기록하였다. 둘째, 경제성장과 함께 폴란드의 자동차 시장이 기대 이상 빠른 속도로 확대되었다. 연간 자동차 총 판매 대수가 1994년 275,000에서 1997년에는 478,000으로 증가하였다. 셋째, 폴란드 근로자들의 교육수준이 높고, 성실히 일하며 성취동기가 높았다. 반면에 그들의 임금은 낮았다(1997년 현재 독일 근로자의 1/10 수준).

D사가 어려운 조건을 어떻게 극복하여 성과를 올릴 것이지는 더 두고 보아야 하겠지만, 1990년대 말 현재의 여건을 두고 볼 때 결코 낙관할 일은 아닌 것으로 보인다.

D그룹은 폴란드 이외에도 체코, 헝가리, 불가리아, 루마니아 등의 국가를 비롯하여, 카자흐스탄, 우즈베키스탄, 러시아, 우크라이나 등의 구소련 국가에 수천만 달러에서 십수억 달러에 이르는 대규모의 사업을 자동차, 전자, 통신, 호텔 등등의 각종 산업에 걸쳐 동시다발로 벌이고 있다. 실제 거의 모든 업종에 걸쳐 거의 모든 동구권 국가에서 사업을 벌이고 있는 듯하다.

D그룹의 "과감함"을 찬양하는 언론보도에 자극을 받은 탓인지 Q그룹 등 다른 재벌도 동구권 국가에 대한 투자를 강화할 계획을 가지고 있는 것으로 알려졌다(1997년).

구동구권에 대한 투자는 의욕적인 활동을 한다는 의미가 있고 현지의 칭송을 받을지는 모른다. 그러나 그 둘 중의 어느 것도 기업의 존재 이유는 아니다. 기업의 목적은 이윤의 창출이다. 따라서 우리 기업들의 동구권 진출 역시 그런 각도에서 평가해야 할 것이다. 현지의 어려운 기업 여건, 우리 기업의 해외경영 능력 등에 비추어 볼 때 현지에서 성공할 가능성이 그렇게 높지는 않은 것으로 보인다.

1990년대 후반기에 동구권에서의 사업전망이 어둡다는 징후는 이미 부분적으로 나타나기 시작하고 있다. D그룹의 루마니아 현지사업은 그 생산품이 잘 팔리지 않아 재고가 누적되어 공장가동을 중지하기도 해야 하는 것으로 보도된 바 있다(1997년). 동구권 국가에 대한 투자규모가 큼에 비추어 만에 하나 실패할 경우 한국 경제에 미치는 영향은 결코 작지 않을 것이다.

정부가 앞장서는 중국 진출

1991년까지만 하여도 중국은 미수교국(未修交國)이었기 때문에 비록 왕래는 많았어도 그렇게 가까운 나라는 아니었다. 1991년 말 현재 우리나라의 대중국투자는 99건, 65백만 달러에 불과하였다. 그러다가 1992년의 국교수립, 1994년의 세계화 선언으로 우리 기업들은 그야말로 '봇물 터지듯' 중국에 진출하여 1997년 11월 말 현재 허가기준으로 4,600여 건, 55억 달러의 실적을 보이고 있다.

그와 같이 왕성한 투자는 부분적으로 우리 정부가 앞장서서 한껏 분위기를 잡았기 때문이다. 수교 후 두 차례에 걸친 대통령의 중국 방문, 정부와 지방자치 단체의 한국공단(工團) 조성 등이 중국 진출 붐을 일으키는 데에 기여한 바는 실로 크다고 할 것이다.

한국토지개발공사는 천진(天津)에 30만 평의 한국 기업 전용공단을 세웠고, 경상남도가 산동성(山東省)에 50여만 평, 경기도가 심양(瀋陽)에 25만 평, 인천시가 요녕성(遼寧省)에 41만 평의 한국공단을 조성하여 분양 중에 있었으며, 그밖에도 다수의 지방자치단체 혹은 민간기업이 중국 각지에서 공단을 조성중이거나 조성할 계획으로 있었다(1997년). (한국 기업

전용공단의 조성은 중국 이외에도 러시아의 연해주 및 나홋카, 베트남, 방글라데시 등지에서도 진행되고 있었다.)

우리 기업들이 중국으로 진출하는 이유는 무엇보다 먼저 값싼 노동력을 이용하여 상품의 가격경쟁력을 높이려는 것이다. 일부 기업은 공장을 신설하기도 하였지만 다수의 기업은 한국의 시설을 현지로 이전하였다. 그러나 기업경영에서 단위시간당 노임이 가지는 의미는 제한적이다. 노임이 높고 낮은 것은 노동생산성의 높낮이와 비교할 때에만 올바른 평가가 가능한 것이다. 중국의 임금이 값싸다고 말할 수 있는 것은 현지에 진출한 우리 기업들이 중국의 근로자들을 잘 훈련하고, 관리하고, 동기부여하여 우수한 품질의 제품을 생산해 낼 때에만 가능한 일이다.

불행히도 중국 근로자들의 근로윤리 및 우리 기업의 경영능력에 비추면 그들을 부려서 높은 생산성을 이끌어 내기는 그렇게 수월한 일이 아니다. 그런 사정을 감안할 때 중국 근로자들의 노임이 우리가 피상적으로 생각하는 것처럼 그렇게 값싸기만 한 것은 아니다.

문제를 더욱 어렵게 만드는 것은 중국의 사회간접자본이나 경제사회제도가 제대로 갖추어져 있지 않은 데다가 중국 사람들과 중국 정부가 외국기업에 대해서 우호적이지 않다는 점이다. 그런 이유로 중국에서 큰 성공을 거둔 외국 기업은 드물다. 많은 외국 기업들이 중국에서의 사업을 통하여 "생산비는 생각했던 것보다 높고, 매출은 작고, 현지 파트너는 무능하고(ineffectual), 자금력도 없으며(broke), 다루기가 지극히 어려운 것(down-right difficult)"을 알고 당혹할 수밖에 없었다(FEER, 97. 12. 18). 한 미국 회사가 중국에서 겪었던 일을 살펴보자 :

(사례 4-12) 미국 기업의 중국에서의 실패

킴벌리 클라크(Kimberly-Clark Corp)가 한단(Handan)에 미용품 · 생활용품 사업부를 합작기업 형태로 열었을 때에 그 회사의 기대는 매우 높았다. 그러나 3년 후에 그 합작기업은 엉망진창이 되어 버렸고, 그 회사는 현지 조직의 책임자와 종업원을 보호하기 위하여 무장경비원을 고용하지 않을 수 없었다. 킴벌리 클라크에 따르면, 문제의 발단은 합작선(合作先)의 한 중국인 간부가 바로 길 건너

편에 똑같은 제품을 만드는 경쟁회사를 차려서 원자재를 빼내 가기 시작한 것이었다. 킴벌리 클라크만이 그런 일을 당한 것은 아니다. 지난 6개월 사이에 법률구조 체제가 갖추어져 있지 않음에 신물이 난 미국 기업들이 중국 주재 미국대사관에 하소연하는 건수가 아주 크게 늘어났다……

단순히 건수가 말해 주는 이상으로 개별 사안(事案)이 지닌 문제는 그 정도(scale of problem)가 심각하다. 지금까지 대부분의 업체들은 중국 관료들의 보복이 두려워 중국 사업에서 발생한 골치 아픈 일에 대해서 쉬쉬해 왔다. 그러나 중국의 제도로부터 받은 피해(abuses)가 너무 광범위해지자, 워싱턴의 고위관리 [미국 관리]들에게 직접적으로 호소하기 시작하였다. (BW, 97. 10. 6)

한국 기업이라고 예외는 아니다. 우리 기업들의 실패사례는 이미 공식·비공식적으로 많이 알려지고 있다. 실패사례의 공통점은 기업 여건이 어렵고 중국 파트너를 믿을 수 없다는 것이다. 우리 기업의 대표적 실패사례를 보자 :

D전자는 88년 대기업으로선 첫 중국 진출로 관심을 끌었던 복주(福州) 냉장고 공장을 5년 만에 청산하였다. 자본금 12백만 달러에 D사가 48%, 중국측이 52%를 출자했다. 200 *l* 전후 중소형 냉장고를 연 10만 대 만드는 능력을 갖췄으나 1만 5천 대를 생산하는 수준에서 문을 닫았다. 내수부진, 자금부족에다 복주 당국의 추가투자 결정 지연으로 눈물을 삼켰다…… T석재는 중국 산동성 영성시에 중국측과 절반씩 투자했다가 20억원 상당의 손해를 보고 지난해 물러났다. 광산을 개발하자 해놓고선 각종 트집을 잡아 결국 물러나고 말았다. 초기 1~2년간 기술과 경험을 배우고 난 뒤엔 온갖 트집을 잡기 시작했다는 것이 회사측의 설명이다. (조선, 96. 12. 20)

1978년의 중국 경제개방 이후 지금까지 외국 기업이 중국에서 경험한 바에 비추든, 역사를 통한 우리 스스로의 경험에 비추든 중국은 외국인이 자기네 안마당에서 돈벌이하도록 가만히 내버려 두는 그런 호락호락한 나라는 아니다. 우리는 "재주만 넘고 돈은 중국 사람이 벌게 하는 어리석음"
을 경계하여야 마땅하다.

그러나 우리 기업들은 중국 정부와 중국 사람들의 구두약속만 믿고
대중국투자를 너무 쉽게 결정하였고, 그 결과 중국 진출의 러시(rush)를
이루었다. 이 시점에서 저자는 우리 기업들이 중국에서 겪어야 할 고난에
대하여 크게 우려한다. 좋은 성과를 올릴 기업보다 실패할 기업이 훨씬 많
을 것으로 예상되기 때문이다. 특히 다른 어떤 나라보다 중국에 투자한 우
리 기업의 숫자가 많은 만큼 현지투자에서의 실패가 우리나라에 미칠 사
회경제적 영향은 자칫 매우 심각할지도 모르는 일이다.

1990년대 후반기에 우리 기업들은 인도와 베트남에도 경쟁적으로 투
자하였다. "세계 경영"의 D사는 그들 나라에서도 투자활동이 매우 왕성하
다. 특히 베트남에서는 세계의 어느 기업보다 투자규모가 크며 수십억 달
러의 추가투자를 계획하고 있었다. 그러나 그들 나라의 기업 여건은 중국
보다 더욱 열악하다. 그들 두 국가 역시 우리 기업들에게는 '시련의 장
(場)'이 될 가능성이 매우 높다. 실제로 D사의 베트남 책임자는 한 외국의
언론에게 "현지 관료들은 D사가 봉착한 문제를 해결해 주려고 하지 않고,
국가정책은 상호모순되며, 부패는 날로 심각해지고 있는 등 한마디로 문제
투성이"라는 요지로 베트남에서의 어려움을 전한 바 있다(WSJ, 1996).

6. 요약 및 결론

기업의 해외영업은 수출과 해외사업으로 크게 구분해 볼 수 있다. 한
국 기업은 그 두 가지 분야에서 모두 성적이 불량하다.

지난 40년 가까운 세월 동안 우리나라에서 "수출"은 그야말로 '자유통
행권'(free pass)이었다. 수출은 정부의 전폭적 지원을 받았고 국민에게는
나라를 살리는 유일한 길인 것으로 인식되었다.

불행히도 그렇게 거국적 성원을 받은 수출이 지향한 것은 차라리 '통
관선(duty line)을 넘기는 상품의 이동'이었다. "수출실적"을 올리기 위하

여 기업차원의 수익성과 국가차원의 외환가득을 희생하는 경우가 적지 않았다. 실적(實績)을 쌓기 위하여 각종 비용을 들였고, 대금회수가 불확실한 저개발국으로 진출하여 대외 부실채권이 누적되었다. 수출지상주의는 결국 '목적의 전도(顚倒)'를 낳고 말았다.

우리 기업의 해외직접투자는 1980년대 중·후반과 1990년대 중반에 집중적으로 이루어졌다. 남 따라 나서는 버릇과 정부의 과시적 지원책에 힘입어 해외진출에서도 과열경쟁이 빚어졌다. 시기(時期)뿐만 아니라 진출지역, 사업업종까지 집중되는 경향이 있었다. 결국 해외에서도 한국 기업끼리 생산요소와 시장을 두고 경쟁하는 일이 일어났다.

해외사업의 가장 큰 문제는 성과가 지극히 불량하다는 점이다. 해외직접투자의 최종목표인 과실송금(果實送金), 즉 대본사 배당은 거의 알려진 사례가 없다. 장래의 수익성이 기대되는 괄목할 만한 성공사례도 보도된 바가 없다. 반면, 해외투자의 실패사례는 공식 보고된 것, 보도된 것, 비공식적으로 알려진 것 등을 합하여 매우 많다. 성공사례는 과장홍보하고 실패사례는 내부에서조차 은폐하는 우리 기업의 속성(屬性)에 비추어 볼 때, 해외사업 실패 건수와 손실의 정도는 일반 국민의 상상을 초월할 가능성이 농후하다. 비교적 소상하게 공개된 것만 보아도 거대 재벌의 경우를 중심으로 총손실금이 십억 달러에 이르는 것이 더러 있다.

1990년대에 와서 한국 기업은 수출뿐만 아니라 해외투자에 있어서도 저개발국, 구체적으로 구동구권이나 중국, 베트남 등지로의 진출이 활발하다. 그들 나라는 기업간의 경쟁이 상대적으로 약하여 진출하기가 쉽고 현지 사람들로부터 융숭한 대접도 받는다. 그러나 그것이 바로 함정이다. 경쟁국가의 기업들이 아무도 돌아보지 않기 때문에 한국 기업이 대접받는 것은 어쩌면 당연하다. 과감함을 주무기로 삼거나 근거없이 장밋빛 미래를 그리는 것은 오히려 삼가야 할 일인지도 모른다.

저개발국 진출은 해당 기업체의 숫자가 아주 많다. 몇몇 대기업의 경우는 사업당 투자규모가 엄청나다. 만에 하나 실패할 경우 국가경제에 미치는 악영향은 결코 작지 않을 것이다.

우리 기업이 해외사업에서 실패하고 있는 이유는 한마디로 준비없이 진출하였기 때문이다. 해외사업의 경영능력(competencies)도 부족하고 현지의 기업으로서 정착(定着)할 자세(attitudes)도 갖추지 못한 것이다. 그런 점은 제6장에서 소상하게 따져 보고자 한다.

제2부

취약한 경쟁력의 표면적 이유

제2부는 우리 기업의 경쟁력이 취약한 일차적 이유를 설명하는 4개의 장으로 구성되어 있다.

제5장에서는 한국 경제의 '핵심적 병폐'라고 할 백화점식 경영이 왜 문제가 되는지를 살펴볼 것이다. 아울러 국가자원이 재벌에 편중되어서 발생하는 국가경제 차원의 문제도 잠깐 짚어볼 것이다.

제6장은 우리 기업이 능력(competencies)이나 자세(attitudes) 면에서 해외경영에 나설 준비가 되어 있지 않은 사실을 저자가 1996년에 시행한 현장조사(field research) 결과를 중심으로 설명할 것이다.

제7장은 우리 정부가 어떻게 기업경쟁력을 약화시켰는지를 공공정책의 효과성과 정부조직의 효율성에 맞추어 살펴 볼 것이다.

제8장에서는 한국인의 교육수준이 높다고 알려졌음에도 국가 전체가 효과적으로 기능하지 못하고 있는 이유를 직업인의 프로페셔널리즘에 초점을 맞추어 따져 볼 것이다.

우리 기업들은 준비가 덜 된 상태에서 여러 가지 사업을 벌였고 무분별하게 해외에 진출하였다. 1980년대 중반까지의 성공에 도취되어, 세월이 바뀌고 환경이 바뀌면 새로운 능력과 자세가 필요하다는 사실을 간과하였다.

정부는 정부대로 국가자원을 직접 배분하던 전통을 지키고자 하였고 부처이기주의로 조직을 확대하고 규제를 점점 늘려갔다.

국민 개개인은 '교육(education)에 대한 열정' 덕분에 대다수가 고등교육을 받았음에도 '배움(learning)에 대한 열정'이 모자라서 업무수행에 필요한 기능을 만족할 정도로 개발하지 못하였다. 게다가 사적이익을 위하여 직업윤리를 손쉽게 포기하였다. 기업가와 직업인들의 업무능력이 떨어지고 사회 전체의 도덕감과 질서의식이 희미해져서 공동선(共同善)의 추구가 어렵게 되고 말았다.

한마디로 기업, 정부, 개인의 잘못이 결합되어 기업경쟁력을 떨어뜨렸다. 그 결과 대다수의 기업이 만성적 적자와 자금부족에 허덕이게 되었다.

제5장 재벌경영의 문제점
- 실패가 예정된 백화점식 사업확대 -

우리나라의 경제개발은 '부채(負債)에 의존한 대기업 위주의 양적 팽창'을 그 기조(基調)로 하였다. 그러한 전략은 단기간에 큰 경제적 성과를 낳았다. "한강의 기적"을 이루었다는 평가를 받아서 한국은 한때 개발도상국의 모델이 되기도 하였다. 단기적 성과를 목격하고, 국민 대다수는 재벌의 백화점식 확장전략을 당연한 것으로 받아들였다.

그러나 1997년의 금융외환 위기를 전후하여 외국의 학계 및 언론계는 '재벌의 백화점식 경영'이 바로 한국 위기의 주된 원인인 것으로 지목하였다. 이에 따라 국민들의 인식도 많이 바뀌게 되었다.

재벌에 공통적인 백화점식 사업확장은 '성공의 공식'이라기보다는 '실패의 공식'에 가깝다. 연관없는 산업에 다양하게 진출하면 경영층의 초점이 분산되고 인적·물적 자원의 조달이 어려워져 효과적인 경영이 불가능하게 된다. 한국 기업의 특징인 가부장적 경영구조는 합리적 의사결정을 어렵게 하고 직원들의 책임의식을 희석시킨다. 재벌그룹이 일사불란하게 움직이는 듯 하지만, 바로 그 이유 때문에 대다수 임직원들은 하는 일에 큰 애착을 가지지 않는다. 효율적 경영관리가 힘들게 된다.

물론 백화점식 경영, 다른 말로 '다각화(多角化) 전략'이 항상 나쁜 것은 아니다. 여러 산업에 참여하는 것은 위험분산의 효과도 있으며, 더 적극적으로 발전 가능성이 있는 신사업을 발굴한다는 의미도 있을 수 있다. 그러나 일반적으로 말하면 다각화 전략은 이점보다 폐해가 더 크다. 미국의 GE는 상호연관이 적은 산업에 진출해서 큰 성공을 거두고 있다. 그러나 GE의 경영능력과 경영방식은 한국 재벌들의 그것과는 완전히 다르다. GE의 성공에 비추어 다각화 전략의 효과성을 판단하는 것은 잘못이다.

이 장(章)에서는 우리나라 재벌들의 백화점식 경영이 왜 실패의 공식이 될 수밖에 없는지 따져 보기로 한다.

I. 초점이 빗나간 덩치 경쟁

포터(M. Porter)가 제시한 두 가지 기업전략 중의 하나는 "생산비용 측면에서의 우위," 곧 '저렴한 생산비'이다(porter, 1980). 그는 생산비를 낮추는 가장 대표적인 방법으로 규모의 경제(economies of scale)를 들었다. 그의 말대로 기업이 덩치를 키우고자 하는 이론적 근거는 규모의 경제를 통하여 생산단가를 낮추는 데에 있다. 즉, 생산 수량을 늘려서 단위당 고정비(overhead cost)를 줄이는 것이다. 결과적으로 덩치를 키우는 것이 가격경쟁력의 원천이 될 수 있는 것이다.

규모의 경제가 따르지 않는 사업확대

규모의 경제를 통한 경쟁력 확보에는 두 가지 전제조건이 있다.

첫째, 같은 상품의 생산량을 늘려야 한다는 점이다. 만약 다른 상품을 생산하여 생산설비와 관리인원이 별도로 필요해진다면 규모의 경제는 달성될 수 없는 것이다. 불행히도 우리 재벌들은 성장의 많은 부분을 기존 산업의 확장보다는 새로운 산업에의 참여에 의존해 왔고, 그런 현상은 ‘재벌 형성기’에 더욱 두드러졌다. 그 결과로 우리 재벌들은 셀 수 없을 정도로 다양한 산업에 참여하고 있으며, 독립된 회사 수는 재벌당 수십 개가 넘는다(<부표 5-1> 참조). 재벌의 업종 다양화는 대체로 ‘가격경쟁력 확보’와는 관련이 없는 일이다.

둘째, 생산된 제품을 소화할 충분한 시장이 있어야 한다는 점이다. 만약 시장의 규모가 작아서 판매가격을 인하해야 한다면 생산비 하락이 있다 하더라도 그것이 경쟁력 확보로 연결되지 않는다. 불행히도 다수의 우리 재벌들이 주력 업종으로 내세우는 산업에 이러한 현상이 두드러지고 있고 그밖의 많은 산업에서도 출혈경쟁이 벌어지고 있다(제3장 참조). 규모의 경제를 통해 생산단가를 낮추는 데에는 성공하였다 하더라도 공급과잉으로 판매가격을 인하하지 않을 수 없게 되어 이익은 증가되지 않는 것이다.

결국 한국 재벌의 사업확대는 기업경쟁력 향상으로 나타나지 않음이 보통이다.

충동적 의사결정

규모확대와 관련한 다른 문제점은 신규사업 참여를 결정하는 과정이다. 재벌의 중요한 사업결정은 “오너”(owner) 혹은 “총수”라는 잘못된 이름으로 불리는 창업자 혹은 그의 후손에 의해서 독단적으로 결정되는 것이 관례이다. 충분한 사업성 검토가 뒷받침되지 못하고 총수의 개인적 욕망에 의해 좌우되는 경우가 더 많다.

S그룹의 자동차산업과 영상산업에의 진출 시도는 총수의 취향이 결정적인 역할을 한 것으로 널리 알려졌다. 1997년에 부도처리된 H그룹의 총수는 “의향서 회장”이라고 불릴 정도로 즉흥적으로 사업을 벌였던 것으로 이름났다. D그룹 내부에서는 총수가 벌이는 사업을 말리는 사람이 진정으로 회사에 기여하는 사람이라는 말이 있기도 하였다. 금융외환 위기를 전

후하여 어려움을 겪은 다른 재벌들도 모두 총수의 취향에 따라 사업을 확
장하였다가 실패한 경우였다.

포터(M. Porter)는 한국 재벌의 무차별적 사업확장을 "총기를 난사하
는 카우보이(shoot'em-up cowboy)에 비유한 적이 있다(poeter, 1990). 한
국 기업체와 접촉이 많은 한 변호사의 말을 빌리면, 재벌 "오너"들의 투자
결정 과정은 세가지 특징이 있다(1996년). 첫째, 그들은 충동적(impulsive)
으로 의사결정한다. 둘째, "과감함(aggressive)이 최고"라는 관념을 가지고
있다. 셋째, 장래를 위한 '투자'보다는 단기적인 '성과'에 더 집착하다보니,
'되로 벌고 말로 잃는'(penny-wise and pound-foolish) 어리석음을 저지
를 때가 많다. 이런 설명들은 1997년에 부도난 기업을 포함하여 다수의 재
벌들에게 딱 들어맞는다 할 것이다.

정리하면, 재벌들의 덩치경쟁은 사전적으로(사업성 검토를 도외시함)
그리고 사후적으로(규모의 경제와 무관함) 경쟁력 확보와는 큰 관련이 없
다. 규모의 경제 이외에 재벌들이 덩치경쟁의 동기로 내세우고 있는 것은
위험의 분산, 시너지(synergy) 효과의 창출, 내부거래를 통한 비용절감 등
이 있다. 차차 설명하겠지만 그러한 믿음은 대체로 허상(虛像)에 지나지
않는다.

2. 경영초점의 분산

특정 기업의 내부자원 중에서 가장 희소(稀少)한 것은 '최고경영자의
관심' 혹은 '최고경영자의 시간'이다. 사업의 성패는 최고경영자가 얼마만
큼 관심을 갖고, 어느 정도의 시간을 투입하느냐에 달려 있다. "주인의 발
자국 소리를 들으면서 자라는 곡식"처럼 최고경영자의 관심이 기울어져야
만 사업이 번창할 수 있다.

그런 이유로 씨티은행(Citibank)의 회장인 리드(J. Reed)는 시간이 없
다면서 언론의 인터뷰에도 잘 응하지 않았다. 그는 회사 홍보에 시간을 보

내기보다는 회사를 살펴보는 것이 기업성과 창출에 더욱 보탬이 된다고 믿었던 것이다.

한계가 있는 인간의 능력

성공적인 기업경영을 위해서는 외부환경을 철저히 분석하고 이에 대응할 내부능력을 극대화하여야 한다. 한편, 기업의 외부환경과 이에 대응하기 위해 필요한 내부능력은 업종마다 다르다는 것이 정설(定說)이다. 더구나 국경이 따로 없는 세계화된 기업환경은 '쉴 새 없는 변화'를 그 특질로 하고 있고, 그에 따라 요구되는 내부능력의 기준도 수시로 바뀐다.

이런 여건에서 기업이 경쟁력을 갖추기 위해서는 구성원 모두가 "노심초사"(勞心焦思)하여 환경의 변화를 주시하여야 하고 대응능력을 쉴새 없이 연마해 나가야 한다. 이를 위해서는 지휘자(leader)로서의 최고경영자의 역할이 매우 중요하다.

우리나라의 재벌과 같이 다각화된 기업의 첫번째 문제는 최고경영자(CEO)의 관심이 분산된다는 점이다. 아무리 능력이 뛰어난 사람이라도, 여러 업종에 걸쳐서 서로 다른 환경을 정확히 알고 그 변화를 감지(感知)해 낸다는 것은 어려운 일이다. 그리고 최고경영자 스스로 여러 업종에 걸쳐서 전문가로서 능력을 갖출 수 있으리라고 기대할 수는 없다. '성공의 비결'이 서로 다른 여러 업종에서 조직구성원의 행동을 확인하고 올바른 방향으로 이끌어 가는 것은 쉬운 일이 아니다.

자신의 기능이 뛰어나지 못하고 직원 통솔이 어려운 상황에서 성격이 다른 여러 가지 사업을 동시에 경영하여 훌륭한 성과를 얻기는 사실상 불가능하다. 이는 마치 구성되는 악기와 구성원의 특기가 각각 다른 국악, 재즈, 실내악, 관현악 등의 악단을 여러 개 동시에 지휘하여 좋은 연주 결과를 기대하는 것과 같다.

다른 여러 이유를 제쳐 두고 '최고경영자의 능력상의 한계'라는 측면 하나만으로도 다각화된 기업의 경영성과가 전문화된 기업의 그것에 미치지 못할 것임은 충분히 짐작될 수 있는 일이다. 실제로 독일과 미국의 중견 기업을 대상으로 5년간 시행된 한 연구 보고서는 다음과 같이 결론짓고 있다.

> 다각화된 기업 그룹(conglomerate)의 고통스러운 경험은 [예를 들면] 소비재 산업에서 두각을 나타내기 위해 필요한 마케팅 능력은 기술력을 바탕으로 한 자본재 산업에서 요구되는 능력과는 다르다는 사실을 너무나 생생하게 보여 주었다. 필수 성공요소는 전자산업에서의 [제품개발] 시간, 자본재 산업에서의 라이프사이클 비용, 부품산업에서의 품질관리 등과 같이 산업마다 전혀 딴판이다. 더더구나 요구되는 능력은 산업별 라이프사이클 및 제품별 라이프사이클(이 부분은 흔히 간과되고 있음)에 따라 수시로 달라진다. 이와 같은 변화를 적시에 감지하고, 기업의 내부능력을 재조정하는 것은 특정 회사가 성공하느냐 실패하느냐를 결정하는 데에 엄청난 영향을 미친다. (Rommel *et al.*)

우리나라의 재벌이 종사하는 업종은 실로 '현란할 정도로 다양하다'(<부표 5-1> 참조). 재벌 "총수"의 능력이 아무리 뛰어나다고 한들 그렇게 다양한 업종 각각에 요청되는 만큼의 시간과 노력을 기울일 수는 없는 것이다.

경영능력에 관하여 마이크로소프트(Microsoft)의 게이츠(W. Gates)나 인텔(Intel)의 그로브(A. Grove)를 소홀히 평가할 사람은 전세계의 기업계를 통틀어 아무도 없을 것이다. 그런 그들도 전문분야 이외의 사업에 대해서는 일체 관심을 두지 않는다. 반면, 그들은 전문분야에 대해서는 한시도 눈을 떼지 않고 노심초사하고 있다. 1998년에 와서 경영여건이 어려워지자 두 사람 모두 제2인자를 지정하여 실무적인 일을 위임하고 핵심 사안에만 집중하기로 하였다. 명실상부한 "세계 초일류 기업"을 맡은 최상급 경영자에게도 '한 가지 사업'을 제대로 하기가 만만하지 않은 것이다.

ITT와 GE

"계열"(keiretsu)이라 알려진 일본의 기업그룹은 각 기업의 최고경영층이 상호 독립되어 있다는 측면에서 한국의 재벌과는 다르다. ("계열" 결성의 주목적은 '내부거래를 통한 혜택'을 얻고자 하는 데에 있다.)

미국의 경우는 1960년대 한때 다각화 전략이 성행하기도 하였으나 지금은 금기사항(禁忌事項)의 하나로 치부되고 있다. 여기서 대표적인 미국의 기업다각화 사례로 ITT와 GE의 경우를 살펴보자:

(사례 5-1) 미국의 복합기업 ITT

이 회사는 1920년에 중남미를 무대로 하는 통신서비스 사업으로 출발하여 1950년대 말까지는 통신서비스 및 통신기기 제조를 전문으로 하는 "국제판 AT&T"로 남아 있었다. (ITT의 원래 이름은 International Telephone and Telegraph Company였다.) 그러다가 1959년 다각화의 귀재(鬼才)로 알려진 지닌(H. Geneen)이 회사를 맡은 후 무차별적으로 다른 기업을 인수하여 수백 개의 기업을 거느린 거대한 복합기업이 되었다.

그렇게 덩치를 키운 ITT는 1970년대부터 쇠락(衰落)의 길을 걷기 시작하였다. 특히 지닌이 물러난 1979년 이후부터는 각종 사업을 서서히 처분하기 시작하였다. 1995년에는 회사를 세 개의 독립된 회사로 분할한 결과 주력사(ITT Corp.)는 출발과는 동떨어진 호텔과 카지노 사업만 운영하게 되었다.[1] 이 사업마저 1998년에 같은 업계의 다른 업체에 흡수되고 말았다.

지닌이 ITT를 처음 맡았을 때 자산의 90%가 중남미 등 정치경제적 사정이 불안한 지역에 편중되어 있었다. 그래서 지닌은 "위험분산"을 기치로 내걸고 미국 내의 기업을 무차별적으로 인수하기 시작하였다. 아울러 그는 독점금지법에 저촉되지 않고 성장할 수 있는 방편으로 상호 연관이 없는 업종에 두루 진출하는 전략을 선택하였다. 그의 말을 들어보자:

우리는 기회를 포착함으로써 성장을 거듭할 수 있는 능력을 갖춘 실질적이

---

1) 나머지 두 회사는 ITT Industries(제조업)와 ITT Hartford(보험업)이다.

고 잘 조직된 복합기업체(conglomerate)를 만들고자 하였고, 그것은 지주회사와는 성격이 다른 것이었다…… 우리는 [그런 회사를 경영하기 위하여] 품목별이 아닌 기능별 조직을 만들었다. 우리는 유능한 직원들로 구성된 기업인수 전담조직을 만들었고 한창 때에는 일주일에 한 회사씩 사들였다. 전체적으로 300개가 넘는 기업을 인수하였고, 여기에는 쉐라톤 호텔, 컨티넨털 은행, 에이비스 렌트카, 하트포드 보험회사도 들어 있었다.

이러한 기업인수는 ITT가 전통적으로 강점을 가진 분야에서 벗어나는 것을 의미하였다. 도대체 우리가 자동차산업에 대해서 무엇을 알고 있었겠는가? 그것이 크고 성장 잠재력이 크다는 것 이외에는 아무 것도 없었다. 우리가 호텔에 대해서 무엇을 알았던가? 우리 상품이 팔리고 있는 여러 나라에서 우리의 존재를 더욱 뚜렷하게 알려 줄 것이라는 점 이외에는 아무 것도 없었다. 우리가 금융업에 대해서 아는 것이 무엇이었나? 그것이 역사적으로 수익성이 높았고 그것을 운영하기 위해서는 정밀과학(rocket science)이 필요하지 않다는 것 이외에는 없었다. (Geneen)

이와 같은 무차별적 기업인수를 통해 지닌은 연간 매출액 3억 달러짜리 회사를 30억 달러로 키우는 데 성공하였다.

그러나 특별한 전문지식이나 기술도 없이 벌인 다각화전략은 수익성 측면에서 한계를 드러냈고, ITT는 1970년 이후로 비효율적 경영의 대명사가 되었다. 그 결과 그의 후임자는 "지닌이 한 일을 되돌려 놓는 것(de-Geneen the company)에 주력할 수밖에 없었다"(WSJ). 그의 말대로 "복합기업체를 운영하는 것은 대다수의 사람들이 감내하기 어려울 정도로 열심히 일하고, 대다수의 사람들이 원하는 이상의 위험을 감수하여야" 했으므로 그만큼 높은 성과를 올릴 가능성이 작았던 것이다.

(사례 5-2) 미국의 복합기업 GE

이 회사는 1879년에 에디슨(T. Edison)이 창립한 전구(電球) 제조회사를 효시로 하며, 출발 초기부터 권한분산을 기본으로 하는 사업부제 회사였다. GE는 창립 무렵부터 경영능력이 빼어난 회사로 알려져

다른 미국 기업의 모범이 되었고, 특히 1980년대와 1990년대에는 '세계
에서 가장 경영이 잘된 회사'인 것으로 두루 인정받았다.

웰치(J. Welch)라는 탁월한 기업가의 지휘 아래, 연간 매출액이
1981년의 250억 달러에서 1996년의 800억 달러로 신장되었다. 더욱 놀
라운 것은 수익성으로, 순이익이 15억 달러에서 연간 10%씩 신장하여
70억 달러를 상회하게 되었다. 그 덕분에 GE의 주가는 매우 빠르게 상
승하여 1990년대 후반에는 주식시가 총액이 세계에서 가장 크게 되었다.

일반적으로 GE는 복합기업(conglomerate)인 것으로 알려져 있다.
GE는 12개의 대형사업부 아래에서 다양한 사업을 벌이고 있다(<부표
5-2> 참조). 그러나 여기서 유의해야 할 것은 GE의 성공은 재벌이 주
장하는 위험분산이나 시너지와는 아무런 관련이 없다는 것이다. 그것은
오로지 우량경영이라는 GE의 전통과 웰치라는 개인의 효과적인 경영방
침 및 지휘능력에 힘입은 것이다.

웰치는 12개 대형사업부 및 그 아래의 수많은 소사업부가 철저히
독립채산제로 운영되게 하고, 각 사업부는 탁월한 성과를 올려야만 매
각 처분되지 않고 살아 남을 수 있다는 엄격한 기준을 정해 두고 있다.
본부(corporate office)는 각 사업부가 필요로 하는 자원을 공급해 줄
뿐 사업부의 경영에는 관여하지 않는다. 사업과 관련된 모든 권한과 책
임이 각 사업부에 위임되어 있는 것이다.

웰치는 탁월한 커뮤니케이터(communicator)로서 전직원을 회사가
원하는 방향으로 나아가도록 이끄는 능력이 있다. 그는 부하직원들과
끊임없이 대화하고 그들의 얘기에 귀를 기울일 줄도 안다. 그런 과정을
통하여 전직원이 스스로 일체감을 느끼고 열성껏 일하게 한다. 유례를
찾기 힘든 리더십을 가지고 있는 것이다.

웰치의 경영원칙의 핵심을 요약하면 아래와 같다:

① 해당 업종에서 최고(No. 1 혹은 No. 2)가 아닌 사업은 그렇게 되도
　록 개선되지 않으면 폐쇄 혹은 매각 처분한다(fix, close, or sell).
② 각 경영자는 주인의식(ownership), 기업가정신(entrepreneurship), 집

사정신(stewardship)을 가지고 책임경영을 하여야 한다. 사무실의 분위기는 현실성, 솔직성과 열린 의사소통을 갖추고 있어야 한다. 각 경영자는 스스로에게 그리고 부하 직원에게 빼어난 성과(excellence)를 요구하여야 한다.

③ GE는 여러 개의 사업부가 적당히 합쳐진 복합 기업체가 아니다. GE는 경쟁자에게는 다양한 능력을 갖춘 거인(巨人)이지만, 소비자와 종업원에게는 정성을 다하는 소인(小人)이다.[2]

④ 조직은 최대한 간소화하고 축소한다. 자신 있는(self-confident) 경영자는 조직을 간소화(simple)하고, 그래서 의사결정 등 모든 행위가 재빠르다(speed).(실제, 웰치는 부임 후에 직원 수를 대폭 줄이고, 9계단이었던 계층구조를 4~6개로 줄였다.)

⑤ GE는 바퀴축과 바퀴살의 모양으로 구성된 조직이다. 바퀴축인 본부는 자원배분만 담당하고, 각 사업부는 독자적인 목표, 조직형태, 인적자원 및 평가와 보상제도를 가진다.

⑥ GE는 능력이 있더라도 가치관이 다른 경영자는 원하지 않는다. 지휘자는 말하는 대로 행동해야 한다("walk the talk").

웰치의 권한위임이 직원들에 대한 무관심을 뜻하는 것은 아니었다. 오히려 "세밀경영"(micromanage)이라는 말을 들을 정도로 개개 직원과 자주 접촉하였고, 때로 직원의 일에 관여하기도 하였다. 그러나 그의 관여는 '간섭'이라기보다 직원의 자질 파악, 동기부여, 독려를 위한 '관심'의 표시였다. 그의 모토는 언제나 "관리하지 않고 이끄는 것"(Don't manage, but lead)이었다. (*Cf.* Byrne ; McKenna ; Slater ; Ticky and Sherman)

---

2) 웰치는 직원들이 대기업 증후군(big-business syndrome)에 빠지는 것을 특히 경계하였다. 1997년 연차보고서는 "GE는 [매출액] 1000억 달러를 상회하는 [거대기업]이지만 소기업의 민첩성, 고객존중, 열정을 가진 세계 기업"을 지향해 왔다고 내세우고 있다.

충족하기 힘든 성공의 전제조건

ITT사는 '위험의 분산'을 주목적으로 하여 서로 연관없는 수백 가지의 산업에 진출하였고 모든 사업을 한 사람의 최고경영자가 직접 통제하였다. GE는 위험분산은 전혀 고려하지 않고, 추구하고 있는 '개별 사업 모두에서 높은 수익을 올리는 것'을 주목적으로 하여 각 사업부가 독자적인 경영층에 의하여 전문적으로 운영되도록 하고 있다.

ITT와 GE의 두 경우에서 최고경영자의 역할은 크게 다르다. ITT의 지닌처럼 최고경영자가 각 사업부에 관여하여 중요한 일을 직접 결정하게 되면, 그의 개인적 능력에 상관없이 각 사업부에 할애할 수 있는 시간과 관심이 분산될 수밖에 없다. GE의 웰치처럼 멀찍이 앉아 있으면서 각 사업부에 공통되는 큰 원칙만 결정해 준다면 초점이 분산되지 않을 수도 있는 것이다(*cf.* Economist 97. 4. 5).

ITT는 사실상 사라졌고 GE는 번창하고 있다. 이 두 가지의 사례에서 교훈을 얻자면 백화점식의 경영을 하는 기업은 '과감한 권한과 책임의 분산이 없는 한' 성공하기 어렵다는 것이다.

현실 세계에서 권한위임을 한다고 해서 GE처럼 훌륭한 성과가 얻어지는 것은 아니다. 우선 웰치가 가진 것처럼 전직원이 일치 단결하여 회사가 정한 목표를 향하여 나아가게 하는 지도력을 갖추기가 쉽지 않은 것이다. 그렇기 때문에 미국에서는 GE만한 성과를 거둔 복합기업을 거의 찾아볼 수 없다. (하나 더 유의할 것은 GE가 벌이는 사업은 ITT나 한국 재벌처럼 어지러울 정도로 다양하지는 않다는 점이다. <부표 5-1>, <부표 5-2> 참조.)

근래에 와서 새롭게 다각화하는 기업은 미국에는 거의 없다. 정반대로 주력사업과 거리가 있는 것들을 점차 분할하는 것이 1990년대 후반의 일반적 추세이다(제14장 참조). 철저하게 경영성적으로 평가받는 미국에서 그런 현상이 나타나고 있는 것은, 백화점식 경영이 그만큼 어렵다는 증거가 된다고 할 것이다.

한국 재벌의 상황이 ITT와 같은지 GE와 같은지는 긴 논의를 필요로 하지 않는다. 대다수 재벌들의 경우에 총수가 웰치와 같은 지도능력을 가지지 못하였고, 복합기업에 필요한 권한과 책임을 위임해 주는 기업문화도 없다. 한국 재벌에는 백화점식 경영에 필수적인 성공요건이 갖추어져 있지 않은 것이다.

그렇다면 재벌경영의 결과가 ITT와 같을지, 아니면 GE와 같을지 쉽게 짐작해 볼 수 있는 일이다.

3. 내부능력이 뒷받침되지 않는 사업확장

기업을 경영하는 데에는 최고경영자의 지휘력(leadership) 이외에도 인적자원, 재무능력, 기술력 등 각종의 내부능력을 필요로 한다. 사업의 규모가 확대되고 사업의 내용이 다양해지면 내부능력이 추가되어야만 순조로운 경영이 가능하다. 그러나 우리나라의 재벌들은 대체적으로 내부능력을 고려하지 않고 규모를 확장하거나 새로운 사업에 진출해 왔다. 그만큼 실패의 가능성이 높은 것이다.

전문인력

기업의 내부능력 중에서 가장 중요한 것은 두말 할 필요도 없이 인적자원이다. 사업의 수행에 필요한 최소한의 인원이 있어야 함은 물론, 그들 각자가 업무수행에 필요한 능력을 갖추어야 한다. 그들의 능력이 사업성과를 좌우한다.

'기존' 사업의 규모를 확장하면 인원이 늘어나야 함은 물론 새로운 경영능력이 필요해진다. 왕왕 '숫자'의 확보보다 경영능력이 더 큰 문제가 된다. 같은 사업이라도 규모에 따라 경영전략과 경영방식이 달라져야 하므로, 작은 사업에 성공하였다고 해서 규모가 커진 후에도 성공한다는 보장이 없다. "식당이 잘 된다고 함부로 확장하면 망한다"는 명제가 있다. 100평짜리 식당과 200평짜리 식당을 경영하는 데 필요한 능력이 서로 다르다는 말이다.

'전혀 새로운' 사업에 진출하고자 한다면 '전혀 새로운' 능력이 필요하다. 그 새로운 능력을 갖추기는 단순한 규모확장의 경우보다 훨씬 어려움은 두말 할 나위가 없다.

우리의 재벌들은 새로운 사업에 진출할 때에 경영능력은 거의 고려하지 않는다. "총수" 스스로 그 사업에 문외한(門外漢)인 경우가 많다. 사업을 추진할 핵심요원은 전문지식과 기술은 없고 "추진력"만 있는 내부인사들 중에서 고른다. 그들을 도와서 사업을 집행할 실무요원들도 대부분 경험이 없는 내부인사들이다. 간혹 경험 있는 인사를 외부에서 데려오지만 기업조직의 폐쇄성 때문에 외부 인사의 기여는 제한적일 수밖에 없다. 결국 새로운 사업을 아마추어들이 담당하는 셈이 된다. 실패의 가능성이 그만큼 큰 것이다.

재벌은 경영능력은 없더라도 '자금차입 능력'은 크다. 덕분에 새로 벌이는 사업도 처음부터 크게 시작한다. 기업체의 경영은 규모가 클수록 복잡해지는 만큼 실패의 가능성이 더욱 커진다.

우리나라의 거의 모든 재벌이 백화점식 경영을 하고 있다. 각각의 재벌은 창업 당시에는 전문업종이 있었다. 그 전문업종 이외의 사업에 진출한 것은 다른 기업체의 인수 아니면 사업을 새로 시작한 것이다. 기존 사업을 인수하는 경우에도 최고경영자와 인수 사업체에 파견되는 내부인사의 경영능력이 문제되는 것은 사업을 새로이 시작하는 것과 마찬가지이다. 따라서 각 재벌을 구성하고 있는 여러 회사들 중에서 최초의 전문업종을 제외한 대다수의 업종에서 제대로 능력을 갖춘 인적자원의 확보가 매우 어려웠을 것이다.

이런 현상은 1990년대의 경제자율화 조치와 더불어 각종 산업에 대한 각급 기업의 참여가 두드러지자 더욱 심각한 문제로 나타났다. 과열경쟁이 문제가 된 수많은 업종 중의 한 사례로서 1990년대 중반 재벌들이 경쟁적으로 진출한 영상산업을 따져 보기로 하자:

S그룹은 다분히 "총수"의 취향에 따라 이 사업을 시작하게 되었는데, 그렇다고 총수 스스로 영화산업에 대한 노하우가 있었던 것은 아니었다. 합작(合作) 계약을 위한 그와 스필버그(S. Spielberg)와의 만남에 대하여 한 언론이 보도한다 :

계약을 마무리하기 위하여 S그룹의 총수가 …… 스필버그의 집에 도착하자 이내 진실이 밝혀지기 시작하였다. 뒤돌아보면, 이 만남은 서로 말이 통하지 않는 그런 성질의 것이었다. 스필버그는 [그 총수의] 반도체에 대한 집착에 전율할 정도였다고 말하면서, 만찬을 하는 동안 그 말이 최소한 20차례는 반복되었을 것이라고 주장하였다. [스필버그의 동업자인] 카첸버그는 양측의 의기가 투합하지 못한 것이 [S그룹과의] 합작을 포기한 주된 이유였다면서 다음과 같이 회상하였다 : "[S그룹측]은 반도체에 대해 말하였고 [스필버그]는 [영화의]이야기 전개의 핵심인 정서적인 측면에 대해 계속적으로 언급하였다. 마치 한편은 사과, 다른 한편은 잠수함을 얘기하는 것 같았다." (LAT, 96. 8. 19)

이런 방식으로 재벌들이 앞다투어 영상사업에 진출하였으니, 어느 재벌이건 내부에 영화산업을 제대로 아는 인적자원이 있을 리 만무하였다. 한 영세 비디오사업자의 증언에 따르면, 재벌그룹의 영상사업을 추진하는 인력들이 대부분 다른 부서에 근무하다가 갑자기 영상사업단에 배속된 직원들이었다. 그들은 전문성은커녕 영화업계의 용어조차 제대로 알고 있지 못하는 형편이었다. 그들이 시행하는 시장조사라는 것은 중소 영화업자로부터 들은 이야기를 보고서에 올리는 것이 대부분이며, 사업계획은 미래지향적이기보다는 과거의 연장이 될 수밖에 없었던 것이다 (1997년).

한국 기업들에 공통적인 순환보직제도에 따라 기업체의 직원들은 보통 3~5년마다 한 번씩 다른 자리로 이동되는데, 이 제도는 문제를 더욱 어렵게 만든다. 새로운 사업을 맡아서 조금 익숙해질 듯하면 다른 자리로 이동해야 하는 것이다. 말하자면 직원들은 전문가가 되도록 훈련받을 기회를 원천적으로 봉쇄당하는 것이다.

영상사업의 성공은 출발 당시부터 이미 기대하기 어렵게 되어 있었던 것이다. 전문인력의 부족은 재벌간의 과당경쟁과 더불어 사업의 수익성을 극도로 악화시켜 1990년대 후반에 이미 영상사업은 각 재벌의 골칫거리가 되고 말았다(<사례 3-1> 참조).

영상사업은 시작과 결말의 전 과정이 약 5년이란 짧은 기간에 다 드러난 사례로서 재벌경영의 문제점을 잘 나타내 준다고 할 것이다.

재무능력과 기술력

재벌들의 자금동원 능력은 매우 탁월하여 마음먹은 사업은 거의 다 추진할 수 있었다고 해도 과언이 아니다. 문제는 동원하는 자금의 대부분이 '부채'(負債)라는 점에 있다. 부채에 의존한 무리한 사업확장이 경영을 압박하여 1997년에 국가적 위기를 맞게 된 것은 이미 지적한 바 있다.

재벌기업이라 해서 새로운 사업을 시작할 때 남다른 기술력이 있는 것은 아니다. 전자, 반도체, 자동차, 통신 등의 사업을 시작한 재벌의 경우에서도 보았지만, 핵심기술은 언제나 외국에서 도입해야 했다. 기술을 빌리는 것은 이내 한계에 봉착하기 마련인데, 그것은 커가는 경쟁자를 계속해서 도와줄 해외의 기술공급선은 없을 것이기 때문이다.

과감함과 무모함

한국의 기업들은 과감함을 미덕으로 치부하는 경향이 있다. 그래서 준비없이 그냥 돌진하는 경우가 많다. 한 재벌기업 고위직급자의 애기를 들어보자 :

한국 경제는 연 8%씩 성장해 왔다. 농업 등 축소되는 부분을 감안하면 재벌은 실제로 연 20%씩 커졌다. 이런 형편에서 어떻게 우리가 자리잡힌 사회처럼 천천히, 착실히 다지면서 나아가겠는가? 만약 그렇게 한다면 경쟁자에게 따라잡혀서 살아남지 못할 것이다. 그러므로 우리는 내처 달리지 않을 수 없다. 우리는 각종 분석을 다 해낼 여유가 없다. 우리는 전문기능을 갖춘 관리자들이 양성될 때까지 기다리고 있을 수만은 없다. (1996년)

불행히도, "형편상 어쩔 수 없다고 해서" 분석과 계산도 하지 않고 감당할 내부능력도 갖추지 않은 상태에서 벌이는 사업이 성공으로 귀착되는 것은 아니다. 필요성에 쫓겨서 급하게 벌이는 사업이라면 실패의 가능성이 오히려 클지도 모른다. "과감함"이 아니라 '무모함'일 따름이다.

재벌의 과감함은 '투자규모가 크다'는 의미도 있는 만큼, 잘못될 경우의 피해도 그만큼 크게 된다. 새로운 사업에 진출할 때에는 작은 규모로 시작해야 큰 실패를 예방할 수 있다.

실제로 경영성과가 뛰어난 미국 기업들은 새로운 사업에는 소규모로 진출하고, 결과가 신통하지 않을 때에는 가차없이 정리해 버리는 것으로 확인되었다. 더구나 그들은 현재 종사하고 있는 사업과 관련이 깊은 분야에서만 새로운 사업을 추진하는 것을 원칙으로 하고 있다(Peters and Waterman).

저자가 아는 어떤 중소기업자는 언제나 '돈을 버는 것'보다 '확실함'을 앞세운다. 무모하게 덤볐다가 실패하면 도와줄 사람이 없다는 것을 잘 알기 때문이다. 그의 사업방침을 보자:

(사례 5-4) 돌다리도 두드리는 중소사업자

경인지방에서 조그만 기업체를 운영하는 N씨는 두 가지의 사업철칙을 가지고 있다. 첫째, 지금 벌이고 있는 사업 이외에는 한눈 팔지 않는다. 둘째, 남의 돈은 빌리지 않으며 최소한 6개월의 인건비는 현금으로 확보해 둔다. 다른 사업을 벌이지 않는 이유는 그의 경영능력으로는 현재의 사업만 해도 감당하기 어렵다고 스스로 생각하기 때문이다. (그는 30여 년간 같은 업종에 종사하였다.)

그가 남의 돈을 빌리지 않는 이유에는 다시 세 가지가 있다. 우선, 어렵게 사업을 하여 얻은 과실(果實)을 "이자"라는 이름으로 남에게 줄 수 없다는 것이다. 다음으로, 남의 손에 회사의 운명을 맡길 수는 없다는 것이다. 빚이 많으면 시황(市況)이 조금만 나빠져도 사업이 흔들리게 되기 때문이다. 마지막으로, 돈을 빌린다는 것 자체가 '스스로의 능력을 초과하여' 사업을 확대한다는 것이므로 실패의 가능성이 커진다는 것이다. 기존 사업을 통해 창출된 이윤만이 "그 기업주가 확장될 사업을 경영할 능력을 갖추었다"는 증거가 되는 것이다.

고유의 사업방침 덕분에 그는 1997년의 금융외환 위기를 큰 어려움 없이 넘길 수 있었다.

일반적 기업경영 원리에 비출 때, 재벌보다는 위 사례의 중소사업자의 자세가 옳음은 두말 할 필요가 없다고 할 것이다. 재벌의 사업추진이 무모함을 부정(否定)하기 어렵다.

4. 대기업 조직의 비효율성

조직의 규모가 커지면 그 관리는 기하급수적으로 복잡해진다. 구성원이 5명이면 10가지의 관계(수학에서 $_5C_2$로 표시됨)가 형성되지만, 10명이면 45가지의 관계($_{10}C_2$)가 된다. 복잡해지는 관계를 통제하고 조정하기 위해서는 관리조직이 비대해진다.

그런 현상은 단일업종에 종사하는 단일기업 내부에서도 일어나지만 여러 개의 기업으로 구성된 재벌인 경우에는 더욱 심각해진다. 현실적으로, 각 재벌에는 회장실, 기조실, 종합조정실 등의 이름으로 "총수"를 위한 내부조정 기구를 만들어 두고 있다.

그렇게 되면 정보전달 및 의사결정이 지연되는 등 여러 가지로 조직의 효율성이 떨어지게 된다.

정보전달의 지연

20세기 말이 되면서 기업환경은 급박하다고 할 정도로 빠르게 변하고 있다. 성공적인 기업경영을 위해서는 환경을 구성하는 제반요소에 대한 정보가 필수적이다. 기업의 규모가 커지면 정보에 대한 수요가 그것만큼 커진다. 따라서 정보를 수집·분석할 관리조직이 커진다. 필요한 정보의 양이 늘어나고 관리조직이 비대해지면 많은 비용이 들어서 그것 자체로 조직의 효율성이 떨어진다.

더 큰 문제는 정보의 전달이 지연된다는 데에 있다. 정보전달이 지연되면 의사결정이 늦어지고, 변하는 기업환경에 적시(適時)에 대응할 수 없게 된다. 조직운영에 관한 한 '규모의 비경제'(diseconomies of scale)가 발생하는 것이다. 그런 까닭에 외국의 유수한 대기업들은 조직을 간소화하고 권한을 위임하며 직원들을 통제하기보다는 자율적으로 일할 수 있도록 유도하는 것이다(*cf.* Bartlett and Ghoshal, 1997).

한국 재벌들은 다양한 업종구조에서 오는 복잡성과 권한집중에 기인하는 과도한 정보수요 때문에 관리조직이 매우 비대하다. 그만큼 정보전달이 지연된다. 거기다가 관계 부서간에 정보가 교환되지 않는 경우가 많고, 필요한 정보가 상부로 보고되지 않는 일도 흔히 일어난다. 실제로 어떤 외국 기관의 조사보고서는 "30여 개 재벌에서 부서간의 정보전달이 매우 부실하며 '총수'가 기업 내용을 정확하게 알지 못하고 있는 것"으로 결론지은 바 있다(WSJ, 98. 2. 9).

의사결정의 지연

웰치(J. Welch)의 경영방침 중에는 속도(speed)와 민첩성(agility)이 있었다. 둘 다 변화하는 환경에 신속히 대응하여야만 기업체가 살아남을 수 있다는 말이다. 기업의 규모가 커지면 의사결정이 지연되어 이런 전제조건을 달성하기 어려워지는 것이 일반적 현상이다.

필요한 정보의 전달이 지연되기도 하지만, 대기업 조직은 일반적으로 관료화(bureaucracy)되는 경향이 있어서 관련 부서간의 역학관계는 '협조와 지원'보다는 '견제와 간섭'으로 특징지워지는 경우가 많다. 결과적으로 사업기회의 발굴이나 업무개선을 위한 노력을 좌절시키고 늦은 의사결정으로 때를 놓치게 된다. 전통적으로 경영이 탁월했던 GE에서도 웰치가 최고경영자가 되기 이전에는 관리조직이 각종 사업계획에 대해 "직업적으로 꼬투리를 잡았고," 그 때문에 많은 기회를 놓친 바 있었다.

관료화된 조직에서는 각 구성원이 고객 등 외부 사람들보다는 조직 내부의 관련부서 사람들과 씨름하는 시간이 많아져 생산성이 크게 떨어진다. 조직규모가 클수록, 영위하는 사업이 복잡할수록 이런 낭비는 커진다. 중소기업에서 근무하다 대기업으로 옮긴 독일의 한 고위경영자의 말을 들어보자 :

> [전문기업]에 근무하는 것이 대기업에 근무하는 것보다 세 배나 효과적이다. 거기에서는 내 정력의 75%를 [시장과 고객]에 관련된 일에 쏟았으나, 여기 [대기업]에서는 75%를 관련부서와의 실랑이 등 내부활동에 소비한다. (Simon)

이런 문제들을 해결하기 위하여 GE는 권한을 하부에 위임하였다. 대만의 개인용 컴퓨터(PC) 생산업체인 에이서(Acer)는 완제품 수송기간을 절약하기 위하여 세계 각지에 공장을 설립하여 시장의 변화에 발빠르게 대응할 수 있게 하였다. 조직구조가 복잡하고 권한이 집중된 재벌들은 이러한 '시간경쟁'에서 뒤지게 마련이고, 그만큼 조직의 효과성과 효율성이 낮아진다.

저자가 만난 한 공인회계사는 한국 기업의 의사결정 과정의 한 특성을, "위에서 내리는 결정은 번개같고 아래에서 올라온 일에 대한 결정은 굼벵이 같다"고 지적한 바 있다(1995년). 즉, 최고경영자는 즉흥적으로 결정하지만 각 사업부가 주도하는 일은 내부의 견제 때문에 중도포기되거나 결정이 지연되는 것이 대부분이라는 것이다. 대다수 대기업에 "관리부서 직원은 공무원 같다"는 불평이 있다. 공무원이 그렇듯이 기업의 관리부서는 조직생리상 부정론자(否定論者)가 되는 경향이 있다. 그렇게 되면 독일

기업인이 지적하였듯이 외부 사람들보다 내부 사람들과 씨름하는 시간이 더 많게 되는 것이다.

혁신의 능력

기업이 성장·발전하기 위해서는 제품개발, 생산공정은 물론이고 경영의 제반 절차에 대한 혁신이 필수적이다. 일반적으로 조직의 규모와 보수(保守) 성향은 비례하며, 그것은 어느 의미에서 필요한 일이다. 대기업은 모험적인 사업을 새로 벌이기보다는 기존 사업을 개량하는 데 주력할 수밖에 없다.

한편, 대기업 조직의 관료성은 새로운 아이디어를 억제하는 경향이 있으며, 그런 것이 체질화되면 직원들은 혁신을 위한 노력 자체를 등한시하게 된다.

드러커(P. Drucker)는 일찍이 소기업이 대기업보다 더 혁신적임을 지적하였다. 그는 알루미늄 산업에서 대기업들이 막대한 연구개발 투자를 하였음에도 불구하고, 중요한 가공공정 혁신 7가지 중 오직 하나만이 대기업에 의하여 이루어졌음을 예로 든 바 있다(Drucker, 1968). 미국의 한 자연과학 재단에 의한 조사는 연구개발 투자금액에 대비하면 소기업이 중기업보다는 4배, 대기업보다는 24배 더 많은 혁신을 달성하였다는 결론을 내렸다(Peters and Waterman).

구체적인 예로, IBM 등 대형 컴퓨터 제조업체는 초기에 개인용 컴퓨터(PC) 시장을 무시하였는데, 그들로서는 일견 당연한 것으로 평가될 만한 그러한 전략상의 실수가 나중에 그들 기업에 막대한 타격을 주었다.

대기업의 혁신에 굼뜬 이러한 경향이 한국이라 하여 다를 바 없다. 재벌기업들이 신기술 개발보다는 기존 기술을 빌려오는 데 더 관심이 많음은 이미 앞에서 지적한 바 있다.

관료화된 조직에서 발생하는 단점을 보완하기 위하여, 대기업은 조직구조와 관리제도를 개선하고 내부관행을 수시로 바꾸어 분위기를 쇄신할 필요성이 크다. 그런 점을 인식한 재벌들이 "관리혁명," "신경영" 등 조직혁신을 위하여 노력하였으나, 그러한 시도가 직원들 사이에 공감대를 형성시키지 못하여 별다른 성과없이 구호에 그친 경우가 많았다.

"시너지(synergy)는 없다"

재벌이 다양한 사업에 진출하면서 기대하는 시너지 효과로는, 작게는 자원이나 조직을 소속기업들이 공유함으로써 얻을 수 있는 비용절감 효과에서부터 크게는 여러 기업이 유기적으로 연결되어 기술개발을 촉진하고 경영효율을 높이는 효과 등을 들 수 있다.[3] 그러나 이러한 시너지는 그 효과가 미미하거나, 얻는 효과보다 복잡한 조직체를 관리하기 위하여 발생하는 추가비용이 더 큰 것이 일반적이다.

기이하게도 다각화 전략의 귀재(鬼才)였던 ITT의 지닌(Geneen)은, 그가 쓴 두번째 책의 제목을 "시너지는 없다"(The Synergy Myth)라고 붙일 정도로 시너지 효과에 대해서는 부정적이다. 그는 기업인수 과정에서 어느 사업이 어느 사업과 잘 연결된다는 식의 시너지는 전혀 고려하지 않았다. "전구를 생산하는 회사는 전구 생산업체일 뿐이며, 따라서 전구 생산업체로 경영되어야만 한다"는 것이 그의 지론이었다.

시너지는 이론적으로는 아주 그럴 듯하지만 현실적으로 거의 얻을 수 없다는 것이다. 서로 다른 사업이 필요로 하는 지식이나 기술은 서로 다른 것이기 때문에, 이들 사업부들을 모아 둔다고 하여 최고경영자의 입장에서나 각 사업부 경영주체의 입장에서나 크게 도움이 될 것이 없다는 것이다.

시너지 효과가 허상임은, 지닌 이외에도 피터스(T. Peters)나 포터(M. Porter)도 연구결과를 토대로 지적한 바 있다. 특히 포터는 사업이 추가됨에 따라 경영이 복잡해져서 경영자는 실수를 저지르게 되고, 결과적으로 기업 전체의 수익성이 떨어지게 된다고 결론지었다. 그는 이런 사실이 주식시장에서 현실 주가에 그대로 반영되고 있음을 확인하였다. 즉,

---

3) 관리조직을 공유하는 효과는 엄밀히 말하면 '영역의 경제'(economies of scope)에 해당한다. 시너지 효과로 거론되는 것으로 '교차판매(cross-selling)의 이점'이 있으나 이 역시 기대에는 미치지 못함이 보통이다(*cf.* WSJ, 98. 9. 17).

"복합기업체 할인"(conglomerate discount) 현상이 나타나서 해당 기업의 주가는 약세를 면치 못한다는 것이다(porter, 1987). 시너지 효과는커녕 그 정반대 현상, 즉 "전체가 부분을 합친 것보다 작게 되는" 결과가 나타나는 셈이다. 그런 이유로 하버드 대학의 한 교수는 다각화 전략이란 새로운 가치를 창조하기보다는 "제국을 건설하는 수단"일 뿐이라고 주장해오고 있다(Economist, 97. 4. 5).

한국에서는 재벌이 백화점식 확장을 통해 덩치를 키우면 정부에 대한 발언권이 세어지고 자금조달이 용이하게 되는 것이 사실이다. 그러나 이것은 기업경쟁력 확보라는 측면의 시너지 효과와는 별개의 문제이다.

내부거래와 도덕적 해이

학자 출신의 한 전문경영인(박웅서)은 계열기업간의 내부거래를 통해서 사업상의 위험을 줄이고 과도한 경쟁에서 서로를 보호할 수 있다는 이유로 재벌옹호론을 편 적이 있다(FEER, 97. 5. 1). 계열기업은 서로 신뢰할 수 있는 만큼 매매거래에 관련된 직·간접의 비용을 줄일 수 있음은 사실이지만, 그가 주장한 "상호보호"는 큰 함정을 가지고 있다.

상호보호라는 것은 계열기업간의 거래에 시장가격이 적용되지 않음을 의미한다. 구매하는 기업이 상품을 시장가격보다 높은 값에 사거나 판매하는 기업이 시장가격보다 낮은 값에 팔아서 상대방을 보호해 주어야 한다는 의미이다. 그러면 거래 당사기업 중 어느 한 쪽은 손실을 입게 되고 결과적으로 경쟁력이 낮아지게 된다.[4]

계열기업간의 거래는 언뜻 '제로 섬'(zero sum)인 것으로 보인다. 단순 계산으로 보면 한 기업의 손해는 다른 기업의 이익이 되기 때문이다. 그러나 자칫 득(得)보다는 실(失)이 더 큰 '마이너스 섬'(minus sum)이 될 수도 있다. 1990년대와 같은 초경쟁 시대에는 시장지배자(market leader)의 프리미엄이 매우 크다. 계열기업간의 내부거래는 경쟁력이 높은

---

4) 이런 행위는 주주의 구성이 엄연히 다른 두 기업간에 부(富)의 이전이 일어나게 되는 매우 부당한 것이며 자본시장의 원리에 어긋난다.

기업이 손해를 보게 되어 있는 만큼 그런 기업이 시장지배자가 되는 것을 방해한다. 프리미엄을 향유할 기회를 박탈당하는 만큼 전체적으로 손해가 된다. '마이너스 섬'인 것이다.

내부거래라는 보호막은 경영인들의 도덕적 해이(moral hazard)를 초래한다. 시장에 나가서 치열하게 경쟁하기 위해 필요한 비용절감, 품질개선, 고객서비스 강화를 위한 노력을 게을리 하고 상품개발, 공정개선, 경영혁신을 위한 투자를 미약하게 만든다. 그만큼 경쟁력이 떨어질 수밖에 없다. 화초가 온실 속에서 자라게 되면 비바람에 약하게 되는 것과 같은 이치이다.

내부거래는 재벌그룹 혹은 소속기업으로 하여금 보호막이 없다면 착수하지 않을 사업에 진출하게 할 수도 있다. 이것은 재벌 전체를 과도한 위험에 노출시키게 되고 그만큼 재벌 전체가 불안정하게 된다.

증권거래소의 자료에 의하면, 30대 재벌그룹에 소속된 상장회사의 1996년중 내부거래는 전체 매출액 대비 약 26%에 이른다. 이와 같은 내부거래 중 어느 정도가 시장가격을 벗어난 특혜성 거래인지는 정확히 확인할 방법은 없지만, 간헐적으로 보도되는 사례나 일반적인 기업관행에 비추면 상당한 정도에 이를 것으로 추정된다. 저자가 아는 Z그룹의 전문경영인은 여러 계열사를 옮겨 다니면서 내부거래를 시장가격 기준으로 바로잡는 것으로 유명하였는데 그는 소속 재벌 내부에서는 이단자(異端者)로 평가되었다. 이는 시장가격에 의한 계열사간의 거래가 예외적이라는 한 증거가 된다.

책자로 외국에까지 소개된 한 재벌의 사례를 보자:

M기계는 [각종 자동차 부품]을 H자동차에 판매하는 것을 통하여 번창하였다. M기계의 제품이 품질상 문제가 있음에도 불구하고 독일의 올터네이터(alter-nator) 제조업체는 E모델 자동차의 부품공급업체로서 탈락되고 M기계가 선정되었다. [독일 회사 직원인] 워너 씨는, "[H자동차의] 기술자들은 M기계의 제품을 정밀조사하기를 겁낸다. 제품에 하자가 있어도 [총수간의] 가족관계 때문에 그것

은 시정되지 않는다"고 전하였다. 워너씨는 또, "E모델은 K화학의 페인트 때문에도 어려움을 겪어야 했다"고 말하였다. K화학은 [H그룹] 총수의 여섯째 동생이 소유하고 있는 재벌에 소속되어 있다. 워너씨는 "H자동차 제품의 페인트는 이 업종에서는 최고 불량품이다"라고 주장하였다. 그는 "[H자동차]의 품질관리 담당자들은 충분한 권한이 없다"고 결론지었다. (Kirk)

실제로 H자동차의 E모델은 품질 문제로 미국에서 큰 곤욕을 치렀다. 만약 위에 지적된 내부거래가 없었다면, H자동차는 초창기의 큰 성공을 유지하여 지금쯤은 시장점유율도 높이고 브랜드 이미지도 얻을 수 있었을지 모른다. 자동차는 특히 규모의 경제가 큰 제품이므로 시장점유율이 조금만 높아져도 이윤은 크게 늘어난다. 이것이 바로 시장 주도자의 프리미엄인데, H자동차는 내부거래 때문에 이런 프리미엄을 가져 볼 수 없게 된 것이다.

5. 주인없는 기업

한 컨설팅 회사의 보고서는 한국 기업의 문제점으로 경영능력이 부족한 점을 든 적이 있다(맥킨지). 일반적으로 경영능력이란 최고경영자의 통찰력과 지휘력이 그 핵심이 된다. 통찰력은 시대의 흐름에 대한 깊은 식견을 바탕으로 합당한 기업목표와 경영철학을 정립하는 것이라 할 수 있다.

지휘력은 직원들이 바람직한 능력과 자세를 갖추도록 유도하는 것을 말하는데, 이것을 위해서는 직원 개인의 이해(利害)와 기업의 이해가 일치하도록 하는 제도적 장치(goal congruence)가 필요하다. 한국의 경영자들은 대체로 그러한 능력이 부족하다. 그에 따른 폐해가 유독 재벌기업에 뚜렷이 나타나는데, 그것은 재벌이 지나치게 다양한 사업을 하고 있기 때문이라 할 수 있다.

전권을 쥔 "총수"

각 재벌의 총수는 내부에서는 황제에 버금가는 권력을 행사한다. 중요한 결정을 도맡아 한다. 그 결정은 '일정한 절차도 없이' 충동적으로 내려지는 것이 보통이다. 그룹에 소속된 개별기업체의 사장을 포함한 고위직급자는 총수가 임면(任免)하고 이동시킨다. 총수가 해외출장이라도 가면 직원들의 정기인사도 중단된다. 모두가 총수만 쳐다본다. "계열기업의 사장급이 총수 대하기를 육군 대위가 참모총장 대하듯" 하는 것이다.

계열기업의 고위경영자들은 총수에게 좋은 평가를 받도록 애쓰지 않을 수 없다. 당연한 결과로 각 기업의 경영자들은 맡은 일 그 자체에 애착을 가지기보다는 '총수의 환심을 사기 위하여' 일하게 된다. '요행히' 총수의 관심사와 개별기업의 주요 사안이 일치하면 큰 문제가 없다. 그러나 다양한 사업에 신경을 써야 하는 총수가 개별기업의 주요 이슈를 알지 못하는 경우가 많다. 그러다 보면 총수가 신경 쓰는 일이 개별기업의 건전한 발전과는 무관할 때가 많다. 예를 들어 총수의 관심이 당해 연도의 매출액 극대화라면 그것은 개별기업의 장기적 성장을 해칠 수도 있는 것이다.

재벌에 소속된 개별기업체의 입장에서 보면, "총수"이건 사장급의 고위 경영자이건 해당 기업체를 걱정하는 '참다운 주인'이라고 보기 어렵다.

관리시스템의 부재[5]

기업은 조직체이기 때문에 제반업무의 처리에 일정한 절차가 있게 마련이다. 정보의 전달과 분석, 개별사안에 대한 의사결정, 업무의 조정과 협조, 업무성과에 대한 평가와 직원에 대한 보상 등을 위한 제도나 관례가 만들어지는 것이다. 이런 측면에서도 한국의 기업은 짜임새가 없는데, 전권을 가지고 즉흥적으로 업무를 처리하는 총수의 영향이 크다. 총수는 초

---

5) 관리시스템의 부재는 재벌기업이나 대기업에 국한된 것이 아니고 중소기업에도 공통된다. 그러나 중소기업에서는 최고경영자의 눈길이 구석까지 미칠 수 있기 때문에 시스템 부재로 인한 문제점을 다소간 완화시킬 수 있다.

법적(超法的)이기 때문에 만들어져 있는 제도와 관행도 종종 무시되는 것이다.

S그룹은 국내에서는 업무처리가 가장 조직적인 것으로 알려져 있고, "관리의 S"라는 애칭을 가지고 있다. 그러나 막상 S그룹에 소속된 현지법인에서 일하는 미국인 고위직급자는 "S그룹에는 경영절차(management process)가 없다"고 잘라 말했다. 한국 간판기업의 관리시스템이 상상밖으로 엉망인 것이다. H그룹에 소속된 현지법인에 근무했던 미국인은 "'H그룹의 경영'이란 앞뒤가 맞지 않는 상치어(相馳語, oxymoron)"라고 혹평하기도 했다(Kirk).

대부분의 한국 기업에는 사업과 사람을 평가하는 제도가 잘 갖추어져 있지 않다. 평가기준이 애매하고, 그러다 보니 승진과 승격이 능력보다는 '사적인 인간관계'에 의해 좌우되는 경우가 많다(제10장 참조). 더구나 "좋은 것이 좋다"는 우리의 가치관은 실적이 우수한 사람에 대한 보상에 인색한 반면, 실수한 사람에 대한 처벌도 미적지근하다. 결과적으로 맡은 일을 열심히 하여 좋은 성과를 내기보다는 '인간관계를 좋게 하는 일'에 더욱 신경을 쓰게 된다. 업무성과를 향상시키는 것보다 상사에게 잘 보이는 것이 만사형통(萬事亨通)이 되는 경우가 많은 것이다.

인사관리와 관련된 또 다른 큰 문제는 직급의 고하를 막론하고 직원의 이동이 심하다는 점이다. 저자가 1996년에 실시한 설문조사(44개 대기업)에 따르면 직원들의 보직이동은 평균 4년에 한 번 실시되는 것으로 나타났다. 사장의 임기는 평균 6년에 못 미치는 것으로 나왔는데, 지배주주가 직접 사장을 맡는 경우를 제외하면 훨씬 짧아진다. 재벌에 소속된 회사의 사장 임기는 대체로 2~5년에 불과하였다.

사장이건 일반 직원이건, 임기가 짧으면 맡은 사업의 장기적 성과에 관심이 클 수가 없다. 혹 어려운 문제가 발생하면 근본적으로 해결하기보다는 덮어두거나 손쉬운 방법으로 해결하려 하게 된다. 특히 문제가 되는 것은 개별기업의 최고경영자인 사장의 임기가 짧다는 것이다. 사장은 임기가 끝나면 소속기업을 떠나야 하므로 그 자신이 장기사업에 대해서는 등한시하게 되고, 다른 직원들에 대한 통솔력도 약화된다. 직원들 입장에서 보면 "사장은 얼마 있지 않아 바뀔 사람"이 되기 때문이다.

한마디로, 임직원들로 하여금 소속 기업의 건전한 성장을 위하여 진력(盡力)하게 유도하는 제도적 장치가 없는 것이다.

주인의식의 결여

"주인이 없어서 은행경영이 엉망이 되었다"는 속설(俗說)이 있다. 재벌소속 기업에 근무하는 임직원들 대부분이 맡은 사업의 성과에 대한 관심이 그렇게 높지 않다는 점에서 주인의식이 엷기는 은행원과 크게 다를 바 없다.

일반적으로 특정 사업에 대해서 느끼는 책임감은 그 사업을 시작하기로 결정한 사람이 가장 크게 가진다. 내가 결정한 일은 '나의 일'이지만 남이 결정한 일은 '남의 일'이 되는 경향이 있는 것이다.

재벌의 총수는 많은 일을 독단적으로 결정한다. 재벌이 관여하는 사업의 종류가 다양한 만큼 재벌 총수가 관심을 가져야 하는 일이 많다. 그러다 보면 총수의 관심이 이 사업에서 저 사업으로 옮겨 다니는 경우가 많다. 특정 사업에 총수의 관심이 집중되면 다른 경영자들도 주의를 기울이지만 총수의 관심이 멀어지면 해당 사업은 자칫 주인없는 '사업'이 될 수가 있다. 이에 덧붙여, 평가제도의 부재와 잦은 인사이동은 임직원들로 하여금 각자가 맡은 일에 집착하지 않도록 조장할 수도 있다. 책임소재가 불분명해지고 결과에 책임을 지지 않아도 되기 때문이다. 그러면 조직체 전체가 주인없는 '기업'이 되는 것이다.

재벌기업체에 근무하는 사장 이하 임직원들이 회사 일을 '남의 일'처럼 처리하는 사례는 쉽게 접할 수 있다. 해외의 교포 사회에는 한때 "종합상사의 돈을 떼먹지 못하면 바보다"라는 말이 유행했었다. 준비도 안된 채 해외에 파견된 종합상사 직원들이 짜임새 없이 영업활동을 하다가 얼마 안 있어 귀국하고 나면 그 후임자는 그야말로 '남의 일'을 받아서 처리하게 된다. 그런 사정을 아는 현지의 구매선이 이를 악용하기 쉬운 것이다.

<사례 4-2>에서 S사 직원들이 맡은 일을 '자기의 일'처럼 하였다면

위험이 큰 계약을 하지도 않았을 것이며, 그 후임자는 불량채권을 조금이라도 회수하기 위해 노심초사하였을 것이다. <사례 4-6>의 Z사 해외 주재원들은 거래의 전 과정이나 재판절차를 통하여 모두가 '남의 일'처럼 행동하였고, 그 결과 회사에 막대한 손실을 끼쳤다. D사가 인수한 해외기업의 상당수는 실패로 끝났는데, "그들 사업이 원래 '총수의 프로젝트'였고 늘 바쁜 총수의 관심이 다른 데로 옮겨가자 아무도 책임 있게 경영하지 않았다"는 진단이 내려지기도 했다.

아래에 '주인없는 기업경영'의 대표적 사례를 하나 소개한다 :

(사례 5-6) 남의 일 같은 업무처리

K씨가 F정보기기 제조회사의 사장으로 부임한 것은 1995년 초의 일로, 당시 F사는 H사라는 정보기기 유통회사 앞으로 50여 억원의 채권(債權)을 가지고 있었다. H사는 유통업계에 돌풍을 불러일으킨다는 평가를 받을 정도로 매출액 신장률이 높았지만, 수익성이나 재무구조 측면에서는 매우 부실하였기 때문에 H사 앞 채권은 사실상 '부실채권'이었다.

그럼에도 K사장은 H사를 재정적으로 계속해서 지원하기로 결심하였다. 지원 목적은 물론 H사로 하여금 F사의 제품을 많이 판매하도록 하는 것이었다. 실제 지원은 F사 제품의 외상판매 및 별도 운영자금의 공급 등으로 이루어졌다. 그후 H사에 대한 지원은 2년간 계속되었는데, 1997년 초 현재 자금지원 잔액은 1,000여 억원에 이르게 되었다. 이 금액은 F사의 H사에 대한 연간 판매액보다 훨씬 많은 것이었다.

K사장 부임 당시 H사는 창설된 지 5년밖에 되지 않은 신생의 개인 기업이었다. 신생기업의 성패는 기업주의 능력에 좌우되는 경우가 많은데, H사의 사주 T씨는 고등교육을 받은 적이 없었고, 하이테크 제품에 대한 특별한 기술적 지식이 없었으며, 체계적으로 경영을 배우거나 경험한 바도 없었다. 그는 특별한 재력이 있는 것도 아니었고, 5년간의 사업에서 자본을 축적한 것도 아니었다. T씨의 교육과 경력에 대한 배경을 아는 외부 인사들은 F사가 H사를 계속적으로 지원하는 것에 대해

서 의아하게 생각하기도 하였다.

또 다른 문제는 T씨가 선택한 판매전략이었다. 기본적으로 H사는 "시장질서를 교란한다"는 비난을 받을 정도의 저가(低價) 정책을 폈고, 대중매체에 대형 광고를 연일 게재하는 전략을 채택하였다. 결과적으로 판매는 급신장하였지만 수익성은 떨어질 수밖에 없었다.

지원금액이 늘어나는 과정에서 F사는 H사의 주식지분을 요구하여 명목상으로 51%의 지분을 확보하였다. 그럼에도 F사는 1996년중에 매출액 7천여 억원을 달성하겠다는 약속만 믿고 T씨에게 H사의 경영을 일임하였다. T씨는 1996년중에도 저가 판매, 과다 광고의 전략을 계속하였다.

그런 사이에 T씨는 H사와는 별도로 통신판매 사업을 시작하고, 그 사업을 위해서도 대중매체에 대대적인 광고를 게재하였다. 통신판매 사업은 F사나 H사와는 전혀 관련없는 것이었지만, 별다른 재력이 없는 T씨는 통신판매 사업을 위한 광고 대금을 H사의 어음으로 지급하였다. 통신판매 사업이 3개월 만에 중단되자 광고비는 고스란히 H사의 부담이 되었다.

T씨가 무리하게 광고한 것은, 1996년 12월～1997년 1월의 2개월간 3개의 중앙 일간지에 게재한 전면 혹은 양면광고만 세어도 H사를 위한 것이 33회, 통신판매 사업을 위한 것이 19회, 합동광고 25회 등 모두 77회나 되었다는 사실이 잘 말해 준다. 자연히 T씨가 지불한 광고비는 천문학적인 숫자에 이르게 되었다. 광고비는 1995년에 150여억원, 1996년에 200여 억원에 이르렀다.

할인전략과 막대한 광고비 지출에도 불구하고 H사의 1996년 매출액은 당초 계획에는 크게 미달한 5천억 원을 조금 넘는 수준에 그쳤다. F사의 H사에 대한 채권 규모가 점점 커지고 H사의 재무구조가 점점 악화되어 가던 1997년 초, F사는 T씨를 퇴진시키고 H사의 경영 전권을 인수하였다.

그 사이 T씨는 F사의 자금으로 갖은 실험을 다하였던 것이다.

주인의식이란 어떤 사업체에 근무하는 직원이 마치 자기가 주인인 것처럼 의사결정하거나 행동하는 것을 말한다. 단위기업체를 맡은 최고책임자라면 <사례 5-4>와 같이 기업손익과 재무적 안정에 철저한 관심을 가져야 마땅하다. 그러나 위에 언급한 여러 경우에 등장하는 회사의 직원들은 지위고하를 막론하고 그렇게 행동하지 않았다. 만약 그들이 주인의식을 가졌다면 업무처리가 완전히 달랐을 것이다.

재벌그룹의 직원들이 주인의식이 없는 것은 '제도상의 결함' 때문이다. 기업의 성과나 가치관이 직원 개인의 그것과 일치하는 것도 아니고 최고경영자, 즉 "총수"의 눈길이 구석구석까지 미칠 수 있는 것도 아니다. 정확한 평가제도가 있어서 직원들의 공(功)과 과(過)가 명확히 드러나거나 그에 따라 평가를 받는 것도 아니다. 따라서 직원들이 주인의식이 없는 것은 규모가 크고 구조가 복잡한 '재벌조직에 내재(內在)하는 위험요소'라 할 것이다.

실제로 대부분의 중소기업체에서는 <사례 5-6>에서와 같은 직원의 무책임한 행동은 용납되지 않는다. 대기업체 직원과 중소기업체 직원이 만나서 술자리를 벌이면 대기업체 직원이 돈을 내는 것이 일반적 전통이었다. 그것은 대기업체의 수익성이 월등하기 때문이 아니고 보면 내부감시의 정도 차이 때문인지도 모른다. 재벌소속의 어떤 회사는 언론계 접대비로 매월 3천만 원을 사용하는 것으로 알려졌는데, 중소기업에서는 있을 수 없는 방만한 지출이라 할 것이다(제8장 참조).

조직 건망증(Organizational Amnesia)

개인이건 기업이건 '때때로' 실수하는 것은 어쩌면 당연한 일이다. 중요한 것은 같은 실수를 되풀이하지 않는 일이다. 그러나 우리 기업들은 스스로가 한 실수나 다른 기업이 한 실수를 반복하는 경향이 있다. 그것은 ①미적지근한 평가제도, ② 주인의식의 결여, ③ 실패를 공개하지 않는 기업전통 등이 어우러져 빚어낸 문제점이다.

처음 두 가지 이유는 직원들로 하여금 실패한 일이 있어도 마음에 깊이 새기지 않게 하는 부작용을 낳는다. 실패든 성공이든 그 결과가 '남의 일'인 것처럼 절실하지 않은 것이다. 실수를 한 본인이나 주위의 사람들이 각별히 경계하지 않으면 같은 실수가 반복될 개연성이 큰 것이다. 주인없는 기업은 건망증이 심할 수밖에 없다.

종합상사들이 해외에서 벌이는 "유통사업"은 대체로 '매출확대 → 불량채권 누적 → 결손누적 → 사업정리'의 정해진 패턴을 밟는다. 실수하는 이유는 사업의 성급한 확장, 거래처에 대한 부실한 신용평가, 부실 거래처와의 거래확대 등 대체로 비슷하다. 같은 실수가 계속 반복되는 것이다.

우리 기업들은 사업을 벌일 때 사전분석을 철저히 하지 않을 뿐 아니라 사후검토도 잘 하지 않는다. 실패한 일은 관련 당사자의 체면을 생각해 준다는 등의 이유로 되도록 덮어두고 빨리 잊어버리려는 경향이 있다. 해당 사업이 "총수"가 결정한 사업이면 그런 경향은 더욱 심하다. 대표적인 예로, H자동차가 캐나다의 현지 공장에서 수억 달러의 손실을 입은 사례는 그 회사 내부에서조차 "금언서"(禁言書)에 들어가 있어서 아무도 입에 올리지 않는다(조선, 97. 1. 10).

실패사례를 덮어두는 것은 '비싼 수업료를 내고도 배우기를 거부하는' 어리석은 일이다. 서양에는 "작은 실패가 작은 성공보다 낫다"는 말이 있다. 한 번의 실패에서 값진 교훈을 얻는다면 그것이 큰 성공의 밑거름이 될 수도 있다는 말이다. 그런 이치는 개인이나 기업 모두에 해당된다.

재벌의 총수는 '혼자만이 주인인 것처럼' 전권(全權)을 휘두른다. '바로 그 이유로,' 계열기업의 다수가 주인의 자세와 책임의식을 가진 사람없이 운영되고 있는 것이다.

6. 생산비는 높이고 상품가격은 낮추는 과당경쟁

여러 재벌이 다투어서 각종 산업에 진출하면 상품시장은 물론이고 생산요소 시장에서도 경쟁이 치열해진다. 결과적으로 상품(제품 및 서비스)

의 가격은 하락하고 생산요소의 가격은 올라가게 된다. 기업경영이 양쪽에서 협공(挾攻)을 당하는 형상이 되는 것이다.

스스로 낮춘 상품가격

재벌들이 덩치 키우기 경쟁을 하면서 백화점식으로 사업을 벌이다 보니 각 산업에 다수의 재벌이 진출해 있다. 그 결과 철강, 자동차, 조선, 전자, 화학 등 기간산업에서부터 각종 금융산업, 유통, 영화, 외식 등의 서비스 산업에 이르기까지 수많은 산업에 과잉투자가 일어나고 있다. 당연히 과당경쟁이 일어나서 상품가격이 낮아지게 된다. 이에 따라 개별기업의 채산성과 재무구조는 악화된다. 판매를 신장하기 위해서는 수출에서 활로를 찾아야 하나 이 또한 뜻대로 되지 않는 것이 현실이다.

가격을 낮추어도 판매량이 늘지 않으면 시설투자가 많은 만큼 간접비 부담이 늘어나서 채산성에 대한 압박은 더욱 심해진다.

스스로 높인 금리

한국의 재벌은 전경련을 앞세워 기회 있을 때마다 금리인하를 요구해 왔다. 1997년 대기업체 부도가 이어질 때에는 시장금리 수준은 아랑곳하지 않고 실세금리를 5%로 인하하지 않으면 큰 위기가 닥칠 것이라고 정부를 얼러대기까지 하였다. 한국의 이자율이 주요 경쟁국가보다 훨씬 높은 것은 사실이지만, 왜 이렇게 되었는지 그 이유를 따져 보면 재벌 스스로의 책임이 매우 크다.

각종 산업에 나타나고 있는 과잉투자는 한마디로 재벌들이 과다하게 자본을 끌어대었다는 것이다. 자금에 대한 초과수요가 생기면 이자율은 상승한다. 현실적으로 은행권의 대기업 편중대출이 오래 전부터 국가적 문제로 꼽혀온 바 있고, 기업 어음, 회사채, 주식 등 소위 직접금융 시장은 그 원리상 대기업의 독무대가 되고 만다.

재벌들이 자본을 독점하다시피 하면서 백화점식 사업확장을 한 것이 사실이고 보면, 자본사용료, 즉 '금리'(金利)라는 생산요소 비용을 크게 상승시킨 데에는 재벌 스스로의 책임이 크다고 할 수 있다.

스스로 높인 임금

우리나라 근로자의 임금은 1987년부터 가파르게 상승하였고, 이와 동시에 우리는 대외경쟁력을 잃기 시작하였다. 그런데 급격한 임금상승에는 두 가지 요인이 있다. 그 하나가 민주화 당시까지 일방적으로 억눌렸던 근로자들의 욕구가 한꺼번에 터져 나온 것인데, 이것은 임금상승을 위한 필요조건이었다. 다른 하나는 재벌들의 사업확대와 규모확장이 근로자에 대한 수요를 크게 증가시킨 것인데, 이것은 임금상승을 위한 충분조건이었다.

1987년 이후에 노동운동이 다소 과격해질 소지가 있었던 것은 사실이지만, 임금인상과 일자리를 바꿀 정도였다고 하기는 어렵다. 근로자들이 한정된 일자리를 위해 경쟁해야만 했다면 과도한 임금인상을 요구할 수는 없었을지도 모른다.

재벌들이 덩치경쟁으로 벌인 사업 덕분에 일자리는 지천으로 있었다. 일손이 모자라게 되자 한국인 노동자들은 일자리를 고르게 되었고, 육체적으로 힘든 소위 "3D" 업종에는 외국인 근로자를 불러와야만 했다. 그런 상태에서 임금인상을 억제한다는 것은, 수요가 있으면 가격이 오른다는 시장원리를 무시하자는 논리에 다름 아니다. 자동차 노조가 아무리 강성(剛性)이라 한들, 자동차산업에 대한 과잉투자가 없었다면 생산직 근로자의 '평균' 연봉이 35백만 원까지 이르는 일은 없었을 것이다(1997년).

결론적으로, 재벌들의 백화점식 경영은 '임금'(賃金)이라는 생산요소 비용을 크게 상승시켜 스스로의 경쟁력 하락에 크게 기여하였다.

스스로 높인 지가(地價)

재벌들의 백화점식 경영은 토지에 대한 수요를 높인다. 따라서 토지가격을 상승시키고 그에 따라 임대료가 상승한다. 더구나 많은 재벌들이 투자 목적으로 넓은 토지를 보유하고 있고, 일부는 그 정도가 지나쳐 물의를 빚기도 하였다. 재벌들의 백화점식 사업확장이 토지사용료, 즉 '지대'(地代)라는 생산요소 비용을 상승시켜 스스로의 입지를 더욱 좁게 한 것이다.

금리, 임금, 지대 등 주요 생산요소의 비용이 올라가면 생산원가가 높아져서 기업경쟁력은 더욱 떨어짐은 물론이다. 이에 덧붙여, 과투자는 시설재와 부품 및 원자재의 수요를 증가시켜 이들의 가격을 상승시킬 수 있다. 이들 중 상당 부분은 수입할 수밖에 없어서 경상수지 적자폭을 확대시키기도 하였다(제1장 참조). 문제가 더욱 어려워지는 것이다.

7. 이길 수가 없는 게임

지금까지 여러 각도에서 백화점식 경영의 문제점을 살펴보았다. 그런 방식은 각 재벌의 내부능력 측면에서나 그들이 총체적으로 외부환경에 미치는 영향 측면에서나 성공보다는 실패의 가능성이 클 수 밖에 없다.

일본의 기업들 중 일부도 한때 한국의 재벌과 비슷한 다각화 전략을 펴기도 하였는데 그들도 대체로 실패하였다. 한 일본 전문가가 말한다 :

다각화 전략은 [일본의] 기업계에서는 열정이었고 만병통치약이었다. 철강회사들의 예를 들어보기로 하자. 6개의 대형업체들은 1980년대 후반에 500개가 넘는 새로운 사업을 시작하였다. 어떤 사업은 원유시추 시설, 턴키 형식의 공장설비처럼 본업과 연관성이 있었으나, 대부분의 다른 사업은 동떨어진 것이었다. 후자의 경우는 비디오테이프 소재, 다양한 전자제품, 반도체, 실리콘 등의 신소재, 바이오 기술 등등이었다. 그 중에서 가장 크게 유행한 것은 호텔과 놀이공원(theme park)을 건설하는 것이었는데 그것은 그들이 땅을 가지고 있었기 때문이었다.

그와 같은 신사업 중의 많은 부분이 처음부터 실수였다는 것을 깨닫는 데는 그리 오랜 시간이 필요하지 않았다. 철강회사들은 [이런 분야에 필요한] 기술적인 노하우, 숙련된 인적자원, 합당한 시설을 갖추지 못한 신참자였다. 아울러 그들은 마케팅 능력이나 유통망도 갖추지 못하고 있었다. 호텔과 놀이공원은 대체로 입지선택조차 잘못되어 있었다. 그런 요인과는 별도로, 이미 경쟁이 치열한 분야로 쏟아져 들어오는 새로운 참여자들 때문에 시설은 엄청나게 늘어났고, 마진은 줄어들었으며, 모든 참가자들이 경제적인 타격을 받았다. 그 결과, 청산(淸算)이 뒤따를 수밖에 없었다. (Woronoff)

"위험분산"의 논리에 숨은 위험

특정의 기업체가 영위하는 사업이 다각화되어 있으면 경기변동에 따른 위험이 분산된다는 논리 그 자체는 '같은 말 되풀이'(tautology)나 다름없는 옳은 말이다. 그러나 지금까지 지적한 여러 가지 문제점에 비추어 보면 백화점식 재벌경영은 다양한 사업 중의 어느 하나에서도 크게 성공하기 어렵다. 여러 사업 중 많은 것에서 실패할 가능성이 높다면 전체가 같이 무너지게 될지도 모른다. 한국 국민 모두는 1997년의 위기를 통하여 그런 사실을 생생하게 확인한 바 있다.

'다각화'는 이론적으로 "위험의 분산"(分散)을 내세우지만, 현실에서는 그와 정반대로 '위험의 가중'(加重)을 가져오기 십상인 것이다. 그런 사정은 제14장에서 더 자세히 논의할 예정이지만 치밀한 계산없는 다각화는 자칫 실패의 첩경이 되는 것이다.

8. 구축(驅逐)당하는 중소기업

기업경영의 효율성과는 별개의 얘기이지만, 백화점식 사업확대는 중소기업의 발전을 저해하여 국가경제의 활력을 떨어뜨린다는 부작용이 있다.

사회경제적 역할분담

　원래 국가경제 전체가 안정되고 건강하게 성장하기 위해서는 대기업과 중소기업간의 역할분담이 필수적이다.

　우선, 업종의 성격에 따라 조직의 규모가 주는 효율성이 다르다. 대체로 내구소비재나 기초원자재를 생산하는 장치산업은 '규모의 경제'가 중요하므로 대기업 조직이 효율적이다. 반면, 부품이나 특수 원자재를 생산하는 업종, 시장규모가 작은 업종, 시장수요 혹은 기술의 변동이 심한 업종, 대다수의 서비스업종 등은 상품의 '차별화' 혹은 발빠른 대응이 중요하므로 중소기업이 경쟁우위를 가진다.

　다른 측면은, 기업규모에 따라 혁신(innovation)과 변화(change)의 성격이 다르다는 점이다. 대기업은 기초기술에 대한 투자를 강화해야 하는 한편, 상품개량과 공정개선에 있어서는 급격한 변화보다는 점진적 변경을 전문으로 하는 것이 원칙이다. 중소기업은 응용기술에 치중하되, 상품, 제조공정, 유통방법 등을 혁신적으로 바꾸는 시도를 장기(長技)로 한다. 그래서 중소기업은 단순한 역할분담의 차원을 넘어서 "혁신과 변화의 원천"(源泉)이라는 평가를 받기도 한다.

　불행히도, 우리나라에서는 중소기업이 제 역할을 하지 못하고 있다. 여러 가지 제약 때문에 중소기업이 제대로 성장하지 못하였기 때문이다. 정부는 경제개발 초기 단계부터 대기업을 중점지원하는 정책을 펴 왔고, 그러한 정책에 힘입어 재벌들이 백화점식으로 각종 산업에 진출하여 중소기업의 입지는 좁아질 수밖에 없었다. 중소기업은 생산요소 시장, 상품시장의 모든 면에서 대기업의 압박을 받아 왔다.[6]

---

6) 한국에서 중소기업이 특히 어려운 입장에 빠진 것은, 물론 정부의 정책적 실수가 근본원인이다. 이 절에서는 정책적 실수가 초래한 표면적 현상인 백화점식 사업확장이 중소기업의 입지에 미치는 영향을 살펴보고자 한다.

뒤로 밀리는 중소기업의 차례

투자자금 조달과정에서 대기업과 중소기업이 느끼는 어려움의 차이는 새삼 말할 필요도 없이 매우 크다. 재벌들의 야심찬 확장계획이 자금조달의 어려움으로 무산되는 사례는 금융외환 위기 이전에는 별로 없었다. 그들은 자금사정이 어려워 부도의 위기에 몰리면 구제금융, 협조융자를 받아 손쉽게 해결해 왔다. 때에 따라 정부와 금융기관에 위협조로 자금지원을 요청하기도 하였다.

중소기업은 담보가 없으면 금융기관으로부터 차입하기가 매우 어렵고, 그러다 보니 만성적으로 자금부족에 시달려 왔다. 금융기관의 중소기업 앞 대출금의 70%는 담보가 확보되어 있다(중소기업청). 반면에, 재벌기업 앞 대출은 물적 담보보다는 계열기업간 상호지급보증이나, 총수 혹은 대표이사의 연대보증 등 사실상 신용인 경우가 많았다. 수많은 중소기업의 부도, 심심찮게 보도되는 중소기업주의 자살사건 등은 그와 같은 자금운용상의 어려움을 확실하게 대변해 준다.

희소한 자원이 대기업에 중점적으로 배분되다 보니 중소기업의 몫이 줄어들 수밖에 없어서 그런 결과가 초래된 것이다. 그러한 현실을 정부 스스로가 오래 전부터 인식해 오고 있다. 정부는 "중소기업 기본법(1966)," "창업지원법(1986)," "중소기업 경영안정 특별조치법(1995)," "벤처기업 육성 특별조치법(1997)" 등을 제정하여 중소기업 육성과 지원을 위한 각종 특별제도를 마련하고, "중소기업 진흥공단," "중소기업청," "신용보증기금," "창업투자회사" 등 특별기관을 설립하였지만 자금핍박 문제는 해소되지 않고 있다.

재벌의 백화점식 다각화 전략은 중소기업에 알맞은 업종이라 하여 가만두지 않는다. 매출신장이 빠르고 수익률이 웬만하다는 소문만 나면 재벌들은 업종을 가리지 않고 뛰어드는 경향이 있다. 그들은 일단 뛰어들기만 하면 막강한 '자금차입 능력'을 무기로 시설을 확장하고 물량공세를 편다. 생산요소의 값은 올리고 상품의 값은 떨어뜨린다. 중소기업의 입지가 좁아지게 되고 심하면 폐업하지 않을 수 없게 된다.

입지가 불안정하고 존립이 불투명하다 보니 우수한 인력은 중소기업을 기피한다. 업종과 직종을 불문하고 중소기업은 상습적으로 인력난(人力難)에 시달리게 되었다. 거기다가 겉모양을 중시하는 우리의 전통적 관념은 직장에서의 보람보다는 "명함"(名銜)을 먼저 생각하게 만들어 중소기업의 인력난은 가중되었다. "사람은 많으나 쓸만한 사람은 없다"는 것이 중소기업가들로부터 흔히 들어온 고충사항이었다. 중소기업의 경영이 더욱 어려운 이유이다.

모두에게 불행한 일

특정 산업에서 중소기업이 퇴출(退出)된 후에 재벌소속 기업이 경쟁력을 회복하여 이윤을 남긴다면 그나마 다행이지만, 업종의 성격상 그것이 어려운 경우가 많다. 중소기업이 영위하기에 적당한 업종으로 대기업이 진출하면 경쟁력을 확보하기 어려운 것이 보통이다. 그만큼 손실을 입을 가능성이 커진다. 그렇게 되면 대기업과 중소기업 모두에게 손해가 됨은 물론, 때에 따라 산업 자체가 붕괴될 수 있다. 모두가 패자(敗者)가 되고 말아 국가경제에 손실을 끼치게 되는 것이다. 다음의 사례를 보자:

(사례 5-7) "대기업의 중소기업 죽이기"

I제작소는 1973년에 설립된 외국인 투자법인으로서 중기(重機) 부품인 트랙로라, 트랙링크만을 전문으로 생산하는 중소기업이다. [이들 품목은] 중기 하체 부분의 궤도를 감싸고 있는 장치로서 자동차의 타이어에 해당되는 소모성 부품이며, 중기 유지보수비용의 90%에 해당한다……

건설경기 호조로 트랙로라 제품에 대한 수요가 지속적으로 늘어나자 80년대 들어 경쟁업체도 생겨나기 시작했다. 1981년에 대기업의 계열인 J기계가 트랙로라 생산에 뛰어들었다. J기계는 풍부한 자금력을 바탕으로 중기사업에 착수하였지만 품질수준은 I제작소의 제품에 크게 미치지 못하였다. [핵심기술]은 기술력과 생산현장에 축적되어 있는 노하우들이 결집된 것으로 단기간에 극복되기 어려운 과제였다.

　　품질수준이 뒤떨어질 수밖에 없는 J기계는 자금공세 끝에 I제작소의 숙련공 2명을 스카웃하였다. 그런데 숙련공 스카웃에도 불구하고 제품의 인지도 면에서 뒤떨어지자, 이번에는 현금결제 등 양호한 조건을 내세워 I제작소에 하청계약을 요청하였으나 M사장을 이를 거절하였다. 당장은 판매 및 자금 면에서 유리한 점이 있을지 몰라도 결국에는 대기업에 예속되어 노하우도 뺏기고 고사될 것이라는 게 그 이유였다. [그러자] J기계는 판매부진을 만회하기 위해 시중가격의 절반에도 못 미치는 저가의 덤핑을 통해 시장의 가격질서를 무너뜨렸다…… J기계는 덤핑에도 불구하고 내수시장은 물론 수출에서도 판매확대를 꾀하지 못해 적자가 누적됨에 따라 결국 1987년에 또 다른 대기업 계열인 D중기에 인수되기에 이른다……

　　D중기는 덤핑 등 온갖 수단을 동원하여 결국 I제작소를 트랙로라 시장으로부터 몰아내는 데는 성공하였으나, 채산성 악화와 건설경기 침체에 따른 수요부진 그리고 근본적으로 규모의 경제를 실현할 수 없는 내수규모로 인하여 1995년 초에 스스로 생산을 중단하고 말았다. M사장이 예측한 대로 트랙로라의 시장규모는 대기업이 나서기에는 너무 작았던 것이다. “…… 우리도, 대기업도 모두 철수해 버린 마당에 가장 큰 피해자는 수입업자의 농간에 피해만 보는 소비자이지요.” M사장의 자조 섞인 한탄이다. (기업은행)

중소기업 업종에 재벌이 뛰어들어 중소기업들이 밀려나거나 어려움을 겪게 된 경우는 악기, 시계, 화장품, 전자부품, 기계부품, 정수기 등의 제조업과 패션, 광고, 단체급식, 병원, 영화산업, 온라인 서비스, 통신판매 등 다양하다. 그 중 시계, 영화산업을 포함한 몇몇 업종에서는 잔류한 대기업의 수익성이 악화된 데에 더하여 업종의 수준 자체가 뒷걸음질치게 되었다.

그런 사례가 속출하자 정부는 행정 지도와 법률제정(1995년)으로 중소기업의 사업영역(“중소기업 고유업종”)을 보호하려고 하였지만, 재벌들은 “위장계열사”라는 기발한 방법을 동원하여 법망을 피해 나갔다. 정부가 확인하여 30대 재벌의 계열사로 편입시킨 것만 해도 1993년에 46개, 1996년에 73개에 이르렀는데, 실제 재계에 공공연히 알려져 있는 것은 이보다 훨씬 많다.

종합하면, 재벌 위주의 자원배분과 재벌의 백화점식 업종확대 전략은
중소기업을 구축(驅逐)해 왔다. 그 결과 인구 천 명당 중소기업의 수가 대
만은 7개, 일본은 3개인 데 반해 한국은 2개에 불과하다. 그만큼 한국의
경제 저변(底邊)은 취약하고 변화와 혁신은 굼뜰 수밖에 없다.
게다가 대기업은 기술의 '도입'에 더 관심이 많고, 중소기업은 기술에
투자할 '여력'이 없다. 국가 전체적으로 신기술 개발이 적을 수밖에 없다.
그러다 보니 김치를 상품화하는 일에서도 일본에 뒤지고 "전주 비빔밥" 만
드는 기계까지 일본에서 도입해야 하게 된 것이다.
1990년대 초에 한 외국 언론은 재벌 위주의 한국의 경제현실을 아래
와 같이 꼬집은 적이 있다 :

[한국] 정부는 재벌의 사업을 축소하도록 유도하기에 필요한 고통스런 변화
를 추진하다가 움츠러들어 버렸다. 한 가지 이유는 경기하강이다. 경기하강은 중
소기업과 대학졸업자에게는 어려움을 주지만 전반적인 노동시장에는 영향을 미
치지 못하고 있다. 1980년대 말의 절정기로부터 급여인상률은 서서히 떨어져 왔
지만 아직도 물가상승률보다 높다. 고용수준도 높다.
그런 상황은 정부가 십만 명 이상을 고용한 주요 재벌 중의 하나가 부도나
도록 내버려둔다면 바뀌어질 수도 있을 것이다. 그렇게 되면 한국의 통제경제
가 가지고 있는 구조적 병폐 중의 일부가 시정될 수 있을 것이다. 재벌들은 한
때 수출주도 경제성장의 주역으로 칭송을 받았지만, 이제는 중소기업에 적당한
업종까지 먹어 치우는 둔중한 괴물(lumbering beast)이라고 비난받고 있다.
(WSJ, 92. 12. 17).

이러한 사정은 1997년의 외환금융 위기를 겪고 난 이후에도 크게 달
라지지 않고 있다.

9. 요약 및 결론

일반적으로 기업규모의 확대는 '규모의 경제'(economies of scale)를 통하여 저렴한 생산비라는 경쟁우위(競爭優位)를 얻고자 함이다. 한국의 재벌이 주로 활용하는 백화점식 사업확대는 규모의 경제와는 무관하므로 기업경쟁력의 향상으로 나타나지는 않는다.

"위험분산"을 내세워 연관없는 산업으로 진출하는 것은 자칫 미국 ITT의 경우처럼 전체를 허약하게 만드는 결과를 초래할 수도 있다.

흔히 거론되는 다각화 기업의 시너지 효과는 현실에서는 잘 나타나지 않는다. 계열기업간의 내부거래를 통하여 서로를 보호하고 안정과 성장을 기한다는 논리는 경영자의 도덕적 해이가 가져오는 폐해 때문에 자칫 전체의 손실로 나타날 수 있다.

재벌과 같은 대규모 복합기업은 관리상 여러 가지 문제가 따른다. 정보전달과 의사결정이 늦어져 급변하는 환경에 재빠르게 대처하지 못한다. 생래적 보수성 때문에 혁신과 변신에도 굼뜨다. 복잡한 조직을 통제하기 위해서는 관리조직을 키워야 하므로 막대한 비용이 들어가고, 조직의 신축성(flexibility)과 기민성(agility)은 더욱 떨어진다. 그렇게 비용을 투입하여도 구성원들이 경영층이 원하는 방향으로 행동하는 것은 보장되지 않는다. 감시감독의 눈길을 구석구석 보내는 것이 기술적으로 매우 어렵기 때문이다. 자칫 주인없는 기업이 되는 것이다.

거대하고 복잡한 조직을 효과적으로 이끌어 나가는 방법은 구성원이 마음으로부터 우러나서 감시감독이 없더라도 성실하게 일하고 자기발전에 매진하게 유도하는 것이다. 그렇게 만드는 두 가지 필요조건이 권한 및 책임의 하부위임과 구성원의 업적에 대한 공정한 평가이다. 불행히도 대다수 한국 재벌은 그 어느 것도 갖추고 있지 못하다.

총수들은 의사결정이나 임직원 인사에서 전권을 휘두른다. 그들 중 적지 않은 숫자는 기업, 종업원, 주주, 소비자의 이익을 무시하고 개인의 취향과 이익을 앞세우는 이기적 행동을 보인다. 그들의 말과 행동이 일치하지 않는 경우도 많다. 그러면 직원들은 이해관계나 가치관이 배치됨을 느끼고 자발적으로 일하지 않게 된다. 특정 재벌의 최고경영자가 웰치(J. Welch)와 같은 지도력을 갖추지 못하면, GE처럼 뛰어난 경영성과를 얻기란 불가능한 것이다.

재벌 총수의 배타적 경영스타일을 한국 문화와 연결하여 후쿠야마(F. Fukuyama)는 다음과 같이 지적하기도 하였다:

> 대한민국은 명백한 부조화(apparent anomaly)를 보여주고 있다…… 한국은 일본, 미국, 독일처럼 매우 큰 기업체와 고도로 집중된 산업구조를 가지고 있다. 반면, 한국은 일본보다는 중국에 가까운 혈족구조(family structure)를 가지고 있다. 한국에서 가족은 중국에서처럼 중요한 자리를 차지하고 있다. 한국의 문화에는 일본에서처럼 외부인(outsider)을 가족그룹으로 영입해들이는 장치가 없다. 중국의 양식을 따르자면 [한국의] 전통은 소규모의 가족기업들을 생성시켜야 한다. 대기업(corporation)이라는 조직형태를 정착시키는 것이 어렵기 때문이다.
>
> 한국 정부의 역할이 이같은 명백한 역설(paradox)에 대한 대답을 제공한다. 한국 정부는 1960년대와 1970년대에 개발전략의 일환으로 거대한 복합기업군을 양성하였다. 그렇지 않았더라면 [한국은] 대만에 전형적인 중소기업이라는 문화적 특징구조를 드러냈을 것이다. 한국민들은 일본식 재벌(zaibatsu)을 본뜬 대기업을 만들어 내는 데에는 성공하였지만, 경영의 승계(承繼)에서부터 종업원 관계에 이르기까지의 경영 전반에서 중국식의 어려움과 부닥치게 되었다.
>
> (Fukuyama, 1995년)

그의 말대로라면 재벌구조는 가족 이외의 다른 사람을 신뢰하지 않는 우리의 문화와 어울리지 않는다. 신체와 정신이 조화되지 않는 만큼 성공의 가능성은 적은 것이다. (따져보면 짧은 시간에 큰 성과를 얻고자 한 정부와 국민의 욕심이 '한국적 문화 속의 재벌'이라는 '不調和'를 낳았다. 제 9장 참조.)

재벌의 사업확장은 인적자원 및 물적자원이라는 내부능력이 뒷받침되지 않는 경우가 많았다. 대체로 과욕(過慾)의 소산(所産)이었다. 거기다가 과당경쟁은 상품가격은 떨어뜨리고 생산요소 가격은 끌어올리게 되어 경영환경을 스스로 악화시켰다.

정리하면, 재벌과 같은 복합기업은 관리의 복잡성 때문에 생래적인 경영상의 비효율이 따른다. 복합기업에 따르는 문제점이 흔히 말하는 다각화의 효과보다 훨씬 커질 가능성이 많다. 한국의 재벌에서는 복합기업에 필수적인 권한위임이 이루어지고 있지 않다는 점과, 재벌간의 과열경쟁으로 경영여건이 더욱 어렵게 된다는 추가적인 문제점이 있다. 한국식 재벌경영은 이래저래 '실패의 공식'에 가깝다.

<부표 5-1> 10대 재벌 그룹사 현황

1997. 4. 1.

그룹명	회사수	소속회사명
현대	57	건설, 다이아몬드베이츠, 석수화학, 케피코, 한국물류센타, 경제사회연구원, 문화신문, 미포조선, 고려산업개발, 금강개발산업, 금강기획, 대성아이피, 대성종합물산, 대한알루미늄공업, 동해해운, 서울프러덕션, 선일상선, 울산화학, 인천제철, 포항정밀화학, 한국내화, 한국프랜지공업, 한무쇼핑, 한·소해운, 강관, 물류, 미디어시스템, 산업개발, 상선, 석유화학, 선물, 세가엔터테인먼트, 알루미늄공업, 에너지, 엔지니어링, 엘리베이터, 우주항공, 유니콘스, 자동차, 자동차써비스, 자원개발, 전자산업, 정공, 정보기술, 정유, 정유판매, 종합목재산업, 종합상사, 중공업, 중기산업, 후성산업, 종합금융, 증권, 투자자문, 파이낸스, 할부금융, 해상화재보험
삼성	80	물산, 광주신세계백화점, 대경빌딩, 대도제약, 디자인신세계, 미디어피아, 보광, 보광훼미리마트, 경제연구소, 라이온즈, 스파클, 신세계백화점, 에스원, 연포레져개발, 제일기획, 제주개발공사, 조선호텔, 중앙디자인, 중앙일보사, 호림, 호텔신라, 휘닉스커뮤니케이션즈, 광주전자, 대한정밀화학, 무진개발, 보광환경개발, 선물, 시계, 데이터시스템, 상용차, 생명서비스, 석유화학, 에스엠, 엔지니어링, 자동차, 전관, 전기, 전자, 정밀화학, 종합화학, 중공업, 지이의료기기, 코닝, 코닝정밀유리, 항공산업, 삼일농수산, 서울통신기술, 서해리조트, 스테코, 스템코, 신세계대전역사, 신세계인터 내셔널, 신세계푸드시스템, 아산전자, 제일씨앤씨, 제일골든빌리지, 제일냉동식품, 제일모직, 제일보젤, 제일선물, 제일제당, 제일제당건설, 중앙개발, 포항강재공업, 한국디·엔.에스, 한덕화학, 한일가전, 한일전선, 해운대개발, 이천전기공업, 신세계상호신용금고, 신세계파이낸스, 보광창업투자, 생명보험, 증권, 카드, 제이피모간투자신탁운용, 할부금융, 화재해상보험, 신세계투자금융
LG	49	화학, 성요사, 실트론, 경제연구원, 금속, 레저, 백화점, 상사. 소프트, 스포츠, 애드, 유통, 이디에스시스템, 텔레콤, 원전에너지, 건설, 기공, 아이크론, 반도체, 산전, 석유화학, 선물, 얼라이드시그널, 에너지, 엔지니어링, 엠엠에이, 오웬스코닝, 전선, 전자, 전자부품, 정밀, 정보통신, 정유판매, 칼텍스가스, 칼텍스정유, 포스타, 하니웰, 히다찌, 홈쇼핑, 한무개발, 호유해운, 부민상호신용금고, 럭키화재해상보험, 신용카드, 종합금융, 증권, 창업투자, 투자신탁운용, 할부금융
대우	30	대우, 경남금속, 개발, 경제연구소, 서호레저, 한국자동차연료시스템, 광주제2순환도로, 경남기업, 기전공업, 모터공업, 자동차, 전자, 전자부품, 정밀공업, 정보시스템, 중공업, 통신, 동우공영, 오리온전기, 우리자동차판매, 일산역사, 오리온전기부품, 코람프라스틱, 한국산업전자, 한독종합건설, 다이너스클럽코리아, 증권, 창업투자, 투자자문, 할부금융

〈부표 5-1〉 계속

그룹명	회사수	소속회사명
선경	46	선경, 경성고무공업사, 국일에너지, 대광석유, 대한도시가스엔지니어링, 삼일사, 경제연구소, 유통, 인더스트리, 스피드메이트, 에스케이씨, 오륜에너지, 와이씨엔씨, 워커힐, 유공, 유공가스, 유공몬텔, 유공훅스, 흥국상사, 경진해운, 구미도시가스, 대한도시가스, 대한도시가스서비스, 대한텔레콤, 삼양석유, 서해개발, 건설, 유씨비, 제약, 창고, 부산정보단지개발, 에스케이텔레콤, 영남석유, 영동석유, 유공에라스토머, 유공옥시케미칼, 유공해운, 이리듐코리아, 중부도시가스, 정주도시가스, 포항도시가스, 한국엠앤엠네트워크, 홍진유업, 증권, 투자신탁운용, 한국엠앤엠파이낸스
쌍용	25	양회공업, 쌍용, 경제연구소, 정공, 진방철강, 남광토건, 동성고속관광, 범아석유, 건설, 엔지니어링, 유니참, 자동차, 자원개발, 정보통신, 정유, 제지, 중공업, 해운, 오주개발, 용인개발, 투자자문, 투자증권, 할부금융, 화재해상보험, 종합금융
한진	24	대한항공, 한국종합기술개발공사, 한국항공, 레저, (주) 한진, 관광, 중공업, 해운, 협신, 거양해운, 정석기업, 제동흥산, 칼개발, 코리아타코마조선공업, 평해광업개발, 한국공항, 건설, 선물, 정보통신, 종합건설, 동양화재해상보험, 서울투자신탁운용, 한불종합금융, 투자증권
기아	28	자동차, 기산, 기산개발, 기산엔지니어링,경제연구소, 인터트레이드, 정기,다스코, 모스트, 부기산업, 삼안건설기술공사, 성산, 케이티, 한국에이비시스템, 대전판매,모텍,자동차서비스, 전자, 정보시스템, 중공업,특수강, 대경화성, 아세아자동차공업, 아시아자동차판매, 화천금형공업, 기산상호신용금고, 포드할부금융, 아신창업투자금융
한화	31	한화, 경향신문사, 빙그레, 오트론, 한양상사, 한컴, 경제연구원, 유통, 이글스, 동일석유, 동주가스, 부평판지, 이천가스, 바스프우레탄, 개발, 관광, 국토개발, 기계, 소재, 에너지, 에너지프라자, 엔에스케이정밀, 역사, 자동차부품, 종합화학, 지케이엔, 포리마, 종합금융, 증권, 투자신탁운용, 파이낸스
롯데	30	호텔롯데, 국제신문, 대홍기획, 디디비니드햄디아이케이코리아, 기공, 롯데리아, 삼강, 자이언츠, 캐논, 햄·우유, 송곡물산, 코리아세븐, 호텔롯데부산, 건설, 냉동, 로지스틱스, 물산, 산업, 상사, 롯데, 알미늄, 역사, 전자, 정보통신, 제과, 칠성음료, 후지필름판매, 한국후지필름, 호남석유화학, 할부금융

주 : 다수 재벌이 공식 등록된 계열회사 외에 상당수의 관계회사를 더 가지고 있음.
자료 : 공정거래위원회

<부표 5-2> 미국 GE사의 사업부문

연번	사 업 부 문
1	항공기 엔진(Aircraft Engines)
2	가전제품(Alliances)
3	자본서비스(Capital Services)
4	조명기구(Lighting)
5	의료기기 및 의료서비스(Medical Systems)
6	방송 사업(NBC)
7	플라스틱 제품(Plastics)
8	에너지 생산 및 동력기기(Power Systems)
9	배전 및 전기 통제장치(Electrical Distribution and Control)
10	작업 및 작업 환경 통제장치(Inderstrial Control Systems)
11	정보서비스(Information Services)
12	운송기구 제작 및 관련 서비스(Transportation Systems)

자료 : General Electric Company. 1997 Annual Report

제6장 준비없는 해외진출
- 해외경영 능력과 자세의 미비 -

"지구촌"(global village)이란 말이 처음 등장한 것은 1964년인데, 그로부터 꼭 30년 후인 1994년에 우리 정부는 "세계화"(globalization)를 핵심 정책구호로 선정한 바 있다.

세계화에 대한 공식적 정의가 내려진 적은 없지만 당시 언론매체에 보도된 내용을 종합해 보면 정부나 국민은 대체로 세 가지 사항을 염두에 두고 있었던 것으로 해석된다 : ① 경제자율화와 시장개방을 주요 내용으로 하는 행정체계의 현대화, ② 해외직접투자 활성화와 해외경영의 현지화(localization)를 주요 내용으로 하는 기업경영의 세계화, ③ 국수주의적(國粹主義的) 편협성에서 벗어나 지구촌의 시민이 되는 국민의 자세전환 등이다. 아무튼 1990년대에 와서 대외교류는 국민의 일상 관심사가 되었다.

우리 기업의 해외진출은 1980년대부터 매우 활발하였고 그 동기도 다양하였다. 불행히도 앞다투어 나간 해외에서 대부분의 기업이 "참담하다"

고 할 정도의 실패를 경험하였다. 1990년대 말 현재까지 내세울 만한 성공 사례는 전무하다고 해도 과언이 아니다. 그 이유는 간단하다. 절대다수의 기업들이 해외사업을 벌일 준비가 되어 있지 않은 것이다.

낯선 해외환경에서 효과적인 경영을 할 '능력'(competencies)도 부족하고 외국인을 믿고 고용할 '자세'(attitudes)도 갖추어져 있지 않았다. 게다가 사업전개 과정도 엉성하였다. 사업성 검토 없이 즉흥적으로, 현지환경에 대한 세밀한 분석 없이 임기응변으로 진행하는 경우가 많았다. 애당초 성공할 가능성이 희박했던 것이다.

1. 요행수에 기댄 사업착수

우리 기업이 해외사업에 착수하는 과정의 문제점은 국내사업의 경우와 크게 다를 바 없다. 기업의 투자결정 과정에 대한 일반적 문제점에 대해서는 제5장에서 다루었으므로 여기서는 간단히 언급하기로 한다.

첫째, 의사결정 과정이 비합리적이다. "오너"가 충동적으로 해외사업을 결정하는 경우가 많고, 남 따라 나서는 투자가 많다.

둘째, 사실분석 없이 막연한 장밋빛 기대를 가지고 사업을 시작한다. 전문가들은 문화적 차이 때문에 국적이 다른 기업을 인수해서 경영한다는 것은 매우 힘든 일이므로 부실한 외국기업은 인수하지 않는 것이 상책(上策)이라고 충고하고 있다(Bleeke & Ernst). 같은 국적의 경영층이 실패한 기업을 다른 국적의 경영층이 맡아서 정상화시킨다는 것은 사실상 불가능에 가까운 일이다.

그러나 한국 기업들은 근거없는 낙관으로 수억에서 십 수억 달러 단위의 해외 부실기업 인수도 서슴지 않는다. 한국 기업의 계산없는 외국기업 인수에 대해 유럽의 언론들이 특히 비판적인데, "극단적으로 경영이 악화되어 회생하기 힘든 기업을 인수하려 한다"거나, "한국 기업들은 유럽인들이 실패한 곳에 뛰어들면 성공한다는 가정을 하고 있는 것 같다"는 등이다(조선, 96. 12. 21).

셋째, 사업진행을 위한 사전준비가 부족하다. 경영 여건은 나라마다 다르다. 제도, 법규, 관행이 다르고, 문화가 다르고, 주민들의 사고방식, 생활양식, 가치관이 다르다. 따라서 현지직원을 다스리고, 현지고객을 대하고, 현지공급자와 거래하고, 현지 지역사회와 좋은 관계를 맺기 위해서는 현지에 대해서 철저히 연구하여야 한다. 효과적 경영정책 및 전략을 채택하고 현지에 맞는 관리제도를 도입하여야 한다.

그러나 우리 기업들은 사전대비가 부족하고, 시행착오를 통하여 배우는 경우가 많다. 한 외국인의 비판은 이런 사정을 잘 설명해 준다. "한국 금융기관은 학습비용치고는 불필요한 대가를 너무 많이 치르고 있다. 꼼꼼히 준비하지 않고 '어떻게 되겠지'라는 막연한 생각으로 뛰어드는 곳이 아직 많다."(중앙, 97. 10. 20)

넷째, 내부능력을 무시한 확대 일변도(一邊倒)의 투자가 많다. 내부에 축적된 해외투자 자금은 사실상 전무하다. 해외사업을 맡아서 경영할 수 있는 능력과 자세를 두루 갖춘 인적자원 역시 부족하다. 그런 마당에 세계 여러 곳에서 동시다발적으로 사업을 벌이기를 서슴지 않는다. 다음의 경우를 살펴보자:

(사례 6-1) 내부능력을 무시한 해외투자

개발도상국 기업 중 해외투자 자산이 가장 많은 것으로 알려진 D그룹은 1997년 6월 말 현재, 해외 각국에 311개 현지법인을 포함한 538개의 사업장을 가지고 있으며, 그 개수는 매우 빠른 속도로 늘어나고 있다. 그 중 상당수의 사업장은 예정된 투자규모가 10억 달러를 상회한다.

D그룹의 해외자산이 1995년 말 현재 이미 120억 달러인 것으로 알려진 바 있지만, 투자계획에 따른 추가자금 소요는 그보다 훨씬 많다. 필요한 자금을 적기에 조달해 내는 것은 매우 부담스러운 일일 수밖에 없다. D그룹은 이익잉여금이 없으므로 소요자금을 외부차입에 의존할 수밖에 없다. 설사 자금조달이 가능하다고 해도 차입자금에 대한 이자가 그 그룹의 경영을 압박할 것이다.

　　D그룹의 해외사업 범위는 국내사업의 다양성이 무색할 정도로 다방면에 걸쳐져 있다. 수많은 나라에 설립된 판매법인을 위시하여, 폴란드 등 여러 나라의 자동차 공장, 중국의 시멘트 공장, 우즈베키스탄의 통신 및 면방사업, 호주의 광산개발, 우크라이나 등지의 복합 비즈니스 센터 등 실로 다양하다. 그처럼 다양한 사업을 추진하거나 관리할 인력이 부족하지 않을 수 없다.

　　많은 해외사업을 그룹 내의 종합상사가 주도하거나 지원하고 있다. 종합상사의 직원들은 제조업에 경험이 없음은 물론 마케팅 경험도 없다. (종합상사의 수출입 업무는 일종의 중개업무로서 상품개발에서 A/S에 걸치는 복합업무인 마케팅과는 다르다.) 그룹 제조업체 출신 직원들은 해외에서 근무한 경험이 적어 이들에게 해외사업을 맡기기도 어렵다. 제조업 출신들은 대체로 영어 실력이 약하여 해외에서는 의사소통부터 문제가 된다.

　　실제로 D그룹이 가장 의욕적으로 여러 나라에서 동시에 추진하는 자동차 사업을 책임지는 사람들은 대부분 경험이 없는 사람들이다. 현지 자동차 사업을 능숙하게 처리해 내리라고 장담하기 어렵다.

　　더욱 난처한 것은 세계 각지에서 새로운 사업이 연달아 생기므로 한 사업장에서 그나마 어렵게 훈련시킨 사람을 다른 사업장으로 쉴새 없이 이동배치시켜야 한다는 점이다(*cf.* FEER, 97. 5. 1). 대부분의 사업장을 아마추어가 맡을 수밖에 없는 여건인 것이다.

한마디로, 한국 기업들은 '요행수'(hit or miss)를 바라고 해외사업에 착수하고 있다. 해외사업이 국내사업보다 훨씬 어려운 점을 감안한다면 성공(hit)의 확률은 낮게 마련이다.

2. 해외사업 경영능력의 부족

대다수의 한국 기업들은 해외사업을 성공적으로 수행해 낼 능력을 갖춘 인적자원이 부족하다. 현지어(現地語) 구사력이 약하고 현지사정에 비교적 어두워서 현지인을 적절히 부리는 기술이 부족하다. 그래서 현지법인이 현지의 기업이기보다는 한국에 소재한 기업인 것처럼 운영되는 것이 보통이다. 한국 기업으로 운영되는 조직이 '현지에서' 성공하기를 기대하기는 어렵다.

부족한 현지어 능력

해외에서 사업을 할 때 기업이 접촉하는 이해당사자들, 즉 고객, 납품업자, 종업원, 정부기관, 지역사회(community) 등이 모두 외국인들인 것이 일반적이다. 따라서 효과적인 의사소통을 위해서는 현지어 혹은 영어를 구사할 수 있는 능력이 매우 중요하다. 그런 까닭에 "숨은 승리자"(hidden champion)라는 이름으로 한국에도 소개된 바 있는 독일의 중견기업들은 현지어 터득을 해외진출의 전제조건으로 하고 있으며, 몇몇 기업은 아예 회사의 공용어를 독일어에서 영어로 바꾸어 버렸다(Simon).

현지인을 고위직에 채용하지 않는 것이 일반적인 한국의 기업관행이다. 그러므로 고위직급자이건 실무책임자이건 주재원(駐在員), 즉 본사에서 파견된 직원들이 현지의 이해당사자들을 직접 접촉해야 되는 경우가 많다. 한국적 기업문화 때문에 현지어 의사소통 능력은 더더욱 절실히 요구된다.

불행히도 한국인의 영어 혹은 현지어 구사능력은 어느 나라 사람들보다도 취약하다.

영어권 국가.　저자가 인터뷰한 미국인이나 재미교포에 따르면, 한국 기업의 미국 현지법인에 근무하는 주재원들은 영어 실력이 부족하다. 그리하여 '현지 기업의 직원'으로서의 제 역할을 다하지 못하고 있다. 말하기와 듣기 실력이 부족함은 물론, 쓰기마저 서툴러서 한국인이 영어로 작성한 서류는 외부로 발송하기 전에 미국인이 고치지 않으면 망신을 당하기 십상이다.

우리나라 직장인들의 평균 영어 능력이 낮은 사정을, 한국의 대표적 기업으로서 가장 우수한 인재들이 모인다는 Q사 해외사업 담당과장이 단도직입적으로 말해 준다(1996년) : "해외사업의 현지화 말씀입니까? 외국인에게서 전화가 걸려 왔다고 하면 모두가 도망가는 판인데 그것이 어떻게 가능하겠습니까?"

직장인들은 외국인 구매선(buyer)과 영어로 상담(商談)한 것을 근거로 영어 실력이 대단한 것으로 생각하지만, 대부분의 경우 이는 착각이다. 한국을 방문하는 구매선은 계약을 성공시킬 목적으로 한국 사람들의 영어를 알아듣기 위하여 주의를 기울이고, 스스로의 말을 알아듣게 하기 위하여 의식적으로 천천히 또박또박 말한다.

그러나 해외에 살고 있는 현지인들은 한국인의 영어를 잘 알아들으려고 특별히 노력하지 않는다. 그래서 한국에서처럼 의사소통이 잘 되지는 않는다. 평균적인 한국 직장인은, 외국에서 일반인과 대화하는 데 필요한 '거리에서 통하는 현지어'(street language)를 말할 수 있는 실력이 부족하다. 호텔 식당에서 "여덟 번이나 시도하였지만 결국 'oat meal'의 주문을 포기하였다"는 일류기업 직원이 있고, "'Marlboro'를 살 수가 없어서 피우던 담배를 'Kent'로 바꾸었다"는 교포도 있다. 저자 스스로 현지에 5년을 거주한 시점이었음에도 미국 국내선 비행기에서 "ice water"를 주문하려고 다섯 번을 반복하여 말해야 했던 경험이 있다.

현지인 종업원도 주재원의 서투른 영어를 너그러이 용서해 주려고 하지 않는다. 부하직원을 효과적으로 부리기 위해서 상사(上司)는 그들에게 확실하게 의사를 전달하고, 그들의 언어사용을 통해서 미묘한 심리변화를 읽어야 하며 때로 욕설도 해야 한다. 현지어 실력이 없으면 자연히 현지인 부하를 통솔하기가 어려워진다. 어떤 종합상사의 미국 현지법인에 근무하는 교포직원의 말을 들어보자 :

[본사에서 나온] 몇몇 상급 책임자와 얘기해 보면 그들은 맨 먼저 "미국 사람들은 다룰 수가 없어"라고 토로한다. 내가 생각하기엔 그것은 그들의 의사소통 능력(ability to communicate)이 볼품없다는 숨길 수 없는 현실 때문이다. 미국

인 직원을 데리고 있다는 생각 자체가 그들로 하여금 두려움을 느끼게 하는지도 (intimidating) 모른다. 알다시피 자신의 생각을 제대로 전달할 수 없다면 부하를 다스릴 수 없는 것 아니겠는가? (1996년)

잘못된 교육이 우리의 외국어 능력을 떨어뜨리고 있는 것은 사실이다. 그에 더하여 직장인들의 외국어 능력개발 노력도 부족하다. 해외 현지 법인에 근무하는 주재원들은 거리로 나가 현지인과 부딪치며 현지어를 연마하기보다는 안주하려는 성향을 보인다. 그들의 평균 주재기간이 4년 내외로 짧아서 현지어를 유창하게 말하게 될 시간적 여유도 없다. 따라서 주재원들의 '현지 기업의 관리자'로서의 자질은 본사로 귀임(歸任)할 때가 되어도 눈에 띄게 달라지지 않음이 보통이다.

비영어권 국가.　영어권이 아닌 외국에서의 의사소통 문제는 더욱 심각하다. 영어를 능숙하게 구사하는 사람이 많지 않은 형편에, 소위 '제2외국어'로 의사소통할 수 있는 한국인이 흔치 않음은 쉽게 짐작해 볼 수 있는 일이다. 그 문제를 해결할 수 있는 방법은 진출한 국가의 상황에 따라 크게 세 가지로 나눌 수 있다.

첫째, 영어를 사용하는 방법인데 과거 미국이나 영국의 점령지 등에서 특히 효과적인 방법이다. 그때에는 주재원과 현지인의 영어 구사능력이 문제가 된다.

둘째, 현지어를 구사하는 통역을 구하는 일이다. 해외에 설립되는 제조업체에는 이것이 절실히 필요하다. 영어권을 제외한 나라의 생산직 근로자들은 대체로 영어 구사능력이 약하기 때문이다. 문제는 한국말과 현지어를 직접 통역할 수 있는 사람을 현지에서 채용하기가 쉽지 않은 점이다. 불가피하게 현지인으로서 영어와 현지어를 통역하는 사람을 쓸 수밖에 없다. 다시 주재원의 영어 능력과 현지 통역인의 언어 능력이 문제가 된다. 자칫 한국인 경영층과 현지인 직원 사이에 두 사람의 통역이 필요하게 된다. 그럴 때에 감독자와 근로자가 제대로 의사소통하기란 불가능에 가깝다.

셋째, 한국어와 현지어를 구사하는 교포를 직원으로 채용하는 일이다. 다수의 우리 기업들이 선진국에서 사용해 온 전통적 방법인데, 의사소통은 원활하지만 '주류가 아닌 한국 교포'가 현지사회를 뚫고 들어가는 데에는 아무래도 여러 가지 제약이 따른다. 더구나 자질을 갖춘 교포를 구하는 것이 쉬운 일이 아닐 수도 있다.

정리하면, 현지어 혹은 영어를 능숙하게 구사하는 것은 해외사업에 필수적임에도 한국 기업에는 그런 직원이 많지 않다. 그것이 해외사업의 성공적 수행에 큰 장애가 되고 있다.

현지사정에 어두움

현지사업을 효과적으로 추진하는 데에는 현지의 정치와 사회, 현지의 문화와 관습, 현지인의 가치관, 현지의 법규와 제도에 익숙하여야만 한다.
그 이유는 첫째, 현지의 기업환경을 정확하게 이해하여야만 효과적인 전략을 짤 수 있다. 예를 들어 현지인의 기호를 알아야 잘 팔리는 제품을 개발하고, 잘 먹혀 들어가는 광고문안을 쓸 수 있다.
둘째, 현지사정에 밝아야 현지사업의 이해당사자들과 좋은 관계를 유지할 수 있는데, 이것이 기업성공에 크게 기여함은 두말할 필요가 없다. 또 하나 유의해야 할 것은 현지인과의 의사소통을 원활히 하기 위해서는 언어뿐 아니라 현지사정에 대한 이해가 필요하다는 점이다. 그렇지 못하면 언어의 뉘앙스를 놓치게 됨은 물론, 공통의 화젯거리를 찾을 수 없게 된다.
셋째, 현지법규를 준수하고 제도를 따르는 것은 현지에 소재한 기업에겐 선택의 여지가 없는 필수사항이다. 그것을 소홀히 하면 자칫 벌과금 등 막대한 손실을 입을 수 있다.
불행히도 대다수의 우리 기업들은 그런 측면에서도 준비가 잘 되어 있지 않다. 현지에 파견되는 직원 개개인들은 사전대비가 부족하고, 현지에 부임해서도 약점을 보완하려고 절실하게 노력하지 않는다. 결과적으로 현지문화에 어둡기 때문에 상당한 문제가 초래된다.

예를 들면 외국인을 대상으로 한 대기업들의 기업 이미지 광고는 기대했던 효과를 얻지 못하는 경우가 많고, 더러는 최악의 광고로 꼽히기도 한다. D그룹의 "A에서 Z까지" 혹은 H그룹의 "반도체 칩에서 선박까지"(From Chips To Ships)는 당초의 의도와는 반대로 많은 외국인의 냉소를 자아내었다.

주재원들이 현지문화를 잘 이해하지 못하고 현지사정에 어두우면 현지인과 친구가 되기 어렵다. 그것은 현지영업 활성화의 장애요인으로 작용한다. 한 종합상사 직원의 고백을 들어보자:

> 내가 지금까지 6년간 미국에 주재하는 동안에, 거래처로부터 여러 차례 켄터키 더비(Kentucky Derby, 미국에서 가장 인기가 높은 5월의 競馬)에 초청을 받았지만, 나는 가지 못하였다. 경마의 재미를 정확하게 이해하지 못하기도 하였지만, 그보다는 서양 사람들과 오랫동안 같이 있는다는 생각 자체가 나를 불안하게 하였기 때문이다. 무엇보다 그들과 애기할 수 있는 공통의 관심사가 없기 때문에 같이 시간을 보낸다는 것이 고역이 된다. 그것은 언어 능력의 문제와는 별개이다. 우리가 [미국] TV에서 시트콤(sitcom)을 볼 때 따라 웃지 못하는 것이 언어문제보다는 [현지문화에 대한 이해부족 때문인] 것과 마찬가지로……
> (1996년)

현지인의 가치관을 잘 이해하지 못하면 현지인 종업원들을 통솔하기도 어렵다. 한때 D전자가 파산상태에 있는 프랑스 전자회사를 인수하려다 실패한 적이 있다. 그때 당해 기업과 많은 언론기관이 프랑스 사람들의 "배타적" 감정 때문에 그런 결과가 초래되었다고 하면서 흥분하였고, 급기야 부총리까지 나서서 프랑스에 항의하였다. 그렇지만 차분히 생각해 보면 프랑스 기업인수의 실패는 D사에게도 천만다행한 일이었다. 다른 것은 제쳐 두고, 불어를 제대로 하는 관리자가 없는 그 회사의 형편에 그렇게 "배타적"인 프랑스인 종업원을 적절히 다룬다는 것은 어렵다 못하여 사실상 불가능한 것으로 보이기 때문이다.

해외의 우리 기업들이 현지 법규와 제도에 어두워, 현지의 정부당국으로부터 벌금 및 과태료를 물거나 현지의 이해당사자로부터 소송을 당하는 일은 비일비재하다. 그 중 일부는 국내 언론에도 더러 보도된 바 있으며 몇 가지 구체적 사례를 제4장에서 이미 소개한 바 있다.

특히 선진국에서는 세무관련 규정, 제조품 하자에 대한 책임, 종업원의 처우(인종차별, 성희롱 포함), 근로장소의 안전시설, 환경오염 방지 등에 관한 규칙이 까다롭다. 한편, 그런 나라에서는 탈법이나 위규에 대한 처벌에 예외가 없으며 그 내용이 추상(秋霜)과 같다. 그럼에도 우리 기업들은 그런 사정에 어두워 큰코다치는 경우가 많았던 것이다.

한국 사회의 재현(再現)

현지 언어에 능통하지 못하고 현지 문물에 어두운 까닭에, 많은 주재원들이 외국인들과 부딪치는 것을 기피하려고 하는 경향을 보인다. 그들은 가능한 대로 현지에 한국 생활을 재현하려고 한다. 개인생활이 한국적임은 물론, 직장에서의 활동환경도 한국적으로 만들려고 한다. 동료나 부하직원으로 본사직원이나 한국계 현지인을 선호하고, 심지어 거래처도 한국계를 고른다.

저자가 1996년에 설문조사를 통하여 확인한 41개 미국 현지법인의 성분별 직원 구성은 <표 6-1>과 같다. 블루칼라 직원이 압도적인 호텔과 생산공장, 그리고 특수 사업장인 자동차 판매회사를 제외하면 무역회사나 제조업체의 자회사에는 주재원과 재미교포 등 한국계 직원이 필요 이상으로 많다. 특히 무역회사를 방문해 보면 주재원과 교포직원이 많아서 미국 회사라는 느낌이 들지 않는다.

설문조사에 따르면 그런 현상이 초래된 것은 부분적으로 주재원이 미국인 직원 다루기를 불편해 하기 때문인 것으로 확인되었다.[1] 현지영업에

---

1) 해외 현지법인에 주재원이나 한국교포가 필요 이상으로 많은 이유는 ① 본사 임직원의 관리상의 편의(본사 중심주의), ② 외국인에 대한 불신(자기종족 중심주의), ③ 문화적 갈등으로 인한 외국인의 한국회사 기피, ④ 주재원의 외국인 통솔능력 부족 등으로 나타났다.

<표 6-1> 미국 현지법인의 업태별 · 종족별 직원구성

(1996년 4월 현재, 단위 : 개, 명)

업태별	회사수	주재원	재미교포	미국인	계
무역회사의 자회사	9	18 (20%)	43 (50%)	26 (30%)	87 (100%)
일반 제조업체의 판매 자회사	21	8 (12%)	11 (17%)	46 (71%)	65 (100%)
자동차 제조업체의 판매 자회사	2	19 (6%)	13 (4%)	287 (90%)	319 (100%)
호텔	3	3 (1%)	25 (9%)	258 (90%)	286 (100%)
제조공장	6	5 (1%)	6 (2%)	343 (97%)	354 (100%)
평균 (총 41개사)		10 (7%)	18 (13%)	112 (80%)	140 (100%)

주 : 종족별 직원 숫자는 각 업태별 평균치임.

참고 : 설문조사 모집단과 표본
　　모집단 : 한국 기업의 미국 현지법인 662개사(1994년 말 현재 등록된 회사)
　　1차 표본 : 납입 자본금 5백만 달러 이상 66개사
　　2차 표본 : 부적당한 기업을 제외한 47개사(제외 : 소주주 8, 영업중단 6,
　　　　　한국인 상대 영업 등 5)
　　관련질문 답변 : 41개사(설문지 회신 : 44)

는 현지직원을 고용함이 원칙이다. 그래서 수많은 한국 기업들이 10년이 넘게 "현지화"를 부르짖어 왔다. 그러나 주재원의 현지인 통솔능력 문제 등으로 현지화는 구두선(口頭禪)에 그치고 있는 것이다.

　　더 큰 문제는 주재원들이 한국계 고객을 먼저 찾아가는 경향이 있다는 점이다. 제조업체의 자회사는 사업의 성격상 조금 덜한 편이지만, 무역회사의 자회사는 다양한 품목을 취급하면서 교포기업인과 거래하는 경우가 많다. 교포기업인들은 그들 스스로가 현지의 주류사회에 침투하는 능력이 떨어지며, 신용(credit)이 취약한 경우가 많다. 따라서 교포를 주로 상대하면 현지법인의 영업이 부진하고, 때에 따라 부실채권을 안게 된다.

　　교포기업인에 대한 의존도는 업종별 · 기업별로 다르다. 어느 한 종합상사의 경우는 미국인 신용평가 담당자(credit manager)가 그 회사 고객의 절반이 한국계라고 실토할 정도로 교포에 대한 의존도가 높았다.

현지의 한국계 거래처에 대한 편중도가 높은 대표적인 업종은 은행이라고 할 수 있다. 은행 해외점포의 고객은 거의 대부분이 현지법인이나 교포기업인데, 다수의 해외점포가 부실채권의 누적으로 고통을 겪은 바 있다.

현지법인의 직원과 거래처의 다수가 한국계라면 주재원은 거의 완벽하게 한국을 현지에 재현할 수가 있다. 저자가 인터뷰한 사람들(본사직원, 주재원, 현지인)의 의견을 종합하면, 뉴욕이나 로스앤젤레스 등 교포사회가 발달한 지역에 근무하는 주재원들의 전형적인 일상생활은 아래와 같다:

> 주재원들은 회사에서 혹은 집에서 회사가 공급해 주는 한국 신문과 잡지를 읽는다. 출퇴근을 위하여 운전할 때는 한국 방송을 듣는다. 집에서는 한국 TV와 한국 비디오를 시청한다. 그들은 한국 정치를 화제로 삼고, 한국 경제와 한국 사회를 논한다. 사무실에서는 주재원끼리 혹은 한국계 부하직원과 한국말로 얘기한다. 그들의 고객 중의 다수가 한국계이다. 거래하는 변호사와 공인회계사도 한국계이다. 그들은 동료직원, 본사에서 온 손님, 혹은 가족과 한식당(韓食堂) 혹은 한국계 종업원이 봉사하는 식당에 간다. 골프는 주재원들끼리나 거래처의 한국인들과 한다. 그들은 한국계 의사에게 가고, 한국계 보험중개인과 거래하고, 한국계 자동차수리공에게 차를 맡기고, 한국계 교회에 간다. 웬만한 지위에 있는 사람이면 이중 언어(bilingual) 능력을 가진 한국계 비서가 있어 호텔, 비행기, 골프장, 식당의 예약을 대신해 준다. 외국인 고객을 대면할 때는 어쩔 수 없이 영어를 쓰는데, 그 빈도는 직책에 따라 다르지만 그렇게 흔하지 않다. (1996년)

그런 주재원들이 현지인 직원의 눈에는 어떻게 비치는지 대형 제조업체에 근무하는 미국인의 말을 들어보자:

> [수년 전까지만 해도] 거의 모든 한국인 관리자들은 책상에 앉아 하루 온종일 한국 신문을 읽었다. 화장실에 가면 바닥에 한국 신문이 깔려 있었다. [생각이 있는 사람이라면] "히야, 도저히 이게 아닌데"라고 말할 것이다. (1996년)

미국인이 꼬집은 위와 비슷한 현상은 1990년대 말 현재에도 많은 현지법인에서 일어나고 있다.

한국을 재현하는 정도는 현지의 사정에 따라 다르다. 한국 교포 인구가 적은 저개발국에서는 제한적이지만, 비교적 많은 선진국에서는 그 정도가 높고, 그 중에서도 미국이 가장 심하다. 그래서 모 종합상사의 해외관리 담당임원은 "4년여의 임기를 마치고 돌아올 때에 보면 '미국' 주재원의 영어가 제일 엉망"이라고 지적한 바 있다(1996년).

한국적 경영관리

한국 기업 해외법인의 경영층은 거의 예외없이 본사에서 파견된 간부들로 구성되어 있다. 그러다 보니 경영방식이 본사의 그것과 크게 다를 바 없다. 의사결정 과정이나 후속업무 처리, 문제해결 과정이 짜임새가 없고 윗사람의 뜻에 따라 임의로 진행되는 것은 본사에서와 마찬가지이다.

현지법인에는 현지 사람을 고용하지 않을 수 없다. 따라서 제반 관리 시스템도 현지에 맞게 변형할 필요가 있다. 한국 기업은 그런 면에서도 소홀하다.

현지인을 믿고 활용하기 위해서는 우선 그들이 회사에 기여하는 정도를 정확하게 파악할 수 있어야 하고, 그들의 바람직하지 않은 활동을 적시에 파악할 수 있는 장치가 있어야 한다. 그러나 지금까지 연공서열(年功序列)만을 주로 따져 왔기 때문에, 한국 기업은 개별 직원의 기여도를 측정하는 노하우를 발달시키지 못하였다. 본사의 제도를 답습하는 현지법인의 사정이 더 나을 리 없다. 그런 상황에서 우리와는 사고나 가치관이 다른 현지인들이 회사가 원하는 방향대로 행동하기를 기대한다는 것은 무리일는지도 모른다. 평가나 통제장치가 미흡하다보니 현지인에게 실권(實權)을 주고 싶어도 주지 못하게 되는 것이다.

한국식 인사관리와 예산제도는 현지인의 정서에 잘 맞지 않는 것이 보통이다. 그들은 능력있는 사람이 책임자가 되기 위하여 왜 남들과 같이 4년을 기다려야 하는지 이해하지 못한다. 이미 승인받은 예산 내에서의 지출을 건건이 결재받아야 하는 이유를 알지 못한다. 그들은 형식에 집착하는 품의제도를 이해하지 못한다. 그들은 할 일이 없으면서도 상사가 퇴근하지 않아서 사무실에 남아 있어야 한다는 것을 받아들이지 않는다. "연말비상"이라 하여 미리 계획해 둔 휴가를 취소하는 것을 거부한다.

현지정서와 동떨어진 관리 시스템은 현지인의 사기를 떨어뜨린다. 저자가 확인한 바에 따르면, 한국 기업에 근무하는 미국인들이 느끼는 가장 큰 애로는 제도의 차이를 포함한 '문화적 갈등'이었다. 현지인은 현지방식의 경영을 원하지만 우리 기업들은 대체로 이에 둔감하다. 능력있는 현지인이라면 한국 기업을 기피하게 될 수밖에 없다.

해외사업에서도 우리 기업들은 문제가 발생하였을 때 그 해결에 서투르다. 즉, 위기관리 능력이 부족한 것이다. 우선 어떤 사업을 시작할 때 비상시를 대비하는 계획을 마련하지 않는다. 출발하면서 나쁜 결과를 얘기하는 것은 방정맞거나 옹졸하다고 생각되기 때문이다. 사전 대비가 없다 보니 문제가 생기면 허둥대는 경향이 있으며, 사태를 정확하게 분석하기보다는 감정적으로 혹은 적당히 해결하려고 한다. <사례 4-6>과 <사례 4-7>은 수습과정의 잘못으로 문제가 더 악화된 전형적인 보기라고 할 것이다.

3. 세계화, 그 기본적 자세의 미비

'세계화'(globalization)를 기업의 입장에서 정의하면, 한마디로 '지구 전체(globe)를 하나의 전략단위(strategic unit)로 생각하여 경영하는 것'이다. 경영의 효과성과 효율성이 판단의 기준이 될 뿐, 국적, 국경, 종족은 고려되지 않는 것을 의미한다. 제조공장은 노임이 가장 싼 나라에 설립하고, 원자재나 부품은 품질이 좋거나 가격이 저렴한 나라에서 구매하고, 임직원은 종족에 상관없이 능력위주로 채용하는 것을 의미한다.

반면, '현지화'(localization)는 '해외조직을 현지의 독립기업으로 생각하여 경영하는 것'을 말한다. 경영전략을 현지 여건에 맞추어야 하는데, 결국 현지법인에 권한을 위임하는 것과 현지인을 고위직급에 임용하고 실권을 주는 것을 요체(要諦)로 한다. 일반적으로 현지화는 세계화의 보완적(complementary) 개념인 것으로 이해되고 있다.

세계화는 세계 각지에 펼쳐져 있는 단위 조직체들을 유기적으로 연결하여 조직체 전체의 효과성과 효율성을 극대화하자는, 즉 총체적 최적치(global optimum)의 달성을 목표로 한다. 반면, 현지화는 현지법인이라는 단위조직의 효과성과 효율성을 극대화하자는, 즉 국지적 최적치(local optimum)의 달성을 목표로 한다. 세계화와 현지화가 상호보완적이라는 것은 개개의 현지법인이 제대로 운영되어야 전체 조직체를 제대로 경영할 수 있기 때문이다. 말하자면 현지화는 세계화의 전제조건인 셈이다.

우리나라의 몇몇 대기업이 현지화의 필요성을 인식하기 시작한 것은 1980년대 중반이었고, 그 개념은 1994년 정부의 세계화 선언으로 일반화되었다. 그러나 저자가 연구한 바에 따르면, 한국 기업의 '현지화'는 거의 예외없이 구두선(lip service)에 그치고 있고, '세계화'는 세계 각지의 조직들을 유기적으로 연결하기보다는 '여기저기 사업을 벌이는' 것으로 이해되고 있다.

해외사업과 해외조직을 현지화하지 않으면 현지에서 성공하기 어렵다. 그것이 절대다수의 한국 기업들이 해외에서 실패를 거듭하고 있는 또 다른 이유이다. 현지화가 성공을 보장하는 것은 아니지만, 현지화 없이 해외사업에서 좋은 성과를 올리기는 사실상 불가능하다. 해외의 개별조직이 제대로 경영되지 않으니 세계 전체를 연결하는 세계화가 자리를 잡을 수 없음은 불문가지(不問可知)라 할 것이다.

그와 같은 결과가 초래된 원인은 여러 가지가 있지만, 무엇보다 먼저 우리가 현지화와 세계화를 수용할 기본적 자세를 갖추지 못하고 있다는 사실때문이라고 할 것이다. 한국 기업의 해외사업과 관련된 부적절한 자세는 아래의 세 가지로 요약될 수 있다:

① 자기종족 중심주의. 우리 대부분은 같은 민족, 같은 집단만 신뢰하여 다른 민족, 다른 집단은 배척하는 경향이 강하다. 자기종족 혹은 자기 집단을 중심으로 모든 일을 생각한다. 그런 바탕 위에서 기업을 경영하고

해외 현지법인을 운영하고 있다.

②본사 중심주의.　대다수의 한국인은 권위주의적이라서 권한을 하부에 위임하지 않으려 한다. 그런 현상이 기업내부의 단위조직간에도 나타난다. 상부조직이 하부조직을 세세히 통제하려고 한다. 해외 현지법인(foreign subsidiary)은 독립된 기업이 아니라 본사의 부속조직(something subsidiary)으로만 취급된다.

③의식상의 무지.　우리는 해외 각지의 가치기준과 관행이 우리와 다를 수도 있다는 것을 간과(看過)한다. 우리는 "한국적인 것이 최고"라고 단정하고, 외국문물을 배척하거나 외국사정을 익히려고 생각해 보지 않는 경향이 있다. 그런 자세는 해외사업에서도 드러난다. 개인이나 기업이 해외문화가 우리와 같다는 가정 아래, 해외에서도 국내의 관행에 맞추어 행동하는 경향이 있다.

자세가 제대로 되어 있지 않으면 현재의 해외 경영성과가 좋을 수 없다. 그런 자세를 고치려는 노력이 없으면 사정은 나아지지 않는다. 위에 열거한 한국 기업의 결점 중에서 세 번째의 것은 바로 자세를 바꾸는 노력을 방해한다. 가장 먼저 버려야 할 태도라고 할 것이다.

이제 절(節)을 바꾸어서 세계화 시대에는 부적절한 세가지의 문화적 요소를 구체적으로 따져 보기로 한다. 그런 요소들이 제거되지 않으면 해외사업에서의 성공을 기대하기가 어려운 것이다.

4. 자기종족 중심주의(Ethnocentrism)

유교 전통을 오랫동안 간직해 오고 있는 우리는 끈끈한 인간관계를 매우 중요하게 생각한다. 공동체 내부인(insider)과 외부인(outsider)을 엄격히 구별한다. 자기종족 내지 자기집단 중심주의적 성향이 강한 것이다.

사적이건 공적이건 단위조직 내부의 사람들에게는 매우 호의적이며, 때에
따라 자기희생도 감수한다. 그러나 외부의 사람은 신뢰하지 않고 배척하며
때로 적대시한다. 그런 행동양식은 가족에서 학교동창에 이르는 사적 그룹
및 기업, 지방행정 단위, 국가 등의 공적 그룹에 두루 적용된다.

　　언제부터인가 우리는 신토불이(身土不二)라는 말을 즐겨 사용해 왔는
데, 이것은 자기종족 중심주의의 전형적 표현이다. 자기집단 중심주의적
사고와 행동은, 우리의 활동이 정적이고 지역적으로 제한되었던 시대에는
유효하였을는지 모르지만, 세계화 시대에는 우리 스스로의 활동범위를 제
한할 뿐이다.

과다한 주재원

　　우리의 자기종족 중심주의는 해외 현지법인에서 극명(克明)하게 드러
난다. 해외사업을 성공적으로 수행해 내기 위해서는 현지인을 고위직에 고
용하고 충분한 권한을 부여해야 한다. 한국의 대기업은 그러한 '필요성'은
대체로 잘 인식하고 있다. 그러나 실제로 그렇게 실행하는 기업은 사실상
전혀 없다고 해도 과언이 아니다.

　　우선 <표 6-1>에서 보듯 해외 현지법인에 고용되어 있는 현지인의
숫자가 적다. 신뢰성을 이유로 필요 이상으로 많은 숫자의 주재원이 현지
로 파견되고 있다. 현지인을 믿지 않는 것이다.

　　현지인 고위직급자의 수는 더더욱 적다. 예를 들어, 저자가 방문조사
(field research)를 시행한 어떤 종합상사의 미국 현지법인은 전체의 25%
를 차지하는 주재원이 부장급 이상 고위직급의 80%를 점유하고 있었고,
한 제조업체의 현지법인은 5%의 주재원이 40%의 고위직급을 점유하고
있었다.

주재원과 현지인은 서로 다른 동물

　　숫자상으로 나타난 종족별 직원구성보다 더욱 문제인 것은 현지인 직

원이 실제로 받는 대접이다. 한마디로 주재원과 현지인 사이에는 눈에 보이지 않는 장벽(glass wall)이 가로막혀 있다.

그들은 모든 면에서 별개로 취급된다. X사 현지법인의 대표는 그런 현실을 단적으로 표현하여 "미국 현지법인에는 주재원, 재미교포, 미국인이라는 서로 다른 동물이 있다"는 요지로 말한 바 있다. 그 세 그룹은 서로 잘 어울리지 않는다. 사적인 활동은 거의 그룹별로 이루어진다. 심지어는 구내식당에서도 따로따로 앉는다.

급여체계, 직급체계, 평가체계, 고용관계, 보직, 교육훈련 등 회사와 직원간의 모든 관계가 이중적이다. 주재원은 종신고용이지만 현지직원은 임의고용(at will)이다. 주재원은 어떤 실수를 저지르건 본사 귀임이면 끝나지만 현지인의 경우에는 사정없는 해고이다.

현지인은 주재원의 서명이 없이는 예산을 집행할 수가 없다. 그들은 인사, 재무, 경리 등 중요하게 생각되거나 회사기밀에 관련되는 직책에서는 배제됨이 보통이다. 그들은 커뮤니케이션에서 소외된다. 가장 중요한 정보는 본사에서 나오는데 본지사간 의사전달은 거의 예외 없이 한국말이다. 현지법인 내부의 의사소통도 한국어의 비중이 크다. 현지인은 의사결정 과정에서 배제된다. 중요한 사안은 한국말로 토의되기 때문에 현지인은 끼여들 여지가 없다.

간혹 현지인 고위직급자가 주재원을 부하직원으로 데리고 있는 경우가 있다. 그러나 그 경우에도 현지인은 주재원을 통제할 수가 없다. 의사전달 과정, 의사결정 과정에 참여하지 못하는 상사를 주재원이 존경할 리 만무한 것이다. 더구나 현지인 상사에게는 주재원인 부하직원의 인사고과권도 없다.

그런 여러 가지 이유로 현지인들은 지위고하를 막론하고 아무런 실권도 없는 허수아비일 뿐이다. 현지영업의 특수 사정 때문에 V사에는 미국인이 매우 높은 직위에 채용되어 있다. "보수는 훌륭하지만(handsomely paid) 1천 달러 지출도 결정할 수 없는" 그 현지인 고위간부에 대해서 한 본사 직원이 동정을 표한다 :

그 사람은 외부 사람들이 보기에는 근사하다. 회사를 대표하고 막강한 실권
이 있는 것으로 비쳐진다. 솔직히 말해서, 나는 그 사람이 참 안됐다고 생각한다.
그는 실권이 전혀 없다. 그는 [현지의] 대중들 앞에 나서서 회사에 대해 좋은 이
야기만 들려주는 "얼굴 마담"일 뿐이다. (1996년)

현지인의 선택적 사직(辭職)

현지인에 대한 차별대우는, 자질(資質)을 갖춘 현지인은 떠나고 능력
없고, 의욕없고, 가치없는 사람만 남는 '선택적 사직(辭職)'의 결과를 낳을
뿐이다.

현지인들은 급여수준이 낮아서라기보다 능력을 발휘할 기회가 없기
때문에 한국 기업을 떠나는 경우가 더 많다. 저자가 인터뷰한 미국인들은
대체로 주어진 직위(title)보다도 실제적 권한(authority)에 더 관심이 많았
다. 그래서 실권 없고 허울뿐인 그들의 현 지위에 대해서 자조적(自嘲的)
이었다.

'자아의 실현'(self-actualization)이 가장 효과적인 동기부여 방법이 된
다는 것이 현대 경영학의 상식이고 보면, 제대로 대접받지 못하는 현지인
이 한국 기업을 떠나는 것은 오히려 당연하다 할 것이다. 그와 같은 현상
이 초래된 것은 무엇보다 먼저 현지인을 외부인(outsider)으로 취급하여
신뢰하지 않기 때문이다. 즉, 우리의 자기종족 중심주의 때문이다.

S그룹은 "총수"가 서양식 문화를 잘 이해하는 덕분에 미국인을 현지
법인의 사장으로 임용한 적이 있었다. 그러나 그 미국인은 한국 경영진과
의 갈등으로 3년 여 만에 회사를 떠나게 되었다. 그를 인터뷰한 적이 있는
저자는 사직 이유 중 가장 중요한 것이 본사 경영진이 그를 신뢰하지 않
은 점이라고 해석한다.

한국 기업은 채용한 현지인이 제몫을 못한다는 이유로 쉽게 해고한
다. <사례 4-7>의 V사는 경영성과가 부진하자 맨 먼저 현지인의 실권을
박탈하였다. <사례 4-8>의 Q사는 현지기업을 인수할 당시 경영에는 관여
하지 않겠다고 약속했지만, 실적부진을 이유로 현지인 경영진을 차례로 내

몰고, 점차 본사 임원이 경영을 전담하는 체제로 바꾸었다. 그런 양상은 다수의 기업에 공통적이기 때문에 한국 기업의 전형적 행동양식이라고 볼수 있다. 그 바탕에는 외국인에 대한 신뢰성 결여가 깔려 있다.

해외 현지에서 사업을 벌이면서 현지인을 채용하지 않거나 권한을 주지 않으면 성공의 가능성은 그만큼 낮아진다. "경영 노하우나 마케팅 정보는 전해지는 것이 아니라 느껴지는 것"이라고 말해지기도 한다. 외국인을 아무리 잘 활용한다 해도 주재원이 현지인만큼 현지시장을 잘 이해할 수는 없다는 말이다.

전방위 경쟁의 시대에는 유능한 인재의 확보가 더없이 중요하다. 그럼에도 외국인이라는 이유만으로 제외하는 것은 채용대상자의 풀(pool)을 스스로 작게 만들 뿐이다.

사업의 성공을 위해서는 해외법인의 자율경영이 필수적이다. 외국인을 배척하고 순종적인 주재원만 고위직책에 배치하는 것은 해외법인의 독립성 확보에도 큰 장애가 된다. 더구나 한국 조직의 생리상 본지사간의 거래는 본사 중심주의로 특징지어져 있어 그것으로부터의 탈피가 시급하다. 현지인의 배치가 더욱 절실하다 할 것이다.

5. 본사 중심주의(Headquarters Mentality)

해외 현지법인이 전체 조직체의 일원인 이상 본사의 이해(利害)와 전혀 동떨어질 수는 없다. 그러나 현지법인 그 자체로 성장이 가능하여야만 조직체 전체의 이익에 기여할 수 있다.

원칙적으로 현지법인은 본사와 경영이념을 공유하는 범위 내에서 독자적으로 활동할 수 있어야 한다. 현지법인의 장기적 성장을 위하여 본사의 단기적 이익이 포기될 수도 있어야 한다. 그런 이치를 알기 때문에 다수의 우리 기업들이 현지법인의 독립성을 강조해 왔다.

그러나 현지법인의 자율경영 역시 그룹 회장 혹은 최고 경영자의 구두선이었을 뿐, 실제 거의 모든 한국 기업들은 철저한 본사 중심주의적 사고와 행동을 보인다.

오마에(K. Ohmae)는 전형적 본사 중심주의에 대해 아래와 같이 설명한다 :

중요한 결정은 [몽땅] 본사(headquarters)에서 이루어진다. 본사는 우주의 중심이다. 현지법인이 고객에 가깝기 때문에 [제대로 대접을 받아야 마땅하지만, 실제로는] 이류 조직일 뿐이다. 현지법인들이 본사에 돈을 벌어다 주는 대가로 받는 것은 [현지법인이 필요로 하는 것이 아니라] 본사 간부들이 판단해서 선심쓰고자 하는 것뿐이다. (Ohmae, 1990)

본사 위주의 현지 영업전략

우리 기업들의 본사 중심주의는 우선 아래와 같이 '언제나 본사이익 우선'인 것으로 나타난다 :

① 현지법인의 수익에 우선하는 본사의 매출액 신장
② 현지법인의 장기적 건실성보다 단기적 성과
③ 현지시장 상황보다는 생산부문의 사정(선적물량 및 시기)
④ 해외시장보다는 내수시장
⑤ 자기상표 개발보다는 주문자 상표(OEM) 매출

단적인 예로, 1980년대 초에 대형 전자회사들은 수출목표 달성을 위해 해외에서 저가의 물량공세 작전을 폈다. 그러한 당시의 사정을 하버드 대학 사례연구 보고서(case study)는 아래와 같이 전한다 :

(사례 6-2) 본사 중심의 현지영업

외형을 크게 늘리라는 본사로부터의 압력이 매우 거세었는데, 이것은 본사가 한국에서 치열한 경쟁에 직면해 있었기 때문이다. [G전자의 미국 현지법인]이 짧은 시간 내에 매출을 크게 늘릴 수 있는 유일한 방법은 할인점(discount chains)을 이용하는 길뿐이었으며, 실제로 그런 방향으로 총력을 경주하였다. 현지법인의 경영층은 그 전략에 대해 거부감을 가지고 있었다. 그들의 의견으로는 본사의 그런 방침은 미국 시장에서 상품의 위상을 제고하고자 하는 현지법인의 계획과 상치(相馳)되는 것이었다. (Aguilar and Cho)

그와 같은 저가전략은 현지법인이 우려했던 대로 회사의 상표 이미지를 버려 놓아 1990년대 말까지도 미국 시장에서 고전하는 큰 원인이 되었다.

그런 사정은 다른 전자회사나 <사례 4-7>의 V사에도 그대로 적용되고 있음이 확인되었다. 종합상사도 본사 중심주의가 만연하고 있기는 마찬가지이다. "현지 영업 활성화"를 내세우는 S종합상사의 미국인 간부가 증언한다 :

> 우리 회사의 기업풍토는 "한국에서 생산되는 것을 팔 시장을 찾아라"이지 "미국 시장이 원하는 것이 무엇인가를 알고 그것을 본사나 혹은 다른 어떤 곳에서 조달할 것인가를 생각하자"는 것이 아니다. 내가 보기에 [말과는 달리] 본사는 대체적으로 우리를 본사 생산품의 배출구(排出口)로 생각하는 듯하다. (1996년)

많은 기업들이 세계화, 현지화를 내세운 1990년대 중반에도 본사 중심주의는 크게 달라지지 않았다. 한 전자회사의 주재원이 실토한다: "알다시피 컴퓨터는 계절상품이다. 현지법인의 연간 컴퓨터 매출액의 50%는 9월에서 12월 사이에 달성된다. 그러나 본사에서의 선적은 본사 수출목표 달성을 위하여 50%가 12월에 이루어진다"(1995년).

본사 위주의 인사관리

본사 중심주의는 왕왕 주재원의 선임과 귀임을, 현지의 사정보다는 직원훈련이나 인사이동의 편의를 고려하여 결정하는 형태로도 나타난다.

다양한 경험을 가진 직원을 양성한다는 것도 인사관리의 주안점이기는 하지만, 현지법인이 독립된 조직체로서 제대로 운영되게 하는 것보다 우선할 수는 없다.

모든 측면에서 현지법인의 경영은 본사조직의 운영보다 어렵다. 그러므로 능력과 경험을 갖춘 직원을 우선적으로 해외에 파견해야 함에도 불구하고 이런 원칙은 무시되는 것이 현실이다. 게다가 연공서열에 따른 승격의 결과 남아돌게 된 책임자급 직원에게 자리를 마련해 주기 위하여 필요 이상으로 많은 숫자의 주재원을 현지법인에 배치하는 일이 일반적인 인사관행이다. (정부부처가 자리 때문에 산하기관을 만드는 관행과 흡사한 원리이다.)

본사는 현지에 파견된 주재원을 본사에 배속된 직원인 듯이 취급하여 본사 목적을 위하여 부리는 경우가 많다. 본사의 거래선을 돌보게 하든가, 본사를 대신하여 문제를 해결하게 한다.

가장 큰 문제는 본사에서 출장나온 임직원은 물론 한국에서 현지를 방문하는 온갖 성분의 사람들을 주재원으로 하여금 시중들게 하는 것이다. 각급 계층의 인사, 공무원, 거래처 간부, 그들의 가족, 출장 온 사람, 관광 온 사람, 유학 온 사람 등 그 구성은 실로 다양하다.

그러다 보니, 한국인의 왕래가 많은 주요 도시의 고위직급자는 자기의 고유업무를 처리할 시간도 없다. 미국 대도시에 주재하는 부장급 직원이 불평한다:

(사례 6-3) 본사 심부름꾼인 주재원

나는 두 달 전에 다른 해외 지사에서 여기로 부임하였다. 지난 한 달을 돌이켜 보면 나는 한국에서 오는 손님을 맞거나 배웅하기 위하여 40번을 공항에 갔다. 여기 오는 모든 사람들은 [내가 여기서 최고위 직급자이므로] 내가 직접 나오기를 원한다. 최근에 지사 규모를 축소(downsizing)하였기 때문에 나를 도와줄 사람도 없다. 그러다 보니 어차피 내가 나갈 수밖에 없다. 회사 규정상으로는 공항 출영(出迎)은 금지되어 있다. 그러나 어쩔 수가 없기도 하다. 내가 나가기를 거절하면 그들은 나를 죽이려 할 것이다. [공항에 자주 나간] 덕분에 나는 부

⋮ 서장으로서 무엇을 해야 할지 제대로 생각해 볼 여유도 없었다. (1996년)

본사의 간섭벽(干涉癖)

본사 중심주의의 또 다른 측면은 현지법인에 대한 본사의 지나친 간섭이다. 일반적으로 단위조직은 일정한 범위 내에서 자율권을 가지고 있어야 능동적으로 활동하는 법이며, 수시로 변화하는 상황에 적기에 대처할 수 있다. 현지법인은 기업환경이 본사와는 판이하게 다르고, 지역적으로 본사와 떨어져 있는 데다가, 본지사간에는 시차(時差)가 있게 마련이므로 자율성이 더욱 요구된다. 그러나 본사는 아주 세밀한 부분까지 현지법인의 업무에 간섭하고 있다.

S그룹은 1백만 달러를 초과하는 투자, 구매, 외상거래, 십만 달러를 초과하는 클레임 지급, 만 달러를 초과하는 대손(貸損) 처리 등은 본사의 승인을 받도록 하고 있다. V그룹과 Z그룹은 현지법인으로 하여금 경비예산의 승인은 물론 현지인 직원의 채용 및 인사고과까지 본사의 승인을 받도록 하고 있으며, 매우 자세한 영업보고서를 주, 월, 분기 단위로 본사에 제출하게 하고 있다.

각종의 보고는 현지법인에게 큰 부담을 지운다. 본사의 취향에 맞춘 각종 보고서는 현지인 직원은 작성할 수 없기 때문에 인건비가 비싸고 고위직급자인 주재원이 담당해야 한다. 상당한 인력낭비를 초래한다. 어떤 종합상사의 현지인 직원이 평소 관찰한 바에 대해서 말한다 :

여기 한 주재원이 있다. 그는 보고서의 홍수 속에 산다. 그는 월간계획을 만들어야 한다. 그는 분기계획을 만들어야 한다. 그는 반기계획을, 또 연간계획을 만들어야 한다. 거기다가 부서장이 본사출장을 가든가, 회의에 참석하게 되면 또 보고서를 만들어야 한다. 모두 다 비효과적인 보고서이다 …… [보고서를 만드는 것은 반생산적(counterproductive)이다 : 그가 엄청난 시간을 빼앗겨야 하기 때문에 반생산적이다; 그가 [보고서]에 꿰어 맞추어 넣는 내용들이 부서 [업무]와 동떨어진 것들이기 때문에 반생산적이다. (1996년)

본사의 간섭행위가 본사나 현지법인에 크게 도움이 된다면 다소의 문제점은 감수할 수도 있다. 그러나 본사의 승인절차가 현지법인에 도움이 되거나, 본사에 제출되는 보고서가 체계적으로 분석되어 현지법인의 경영에 반영되는 경우는 드물다. 품의서는 대체적으로 원안대로 승인되고 경비예산인 경우는 합당한 이유 없이 일률적으로 10% 삭감하는 식으로 처리된다. E 종합상사 본사 인사부의 해외담당 과장이 실토한다 :

> 본사 인사부에서 개개 현지인의 채용을 승인한다. 솔직히 말해 우리는 채용후보자가 어떤 사람인지도 모르고 그가 정확히 무슨 일을 할 예정인지도 모른다……
> 본사는 세계 각국의 현지법인이 획일적인 직급체계를 가지도록 하고 있다. 내 개인적으로는 직급체계는 각국의 형편에 맞추어져야 하고, 따라서 나라마다 서로 달라야 한다고 생각한다. 어차피 인사관련 법규와 관행은 나라마다 다른 것이 아닌가? (1996년)

정기보고서는 대체로 경영층에 뒤늦게 형식적으로 보고되는 것으로 끝난다. 더러는 담당과장의 서랍 속에서 잠자고 만다.

본사의 통제와 간섭이 별로 효과가 없음에도 계속적으로 그리고 광범위하게 이루어지고 있다는 점에서 이를 간섭벽(control-mania)이라 부를 수 있다. 그냥 습관적으로 통제하고 간섭하려 드는 것이다. 그런 간섭벽이 현지법인에게는 여러 가지 부작용을 초래한다. 의사결정이 지연되고 현지의 사정과는 동떨어진 결정이 이루어지기도 하며 해외 임직원들의 사기를 떨어뜨리고 그들의 책임감을 희석시킨다. (제7장에서 보듯 간섭벽은 정부와 국민간에도 나타난다.)

6. "의식상(意識上)의 무지(無知)"

기업환경은 나라마다 다르다. 경쟁적 여건이 다르고, 관습과 제도, 관념과 정서가 다르다. 그러나 우리 기업이나 개인은 외국에 진출할 때 그곳의 환경이 우리와 다를 것이라고 생각하지 않는 경향이 있다.

E종합상사의 현지법인에서 근무하는 한 1.5세 재미교포는 주재원들의 전형적 사고방식을 "의식상의 무지"(conscious ignorance)라고 이름붙였다. 그는 그것은 "내가 사용해 왔던 방식이 맞기 때문에 이를 바꿀 필요가 없고, 내가 아는 지식이 충분하기 때문에 더 배울 필요가 없다"는 자세를 말한다고 부연설명하기도 하였다.[2]

의식상의 무지는 기업과 주재원들이 현지 사회에 무감각하고, 현지인 직원의 정서를 무시하며, 국내에서의 기업관행과 개인적 행동양식을 현지에서 되풀이하는 것으로 나타난다.

자만심(自慢心)

주재원들이 대기업체에 근무한다는 자만심에 부풀어 거드름을 피우는 경우가 많은데 이럴 때 현지인은 고개를 갸우뚱할 수밖에 없다. 현지법인에 근무하는 한 미국인의 말을 들어보자 :

지위고하를 막론하고 한국인 간부들에게는 한 가지 공통된 태도가 있다. 그것은 이 회사가 매우 크고 힘이 있다는(big and powerful) 관념에 바탕을 두고 있다. 납품업자이건 구매 고객이건 이 회사와 거래를 하기 위하여 위 아래로 쫓아다니고(jump up and down), 찾아와서 빌고(beg), 빌리고(borrow) 해야 하다는 것이다. 마치 미국의 GM이나 된 듯하다. (1996년)

미국에서 그렇다면 다른 나라에서는 어떨 것인지 쉽게 짐작할 수 있는 일이다. 일종의 "공주병"인지도 모른다.

그런 태도는 현지인들을 얕잡아 보는 출발점이 될 수도 있다. 실제로 많은 주재원들이 현지인 직원의 감정을 아랑곳하지 않는다. 그들은 외국인

---

2) 1.5세 교포는 한국에서 태어났지만 어릴 때 해외로 이주하여 교육받은 사람을 일컫는 말이다.

의 면전에서 한국말로 서로 얘기하는 것이 실례가 되리라고 생각조차 않는다. 그들은 다른 사람이 보는 앞에서 큰소리로 부하직원을 야단치기를 아무렇지도 않게 생각한다.

주재원들은 그들이 현지어로 작성한 문서가 어법에 맞지 않을지도 모른다고 의심해 보지 않는 경향이 있다. 그래서 내부 문건은 물론 대외 문서와 안내장의 영어가 오류투성이인 경우도 많다. 부서의 명칭, 심지어 회사의 표어까지 현지인에게 웃음거리가 되는 일도 있다. 철강부가 "Steel Department"이면 다른 부서는 목재로 만들어졌느냐고 의문을 품을 수도 있다. S사의 "Smart and Soft"나 H사의 "OilBank" 등은 국내용인지는 모르지만 외국인에게는 의미전달이 잘 되지 않는다. 그런 태도는 정부부문에서도 흔히 나타나는데 다음 사례를 보자 :

한국의 공공기구들은 거창한 이름을 가질 때가 많다. 어느 누가 택시 기사에 대한 불만사항을 접수하는 "성접촉 불편사항 신고센터"(Intercourse Discomfort Center)를 잊을 수 있으랴? 그 나라는 이제 "허위불만 신고센터"(Couterfeiting Complaining Center)를 운영하고 있다······ 그 기구는 자기 상품이 노상 불법 복제되는 시애틀의 B. 게이츠(Gates) 같은 사람의 고발을 접수하는가? 아니면 불만이 있는 것처럼 가장하는 사람들을 위한 것인가? (FEER, 98. 3. 5) [주 : 인용에 나오는 공공기구는 각각 "교통불만 신고센터"와 "위조상품 신고센터"임.]

현지 법규와 관행에 대한 둔감

대부분의 우리 기업들은 한국식으로 현지인 직원들을 다룬다. 한국식 인사관리로 현지인의 사기를 떨어뜨리는 것은 앞에서 언급한 바 있지만, 더욱 문제가 되는 것은 제조공장 등에서 생산직근로자를 부적절하게 다루는 것으로, 이는 노사분규를 일으키고 사회적 물의를 빚는 요인이 된다(참조 : 참여사회, 98. 8). 한 외국언론의 보도를 보자 :

세계 도처에서 한국 기업의 존재가 눈에 띄고 있지만, 한국 사람들은 여러 가지 양태(樣態)의 문제를 일으킨다······ 만약 노동불만이 계속된다면 한국 기업들은 값싼 외국 노동력과 새로운 시장에의 접근이 어려워질지도 모른다. 과로, 노조 파괴, 모욕적 언사, 체벌 등등으로 이어지는 한국 기업들에 대한 비난은 라틴 아메리카의 섬유공장, 파키스탄의 건설현장, 중국과 유럽의 전자업체 등에서 들려온다. 베트남의 노동부에 따르면, 1990년부터 1996년 4월까지 이 나라에서 발생한 79건의 외국인 기업체의 파업과 노사분규 중 40건이 한국 회사에서 발생한 것이었다. 미국에서도 한국 기업에 대한 불평과 불만이 있는데, 그 중에서도 특히 뉴욕과 로스앤젤레스에 있는 봉제공장에서 많다. 아무래도, 가장 심각한 문제는 노동관련 법규가 상대적으로 미비한 저개발국에서 발생한다. (WSJ, 96. 7. 23)

다수의 기업들은 국내에서 많은 잘못된 관행을 발달시켜 왔다. 회사의 규모를 과장하는 허세(虛勢), 기업의 손익자료를 임의 조정하는 분식(粉飾), 잘못된 일을 덮어두고 숨기는 부정(否定)과 은닉(隱匿) 등이 그 대표적 보기이다.

그런 것들이 비정상적임에도 우리 정부는 단기적 정책목표 달성에 도움이 된다는 명분으로 묵인하고 때로는 방조(傍助)하기도 하였다. 게다가 국민들은 정에 약하고, "좋은 것이 좋다"는 온정주의적 철학을 가지고 있기 때문에 웬만한 일은 용서해 주는 경향이 있다. 그래서 비정상적 관행도 국내에서는 별 문제없이 통해 왔다.

그러나 선진국에서는 매우 다르다. 실속 없는 외형은 존경받지 못하고, '거짓말하는 것'은 용서받을 수 없는 악덕이 되며, 기업의 잘못된 관행은 현지 정부당국으로부터 철저히 응징당한다.

불행히도 많은 한국 기업들이 의식상의 무지로 인하여 해외에서도 그런 잘못된 관행을 되풀이해 왔다.

<사례 4-7>에서 V사는 필요 이상으로 그룹의 능력을 과대선전한 것이 나중에 소비자들의 실망감을 더 크게 하였다. 선진국에서는 한번 신뢰를 잃으면 그것을 회복하기가 어렵기 때문에 과대선전이 좋다고 말하기

어렵다. 해외에서는 허세를 부리기보다는 중국 사람들처럼 '낮게 기면서 실속을 차리는'(low-key) 전략이 유효할 때가 많다.

선진국에서 회계장부의 분식이나 조작은 용납되지 않기 때문에 한 번 잘못 시작하면 나중에 그것을 바로 잡기가 매우 어렵다. 한 번 분식결산하여 흑자로 만들고 세금을 납부하면, 그 뒤로는 계속해서 세금을 낼 수밖에 없다. 납득할 만한 이유 없이 흑자를 적자로 바꿀 수 없기 때문이다. 만약 회계장부를 분식한 사실이 드러나면 막대한 벌과금은 물론 추방당할 우려가 있으므로 분식결산 사실을 고백하기가 어려운 것이다.

기업 내부에서 사회적 물의를 빚을 만한 일이 일어나면 우리 기업들은 습관적으로 이를 감추고 숨긴다. 선진국에서 그러한 행위는 자칫 문제를 더욱 어렵게 만든다. 선진국에서는 일단 발생한 문제를 해결하는 가장 현명한 방법은 "잘못을 솔직하게 시인하고, 이를 최대한 합리적이고 공정한 방법으로 처리하며, 재발을 방지하기 위하여 최대한으로 노력하는 것"이다(*cf.* WSJ, 96. 5. 9 ; 6. 10). 그러나 우리 기업은 해외에서도 한국에서의 습성을 버리지 않는다. 다음의 사례를 보자 :

(사례 6-5) 이미 발생된 문제의 부정과 은닉

F사 미국 현지법인은 1995년에 성희롱(sexual harrassment)으로 고발을 당했다. 1.5세 교포 여직원이 고위직 주재원이 자신을 희롱하였다며 회사를 상대로 소송을 제기한 것이다. 이 사건에서 회사는 상당한 금액으로 추정되는 배상금을 물어 주고 '법정 밖의 화해'를 이끌어 냈다.

문제는 화해 뒤의 조치였다. 몇몇 증인이 F사에 불리한 증언을 한 사실이 있고 그 사실이 직원들 사이에 널리 알려졌음에도 불구하고, F사는 "확인 결과 원고측 주장이 근거없는 것으로 밝혀졌고 원고가 자진해서 소송을 철회하였다"고 대내적으로 공식 발표하였다. 관련된 간부는 징계는커녕 다음 해에 특진시켰다.

그런 조치는 매우 부적절한 것인데, 만약 F사가 나중에 같은 문제로 법정에 서게 된다면 "성희롱의 발생을 미연에 방지하기 위한 노력을 게을리 하였다"는 이유로 배심단(jury)으로부터 큰 금액의 징벌적

배상금(punitive damage)을 부과받을 가능성이 매우 커진 것이다.[3]
성희롱에 대한 회사의 책임은 '사건발생 방지조치의 철저함'이 핵심이
기 때문이다.

부정과 은닉은 일본 기업도 흔히 저지르는 일인데, 몇몇 일본 기업들
은 미국에서 호된 대가를 치렀다. 우리 기업도 아래에 인용된 사례를 타산
지석(他山之石)으로 삼아야 할 것이다:

(사례 6-6) 탈법과 은닉에 대한 제재

뉴욕, 시카고, 캘리포니아에 사무소를 둔 일본계 아사히 은행은 그 은행의
직원들이 미국 연방준비은행의 서류를 불법적으로 훔쳐본 데다가, 거짓말을 함
으로써 이 사실을 조사하고자 하는 연방은행을 방해하였다는 혐의를 해결하기
위하여 5백만 달러를 지불하는 것에 동의하였다. 그것은 지난 일년 사이에 [미
국] 감독기관(regulators)이 일본계 은행에 대해 내린 세번째의 제재조치에 해당
된다. 일년 전에 다이와 은행은 11억 달러에 달하는 [채권] 거래 손실을 숨기려
고 기도한 사실에 대해서 잘못을 시인하였고 미 정부에 340백만 달러의 벌금을
물었다. 지난 해 8월 일본 장기신용은행의 현지법인은 뉴욕주의 은행감독 기구
로부터 1백만 달러의 벌금을 부과받고 증권대여 영업권을 박탈당하였다. (WSJ,
97. 2. 14)

위 사례 중 다이와은행은 벌금 납부에 덧붙여 위규사실 은닉죄로 현지에
서 추방되고 말았다.

한국 기업들이 현지사회의 통념에 얼마나 둔감한가 하는 대표적인 사
례로 1992년 미국에서 발생한 교포 정치인(Mr. Kim)에 대한 부정헌금 사
건이 있다. (미국은 州에 따라 기업체 이름으로 혹은 외국인 이름으로 정
치헌금을 하지 못하도록 하고 있다.) 한 언론의 보도를 보자:

---

3) 미국에서 성희롱 문제는 결코 소홀히 다룰 일이 아니다. 미쓰비시 자동차의 미국법
   인은 남성 근로자들이 여성 근로자들을 희롱하도록 내버려 두었다는 혐의로 34백
   만 달러의 벌과금을 문 바 있다(WSJ, 98. 6. 12).

지난 몇 년 사이에 [K, H, D, S, H 등] 다섯 개의 [한국계] 기업이 김씨(Mr. Kim)의 1992년 선거운동에 불법적으로 기부한 사실에 대하여 유죄를 인정하였다. 그들의 기부금은 모두 합쳐서 $28,500였지만 그들의 벌금은 $1,600,000나 되었다 ……

설사 김씨의 선거 운동원들이 기업의 정치헌금이 불법인 것을 몰랐다 하더라도 한국상사협회(Korean Traders Club)는 알았음이 분명하다. 협회가 1992년 약 2,000여 회원상사 앞으로 보낸 안내장은 김씨의 선거운동을 위하여 $100,000 모금계획을 밝히면서 "회사의 자금을 사용할 때는 [법적] 문제를 회피하기 위해서 미국 시민권자 혹은 영주권자의 명의를 사용하라"고 권장하고 있다. (FEER, 97. 5. 15)

불법행위를 단체로 모의하는 것도 용서받기 어렵지만, 이를 문서화하는 것은 지극히 무감각한 일이라 할 것이다.

7. 경영의 질과 기업경쟁력

기업경영의 성과는 효과적인 전략의 선택과 그 전략을 수행해 낼 수 있는 내부능력에 달려 있다. 그것이 바로 기업경쟁력을 좌우하는 핵심요소가 된다.

제5장에서 살펴본 대로 한국의 대기업들은 백화점식 경영이라는 성공하기 어려운 길을 선택하였다. 다양한 사업을 감당할 내부능력이 없었고, 경영 스타일은 "총수"가 전권을 쥔 철저한 권한집중이었다. 경영자의 자세마저 백화점식 조직을 운영하기에 부적당하였던 것이다.

잘못된 전략의 선택, 부족한 능력, 부적당한 자세로 말미암아 제2장에서 따져 본 것과 같은 참담한 결과를 맞았다고 할 것이다.

우리 기업들은 1980년대 중반까지의 양적 성장에 도취되어 활발하게 해외에 진출하였다. 그러나 이 장에서 살펴본 대로 여러 가지로 환경이 생소한 외국에서 기업을 성공적으로 경영할 능력이 부족하였다. 거기다가 철저한 자기종족 중심으로 조직을 구성하여 현지인의 고용을 가능한 한 기피하고 그나마 고용한 현지인에게 실권을 주지 않았다. 능력과 자세에서 준비가 되어 있지 않았으니, 제4장에서 살펴보았듯이 해외에서 참담한 실패를 경험하게 된 것은 당연한 결과라 할 것이다.

종합하면, 한국 기업은 '경영의 질'이라는 측면에서 경쟁력이 매우 취약하다고 하지 않을 수 없다.

8. 요약 및 결론

우리 기업들의 해외진출은 국내 사업착수와 마찬가지로 엄정한 사업성 검토도 없이 이루어지는 일이 많았다. 특별한 장기(長技)는 고사하고 사업을 감당할 기본적 내부능력도 미비한 것이 보통이었다. 남 따라 나서고 근거없는 낙관에 빠지는 경우가 흔하였다.

기업체에 따라서는 "한국에서는 경쟁이 치열하므로 해외에서 승부할 수밖에 없지 않느냐"는 논리를 펴기도 하였다. 그러나 국내에서건 해외에서건 "그렇게 할 수밖에 없다"는 것은 "그렇게 하면 성공할 가능성이 있다"는 것과는 아무런 상관관계가 없다.

한마디로 요행수를 기댄 해외진출이었다고 할 수 있다. 불행히도 평균적 한국 경영자의 능력(competencies)이나 자세(attitudes)는 해외사업에서 요구되는 것과는 상당한 거리가 있다. 그만큼 성공할 가능성이 낮다.

한국 기업의 국내에서의 성과는 제1부에서 따져본 대로 매우 불량하다. 경영전략, 기술, 인적자원, 관리 시스템 등 경영의 모든 분야에 문제를 안고 있어서 그런 결과가 초래되었다. 해외에서는 그런 문제에 덧붙여 다른 어려움이 또 있다.

현지어 구사능력이 약하여 현지인 직원을 통솔하는 데에 애로가 있고, 각급 이해당사자(stakeholder)와 의사소통하기가 어렵다. 그들의 요구

사항을 만족시켜 주기가 쉽지 않다. 주재원 개개인의 입장에서 보면 현지
생활이 불편하다. 현지법인에 다른 주재원이나 한국계 직원을 불러들인다.
그러다 보니 현지조직이 마치 한국에 있는 기업처럼 운영되기도 한다.

　　주재원들은 현지의 문화, 관습과 가치관, 법규와 제도에도 비교적 어
둡다. 현지에 맞는 전략을 선택하는 것이 쉽지 않다. 기업경영 스타일과 관
리 시스템도 한국식이 되는 경우가 많다. 능력있는 현지인들이 문화적 차
이를 극복해 가면서 한국기업에 근무하겠다고 지원할 리 없고 보면, 현지
법인의 인적자원 구성에 문제가 생긴다.

　　해외사업의 경영에 있어서 가장 큰 문제가 되는 것은 한국 경영인의
자세가 세계화 시대에 적합하지 못하다는 점이다. 우선, 자기종족 혹은 자
기집단에 소속된 사람만 신뢰한다. 현지인은 내부(inner circle)로는 들어
올 수 없는 외부인, 혹은 국외자(outsider)이다. 그들은 의사소통, 의사결
정, 주요 보직에서 배제된다.

　　기업에 따라서는 "총수"의 의지에 따라 현지화 전략을 채택하여 현지
인을 고위직급에 채용하기도 했다. 그러나 국외자에 대한 불신이 기업문화
가 되다보니, 그들은 아무런 실권을 가지지 못한다. 능력있는 현지인이라
면 한국기업에 "붙어 있을 수 없게 되는 것"이다.

　　본사와 해외 현지법인의 관계는 한마디로 본사 중심주의로 정리된다.
전략 결정, 자원배분에서 우선권을 가지는 것은 언제나 본사이다. 현지영
업은 자체의 수익성을 앞세우기보다는 본사의 수출목표 달성을 위한 도구
쯤으로 인식되고 있다. 현지 시장상황보다 본사 공장의 생산 스케줄이 우
선되는 경우가 많다. 현지의 자율경영, 현지영업 활성화를 위한 자기상표
개발에 대한 지원은 대체로 공염불로 끝나고 만다.

　　한국인이나 한국 기업들은 해외의 문화와 관습이 우리 것과 다르다는
점을 간과하는 경우가 많다. 그래서 해외에서의 개인행동이나 기업관행이
대체로 한국에서의 그것과 같다. 때로 외국인의 감정을 상하게 하고 세련
되지 못한 사람으로 비치기도 한다.

　　나아가 국내에서의 잘못된 기업관행, 즉 과장광고, 분식결산(粉飾決
算), 부정(否定)과 은폐(隱蔽) 등이 해외에서도 그대로 통할 것이라고 가

정(假定)한다. 선진국에서는 부적절한 행위가 발각되면 당해 행위에 대해서 가혹한 처벌을 받는 것은 물론 잠재적 범법자로 낙인찍혀서 엄중한 감시를 받게 된다. 한국계와 일본계 기업에 그런 사례가 특히 많았다. 경영층이 그런 행위를 해서는 안 되는 것은 물론, 부하직원들을 철저히 관리하여 사고를 막는 것이 더없이 중요하다.

1990년대 말에 한국 사회가 불투명하다는 점, 즉 각종 자료와 각급 인사의 발언에 신뢰성이 없다는 사실이 세계적으로 알려지게 되었다. 그 때문에 해외 현지에서 한국 기업이 더욱 주목을 받을 것이다. 잘못된 관행을 계속한다면 큰 곤란을 당할 것으로 우려된다.

세계화의 진행과 더불어 우리는 머지않아 국내에서도 외국인과 경쟁해야 한다. 경영능력과 자세를 제대로 갖추지 못하면, 해외에서 치른 여러 가지 곤욕을 국내에서도 치러야 할지 모를 일이다. 경영능력을 갖추고 바람직한 자세 및 올바른 기업관행을 정립하는 것은 해외뿐 아니라 국내에서도 필수 성공요소라 할 수 있을 것이다.

제7장 정부의 경쟁력
- 비효과적 정책과 비효율적 조직 -

　우리 기업의 대외경쟁력이 볼품없게 된 제2의 원인은 정부의 경쟁력이 취약하다는 점이다. 정부 및 정부가 제정·집행하는 법규·제도는 국가경제의 하부구조를 이루는데, 그 하부구조가 튼튼하지 못하기 때문에 기업이 강한 체질로 성장하지 못한 것이다.

　우리 정부의 비효율성은 한때 유행하였던 "대학교육이 제대로 되려면 문교부가 없어져야 한다"는 등의 말이 단적으로 표현해 주고 있다.

　정부의 실패는 한국뿐만 아니라 아시아 신흥개발국에 공통된 현상이다. 대표적 아시아 예찬론자조차 계속된 발전을 위해서는 "사회간접자본과 같은 공공재(公共財), 법률에 의한 통치(rule of law), 시장과 기업의 투명성"이 필요하다고 지적한 바 있다(Rohwer, 1997). 한국을 포함한 아시아 각국에 공통적으로 '정부경쟁력이 취약하다'는 말에 다름 아니다.

　이 장(章)에서는 우리 정부가 국가경제의 성장·발전과 관련하여 어떤 역할을 하였는가 하는 '경제적 경쟁력'을 집중적으로 따져 보기로 한다. 여기서 '정부'라 함은 행정부(行政府), 입법부, 사법부 및 동 산하단체를 모두 포함하며 중앙정부와 지방자치단체를 통칭한다.

1. 정부경쟁력의 의의

정부경쟁력이란 정부의 목적을 수행하는 데 있어서 한 나라의 정부가 얼마나 효과적이고 효율적이냐 하는 척도이다. 정부의 '경제적 목적'은 나라마다 다르고 주어진 환경에 따라 다르지만 일반적으로 국가경제의 안정, 성장(양적 확대), 개발(질적 개선)이라고 정의해 볼 수 있다.

그런 목적을 달성하기 위하여 정부는 ① 법규와 제도의 제정 및 집행, ② 국방, 치안, 사회간접자본 시설 등 공공재의 공급, ③ 재정 및 금융 정책을 통한 거시경제의 안정, ④ 소득의 재분배를 통한 사회적 안정 실현 등의 역할을 해야 하는 것으로 이해되고 있다.

네 가지 전통적인 기능에 더하여 한국 정부는 금융시장의 질적 통제를 통하여 국가자원의 배분이라는 더없이 중요한 기능을 수행하여 왔다. 그것은 국가경제가 정부의 주도(主導) 아래에서 근대적 의미의 개발을 시작한 역사적 특수성에 기인한다.

이 책의 주된 관심사는 국가경쟁력이다. 경쟁력이라는 것은 경제적 성과를 올릴 수 있게 하는 잠재능력(potential)을 말하는 것이기 때문에 국가경제를 두고 보면 현재의 안정보다는 장래의 성장가능성과 더 관련이 많다. 따라서 이 장(章)에서는 정부의 목적이 일차적으로 '경제성장 능력의 제고(提高)', 즉 국가경쟁력의 향상에 있는 것으로 생각하기로 한다. 보다 구체적으로 정부의 역할 중에서 다음의 두 가지를 중심으로 따져 볼 것이다:

    (1) 한정된 국가자원의 배분
    (2) 경제사회제도의 운영

국가경쟁력은 결국 기업경쟁력으로 표면화된다. 그렇다면 정부경쟁력
이란 정부의 정책이 기업, 나아가 개인의 경쟁력에 어떻게 영향을 미치는
가 하는 각도에서 평가될 수 있다.

효과성(效果性)과 효율성(效率性)

정부가 민간부문의 활동에 미치는 영향은 효과성과 효율성의 두 가지
측면에서 생각해 볼 수 있다. 정부의 정책이 기업경쟁력의 향상에 기여하
는 정도가 크면 효과적인 것이며, 정부가 정책을 집행하면서 기업과 개인
에게 부담시킨 비용이 적으면 효율적이 되는 것이다.

일반적으로 효과성(effectiveness)은 목적달성에 도움이 되는 정도를
말하고 효율성(efficiency)은 투입된 비용의 정도를 말한다. 효과성은 합목
적성(合目的性), 효율성은 경제성(經濟性)이라고도 말할 수 있다.

예를 들어 교통소통을 원활히 할 '목적'으로 고가(高架) 교차로를 만
든다고 하자. 그러면 우선 그 교차로가 실제로 교통소통에 도움이 되는지
를 확인하여야 한다. 만약 옛날 "삼각지 로터리"처럼 그 효과가 의심스러
우면 '비효과적'이거나 '역효과적'이므로 사업을 포기하는 것이 현명하다.
효과성 검토가 끝나면 비슷한 효과를 얻는 여러 가지 대안 중에서 어느
것을 고를 것인가를 따져야 한다. 만약 '교차로 건설'이 '차선과 신호체계를
바꾸는 것'보다 비용이 월등히 많이 든다면 그 방법은 '비효율적'이므로 선
택하지 말아야 하는 것이다.

정부의 기능과 관련하여서는 일반적으로 효과성이 효율성보다 더욱
중요하다 할 수 있다.

정부의 크기와 효율성

정부지출 규모를 국가간에 비교하면 구미(歐美) 선진국이 우리나라나
일본을 포함한 아시아 각국보다 훨씬 크다. 공식적 수치를 보면 구미 각국
의 정부 지출은 GDP의 30~50%이고, 아시아 각국은 20% 내외에 불과하

다. 그러나 그런 수치의 국가간 비교에는 상당한 주의를 요한다.

우선, 사회복지제도의 차이가 매우 크다. 구미 각국은 사회보장 지출이 많지만 아시아 각국은 적다. 정부지출 규모만으로는 비교할 수 없는 것이다.

다음, 통계수치를 작성하는 기준은 나라마다 다르다. 공식적으로 정부지출로 잡히지는 않지만 '사실상 정부부문,' 예를 들어 정부투자기관의 규모가 나라마다 다르다. 우리나라의 경우 "공룡화(恐龍化) 되었다"는 평가를 받는 소위 준정부 부문의 예산규모가 정부부문보다 더 크다.

따라서 단순히 공식 발표되는 '정부예산 규모'로 정부의 효율성을 가늠하는 것은 무리가 있다. 이 장(章)에서는 국가간 수치 비교보다는 정부 및 준정부 부문이 지출하는 비용의 적정성 여부로 우리 정부의 효율성을 판단할 것이다.

한국 정부의 경쟁력

1997년에 와서 우리 경제는 위기에 봉착하였다. 그것이 "금융위기"나 "외환위기"라면 기술적 문제에 지나지 않으므로 크게 걱정할 필요가 없을는지도 모른다. 그러나 1997년의 위기는 구조적 모순에 기인하는 '경제위기'임이 분명하다.

그 위기는 크게 보아 정부가 직접 주도한 자원배분이 잘못되었고 정부가 법규와 제도를 잘못 운영한 결과이다. 우리 정부의 국정운영은 비효과적(非效果的)이었다.

한편, 각 부처(部處)가 경쟁적으로 공식·비공식 기구를 키워서 정부의 규모는 나날이 커지고 있으며 각급 정부기구의 예산지출은 매우 방만하다. 정부의 지출은 조세 혹은 준조세의 형태로 기업과 개인의 금전적 부담으로 귀착된다. 각종 규제의 남발은 기업 및 개인에게 막대한 법규준수비용(遵法費用)을 부담시켰다. 설상가상으로 규제남발은 접대비라는 "합법적" 비용과 부정부패라는 '음성적' 비용을 증가시켰다. 우리 정부의 국정운영은 비효율적(非效率的)이었다.

종합적으로, 우리 정부의 경쟁력은 만족스럽지 못하였다. 이제 정부경쟁력을 구체적으로 살펴보기로 하자.

2. 왜곡(歪曲)된 자원배분

한 국가의 자원은 유한(有限)하다. 국가경제의 승패는 "유한한 자원을 얼마나 효과적으로 배분하고 그것을 얼마나 효율적으로 사용하느냐"에 달렸다고 할 수 있다. 자원의 효과적 배분이란 가장 높은 생산성을 올릴 수 있는 기업이나 개인으로 하여금 자원을 활용하게 하는 것을 말한다. 효율적 사용이라는 것은 최소의 자원을 투입하여 최대의 성과를 낳는 것을 말한다.

정부가 자원을 배분하는 방법에 따라서 시장경제와 계획경제의 두 가지로 나누어진다. 그 중 시장경제가 훨씬 효과적임은 1980년대 후반에 명백하게 판가름났다.

시장경제 체제 아래에서도 정부가 자원배분에 관여하는 정도는 나라마다 다르다. 우리나라에서는 1962년의 경제개발 5개년 계획의 개시와 더불어 정부가 자원배분에 깊이 관여해 왔는데, 그것은 '관치금융'이라는 말로 요약·표현된다.

관치금융(官治金融)

현대는 통화신용의 사회이다. 모든 재화(財貨), 곧 자원은 통화(通貨)를 매개로 하여 거래된다. 따라서 통화, 즉 '돈'을 가진 사람들은 유형·무형의 각종 자원에 대한 지배권을 가지게 된다. 그들은 통화로 자기가 선택한 자원을 구입하여 소비나 투자에 충당할 수 있다.

우리가 정부주도의 경제개발을 시작했을 때에는 국가차원이건 기업차원이건 스스로의 힘으로 축적한 자본이 없었다. 그럼에도 정부와 국민은 경제성장을 서둘렀다. 그런 상황에서 유일한 해결책은 타인의 자본에 의존하는 것이었다. 국가 차원에서는 외채(外債)를 끌어오고 개별기업은 금융기관으로부터 차입할 수밖에 없었다. 기업의 금융기관 차입금에 대한 의존은 국가경제가 외형적으로 크게 성장한 1990년대 말에도 마찬가지였다. 40년에 가까운 경제성장의 역사를 통틀어 금융기관의 통화, 즉 자금 혹은 금융의 배분이 국가자원의 배분이었던 셈이다.

개발 초기부터 금융배분은 사실상 정부가 담당해 왔다. 그것이 바로 '관치금융'인데 정부가 국가자원을 직접 배분한 것이다. 관치금융을 위해서 정부가 사용한 방법은 크게 셋으로 나눌 수 있다.

첫째, 정부는 공식적 통화신용 정책, 정책금융, 조세정책 등을 통하여 금융혜택을 받을 산업을 지정하였고, 때에 따라 개별기업체까지 선별하였다.

둘째, 은행장을 비롯한 각급 금융기관의 인사에 개입하는 것이었는데, 한마디로 '재무부에 잘못 보이면 금융기관의 임원이 되기는 불가능한 일'이었다. 재무부의 사무관이 금융기관의 임원을 부하직원처럼 다룰 수 있었고, '금융'은 정부의 의지대로 배분될 수 있었다. 그런 정부의 태도는 1997년 금융외환 위기 당시 삼엄한 국제적 감시 아래에서도 크게 달라지지 않았다.

셋째, 전직(前職) 재무부 관료를 금융기관의 임직원으로 "내려보내는" 것이었다. 모피아(MOFIA)라 불리는 이들의 숫자는 1997년 현재 350명에 이르고 있으며, 각급 금융기관 혹은 금융감독기관의 요직을 맡아 정부의 금융배분을 도와 주고 있었다(중앙, 97. 2. 27).

재벌의 양산(量産)

정부 주도의 자원배분은 1970년대 중반부터 "한강의 기적"을 가져다 주었다고 세상 사람들의 입에 오르내렸다. 그러나 1980년대 말부터 한강의 기적은 한계를 보이기 시작하였고, 1990년대 말에는 나라를 사실상의 부도(不渡)에까지 몰고 갔다. 그 시점에서 "한국의 경쟁력이 취약하다"는 사실이 표면화되었던 것이다.

돌이켜 보면 정부의 자원배분은 적어도 네 가지 의미에서 국가경제에 역기능을 초래하였다. 그만큼 반목적적(反目的的), 즉 "경제개발"이라는 국가적 목적에 어긋나는 것이었다.

첫째, 재벌을 양산하였고 그 결과 개별기업과 국가가 빚더미 위에 올라앉았다. 재벌은 구조적으로 경쟁력을 갖추기가 매우 어려워 이익창출의 능력이 별로 없다. 그럼에도 정부는 재벌에게 사실상 무한정으로 '금융'을 제공하여 백화점식 사업확대, 경쟁적 사업확장을 가능하게 하였다.

결과는 여러 산업에 걸친 과잉설비였다. 이익창출 없이 금융에 의존하여 덩치를 키우면 엄청난 금융비용(利子)을 부담해야 하며, 이를 위하여 다시 자금을 차입해야 하는 악순환에 빠지게 된다. 엎친 데 덮친 격으로 과잉설비는 제품의 초과공급을 초래하여 가격을 떨어뜨렸다. 이익창출이 더욱 어렵게 된 것이다. 결국 개별기업과 국가가 빚더미에 앉을 수밖에 없었다.

둘째, 중소기업이 육성되지 못하였고, 그 결과 개별기업과 국가가 적응력을 잃었다. 일반적으로 중소기업이 혁신(革新)과 변신(變身)에 더 뛰어나다. 전혀 생각하지 못했던 기발한 아이디어가 중소기업으로부터 나오기도 한다. 중소기업이 경제발전의 활력소가 되는 것이다.

재벌 위주의 금융배분은 중소기업의 입지를 좁게 만들었다. 중소기업은 만성적 자금부족에 시달렸고, 게다가 상품시장에서는 막강한 자금력을 앞세운 대기업의 물량공세에 시달렸다. 더구나 '덩치가 존중받는 사회'가 되다보니 중소기업들도 혁신보다는 덩치를 키우는 데 더 관심을 보이게 되었다. 실제 많은 기업이 차입을 통한 확장으로 재벌이 되었다. 국가경제는 더더욱 활력을 잃고 말았다.

셋째, 재벌의 무한정한 사업확장 의욕은 결국 국가경제가 감내할 수 있는 정도 이상의 과투자(過投資)를 낳았다. 과투자는 생산요소에 대한 초과수요를 불러일으켜서 "고비용 구조"를 심화(深化)시켰다.

넷째, 금융배정을 둘러싼 부정과 부패이다. 아무런 객관적 기준없이 정부의 판단대로 배분되다 보니, 기업들이 '가장 손쉽고 확실하게' 자금을 확보하는 방법은 금융기관에 영향력을 행사할 수 있는 정치인과 관료, 때로는 그들의 친·인척을 동원하는 방법이었다. 그것을 위해서는 대부분의 경우에 뇌물이 제공되었다. 사회적 부정과 부패의 시작인 것이다.

뒤치다꺼리 비용

국가자원이 기업경쟁력과는 상관없이 정부에 의해서 임의로 배분된 결과는 필연적으로 부실기업의 양산(量産)이었다. 잘못 경영되어 도산의 위기에 빠진 기업은 폐쇄하는 것이 원칙이다. 그러나 경제의 양적 성장에 관심이 컸던 정부는 특혜금융, 조세감면, 정부출자 등으로 부실 대기업을 최대한 존속시켰다. 다수의 대기업이 관련된 부실 정리만 따져도 1960년대 말부터 1990년대 말까지 수 차례에 걸쳐 시행되었다(<표 7-1>).

부실정리 비용은 궁극적으로 모두 국민의 부담으로 돌아온다. 우선, 조세감면과 정부출자는 직접적으로 국민의 세금으로 충당된다.

〈표 7-1〉 부실기업 정리의 역사

연 도	내 용	동원된 방법
1969~1971년 기업합리화 조치	PVC, 합판, 자동차, 철강 등 112개 업체 정리	은행관리, 법정관리
1972년 산업합리화 조치	철강, 비철금속, 선박, 섬유 등 61개 업종을 산업합리화 지원 업종으로 지정	전문화, 계열화, 합병 등을 추진하면 금융·세제혜택
1980년 중화학투자 조정	발전설비, 건설중장비, 자동차 등의 중복·과잉투자 해결	기업간 합병 또는 생산전문화 업체에는 구제금융을 지원하고 금리인하를 통해 금융비용 부담 경감
1984~1985년 해운·건설업 합리화 조치	2차 오일쇼크 후 경영이 부실해진 해운업과 해외 건설업체를 통폐합하거나 3자 인수 시킴	대출 원리금 탕감 또는 유예, 조세감면
1986~1988년 부실기업 정리	국제그룹 등 57개 부실기업을 3자 인수시키고, 21개 해운·해외건설업체 정비	금융·세제 지원, 한은(韓銀) 통해 금융기관에 특융 제공
1998년 부실기업 퇴출 조치(제1차)	재무구조가 부실해 회생 가능성이 없는 55개 업체 정리	신규대출 금지

자료 : 조선, 98. 6. 19.

특혜금융도 결국은 국민의 부담이 된다. 부실기업에 대한 금융지원이 계속되면 그들이 차입금을 갚을 능력이 부족한 만큼 금융기관의 부실채권이 누적된다. 그 결과는 부실금융기관의 양산(量産)으로 나타난다. 금융기관이 부실하면 정부가 나서서 지원해 줄 수밖에 없다.

어떤 이유, 어떤 형태이건 정부의 재정지원은 모두 국민, 즉 개인이나 기업의 부담으로 돌아온다. 조세에 의한 것이든, 국공채의 발행에 의한 것이든, 통화증발에 의한 것이든 마지막에는 국민이 세금이라는 형식으로 감당해야만 한다.

자원배분의 왜곡으로 말미암아 발생한 문제를 해결하기 위하여 정부가 투입했거나 해야 할 자금의 총 규모를 짐작하기는 어렵다. 1997년의 위기를 수습하기 위한 자금만 따져서 GDP의 30% 내외(100~150조원)가 될 것이라는 추정도 있었지만, 훨씬 더 늘어날 가능성이 농후하다(제12장 참조).[1]

자원배분의 왜곡이 엄청난 규모의 '실비용'(實費用)을 국민 전체에게 부담시키게 된 것이다. 국민은 실비용에 덧붙여서 '국가경제 발전 기회의 상실'이라는 '기회비용'(opportunity cost)을 물어야 한다. 억울하기 짝이 없는 일이다.

전시성 사업과 취약한 사회간접자본

또 하나 짚어야 할 것은 재정지출의 우선순위 문제이다. 국가경쟁력 향상을 위해 정부가 우선적으로 지출해야 할 부문은 사회간접자본 시설이다. 우리는 사회간접자본 시설이 매우 취약하다. 그것 때문에 '물류(物流) 비용'이 늘어나고, 사무직의 생산성이 떨어져서 기업경쟁력을 저하시켰다.

반면, 정부는 전시성·과시성 행사에 지나치게 많은 비용을 지출해 왔다(제10장 참조). 그 중에서 가장 대표적인 것이 스포츠 행사에 대한 투자이다. "정통성 없는 군사정권이 국민의 관심을 다른 데로 향하게 하기

---

1) 정부가 위기수습을 위하여 제공한 자금의 일부는 나중에 회수할 수 있지만, 사태의 심각성에 비추어 볼 때 그 규모와 시기가 매우 불투명하다.

위하여" 시작되었다는 스포츠에 대한 투자는 그 이후의 정권에서도 변함없이 계속되었다. 그밖에도 정부는 '대전 엑스포'나 '아시아 유럽 정상회의'(ASEM)와 같은 대규모 투자를 필요로 하는 행사를 벌여 왔다. 1990년대 중반 이후에는 지방자치 단체까지 가세하여 각종 국제행사를 개최하였다.

자원배분의 순서가 뒤바뀐 것이다.

정리하면, 정부는 유한한 국가자원을 효과적으로 배분하여 기업경쟁력을 강화하는 데에 실패하였다. 정부의 역할을 제대로 수행하지 못하였으므로 정부경쟁력이 낮다고 할 수밖에 없다. 정부의 실패가 국가경쟁력을 취약하게 만든 가장 중요한 요인이 되었다고 해도 과언이 아니다.

하나 덧붙이자면, 관치금융은 금융산업 자체를 망가뜨렸다. 1990년대 말 현재 모든 종류의 금융기관이 부실의 늪에 빠져 있다. 게다가 금융기관의 대표격인 은행마저도 기본 중의 기본인 '여신 심사의 노하우'도 갖추지 못하고 있다. 해외 신용평가기관(Moody's)이 한국의 은행경쟁력을 73개국 중 70위로 평가한 것은 결코 우연이 아니라 할 것이다(WSJ, 98. 8. 14).

3. 난마(亂麻) 같은 법규와 제도

1980년대 후반부터 유행한 말들 중 두 가지가 "행정쇄신"(行政刷新)과 "규제혁파"(規制革罷)였다. 그 말들이 1990년대 말까지 계속된 것은 정부규제가 국가경제에 끼친 부담이 얼마나 크며, 그것을 고치기가 얼마나 어려운 과제인지를 역설적(逆說的)으로 말해 준다고 할 것이다.

정부규제를 완화했다는 10여 년 간 주민 전·출입 신고의 간소화나 수출입 승인제도의 폐지 등 눈에 잘 뜨이는 부분의 개선이 있었다. 그러나 전체적으로 규제는 오히려 늘어가는 느낌이 든다. 법규를 집행하는 일선 공무원들의 자세 또한 규제완화와는 반대방향으로 움직이는 듯하다.

한 사회의 법규와 제도는 구성원의 행동방향을 제시해 준다. 아울러 구성원의 행동을 규제한다. 법규와 제도가 구성원으로 하여금 사회목적에 부합되는 방향으로 행동하게 한다면 효과적이라 할 수 있다. 같은 결과를 낳으면서 사회 전체가 부담하는 비용이 적다면 법규와 제도가 효율적이라 할 수 있다. 불행히도, 우리 정부가 만들어 시행하는 법규와 제도는 이 두 가지 중 어느 측면에서건 만족할 만한 점수를 받기 어렵다.

규제 위주의 법규와 제도

전통적으로 우리 정부는 국민의 생활에 간섭하기를 좋아하였다(제10장 참조). 거기다가 만연한 "부처할거주의"(部處割據主義)의 결과 각 부처가 경쟁적으로 새로운 규제를 만드는 경향이 있다. 규제는 '하방 경직성'(下方硬直性)이 있어서 한 번 만들어지면 좀체 없어지지 않는다. 그래서 규제가 여러 겹 중복되기도 한다.

우리 정부는 거미줄 같은 규제망(規制網)을 낳았다. 일상적 영업행위를 제외하면 기업체가 정부의 인·허가 없이 할 수 있는 일은 별로 많지 않다. 개개의 인·허가 절차는 매우 복잡하고 긴 시간이 소요된다. 공장설립의 경우에는 14개 부처가 관장하는 384개 법령이 관련된다는 보도가 있었다. 공장설립을 위해서는 336쪽의 서류를 작성하여 58단계를 거치는 데에 총 925일이 소요되는 것으로 정부 스스로가 추정하기도 하였다(한경 96. 11. 22).

규제가 복잡하여 기업활동에 지장을 주고 있다는 것을 정부가 공식적으로 시인한 예로 1986년에 제정한 "중소기업 창업지원법"이 있다. 동법 제22조는 이 법에 따라서 승인을 받으면 사업계획과 관련하여 17가지 법규에 따른 17종의 "신고(申告), 허가(許可), 해제(解除), 인가(認可), 면허(免許), 동의(同意) 또는 결정(決定)"을 받은 것으로 간주하고, 공장건축과 관련하여 13가지 법에 의한 12종의 "허가(許可), 신고(申告), 검사(檢査)"를 받은 것으로 취급하도록 규정하고 있다. 일반 기업은 중소기업이 면제받은 29가지의 절차를 덧붙여 이행하여야 한다. 현기증이 날 정도로 절차가 복잡함을 짐작하게 한다.

자의적(恣意的) 규정(規程)

　　우리의 법규와 제도는 적용대상에 따라서 내용이 다른 경우가 많다. 예를 들면 5대 재벌은 은행주식 소유에 특별한 제한을 받고, 10대 재벌은 증자(增資)에 제한을 받으며, 30대 재벌은 여신, 부동산 투자, 상호지급보증 등과 관련하여 공정거래위원회와 은행감독원의 특별감시를 받아야 한다. '하필이면' 5대, 10대, 30대 재벌로 정해졌는지에 대한 설명은 없다. 더구나 5대니 30대니 하는 재벌의 순위를 매기는 기준도 객관성이 없다.

　　기업의 재무관리와 관련해서는 각종의 한도가 있다. 유상증자 한도, 회사채 발행한도, 해외채권 발행한도, 해외투자의 자기자본 조달비율, 수출 선수금 영수한도 등등이 자세하게 규정되어 있다. 하필 그 숫자냐 하는 근거는 없고, 관련 수치가 수시로 바뀌는 만큼 기준이 자의적으로 설정되었다고 할 수밖에 없다.

　　정부는 복잡다기(複雜多岐)한 예외규정을 손쉽게 만든다. 우리나라에는 셀 수 없을 정도로 많은 특별법, 특례법(特例法), 특조법(特措法), 특가법(特加法)이 있어서 가히 "특별법의 천국"이라고 할 수 있다. 그들 법률은 이름 그대로 예외규정을 도입하기 위하여 마련되는 것이다. 예를 들면 1997년에 제정된 "벤처기업 육성에 관한 특별조치법"은 상법, 증권거래법, 독점규제 및 공정거래에 관한 법률 등 관련 기본법규를 무시하고 있다.

　　특별법이라는 이름은 없지만, "조세감면규제법"은 조세체계에 대한 예외투성이이다. 기업의 부동산 소유와 관련된 세법도 여러 가지 예외가 있다. 그린벨트에 관해서도 수많은 예외를 만들어 제도 자체의 취지가 점점 희미해져 가고 있다. 심지어 특례입학이 있고 특수목적의 고등학교까지 있다. 예외조항들은 원칙에 어긋나는 만큼 객관적 기준이 없는 자의적 규정과 제도라고 할 수 있다.

　　특별법이나 예외규정은 말 그대로 예외적으로 사용되어야 하나, 우리 사회는 특별법규가 남용되어 '예외가 원칙이 된 듯한' 느낌이 들 정도이다.

자의적 운영(運營)

법규와 제도의 '운영'도 자의적일 경우가 많다. 몇 가지 유형별로 나누면 아래와 같다 :

① 권한을 남용한 거부.   우선, 담당 공무원이 권한을 남용하는 것으로, 조그만 꼬투리를 잡아 인·허가를 해 주지 않는 일이다. 민원담당 공무원들 사이에는 스스로의 안전만 생각하는 보신주의(保身主義)가 일반화되어 있다. 그런 사정을 한 고급공무원이 다음과 같은 말로 인정하였다 :

> 공무원들은 체질적으로 민원인들의 요구를 부정적인 시각에서 검토한다. 일을 거절하면 뒤탈 날 것이 없다. 그러나 일을 처리해 주어서 나중에 문제가 생기면 처음 의도의 순수성과는 상관없이 책임을 져야 한다. 밑지면 손해일 뿐이다. (1997년)

② 업무처리의 지연.   출원서류 개봉에 1년, 최종 판정까지 37개월이 걸려서 특허의 의미를 무색하게 한다는 우리의 "늑장 특허(特許)"는 심사관이 부족하다는 핑계라도 있다. 더 많은 경우에 담당공무원의 단순한 무관심 혹은 "급행료"를 기대하는 고의성(故意性) 때문에 민원업무의 처리가 지연된다. 출판사 직원의 경험담을 들어보자 :

(사례 7-1) 민원업무의 처리 지연

해외에 제작 의뢰한 책을 수입할 신용장을 개설하기 위해 내가 은행에 간 것은 1997년 8월 14일이었다. 뜻밖으로 부딪힌 장애가 도서수입을 위한 문화체육부 장관의 추천이었다. 8월 16일 문화체육부를 접촉한 결과 "외국 간행물 수입업자 등록"을 먼저 하고 수입추천을 신청해야 한다는 것이었다. 같은 부처가 담당하는 업무임에도 그 두 가지 절차를 순차적(順次的)으로 밟은 데다가, 한 담당자가 휴가를 갔기 때문에 처리가 지연되어 9월 2일이 되어서야 수입추천서를 받을 수 있었다.

계약조건보다 18일이나 늦은 9월 3일에 신용장은 개설되었고, 10월 25일 5,250권의 서적이 부산에 도착하였다. 여기서 생긴 또 한 가지 문제는 추천 수량보다 250권이 더 많은 것이었다. 관세청 본청에 질의하였더니 "문화체육부 장관의 추천은 내용심사를 위한 것이기 때문에 수량초과는 문제되지 않는다"는 유권해석이 있었다. 그럼에도 일선 세관에서는 초과물량의 통관을 거부하였다. 5,000권은 10월 31일 통관하고 나머지 250권은 문화체육부의 장관의 추천을 다시 받아 11월 19일에야 통관할 수 있었다.(1997년)

③ 규정 밖의 서류 요구. 만일의 경우에 책임회피하기 위한 방편으로 필요 이상으로 엄격하게 법규를 적용하여 많은 서류를 요구하는 것이다. 담당공무원의 입장에서는 완벽하게 대비하는 것인지는 몰라도 그러한 요구를 당하는 국민은 큰 부담을 안게 된다. 해외에서 역이주(逆移住)한 시민의 얘기를 들어보자:

(사례 7-2) "면피용" 서류의 요구

고등학교 1학년 애의 국내학교로의 전학("특례 편입학")을 위해서 영사관의 교육관(敎育官)이 일러준 모두 여덟 가지의 서류를 현지에서 준비해 왔다. 그런데도 관할교육청의 장학사는 추가로 여덟 가지의 서류 혹은 증빙자료를 요구하였다. 특히 이해하기 힘든 것은 영주권 사본과 원본을 제시하였음에도 현지 영사관 발행의 "재외국민 등록사실 확인서"와 "현지국가 영주권자 사실 확인서"를 요구하는 것이었다. 내가 "그런 서류들을 구비하자면 다시 현지 영사관을 찾아가야 하는 만큼 현지의 교육관이 사전에 알려 주었어야 마땅하지 않느냐"고 항의하였더니 그 장학사는 "그런 문제는 현지의 교육관과 따져라"라는 핀잔이었다……
(1996년)

법규와 제도의 자의적 운영은 기업과 개인으로부터 정당한 기회를 박탈할 수도 있고, 서류 작성과 왕래에 많은 시간과 비용을 부담시킬 수도 있다.

역효과를 초래하는 법규

복잡다기한 우리의 법규 중 다수는 의도한 목적의 달성에 기여하는지 의문스럽고, 더러는 역효과를 초래하기도 한다. 어떤 것은 집행 자체가 사실상 불가능하여 효과는 없고 법체계의 존엄성만 해친다.

정부는 경제력의 집중과 독과점의 횡포를 방지한다는 취지로 지주회사(持株會社)를 금지하였다. 그러나 상호출자라는 더욱 비합리적인 방법을 통하여 재벌이 탄생되었다. 세계에 유례가 없을 정도로 경제력이 집중되었고, "상호지급보증"이라는 반상식적 절차를 거쳐 재벌소속 기업군(企業群)이 일시에 부실화되는 길을 열었다.

기업보호라는 취지로 만들어진 기업매수(M&A) 제한조치는 해당 기업을 능력있는 경영인이 맡아서 더욱 건강하게 할 수 있는 길을 봉쇄하였다. 기존의 경영층으로 하여금 무사안일에 빠지게 하는 역작용(逆作用)도 낳았다. 국가경제를 건실하게 할 것으로 기대되었던 법규와 제도가 반목적적(反目的的)인 결과를 초래한 셈이다.

교육을 정상화한다는 취지로 정부는 초등학교에서 대학까지, 공립학교에서 사립학교까지, 큰일에서 작은 일까지 간섭하였다. 그 결과는 총체적 부실교육인 바 교육정책 역시 역효과를 초래하였다.

국민이 골고루 양질(良質)의 의료혜택을 받도록 하기 위하여 정부가 의료보험을 관리하고 의료서비스의 공급체계를 규제하는데, 그 결과 역시 의료서비스의 하향평준화라는 역효과이다.

1996년에 큰 폭의 경상수지 적자를 기록하자 정부가 맨 먼저 취한 조치는 해외 여행경비의 사용을 억제하는 것이었다. 골프채의 휴대를 제한하였기 때문에 많은 여행객이 해외에서 골프채를 빌릴 수밖에 없었다. 빌리는 비용만큼 외화가 더 많이 지출되었다.

외국자본의 한국 기피

과도한 규제가 국가경제에 미치는 다른 악영향 중의 하나는 외국기업

으로 하여금 한국에 대한 투자를 기피하게 한다는 점이다. 일부 외국 언론
이 1990년대 상반기부터 그런 문제점을 지적하였으나 정부는 귀기울이지
않았다. 당시 한 언론의 보도를 보자:

> [한국에 대한] 외국으로부터의 신규투자는 1992년 중에 855백만 달러였는데
> 이는 전년보다 36% 줄어든 것이었다. 더욱 좋지 않은 징조는 합작사업에서 철
> 수한 외국자본이 69백만 달러에서 다섯 배 이상 증가한 369백만 달러에 이른다
> 는 점이다……
>
> [이와 같은] 외자(外資)의 유출은 외국자본과 기술을 유치하기 위한 아시아
> 각국간의 경쟁에서 한국이 첫번째의 대실패자(the first big loser)가 되게 할는
> 지도 모른다. 외국기업인들은 교육과 훈련이 잘 된 인력을 [활용하고자] 한국의
> 뒤틀리고 애매모호한 규제(contorted, opaque regulations)를 참아 왔었지만, 이
> 제 활용할 가치가 충분한 대안(代案)으로 [중국 등의 국가가] 등장하고 있는 것
> 이다.(WSJ, 93. 5. 10)

외국자본이 유입되지 않으면 우리는 국가경제의 성장과 발전의 기회
를 잃는다. 과도한 규제가 최우선적 경제목표를 달성하는 데에 큰 방해가
되는 셈이다.

4. 복잡한 법규의 사회적 비용

규제 위주의 법규체제는 각종 사회적 비용을 초래한다. 우선, 법규가
복잡한 만큼 정부가 그것을 집행하는 비용이 크다. 다음, 그런 법규의 적용
을 받는 기업과 개인의 준법비용이 많이 든다. 마지막으로, 법규가 엄격하
여 지키기 힘든 만큼 탈법의 유혹이 많아 부정부패를 조장한다.

그런 비용은 모두 민간부문의 부담으로 돌아오게 되므로 기업비용을
높이고 국가경쟁력을 좀먹는다.

같은 목적을 달성하기 위하여 비용이 최소화되는 것이 가장 바람직함

은 물론이다. 어떤 경우라도 법규나 제도가 가져다 주는 사회적 이익이 집행비용과 준법비용보다 커야 한다. 그러므로 법규나 제도의 도입에도 철저한 비용·효과분석이 따라야 한다고 할 것이다.

집행비용(執行費用)

우리 정부의 규제는 복잡하다. 그것을 집행하기 위해서는 공무원과 부대비용이 그만큼 더 필요하다. 공장설립에 384개의 법규가 적용된다면 그런 법규를 집행할 공무원과 그것을 감시·감독해야 할 공무원이 있어야 한다. <사례 7-2>의 경우라면, 현지에서의 확인을 위해 교육관이라는 엄청난 비용이 드는 공무원을 영사관에 파견하여야 하고, 국내에서 복잡한 서류를 점검할 장학사를 신규 채용하여야 한다. 그밖에 주민등록등본, 통반장의 거주사실 확인서 등은 그런 서류를 발급할 사람을 더욱 바쁘게 한다.

운전면허 발급절차도 매우 복잡하다. 그만큼 관리비용이 더 들어간다. 다음의 사례를 보자:

(사례 7-3) "운전학원 출석 '지문감식' 확인"

내년부터는 자동차학원에서도 '지문감식'이 실시된다. 강력사건에 주로 사용되던 '지문감식'이 자동차학원에 도입되는 것은 수강생들의 학과수업 출석여부 확인을 위해서이다. 지난 6월 경찰청의 운전전문학원 감사에서 상당수 학원들이 결석한 수강생을 출석한 것으로 장부를 조작하거나 학과시험을 대리로 쳐준 사실을 묵인하는 등의 비리가 적발된 데 따른 고육지책이다. 학원에 등록한 사람과 출석한 사람이 일치하는지의 여부를 지문으로 수업 전에 확인해 두면 빠져나갈 구멍이 없을 것이라는 얘기이다. 작은 비리를 막는 데 첨단기법이 동원되는 셈이다……

[감식 장치의] 한 번 설치에 5천만 원 가량이 소요될 것으로 예상되지만 설치를 마다하는 학원은 없다. 이 프로그램을 설치하는 학원에서는 감사 후 학원마다 배치된 2명의 경찰을 철수시키겠다는 조건이 달려 있기 때문이다…… 학원까지 와서 이래라저래라 하는 '시어머니'의 직접 감시를 피하려면 필수적이라는 게

∶ 학원관계자들의 말이다. (조선, 97. 10. 21)

경찰청의 취지를 잘 모르는 시민들에게는 상식을 벗어난 면허제도, 집행절차, 집행비용이 의아하게 생각될 뿐이다.

모든 집행비용이 종국적으로 국민부담이 됨은 두말할 필요가 없다.

준법비용(遵法費用)

이것은 기업과 개인이 정부의 규제에 따르는 데에 투입해야 할 시간, 인력, 금전 등이다. 현대는 "시간 경쟁의 시대"이며 시간이 가장 중요한 자원이다. 공장설립이나 특허출원에 3년 걸린다면 국경을 초월한 경쟁에서 이미 지고 들어가는 것과 다름없다. 법규와 제도를 지키기 위하여 인력이 투입되면 그것 자체로 큰 부담이며, 서류작성 및 발급과 관련된 비용 또한 무시할 수 없다.

정부의 일부인 한 지방단체의 장(長)이 토로하는 아래의 불평이 일반 기업과 개인이 부담해야 할 비용이 어느 정도일 것인지를 짐작하게 해 준다:

> ## (사례 7-4) 공공기관도 불평하는 준법비용
>
> [경상남도의] 김지사는 거제권 관광단지 조성에 대한 승인을 위해 2년 전부터 관련 부처에 도지사 및 해당 국과장이 38회나 방문해야 했다고 밝혔다. 또 올 하반기 착공예정인 김해 복합유통단지 건설을 위해서는 25회, 거제~부산 연륙교 건설을 위해서는 23회나 관계부처를 방문한 뒤에야 승인을 받았다며 중앙정부의 인·허가에 2년이나 걸리는 것은 행정, 재정적 부담일 뿐만 아니라 국가경쟁력도 떨어뜨리고 있다고 지적했다. (한경 97, 6. 13)

문제를 더욱 어렵게 하는 것은 '직접 방문하여' 복잡한 제반절차를 밟아야 하는 우리의 관행이다. 왕래에 많은 시간을 투입해야 하는 만큼 기업체 직원과 개인의 생산성은 더욱 떨어진다.

부패비용(腐敗費用)

자원배분권을 정부가 가지고 있으면서 세세한 부분까지 통제를 하다 보니 '정경유착'(政經癒着)은 어쩌면 당연한 귀결이라고 할 것이다. 자연스럽게 특혜를 대가로 뇌물과 향응을 제공하는 공무원과 기업간의 거래가 만연하게 된다. 개별기업의 입장에서는 물질제공을 '사업을 위한 필요악'(必要惡)으로 치부하게 된 것이 우리의 현실이다. 뇌물과 접대는 어느 사회에나 있게 마련이지만 우리의 경우는 그 정도가 지나치다.

뇌물의 수수(授受)는 성격상 제3자에게 잘 알려지지 않는다. 게다가 대한민국 검찰은 뇌물수수 사건을 인지하고도 수사하지 않거나 발표하지 않는 경향이 있다. 그래서 뇌물의 전체 규모를 추정하기는 어렵다. 다만 수시로 알려지는 부정부패 사건들에 비추어 천문학적이 될 것임은 쉽게 짐작할 수 있다.

1990년대에 공개되어 물의를 빚은 "수서 비리," "상무대 사건," "대통령 비자금 사건," "한보 부도 사건" 등은 단일 사건의 뇌물수수 금액이 수백 억에서 수천 억원대에 이르는 그야말로 엄청난 것이었다. 잊을만 하면 터지는 세금관련 비리 등의 각종 부조리와 알려지지 않는 소위 "정치자금"을 합친다면 그 규모는 상상하기조차 어렵다. 그밖에도 기업과 개인은 "급행료," "담뱃값," "거마비"(車馬費), "수고비," "촌지"(寸志) 등으로 불리는 음성적 경비를 부담하여야 한다.

정치권과 공직사회에 비리(非理)가 만연하고 있음은 1997년 4월 국무총리실이 "공직 고질비리와의 전쟁"을 선포하면서 공직사회 스스로가 인정하였다.

뇌물 및 접대의 수수는 크게 보아 세 가지의 사회적 비용을 초래한다 :

① 금전적 비용. 부정과 비리에는 금품의 수수가 따르는데 그것은 기업과 개인이 직접 부담해야 할 비용이다. 기업은 "비자금"(秘資金) 형식으로 조성한 자금과 "접대비"로 공인된 자금을 그런 용도에 사용한다. 비자

금은 이름 그대로 옳지 못한 방법으로 조성된다. 세법이 인정하는 접대비는 대기업의 경우 매출액의 0.1%를 조금 초과한다. (접대비 중 약 30%는 機密費라 하여 영수증 없이 회계처리할 수 있다.)

제반 여건상 개별기업이 공인된 한도를 소진하리라는 것은 쉽게 추측할 수 있다. 공인된 접대비가 GDP의 0.1%에 이른다고 추정한다면 1990년대 하반기에는 연간 약 4조원이 되는 셈이다. "비자금"의 규모는 집계가 불가능하다. 다만, 다수 기업체의 사장과 경리담당자, 세무서, 구청 등의 공무원을 상대로 표본조사한 결과, 음성접대비가 공식접대비의 2∼10배에 이르는 것으로 나타났던 점에 비추어 전체 규모는 엄청날 것이다(중앙, 97. 6. 9).

접대성 경비는 건설업체와 중소기업체에 특히 큰 부담이 되는 것으로 알려져 있다. 기업에 따라서는 매출액의 10%에 이르기도 한다(한경, 97. 2. 15). 개별기업이 부담해야 하는 접대성 경비의 심각성이 어느 정도까지 이를 수 있는지는 감사원이 확인한 다음의 사례가 단적으로 보여 준다 :

(사례 7-5) "A건설의 접대비 내역"

"파출소나 동사무소, 교통경찰관에게는 간단한 인사비용으로 한 달에 30만원 정도면 됩니다. 그러나 경찰서는 도로사용 관계, 각종 민원 무마 등을 위해 담당 계장 선까지는 상례로 인사해야 하죠. 보통 한 번에 1백만 원 정도 줍니다."

감사원이 접대비 실태조사를 위해 만난 A건설회사 사장 H씨가 털어놓는 접대의 실상은 공공연한 비밀이다. 관행이려니 여기고 사회가 모두 외면할 뿐이다.

"그뿐인가요. 경찰서에 회식이나 행사가 있으면 비용을 보조해줘야 합니다. 공사를 시작하면 민원이 많아요. 걸리는 게 많다보니 공무원들과 두루 친해야 합니다. 건축과나 단속계와 정기적으로 식사나 향응을 제공하면서 친숙한 관계를 만들죠. 보통 저녁을 먹고 나면 2차는 룸살롱으로 가는 게 관행입니다."

매출액 3백50억원 규모인 이 회사의 지난해 재무제표 상에 나타난 공식 접대성 경비는 7억 2천만 원. 그러나 비공식 접대비는 곱절인 14억 6천만 원. 공식·비공식을 합하면 모두 21억 8천만 원으로 연간 연구개발비 20억 7천만 원을 넘는다.

A사는 91년부터 93년까지 60평형 이상 아파트 2백 가구를 건축했다. 당시

행정절차를 거치며 들어간 접대성 경비는 총공사비의 3%를 넘는다<표 참조>.

건축은 먼저 부지매입부터 시작한다. 소유권 이전에 따른 지방세 절감을 위해 지방세담당 공무원에게 1천만 원을 줬다. 분양가와 직결되는 공시지가를 조작하기 위해 담당 공무원에게 5백만 원. 건축허가를 받기 위해선 경관(景觀) 심의를 거쳐야 한다. 무사통과비 조로 도시미관 심의위원에게 5백만 원.

가장 큰 돈은 건축허가권을 틀어쥔 구청에 들어간다. 건축과(2천만 원) 등 8개 관련 부서에 모두 5천5백만 원을 썼다.

시공단계에 들어가면 도로사용 관계나 민원해결 등을 위해 관할 파출소를 찾아야 한다. 매월 30만원. 경찰서에도 별도로 5백만 원 정도의 인사를 해야 한다.

공사중에도 접대비는 시멘트 바르듯 들어간다. 구청 건축과나 단속계, 소방서 공무원들에겐 정기적으로 향응을 베풀어야 한다. 술자리 한 번에 보통 3백만 원 선이며 향응 뒤 1인당 50만원의 현금봉투를 별도로 마련해 주머니에 찔러 넣어준 적도 있다.

세무서도 빠질 수 없다. 법인담당이나 부가세 담당 공무원에게는 정기적으로 인사해야 한다. 매월 50만원의 접대비가 들어가고 경조사 등 특별사안에는 별도의 경비가 나간다.(중앙, 97. 6. 9)

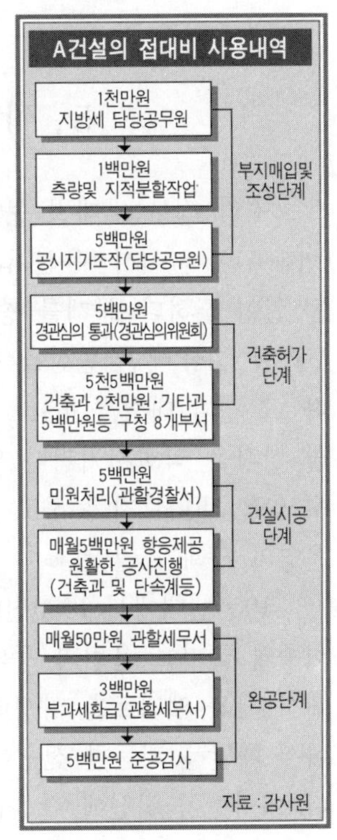

② 부실시공(不實施工). 접대성 경비의 지출은 직·간접으로 각종 사회간접자본 시설이 부실시공되는 결과를 불러온다. 16년 만에 붕괴된 성수대교, 12년 만에 철거된 당산철교, 20일 만에 교각(橋脚)에 금이 간 안양의 박달 고가도로 등 부실공사는 일상사가 되고 있다. 부실한 사회간접자본 시설은 자원낭비와 기회손실이라는 형태로 사회적 비용을 초래하고 결과적으로 기업경쟁력을 떨어뜨린다.

③ 준법정신 손상. 뇌물과 향응을 주고받는 것은 국민의 준법정신과 질서의식을 손상시킨다. 비자금은 비정상적인 회계처리를 통하여 조성되는데 자칫 분식결산을 습관화시킨다. 비자금으로 조성된 자금을 "기업주"가 횡령하는 일도 비일비재하다. 그같은 도덕황폐는 금전으로 계산할 수 없는 사회적 손실이다.

5. 아마추어 감각의 국정운영

우리 정부는 개별 문제의 해결에도 서투르다. 국정운영에 대한 비전(vision)이 없어서 "우선 급한 불만 끄자"는 식의 미봉책(彌縫策)을 선택하는 일이 흔하다. 문제를 종합적으로 판단하지 못하고 '당해 사안의 겉으로 드러난 증상'에만 관심을 두어 대증요법(對症療法)을 강구하는 경우도 많다. 그 결과 대책(對策)과 조치(措置)가 왕왕 목적달성에 비효과적이고, 가끔 상황을 악화시키거나 엄청난 부작용을 초래하는 역효과를 낳는다. 한 수 앞을 내다보지 못하고 '단수'를 치는 아마추어 바둑꾼처럼 서투른 국정운영의 사례가 많았다.

1960년대에서 1980년대에 걸친 약 20년간 동독과 쿠바 등의 일부 사회주의 국가는 올림픽 등의 국제대회에서 메달을 딸 목적으로 국가 차원에서 체육 엘리트를 양성하였다. 그런 사정은 우리나라도 크게 다르지 않아서 메달을 획득한 선수에게는 연금이 지급되고 거액의 포상금이 주어졌다. 아마추어 정신에 잘 어울리지 않는 그런 선수양성을 "스테이트 아마추어리즘"(state amateurism)이라고 불렀다. 그것에 빗대어 아마추어 감각의 국정운영을 "아마추어리즘 스테이트"(amateurism state)라고 부름직하다.

국정운영과 관련하여 '장기적 비전이 부족함'에 대해서는 제11장에서 다루기로 하고, 여기서는 국가경제의 운영과 관련된 미봉책과 대증요법을 사례 중심으로 살펴보기로 한다.

미봉책(彌縫策)의 사례

정부의 응급처방이 가장 자주 등장한 곳은 주식시장일 것이다. 주식시장은 흔히 실물경제의 거울이라고 불린다. 경기가 좋아서 기업의 수익성이 좋아질 전망이 보이면 주가는 자연스럽게 올라가고, 그 반대인 경우엔 떨어진다. 떨어지는 주가를 인위적으로 떠받치겠다는 "증시부양 대책"은 "시장과 싸우는 것"(fighting the market)으로 효과가 없다.

우리 정부는 1989년 통화증발을 통해 증시부양을 시도했으나 별다른 효과를 거두지 못하고 투자신탁 회사들만 부실하게 만들었다. 게도 구럭도 놓친 셈이다. 그런 경험이 있음에도 불구하고, 정부는 1997년에 들어 주식시장이 불안한 기미를 보이자 다시금 온갖 응급조치를 남발하였다. 별다른 효과는 없었던 반면 여러 분야에서 법규체계의 혼란을 초래하였다.

1997년의 외환위기 관리는 우리 정부가 문제가 생기면 갈피를 잡지 못하고 얼마나 허둥대는지를 극명하게 보여주었다. 한 번 생각해 보자:

(사례 7-6) 1997년의 외환위기 대응책

크게 보아 한국경제는 1980년대 말, 사회 각 계층이 자기 몫을 요구하기 시작한 시점에 이미 한계에 도달하였다. 누적된 문제가 표면화된 것이 1997년의 금융외환 위기인데 절대다수의 우리 국민들에게는 "날벼락"으로 받아들여졌다. 위기의 도래를 예상하지 못했던 것은 정부 스스로가 착각에 빠져 있었기 때문이라고 할 것이다.

우리 정부와는 달리 한국경제의 질적 내용을 관찰할 기회가 있었던 주한 외국인들 중 일부는 1990년대 초부터 경보음(警報音)을 보내기 시작하였다. 특히 몇몇 서방 언론인들은 설득력 있는 분석기사를 쓰기도 하였으나 정부는 "의도적인 한국 때리기" 정도로 인식하여 반감을 느끼곤 하였다(e.g. Clifford ; Glain).

국가경제는 1995년부터 '점증(漸增)하는 경상수지 적자'라는 위기의 초기증상을 본격적으로 나타내기 시작하였다. 1997년에는 연이은 대기업 도산으로 금융위기가 닥쳤고, 이것이 '대외신용 위기', 즉 외환위기의 촉발제가 되었다.

외환위기가 닥치자 정부는 이미 적정수준에 미달하는 외환보유고를 소비하여 문제를 해결하려고 하였다. 정부는 한편으로 부정(否定)과 은폐로써 시장심리를 유리하게 이끌려고 하였다.

일반적으로 한 나라의 중앙은행은 3개월간의 수입(輸入) 결제자금에 해당하는 외환을 언제나 사용할 수 있는 형태로 보유하고 있어야 한다. 우리의 '적정' 외환보유고는 350억 달러가 넘는다. 그러나 1997년 10월 말 현재 한국은행이 사용할 수 있는 외환보유고는 225억 달러에 불과하였다.

그런 상황에서 정부는 대외신용 위기를 해결하고 환율을 안정시키겠다고 11월 1일부터 11월 21일 IMF 구제금융 요청시까지 15영업일간 하루 평균 6억 달러, 총 95억 달러를 사용하였다. 그로부터 12월 4일 구제금융 합의시까지의 6영업일간은 하루 평균 13억 달러, 총 80억 달러를 투입하였다. 외환보유고가 그야말로 바닥에 이른 시점에서야 IMF와 협상하게 되었으니 우리의 위치는 그만큼 불리할 수밖에 없었다.

"계란으로 바위 치기" 같은 정부의 대응은 외국 언론의 조롱섞인 비판을 받았다. 어려운 상황에 대해 국민들의 이해를 구하기는커녕 마지막 순간까지 국정책임자에게 제대로 알리지도 않았다. 외환위기가 닥쳐옴을 경고하는 외국 언론을 고발하겠다고 으름장을 놓아 나중에 더욱 큰 망신을 당하게 되었다. 한편, 정부는 외환매입을 자제하고 보유외환을 매도하도록 국민을 윽박질렀다.

위기의 와중(渦中)에서 새로 임명된 경제 부총리가 취임 '수 시간' 만에 발표한 금융시장 안정대책 중의 하나는, "은행, 종합금융회사, 상호신용금고, 증권회사, 보험회사의 예금"에 대해 정부가 원리금의 상환을 보증해 주겠다는 것이었다. 그 조치는 민간기업인 금융기관의 실패를 정부가 책임지겠다는 것으로 국민에게 엄청난 부담을 초래하는 조치임에도 국회의 동의도 없이 '행정부가 임의로' 결정하였다.

더구나 그 조치는 "민간기업"들로 하여금 도덕적 해이(moral hazard)에 빠지게 하는 큰 부작용을 낳았다. 1998년 1월에는 언제 폐쇄될

지도 모르는 부실업체를 포함하여 각급 금융기관들이 예금을 유치하기 위하여 고금리경쟁을 벌였다. 그런 현상을 중지시키려고 정부는 다시 일정 수준을 초과하는 금리에 대해서는 지급보장하지 않는다는 응급조치를 발표하였다.

원리금 상환보장 대책을 서둘러 발표하다 보니, 무보증기업어음(CP)과 투신사의 고객예탁금이 빠져 문제가 되었고, 정부는 다시 그에 대한 후속조치를 만들었다.

금융시장 안정을 위한 정부대책이 온통 미봉책과 대증요법으로 구성되어 있음을 비꼬아 당시 금융계 일각에서는 이를 "두더지 게임"이라 불렀다. 여기를 때리면 저기서, 저기를 때리면 여기서 튀어나오는 두더지처럼, 이쪽에 문제가 생겨서 응급처방으로 해결하면 이내 저쪽에서 다른 부작용이 생기곤 했던 것이다.

비효과적 정책의 사례

현실에 대한 정확한 분석없이 정책을 수립하거나 법규와 제도를 도입하면 목적한 효과를 얻지 못할 가능성이 많아진다. 효과없는 법규는 그 자체로 손실이다. 어떤 법규이든 집행비용과 준법비용이 들기 때문이다.

정부는 때로 생색을 내기 위하여 혹은 과시용으로 새로운 법규나 제도를 도입한다. 그런 경우는 처음부터 효과가 있을 것으로 기대하기 힘들다.

정부는 1993년 금융실명제를 도입하였다. 그 목적은 금융거래를 실명화(實名化)함으로써 사회고질인 부정부패를 방지하며, 금융소득을 종합과세함으로써 조세정의를 실현하고 세수(稅收)를 늘리자는 것이었다. 도입절차의 적법성 여부를 제쳐두면 실명제는 한국 사회에 합리적 사회경제질서가 수립되는 토대가 될 수도 있었다.

그런 금융실명제를 정부는 1997년 말에 "금융경색을 완화한다"는 이유로 사실상 폐기하였다. 불행히도 그 폐기조치는 처음부터 금융문제를 해결해 줄 것으로 기대되지 않았다.

1997년 초에 사회일각에서 "실명제 때문에 출처를 밝히기를 꺼리는 검은 돈이 지하로 숨어들어 금융이 경색되고, 결과적으로 불황과 기업도산의 원인이 된다"는 주장이 일었다. 마침 그 무렵에 취임하게 된 경제 부총리는 첫마디로 금융실명제를 완화하겠다고 선언하였다.

그 시점부터 연말까지 재계, 정치계, 언론계는 "실명제가 금융위기의 주범"이라는 여론을 강하게 불러일으켰다. 그러다가 실명제를 고집한 현직 대통령이 통치능력을 상실한 1997년 말에 정부는 삼엄한 국제적 감시를 무릅쓰고 금융실명제를 불구화시켰다. (실명제의 상징성은 남겨두었지만 우리의 정치·행정 관행에 비추어 볼 때 "사망선고"가 내려진 것으로 보아야 할 것이다.)

여기서 실명제가 금융을 경색시킬 수 있는지 곰곰히 따져 보자.

현대 경제에서 큰 금액의 결제(決濟)는 대체로 수표로 이루어진다. 기업간 결제는 물론 개인의 부동산 매매, 내구소비재 구매, 때에 따라서는 자동차 연료주입까지 수표가 사용된다. 수표가 발행되는 근거는 은행에 있는 각종 예금이다. 그런 이유로 은행예금은 현금과 다름없는 지불수단(支拂手段)으로 간주되어 현찰(現札)과 함께 통화(通貨)라 불린다.

1997년 말 현재 한국의 통화량은 총통화(M2) 기준 약 200조원 내외였다. 총통화 중 시중에 나다니는 현찰은 전체의 7~8% 수준, 즉 15조원 정도였다.

실명제 폐지론자들의 주장은 "수십조 원의 자금이 지하에 숨어서 돌지 않기 때문에 통화량이 늘어도 기업의 자금사정은 여전히 어려워 부도위기에 몰린다"는 것이었다.

그런데 '자금'이 어떻게 지하로 숨을 수 있을까? 현찰은 묶어서 "장롱" 속에 넣어 두면 된다. 그러나 예금은 자금출처가 어디이든, 그것이 실명(實名)이든, 차명(借名)이든, 가명(假名)이든 은행에 있게 마련이다. 은행의 예금은 어떤 종류, 어떤 형태이건 곧바로 대출의 재원(財源)이 된다. 그렇게 보면 지하에 숨어서 자금사정을 어렵게 만드는 "지하자금"은 현찰에 국한된다.

이제 지하로 숨을 수 있는 자금이 얼마일지 가늠해 보자. 정당하게 돈을 번 수많은 국민들은 일상생활에서 쉴새없이 현찰을 사용하고 있다. 또한 만일에 대비하여 호주머니와 금고에 상당액의 현찰을 보관하고 있다. 그처럼 시중에 유통되는 돈을 빼면 "출처가 구려서 지하에 숨은 현찰"은 2~3조원 정도가 고작일 것이다. 그렇다면 "지하자금"은 총통화의 1%에 불과하고 그것은 월중의 통화량 변동 폭에도 미치지 못한다. 그러므로 현대의 정상적 국가경제에서는 "지하자금이란 없다"고 해도 과언이 아니다.[2]

지하자금이 없다면 1997년 내내 나라를 뒤흔들었던 "실명제와 금융경색"에 관한 논쟁은 애당초 시빗거리조차 되지 않는다. 그 간단한 이치를 정부가 몰랐다면 전형적인 아마추어 감각의 국정운영이라 할 것이다.

부작용이 더 큰 정책의 사례

어떤 약이나 크고 작은 부작용(副作用)이 있다. 제도 또한 어느 것이나 부작용이 있다. 약이나 제도의 총체적 효과성은 부작용의 정도에 따라 크게 좌우된다. 표면증상(表面症狀)만 염두에 두고 처방(處方)을 내리면 자칫 부작용이 더 클 수도 있다. 앞의 두 가지 사례에서 정부의 처방은 무시할 수 없는 부작용을 낳았다.

---

2) 지하자금(地下資金)과 지하경제(地下經濟)는 별개의 개념이다. '숨겨진 자금'이라는 의미의 "지하자금"은 경제학에서 말하는 '잔량'(殘量, stock)이고, '세무당국에 신고되지 않는 음성적 거래'라는 의미의 '지하경제'는 '유량'(流量, flow)이다. "지하자금"은 사실상 존재하지 않지만 '지하경제'는 있다. 지하경제의 규모는 각국의 역사적, 경제 현실적 상황에 따라 다르지만 대체적으로 GDP의 10~25%에 이르는 것으로 추정된다. 조세연구원 등에서 한국의 지하경제가 GDP의 10% 내외인 것으로 추정했는데 그렇다면 그 규모는 "수십조 원(30~40조)"이 된다. 1997년의 실명제 논쟁 당시 정치계와 언론계를 포함한 국민 다수는 '지하경제'를 "지하자금"인 것으로 착각한 듯하다.

목적달성에 크게 기여하지 못하면서 엄청난 부작용을 남긴 대표적 사례로 소위 "벤처기업" 육성정책이 있다:

1997년에 제정된 이 법은 온통 예외조항으로 구성되어 있는데, 예외조항이 많다는 사실 자체가 부작용이 많을 것임을 암시해 준다.

우선 법적용의 대상인 "벤처기업"의 정의(定義)에서 문제가 생긴다. 그것은 '모험투자가' 정도로 번역될 '벤처 캐피탈리스트'(venture capitalist)에서 따온 듯한데, 실제 "모험기업"이라고 번역되기도 하였다.[3] 그런데 모험투자가라는 개념은 아무런 문제가 없으나 "모험기업" 혹은 "모험산업"이라는 정의는 모호하다.

모험투자가는 '고위험 · 고수익 투자'를 전문으로 하는 자본가를 가리키는 말이다. 그들은 발전가능성이 많은 신생기업(start-up)에 주로 투자한다는 특징은 있지만 투자대상 업종이 별도로 정해져 있는 것은 아니다.

기업을 시작하는 사람의 입장에서는 누구나 일정한 준비와 계산이 있게 마련이다. 그런 점이 업종에 따라 차이가 날 까닭은 없다.

신생기업은 기존업체보다 실패할 위험이 크다. 그 대신 성장가능성이 훨씬 높아서 국가경제 발전에 기여할 잠재력이 크다. 그런 이치는 업종이 다르다고 차이가 나는 것이 아니다. 식당이나 소매상이라 하여 국가나 사회에 대한 기여 폭이 첨단산업보다 좁다는 법은 없다. 식당이나 소매업이라 하여 혁신을 하지 못하라는 법이 없다. (McDonald's나 Wal-mart를 보라!) 그렇기에 어느 나라 없이 신생기업의 등장을 장려하고 있으나 업종을 특별히 구분하지는 않는다.

그렇게 보면 "모험기업"이건 "벤처기업"이건 업종별로 특별히 구분할 수도 없고 정부가 애써 구분하겠다고 나설 이유도 없다. 서양의 벤

---

3) 한국과 일본을 제외한 다른 나라에서는 "venture business"라는 말을 잘 쓰지 않는다. 대신 '영리를 목적으로 시작하는 사업' 정도의 뜻인 'business venture'라는 말은 있다. 참고로, 'venture firm'은 'venture capitalist'와 같은 말이다.

처 캐피탈리스트가 즐겨 투자하는 '아이디어나 기술이 독창적이라서 성공할 가능성이 상대적으로 높은 신생기업'을 "모험기업"이라고 부르는 것은 다소 모욕적이다.

적용대상의 선정에서부터 개념적으로 무리가 있다 보니, 벤처기업육성법은 "창업투자회사는 벤처기업에 투자하고 창업투자회사가 투자하면 벤처기업이 되는" 순환논리를 낳았다. 현실적으로 법을 적용하려고 하다 보니 구체적으로 "벤처기업 업종"을 나열할 수밖에 없었고, 일부 건설업, 운수창고업, 패션 디자인, 사진 및 영화제작까지 포함되어 육성대상이 무엇인지 그 초점이 애매하게 되고 말았다(통상산업부 고시 제1997-201호 참조).

이 법은 공공자금 관리기금, 공무원 연금기금 등 73개의 공공기금(公共基金)이 벤처기업에 투자하는 것을 장려하고 있다. 그러나 공공기금은 '수익성'보다는 '안정성'을 위주로 해야 하는 것이 상식이다. 벤처기업에 대한 투자는 자제해야 마땅하다. 어디까지나 민간기업인 벤처기업을 지원하려다 기금이 목적하는 "공공사업"을 그르친다면 소탐대실(小貪大失)의 어리석음일 뿐이다.

벤처기업이 발행하는 주식의 액면가(額面價)는 상법의 규정(1주당 5,000원)을 무시하고 100원 이상으로 표시할 수 있게 하였다. 그것은 별다른 효과를 거두지 못한 반면 엄청난 혼란을 가져올 소지를 남겼다.

우선 '액면가'는 벤처기업의 자금조달에 큰 영향이 없다. 왜냐하면 주식발행으로 일정 금액을 조달하고자 할 때 액면금액을 줄이면 발행주식수가 반비례하여 늘어야 하기 때문이다. 예를 들어 5백만 원을 조달한다면, 5,000원짜리 주식은 1,000주 발행하면 되고 100원 짜리 주식은 50,000주를 발행해야 하므로, 액면가는 아무런 실제적 차이를 낳지 않는다.

정부가 액면가를 줄이면서 내세운 이유는 "주식거래의 활성화"였는데, 이것은 선의의 투자자를 '속이는' 함정이 될 수가 있다. 거래단위가 5,000원이면 주식 투자자의 입장에서 볼 때 불편할 정도로 큰 것이 결코 아니다. 100원 단위가 되면 거래 수량이 50배 늘어나게 되어 오히려 불편해진다. 그렇다면 "액면을 작게 하여 거래를 활성화하겠다"는 것은 결국 '싸게 보이게 하여' 내막을 잘 모르는 사람들로 하여금 투자하도록 눈속임하자는 것이다. 정부가 취할 바가 못된다.

액면가 축소조항은 '경제 헌법'에 해당하는 상법을 무시하는 것이었다. 상법 규정의 하나인 5,000원이 원칙인 주식액면가는 증권거래 관련 법규는 물론, 기업회계 등에 폭넓게 적용되며 투자자와 일반인의 관념 속에 확고하게 자리잡고 있다. 따라서 그 예외조치는 엄청난 혼란을 초래할 것임이 명백하다.

이 법은 그밖에도 공정거래법, 증권거래법, 외자도입법, 국유재산법, 보험업법, 국가공무원법, 건축법, 농지법, 산림법, 교육법 등 우리 사회의 근간(根幹)에 해당하는 법들의 규정을 숱하게 무시하고 있다.

이 법 이전에 만들어진 중소기업 지원에 관한 여러 법규는 모두 일종의 특별법이다. 그 위에 만들어진 벤처기업 육성법은 '특별법 중의 특별법'인 셈이다. 무소불위(無所不爲)가 되어 법규체계에 혼란을 초래하는 이 법이 과연 어떤 효과가 있을까? 극히 회의적이다.

모름지기 특정 기업체에 대한 투자 혹은 융자는 해당 업체의 현재와 미래의 수익성이 가장 중요한 판단근거가 된다. 그러나 한국의 중소기업을 보면 경영 여건이 매우 어렵고 중소기업인들 역시 참신한 아이디어가 있거나 뛰어난 경영능력이 있다고 평가받지 못해 왔다(기업은행 ; 중소기업청). 거기다가 소위 "창업기업"이 성장하여 장외시장(KOSDAQ)에 등록되어도 부실기업이 과대포장된 경우가 많아 투자자들이 큰 손실을 보는 것이 우리의 현실이다.

중소기업의 내·외적 상황의 개선없이 세제상의 혜택이나 절차상의 편의성을 제공하는 것만으로 "벤처기업"이 성공하리라고 기대하는 것은 처음부터 무리이다. 제도권 금융기관은 정치적 자금배분에 익숙해져 있어 '자기 책임'으로 벤처기업을 지원할 준비가 되어 있지 못하다.

복잡한 확인절차가 불가피한 특혜조항을 만들어 보아야 장래가 불확실한 신생기업 혹은 중소기업들은 그 절차를 빌미로 금융기관으로부터 거절당하기 십상이다. 벤처 캐피달리스트의 성공사례가 별로 없는 형편에서 육성법이 제정되었다는 이유만으로 신생기업에 적극적으로 투자할 자본가들이 많을 것으로 보이지도 않는다. 투자한다면 지극히 어리석은 일이 되기 십상이다.

결론적으로 벤처기업 육성법은 효과보다 부작용이 더 클 수밖에 없게 되어 있다. 그렇다면 '하나의 작은 꼬리가 수많은 개를 뒤흔들고 있는 형상'인 이 법은 왜 만들어졌을까? 한국 정부의 특성인 대증요법, '소관부처의 생색내기,' 혹은 단순한 판단착오 중 어느 하나일 것이다.[4]

역효과 정책의 사례

사람의 몸에 돋아난 종기를 겉만 치료하면 속으로 곪아서 문제를 더욱 악화시킬 수가 있다. 우리 정부도 이런 실수를 자주 범한 바 있다. 그처럼 '역효과'(逆效果)가 나는 것은 각종 정책실수 중에서 첫째로 기피해야할 사항이라 할 것이다.

1997년 초에 시작된 금융위기는 은행의 부실채권 때문에 촉발되었다. 그 위기를 수습하기 위하여 정부가 내놓은 대책 중에서 특정 대기업에 대한 협조 융자, 불특정 다수의 중소기업에 대한 대출금 상환유예 등 여러 가지는 은행을 '더욱 부실하게 만드는' 조치였다.

금융위기 해소 대책 중에서 역효과가 가장 단시일에, 가장 확실하게 나타난 것은 속칭 "부도방지 협약"이었다.[5]

---

4) 드러커(P. Drucker)는 고용창출이나 경제성장 촉진을 위하여 고기술 산업(high-tech industry)만을 정책적으로 집중 육성하는 것은 어리석은 일이라고 지적한 바 있다. 정부가 심혈을 기울여서 마련해야 할 것은 기업에 유리한 전반적 환경이다. 열악한 기업환경을 두고 첨단산업이 발전하리라고 기대하는 것은 "중턱 없는 산꼭대기"처럼 허망하다는 것이다(Drucker, 1985).

5) 부도방지 협약의 정식 명칭은 "부실징후 기업의 정상화 촉진과 부실채권의 효율적 정리를 위한 금융기관 협약"이며, 1997. 4. 21에 은행, 종금사, 보험사, 증권사 사이에 체결되었고 "서울 어음교환소 규약"에 반영되었다.

법(法)이 문자로 표시된 사회 구성원 사이의 약속이라면, 관행(慣行)은 문자로 표시되지 않은 약속이다. 법이 반드시 우선하는 것은 아니며 때로 관행이 더 중요하다. 비록 은행간의 규약(規約)이라는 이름을 빌리고 있지만 어음이나 수표의 부도(不渡)에 대한 처리는 경제생활에 관한 한 헌법이나 마찬가지였다.

기존의 어음교환소 규약에 따르면, 한 장의 어음이나 수표를 부도낸 기업은 그로부터 2년간 어떤 은행과도 당좌거래(當座去來)를 할 수 없다. 정상적인 기업활동을 할 수가 없게 되는 것이다. 그래서 어음·수표의 부도는 기업가에게는 사형선고나 다름없는 일로서 어떤 고난을 무릅쓰고라도 피해야 할 일인 것으로 인식되어 왔다.

1997년 초부터 몇몇 대기업이 과중한 부채를 이기지 못하고 무너지자, 정부는 4월에 느닷없이 "부도방지 협약"을 들고 나와 각급 금융기관들로 하여금 이를 지키게 하였다. 이 협약은 특정 기업체가 협약적용대상으로 선정되기만 하면 교환에 회부된 어음 혹은 당좌수표를 결제하지 않아도 부도처리되지 않게 허용한 것으로, 어음과 수표의 개념을 완전히 바꾸어 놓는 것이었다.

당연히 일부 금융계에서 "현행 법체계와 상식을 뛰어넘는 폭거(暴擧)"라고 심하게 반발하였다. 이 협약에 가입하지 않으면 해당 금융기관이 소지한 어음이나 당좌수표는 언제라도 휴지조각이 될 수 있었고, 가입하면 부실기업에 계속해서 협조융자를 해주는 등 여러 가지 부담을 지게 되어 있었다. 결국 금융기관의 자율적 판단을 불가능하게 만든 말 그대로의 "폭거"였다. (묘하게도 외국인 은행들은 부도방지 협약을 지키지 않아도 무방하였다.)

이 조치로 가장 큰 피해를 입게 된 곳은 어음과 당좌수표 이외에는 별도의 담보없이 기업체에 자금을 대출한 종합금융회사 등 제2금융권이었다. 그들은 당연한 자구책(自救策)으로 부실 기미가 보이는 기업에 대해서는 '부도방지 협약 적용대상이 되기 이전'에 서둘러서 대출금을 회수할 수밖에 없었다. 그런 현상은 이 협약이 공식 체결되기도 전에 이미 나타나기 시작하였다. 제2금융권의 대출회수는 자금사정이 어려운 기업을 더욱 어렵게 만들었고, 시행 한 달 만에 금융통화운영위원회조차 "부도방지 협약이 부도를 촉발하고 있다"고 지적하였다.

새롭게 나타난 문제를 해결하겠다고 정부는 "대출을 중단하는 금융기관에 대해서는 특별검사를 실시하겠다"고 협박하였지만 개별 금융기관의 생존을 위한 몸부림을 막을 수는 없었다.

여러 가지 무리, 그에 따른 혼선과 잡음 때문에 이 협약은 1997년중 4개 업체에 적용된 것을 끝으로 사실상 사문화(死文化)된 것으로 보인다. 법리상의 문제점은 제쳐놓고 생각하더라도 이 협약은 당초 의도와는 정반대로 "부도촉진 협약"이 되고 말았다.

국가자원 낭비의 사례

정부는 재정지출로 여러 가지 투자성 사업을 벌인다. 투자성 사업은 재원의 규모도 크고 사업 자체도 복잡하므로 당연히 치밀하게 사전준비를 해야 한다. 그러나 우리 정부는 때로는 정치적 이유로, 때로는 전시용으로, 때로는 예산확보를 위해 각종 사업을 졸속(拙速)으로 벌이고 진행중에 수정하기를 되풀이하였다.

수조 원이 소요되는 인천 국제공항 건설은 시공중에 공사비가 거의 2배로 늘었다. 10년에 걸쳐 5,000억원을 투자한 경기도의 "시화호"는 담수호(淡水湖)로 활용하기는커녕 오염덩어리가 되고 말았다. 서울의 제2기 지하철 공사는 "설계를 무려 695번이나 바꾸어" 4,000억원을 낭비하였고, 총 건설비는 당초예산의 2.4배에 이르렀다(조선, 97. 11. 22). 정부가 1990년대 중·후반에 수십조 원을 투자한 농어촌 구조개선 사업은 자격없는 사람에게 자금이 지원되는 등 문제투성이었다.

이루 다 헤아릴 수 없이 많은 국고낭비 사례 중의 압권(壓卷)은 아무래도 경부고속전철 사업이라 할 것이다.

경부고속전철 사업은 1989년부터 공식 추진되어 1992년 6월에 착공되었는데, 1998년까지 5.8조원의 사업비를 들여 서울 부산간을 시속 300Km로 주파하는 고속전철을 부설한다는 것이 당초의 계획이었다.

다분히 정치적 목적으로 서둘러 추진된 이 사업은 출발부터 엉터리였다. 노선과 역사(驛舍)의 위치와 운행할 차량의 형식도 결정하지 않고 노반(路盤)에 대한 검증도 없이 공사를 시작하였다. 그러다 보니 끝없이 설계를 변경하지 않을 수 없었다. 그나마 시공단계에서의 감리(監理)도 제대로 되지 않아 많은 구간의 공사가 부실한 것으로 판명되었다.

한마디로 "총체적 부실"이었던 이 사업은 세월이 지날수록 공사비가 불어나고 완공일자가 늦추어졌다. 착공 1년 남짓한 1993년 6월에 총공사비 10.7조원, 2001년 완공으로 계획의 기본이 크게 달라졌다. 온갖 잡음과 우여곡절 끝인 1997년 9월에 이 계획은 총공사비 17.6조원, 2005년 완공으로 다시 변경되었다. 그러나 사태의 추이를 보면 총공사비와 완공시점을 예측하기는 사실상 불가능하였다.

고속전철 사업은 크게 세 가지 측면에서 막대한 국가자원의 낭비를 초래하였는데 그것을 모두 돈으로 환산하면 그야말로 천문학적 숫자가 될 것이다.

첫째, 순서가 뒤바뀐 계획, 미숙한 진행으로 당해 사업에 필요한 비용이 눈덩이처럼 불어났다.

둘째, 사업계획 수립시에 비용·효과 분석을 잘못하여 사회간접자본 시설 투자의 우선순위를 왜곡시켰다. 총공사비가 처음부터 10.7조 혹은 17.6조원 등으로 책정되었더라면 다른 사업을 먼저 시작하였을지도 모른다. 예를 들어 인천 앞바다에 화물전용 해상부두를 만들어 서울·부산간의 화물수송 필요성을 근원적으로 없애는 방법도 있었을 것이다.

셋째, 사업을 서투르게 추진하는 바람에 완공시기가 필요 이상으로 늦어지고 있다. 그만큼 국민들은 고속전철이 가져다 줄 혜택을 포기해야 하고 사회가 부담할 비용은 늘어나게 된다.

개인 또는 기업의 실수와 미숙함은 개인이나 개별기업의 비용증가로
끝난다. 그러나 정부의 실수는 곧 사회의 부담으로 돌아온다. 우리나라는
정부의 영향력이 특별히 큰 만큼 정부의 미숙함이 가져다 주는 경제적 비
용이나 국가경쟁력의 손상 정도가 크다.

6. "파킨슨 법칙"의 현장

앞에서는 정책의 '효과성' 측면에서 정부의 경쟁력을 살펴보았고 이
절(節)과 다음 절에서는 정부활동의 비용, 즉 공공예산의 '효율성' 측면을
따져 보기로 한다.

한국 정부는 효율면에서도 극히 불량하다. 그 내용은 크게 두 가지로
나누어 볼 수 있다. 정부기구가 너무 비대하다는 점과 각 기구의 예산이
방만하게 운영되고 있다는 점이다.

방대한 공공부문

우리나라의 재정규모는 예산체계를 중심으로 <표 7-2>와 같이 요약

<표 7-2> 한국 정부의 재정규모

(1997년)

	예 산	GNP 대비율	연평균 증가율
예상 GNP	437조원	100%	13%(과거 4년)
일반예산	71	16	15
통합재정(A)	98	23	18
지방정부(B)	39	9	15
총재정(A+B)	137	32	17
산하기관(C)	153*	35	24(과거 3년)

* 1996년
자료 : 재정경제원. <u>97년 한국의 재정</u>

해 볼 수 있다.

표에서 "일반예산"이라 표시된 것이 중앙정부가 "예산"이라는 이름으로 일반에 공포하는 것으로, 주로 "일반회계"라 불리는 정부의 일반적 활동에 관련된 예산에 한정된 것이다. "통합재정"이라 표시된 것은 일반회계와 22개의 "특수회계"를 순계(純計)로 합친 것이다. 특별회계는 철도사업, 양곡관리, 재정융자, 군인연금 등 정부의 특수목적 사업을 별도로 관리하고자 하는 독립된 회계이다. 통합재정에 지방정부의 예산을 합친 것이 총재정으로 통상적 의미에서의 재정규모를 나타낸다고 할 것이며, 1997년의 경우 GNP의 32%에 이른다.

일반적으로 미국과 일본의 총재정은 GNP의 30%를 넘고, 영국, 독일, 프랑스 등의 유럽국가는 50% 내외이며, 싱가포르, 대만 등은 우리와 비슷한 수준이거나 작은 것으로 알려져 있다. 공식 수치만 보면 우리의 재정이 그렇게 크지 않은 것처럼 보이나 그 내용을 자세히 보면 정부는 필요 이상으로 방대하다.

첫째, 우리 정부는 재원의 조달, 조직의 구성 및 운영 측면에서 사실상 정부기구인 것을 산하기관(傘下機關)으로 분류하고 그 활동을 정부예산에 반영하지 않고 있다. 산하단체의 예산규모는 총재정 규모를 능가한다. 만일 그 둘을 합쳐서 생각한다면 우리의 재정규모는 미국이나 일본보다 크다. 유럽국가보다도 작지 않을지도 모른다. (정부와 산하단체 간의 거래가 상당히 많으므로 표에 나타난 수치를 단순히 합치는 것은 잘못이다.)

둘째, 지난 수년간 정부의 축소가 정책과제의 하나였음에도 불구하고 재정규모는 국가경제 규모보다 빠른 속도로 증가해 왔다. 더구나 일반에 공개되는 일반회계가 연 15% 내외의 증가율을 보임에 반하여, 공개되지 않는 특별회계와 소관부처 장관의 재량으로 사용할 수 있는 산하기관 예산은 연 25% 내외의 성장률을 보이고 있다. 결국 공공성이 떨어지는 부분의 재정규모가 더욱 빨리 커진 것으로 정부규모 확대의 정당성이 의심스럽다.

거꾸로는 돌지 않는 톱니바퀴

기구와 인원이라는 측면에서 정부규모가 지나치게 비대함은 1990년대 초부터 국내외의 학계, 재계, 언론계가 널리 지적하여 왔다. 정부 스스로도 그것을 인정하여 수 차례 조직축소 내지 행정개혁을 시도하기도 하였다. 그러나 정부의 수사(修辭)와는 별도로 기구와 인원은 꾸준히 늘어왔다. 공무원의 정원은 1986년 69만 명에서 1996년 93만 명으로 늘어났다.

그 같은 정부조직의 확대는 무슨 일이든 정부가 간섭하고 통제해야 한다는 권위주의적 사고, 최대한 영토를 확장하겠다는 부처 할거주의, 최대한 자리를 확보하자는 공무원의 이기주의가 만들어 낸 합작품이다.

핑계만 있으면 기구를 만들고, 각 기구는 기회만 있으면 정원을 늘렸다. "각 부처 내부에는 쓸데없는 자리와 위인설관(爲人設官)식 자리가 꽤 있고 …… 공무원들은 그런 식읍(食邑)을 유지하기 위해 공연한 규제를 만들어 내고, 쓸데없는 '레드 테이프'(red tape)을 양산해 냈다"(조선, 98. 1. 21). 자리가 일(규제)을 만들고 일은 다시 자리를 만들어 내는 "파킨슨의 법칙"이 적용되는 시범장소인 것이다.

정부의 기구와 조직이 필요 이상으로 커진 사례는 많다. 청와대 비서실은 제1, 2공화국 시절에는 11명의 인원으로 구성되어 있었으나 1997년 말에는 375명이었다. 파리의 OECD 대표부에 근무하는 인원은 미국은 20인, 영국과 독일은 10명 내외이나 우리나라는 31명이다. 전북 임실군의 경우 1950년대에는 11만 명의 인구에 공무원 수가 120명이었으나 인구가 4만 명으로 줄어든 1998년에는 770명으로 늘어났다.

파킨슨의 법칙이 암시하듯 정부의 규제를 줄이는 것은 기구를 없애는 데에서 출발한다. 따라서 미국이나 뉴질랜드 등의 국가는 필요없다고 생각되는 기구를 과감하게 줄였다. 그러나 한국에서는 한 번 만들어진 기구는 좀처럼 없어지지 않는다.

1993년 말의 경제기획원과 재무부의 통합을 포함한 조직개편, 1998년 정권이양시의 조직개편 등은 정부가 크게 내세우는 "조직축소"의 사례이다. 그러나 그 경우에도 겉보기만 축소되었지 실질적으로 의미있는 집행기구의 축소나 공무원의 감축은 없었다. "군사정권 시절에 시위를 진압하기 위해 크게 늘린 경찰병력이 남아돌자 이들을 풀어서 지나칠 정도로 교통단속, 음주단속을 한다"는 것이 많은 운전자가 1990년대 말에 느낀 감상이었다.

우리 정부의 조직은 커지기만 하고 줄어들지는 않는 '거꾸로는 돌지 않는 톱니바퀴'(rachet wheel)인 셈이다. 비대한 정부조직은 비효과적 규제를 양산한다. 비대한 조직의 유지비용은 국민부담으로 돌아와 국가경쟁력을 저하시킨다.

방만한 예산운영

각각의 정부조직 내에서의 예산운영 또한 무절제하게 이루어져서 사회적 낭비를 초래한다. 우선 부처별로 '직급상승 경쟁'을 벌이는 경향이 있어 필요없는 고위공직자를 양산하고 그만큼 급여, 판공비, 부대 인건비가 눈덩이처럼 불어나게 된다.

1997년 말 현재 우리나라에는 86명의 장·차관 외에 301명의 "장·차관급 공무원"이 있다. 그들은 모두 월정급여, 보너스, 직급보조비, 업무추진비를 받고, 기사가 있는 중대형 승용차와 중견간부인 비서관과 기능직 여직원을 제공받는다.

단위조직체 장(長)의 직급을 높이는 경향은 자연히 하위 직급에도 연장되어 세월에 따라 각급 직책의 직급은 높아진다. 군급(郡級) 지방단체의 장은 사무관에서 서기관으로 격상되었고, 중앙부처의 과장은 서기관이었으나 어느 틈엔가 다수의 부이사관이 보임되었다.

승진으로 남아도는 고급공무원은 파견, 연수, 대기 등으로 처리하여 생산성이 극히 낮은 소위 "위성 공무원"을 양산하기도 하였다. 1997년 현재 재경원의 경우를 보면, 60명의 국장급 중에서 본부 보직자는 26명에 불과하고, 208명의 과장급 중에서 본부 보직자는 80명에 불과한 기현상을 보이고 있다. 그런 현상은 경비 측면에서 엄청난 낭비임은 물론, 억지로 새로운 조직을 만들게 되어 새로운 규제와 비효율을 낳는 부작용도 크다.

개별 조직별로 공무원의 숫자가 많다 보니 근무의 집중도가 떨어짐은 물론이다. 중앙부처의 일부 공무원들이 초과근무를 하는 것은 사실이지만 감시의 눈이 잘 미치지 않는 하급기관과 지방공무원 중 다수가 느슨하게 근무하고 있다. 근무시간중에 사무(私務)를 처리함은 물론이고 수개월 동안 승진시험 준비를 위해 자리를 비우는 일까지 흔하다(MBC, 98. 1. 26). 공무원의 생산성이 낮으면 그만큼 사회적 비용이 증가한다.

직접 인건비 이외에도 각급 정부기구가 예산을 방만하게 운영하는 사례가 아주 많다. 예산을 소진(消盡)하기 위해서 "연말만 되면 파헤치는 길," 공사발주와 자재구매를 둘러싼 잡음, 각종 전시성 행사와 내용 없는 세미나, 효용성이 불확실한 외부용역, 무절제한 간행물, 효과측정이 전혀 없는 해외연수와 출장 등등 다양한 형태의 예산낭비 사례를 우리 국민들은 자주 접한다.

정부예산의 낭비는 모두 국가경쟁력의 저하로 돌아온다.

특권계층과 "식읍"(食邑)

한국의 관료사회는 매우 폐쇄적이다. 임용시험 등 일정한 통과의례를 거쳐야만 그 사회에 참입(參入)할 수 있고, 일단 공무원이 되면 법률에 의한 신분보장으로 퇴출(退出)되지 않는다. 현대는 전문가 사회라고 강조하지만 외부 전문가가 관료사회의 일원이 되는 경우는 사실상 없다.

외부와 교류가 없는 안정된 관료사회는 자연적으로 내부결속이 매우 강하고 폐쇄적이 된다. 인지상정(人之常情)으로 구성원간에 서로 돌보아주는 경향이 생긴다. 국가정책과 예산배정에 대한 재량권을 가지고 있는 공무원(정치인 포함)들이 할 일이 없게 된 동료를 위해서 할 수 있는 일은 많다.

그 중의 하나가 새로운 "자리"를 만드는 것으로 현직에 있는 구성원을 위해서는 정부조직을 확대하고, 퇴직하는 구성원을 위해서는 산하기관을 만드는 것이다.

우리나라에는 정부 산하단체가 아주 많다(<부표 7-1> 참조). 다수의 단체가 나름대로의 존재이유를 가지겠지만, 적지 않은 숫자는 설립 이유가 불분명하거나, 중복설치되었거나, 설립 이유가 소멸되었음에도 상존(尙存)하거나, 설립 취지와 다르게 운영되고 있다. 퇴직 인사의 자리를 만들어 주는 기관이라는 '혐의'(嫌疑)를 벗기가 어렵다.

범인(凡人)인 시민들로서는 한전(韓電)이나 가스공사 등 민간기업 성격의 사업체가 정부 투자기관으로 남아 있어야 하고, 무역협회가 계속된 부동산투자로 덩치를 키워야 하며, "한국방송광고공사"가 광고매체와 광고주 사이에 끼어들어야 하는 이유를 알 수가 없다.[6] "서울올림픽기념 국민체육진흥공단"이 6천억 원의 자산을 운용해야 하고, "대전엑스포 기념재단"이 만들어져야 하고, 말썽 많았던 "새마을운동 중앙협의회"가 남아 있어야 하는 이유가 그렇게 절실한 것인지 알지 못한다.

우리 범인들로서는 "교통안전공단"과 "도로교통안전협회"가 하는 일이 어떻게 다른지 짐작하기 어렵고, "기술신용보증기금", "신용보증기금", "한국종합기술금융", "중소기업진흥공단"이 따로따로 설립되어야 하는 뜻을 헤아리기 어렵다. 수시로 업무정지 처분을 당할 정도의 능력뿐인 신용평가 회사가 3개나 되어야 하는 사정을 잘 이해하지 못한다.

한 가지 가능한 설명이 있다면 그것은 "동료를 위한 자리 만들기"일 것이다. 바로 무분별한 "산하"(傘下) 기관의 설치이다. 설치된 기관에는 정치인이나 퇴직관료가 "낙하산"(落下傘)처럼 자연스럽게 부임한다.

조사에 의하면 "18개 정부 투자기관의 사장과 감사 73명 중 94.5%인 69명이 낙하산 인사로 임용됐을 정도"라고 하니 많은 정부 산하기관이 특권계층의 "식읍"이라는 '혐의'가 사실로 확인되었다고 할 것이다(중앙, 98. 1. 23). 자연히 정부 '산하기관' 역시 핑계만 있으면 만들어지고 한번 만들어지면 없어지지 않는 '거꾸로는 돌지 않는 톱니바퀴' 현상을 보인다.

고급관료, 정치인, 장성(將星)은 한국 사회의 '특권계층'을 이룬다. 특

---

6) 광고공사는 19%의 광고 수탁수수료를 징구하여 자체조직 운영비를 빼고 "공익자금"을 조성한다. "공익자금"은 "최고 72%까지 유관단체 유지비로 사용되고 있다." 반면 광고매체인 KBS와 MBC는 1998년에 1,300여억 원의 적자를 낼 것으로 예상되었다(국정감사 지적사항).

권계층 인사들은 퇴임 후에도 과거의 지위에 상응하는 자리를 맡기를 원한다. 그들의 욕구는 한편으로는 수많은 정부 산하기관이 있어 충족되고 다른 한편으로는 대정부로비가 필요한 기업체들이 충족시켜 준다. 우리는 거의 매일 특권계층의 인사가 정부 산하기관의 임원으로 임명되었다는 보도를 접한다. '운이 나빠' 불명예 퇴직하더라도 기업체들이 고문 등으로 영입하여 구제해 줄 가능성이 높다. 모두가 내부결속이 단단한 관료사회의 음덕(陰德)이다. 마치 한 번 특권계층이 되면 '보이지 않는 유리바닥'(glass floor)이 신분을 보장해 주는 형국이다.

그들이 현직에서 물러나 다시 맡은 자리에서 사회적으로 기여한다면 크게 문제가 될 것이 없으나 현실은 이와는 다르다. 우선 낙하산처럼 떨어진 이들이 산하기관의 고위직을 독점하게 되어, 조직의 안정성을 해치고, 직원들의 사기를 떨어뜨리며, 책임소재를 불분명하게 하여 전체 조직의 생산성을 떨어뜨린다. 더구나 그들이 전문성과는 크게 연관없이 자리를 맡게 되어 산하기관의 업무에 큰 도움을 주지도 못한다. 한 언론의 비판을 들어보자 :

> 정부 산하기구가 갖고 있는 장점도 적지 않지만 그것은 전문인력이 효율적으로 운영하고 있을 경우의 이야기이고, 우리의 현실은 이와는 거리가 멀다. 더구나 이미 오래 전에 이런 기구들은 중앙부처를 떠난 관료나 퇴직관료 그리고 정치적 끈을 쥐고 있는 패거리의 식읍(食邑)이 되어 버렸다. 심지어 어떤 이들은 공무원 연금도 타먹고 산하기관 봉급도 받는다 …… 전문적 기능을 담당한다던 공단(公團), 공사는 전문성은 고사하고 조직관리마저 되지 않는 경우가 허다했다. (조선, 98. 1. 7)

결과적으로 합당한 생산성의 뒷받침 없이 산하기관의 요직을 독차지하고 있는 특권계층은 사회적 부담이 되며, 그만큼 국가경쟁력을 떨어뜨린다.

7. "비효율의 대명사" 정부 산하기관

엄정한 비용·효과 분석 없이 무절제하게 설립된 정부 산하기관이 방만하게 운영되고 있음은 오히려 당연한 일이다. "예산 과다지출, 위인설관(爲人設官), 경비전용(經費轉用), 검증 안 되는 판공비(辦公費), 임직원에 대한 고액수당 지급 및 특혜융자" 등등으로 표현되는 이들 산하기관의 비효율적 운영은 감사원의 지적과 언론보도를 통해 널리 알려졌다. 그 정도가 너무 심하고 그 빈도(頻度)가 너무 높아 일반 국민들은 오히려 무감각해져 가고 있다. 스스로가 정부 산하기관인 한국개발연구원(KDI)의 분석을 보자 :

> 정부 산하단체는 운영상의 신축성 확보로 효율성의 증진을 가져올 수 있으나, 역할·책임·자율권 등이 미정립된 상태에서 오히려 더 큰 비효율의 원인이 되고 있다. 낙하산식 인사, 퇴직공무원의 자리보장, 감독기관 [소관부처를 말함]의 사업추진을 위한 예산전용 등의 사례가 발생하고 있으며, 인력·예산 운용에 대한 정부차원의 종합적인 통제기구가 결여되어 있어 체계적인 현황 파악 및 평가·감사가 이루어지지 않고 있다. (한국개발연구원)

한마디로 산하기관은 생래적(生來的)으로 낭비적 요소를 가지고 있는데다 감시·감독마저 제대로 이루어지지 않고 있다. 엄청난 국가예산의 낭비인 것이다. 스스로가 산하기관인 조세연구원은 "중앙정부보다 산하기관의 비효율이 더 큰 문제"라고 지적하기도 하였다(중앙, 98. 1. 12).

산하단체도 정부의 일부분이므로 신설되면 새로운 규제가 생기는 것이 보통이다. 일단 만들어지면 파킨슨의 법칙이 적용되게 마련인 것이다.

이 절(節)에서는 산하기관의 현황과 운영상의 문제점에 초점을 맞추어 따져보기로 한다.

산하기관 현황

성격상 준정부(準政府)라고 불리기도 하는 정부 산하기관은 다양한 사유, 복잡한 형태로 조직되어 있어서 정확한 현황조차 파악하기 힘들다. 작성기준에 따라 현황이 달라지는 것이 현실이다.

한 자료에 따르면, 1996년 말 현재 산하기관은 모두 379개로서 44만 명의 임직원을 채용하고 153조원의 예산을 운용한 것으로 나타나고 있다 (<부표 7-1> 참조). 그 자료가 정부의 지원을 받거나 정부의 입김이 미치는 기관들을 모두 포함하고 있지는 않다. 예를 들면, 통상산업부는 "본부소관 단체"로 분류한 218개를 포함하여 총 402개의 단체를 관련단체로 집계하고 있다(단체현황, 96. 5). 그들 모두는 정도의 차이가 있을 뿐 통산부의 입김이 미친다. 그러나 다수가 공식적인 산하기관 집계에서는 빠진다. 정부 전체를 두고 보면 공식통계에 잡히는 것 이외에도 '사실상의 산하기관'이 많이 있다는 말이다.

'공식' 산하기관은 다양한 형태로 분포하고 있다. 그 중 정부 투자기관과 출자기관은 이윤창출을 목표로 하는 공기업으로 운영되고 있는 것들이다. 공단(公團), 사업단, 재단 등은 "공공성이 강하여 민간에 맡기기 어려운" 특정 사업을 담당하도록 설립된 기관이다. 공단 등에 대한 정부의 지원은 대가를 바라지 않는 '출연'(出捐)의 성격이 강한데 그만큼 방만한 운영을 낳기 쉽다.

기금(基金)

국민의 비용부담이라는 측면에서 특히 문제가 되는 것이 각종 "기금"과 기금을 운영하기 위해 설립한 단체이다(한국개발연구원). 기금이란 "특정한 분야의 사업에 대해 지속적이고 안정적인 자금지원이 필요하거나 사업 추진에 있어 탄력적인 집행이 필요한 경우에 법률로써 설치·운용"된다.

기금은 막대한 자금을 운용하고 있지만 그에 대한 감시가 매우 느슨하다. 특히 "기타기금"이라고 불리는 것들의 운용계획은 기금관리 단체가 작성한 것을 주무부처 장관이 승인함으로써 확정된다. 목적하는 사업의 "공공성이 강함에도" 국회승인 절차를 밟지 않게 되어 있어 방만하게 운영될 소지가 많다.

　　정부의 각 부처는 손쉽게 이용할 목적으로 기금을 경쟁적으로 확대하는 경향이 있다. 그러다 보니 "기금 조성액 규모가 정부 각 부처의 영향력을 나타내는 지표가 되고⋯⋯ 공공기금이 '눈먼 돈,' '주인 없는 돈,' '정부부처의 사금고' 등으로 불려지고 있는 것도 무리가 아니다"(한경, 97. 10. 15).

　　1996년까지 우리나라에는 모두 76개의 각종 기금에 대략 73조원의 재원이 조성되어 있었다(<부표 7-2> 참조).[7] 금융외환 위기 이후에는 문제가 생길 때마다 부실채권정리기금, 임금채권보장기금, 투자신탁안정기금 등으로 기금을 신설 또는 확충하였다. 기금의 규모는 1998년 말에는 130조원에 육박하게 되었다.

　　기금관련 단체는 한국은행, 정부 투자기관을 포함하여 대략 50여 개인데, 이 중 기금운용을 주된 업무로 하는 단체는 96년 말 현재 총 36개이다(<부표 7-3> 참조). 그들 단체는 감시가 소홀한 위치에서 거액의 자금을 운용하고 있는 만큼 낭비의 여지가 많다. 실제로 감사원은 "이들 기금이 국회의 예산결산 통제를 벗어나 있어 변칙 사용되거나 낭비되는 경우가 적지 않다"고 밝힌 바 있고, 여러 차례에 걸쳐 구체적 사례를 제시하며 기금운영의 난맥상을 전한 바 있다.

　　기금은 여러 경로로 재원(財源)을 조달한다. 정부예산에서 출연(出捐) 받기도 하고, 재정융자를 받기도 하며, 때로 채권이나 복권(福券)을 발행하기도 한다. 출연금은 곧바로 국민의 조세부담이며, 융자나 채권발행으로 재원을 조달하더라도 기금의 운용결과 재원이 모자라게 되면 정부출연으로 보충할 수밖에 없다. 실제로 정부는 기존 기금의 재원확충을 위해 수시로 예산에서 출연하고 있다.

　　그밖에 기금의 운용으로 생기는 수익금(收益金), 신용보증 수수료처

------

7) 기금(fund)은 그 이름이 암시하는 것과는 달리 원금(元金)을 헐어서 소모성 지출에 사용하기도 하기 때문에, 시간이 흐를수록 보유자산의 규모가 줄어들 수도 있다.

럼 서비스를 받을 때 내는 수수료(收入金)가 있고, 교통안전기금, 관광진흥기금, 문예진흥기금처럼 특정의 행위에 강제적으로 부과되는 출연금이 있다. 마지막으로 흔히 준조세(準租稅)라 불리는 부담금 등이 있다.

준조세(準租稅)

각종 기금과 특별회계의 재원으로 활용되는 준조세는 강제적으로 징수하고 있다는 측면에서 조세와 다름없다. 그럼에도 각 부처의 재량권이 허용되어 있어 남용의 소지가 많다. 준조세는 수익자, 원인제공자, 손상행위자 등이 내도록 되어 있다.

부담금, 분담금, 예치금, 조성비, 관리비 등으로 불리는 이들 준조세는 1997년 현재 51종류로서, 중앙정부 예산에 나타난 금액만 약 5조원에 이른다(<부표 7-4> 참조). 그 규모가 매우 클 뿐만 아니라 1994년 약 1조원의 수준에서 급격히 증가되어 왔다. 방만하게 확대되고 있는 방증이라 할 것이다.

법률의 형식을 빌려 중앙정부가 징구하는 준조세에 지방정부가 거두는 준조세와 법률적 근거 없이 징구하는 회비, 출연금, 기부금 등을 합치면 국민의 부담은 더욱 늘어나게 마련이다. 감사원은 준조세 성격의 비용을 모두 합치면 1995년에 이미 10조원을 초과하여 법인세 총액보다 많은 것으로 추정한 바 있다.

준조세가 모두 낭비라고 말할 수는 없겠지만, '방만하고 무절제하게 지출되는 부분'은 불필요한 사회적 부담이 된다. 그만큼 국가경쟁력은 떨어진다.

방만한 운영의 사례

무책임하고 방만한 산하기관 운영에 관한 사례는 너무 흔하여 일일이 열거하기가 어려울 정도이다. 산하단체 운영과 관련된 문제의 유형은 크게 두 가지로 나누어 볼 수 있다.

① 조직의 낭비. 필요 이상의 기구확대 및 인력채용, 인건비 등 비용의 과다지출, 전시성 사업 및 행사 등등이다. 1998년에는 조직의 축소를 빌미로 "명예퇴직"하는 임직원들에게 민간부문이나 다른 공공부문에서는 유례가 없을 정도의 엄청난 퇴직금을 지급하여 사회적 물의를 빚기도 했다. 전체적으로 보면 "공공사업"이라는 존재의 이유는 뒷전이고 소관부처의 관료와 소속 임직원의 이익을 위하여 운영되고 있는 듯한 느낌이 들 정도이다.

② 임직원들의 개인 비리. 각종 부정행위와 정실인사 등이 대표적인 사례이다. 그런 비리는 간부급에서 더욱 심하다. 사명감 없는 낙선(落選) 정치인과 퇴직관료 등 "낙하산을 타고 내려온 인사"가 일시적으로 머물다 보니 자연스럽게 "짧은 시간에 한 건 올리자"는 마음을 가지게 되는지도 모를 일이다. 이권에 개입하여 뇌물을 받는 일, 공금을 횡령하는 일, 친·인척을 직원으로 채용하는 일 등이 끊임없이 벌어지고 있다. 근무시간중에 골프를 치다가 적발되는 사람은 정규 공무원보다는 산하단체의 간부들이 더 많다.

아래에서는 산하단체의 "조직의 낭비"와 관련된 세 가지 사례를 소개한다.

(사례 7-11) 연기금(年基金) 관리

우리나라의 퇴직연금은 공무원연금(1960년 도입), 군인연금(1963), 사립학교 교직원연금(1975), 국민연금(1988)으로 4원화되어 있어서 각각 다른 4개의 기관에서 관리하고 있다. 각각의 연금은 갹출금(醵出金)과 수혜 조건이 서로 다르다.

이들 연금은 모두 다분히 정치적 목적으로 '적게 내고 많이 받도록' 기획된 태생적(胎生的) 기형아들이다. 한 조사에 따르면, 1997년 말 현재 시행중인 제도를 근거로 따져서 가입자가 받을 돈과 내는 돈을 비교하면 군인연금은 5배, 공무원 및 사학 연금은 3배, 국민연금은 1.4~

2.6배에 이르는 것으로 추정된다.

내는 것과 받는 것의 차이는 결국 전체 국민이 내는 세금으로 충당
될 수밖에 없다. (국민연금을 확대하면서 정부는 "적게 내고 많이 받는
다"고 홍보하곤 하였는데, 이것은 국민을 오도하는 말에 지나지 않는
다.) 실제로 군인연금은 1977년에 이미 고갈되어 국고에 의존하고 있으
며, 1995년의 국고지원금은 무려 6,500억원에 이르렀다. 공무원연금도
1997년부터 적자를 보이기 시작하여 2009년부터 국고에 의존해야 될
것으로 추정된다(김화주 등). 다수의 퇴직군인과 퇴직공무원을 일반 국민
들이 먹여 살리고 있는 것이다.

연금의 재원(財源), 즉 연기금의 운용에는 우선 제도적인 문제점이
많다.

첫째, 성격상 국민 개개인의 '사유재산'이라 할 연금 적립금을 정부
목적으로 사용하여 적립금 운용수익률을 떨어뜨리고 있다. 1997년 현재
국민연금의 경우, 적립금 27조원 중의 70% 정도를 정부가 공공자금으
로 끌어가고 시장 수익률보다 대략 1.5% 정도 낮은 금리를 지급하였다.
그 결과 누적금액 기준으로 약 9,000억원으로 추정되는 금액의 기금재
원이 축소되었다(조선, 98. 1. 17).

둘째, 정부는 수시로 "증시부양 대책"이라는 이름 아래에서 연금기
금으로 하여금 주식을 사게 만든다. 연금기금이 주식에 투자하는 것 그
자체야 이상할 것이 없지만, 그 목적이 "증시부양"이어서는 안 된다. 증
시부양을 목적으로 적절하지 못한 시기에 주식을 매입하도록 강제당한
결과 연기금을 포함한 많은 기금, 투자신탁회사, 증권회사가 "멍들고"
일부는 존폐의 기로에 몰리게 된 것은 널리 알려진 사실이다.

연금관리를 책임지고 있는 연금공단의 어떤 이사장은 연금기금은
'국민경제적 입장'에서 운용되어야 하므로 "주식투자로 상당한 손해를
보았으나 그렇다고 주식에서 발을 뺄 수는 없다"고 말한 바 있다(중
앙, 98. 9. 22). 시민의 사유재산권을 침해해도 무방하다는 발언에 다름
아니다.

국민연금을 관리할 목적으로 설립된 "국민연금관리공단"의 운영실

태를 보면 적지 않은 낭비요소가 보인다. 1995년 현재 전국에 걸쳐 54개의 사무소에 2,085명의 직원을 고용하여 840억원의 관리운영비를 지출하였다. 그 비용은 당해 연도의 연금지급액의 11%에 이르러 과다지출된 것으로 평가된다(김용하 등).

이 공단(公團)은 별도의 연구조직을 만들어 박사 학위를 소지한 책임연구원을 모집해 오고 있다. 본격적인 국책연구소마저 낮은 생산성으로 비난을 받고 있는 실정에 비추어 이 연구조직은 과시적인 기구확장이라는 의심을 받을 만하다. 이 공단은 충북 제천에 "복지타운"이라는 이름으로 270실 규모의 호텔을 짓고 있다(1998년). 그것이 연금가입자용 복지시설이라고 주장한다면, 도대체 1,600만 명에 육박할 대상자를 어떤 기준으로 선정하여 어떻게 봉사하겠다는 말인가? (국민연금관리공단과는 별도의 조직인 "공무원연금관리공단"도 전국 각지에 다양한 형태의 부동산을 보유하고 있다.)

1997년에는 연금공단의 29개 사무소에 근무하는 54명의 직원이 모두 2억원의 공금을 횡령한 것으로 감사원에 적발된 바 있다.

국민연금과 관련한 여러 가지 문제점 때문에 국민은 정부를 불신한다. 한 시민이 불평한다 :

최근 정부가 국민연금 개선안을 내놓았지만 도대체 우리 정부가 왜 이러는지 이해할 수 없다 …… 이제 어떻게 정부를 신뢰할 수 있겠는가? 국민연금 문제는 방만한 연금관리와 연금관리 담당자의 무책임한 운용의 결과이다. 그런데도 책임자를 문책하고 부실의 원인을 구조적으로 제거하는 최소한의 조치도 취하지 않은 채 국민에게 부담을 전가하는 발상에 경악하지 많을 수 없다. 차라리 현재 강제적으로 가입하게 되어 있는 국민연금제도를, 국민들이 가입여부를 스스로 결정할 수 있는 선택제로 전환해 줄 것을 요구한다. 당장 탈퇴하여 차라리 그 정도의 돈을 일반 금융기관에 예탁하여 개인적으로 관리하는 것이 훨씬 효용성이 클 것이다. 최소한의 양식도 없는 사람들에게 내가 힘들게 번 돈을 맡기고 싶지는 않다. (조선, 98. 1. 6)

아무리 국민연금이 사회보장적 성격이 있다고 한들 지금처럼 기준도 없이, 대책도 없이 시행되고, 그 운용이 비효율적이어서는 안 된다. 그것은 엄청난 사회적 비용을 초래하여 국가경쟁력을 떨어뜨릴 뿐이다.

연금 갹출금이든 세금이든 모든 비용을 어차피 국민 스스로가 부담하여야 한다면 굳이 정부가 연금관리를 맡아서 기금을 축낼 이유가 없다. 민간인인 기금운용 전문가(fund manager)에게 맡기면 될 일이다.

(사례 7-12) 의료보험 관리

우리나라의 의료보험제도는 1998년 9월까지 직장조합, 지역조합, "공무원 및 사립학교교직원 의료보험관리공단"으로 3원화되어 있었다. 공단이 아닌 개별조합은 각각 독자적으로 운영되었지만 가입이 강제되고 정부가 관리지침을 결정한다는 면에서 공단 못지 않게 공공성이 높았다.

조합의 경우를 보면, 지역 및 직장 공히 보험료 지급금액에 대한 관리운영비의 비율이 10% 내외에 이르러 OECD국가의 3%보다 엄청나게 높았다(김용하 등). 인건비에 많은 낭비가 있었음을 짐작하게 한다. 인천시 관내에서는 지역 단위조합의 보험료 수입보다 관리운영비가 많은 사례도 있었다. 다수의 직장의료보험조합이 의료보험적립금으로 대규모 사무용 빌딩을 매입하거나 신축하고 있다.

시민의 재산을 선의로 관리해 주어야 할 조합의 직원들이 노조를 결성하여 임금투쟁을 하거나 고용조정에 반대하고 있는 현실은 상식을 벗어난다. 1998년에는 정부의 '지침'을 따르는 바람에 "서울의 한 직장 의료보험조합은 [당해 연도에] 수십억 원의 적자가 예상되는데도 불구하고 직원 11명에 대한 명퇴수당 18억 1천여 만원을 반영한 것으로 알려졌다"(조선, 98. 2. 19).

정부 산하단체인 의료보험공단의 경우, 연간 3,000억원의 재정적자가 예상되어 2001년에는 약 2조원의 부채를 지게 될 것으로 국정감사에서 밝혀진 바 있다(1997년). 그런 공단(公團)이 경기도 고양시에 대규모의 직영병원을 건설하고 있다. 경쟁이 치열하고 의료 수가(酬價)가 정부의 통제를 받는 상황에서 병원의 수익성이 취약하다는 것은 일반의 상식이다. 더구나 국민들은 많은 국공립병원이 만성적인 적자에 허덕이는 것을 보아왔다. 그런 여건에서 공단의 병원 신축은 어떤 취지인지 이해하기 힘들다. 가입자가 낸 보험료를 축내지 않는다는 보장이 없다.

정부는 의료보험관리 일원화계획의 일환으로 1998년 10월에 지역의보를 의보공단에 흡수하였다. 그때 정부는 "소득과 재산이 적어도 가족수가 많으면 그만큼 더 내야 했던 보험료, 이젠 경제적 능력을 기준으로 보험료를 내게 되어 더욱 공평해졌습니다"라고 국민에게 홍보하였다.

언론에 보도된 바에 따르면 일원화를 추진한 기본동기 중의 하나가 직장의보의 잉여금으로 지역의보 등의 결손금을 메우자는 것으로 알려진 바 있다. 직장인들로 하여금 지역주민을 도와 주게 '강제하자는' 것이다.

의료보험을 통한 소득재분배를 주장하는 것을 들으면 의료보험료와 세금을 혼동한 듯하고, 난데없이 '사회주의적 질서'를 요구하는 느낌이다.

비효율적인 의료보험체계는 결국 사회적 비용이 되어 국가경쟁력을 떨어뜨린다. 보험가입자의 입장에서 보면, 민간기업인 생명보험회사가 의료보험 서비스를 담당하여 경쟁적으로 운영하게 하는 것이 훨씬 효율적이다.

(사례 7-13) 무역협회

비영리 사단법인인 무역협회는 "무역진흥"을 목적으로 설립되었다. 동 협회는 운영자금과 사업기금을 마련하기 위해 무역회사들로부터 회비를 강제 징구하는 외에도 1969년부터 내수용 상품을 수입할 때 일정금액(수입금액의 0.14%)을 "무역진흥기금"으로 징구해 왔다.

1980년대 중반 필요 이상의 자금이 축적되자, 무역협회는 그 전부터 소유하고 있던 멀쩡한 대형빌딩을 버리고 신개발 요지에 매우 호화로운 사무용 빌딩(무역센터)을 새로 지었다.

경제규모의 확대와 더불어 관주도의 무역진흥이 더이상 필요없자 정부는 수입부담금을 1997년 초부터 폐지하기로 하였다. 그러나 그 시점에서 무역협회는 억지 핑계를 하나 찾아냈다. 비록 단 한 차례의 행사에 지나지 않을 것이지만 2000년의 "아시아 · 유럽 국가정상회의(ASEM)"를 훌륭하게 개최하는 것에 국가위신이 걸린 만큼 그럴듯한 회의장을 건설해야 한다는 것이었다.

그렇게 하여 무역협회는 "서울 ASEM 컨벤션 센터 건립기금"으로 이름을 바꾸어 수입부담금을 계속 징구하였다. 그 새로운 사업을 통하여 무역협회는 연면적 10만 평의 컨벤션 센터, 지상 40층의 사무용 빌딩, 지상 26층의 갤러리아를 건립하기로 하였는데 그 예산은 줄잡아 수천억 원에 이르렀을 것이다.

위와 같은 엄청난 '부동산 투자'에 대한 타당성이 어느 정도 깊이 있게 분석되었는지 알 수 없다. 다만 확실한 것은 무역협회의 존재이유인 "무역진흥"을 위해서는 '물류 시스템의 개선' 등 시급한 사업을 얼마든지 생각해 볼 수 있다는 점이다.

무역협회는 공식 회비와 사실상의 '회비'를 받는 만큼 회원인 무역업체를 위하여 봉사해야 마땅하다. 그러나 무역업체들의 눈에는 "무역협회는 종종 기업체 위에 군림(君臨)하는 기구로 보이며, 퇴직관료를 위시한 간부들은 자리 보장을 위해 로비를 하고, 일반 직원들은 기업체 직원보다 훨씬 높은 급여를 받음에도 노조를 만들어 파업을 하는 것으로 비친다"(무역센터 입주 기업인의 증언, 1997년). 그런 사정은 무역협회가 "재정적자 등을 이유로 상설 종합전시관을 없애고, 대신 컨벤션 센터, 극장, 실내 골프장, 어린이 놀이터 등으로 만들기로 한" 조치에서 극명하게 드러난다(중앙, 98. 7. 19).

감사원은 1996년 말~1997년 초의 감사를 통해 무역협회가 5,000억원의 기금을 법적 근거없이 징구하였음을 적발하였다. 무역협회의 기금은 정부 내에서도 타당성을 인정받지 못하고 있는 것이다.

그밖에도 산하단체의 방만한 경영의 사례는 수없이 많다. 그런 사례가 거의 매일 신문지면을 장식하는 것이 1990년대 중·후반에 우리 국민이 당면하였던 우울한 현실이다.

무책임하고 방만한 경영, 임직원에 의한 부정과 비리는, "기업경영 원리를 도입하였다"는 한국전력 등의 공기업(公企業)이라 하여 큰 차이가 있는 것은 아니다(참조∶박덕제 등). 많은 공기업이 "부실경영의 교과서"로 지목받고 있는 현실이 그런 사정을 잘 말해 준다(조선, 98. 6. 21).

산하기관이 불필요하게 설립되거나, 제 기능을 다하지 못하거나, 예산을 낭비하는 것은 모두가 국민의 부담으로 돌아온다. 종국적으로 세금이 증가하든가 아니면 유한한 국가자원을 낭비한 결과가 되기 때문이다. 국민의 부담이 늘어나면 결국 그만큼 상품의 생산원가가 상승하게 되어 국가경쟁력은 낮아진다.

8. 정부경쟁력과 기업경쟁력

현대생활에서 정부가 민간부문에 미치는 영향이 큼은 긴말을 필요로 하지 않는다. 무엇보다 먼저 정부는 사회 전체를 바람직한 방향으로 이끌어 갈 책임이 있다. 실제로 정부는 그렇게 할 수 있는 정책수단을 가지고 있다. 정부의 경쟁력이 국가경쟁력의 초석이 되며, 기업경쟁력의 필요조건이 되는 것이다.

정부는 자원에 대한 배분방법을 결정한다. 우리나라의 경우는 사실상 정부가 직접 자원배분을 시행해 왔다. 자원배분은 어떤 기업이 존립하고 성장하는가를 결정하고 개별기업이 어떤 산업에 집중할 것인가를 결정해 준다. 자원배분 원칙과 방법에 따라 어떤 기업이 경쟁력을 가질 수 있는가가 결정된다. 우리 정부는 단기적 성장에 집착한 나머지 기업경쟁력과는 상관없이 재벌을 양성해 왔다. 그 대가로 질적 성장을 담당할 중소기업은 고사(枯死)의 위기에 몰리게 되었다. 기업계 전체의 경쟁력이 떨어진 것이다.

정부가 마련하는 정책과 제도는 기업의 활동을 기속(羈束)한다. 그것들이 효과적이면 기업활동이 국가경제에 바람직한 방향으로 전개되고, 기업과 개인의 준법비용이 줄어든다. 한편, 정부는 치안과 사회질서를 유지하여 안정된 기업경영을 가능하게 할 사명이 있다. 정부는 가능한 한 기구를 축소하고 예산을 절약하여 기업과 개인의 조세부담을 경감할 책임이 있다. 불행히도 한국 정부는 정책, 법규, 제도의 제정과 집행을 통틀어 효과성 및 효율성과는 거리가 멀다.

정부는 기업의 상품생산과 관련하여 각종 사회간접자본 시설을 갖출 책임이 있다. 도로, 항만시설, 정보통신 시설, 각종 물류시설 등을 갖추는 것은 정부의 몫이다. 우리 정부는 그런 기능에서도 낙제점이다. 한국 기업이 지불하는 물류비가 어느 경쟁국가보다 높은 것이 그런 사정을 잘 말해 준다.

종합하면, 우리 정부는 기업경영이 효과적이고 효율적으로 이루어지게끔 제반 여건을 마련해 주지 못하였다. '필요조건'이 충족되지 않은 만큼 기업경쟁력이 강할 수 없었던 것이다.

9. 요약 및 결론

한 나라의 경제적 경쟁력은 총체적인 기업경쟁력으로 표현된다. 기업경쟁력을 결정하는 핵심요인 중의 하나가 정부경쟁력이다.

한마디로 한국 정부는 경쟁력이 낮다.

우리 정부는 자원배분을 왜곡시켰고 규제 일변도의 법규와 제도는 종종 반목적적인 결과를 낳았다. 단기 성장에 집착한 나머지 대기업의 경쟁력을 취약하게 만들었고, 사회경제적 변화의 원동력인 중소기업은 설 땅을 잃었다. 사회 전체의 활력이 떨어지고 국가 전체의 경제적 경쟁력은 저하되었다.

현대가 "시간경쟁의 시대"임에도 불구하고 정부는 각종 규제를 만들어 기업의 손발을 묶었다. 기업은 복잡하고(complex) 유동적인(dynamic) 환경에 때맞추어 대응할 수 있는 길을 '원천적으로 봉쇄'당하게 되었다. 경제발전을 위한 자본, 기술, 경영 노하우, 현대적 기업관행을 가져다 줄 선진국 기업들로 하여금 한국에 대한 투자를 철저히 외면하게 하였다. 많은 정부정책이 비효과적이거나 역효과적이었던 것이다.

과도한 정부규제는 다양한 사회적 비용을 초래한다.

첫째, 정부 스스로 규제를 집행하거나 감시·감독할 기구를 만들어야 하기 때문에 정부의 집행비용이 증가한다.

둘째, 기업과 개인은 복잡한 법규와 제도에 맞추기 위하여 엄청난 시간, 노력, 금전적 비용을 투입해야 하므로 준법비용이 증가한다.

셋째, 규제가 엄격하고 비용이 많이 드는 만큼 민간부문은 부정한 방법으로 규제를 회피하고자 하는 유혹을 받게 된다. 부패비용이 증가하고, 부정과 비리가 만연하고, 사회기강이 붕괴될 수 있는 것이다. 자고로 "사람을 시험하지 말라"고 하였다. 옳지 못한 일을 방지하기 위해서는 도덕교육보다 유혹을 없애는 것이 더욱 중요하다는 말이다. 우리 사회의 기강이 허물어진 것은 과도한 규제 때문인지도 모른다(제11장 참조).

사회적 비용은 모두 국가경쟁력을 좀먹는다.

국가경제의 운영과정에서 생각하지 못했던 여러 가지의 문제가 발생한다. 정부는 적절한 시기에 효과적인 대책을 수립함으로써 특정 문제 때문에 사회가 부담해야 할 희생, 즉 비용을 최소화할 수 있어야 한다. 우리 정부는 왕왕 부정(否定)과 은폐로서 시기를 놓치거나, 미봉책 혹은 대증요법을 채택하여 사태를 오히려 악화시키거나 더 큰 부작용을 낳는 실수를 범하였다. 제 역할을 다하지 못한 것이다.

우리 정부는 "파킨슨의 법칙"이 말 그대로 적용되는 현장이다. 부처 할거주의, 부처 이기주의로 정부기구는 쉼없이 확대된다. 시간이 지날수록 예산규모, 공무원의 숫자는 늘어가고 정부 산하단체는 계속 신설된다. 정부가 기구나 조직을 만들 때는 무슨 명분이든 만들 수 있다. 그 명분이라는 것은 언제나 공공성을 내세우는 것이지만 어김없이 민간부문에 대한 새로운 규제를 동반한다. 기구가 일을 만들고 일이 다시 기구를 확대시키는 것이다.

정부기구가 끊임없이 확대되는 것은 정치인, 공무원 등의 특권계층이

“식읍”(食邑)을 확보하자는 강한 욕구가 있기 때문이기도 하다.

사회적 책임감 없이 기구조직이 만들어지고 운영되다보니 정부기구와 산하단체의 예산이 방만하게 사용되는 것은 오히려 당연하다. 정부예산은 비용·효과에 대한 분석없이 배정되고 사용된다. 특히 산하기관의 예산은 감시·감독의 눈길을 벗어나 있어 “눈먼 돈”이 되어 단체의 존재이유와는 상관없이 소관부처의 필요에 따라, 임직원의 개인적 이익을 위해 남·오용(濫·誤用)되고 있다.

정부의 비용은 모두 세금, 준조세, 수수료 등의 형식으로 기업과 개인의 부담이 된다. 정부의 낭비는 불필요하게 민간부문의 비용을 증가시켜 국가경쟁력을 저하시킨다.

정부경쟁력이 이렇듯 낮음에 비추어 우리 기업의 경쟁력이 취약하게 되었음은 미리 예정된 일이라 할 것이다.

<부표 7-1> 유형별 정부 산하단체 현황

(단위 : 명, 십억 원)

구 분	1993년			1996년		
	개 수	정 원	예 산	개 수	정 원	예 산
정부투자기관	23	177,359	44,701	18	144,943	62,096
정부출자기관	8	42,399	10,935	9	57,000	20,880
재출자기관	102	69,449	9,013	109	98,000	30,835
공공사업기관	26	20,465	5,039	32	25,763	18,516
연구교육기관	48	15,154	1,050	51	17,903	1,932
금융기관	9	9,228	3,630	10	20,756	3,958
의료기관	4	6,417	297	9	14,792	1,101
언론기관	2	6,715	719	2	6,568	1,145
심의의결기관	4			5	396	27
지도감독기관	3			3	1,463	80
문화학술 복기기관	12	2,071	315	10	1,920	3,501
상호부조기관	(72)	(32,874)	(3,449)	(110)	(40,471)	(7,659)
-공제회 형태	5	797	564	5	887	1,509
-조합 형태	6	1,272	102	11	2,111	417
-협회 / 협의회 형태	43	4,498	167	65	6,884	405
-연맹 형태	5	390	39	5	744	16
-중앙회 / 연합회 형태	9	25,537	2,573	20	29,499	5,305
-후원회 / 진흥회 형태	3	65	3	3	54	3
-회의소 형태	1	315	2	1	292	5
기타 공적 기능 기관	9	5,712	260	11	9,454	1,379
합계	322	387,843	79,405	379	439,429	153,109

자료 : 재정경제원, KDI(중앙, 98. 1. 23)

〈부표 7-2〉 소관부처별 기금(基金) 일람

(1996년 말 현재)

소관부처	공공기금	기타기금
재정경제원 (16)	공공자금 관리기금, 국민투자기금, 국채관리기금, 대외경제협력기금, 외국환평형기금	기술신용보증기금, 농림수산업자 신용보증기금, 보험보증기금, 보험감독원 운영기금, 신용관리기금, 농어가 목돈마련 저축장려기금, 신용보증기금, 주택금융보증기금, 산업기반신용보증기금, 재형저축장려기금, 예금보험기금
통일원(1)	남북협력기금	
내무부(2)		새마을국민기금, 새마을금고안전기금
법무부(1)		법률구조기금
국방부(3)	군인연금기금, 방위산업육성기금, 군인복지기금	
교육부(5)	과학교육기금	서울대학교 병원기금, 사립학교 교원연금기금, 사학진흥기금, 한국장학기금
문화체육부(5)	도서관 및 독서진흥기금, 청소년 육성기금, 관광진흥개발기금	국민체육진흥기금, 축산발전기금
농림부(7)	농산물가격안정기금, 농지관리기금, 종자기금, 양곡증권정리기금	잠업진흥기금, 축산발전기금, 인삼산업진흥기금
통상산업부(6)	산업기반기금	가스안전관리기금, 수출보험기금, 발전소주변지역지원사업기금, 특정물질사용합리화기금, 염안정기금
건설교통부(3)	국민주택기금, 해외건설진흥기금	교통안전기금
보건복지부(3)	국민연금기금, 사회복지사업기금, 국민건강증진기금	
노동부(8)	고용보험기금, 진폐기금, 산업재해예방기금, 장애인고용촉진기금, 직업훈련촉진기금, 산업재해보장보험기금	기능장려기금, 중소기업 근로자복지진흥기금
정보통신부(2)	정보화촉진기금	체신보험기금
외무부(1)		국제교류기금
정무장관실(1)	여성발전기금	
과학기술처(3)	과학기술진흥기금, 원자력연구개발기금	한국과학재단기금
국가보훈처(3)	보훈기금, 순국선열애국지사사업기금	참전군인 등 지원기금
총무처(1)		공무원연금기금
공보처(1)		방송문화진흥기금
산림청(1)	임업진흥기금	
경찰청(1)		도로교통안전협회기금
중소기업청(2)		중소기업창업 및 진흥기금, 중소기업공제사업기금
계 : 76	36	40

자료 : 재정경제원. <u>97년 한국의 재정</u>

<부표 7-3> 기금관련 단체 일람

(1996년 현재)

기금관련단체	기금명	인력(명)
기술신용보증기금	기술신용보증	988
신용관리기금	신용관리	158
신용보증기금	신용보증	2,089
인삼협동조합중앙회	인삼사업진흥	317
대한법률구조공단	법률구조	251
한국사학진흥재단	사학진흥	25
서울올림픽기념 국민체육진흥공단	국민체육진흥	910
한국문화예술진흥원	문화예술진흥	145
대한잠사회	잠업진흥	18
축협(중앙회)	축산발전	3,779
한국가스안전공사	가스안전관리	841
중소기업진흥공단	중기창업·진흥	708
중소기업협동조합중앙회	중기공제사업	336
한국정밀화학공업진흥회	특정물질사용합리화	15
대한염업조합	염안정	60
교통안전공단	교통안전	1,395
한국산업인력관리공단	기능장려	3,566
근로자복지공단	중기근로자복지진흥	1,181
한국국제교류재단	국제교류	73
한국보훈복지공단	참전군인 등 지원	2,684
방송문화진흥회	방송문화진흥	25
도로교통안전협회	도로교통안전협회	1,898
새마을운동중앙협의회	새마을국민	220
사립학교교원연금관리공단	사립학교교원연금	389
한국장학회	한국장학	21
한국수출보험공사	수출보험	273
공무원연금관리공단	공무원연금	626
새마을금고연합회	새마을금고안전	873
한국과학재단	한국과학재단	114
해외건설협회	해외건설진흥기금	50
정보통신연구관리단	정보화촉진기금	66
한국종합기술금융	과학기술진흥기금	164
임업협동조합	산림개발기금	501
국민연금관리공단	국민연금기금	2,166
한국산업안전공단	산업재해예방기금	1,098
한국장애인고용촉진공단	장애인고용촉진기금	314
36개 단체		28,337

자료 : 한국개발연구원. "정부의 역할과 기능 재정립," 1997. 8. 22.

<h2 align="center"><부표 7-4> 조세 이외의 기업 부담금 일람</h2>

(1997년 현재)

1. 개발이익 환수에 관한 법률 제3조에 따른 개발부담금
2. 골재채취법 제29조에 따른 복구비 예치금
3. 산업입지 및 개발 법률 제33조에 따른 시설부담금
4. 수도권정비계획법 제12조에 따른 과밀부담금
5. 유통단지개발촉진법 제24조에 따른 시설부담금
6. 택지소유상한에 관한 법률 제19조에 따른 초과소유부담금
7. 특정다목적댐법 제8조에 따른 부담금
8. 학교용지확보 특례법 제5조에 따른 학교용지부담금
9. 농어촌도로정비법 제21조에 따른 손궤자부담금
10. 도로교통법 제3조의 2에 따른 부담금
11. 도로법 제64조에 따른 원인자부담금 및 제67조에 따른 손궤자부담금
12. 도시교통정비촉진법 제21조에 따른 교통유발부담금
13. 소하천정비법 제21조에 따른 부담금
14. 수도법 제53조에 따른 원인자부담금
15. 하수도법 제32조에 따른 원인자부담금
16. 하천법 제58조에 따른 수익자부담금
17. 한국수자원공사법 제28조에 따른 수익자부담금
18. 항공법 제103조에 따른 손궤자부담금
19. 항만법 제53조에 따른 손궤자부담금
20. 관광진흥법 제32조에 따른 이용자분담금, 원인자부담금
21. 도시공원법 제16조에 따른 원인자부담금
22. 먹는물관리법 제28조에 따른 수질개선부담금
23. 방조제관리법 제7조에 다른 관리비
24. 사방사업법 제18조에 따른 수익자부담금
25. 자연공원법 제31조에 다른 원인자부담금
26. 농수산물유통 및 가격안정에 관한 법률 제35조에 따른 쓰레기유발부담금
27. 농어촌발전특별조치법 제45조의 2에 따른 전용부담금
28. 농지법 제40조에 따른 농지조성비
29. 담배사업법 제25조의 2에 따른 부담금
30. 산림법 제16조에 다른 대체조림비, 제20조의 3에 따른 전용부담금
31. 수산업법 제79조의 3에 따른 수산자원조성사업부담금
32. 염관리법 제14조에 따른 수입부담금
33. 초지법 제23조에 따른 대체초지조성비
34. 광업법 제102조에의 2에 따른 부과금
35. 석유사업법 제18조에 다른 부과금
36. 석탄산업법 제30조에 따른 부과금
37. 원자력법 제85조에 따른 부담금
38. 석유오염손해배상보장법 제29조에 따른 분담금
39. 조선산업의 정상적 경쟁조건에 관한 법률 제8조에 따른 부과금
40. 집단에너지사업법 제18조에 따른 건설비용부담금
41. 고압가스안전관리법 제34조에 따른 안전관리부담금
42. 농어촌전화촉진법 제3조에 따른 부담금
43. 장애인고용촉진 등에 관한 법률 제38조에 따른 장애인고용부담금
44. 직업훈련기본법 제28조에 다른 직업훈련분담금
45. 진폐의 예방과 진폐근로자의 보호 등에 관한 법률 제23조에 따른 부과금
46. 대기환경보전법 제19조에 따른 배출부과금
47. 수질환경보전법 제19조에 따른 배출부과금
48. 오수·분뇨 및 축산폐수의 처리에 관한 법률 제29조에 따른 배출부과금
49. 오존층 보호를 위한 특정물질의 제조규제 등에 관한 법률 제22조에 따른 부담금
50. 자원의 절약과 재활용촉진에 관한 법률 제19조에 따른 부담금, 예치금
51. 환경개선비용부담법 제9조에 따른 환경개선부담금

자료 : 전국경제인연합회 (한경, 97. 4. 24)

제8장 국민 개개인의 경쟁력
- 프로페셔널리즘의 결여 -

이 장(章)에서는 기업경쟁력을 결정하는 제3의 요소인 국민 개개인의 경쟁력을 생각해 보기로 한다. 개인의 경쟁력은 맡은 일을 효과적·효율적으로 수행해 낼 수 있는 능력(competencies)과 자세(attitudes)에 의해 결정된다고 말할 수 있다.

조직 구성원 개개인의 경쟁력이 높으면 조직의 생산성이 높아지는 것이 일반적이다. 조직을 이끌어 가는 지휘자의 능력이 뛰어나면 조직 전체가 유기적으로 기능하여 상승효과(synergy)가 커지게 된다. 기업에 소속된 개개인의 경쟁력이 높으면 직접적으로 기업의 경쟁력이 높아지는 것이다.

공무원 개개인의 경쟁력이 높으면 정부경쟁력이 높아져서 기업경쟁력 강화에 도움을 주게 된다.

각계의 전문 직업인들은 사회경제 질서를 유지시키는 기능을 한다. 그들이 제 역할을 다하면 사회의 하부구조가 튼튼하여 기업경쟁력이 강화된다. 기업에 소속되지 않은 개인의 경쟁력도 기업경쟁력과 밀접한 관련이 있는 것이다.

결국, 국민 개개인이 맡은 역할을 어떻게 수행하느냐에 따라 기업경쟁력, 나아가 국가경쟁력이 결정되는 것이다.

국민 각자가 맡은 일을 제대로 수행해 내는 능력과 자세를 한마디로 프로페셔널리즘(professionalism)이라고 정의할 수 있다. 기업체 근무자, 공무원, 전문직업인을 불문하고 우리나라 사람들은 대체로 프로페셔널리즘이 부족하다. 경쟁국가의 사람들보다 업무처리 능력이 뒤떨어진다. 왕왕 공(公)과 사(私)를 혼동하고 개인의 이익을 위해 직업윤리를 저버린다. 능력과 자세 면에서 진정한 "프로"(pro)가 되지 못하는 것이다. 자연히 사회 전체의 기능성(機能性)이 뒤떨어진다.

한국인의 개인경쟁력에 대한 본격적 논의에 앞서 한국 직업인과 경쟁국가의 직업인의 업무능력을 비교해 보기로 한다.

1. 한국인의 상대적 개인경쟁력

한 나라의 개인경쟁력의 위상은 다른 나라의 국민과 비교하여 상대적으로 평가하면 더욱 확실히 드러난다. 그 비교는 경쟁상대라고 생각하는 나라의 국민들에 대하여 이루어져야 의미가 있다.

양적 경제지표나 기술수준을 보면 우리나라는 홍콩, 대만, 싱가포르, 중국 등의 광역중화권 국가(Greater-Chinese countries)들과 비슷한 위치에 있기 때문에 이들 나라가 주요 경쟁상대국이다. 그러나 산업별 구성이라는 경제의 질적 측면을 볼 때 우리나라는 미국, 유럽, 일본 등의 OECD 국가와 비슷하기 때문에 이들 나라가 더욱 의미 있는 경쟁상대국이라고 할 것이다. 따라서 여기에서는 OECD국가의 국민들과 우리 국민들의 경쟁력을 비교해 보기로 한다.

부족한 전문지식

1997년에 발표된 한 컨설팅 회사의 보고서는 경쟁국 기업과 비교한 한국 기업의 지식격차(knowledge gap)를 국가경쟁력을 떨어뜨리는 중요한 요소 중의 하나로 지적한 바 있다(Booz-Allen and Hamilton). 이 보고서는 한국 기업은 상품제조와 관련된 기술적 지식(technical knowledge)이 부족할 뿐만 아니라, 그보다 더욱 중요한 아래의 세 가지 지식이 부족하다고 꼬집고 있다 :

① 기능별 지식(functional knowledge) : 상품개발, 디자인, 마케팅 등을 포함한 영업관련 업무(line)와 사업개발 계획, 금융 등의 관리지원 업무(staff)의 분야별 전문지식
② 기업경영 지식(corporate knowledge) : 기능별 업무를 유기적으로 연결하여 기업 목적을 달성하는 것에 관련된 지식
③ 국제경영 지식(multinational knowledge) : 해외 각국의 특수한 경영환경에 대한 이해(고객, 법규와 제도, 경쟁 기업)

국제업무가 활발한 한국 기업체에서 장기간 근무한 경험이 있는 저자는 위의 결론에 전적으로 동감한다. 한국의 종합상사 직원들이 일본 직장인과 접촉하면 전문지식 면에서 "아이가 어른을 상대하는 격"이라는 느낌을 흔히 갖게 된다. 그와 같은 전문지식의 격차는 대부분의 직종에 공통되는 현상이다.

나아가 우리 국민들은 경제 메커니즘 및 기업경영 원리에 대한 전반적인 이해가 부족하다. 사회구조와 세계문화의 발달 등에 관한 일반교양역시 모자란다. 서양인과 접촉해 본 사람들은 그들이 가진 화제의 폭이 넓음에 반해 우리는 그 폭이 매우 좁다는 사실에 종종 놀라곤 한다.

전문인도 일반능력자도 아니다

미국을 비롯한 대부분의 서양 국가들은 기본적으로 전문인(specialist)의 사회이다. 그들은 직장에 대한 소속감은 작은 대신 각자의 전문적 분야를 확실히 정하고 있다. 직장을 옮겨도 전문분야는 잘 바꾸지 않는다. 따라서 전문적 지식을 잘 갖추고 있다. 경영층에 있는 사람들은 '기업경영지식'을 확실히 가지고 있을 뿐 아니라, 기업환경 분석과 기업전략 수립에 필요한 폭넓은 지식도 가지고 있다.

그에 비하면 한국 직장인들은 전문지식, 경영지식, 주변지식이 다 부족하다. S종합상사의 미국 현지법인에 근무하는 한 미국인 간부는 한국 직장인들은 전문인이 되기에는 부족하고 그렇다고 일반 능력자(generalist)도 아니라면서 다음과 같이 말하고 있다 :

[서울 본사는 미국 대학의 최고경영자 과정에 고위임원들을 파견해 오고 있는데], 그 과정에는 모토롤라, AT&T, 골드만 삭스, 블랙 앤 데커 등등 미국 기업의 임직원도 참석한다. 그 과정을 수료하고 온 본사 임원들은 내 자리에 찾아와서 다음과 같이 실토하곤 했다 : "그래도 명색이 나는 임원이다. 다른 참가자들과의 경영지식 격차(gap in knowledge of business)가 너무도 컸다. 나의 경험, 나의 훈련, 나의 능력이 동시대인(contemporary)과 비교해서 훨씬 뒤떨어짐을 나는 여태까지 모르고 있었다."

바로 그것이 내가 본사 직원들이 일반 능력자로서 제대로 훈련되지 않았다고 하는 이유이다.

그들은 [각종 사물에 대하여] 그저 막연한 정도의 이해만 있을 뿐이다. 전문지식 면을 볼 때, 본사 기준에 맞추면 직원들은 모두 특정 분야의 전문가들이다. 그들은 금융이건 섬유건 그들이 훈련받은 분야의 기준에서 볼 때는 최고급(top notch)이다.

그러나 훨씬 높은 여기 현지의 기준에 맞추면, 금융이건 섬유이건 그들은 50%가 비어 있다. (1996년)

단편적 지식과 업무능력

한국인의 교육수준은 어느 나라 못지 않게 높고, 문맹률은 유례가 없을 정도로 낮다. 그래서 우리 스스로 양질의 노동력을 가졌다고 자부하고 있다. 그러나 학교를 통한 피동적 교육은 지식을 전달해 줄 뿐이다. '단순한 지식'은 문제를 해결하는 능력, 세상의 흐름을 보는 식견, 세상을 사는 지혜, 새로운 것을 고안해 내는 창의력과는 다르다. 교육수준이 높기 때문에 업무처리 능력이 뛰어날 것이라고 생각하는 것은 잘못된 판단이다.

실생활에서 요구되는 그런 능력을 배양하기 위해서는 복합적 지식과 접근방법(approach)에 대한 훈련이 필요한데, 우리의 정규교육은 이런 부분을 소홀히 취급해 왔다.

정규교육이 끝난 다음에 직장인들은 '문제해결 능력'을 위한 훈련을 잘 받지 못하고 그런 능력을 개발해야 한다는 필요성도 크게 느끼지 않는다. 업무처리 능력보다 "정치력"이 대접받는 평가제도 때문이다(제11장 참조). 정규교육과 직업훈련상의 맹점으로 우리 직장인들은 복잡한 일을 능숙하게 처리하는 전문가가 되지 못하는 것이다.

대표적인 한국 제조업체의 현지법인에서 근무한 적이 있는 한 미국인이 한국인과 근무하면서 느낀 답답함을 다음과 같이 표현한다. "[미국인을 다루는 것과 한국인을 다루는 것은] 석사 학위를 가진 사람과 고등학교 졸업생을 다루는 것과 같은 차이가 난다. 지능이 높은 한국인은 많다. 그러나 그들이 140의 지능지수를 가졌다 해서 [현지]시장을 이해할 수 있는 것은 아니다"(Kirk).

사정이 그러함에도 우리 대부분은 "한국인은 머리가 좋고 능력이 뛰어나다"는 착각을 가지고 있다. 그런 착각은 자기개발에 대한 동기를 약화시켜서 업무능력을 더욱 저하시킨다. 착각이 "의식상의 무지"로 나타나서 해외경영의 효율성을 떨어뜨리기도 하는 것은 이미 지적한 바 있다.

2. 프로페셔널리즘의 결여(缺如)

　　우리 국민 개개인의 경쟁력과 관련한 문제점을 한마디로 말하자면 "프로페셔널리즘의 결여"라고 할 수 있다. 기업에 종사하는 사람들의 능력과 자세에 대해서는 제5, 6장에서 따져 세밀하게 보았고, 정부기관에 근무하는 사람들에 대해서는 제7장에서 부분적으로 논의하였다. 여기에서는 중복되지 않는 범위 내에서 각계 각층 직업인들의 프로페셔널리즘을 생각해 보기로 한다.

프로페셔널리즘의 정의

　　프로페셔널리즘은 원래 의사, 변호사, 공인회계사 등 일정한 자격증을 가진 전문직업인에 적용되는 말이었다. 그러나 사회가 점차 다기능화(多技能化)되면서 지식근로자(knowledge worker)를 필요로 하게 되었다(cf. Drucker, 1993). 일반 직업인도 점차 전문직업인이 되어가고 있는 것이다. 따라서 현대의 직장인 모두에게 프로페셔널리즘이 필요하다고 해도 과언이 아니다.

　　'장인정신' 내지 '전문직업 정신'이라고 번역될 만한 프로페셔널리즘은 다음 세 가지 요소로 구성되어 있다:

　　① 지식과 기술(knowledge and skills).　'지식'이라고 함은 직업인으로서 맡은 일들을 효과적으로 수행해 낼 수 있는 체계적이고 종합적인 정보를 말하는 바, 연관분야에 대한 이해, 기업과 사회의 운영원리에 대한 식견(識見)을 모두 포함한다고 할 수 있다. '기술'이라고 함은 지식을 바탕으로 하여 맡은 일을 효율적으로 수행해 낼 수 있는 능력으로, 스스로가 하는 일을 착오없이 빠르게 처리해 내는 숙련성은 물론, 각종 자원을 동원하고 관련된 사람들의 협조를 이끌어 내는 능력도 포함한다.

　　② 직업에 대한 애착(commitment).　'애착'(愛着)이라고 함은 직업에

대한 애정과 최선을 다해 맡은 일을 수행해 내겠다는 직업의식을 말한다. 그 직업을 통해 사회에 기여하겠다는 소명의식(召命意識)이 있어야 하며 직업을 가볍게 버려서는 안 된다. 아울러 맡은 일을 조금이라도 더 효과적으로 수행하기 위해 끊임없이 자기개발하는 의지가 있어야 한다.

③ 직업윤리(professional ethics). 이것은 직업에 부여된 ‘사회적 역할’을 충실히 이행하는 것이다. 지위를 이용하여 개인의 사사로운 이익을 추구하지 않으며 직업에 부여된 권한을 남용하지 않는 것이다. 변호사가 사건 의뢰인으로부터 얻은 정보를 제3자에게 누설하지 않는다는 것은 가장 널리 알려진 직업윤리의 하나이다.

서양의 변호사, 공인회계사, 의사 등 전통적 전문직업인들은 거의 예외없이 프로페셔널리즘으로 무장되어 있다. 일본의 직업인들도 그에 못지않다. 일본인들의 직업에 대한 애착은 “대대로 가업을 이어가는” 그들의 전통으로 잘 알려져 왔다. 러시아의 솔제니친은 정치인으로 변신하라는 유혹을 뿌리치며 아래와 같이 말했다 :

> 내가 정치에 뛰어든다면 미천한 존재로 전락할 가능성이 높다. 한 사람의 위대한 작가를 갖는다는 것은 또 하나의 위대한 정부를 갖는 것에 버금가는 일이다. (중앙, 96. 3. 4)

전문직업인은 그처럼 자기 직업에 자부심을 가지며 헛된 욕심에 직업을 팔지 않는 것이다.

서양 사람들은 보통 맡은 일과 관련된 권한과 책임의 한계에 대해서는 매우 분명하다. 우리나라에서는 흔한 “정치적 판단”이라는 것이 서양에서는 정치인 이외의 전문직업인들에게는 해당되지 않는다. 그런 자세가 바로 ‘직업윤리’이기도 하다. 1997년의 금융외환 위기 당시에 우리 국민들은 미국의 신용평가기관이 한국에 대해 “비정(非情)하게” 낮은 등급을 매겼다고 야속하게 생각하였지만 그들의 대답은 너무나 명료하였다 :

우리는 투자가를 위해서 일한다. 채무불이행 가능성이 있는지에 대해 우리가 믿는 바를 솔직히 알릴 의무가 있다. 따라서 부정적인 평가가 차입국에게 미칠 영향에 대해선 '불행히도' 고려할 수가 없다. (조선. 98. 3. 6)

자기개발에 대한 의지(意志)

자기 직업에 애착을 가지는 사람은 그 직업을 완벽하게 수행하려고 항시 애쓰는 것이 보통이다.

일본인들의 직업에 대한 애착은 업무능력 개발에 대한 노력으로도 잘 나타난다. 한 일본 전문가의 얘기를 들어 보자 : "내가 가끔 들르는 일본의 한 음식점에 갔더니 낯익은 종업원이 보이지 않아서 주인에게 물어 보았다. 그 결과 그 종업원은 주인집 아들로서 쇠고기를 효과적으로 포장하고 보관하는 법을 배우러 미국의 전문기관에 6개월 연수를 가고 없었음을 알게 되었다"(1998년).

프로페셔널리즘의 전형적 예로서 마이크로소프트(Microsoft)의 게이츠(W. Gates)를 생각해 보자 :

(사례 8-1) 게이츠(W. Gates)의 집념

게이츠가 사업에 성공하여 세계 제일의 부자가 되었음은 누구나 다 아는 바이지만, 그는 컴퓨터 및 정보통신과 관련된 소프트웨어 이외의 일에는 거의 관심이 없다. 결혼하기 전의 그는 와이셔츠조차 다리지 않고 입는 그야말로 "컴퓨터 천치"(computer nerd)였다. 대신 그는 전문 분야에서는 쉴새없이 새로운 상품을 개발하고 영역을 확장하여 컴퓨터 운영체계에 관한 한 사실상 독점을 이루고 있다. 그가 회사 간부였던 여자를 부인으로 선택한 것도 자기직업에 대한 애착과 집념의 한 표현이었는지 모른다.

1990년대에 들어와 경쟁업체, 미국 검찰청, 미국 의회가 그의 회사가 불공정거래를 하고 있다면서 끊임없이 그를 괴롭혔다. 그러나 그는 성능이 더욱 뛰어난 소프트웨어를 개발하여 인류에 공헌하는 것이 신넘이라면서 전혀 굽히지 않았다.

그는 한눈을 팔지 않지만, 전문분야에 대해서는 한시도 숨을 돌리지 않는다. 그의 집념을 말해 주는 일화(逸話)가 있다 :

[1995년] 가을에 이름난 일 중독자인 게이츠는 임신중인 그의 부인 및 동료이자 억만장자인 버피트(W. Buffet)와 함께 중국에서 장기간의 휴가를 보냈다. 그는 북경(北京)에서 자전거를 탔고, 만리장성에서 연을 날렸고, 예전의 실크로드를 따라 동굴 속의 사찰을 탐험하였고, 양자강에 보트를 띄웠다. 무엇보다 먼저 그 여행은 게이츠로 하여금 중국을 컴퓨터화하는 것이 어마어마한 작업이며 마이크로소프트가 중국 정부와 협력할 필요가 있다는 것을 절감하게 하였다. (BW, 96. 6. 24)

게이츠는 여행 중에도 그의 직업에서 떠나지 못하고 무언가 새로운 것을 배우고자 노력하였던 것이다.

이제 한국인의 프로페셔널리즘을 따져 보자.

직업에 대한 애착의 부족

일반적으로 우리 국민들은 자기직업에 대한 애착이 크지 않다. 직업에 대한 귀천(貴賤) 의식이 뚜렷하여 업종을 불문하고 일선 현장에서 뛰기보다 사무실에서 근무하기를 원한다. 전문적 기능인보다 서류를 다루는 사무원이 되고 싶은 것이다. 사무직에 근무하는 사람들도 현재의 위치에 만족하기보다는 동경하는 직종을 별도로 가지고 있다. 남의 눈에 띄는 자리, 이름을 알릴 수 있는 자리에서 근무하기를 원한다.

"더 나아 보인다" 하고 '남들이 말해 주는' 직업을 위해 현재의 직업을 버릴 준비가 되어 있다. 때에 따라 현재의 직업을 다른 목표를 위한 수단으로 사용하기도 한다.

학계나 언론계 등 소위 "사회지도층"에 있는 인사 중의 다수는 정치적 입지(立地)가 주어지면 언제라도 현재의 직업을 버릴 태세를 갖추고 있다. 그들은 국회의원, 장·차관, 지방자치단체장이 되는 것을 꿈으로 간직하고 있다. 그래서 정치권에서 연락이 오면 망설임 없이 뛰어간다. 일부 인사는 여러 방법을 동원하여 정치권과 인연을 맺기 위해 적극적으로 노력한다. 한국에서 정치는 마치 블랙홀(black hole)과도 같이 다른 직업의 사람들을 빨아들이고 있다.

정치인이 되어 전문지식과 경험을 살려 국가에 기여할 길이 있다면 정치에 입문(入門)하는 것이 과거 직업의 연장이라고 할 수도 있다. 그러나 우리 정치의 현실에 비추어 볼 때 그것은 사실상 불가능한 일이다.

전문지식의 부족

직업에 대한 애착이 없다면 자기발전을 위한 노력을 게을리하게 마련이다. 게다가 우리 사회의 각 조직은 지식과 기술보다는 인간관계를 통해 문제를 해결하는 소위 "정치력"(political skills)을 높게 평가해 주는 경향이 있다. 자연히 각종 직업인들의 전문지식 수준은 전반적으로 낮을 수밖에 없다.

금융정책을 다루는 고급공무원이 화폐금융론에 대한 이해조차 부족한 경우가 있고, 국제금융을 다루는 고위공무원이 '일시 상환금'을 의미하는 "불리트"(bullet)라는 용어를 몰라 국제협상에서 당황한 경우도 있었다(조선, 98. 1. 31). 한국 관료들은 설득력 있는 주장이 부족하고 맥을 잘 잡지 못하여 미국 관리들과의 접촉에서 생산적인 결과를 이끌어 내지 못하는 경우가 많다(조선, 98. 1. 5).

책임 정당을 대표하여 청문회에 나선 국회의원이 기업의 자금조달 금리가 "평균 6%" 정도 되는 것으로 인식하고 있는 사례도 있었다(1997년). 명색이 프로페셔널인 야구 선수와 관계자들이 '스트라이크 아웃 낫 아웃'을 착각하여 게임을 이상하게 진행하는 해프닝이 일어난 적도 있었다(조선, 97. 8. 24).

위와 같은 사례들이 우연히 일어난 일이라면 크게 문제될 것이 없다.

불행히도 그것은 구조적인 결함, 즉 사회에 만연한 '프로페셔널리즘의 결여'에서 비롯된 것임을 부정하기 어렵다.

직업윤리의 망각

직종과 계층을 불문하고 한국 사회에 부정부패가 만연하고 있음은 국내외에 잘 알려져 있다. 그것은 직업인들의 직업윤리 부족에서 부분적 원인을 찾을 수 있다. 우선 정치인들은 "부패 불감증"에 걸려 있는 듯하여 수시로 비리사실이 터져 나온다. 언필칭 "국정(國政)을 논한다"는 국회의원이 소속 정당, 소속 상임위, 개인의 이익을 우선하는 것은 예외라기보다 일상사가 되고 있다(제11장 참조). 그러다 보니 국회나 지방의회는 수시로 기형적인 모습으로 운영된다.

약사와 간호사는 자신들의 이해관계와 연결되면 파업을 서슴지 않는다. 의사들은 개인적 이익을 위하여 환자에게 약이나 주사를 과잉처방하는 경향이 있고, 때에 따라 사고(事故)와 관련된 진단서를 허위 발급하기도 한다. 품질 보증과 관련된 ISO 9000 인증은 "돈만 들이면 딴다"고 할 정도로 남발되고 있다(조선, 97. 6. 13).

불특정 국민들과 관련된 직업윤리 문제는 아무래도 교사들과 관련된 "촌지"(寸志)하고 하겠다. 한 설문조사에 따르면, 학부모의 67%가 촌지에 따라 교사들의 행동이 달라진다고 믿고 있다(중앙, 97. 4. 22). 더 나아가 일부 교사들은 촌지를 강요하고 있고 그런 목적으로 학생을 구박하기도 한다(중앙, 96. 2. 29). 문제는 그런 현상이 얼마나 널리 퍼져 있느냐 하는 점인데, 하루가 멀다하고 학교 비리가 언론에 보도되는 점에 비추어 그 정도가 매우 심각한 것으로 추정된다. 저자 스스로도 '촌지를 내지 않는다는 이유'로 아이가 울먹이면서 귀가하는 일을 오랫동안 겪어야 했던 적이 있다. 적지 않은 학부모가 "촌지 때문에 외국으로 이주해야겠다"는 푸념을 늘어놓는 것이 현실이기도 하다.

3. 사회 지도계층의 프로페셔널리즘

이 절(節)에서는 언론계, 학계, 공인회계사(CPA), 경찰을 예로 들어서 한국 사회의 프로페셔널리즘이 어느 정도 형편없는지를 따져 보기로 한다.

언론은 "사회의 목탁"이라고 불리듯이 바르고 건강한 사회를 이루는 첨병이다. '직업적인' 고발정신으로 규칙과 원칙에 어긋난 일을 고발하여야 한다. 각종 현상을 분석하여 사회 전체가 바람직한 방향으로 나아가도록 방향을 제시하고 건강한 여론을 조성하여야 한다.

학계는 사회적이건 자연적이건 제반 현상에 대한 이론적 바탕을 제공하고 사회의 구성원이 바람직한 사고방식과 가치관을 가지도록 선도(先導)해야 한다.

공인회계사는 기업의 재무활동이 정상적으로 이루어졌는지를 감시하여 국가경제의 건전한 발전에 기여해야 한다.

경찰은 최일선에서 시민의 안전과 편익을 보호하고 규칙과 제도를 파괴하는 행위를 방지하여야 한다.

불행히도 우리나라에서는 이들 전문직업인이 제 역할을 다하지 못하고 있다. (이들 직종에 종사하는 사람들이 유난히 프로페셔널리즘이 부족하여 언급한 것은 아니다. 사회적 중요성이 높기 때문이다. 프로페셔널리즘의 부족은 한국 사회의 공통적 현상이라고 할 것이다.)

언론계의 프로페셔널리즘

미국의 한 잡지는 언론의 기능에 대해 다음과 같이 진단한다:

> 문제가 발생하려고 할 때 설사 그 사실을 입증할 수는 없을지라도, 그 기미를 알아차리도록 노력하여야 한다. 그 문제의 파급효과가 무엇인지 정확하게 알기 이전에 경보음을 울릴 줄 알아야 한다. (BW, 98. 1. 26)

제대로 된 언론은 문제가 생긴 후에 보도하는 데에 그치지 않고, 이를 예견(豫見)할 줄 알아야 한다는 말이다.

한국 언론은 예견능력이 약하다. 문제를 진단하지는 못하고, 이미 밝혀진 문제에 대해 뒷북치기 보도를 하는 경우가 대부분이다. 보도의 내용은 언론사간에 차이가 없고 논조나 관점, 비판의 강도, 취급 비중도 거의 비슷하다.

언론사들은 너도나도 정론지(正論紙)임을 자임(自任)한다. 외부의 압력에 굽히지 않고 바르게 보도한다는 말이다. 그러나 언론들은 왕왕 권력에 약하고 대기업에 우호적인 모습을 드러낸다. 사회의 목탁으로서의 기능을 수행하기보다 스스로의 단기적 이익에 급급한다.

한 원로 언론인은 한국 언론의 모습을 "냄비, 하이에나"라고 비꼬기도 하였다(중앙, 97. 3. 21). 감시와 견제의 역할보다는 이미 밝혀진 문제에 대해 모두가 덩달아 집중보도하고 힘을 잃은 권력에게만 달려들어 비판한다는 것이다. 정곡(正鵠)을 찌른 말이다.

언론이 다루는 것을 '보도기사'와 '분석기사'의 두 가지 종류로 나누어 볼 수 있다. 보도기사는 그 정확성을 생명으로 하는데 이에는 언론인의 소명의식과 직업윤리가 필수적이다. 분석기사는 현상을 진단하고 문제를 예견하여 대안을 제시하는 것으로 관련 사안(事案)에 대한 '지식과 분석 기술'을 필요로 한다. 다수의 우리 언론인들은 그런 요구사항을 갖추지 못하고 있다. 한마디로 프로페셔널리즘이 부족한 것이다.

지식과 기술.　보도자가 전문분야와 관련된 깊은 지식은커녕 상식조차 갖추지 못한 듯한 인상을 주는 기사가 많다. 저자의 관심 분야인 통화와 금융, 외환시장, 증권시장에 관한 기사를 읽노라면 잘못된 기사가 자주 눈에 뜨인다.

한 가지 예로서 <사례 8-2>를 보자. 이 기사는 엄청난 오보(誤報)인데 작성자가 기자로서의 기본을 갖추지 못했기 때문에 생긴 것이다.

첫째, '외신'(外信) 혹은 '경제' 담당자일 그가 '국제경제'에 대한 기본지식조차 없다. 일본이 1964년 동경올림픽 이후 계속하여 무역수지(상품수지의 옛 이름) 흑자를 기록한 것을 확인하지 않았음은 그렇다 치더라도

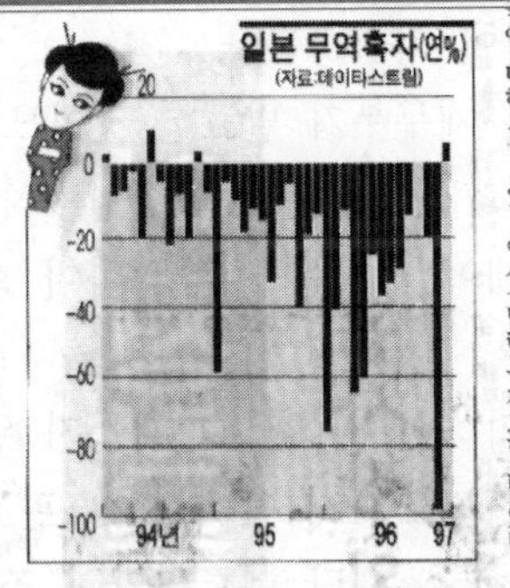

日무역수지 27개월만에 "흑자"

파이낸셜타임스 보도 엔화약세로… 美등에 수출급증

일본의 무역수지가 지난 2월 엔화 약세에 힘입어 94년 11월 이후 27개월만에 처음으로 흑자로 돌아섰다.

일본 정부는 17일 지난 2월 무역흑자 규모가 전년도 같은 기간에 비해 6.5%가 늘어난 6천8백67억엔(55억 달러)을 기록했으며, 지역별 수출증가율은 최대 교역국인 미국에 대해 12.3%, 아시아지역 국가는 20.2%, 유럽지역이 3.2%를 기록했다고 발표했다.

특히 미국에 대한 수출은 5개월째 급증, 이로 인해 양국간의 무역 마찰이 예상된다고 영국의 파이낸셜타임스 등 신문들은 전했다. 이와관련, 워싱턴 당국은 최근 일본에 대해 경제침체에서 벗어나기 위해 수출증대를 추진하지 말라고 경고한 바 있다.

일본의 무역흑자 급증은 엔화에 대한 약세로 수입은 줄어들고 수출은 늘어남에 따라 발생했다. 엔화 가치는 지난 2월 미화 1달러에 대해 평균 1백21.18엔을 기록했으며 이는 1년전보다 14%가 떨어진 것이다.

출처 : 모 중앙일간지, 97. 3.

[원문 발췌]

Japan : trade surplus rises after 27 months

[By Michiyo Nakamoto in Tokyo] Japan's trade surplus rose in February for the first time in 27 months, on an annual basis, reflecting the impact of a weaker yen and fuelling concerns of renewed friction with its trading partners.

The politically sensitive surplus with the US, Japan's single largest trade partner, was 12.3 per cent above last February's level. The over-all 6.5 per cent increase to ￥686.7bn (£3.5bn) also included a 20.2 per cent rise in the surplus with its Asian neighbors, while the surplus with the EU grew 3.2 per cent ……

(The Financial Times, Mar. 18, 1997)

과거 15년간 최대의 국제적 현안이 바로 '일본의 막대한 무역수지 흑자'였음을 몰랐다면 아마추어 같아도 그 정도가 심하다.

둘째, 이 기사에서 인용된 외국 언론의 보도는 "흑자 폭이 증가(rise 혹은 grow)했다"고 하였는데, 기자는 "적자에서 흑자로 바뀐 것"으로 번역하고 있다. 현시대의 기자로서 외국어 능력이 의심스럽다.

셋째, 해당 기사에 관련된 자료는 일본 재무부가 발표한 것이므로 '일본 발(發)'로 보도가 되는 것이 원칙이다. 해당 언론사는 상당수의 일본 특파원을 두고 있다. 기사의 정확성을 기해야 한다는 책임의식이 희박한 것이다.

문제는 위의 사례와 같은 실수가 우리 언론계에서 언제든지 일어날 수 있다는 점이다. 명백한 오류가 있는 이 정도 크기의 기사가 편집과정("데스크")을 거치면서 걸러지지 않았다는 것은 해당 언론사의 구조적 문제라는 의심을 불러일으키기에 충분하다.

그런 의심을 뒷받침하듯 같은 언론사의 논설위원급 언론인은 전용(專用) 칼럼에서 이렇게 말하고 있다: "우리나라 지하경제 규모는 GNP의 9%인 31조원에 달하고 있는데…… 이중 24조원은 가명 형태든 차명 형태로 금융권을 들락거리고 있으나 약 7조원은 개인은닉 재산으로 장롱 속에 들어 있다고 한다"(1997. 10). 언론계에서는 최고의 경제권위자로 알려진 이 기자는 경제학의 기초인 유량(flow)과 잔량(stock)을 혼동하고 있다.

전문분야에 대한 지식이 부족하면 분석기사를 쓰기 어려운 것은 오히려 당연하다. 우리 언론은 1997년 초에 부도처리된, 형편없이 경영되던 H 재벌에 대해서도 문제를 사전에 감지하지 못하였을 뿐만 아니라 일부는 그 재벌 회장의 경영능력을 칭송하기도 하였다. 그 그룹이 부도처리되자 도하(都下)의 전 언론이 연일 벌집 쑤신 듯 크게 다루었지만, 그 시기는 검찰수사 기간과 정확히 일치하는 1월 하순부터 2월 말까지였다.

금융외환 위기에 대해서도 사전에 경보음을 울려 준 국내 언론은 사실상 전무하였다. 그에 비해 외국의 몇몇 언론사는 1990년대 초부터 한국 경제의 문제점을 정확히 꼬집어 왔고 그런 내용을 책자로 출간한 서울 특파원 출신의 외국기자도 있었다(e.g. Clifford).

분석능력이 없거나 분석기사를 쓰고자 하는 노력을 게을리 하다 보니 기사가 거의 대부분 단순보도에 그친다. 더구나 "취재"라는 말이 어울리지

않을 정도로 정부, 기업, 연구소 등에서 '제공'하는 자료를 옮겨 싣는 경우
가 많아 언론기관간의 보도 내용에 차이가 없다.[1] 신기하게도 전재(轉載)
되는 외사(外事) 기사까지 똑같은 일이 흔하다. 한국 기자의 취재 관행을
보여 주는 한 사례를 보자 :

…… 그 무렵 소장 판사들의 개혁 움직임이 나오고 언론에도 보도되면서 대
법원에서 전국법원장회의를 열어 광범위한 의견수렴을 한다고 하였다. 그 회의
결과가 신문에도 보도되었는데 사실과 다르게 그럴 듯하게 꾸민 내용이었다. 마
침 그 회의가 공개회의라 거기에 참석한 기자들 중 아는 사람이 있기에 실제 발
언한 내용의 현장속기 메모를 정리하여 놓은 것을 얻어 읽어 보았더니, 일간지에
보도된 것과는 완전히 천양지차로 기가 막힌 내용들만 들어 있었다. 일간지 기자
들에게는 번듯한 보도자료를 따로 만들어 돌린 것이고 보도자료를 얻은 신문기
자들은 생각도 없이 사진만 몇 장 찍고는 다 떠나 버렸는데 심층취재를 하려는
몇몇 주간지 기자들만 남아 있다가 우연히 그런 적나라한 발언들을 듣게 된 모
양이었다. 그래서 후일 한두 주간지에 그런 실상이 좀 언급된 일이 있을 뿐이었
다 ……. (방희선)

외부의 자료를 소화하지 않고 그대로 보도하다 보면 원 자료의 오류
가 그대로 전달되기도 하고 같은 언론사의 보도가 때에 따라 내용이 달라
지기도 한다. 기사 제공처의 의도적인 왜곡이 그대로 전달되기도 함은 물
론이다. 연구기관, 공공기관에 근무하는 사람들의 말을 빌리면 기자들이
특정 기관의 비공식 내부자료를 마치 공식 연구보고서인 양 위장해서 보
도하는 경우도 많다. "건수"를 올리자는 것이다.
    가끔 보이는 "심층보도" 혹은 해설기사도 체계적인 분석이라기보다는
여러 외부인사의 말은 엮어 놓은 것에 지나지 않는 경우가 더 많다. "우리
나라 외채규모가 약 1500억 달러임을 감안할 때 금리를 1% 포인트만 낮

---

1) 한 시민단체의 주장에 의하면 정치 기사의 80%가 출입처의 "배급"에 좌우된다고
   한다(참여사회, 98. 5).

춰도 연간 외채이자 부담액이 15억 달러 가량 줄어든다"는 말까지 "전문가"의 말을 인용해야 할 정도이면 작성 기자의 지식과 분석능력을 짐작해 봄직하다(1998. 1. 27).

직업의식.　언론의 사명에 대한 언론인들의 '직업의식'이 불확실한 것으로 의심하게 하는 일이 흔하다. 근거없는 보도, 왜곡보도, 과장보도의 사례가 너무 많다. 하나의 사건이 터지면 우리 언론들은 과열이라 한 정도의 "취재" 경쟁을 벌여서 근거가 불확실한 소위 "설"(說)을 확대 재생산한다. 한 고위급 북한 인사의 망명 당시에 그의 딸로 알려진 한 여인은 한국 언론들이 망명인사에 대해서 "작문"(作文)한다고 불만을 토로한 바 있다(중앙, 97. 4. 2).

한 언론은 화성 탐사선의 주요 부분을 한국인이 만들었다고 대서특필하였으나, 며칠 후 이는 전혀 근거 없는 것으로 밝혀졌다(1997.7). 근거가 불확실한 일은 크게 보도하는 이런 경향을 한 중견기자는 "사건 기자의 불치병"이라고 스스로 꼬집기도 하였다(중앙, 97. 5. 27).

내용을 왜곡하거나 과장하는 하나의 예를 들면 1997년 4월에 한 언론이 "공기업의 임금 인상률이 사기업의 1.6배"라고 크게 보도하면서 정부정책이 형평성을 잃었다고 비판하였다. 그 기관의 원전(原典)이 된 노동부가 제공한 "보도자료"에 따르면 발표 시점까지 민간부문이건 공공부문이건 임금협상 타결률이 5% 내외에 그쳐서 일반적인 현상이라고 말할 수 있는 형편이 아니었다. 타결된 경우의 인상률 차이도 민간기업은 평균 2.7%, 공공기관은 평균 4.4%로 극히 미미한 것이었다.

직업윤리.　마지막으로 언론인들의 '직업윤리'를 보자. 우선 언론인들이 기관, 기업, 개인으로부터 금품을 수수하는 사례가 여러 경로로 사회에 알려지고 있다. 그런 일이 어느 정도 퍼져 있는지 본격적으로 조사되거나 수사된 바 없지만 여러 가지 정황적(情況的) 증거로 보아 만만치 않을 것으로 추정된다.

한 교육관련 공무원이 지방의 교육청 학무과에서도 출입 기자들에게

명절 떡값을 제공한다고 고백한 바 있는데, 이것이 그러한 증거의 하나라할 것이다(이용호). D종합상사는 언론계 인사들을 위한 접대성 경비로 월 3천만 원을 책정해 두고 있는 것으로 보도되기도 했다(중앙, 97. 6. 9).

우리는 흔히 '홍보성 기사'를 접한다. 특히 기업관련 보도 중에 그런것이 많다. 기업체의 홍보성 발표를 여과없이 그대로 옮겨 싣는 경우는 일상사가 되었고, 기사인지 기업체 홍보자료인지 모를 내용으로 기사를 작성하는 경우도 흔하다. 대표적으로 <사례 8-4>를 보면 이것은 고발기사인듯 하지만 실제는 기업체를 크게 홍보해 주고 있다. 기자와 기업체간에 특별히 호의적인 관계가 없었다 하더라도 기자로서의 감각이 부족하다고 할것이다.

지식과 기술, 직업의식, 직업윤리라는 측면에서 한국의 언론계는 프로페셔널리즘이 매우 부족하다.

학계의 프로페셔널리즘

학위(學位)로 평가한다면 우리 학계는 매우 풍성하다. 인구 비례로따져 보았을 때 박사 학위 소지자가 가장 많은 것이 한국이라고 알려질정도로 학자는 많다(BW, 95. 7. 31). 그러나 학자로서의 '지식과 기술'을 연구논문의 작성량과 그 질적 수준으로 평가해야 한다고 보면 우리 학계는빈곤하다고 할 수밖에 없다.

지식과 기술. 양적으로 볼 때 우리나라의 대학교수는 일년에 약 2편의 논문, 0.2권의 저서를 펴내고 있는 것으로 한 조사에서 밝혀졌는데 이것은 결코 만족할 수준이 못 된다(중앙, 97. 5. 29).

연구의 질을 따지자면 더욱 실망스럽다. 서울대 교수들을 상대로 한설문조사는 90%의 교수가 소속학과나 연구소의 연구업적이 외국 일류대학 수준에 미치지 못한다고 대답했다고 보고하였다. 그러면서 논문편수보다는 질적 개선이 더 시급한 것으로 결론 지은 바 있다(조선 98. 3. 14). 사

(사례 8-4) 특정 기업체를 홍보하는 기사

출처 : 모 중앙 경제 일간지(97.3)

정을 잘 아는 듯한 사람의 비판을 들어보면 왜 그런 대답이 나왔는지 짐
작이 간다 :

···왜 서울대 교수가 문제인지 내가 목격한 사례를 전달하겠다. 전부는 아니겠지만, 아무리 적은 일부라도 이런 현상은 곤란하겠기에 이 글을 쓴다. 서울대는 교수 승진심사를 할 때 대학원생의 논문을 적당히 편집한 논문을 받아들여서는 안 된다. 교수가 자기 자신의 아이디어를 가지고 자신이 논문을 작성해야지 대학원생을 시켜 그 대학원생이 쓴 논문을 가지고 승진하고자 한다면 교수대신 그 대학원생을 교수로 승진시켜야 할 것이다. 하지만 일부 단과대학에서는 이와 같은 관행이 계속되고 있다······

몇몇 친한 사람끼리 만들어 놓은 국내 학회지에 대학원생의 논문을 자기 이름만 걸쳐 실어 놓아서는 안 된다. (조선, 98. 9. 9, 독자 투고)

간혹 획기적인 과학적 발견이라고 국내언론에 크게 보도되는 경우가 있는데 그런 연구성과도 어쩐 일인지 실용화되지 못하고 유야무야 끝나버리는 경우가 많다(참조 : 유영준).

저자는 국내학자가 쓴 연구논문이 세계에 널리 알려진 것을 잘 알지 못한다. 현대의 한국 사상가, 과학자, 저술가가 해외에 널리 알려진 사례를 알지 못한다. 저자의 전문분야인 경제·경영에 한정하여 보면 국내 학자가 쓴 제대로 된 영문 서적이나 논문을 알지 못한다.

사정이 그러하다 보니 결과적으로 국민들이 그렇게 염원하는 노벨상 수상자를 아직까지 한 사람도 배출하지 못하고 있다. 가까운 장래에 그 소망이 이루어질 것 같지도 않다.

직업에 대한 애착. 제3공화국 시절부터 대학교수가 국회의원이나 정치인으로 변신하는 사례가 많았다. 정치권이 대학교수들을 불러들인 것이 이런 현상에 대한 필요조건이라면 대학교수들이 '학계를 버리고' 정치권으로 뛰어들 의사가 있었다는 것이 그 충분조건이다. (일반적으로 한번 떠난 교수는 다시 대학으로 돌아오지 못하게 되어 있다.)

대학교수나 학자라 하여 현실과 동떨어져서 살아서는 안 되지만 그들의 현실참여는 연구논문이나 저서를 통하는 것이 원칙이다. 사회가 그들에게 지워 준 역할은 이론적인 토대를 제공하는 것이지 이론의 실천이 아니다. 그들이 본연의 역할을 중단하고 정치계로 들어가면 그들은 더이상 학자로 보아 줄 수 없다. 직업을 버리는 것이다.

우리의 문제는 정치계를 지향하는 학계의 인사가 너무 많다는 것이다. 선거철만 되면 직·간접으로 선거운동에 관여하는 대학교수들이 흔하다. 그런 현상을 두고 외국 언론이 비판한다: "각 후보 진영에의 대학교수 진출이 두드러진다. 당선되면 장관 혹은 고급관료가 되는 것이다. 경제 부진의 재벌을 곁눈질하며 '선생님'들이 분주하다"(중앙, 97. 12. 2).

학문적으로 깊이 있는 논문을 작성하기보다 신문 등에 가벼운 글을 기고하거나 TV에 출연하여 이름을 알리고자 하는 학자들도 많다. 실제로 그런 절차를 거쳐 정치계나 관계로 발탁된 사례가 많았기 때문에 딴 마음이 있는 학자들에게 그것은 효과적인 전략이 되는 것이 사실이다.

정치 등 다른 일에 관심을 둔 사람이 전공분야에 대해 공부하지 않는 것은 오히려 당연하다. 그 자신이 대학교수인 한 사람이 "한국의 역사학자들이 소설가 최인호(崔仁浩)만큼도 역사공부를 안하고 있다고 세간에서 비아냥거린다"고 꼬집은 바 있다(중앙. 97. 9. 23). 상당히 현실에 가까운 지적이라고 보아야 할 것이다.

대학교수를 위시한 학계의 인사들은 후진(後進) 교육에도 소홀하다. 성장기에 있는 청소년들을 교육시켜 참된 가치관을 가지게 해야 할 사명을 지고 있는 학교가 제 역할을 못하고 있다. 중학생이건 대학생이건 도덕훈련을 받지 못하여 공동체 생활에 필요한 질서의식이 부족하다. 우리나라가 '원칙없는 사회'가 될 씨앗이 뿌려지는 것이다. "스승의 권위가 땅에 떨어졌다"고 한탄하지만 그것은 중심을 잡지 못한 학계 내지 교육계 스스로의 잘못이 더 크다.

대학이 일시적 유행이나 상업적 타산에 민감하게 행동하여 "대학문화가 타락하였다"고 많은 인사들이 우려한다. 학계가 국민의 정신문화를 좌우하고 대학이 학계의 주류라고 할 때, 대학문화가 타락하면 국민의 정신문화가 후퇴할 수밖에 없다. 소위 "상업주의"는 단기적인 경제성과를 올릴 수 있을는지는 몰라도 장기적인 사회경제의 발전에는 오히려 저해요소가 될 수 있다. 한 대학교수(임홍빈)의 걱정스런 목소리를 들어 보자:

우리 대학들은 고시열풍이나 천박한 상업주의에 휘말려 제 모습을 상실한 지 오래다. 대학교정은 대부분 학술행사보다는 영어와 컴퓨터 강좌를 알리는 현수막과 지연·학연 중심의 모임을 알리는 광고로 가득하다. 지성의 저질화 현상은 무엇보다 상업주의에 편승한 일부 교수들이나 정치지향의 일부 대학총장들에 의해서 가속화되고 있다. 대학에서 목소리를 높이는 사람들은 대개 정계의 풍향에 민감한 사람들이다. 가끔 예외도 있겠으나 대개 정계로 진출하는 사람들은 과대포장된 경우가 많다. (조선, 97. 3. 24)

직업윤리. 마지막으로 학계의 '직업윤리'를 보자. 학자에게 표절은 첫째가는 금기사항이다. 물질과 정신 중 어느 것이 더 중요한가를 굳이 말하지 않더라도 학자가 가장 고고(孤高)해야 할 사회지도층에 있다는 사실 하나만으로도 '남의 이론, 남의 정신을 훔치는 표절(剽竊) 행위'는 '물건을 훔치는 절도(竊盜) 행위'에 비교될 수 없는 비도덕적이고 반사회적인 행위이다.

우리는 명망 있다는 학자가 표절하는 사례를 자주 목격하고, 심지어 학위논문까지도 표절하여 작성되는 사례를 보아 왔다. 그 정도가 어느 사회에나 있을 수 있는 일이라고 치부하기엔 지나쳐서 한국 학계의 직업윤리가 퇴색한 탓이라고 할 것이다.

정치에 마음이 있는 대학교수들은 학자적 양심을 버리고 권력층의 입맛에 맞는 논리를 전개하는 적도 많았다. 학생들과 일반인들은 제3공화국 이후로 소위 "어용교수"(御用敎授)라 불리는 사람들을 적지 아니 보아 왔다. 정년퇴임한 한 경제학자(임종철)는 학계의 잘못된 풍토에 대해 다음과 같이 탄식하기도 했다 :

오늘날 학자나 학문이 자유로워진 것 같지만 오히려 혹세무민하는 재주가 엄청나게 발달하여 이론이라는 요술감투로 사람들을 현혹시킨 데 따른 착각일 뿐이다. 특히 경제학 분야에서의 곡학아세는 권력뿐 아니라 부(富)까지도 보장해 주기 때문에 이런 현상이 심각하다. (조선, 98. 4. 1)

학위수여와 교수채용을 둘러싼 비리와 잡음도 끊이지 않는다. 학위는 그것을 받은 사람이 학자로서의 능력을 갖추었다는 증표로서 그 심사과정이 엄정하여야만 제대로 된 학자를 배출할 수 있다. 그런 뜻에서 학위논문의 수준은 그 작성자가 소속된 대학의 수준을 가늠하는 잣대가 되기도 한다. 그렇게 의미심장한 학위가 우리나라에서는 돈을 받고 혹은 심사교수와의 친분관계에 따라 수여되는 경우가 많다. 한국 최고라고 자타가 공인하는 대학교의 특정 학과에서는 논문을 심사하는 교수를 접대하기 위해 1억 원 이상을 써야 하는 것으로 알려진 바 있기도 하다(1998년 2월).

학위과정을 밟고 있는 다수의 조교(助敎)들은 눈물겨울 정도로 많은 애로를 겪어야 한다. 형편없는 보수를 받는 것은 그렇다 치더라도 지도교수의 심부름꾼 취급을 받으면 지성인으로서의 자존심은 영락없이 짓밟힌다. 논문 심사자의 위치를 이용하여 조교에게 개인적인 일을 처리하게 하는 교수가 적지 않은 것이다.

교수채용에서는 왕왕 연구성과나 학자 혹은 교수로서의 자질보다는 인맥과 출신학교가 더 확실한 선임의 기준이 된다. 모름지기 학문의 발전은 '다양성의 추구'가 그 출발점이다. 같은 학교 출신만을 교수로 채용하는 대학은 그야말로 학문의 '동종교배'(inbreeding)를 불러 와서 뛰어난 학문적 성과를 기대하기 어렵다. 교수채용과 관련하여 음성적 금전거래가 성행하는 것은 새삼 언급을 필요로 하지 않는다.

지식과 기술, 직업에 대한 애착, 직업윤리 측면에서 우리의 학계는 프로페셔널리즘이 부족하다.

공인회계사의 프로페셔널리즘

대다수 한국 기업, 특히 재벌기업은 경쟁력이 취약하다. 그럼에도 기업들은 끝없는 양적 팽창을 계속하여 왔는데, 그것은 부분적으로 기업경쟁력이 기업 내·외부에 잘 알려지지 않았기 때문에 가능했던 일이다. 금융외환 위기 당시에 유행어가 된 "투명성 부족"이 바로 그것이다.

기업경영의 투명성이 부족한 것은 기업감리장치(corporate gover-nance)와 결산회계제도의 결함이 그 주된 원인이다. 전자(前者)는 투자결정 과정, 이사회 기능, 상호지급 보증, 관계회사의 재무상태 등과 관련된 사항이 외부에 알려지도록 제도 혹은 관행이 마련되어 있지 않은 점이다(제11장 참조). 후자(後者)는 기업의 손익을 조작하는 등 재무제표를 임의로 수정하는 분식결산이 만연되도록 방치하거나 방조한 제도와 운영상의 문제이다.

소명의식(召命意識). 공인회계사(CPA)의 직업적 소명(召命)은 개별 기업의 경영상태를 사회에 정확히 알려서 각급 이해당사자들의 권익을 보호하고 나아가 자원이 효과적으로 배분되게 하는 데에 있다고 할 수 있다. 그렇다면 그들은 합리적인 제도의 도입과 제도의 효과적 운영 양쪽 모두에 대한 책임이 있다.

그러나 우리의 공인회계사 업계는 제도의 확립은커녕 운영측면에서마저 제 역할을 다하지 못하였다. 즉, 기업의 분식결산을 막지 못한 것이다. 한 재벌그룹의 장부조작과 공인회계사의 사회적 임무의 해태(懈怠)에 대한 재미교포 공인회계사의 얘기를 들어 보자:

(사례 8-5) 공인회계사의 프로페셔널리즘

[H 그룹이] 만약 미국의 기업이었다면 [왜 부도를 내게 되었느냐는] 질문에 대한 답을 얻기 위해 가장 먼저 찾아야 할 곳은 [H]의 이사회이다. 그러나 우리나라 기업의 이사회가 모두 회사 내부인사들로 구성돼 있으므로 이사회는 경영진에 대한 독립적인 감독·감시 역할을 하지 못한다.

그래서 다음으로 찾아가야 할 곳은 [H]의 회계법인이다. 외부 감사인으로서 [H]의 재무제표를 감사했을 때 어떠한 회계상의 무리가 있었는지를 반드시 알았어야 하고 또 알아낸 내용을 주주들에게 알려야 했기 때문이다. [H]는 비자금을 동원하기 위해 여러 가지로 허위 회계 처리한 것으로 밝혀졌다. 외부 감사인이 사설탐정은 아니므로 허위 회계처리한 부분을 잡아내지 못했다 하더라도 [H]의 자본과 부채의 비율이나 현금흐름 내역을 보면 과연 [H]가 은행 부채를 갚을 수

기업의 분식결산과 공인회계사에 의한 부실한 회계감사는 평상시에
는 잘 드러나지 않는다. 증권선물위원회 등에서 적발해 내는 경우도 간혹
있지만 그런 잘못된 행위가 공개되는 것은 주로 부실경영이 누적되어 해
당기업이 부도처리되는 경우이다. 분식결산이 특히 문제가 되는 것은 상장
기업인데 그런 기업이 파산하게 되면 불특정 다수의 주주를 비롯한 많은
이해당사자가 피해를 보게 된다.

상장기업의 부도가 빈발하였던 1990년대 후반에는 분식결산 사례가
많이 밝혀졌고, 주주 등이 손해배상 소송을 제기하면 법원은 거의 예외없
이 회계감사를 담당하였던 공인회계사의 책임이 있는 것으로 판결하였다.

정부는 1997년 3월부터 공인회계기관의 부실감사로 개인 또는 법인
이 손해를 보게 되면 해당 기관이 한 개인 혹은 법인 앞으로 3천만 원씩
손해배상해 주도록 하는 규정을 만들었다. 그것은 우리 사회에서 분식결산
과 부실 회계감사가 얼마나 만연하고 있는가를 짐작하게 하는 하나의 간
접적 잣대가 될 것이다.

직업윤리의 문제.   공인회계사가 분식결산을 제대로 막지 못하는 것은
크게 두 가지 측면에서 그 원인을 생각해 볼 수 있다. 첫째가 전문가로서
의 지식과 기술이 모자라는 것이고, 둘째가 알면서도 묵인하거나 나아가
적극적으로 도와 주는 것이다.

기업회계는 기본적으로 복식부기를 사용하게 되어 있다. 인류 최대의
발명이라고 칭하는 사람이 있을 정도로 복식부기는 잘 짜여 있다. 그 방법
을 사용하면서 어떤 내용을 조작하거나 분식하는 것은 상당한 기술을 요
한다.

기업체의 회계담당자가 '지식과 기술면에서 공인된 자격'을 갖춘 공인
회계사의 눈을 속이기란 무척 어려운 일이다. 따라서 만연해 있는 분식결
산 관행은 공인회계사들의 지식과 기술 측면의 결함보다는 이들의 묵인

내지 방조로 이루어지고 있다고 보아야 할 것이다. (탈법행위의 중독성 때문에 '묵인'은 손쉽게 '방조'로 발전할 수 있다.)

5백여억 원의 결손을 7백여억 원의 이익으로 작성한 1992년의 H강관의 결산보고서, 1996년에 3천억 원의 결손을 내었으나 1995년에는 3십억 원의 이익을 낸 것처럼 작성된 D사의 결산보고서, 자산과 부채가 무려 3조원이나 조작되어 있는 것이 밝혀진 K사의 회계처리가 공인회계사의 협조없이 이루어졌다고 보기는 어렵다.

다수의 일반 국민들은 공인회계사가 특정 기업의 회계감사 업무를 계속 맡기 위하여 분식결산을 눈감아 주고 있는 것으로 믿고 있다. 저자가 인터뷰한 한 공인회계사는 넓게는 한국의 공인회계사 업계, 좁게는 그가 관련하고 있는 권위있는 공인회계 법인이 '분식결산을 위한 기업과의 협력관계'를 오랫동안 계속하였다고 실토하였다. 그것이 사회 부조리의 출발이 되는 줄은 알지만 "먹고살기 위해 어쩔 수 없는 일"이라는 것이었다 (1995년).

직업의식과 직업윤리 측면에서 우리나라의 공인회계사는 프로페셔널리즘이 없다. 그들이 사회적 역할을 완수하였더라면 기업부실과 금융부실이 방지되어 우리나라가 1997년과 같은 혼란을 겪지는 않았을지도 모를 일이다.

경찰의 프로페셔널리즘

사회의 골격을 이루는 제도와 법규가 제대로 지켜지는지 현장에서 감시하는 가장 대표적인 기구가 경찰이다. 치안 및 교통질서 유지와 관련하여 국민 개개인이 일상생활에서 거의 매일 접할 정도로 경찰의 영향력은 넓고 크다. 따라서 국가 전체의 질서확립은 경찰 기능성에 따라 크게 좌우된다.

불행히도 우리의 경찰은 제 역할을 만족스럽게 해 내지 못하고 있다. 순서를 따지자면 사회 질서의 혼란은 정치인과 검찰에 더 큰 책임이 있지만 이것은 철학 내지 정책의 문제이므로 제11장에서 다룰 예정이다.

경찰의 문제점은 아무래도 '직업윤리'에서 먼저 찾아야 할 것이다.

경찰 비리(非理).　치안과 관련된 위규와 탈법 그리고 교통법규 위반을 금전을 대가로 묵인해 주는 경찰 비리(非理)가 그 대표적인 예이다. 한 언론에 보도된 어느 경찰관의 고백을 들어 보자 :

경찰 내부에서조차도 순찰이라는 것을 돈을 거두러 다니는 것으로 인식하는 사람이 적지 않습니다. 관내에 노래방이나 단란주점 같은 종류의 유흥업소가 많으면 일단 "물 좋은 곳"으로 간주하는 것도 사실입니다. 솔직히 말하면 한 달에 한 업소로부터 5만~10만원씩 인사명목으로 받는 것이 보통입니다. 여기저기서 받은 돈을 모아 식사비 등 파출소 운영경비로 충당하거나 직원들의 목욕비나 용돈 등으로 나눠 갖는 것이죠……

음주운전을 봐준다던가 가해사실을 없애 주는 것은 위험부담이 많아 "목숨값"이 붙기 때문에 단가가 수백만 원대로 올라가는 것이 상례입니다. 소신있는 경찰대학 출신이나 젊은 의경에게 멋모르고 봉투를 내밀다간 쇠고랑을 차는 경우도 있습니다. 최근에는 정보·보안 부서를 선호하는 동료들도 늘고 있습니다. 이 역시 "고등계 형사"라 불릴 정도로 힘들일 필요없이 대기업이나 호텔 등 "출입처"로부터 상당한 대가를 받기 때문이죠. 이렇듯 좋은 자리로 가는 것이 무엇보다 중요하기 때문에 해마다 인사철만 되면 보직이나 승진인사를 하는 등 갖가지 소문이 무성하게 나돕니다. (중앙, 96. 3. 1)

신상정보의 누출(漏出).　직업윤리 측면에서 단순비리보다 더 큰 문제인 것은 개인신상에 관한 정보의 누출이다. 경찰은 업무수행을 위한 필요성 때문에 국민 개개인에 대한 여러 가지 정보를 소유하고 있다. 만약 신상정보가 외부로 유출되면 해당 개인에게는 심각한 위협이 될 수 있고, 이런 일이 만연하면 사회 전체가 불안정해진다.

1997년 초에 있었던 한 귀순인사의 피살사건은 경찰을 통해 피살자의 소재지가 누설되었기 때문에 일어난 것으로 밝혀졌다. 비슷한 시기에 한

무허가 신용 정보업체는 경찰을 통해서 개인의 신용정보를 입수해서 판매
해 오다 적발되기도 했다. 한 "공영" TV는 연예인의 옛 친구를 찾아 주는
프로그램에서 "경찰청에 조회하여 같은 이름, 비슷한 연령의 사람 109명의
명단을 확보하여 추적작업을 벌였다"고 공공연하게 설명하기도 하였다
(1997년 5월).

조그만 사업체를 경영하는 저자의 친구는 다달이 일정 금액을 사례하
는 조건으로 경찰을 통해 불량채무자의 소재지를 확인하고 있다고 털어놓
기도 했다. 시민단체들은 "전자주민카드" 제도를 도입하기 이전에도 이미
"경찰관 한 명만 알고 있으면 모든 국민의 전과기록을 알 수 있다"고 주
장하면서 그 제도의 도입에 결단코 반대하기도 하였다(1997년).

경찰의 직업윤리가 심각한 상태에 있는 것이다.

소명의식(召命意識). 경찰의 중요한 기능 중의 하나는 국민의 편의를
돌보아 주는 일인데, 이점에서도 우리 경찰은 직업의식이 부족하다.

교통경찰의 참된 임무는 교통소통을 원활하게 하는 일이지 교통법규
위반자를 적발하는 일이 아니다. 대한민국의 교통경찰은 국민의 거듭된 불
평에도 교통소통보다는 위반자 적발실적 제고에 더 관심이 많다. 차량이
얽히는 교차로, 체증이 심각한 진입로 등에서 차량소통을 도와 주어야 할
경찰이 그런 지점을 살짝 벗어난 곳에서 과속운행이나, 차선위반, 신호위
반을 적발하려고 기다리고 있다. 한 시간씩 교통체증에 묶였던 운전자는
길이 뚫리면 마음이 급해져서 과속하기가 쉽고, 우리의 차선이나 신호체계
는 현실을 무시하고 만들어져 있어서 위반하지 않을 수 없음을 경찰은 잘
알고 있는 것이다.

경찰의 음주운전 단속은 휴일이건 한낮이건 가리지 않으며, 간선도로
의 진입로 등 병목이 되는 장소를 오히려 애용한다. 연일 같은 장소에서
길을 막고 지나가는 운전자에게 무차별로 음주측정기를 들이민다. 수많은
시민들은 범죄자 취급을 당하는 불쾌감과 교통체증이라는 불편을 겪어야
한다. 경찰청의 공식 입장은 "음주했다고 의심이 가는 운전자에 한하여 양
해를 구하고 확인한다"는 정도이다. 그럼에도 단위 경찰서장의 욕심은 경

찰 지휘자의 뜻과는 달라서 시민을 '작전(作戰)의 대상'쯤으로 여기는 듯 하다.[2]

우리의 경찰은 직업윤리와 소명의식 측면에서 프로페셔널리즘이 부족하다. 그 정도는 경찰을 감독하는 최고책임자(장관)가 다음과 같이 말할 정도로 심각하다:

> 정부 구조조정에 경찰이 제외되자 경찰의 기강해이가 이만저만이 아니다. 비리에 비리의 연속이고 범인도 못 잡는다. 비리, 무사안일, 무능력 경찰은 구조조정 대신 "즉각 퇴출"로 엄벌하겠다. (중앙, 98. 9. 9)

총체적 아마추어리즘

다시 말하지만 한국 사회에서 프로페셔널리즘이 부족한 것은 앞의 네 가지 뿐만 아니라 거의 모든 직종에 공통된다고 할 수 있다.

다음 사례는 한국 사회 전체가 어느 정도로 일 처리에 서툰지 잘 보여주고 있다:

> **(사례 8-6) "북풍파문 해외시각 : 국익 걸린 자료유출 충격, 언론 보도경쟁 이해 못해"[3]**

> 안기부의 북풍(北風)공작 파문을 바라보는 외국의 시각은 다소 의외라는 반응이 많다. 국익을 위해 최대한 비밀보장을 받아야 할 정보기관의 자료가 유출되고 언론에 연일 보도되는 현실이 이해되지 않는다는 것이다. 외국언론들도 이 때

---

2) 음주운전으로 교통사고가 발생하면 선의의 제3자가 피해를 입을 수 있음을 물론이다. 그렇다고 경찰청 방침이나 일부 언론의 보도경향처럼 음주단속 규정을 강화하는 것은 능사가 아니다. 무슨 일이나 비용·효과 분석이 따라야 하는데, 과도한 음주단속은 시민의 신체의 자유를 필요 이상으로 구속할 수도 있기 때문이다. 무작정 "사고방지"만 내세운다면 병약자나 노약자의 운전도 금지하여야 할 것이다. 익사사고만을 염려한다면 모든 수영장을 폐쇄하여야 하는 것과 마찬가지 이치이다.

3) 중앙일보사의 허락을 받아 전재한 것임. ⓒ 1998 중앙일보사

문인지 북풍사건은 사실보도 이외에 어떤 분석기사도 내놓지 않고 있다.

중국에서 전국인민대표대회(全人代)가 계속되는 동안 외국기자들이 한국에 대해 갖는 최고 관심은 안기부의 북풍파장이었다. 비밀을 최대한 보장받아야 할 정보조직의 커넥션을 마구 파헤치는 한국 언론이 용감하다고 말하며 조소하기도 했다. 중국 인민일보(人民日報)의 한 기자는 19일 "한국 정부의 금융정책을 투명히 밝히라는 게 외국의 주문인데, 요즘 한국은 안기부를 투명하게 만드는 일에 더 열중하느냐"고 꼬집고 있다. 그는 "중국 언론은 국가안전부의 일이라면 국익을 위해 일부러 모른 체한다"면서 심지어 국가안전부의 관계자 이름을 인명록에서 뺄 정도라고 말했다.

익명을 요구한 주한(駐韓) 미대사관의 한 외교관은 "이러한 공작이 이미 오래 전부터 알려져 있다"며 "사태 해결의 절차는 복잡한 양상을 띠게 될 것"이라고 전망했다. 일본 정부(내각조사실) 관계자는 이번 사태에 대해 "일본의 경우 이 같은 문건이 유출된 적이 없으며, 이번 사건은 일본과 관계가 없는 만큼 향후 협력관계에 문제될 것은 없을 것"이라고 진단했다. 이를 뒤집어 보면 일본과 관계 있는 내용이 있을 경우 한국정보기관에 대한 불신과 협력과정에서의 문제점을 제기할 수도 있다는 말이다. 도쿄(東京)에 근무하는 우리 정보관계자도 "일본이 표면적으로는 협력관계에 문제가 없다고 하지만 실제로는 우리 정보기관의 신뢰성에 의문을 갖고 있을 것"이라고 말했다.

서울에 주재하는 한 일본 특파원은 "정보기관의 극비문건이 정치적 '게임'의 자료가 됐다는 것은 이해하기 힘들다"며 "일본의 정보기관도 미국으로부터 결정이 느리다"는 등의 비판을 받고 있긴 하지만 이번 일로 한국의 정보기관은 외국으로부터의 신뢰를 크게 잃게 됐다고 분석했다. (중앙, 98. 3. 20)

4. 개인경쟁력과 기업경쟁력

경영층, 관리자, 실무자를 구분할 것 없이 기업내부 인사의 능력과 자세는 경영성과와 직결된다. 그들이 직접 경쟁에 나서는 만큼 그들의 프로페셔널리즘이 기업경쟁력을 결정하는 요인(필요조건)이 된다.

개인인 정치인과 공무원은 정책의 수립 및 법규와 제도의 제정을 통하여 기업의 자원조달에 영향을 미치고 기업활동을 속박하거나 지원하게 된다. 공무원 등은 정책을 수행하고 법규와 제도를 운영하는 과정을 통하여 기업활동의 생산성과 부대비용에 큰 영향을 미친다.

경찰 등 공무원이나 공인회계사 등의 공무원이 아닌 사회감시기구는 사회경제 질서를 유지함으로써 기업이 효과적·효율적으로 활동할 수 있게 한다. 학계와 언론계 등은 사회지도층으로서 사회 전체가 올바르고 생산적인 방향으로 발전해 가도록 인도하는 역할을 한다. 그 외의 어떤 직종에 종사하는 사람이건 기업경영에 직·간접으로 영향을 미친다. 기업 외부인사의 프로페셔널리즘은 기업활동의 하부구조가 되어 기업경쟁력을 결정하는 요인(필요조건)이 된다.

불행히도 대부분의 직종에 종사하는 많은 한국인은 프로페셔널리즘이 부족하다. 경쟁국 사람들에 비하여 문제해결 능력이 모자란다. 자기개발을 위한 동기(動機)도 약하다. 거기다가 손쉬운 도덕적 타협으로 직업윤리도 곧잘 망각한다. 개인과 기업의 능력이 떨어지고 사회의 각 기능이 조화를 이루지 못하고 있다. 개인의 경쟁력이 기업경쟁력을 저해하고 있는 것이다.

제5~8장의 논의를 종합하면 우리나라는 정부와 개개인의 경쟁력이라는 기업경쟁력의 '필요조건'이 제대로 갖추어져 있지 않으며 기업전략과 내부능력으로 표현되는 경영의 질이라는 기업경쟁력의 '충분조건'도 미비되어 있다. 그런 상황에 비추어 볼 때, 한국경제가 한계에 부닥친 것은 피할 수 없는 일이었는지도 모른다.

5. 요약 및 결론

현대사회는 분업(分業)의 사회이고 다기능(多技能)의 사회이다. 한 사회가 유기적으로 기능하고 생산성이 높아지기 위해서는 각 구성원이 맡은 역할을 효과적·효율적으로 수행하는 것이 필수적이다. 각자의 역할을 제대로 수행해 내는 능력과 자세가 바로 프로페셔널리즘의 요체이다. 결국 국가경쟁력은 국민 개개인의 프로페셔널리즘에 좌우된다고 할 것이다.

이 장에서는 사회에 대한 영향력이 매우 큰 대표적 직종인 언론계, 학계, 공인회계사, 경찰을 중심으로 우리 국민의 프로페셔널리즘이 어떻게, 얼마나 부족한지를 살펴보았다. 물론 그 네 가지 직종만이 유난히 문제가 되는 것은 아니고 '사회문화'라고 할 정도로 널리 퍼진 현상이다.

프로페셔널리즘은 업무수행에 필요한 지식과 기술, 직업에 대한 애착, 직업윤리의 세 가지로 구성되어 있다.

한국의 평균적 직업인들은 일본이나 미국 등 경쟁국가의 직업인에 비해 업무처리 능력이 뒤떨어진다. 게다가 스스로의 직업에 만족하기보다는 '남 보기 그럴 듯한 직업'을 찾아 기웃거리는 경향이 있다.

가장 큰 문제가 되는 것은 직업윤리가 약한 점이다. 사회경제 질서가 유지되도록 감시·감독해야 할 직종에 있는 사람들마저 사적 이익을 위해 공동선(共同善)을 해치는 일을 손쉽게 저지르는 경향이 있는 것이다. 개인의 행복이 추구될지는 모르나 사회 전체의 기능성이 무너지는 것이다.

이런 상황에서 평균적 한국인은 프로페셔널리즘으로 무장된 미국, 유럽, 일본 등의 국민과 비교하여 개인경쟁력이 떨어질 수밖에 없다. 그것은 곧 기업경쟁력의 약화로 나타나서 국가경쟁력이 낮아질 수밖에 없었던 것이다.

우리 국민은 교육에 대한 열정이 강하고 지적수준도 높다. 그럼에도 프로페셔널리즘이 부족한 것은 잘못된 공교육, 인간관계를 중요시하는 관습, 잘못된 평가제도 등이 그 원인이다. 그러한 점에 대해서는 제11장에서 다룰 것이다.

제3부

취약한 경쟁력의 근본원인

제3부는 국가경쟁력 저하요인에 대한 2차적 분석으로 구성되어 있다. 제2부에서 취약한 기업·정부·개인 경쟁력이 볼품없는 국가경쟁력을 초래하였음을 지적하였는데, 제3부에서는 그와 같은 1차적 요인이 나타나게 된 근본원인에 대해서 논의할 것이다.

우리 사회에는 기업이 효과적으로 경쟁하도록 유도하는 제도(institutions)가 없다. 시장경제의 바탕인 공정하고 합리적인 경쟁규칙(rules of game)이 없다. 누가 실력이 있고 그래서 유한한 국가자원을 사용할 자격이 있는지를 판별해 주는 효과적 기준이 없다. 잘한 사람을 상주고 잘못한 사람을 벌주는 장치(weeding-out system)도 제대로 마련되어 있지 않다.

그에 더하여 그나마 마련되어 있는 규칙마저 잘 지켜지지 않는다. 그것은 무엇보다 먼저 사회감시기구(societal surveillance system)가 효과적으로 작동하지 않기 때문이다. 언론, 기업의 이사회(理事會), 시민의 고발(告發) 등의 '사회적 감시기구'는 물론 입법부, 사법부, 행정부에 소속된 '공적 감시기구'조차 제 기능을 다하지 못하고 있다. 그런 내용이 제11장에서 다루어질 것이다.

한국이 현대생활에 맞는 합리적인 사회경제 질서를 갖추지 못한 데에는 크게 보아 두 가지 이유가 있다.

그 중 하나가 '수단의 정당성'을 무시하고 단기적 목표달성에만 급급했던 정부의 개발정책이다. 출발 당시(1962년)에 다분히 정치적 계산이 깔려 있었는데, 정치논리가 경제논리를 압도하는 그러한 현상은 세월이 흘러도 바뀌지 않았다. 그 내용이 제9장에서 다루어질 것이다.

나머지 하나는 사회경제적 환경이 하늘과 땅처럼 달라졌음에도 크게 바뀌지 않은 한국인의 사고와 관습이다. 우리는 인간관계와 명분을 지나치게 중시하여 경제적 효율성을 소홀히 생각하고 탈법자를 철저히 응징하지 않는다. 몸이 자라면 옷을 바꾸어야 한다. 그럼에도 우리는 전통을 지키는 것이 지선(至善)인 듯 생각하여 환경의 변화에 적응하지 못하고 있다. 제10장에서는 전근대적 사고와 관습이 다루어질 것이다.

조직의 힘은 개개의 구성원이 바람직한 방향으로 행동하는 데에서 나온다. '국가'라는 조직사회의 구성원은 비길 데 없이 다양한 가치관과 목표를 가지고 있고 더없이 복잡한 이해관계로 얽혀 있다. 그런 국가조직에 합리적 질서가 없다면 대외경쟁력 확보란 사실상 불가능하다.

경쟁원칙과 평가기준을 갖추지 못한 사회의 구성원이 경쟁력을 갖출 것을 바라는 것은 흡사 방목(放牧)된 말이 마장마술(馬場馬術)에서 좋은 성적을 올리리라 기대하는 것이다.

제9장 양적 팽창 위주의 경제정책 기조(基調)
-단기성과주의, 외형제일주의, 성과지상주의-

제5장에서 살펴본 대로 우리 정부는 희소한 국가자원을 효과적으로 배분하지 못하였다. 한편, 정부는 필요 이상으로 민간경제에 깊이 개입하여 민간부문의 효율성을 떨어뜨렸다. 정부의 생산성이 그와 같이 낮게 된 기본요인 중의 하나는 '단기간'에 국가경제를 성장시키자는 일념으로 밀어붙인 '양적 팽창 위주'의 경제정책이다.

그 정책목표는 사회 각 분야에 단기성과주의를 심었고, 목표달성 과정에서 수단의 정당성 혹은 절차의 적법성을 무시하는 성과지상주의 경향을 낳았다.

단기성과주의는 기업간에 덩치 경쟁을 불러일으켰다. 수익성을 제쳐두고 백화점식 사업확장과 과잉투자를 감행하도록 유도하였다. 그 결과 제

2~5장에서 살펴본 대로 우리 기업의 체질이 매우 허약하게 되었다.

한편, 성과지상주의는 국정운영에서 종종 원칙이 무시되는 결과를 낳았다. 무원칙한 국정운영은 우리의 유교적 가치관과 더불어 우리 사회가 현대의 시장경제에 맞는 질서를 확립하는 것을 저해(沮害)하였다.

그 결과, 기업인은 책임의식 없이 방만하게 기업체를 경영하여 사회적 부담이 되었다. 정부는 효과적 정책을 입안할 능력도 없으면서 규모만 방대하게 커졌다. 국민 개개인은 시대가 요구하는 능력과 자세를 갖추지 못하게 되었다. 국가경제의 각 부문이 경쟁력을 키우지 못한 것이다.

한국 정부 접근방법의 약점은 우리의 경쟁력이 우리와는 정반대의 길을 걸었던 대만에 미치지 못하고 있는 사실이 잘 말해 주고 있기도 하다. 1997년에 우리가 위기를 맞았을 때 대만(臺灣)은 우리를 지원해 주겠다고 나설 정도로 국가경제가 건실하였고, 그 바탕을 이루는 개별기업들은 국제무대에서 경쟁력을 과시하고 있었다.

1. 단기성과주의(短期成果主義)

군사정부가 등장한 1961년은 정치, 경제, 사회의 여러 분야에서 우리나라의 근대역사상 가장 큰 전기(轉機)가 되었음은 재론(再論)의 여지가 없다.

그 무렵까지는 변변한 기업 하나 없을 정도로 우리의 산업자본은 미약하였고, 국민 대다수는 "보릿고개"로 대표되는 빈곤 속에서 살았다. 군사정부가 주도한 강력한 경제개발 드라이브는 국가경제 상황과 국민의 경제개념을 바꾸어 놓았다. 1962년부터 1996년까지 순차적으로 시행된 경제개발 5개년 계획이 경제정책의 핵심을 이루었다.

경제개발 과정을 통한 우리 정부의 경제정책 기조(基調)는 ① 민간부문에 대한 정부의 간섭, ② 대기업 위주의 자원배분, ③ 중화학 위주의 산업육성, ④ 부채에 의존한 국가경제와 민간기업의 성장 등으로 요약해 볼 수 있다.

그런 정책기조는 대체로 일본을 모델로 하였고, 실제로 "한국이 머지
않아 제2의 일본이 될 것"이라는 국내외의 평가를 받기도 하였다. 그러나
1990년대에 와서 우리나라가 일본의 적수(敵手)가 되지 못함이 분명하게
밝혀지고 말았다.

우리나라와 대만은 1960년대부터 수출신장을 중심으로 급속한 경제
성장을 이루었다는 점에서는 공통되지만, 경제정책의 기조는 정반대라고
말할 정도로 대조적이다.[1]

경제개발이 시작될 당시의 우리나라는 산업자본의 축적 등 경제적인
여건에서 대만과 달랐던 것은 사실이다(참조 : 안병직). 그러나 우리가 대만과
는 전혀 다른 경제개발 정책을 선택하고, 그 결과 국가경쟁력을 상실하게
된 것은 1960년대 초의 정치적 특수성이 더 크게 좌우하였다고 보아야 할
것이다.

당시 군사정부의 지도층은 40대 초반으로 의욕과 패기에 넘쳐 있었
고, 정통성(正統性) 문제로 정치적인 어려움에 직면해 있었다. 짧은 시간
안에 높은 경제적 성취를 이룰 필요가 있었다. 그런 상황에서 양적 팽창
위주의 개발 전략을 시도한 것은 정치적으로는 현명한 선택이었을지도 모
른다. 마침 그들은 일본문화에 익숙하다 못해 심취(心醉)해 있었기 때문에
일본의 경제개발 과정을 자연스럽게 본받게 되었다.

정부의 간섭

제1차 경제개발계획에서 정부가 원했던 것은 10년 안에 국가경제의
규모를 2배가 되도록 키우기 위하여 매년 7.1%씩의 경제성장을 이루는
것이었다. 그런 목표는 당시 우리나라의 경제여건과 내부능력의 양측면에

---

1) 대만 경제개발 과정의 특징은 ① 산업정책의 자제(自制), ② 기업규모에 따른 차별
   의 최소화, ③ 경공업 위주의 산업발전, ④ 자기자본에 의존한 기업확장 등으로 한
   국과는 정반대이다. 대만의 경제적 부강은 대외경쟁력을 갖춘 무수한 중소기업에
   힘입은 바 크다. 대만에는 한국 정부가 그토록 염원하는 "벤처기업," 즉 '고기술을
   갖춘 신생 제조업체'(start-up high-tech manufacturer)가 수없이 자생(自生)하고
   있다. "무책(無策)이 상책(上策)"이었던 셈이다.

서 과욕(過慾)이라는 것이 국내외의 일반적인 시각이었다(cf. Clifford).

그 목표를 달성하기 위하여 정부는 국가경제의 구성원이 효과적·효율적으로 기능하게 하는 '여건을 조성'하기보다는 '직접관여'하는 길을 택하였다.

정부는 여러 가지로 미비한 시장기능을 보완하고 준비가 덜된 기업인들을 이끌어 가기 위하여 '자금' 혹은 '금융'으로 표현되는 국가자원을 직접 배분하고자 하였다. 중앙은행은 사실상 정부에 예속되었고 시중은행은 국유화되었다. (1980년대에 은행은 소유구조 면에서는 다시 민영화되었지만 경영면에서는 "관치금융"이라는 말로 대표되듯이 절대적인 정부의 영향력 아래에 놓여 있었다.)

자금배분에 더하여 정부는 각종 인·허가권을 쥐고 각종 사업을 담당할 기업을 직접 선정하는 경우가 많았다.

한마디로, 국가자원의 배분에 있어서 지나칠 정도로 정부가 시장(市場)을 대신하였던 것이다. (정부가 국가자원을 특정 부분에 배분하는 공식적 방법을 흔히 산업정책이라 부른다. 산업정책이 강력한 나라의 경제는 시장경제와 계획경제의 중간형태가 되는 셈이다.)

일단 정부가 거시적(巨視的) 자원배분을 직접 시행하겠다고 나서면 민간부문에 대한 미시적(微視的) 간섭은 불가피해진다. 자원배분의 정당성과 자원사용의 합목적성을 확보하기 위하여 기업과 개인의 행동을 규제하여야 하는 것이 순리(順理)가 되기 때문이다. 부정과 비리를 방지하고 당초에 기대하였던 성과가 이루어지도록 보장하기 위하여 각종의 법규와 규제가 만들어질 수밖에 없는 것이다.

그런 '간섭의 필요성'은 전통적인 우리의 '관존민비의 관념,' 그리고 정부조직 생래(生來)의 '파킨슨의 법칙'과 어울려 더욱 복잡한 규제를 낳게 되었다.

대기업에 대한 편중지원

어떤 일을 하든 짧은 시간 안에 외형적 성장과 내적 충실을 동시에

달성하기는 어렵다. 쉬운 예로, 기업경영에서 매출액을 신장시키기 위해서
는 수익성을 포기하여야 함이 보통이다.

경제개발 과정을 통한 우리정부의 주관심사는 경제성장률, 수출총액
등의 양적 목표를 달성하는 것이었다. 그러다 보니 수익성이나 장기적 생
산성 향상 등 국가경제의 체질개선에 대한 고려는 뒷전으로 밀리기 일쑤
였다.

그러한 정책철학 아래에서 정부가 대기업을 육성하고 편중지원하게
된 것은 '당연한 선택'이었다고 볼 수 있다. 수익성은 제쳐 두고 "경제성장
률 10%, 수출 100억 불, 일인당 국민소득 1,000불" 등의 의욕적인 목표를
달성하는 데에는 어떤 사업이건 처음부터 크게 벌이지 않을 수 없었던 것
이다. 정부는 대기업을 우선 지원하였고, 기업은 '정부의 지원을 얻기 위하
여' 덩치를 더욱 키울 수밖에 없었다.

그리하여 기업은 기존사업의 규모를 키웠을 뿐만 아니라 백화점식으
로 사업영역을 확장하게 되었다.

중화학공업 육성

정부는 우리나라의 정치·외교적 특수성을 감안하여 개발 초기부터
"경제자립"(經濟自立)에 대한 의지가 강하였다. 중화학공업 육성을 공식적
으로 내건 것은 제3차 5개년계획부터였지만, 울산공업단지가 상징하듯 처
음부터 기초공업에 대해 관심이 많았다.

기초공업 내지 중화학공업은 성격상 장치산업(裝置産業)이고 규모의
경제가 중요하다. 그런 점에서 그들 산업은 대기업이 담당해야만 경쟁력을
확보할 수 있음이 보통이다. 중화학공업 육성정책은 대기업을 중점 지원한
또 다른 이유가 되었다.

부채에 대한 과다한 의존

개별기업이건 국가경제이건 축적된 자본이 없는 상태에서 빠르게 성

장하려면 부채에 의존하는 수밖에 없다. 따라서 정부의 고성장 정책은 국가차원에서는 외채(外債)에, 기업차원에서는 부채(負債)에 의존하는 결과를 낳았다. 성장에 대한 욕심이 강한 만큼 외채와 부채는 단시일에 급격하게 늘어났다.

단기성과주의의 결과 : 허약한 경제체질

정부의 경제개발 정책에 따라 우리나라는 약 40년에 걸쳐 눈부신 '경제성장'을 이루었다. 그러나 질적 개선이 따르지 못하는 성장은 언젠가는 한계에 부닥칠 수밖에 없다. 그 한계가 현실로 나타난 것이 1997년의 위기였다.

그 이름과는 달리 정부의 경제계획은 "개발"보다는 성장에 더 큰 비중을 두었다. 그 결과, 국가경제와 개별기업이 '덩치(外形)만 크고 속(內實)은 빈' 허약체질을 가지게 되었다.

좀 더 구체적으로 말하면, 정부의 간섭은 제7장에서 설명하였듯이 자원배분의 왜곡을 초래하고, 규제와 간섭으로 민간경제의 효율을 떨어뜨렸다. "정부의 실패"가 국가경제에 큰 부담이 되었다.

대기업 편중지원은 백화점식 사업확장을 초래하였다. 제5장에서 설명하였듯이 대기업은 초점이 없어지고 몸체가 무겁게 되었으며, 중소기업은 설 자리를 잃고 구축당하였다. 그 결과 한국 기업의 경쟁력이 전반적으로 낮아지고 말았다. 국가 전체의 대외경쟁력이 손상되고 혁신과 변화의 능력이 약화된 것이다.

경제자립을 위한 중화학 공업 육성정책은 "산업자립"을 성취하는 데에 기여하였는지는 몰라도 재벌간에 설비확장 경쟁을 불러일으켜 만성적인 가동률 저하 혹은 공급초과 상태를 초래하는 심각한 부작용을 낳았다. 그것이 1970년대 말과 1990년대 중·후반에 우리가 경험한 경제위기의 큰 원인이 되었다.

중화학공업에서는 '차별화'보다는 '낮은 생산비'가 경쟁우위를 가져온다. 일단 참여하게 되면 규모확장이 가장 강력한 기업전략이 된다. 따라서 국가경제를 위기에 빠뜨리는 '여러 산업에 동시적으로 나타난 과잉설비'라는 문제는 중화학 육성정책 그 자체에 이미 잉태(孕胎)되어 있었던 셈이다.

정부가 마음먹고 지원한 중화학 공업은 대체로 자본 혹은 기술 집약적(集約的)이다. 산업기술의 뒷받침이 있어야 성공할 가능성이 크다. 불행히도 우리나라는 국가 차원의 기초기술이건 기업 차원의 응용기술이건 그 수준이 주요 경쟁국가에 비하여 낮다. 몸에 맞지 않은 옷을 선택한 것인지도 모른다. 기술력이 약하면 노동집약적 산업에 경쟁우위가 있으므로 그 분야에 전문화하는 것이 상식이다.

부채에 의존한 국가경제의 운영이나 기업경영은 개발초기 혹은 창업초기에 국한되어야 함이 원칙이다. 그러나 우리는 너무 오랫동안 부채에 의존하여 왔다. 그리하여 경제규모가 커짐에 따라 부채는 눈덩이처럼 불어났다.

기업의 부채는 절대규모는 물론 부채비율면에서도 점차 늘어났는데 1960년대 말까지는 평균 100% 내외였던 것이 1990년대 말에는 300(전체기업)~400%(재벌기업)에 이르게 되어 어느 경쟁국가보다 높다. 그에 따라 금융비용의 부담이 늘어 기업경쟁력이 떨어지게 되었다.

과다한 부채는 자칫 유동성위기(liquidity crunch)를 초래하게 되어 기업의 존립 자체가 어려워지고 국가가 부도의 위기에 처하게 된다. 이것이 바로 우리가 1997년에 겪었던 일이다.

임기응변의 정책대응

단기성과주의의 또 다른 측면은 발생된 문제를 근본적으로 해결하지 않고 눈앞의 위급함을 넘기고 보자는 임기응변식 접근방법이다.

문제의 근본적 해결, 즉 수술에는 고통이 따르게 마련이다. 국가경제나 기업의 문제를 근본적으로 수술하는 데에는 성장의 둔화 혹은 실업의 증가라는 고통이 따른다. 단기적인 고통을 피하고자 하면, 문제의 겉만 적당히 치료하게 되어 근본원인은 제거되지 않는다. 우리 정부가 이런 식의 미봉책을 양산(量産)하였음은 제7장에서 지적하였다.

단기성과를 위한 임기응변식 문제해결의 대표적 사례는 아무래도 부실 대기업에 대한 구제금융이나 협조융자이다. 개별기업이 부도처리되면 정상가동이 어려워져서 경제규모가 축소되고 실업이 늘어난다. 그런 단기적 고통을 피하기 위하여 부실기업을 지원해 주는 것은 크게 세 가지 문제가 있다 :

❶ 국민의 부담. 정부는 이윤창출 기관이 아니므로 부실기업의 지원은 결국 전체 국민의 부담으로 '특정 민간기업'을 지원해 주는 셈이 된다.

❷ 기업평가 장치의 마비. 경영능력이 부족한 기업을 퇴출(退出)시키지 않음으로 말미암아 기업간의 우열(優劣)이 불분명해진다. 기업평가가 크게 중요하지 않은 그런 상황이 오랫동안 계속되다 보면 사회적 평가장치 자체가 마비될 소지가 있다. 즉, 사회 전체의 입장에서 능력을 갖춘 기업과 그렇지 못한 기업을 구분할 능력을 상실하게 된다.

실제로 관치금융에 길들여진 우리의 은행들은 기업심사 능력을 제대로 갖추지 못하고 있다. 평가장치가 없으면 국가자원의 배분은 항상 왜곡된다.

❸ 사회기강의 훼손. 대기업에 대한 계속된 구제금융은 소위 "대마불사"(大馬不死)라는 선입견을 낳게 되어 기업과 금융기관으로 하여금 도덕적 해이(moral hazard)에 빠지게 한다. 기업은 무모한 확장과 방만한 경영을 하게 되며, 금융기관은 대출금을 적기에 회수하려는 노력을 게을리하게 된다.

부실기업에 대한 지원으로 당장 급한 불은 끌 수 있겠지만 그것은 문제를 더욱 악화시킬 뿐이다. 속으로 곪는 상처가 언젠가는 터지듯이 단기대응으로 덮어둔 문제는 언젠가는 다시 나타난다. 금융외환 위기는 지난 40년간 응급처방으로 덮어두었던 개별기업의 문제가 누적되어 국가의 문제로 확대 재생산된 것이다.

2. 외형제일주의(外形第一主義)

　　오랫동안 계속된 정부의 단기성과주의는 기업과 개인으로 하여금 바람직하지 못한 관념을 가지게 하는 부작용을 낳았다. 정부의 정책기조는 국민의 전통적 사고와 어울려서 기업경영이나 개인생활의 모든 분야에서 내용보다는 형식, 실리보다는 명분, 실질보다는 외형을 중요시하는 외형제일주의의 경향을 낳게 되었다.

　　우선 정부 스스로 실효성보다는 소위 "생색용"의 정책을 도입하는 경우가 많다. 대표적 한 예가 제7장에서 설명한 "벤처기업 육성법"이다. 그 법을 입안하면서 정부는 "한 개의 벤처기업에 3억원씩 투자해 모두 1만 개를 육성한다"는 목표를 세우기도 하였다. 정부의 과학기술 투자도 내용보다는 건수 위주가 되어 "16개 부처에서 이리저리 중복 투자하는 바람에 효율이 떨어져 투자액수 세계 7위, 인력 10위임에도 경쟁력은 22위"가 되고 말았다(중앙 98. 4. 10).

　　재벌의 매출액 경쟁이나 종합상사의 수출총액 경쟁 등은 앞에서 언급한 바 있다. 그밖에도 은행의 예금계수 경쟁, 증권회사의 증권거래 중개금액(통칭 "約定高") 경쟁, 건설회사의 수주금액 경쟁 등 수익성을 무시한 매출액 경쟁은 업종과 사업의 종류를 불문하고 일반화되어 있다.

　　기업의 품질관리는 실질보다는 "품질관리 대상" 등 수상(受賞)을 목적으로 하는 경우가 많았다. 심지어 특허출원에 있어서도 내용보다는 건수를 위주로 경쟁하기를 서슴지 않았다(중앙 98. 4. 6). 신규업종 진출, 외부행사 참석, 사내행사 개최 등에서 기업간에 경쟁하는 것도 "A그룹이 하는데 우리가 아니 할 수 있나" 하는 식의 체면유지가 부분적 원인이 되기도 한다.

　　겉보기를 중요시하는 일이 개인의 생활에도 많이 나타나고 있음은 국민 모두가 스스로 잘 알고 있다.

잘못된 기업성공의 잣대

　　기업경영의 성적표인 손익계산서에서 첫줄이 매출액이고 마지막 줄

(bottom line)이 순이익이다. 시장경제에서는 기업성공의 잣대는 당연히 마지막 줄인 이익이 되어야 하나 우리나라에서는 첫줄인 매출액이었다.

백화점식 경영으로 덩치만 키우면 대접을 받았고, 대금회수와는 상관없이 수출을 하고 해외공사를 수주하면 표창을 받았다. 해외에서 사업을 벌이기만 하면 "해외시장 개척의 선구자"라고 칭송을 받았다. 청와대 만찬에 초대받는 더없는 영광은 재벌의 "총수"에게만 주어졌다. 차입을 통하여 기업을 키우건, 만년적자를 면치 못하건 상관없이 덩치만으로 5대, 10대, 혹은 30대 재벌에 "진입"하면 정치인과 관료들로부터 대접을 받았다.

자연히 개개 기업은 생산성 향상 등을 통한 경쟁력 제고보다는 외형의 신장에 노력하게 되었다. 그런 목적으로 내부능력이 갖추어지지 않은 업종에 "과감하게" 진출하였고, 지급능력을 초과하는 자금의 차입을 서슴지 않았다. 국가전체가 생산성 향상이나 외환가득 등의 질적 지표는 무시하고 GNP 성장률이나 수출총액 등의 양적 지표에 관심을 가지게 되었는데 정부가 바라던 바로 그것이었다.

기업의 가치는 매출액보다는 현재와 미래의 이익창출 능력에서 나온다. 일찍이 드러커(P. Drucker)는 '이익'(profit)이 기업을 평가하는 유일한 시험(the only test)이라고 정의하고, 동시에 그것은 위험부담에 대한 정당한 대가(risk premium)이며 기업확장을 위한 자본(capital for future expansion)이라고 지적하였다(Drucker, 1954). 이익을 창출하지 못하는 기업은 존재할 가치가 없다는 것이다.

일본 마쓰시타전기의 창업주 마쓰시타(K. Matsushita)는 마치 한국 기업인들에게 전하듯 다음과 같이 말한 바 있다 :

기업은 사회에 대한 봉사를 통하여 빠른 시간 내에 자립할 수 있어야 한다. 이익이란 기업의 욕심(greed)을 나타내는 것이 아니다. 그것은 해당 기업이 제공하는 것이 가치가 있음을 말하는 사회가 주는 신임투표이다. 기업이 이익을 창출하지 못하면 그 기업은 없어져야 한다. 그것은 자원의 낭비일 뿐이다. 기업은 실패하고 있는 사업부에 대해서 온정적 태도를 가지거나 보조금을 주어서는 안 된다. (Pascale and Athos)

단순히 생각해도 이익을 창출하지 못하는 기업은 매출액이 아무리 많아도 존속할 수가 없다. 그럼에도 우리 정부는 덩치만 크면 무조건 살려주었다. 그 결과 기업들은 외형확대에만 신경을 썼고, 그것이 우리의 국가경쟁력을 취약하게 만든 근본원인이 되었다.

한마디로 '기업성공의 잣대'는 매출액이 아니고 '이익'이다. 시장점유율 확대를 위하여 단기적으로 이익을 희생할 수는 있다. 그러나 시장점유율 확대는 장기적 이익률을 높이기 위한 '일시적 방편'일 뿐이다. 우리나라가 경제개발을 시작한 것은 이미 40년이 되었다. 지금까지도 이익을 무시하고 매출액을 중요시하는 전략을 바꾸지 않는다면 그것은 매우 잘못된 일이다.

3. 성과지상주의(成果至上主義)

군사문화의 영향인지는 몰라도 정부주도의 경제개발 과정은 밀어붙이기("drive") 식으로 진행되어 왔다. 경제성장률을 극대화하는 것은 언제나 중요한 정책목표였고, 그 중에서도 수출목표 달성은 온 국가의 지상과제였다.

주된 관심사는 늘 주어진 양적 목표의 달성이었다. 그러다 보니 '결과의 합목적성'이나 '수단의 정당성'이 소홀히 취급되는 경우가 흔히 나타났다.

수출지상주의

수출을 촉진하는 이유는 외환을 확보하기 위한 것이다. 그런데 밀어내기식 수출은 자주 유형·무형의 기업손실로 돌아왔다. 해외지사 앞으로 무턱대고 실어낸 제품은 적기에 처분되지 않으면 악성 재고가 되어 가치를 상실한다. 현지시장에 값싸게 대량으로 공급된 상품은 "싸구려"가 되어 기업 이미지를 망가뜨리고 "덤핑 시비"를 불러일으켜서 장래 수출의 장애요소가 된다. 실제로 그러한 사례들은 구미 각국에서 흔하게 일어났다. 저개발국에 대한 경쟁적 진출은 수출대금을 회수하지 못할 위험을 낳는다.

그런 사례 또한 적지 않았다.

결국 수출목표는 달성하였지만 그 과정에서 본말전도(本末顚倒)가 일어나고 말았다. '억지 수출'이 외환획득에 도움을 주지 못한 것이다. 기자재와 부품·원자재의 수입의존율이 높은 사정을 감안하면 수출은 역으로 외환의 순유출(純流出)을 초래하였는지도 모른다.

다수의 기업이 해외에서 외환을 차입("現地金融")하여 본사 앞으로 수출대금을 결제해 왔음은 공공연한 비밀이었다. 1997년에 알려진 바에 따르면 그런 대납(代納)의 규모 또한 상당한 것으로 추정된다. 그렇다면 상품의 수출로 인하여 외채가 더욱 늘어나게 된 것이라 볼 수 있다.

"경제인"의 면책특권

정부는 "경제인의 사기진작"이라는 명목으로 기업인의 탈법행위에 대해 지나치게 관대하였다.

군사정부 시절에는 밀수행위조차 수출기업이라는 이유로 묵인해 주기도 하였다(중앙, 97. 9. 8). 그런 사정은 민주화 이후에도 크게 달라지지 않았다. 대기업 경영자들은 뇌물 공여, 공금횡령 등의 파렴치 행위를 하여도 실형(實刑)이 면제되고 판결이 내려지기가 무섭게 사면(赦免)되었다. 대기업 경영자들은 금융기관 차입금에 연대보증을 섰음에도 기업 부도시에 그 책임을 면하는 경우가 많았다. 그들의 탈세나 조세체납이 밝혀진 경우에도 재산압류 등의 강제집행이 왠지 느슨하였다.

한 걸음 더 나아가 1990년대 후반에는 검찰총장 등 "사정(司正) 기관"의 간부가 경쟁적으로 나서서 "작은 위법 따지다 경제 망친다"면서 기업인 수사를 자제하겠다고 공언(公言)하기도 하였다. 대기업에 대한 부도유예 처리나 협조융자, 사실상의 기업부도로 "부정수표 단속법"을 위반한 대기업주에 대한 불구속 등도 "경제활성화"나 "실업방지" 명목으로 수단과 절차의 정당성을 무시해 버린 일이라 할 수 있다.

민주화 이전까지의 근로기준법 체계는 노동자들을 지나치게 억압하였다. 노동자를 희생하여 경제성장의 목표를 달성하자는 것이었다.

1997년 이전까지 증권거래법 체계는 기업인수를 사실상 불가능하게 하는 등 대주주를 지나치게 보호하였다. 반면, 기업감리 장치를 붕괴시켜 일반주주의 권익은 철저히 무시하였다. 경영권을 안정시켜 국가의 경제적 목표 달성에 도움을 주고자 하는 것이었다. 수단을 가리지 않고 목적을 달성하고자 한 것이다.

1990년대 중반 이후 양적 팽창 위주의 우리 경제가 한계를 보이기 시작하자 정부는 기업회계 원칙을 수시로 바꾸어 적자를 흑자로 바꾸어 회계결산할 수 있는 길을 열어 주었다. 분식결산을 공인(公認)하고 조장(助長)한 셈이다. 적자가 난 기업의 위신을 세워 주고, 유상증자, 회사채 발행, 금융기관 차입 등의 자금조달을 도와 주자는 것이다.

성과지상주의는 단기적인 경제성과를 이루는 데에는 기여할지 몰라도 장기적으로는 국가경쟁력을 심각하게 손상시킨다. 수단의 정당성을 무시하는 정부의 정책이나 조치는 사회경제 질서를 붕괴시켜 국가경제의 장기적 성과달성을 방해한다(제11장 참조).

단기성과만을 앞세운 정책과 조치는 사회정의(社會正義)와 경제정의(經濟正義)를 파괴하여 사회의 안정과 발전을 어렵게 만든다.

4. 기업윤리의 실종(失踪)

수단의 정당성을 묻지 않는 성과지상주의가 기업윤리의 실종을 초래하게 된 것은 어쩌면 당연하다 할 것이다.

1997년초에 부도처리된 H그룹에 대한 수사결과 밝혀진 바에 따르면, 그 재벌은 온갖 반사회적이고 비윤리적인 일을 저질렀다. 도덕 불감증이라고 평가할 정도로 서슴없이 그리고 다양하게 이루어진 H그룹의 기업비리는 정도의 차이일 뿐 불특정 다수의 기업에 해당되는 '일반적 현상'임이 숨길 수 없는 사실이다. 실제로 그것은 H그룹에 연이어 경영이 어려운 것으로 밝혀진 수많은 기업에 공통적인 것으로 밝혀졌다. 한국 사회의 큰 불행 중의 하나라 할 것이다.

기업윤리의 실종은 일차적으로 기업인의 책임이라고 할 수도 있다. 그러나 그것을 방지할 책임이 궁극적으로 정부에 있는 데다가 우리나라의 경우는 정부가 조장한 바 없지 않기 때문에 정부의 실패로 보아야 할 것이다.

정경유착(政經癒着)과 비리(非理)

단기적 성과를 위하여 정부가 직접 자원배분을 담당하고 경제적 성과를 위하여 대기업주를 지나치게 편애(偏愛)하다 보니 자연히 정경유착이 일어나게 되었다.

기업들은 자원을 배분받기 위하여 정부부처 및 기타 공적기관에 대한 로비(lobby)를 강화하였다. 자원배분의 우선순위가 대기업에 있었으므로 기업들은 덩치를 키우기 위해 노력할 수밖에 없었고, 그러기 위해서는 더욱 많은 자원이 필요하였다. 로비가 '기업의 사활(死活)'을 좌우하게 된 것이다. 경영능력보다 "정치력"이 자원획득의 기준이 되었다. 자연히 부정과 부패가 뒤따랐다.

사정(司正) 당국이 비리의 당사자, 즉 뇌물을 준 기업인과 받은 공무원이나 정치인을 관대하게 처분하였기 때문에 부정부패는 더욱 만연하였다. 사태의 심각성은 대통령 당선자가 "검찰이 법의 파수꾼으로서 사명을 다해 정경유착으로 경제를 망치는 사태를 막아냈어야 했다"고 질책한 사실에서도 잘 드러난다(1998년 1월).

비자금, 분식, 조작

정부나 금융기관에 대한 로비에는 막대한 자금이 필요하다. 각급 계층의 인사들을 접대하여야 한다. 정치자금 때로는 뇌물을 바쳐야 한다. 세법이 허용하는 접대비 한도는 이런 용도를 모두 충족하기에는 턱없이 모자란다. 자연히 편법을 동원하여 소위 "비자금"(秘資金)을 염출(捻出)할 수밖에 없고 갖가지 수단이 동원된다. 매출액을 줄이거나 물품 구매가격을 올린다. 일용직 근로자의 숫자를 늘려 인건비를 부풀리기도 한다. 상품이나 금융거래에서 리베이트(rebate)를 받기도 하고 기부금의 금액을 조작하기도 한다.

그런 일을 항다반사(恒茶飯事)로 계속하다 보면 죄의식조차 없어진다. 만성적으로 자금부족에 시달리는 많은 기업들은 금융목적으로 각종 서류를 조작한다. 결산보고서를 분식하는 것은 광범위하게 적용되는 관행이 되었고, 정부가 이를 조장하기도 하였다.

1970년대와 1980년대에는 수출장려 정책에 힘입어 선적서류를 위조하여 외화자금을 인출하는 소위 "선(先) 네고(Nego)"가 대대적으로 유행하기도 하였다(<사례 11-6> 참조). "기업이 가짜 세금계산서 등을 첨부해 진성어음으로 위장한 융통어음을" 금융기관에서 할인받는 것은 공공연한 비밀에 속하였다. 1997년에 밝혀진 바에 따르면 H, J그룹의 경우 그렇게 허위로 발행된 어음이 각각 수천억 원대에 달하기도 하였다.

"기업은 망해도 기업주는 산다"

정부의 기업에 대한 과보호와 일반투자자들의 무관심으로 적지 않은 기업의 최고경영자, 소위 "오너"는 해당 기업을 개인기업처럼 경영한다.

기업의 규모, 상장(上場) 여부를 불문하고 "오너"가 회사의 재산을 개인 앞으로 이전시키는 경우가 많다. 허위 서류로 염출된 비자금은 기업주가 임의로 관리하므로 그것이 정치인에게 전달되는지, 개인재산으로 편입되는지 공식적으로 확인되지 않는다. 실제로 Z재벌에 소속된 한 회사의 자금담당 고위직급자는 "정치자금"으로 전달된 수표가 "총수"의 개인 구좌에 입금된 것을 여러 차례 확인하였다고 저자에게 실토한 바 있다.

기업재산의 부정유출이 만연하고 있다는 사실은 특정 기업이 부도처리되면 어김없이 그런 일이 드러나는 것으로도 유추해 볼 수 있다. 1997년에 부도 처리된 H, K그룹이 대표적 사례에 해당된다. 1998년에는 대통령 당선자가 "노동자들은 총수들이 개인재산을 부정축재했다고 환수하라고 하나, 이는 시장경제·민주국가에서 어려운 일"이라고 말함으로써 그런 사실을 재확인해 주기도 하였다.

　　회사의 재산을 비정상적인 방법으로 유출시키는 것은 건실하다고 평가받는 기업이라 하여 예외는 아니다. 모범 경영인이고 젊은이의 본보기라고 알려진 어떤 그룹의 "총수"는 어느 시점에서 공개적으로 개인의 전재산을 사회에 환원하였으나, 그로부터 불과 7~8년이 지난 시점에서 천억원이 넘는 현금을 동원하여 엄청난 분량의 계열회사 주식을 매입하였다(주식매입에 관한 사항은 해당 그룹이 공표한 사실임). 그가 정상적 소득으로 그와 같은 재산을 축적한다는 것은 불가능하다. 그는 1997년까지도 월급이 2,500만원에 미달하였으며, 종합소득세 고액납세자 랭킹에 낀 적도 없었다.

　　대기업의 "오너"가 부당하게 기업자산을 사유화하는 다른 한 가지 방법은 계열사 주식의 위장분산과 위장계열사의 설립이다. 그런 경우에는 계열사간에 복잡하게 상호출자하는 과정에서 자금의 실제 출처와는 다른 이름을 빌릴 수밖에 없다. 위장된 이름의 주식은 공식적으로 자금을 지출한 계열회사의 자산으로 등록할 수 없으므로 사실상 "오너"의 소유가 될 가능성이 크다. 기업의 자금이 일종의 세탁과정을 거쳐 "오너"의 개인재산으로 둔갑하는 것이다.

　　실제로, 1998년 초까지만 해도 "성공한 기업인"으로 대중매체의 각광을 받았던 G그룹의 "총수"는 위장계열사를 설립하여 상장된 계열회사의 자산을 불법으로 이전했던 것으로 보도된 바 있다(MBC, 98. 10. 11).

　　그런 불법적인 방법으로 기업의 부(富)가 "오너" 앞으로 이전된 결과 기업이 망해도 기업주는 막대한 재산을 소유한 상태로 남을 수 있는 것이다. 그래서 한 번 대기업주였던 사람은 사업에 실패하여 기업체가 파산하여도 언제든 재기(再起)를 꿈꿀 수 있는 것이 한국의 현실이다.

　　주식회사의 주주는 소유지분에 상관없이 누구나 유한책임(有限責任)이다. 기업이 파산해도 "오너"는 아무런 민사상의 책임이 없으므로 개인재산을 가졌다는 사실 자체는 조금도 문제가 되지 않는다. 그러나 그 '개인재산'은 '경영자'로서 받는 급여와 '주주'로서 얻는 배당금 등 정당한 방법으

로 이룬 것일 때에 한한다. 위의 예와 같은 부당한 '부(富)의 이전(移轉)'
은 명백한 불법행위이며 민사책임뿐만 아니라 형사소추의 대상이 된다.

중소기업에 대한 횡포

정부는 중소기업을 보호한다는 취지로 대기업과 중소기업간의 계열화
(系列化)를 장려한다("중소기업의 사업영역보호 및 기업간 협력증진에 관
한 법률"). 그러나 정부의 충고를 그대로 믿고 특정 중소기업이 특정 대기
업과 밀접한 관계를 형성하는 것은 자칫 포로의 위치(captive supplier)에
빠져서 존립조차 위협받는 어리석은 전략이 될 수 있다. 대기업이 우월적
지위를 이용하여 불평등 거래를 요구하고 경제여건이 어려워지면 중소기
업에게 일방적인 희생을 강요하는 일이 많았기 때문이다(참조 : 기업은행).
다수 대기업은 위장계열사를 차려 "중소기업 고유업종"을 침범하기도
한다. 공정거래위원회는 1993년에 46개, 1996년에 73개의 위장계열사를 30
대 재벌의 계열회사로 강제편입시킨 바 있지만 일반에 알려진 것은 그보
다 훨씬 많다. 각종 규제를 피하거나 자격이 되지 않는 혜택을 입고자 하
는 그런 행위는 경제질서를 문란시킨다.
대기업은 그밖에도 중소기업 직원들로 하여금 자사제품을 구입하게
하는 등 거래와는 상관없는 요구를 하기도 한다.

어리광과 으름장

경제개발 전과정을 통하여 정부는 기업, 그 중에서도 대기업의 편에
서서 국가경제를 운용해 왔다. 과보호(過保護)를 받은 대기업들은 어려움
이 닥칠 때마다 스스로의 문제라기보다는 환경의 탓으로 돌렸다. 그들은
자주 정부에게 특혜성 정책, 소위 "특단(特斷)의 조치"를 요구하였다.
1997년의 외환위기를 앞두고 재벌들이 "5%의 금리, 국내 차입금의
상환기간 연장, 금융실명제 폐지"를 수차에 걸쳐 요구한 것이 그 전형적인
예라 할 것이다. 금융시장이 어떻게 되건, 국가경제에는 어떤 해악(害惡)

이 있건 나만 살고 보자는 것이다. 1998년 초에는 나라가 부도위기에 몰리고 있는 상황임에도 "외환보유고를 헐어서라도 수출에 대한 금융지원을 해야 한다"고 강변(强辯)한 바 있다.

재벌들의 일방적인 대정부 요구는 보통 그들의 로비단체인 전국경제인연합회(전경련)를 앞세워서 이루어진다. 그런 무리한 요구가 하도 잦다 보니 한국개발연구원장을 역임한 적이 있는 한 인사는 "전경련의 18번 노래는 통화팽창, 금리인하, 노조탄압, 원화 평가절하, [세금인하], 정부규제 완화"라고 비꼬기도 하였다(1997년). (그 인사는 전경련의 "정부규제 완화"는 필요에 따라 "정부개입 요청"으로 바뀌기도 한다고 덧붙였다. 我田引水식 논리전개인 것이다.)

스스로의 책임, 시장경제의 원리는 깡그리 무시한 그런 요청은 기업의 사회적인 책임은 생각하지 않는 지극히 이기적인 발상이다. 곱게 자란 아이가 어리광을 부리는 것과 흡사한 형국이다.

당장의 문제를 해결하는 것이 주된 관심사인 정부 및 정치권은 자주 기업들의 어리광섞인 요구를 들어 주기도 하였다. 어리광은 들어 줄수록 더 생기게 되는 것인지도 모른다.

한편, 정부는 경제구조나 기업관행을 바꿀 필요가 있을 경우에 제도나 여건의 개선을 통하여 유도하기보다는 기업을 윽박지르는 방법을 선택하는 일이 많았다. 예를 들어 재무구조의 개선, 소유집중의 완화, 업종 전문화, 상호지보의 해소 등 소위 "재벌개혁"에 관련하여 정부는 여신심사를 합리화하는 등의 제도적 방법을 접어두고 재벌에게 일방적으로 요구하는 방식을 택하였다.

정부는 때로 세무조사, 여신규제, 명단공개 등의 방법을 동원하겠다고 겁을 주기도 하였다. 그러나 경제적 계산이 깔린 일을 앞에 두고 기업이 정부의 으름장에 쉽게 넘어갈 리 만무하다. 그것은 응석에 길들여진 어린이가 부모의 근엄한 표정을 두려워하지 않는 것과 같다고 할 것이다.

어리광과 으름장은 정부와 기업의 관계가 합리적 경제제도가 아닌 비공식적 관계를 통해 형성되는 또 다른 의미에서의 정경유착이라 할 것이다.

기업성장의 장애요소

기업이 건전하게 성장하는 데에는 최고경영자의 가치관이 매우 중요한 역할을 한다. 전체 주주에 대한 부담감, 고객에 대한 책임감, 사회에 대한 사명감이 확실한 경영자일수록 개인의 일시적 이익보다 기업의 장기적 발전에 진력하게 된다. 효과적인 리더십은 이광요(李光耀)의 예에서 보듯 도덕감이 확실한 지도자로부터 나온다. 그런 원리는 기업경영이라고 다를 바 없다.

복잡하고 유동적인 현대의 기업환경에서 경영자와 실무자간의 일체감 조성이 무엇보다 중요하다. 그것을 위해서도 기업윤리가 핵심이 된다.

윤리가 실종되다시피 한 한국적 현실에서 기업이 경쟁력을 확보하기란 그만큼 더 어려워진다고 할 것이다.

5. 제3공화국의 공과(功過)

1997년의 금융외환 위기와 대통령 선거를 앞두고 많은 국민들이 제3공화국에 대한 향수에 빠졌다. <그림 9-1>은 그런 국민 감정을 잘 나타내 주는 한 예가 될 것이다.

무릇 어느 정권이나 공(功)과 과(過)가 있으며, 종합적인 평가는 역사의 몫이다. 그런 점은 제3공화국 역시 마찬가지이다. 그러나 다소의 때이름(時機尚早)을 무릅쓰고 여기서 제3공화국의 공과를 따져보기로 하는데, 그것이 제4부에서 논할 새로운 방향제시와 밀접한 관련이 있기 때문이다.

제3공화국은 우리나라가 경제적으로 궁핍하고 정치적으로 혼란스러울 때 등장하여 단시일 내에 세계경제사상 유례가 없는 경제 '성장'을 이루어 내었다. 그런 과정에서 국민들로 하여금 "할 수 있다," "하면 된다"는 자신감을 가지게 해 준 것은 사실이다.

그러나 제3공화국은 단기적·양적 성장에 지나치게 집착한 나머지

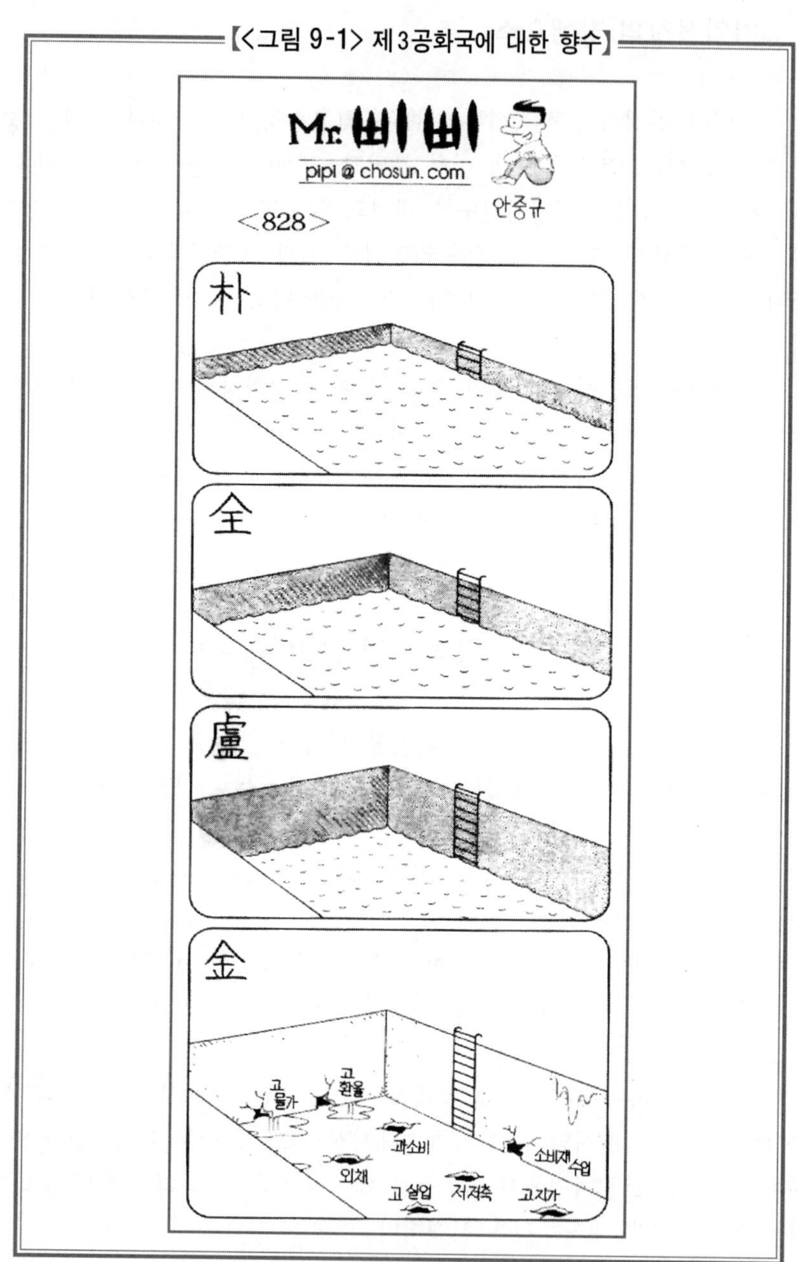

출처 : 조선일보, 1997. 4. 3.(조선일보사의 허락을 받아 전재함. ⓒ 1997 조선일보사)

장기적 경제발전을 위한 토대를 마련하는 데에는 실패하였다. 일본을 모델로 한 대기업 위주의 경제정책은 자원배분을 왜곡시켰다. 목표달성을 위해 수단의 정당성을 무시한 여러 조치들은 합리적인 경제사회 질서의 확립을 방해하였고, 그것은 한국경제가 다음 단계로 도약하는 데에 치명적 장애가 되었다.

이 장(章)에서 지금까지 살펴본 문제점들은 모두 제3공화국에서 시작되었다. 그런 문제점들은 앞의 여러 장에서 설명한 경제의 효율성을 크게 떨어뜨리는 각종 현상의 원인이 되었다.

공(功)을 지우고도 많이 남는 과(過)

여기서 제3공화국(유신시절 포함)의 성과지상주의가 우리 사회에 남긴 악영향을 구체적으로 따져 보자 :

① 정치적 후진성.   목적달성을 위해서는 실정법과 정치도의를 예사롭게 무시한다. 지도자라 자칭하는 사람들이 식언(食言)을 밥먹듯이 하고 필요한 대로 정당을 만들고 없앤다. 무력을 동원한 집권(執權), 두 차례의 개헌, 남발된 긴급조치 등이 상징하듯 헌법까지 무시되었던 제3공화국의 정권이 한국 정치의 후진성에 끼친 영향이 적다고 말할 수 없다. 당시의 정치지도자는 개인의 목적달성을 위해 혈육(血肉)까지 부정(否定)하였고 국민과의 약속을 수없이 깨뜨렸다.

② 권위주의적 질서의 강화.   정치지도자와 추종자, 정부조직 내에서의 상하관계, 정부와 민간의 관계, 심지어 민간기업 내부에까지 우리 사회에는 엄격한 위계질서가 확고히 자리잡고 있어서 창의력을 저해하고 경제의 활력을 떨어뜨린다. 제3공화국에서 팽배한 군사주의 문화의 영향이 크다고 할 것이다. 그 이후로 "일사불란"(一絲不亂)은 어느 조직에서나 미덕으로 치부되는 것이 우리의 현실이 되었다.

③정경유착과 그에 따른 각종 부조리. 정부가 자원배분을 담당하고, 정치력 혹은 로비능력이 배분의 기준이 된 결과이다. 관치금융이 '제도화'된 것은 1962년에 한국은행법을 개정하여 한국은행을 재무부에 사실상 예속되게 만든 일이 그 출발점이 된다.

④도덕과 윤리의식의 저상(沮喪). 남발되는 정치적 사면은 국민의 윤리의식을 저상시키고, 지도층의 도덕불감증 및 사회계층간의 위화감(違和感)을 조장하여 왔다. 제3공화국에서는 많은 사람들이 정치적 이유로 형벌을 받았다. 국민의 반발을 무마시키기 위하여 추후에 특별사면(特別赦免)을 실시하여 그들의 죄를 없애 주지 않을 수 없었다. 그런 일이 계속되다 보니 옳고 그름에 대한 가치판단의 혼동이 일어났다.

특별사면은 민주화 이후 그 규모가 오히려 늘어나서, 정치인이나 대기업인들의 죄를 사(赦)하여 주는 수단으로 활용되었다. 힘이 있으면 죄를 지어도 용서를 받으니 법을 두려워하지 않게 되었다. 반면, 서민들은 "유전무죄 무전유죄"라는 푸념을 늘어놓을 수밖에 없었다.

⑤정부의 비대화(肥大化)와 간섭벽(干涉癖). 정부가 민간 경제에 깊이 관여하는 것은 개발정책의 소산(所産)이라 할 수 있다.

⑥낙하산 인사. 낙하산 인사는 거대한 정부 산하조직이 비효과적·비효율적으로 운영되게 하는 가장 기본되는 원인 중의 하나이다. 제3공화국에서 퇴역군인들이 산하단체의 간부로 임명된 것이 선례가 된 결과이다. 당시에는 초급장교가 지원하기만 하면 고급공무원이 되는 초상식적인 일까지 있었다.

국가경제는 국민 모두가 참여하는 경기이다. 경기가 제대로 이루어지기 위해서는 무엇보다 먼저 공정한 경기규칙이 만들어져야 하고 그것이 지켜져야 한다. 제3공화국의 성과지상주의는 반칙하더라도 이기기만 하면 된다는 관념을 심는 데에 결정적으로 공헌하였다.

결과적으로 경기는 무질서해지고, 국민 개개인은 기량(技倆) 향상보다는 편법의 동원에 더 많은 관심을 갖게 되었다. 그렇게 훈련된 국민 개개인이 외국인과 경쟁하여 이기는 데에는 처음부터 한계가 있을 수밖에 없었다.

부실해진 국가경제의 기초

국가경제의 개발을 고층빌딩의 건축에 비유한다면, 합리적이고 공정한 질서는 그 기초라고 말할 수 있다. 시간이 걸리더라도 기초를 잘 다져 놓으면 그 위에 여러 층을 쌓더라도 문제가 없다. 시간을 절약하려고 기초를 부실하게 하면 몇 개의 층은 빠른 시일 안에 쌓을 수 있으나 고층 빌딩을 짓는 것은 불가능하다(제12장 참조).

기초가 잘못 놓여진 우리의 국가경제는 1987년의 민주화와 더불어 저임금에 더이상 의존할 수 없게 됨과 동시에 한계를 드러내기 시작하였다. 그후의 10여 년 간 정부는 단기부양책으로 취약해져 가는 국가경제를 받치려 하였다.

그런 방법이 한계에 부닥친 것이 금융외환 위기였다. 부실한 기존건물 위에 임시방편을 동원하여 증축하였으니 금이 가고 흔들리기를 거듭하다가 급기야 건물 전체가 붕괴할 위기를 맞게 된 것이다. 그 위기는 우연히 초래된 것이 아니고 제3공화국의 개발정책 기조에 이미 잉태(孕胎)되어 있었다고 할 것이다.

고치기 어려운 병폐

어떤 사람들은 제3공화국이 비슷한 사정에 있었던 다른 나라보다 경제개발을 먼저 시작하였으므로 그만큼 한국경제에 유리하게 작용하였다고 평가한다(참조:이제민). 그런 평가가 옳은 부분도 없지 않지만 그전의 민간인 정부가 경제개발 계획을 준비하고 있었음에 비추어 제3공화국이 아니었더라도 경제개발은 시작되었을는지도 모를 일이다.

부질없는 역사적 가정은 접어 두고, 저자는 두 가지 측면에서 제3공화국 경제개발의 시기적 유리성은 별다른 의미가 없다고 생각한다:

① 나쁜 관례는 고치기 어렵다.　탈법(脫法)과 위규(違規)는 전염성, 중독성, 습관성이 아주 강하다. 누군가 규칙을 위반하여 이득을 보고 그것이 즉시에 제지되지 않으면 이내 다른 사람이 따라하게 된다. 여러 사람이 따라하게 되면 그것을 시정하기는 매우 어렵다. 한 번 규칙을 어긴 사람은 손쉽게 같은 일을 반복한다. 한 가지 규칙을 어긴 사람은 다른 규칙을 어기는 데에 크게 망설이지 않는다(제15장 참조).

따라서 탈법, 위규 및 나쁜 관례는 애당초 전례(前例)를 만들지 말아야 한다. 일단 만들어지고 나면 고치기가 어렵기 때문이다. "유혈극은 일단 시작되면 중지시키기가 어렵다"(Once killing starts, it's hard to stop)는 서양의 격언은 바로 그런 현상을 두고 한 말이다.

실제로, 제3공화국에서 만들어진 나쁜 관례는 거의 예외없이 그 다음 정권에서 되풀이되었고 더러는 확대 재생산되었다. 그런 잘못된 관례들은 결과적으로 국가경제의 발전에 큰 장애가 되고 말았다.

② 상실의 혐오(loss aversion).　사람은 누구나 한 번 가졌던 것의 상실을 혐오하는 경향이 있다(*cf.* Bernstein ; Nicholson). 가지지 않았을 때에 가지고 싶은 욕구를 억제하는 것보다 가진 것을 잃는 상실감을 참기가 훨씬 더 어렵다.

1990년대 말의 위기를 떨치고 한국경제가 새롭게 도약하기 위해서는 새로운 사회경제 질서를 만들고 경제구조를 재조정해야만 한다. 그런데 그것은 기왕에 가졌던 많은 것을 포기해야만 가능하다(맺음말 참조). 기득권(旣得權)의 포기는 매우 고통스러운 일로 국민적 합의를 통하여 이를 이끌어낸다는 것은 불가능에 가까울 정도로 힘든 일이다.

기존 부실건물을 헐고 기초를 다시 놓아야 하는데, 새로운 건물이 지어질 동안에는 가건물(假建物)에 살아야 한다. 호화건물에 살아 보지 않은 사람은 천막에 사는 것도 어렵지 않지만, 에어컨과 샤워시설에 익숙해

진 사람은 그것을 포기하기가 어렵다. 부실건물을 헐기보다는 적당히 수리
하여 그냥 눌러 살기를 원하게 된다. 그렇다면 그 건물을 고층빌딩으로 완
성하기는 불가능하게 된다.

　　잘못된 시작이 일을 아주 고약하게 만들고 말았다. 경제개발을 위한
조기(早期) 출발은 '무리한 행군'이 되어 두고두고 부담이 되는 것이다.
　　미국은 짧은 기간에 법치국가적 질서를 가장 확실하게 정립한 나라이
다. 그렇게 된 것은 독립당시의 선각자들(T. Jefferson, J. Adams 등)이
사적 이해타산을 철저히 버리고 효과적인 사회질서 유지에 초점을 맞추어
제반 법규를 마련한 것과 초대 대통령(G. Washington)이 사심을 버리고
자진하여 권좌에서 물러난 덕분이다. 그래서 미국인들은 지금도 정치·사
회적 혼란이 있을 때면 언제나 시조들("founding fathers")의 정신을 되새
기고 있다. 좋은 출발이 부강한 국가를 이룩하게 만든 것이다. 한국민으로
서는 부러울 따름이다.

　　정치·사회적 후진성은 제쳐두고 "경제"에 국한하여 생각하더라도 제
3공화국의 역사적 의의가 회의적(懷疑的)일 수밖에 없다.

6. 요약 및 결론

　　인간생활과 관련하여 우리는 흔히 물질문명보다 정신문화가 더 중요
하다고 말한다. 건전한 정신문화가 생산적인 사회생활의 '바탕'을 이루기
때문이다. 정신문화가 없으면 장기적인 물질적 번영이 어려운 법이다. 지
구상에 많은 문명이 영고성쇠(榮枯盛衰)를 거듭했던 것은 모두 정신문화
의 명멸(明滅)과 연관이 있다.
　　현대 역사를 통틀어 우리의 지대한 관심사는 경제적 부강이었다. 우
리의 염원에 바로 위의 논리를 적용할 수 있다. 그 염원을 달성하기 위해
서는 단기적·가시적 성과보다 그것의 '바탕'이 되는 장기적·잠재적 능력

이 더욱 중요하다고 할 수 있다. 그런 잠재력이 바로 국가의 저력이고 경쟁력이다.

불행히도 우리 정부는 경제개발 개시 이후 1990년대 말까지 단기적 성과에 치중해 왔다. 당장의 경제성장에만 관심을 쏟다 보니 경제체질의 강화에는 소홀하였다. 단시간에 "한강의 기적(奇蹟)"을 일구었으나 그것이 우리의 한계였다. 덩치는 컸지만 허약한 체질이 되다 보니 지구력(持久力)이 없어진 것이다.

정부가 그렇게 시작한 것은 다분히 정치적인 이유 때문이었다. 제3공화국은 정통성(正統性) 문제로 고심하였고, 국민의 환심을 사기 위해서라도 단기적 경제성장을 추구하지 않을 수 없었다. 그리하여 경제성장에는 상당한 성공을 거두었지만 경제개발에는 실패하였다. 어떻게 보면 '성장'이 '개발'을 방해하였다.

단기 성장 덕분에 우리 국민은 경제적 풍요로움을 어느 수준까지 맛보게 되었다. 문제는 그 풍요로움을 연장하기가 힘들게 된 점이다. 허약체질인 사람이 경기에서 좋은 성적을 낼 수 없었고 부실건물은 더이상 증축이 불가능하였던 것이다.

혹자(或者)는 제3공화국이 국민을 빈곤에서 구해 내고 국민에게 자신감을 심어 주었기 때문에 역사적 의의가 크다고 말한다. 그러나 보기에 따라서는 반대가 될 수도 있다. 지나치게 서둘렀기 때문에 일을 그르쳤다고 볼 수도 있다. 근거가 없는 자신감은 착각이 되어 실수를 유발하는 단초가 될 수도 있다.

실제로 우리는 잘못 지어진 건물을 고쳐 짓는 것이 처음부터 다시 시작하는 것보다 더 어렵다는 것을 경험한다. 우리는 "공주병"이나 "의식상의 무지"가 초래하는 바람직하지 않은 일들을 우리 주변에서 자주 목격한다. 어떻게 평가해 보아도 한국에는 경제적 경쟁력 향상에 도움이 되는 사회경제 질서가 없다.

경제적 의미에 한정한다 하더라도 제3공화국의 과(過)는 공(功)보다 더 클지 모르는 것이다.

제3공화국에서 시작되어 그 다음 정권에까지 이어져 내려온 우리 정

부의 정책적 실수를 요약하면 아래와 같다 :

① 단기성과주의.   정부는 기업의 경쟁력을 키울 수 있는 여건을 만들어 주는 방법을 택하지 않고 강력한 산업정책을 통하여 민간부문에 직접 개입하였다. 기업들로 하여금 내부능력을 무시하고 투자를 확대하게 하여 부실기업이 양산되었다. 문제가 생길 때는 경기침체를 염려하여 미봉책으로 덮어 두었다.

② 외형제일주의.   매출액을 기준으로 기업체를 평가하여 기업들로 하여금 수익성을 무시하게 하였다. 수출총액에 지나친 관심을 쏟았고 외환가득 여부는 묻지 않았다. 사회경제 각분야에서 내실(內實)은 따지지 않는 외형(外形) 불리기가 만연하게 되었다.

③ 성과지상주의.   목적을 달성하기 위해서 수단의 정당성을 고려하지 않았다. 수출이나 경제활성화를 명분으로 범죄행위까지 용납되었다. 국민의 도덕감과 윤리의식이 퇴색하고 사회질서가 파괴되도록 조장한 것이다. 우리 사회에 가장 큰 해악을 끼친 것이 바로 이 점이다.

정부의 정책적 실수는 전근대적 사고(思考) 및 관습과 어우러져 우리 사회에 합리적 질서가 정립되는 것을 방해하였다(제10, 11장 참조). 경제발전을 위한 토대가 제대로 마련되지 못한 것이다.

제10장 전근대적 사고(思考)와 · 관습(慣習)
- 권위주의, 온정주의, 형식주의 -

시대가 바뀌면 사고와 관습도 바뀐다. 우리가 본격적인 시장경제를 채택한지 반 세기가 지났고, 점차 국경이 무시되는 "지구촌(地球村) 사회"로 들어가고 있다. 우리가 원하든, 원하지 않든 사회경제적 환경은 급박하게 변하고 있다. 이럴 때 우리가 해야 할 일은 환경에 능동적으로 대처하는 것이며 이를 위해서는 관념과 질서도 바꾸어야 할 필요가 있다.

그럼에도 불구하고 우리는 오랜 옛날부터 지녀온 사고와 관습을 버리지 않고 있다. 위계질서를 먼저 생각하는 권위주의, "좋은 게 좋다"는 온정주의, 실질보다는 겉보기를 중히 여기는 형식주의 등이 그 대표적인 보기라고 할 것이다.

전근대적인 사고와 관습은 제9장에서 설명한 경제개발 정책상의 문제점들과 더불어 우리 사회가 현재 여건에 맞는 합리적인 질서를 갖추는 데에 큰 장애요소로 작용하고 있다.

1. 권위주의(權威主義)

유교적 전통은 상하관계를 엄밀히 따지는 한편 원만한 인간관계를 지향하는 가부장적(家父長的) 질서를 바탕으로 한다고 할 수 있다. 윗사람은 지시하고 아래사람은 따르는 상명하복(上命下服)을 당연하게 생각하는 가치관이 바로 권위주의의 핵심이다. 현실에서 권위주의는 '힘'있는 사람은 주저없이 이를 행사하고 그렇지 못한 사람은 힘에 순응하는 형식으로 나타난다.

정부, 기업, 개인생활에 만연한 권위주의

권위주의는 전형적으로 정부와 국민의 관계에 등장하는데 그것은 아직도 관존민비(官尊民卑)의 관념을 바탕에 두고 있다. 정부가 지시하면 "백성"(百姓)은 따라야 한다는 것이다.

권위주의는 각급 정부조직 내부에도 나타난다. 어느 기구나 "지시"(指示)와 "보고"(報告)의 질서를 근간으로 한다. 때로 실정법(實定法)이나 법정신보다 상관(上官)의 명령이나 희망이 우선한다. 정부기구 중에서도 한국은행 총재와 검찰총장은 사회적 역할의 중요성 때문에 임기가 법률로 보장되어 있다. 그러나 그 자리를 맡았던 사람들이 "통치권자"의 뜻에 따라 임기 전에 순순히 물러나는 형편이니 정부조직 안에 깊이 스며들어 있는 권위주의적 질서를 짐작하게 한다.

재벌 "총수"들이 막강한 권력을 휘두르고 있음은 널리 알려진 바 있다. 중요한 일은 혼자서 결정하고 고위 임원에 대한 인사권을 독점한다. 때에 따라 간부 직원의 뺨을 때리는 등의 모욕적 언행도 서슴지 않는다(e.g. Kirk). 위가 이러다 보니 기업체의 하부조직 역시 권위주의적임은 오히려 당연하다 할 것이다. 기업조직 역시 상명하복을 기본원리로 하고 있는 것이다.

권위주의는 사적인 인간관계에도 연장되는 것이 보통이다. 권력과 재력을 쥔 사람들은 어디서나 대접받기를 원하고, 실제로 특별한 대접을 받기도 한다. 아파트나 호텔의 경비원이 인사하는 각도가 힘에 비례하는 것은 흔히 볼 수 있는 현상이며, 경찰이나 군의 근무자까지 사람을 차별하는 경향이 있다.

적지 않은 국민이 힘있는 사람 앞에서는 주눅이 드는 반면 힘없는 사람에게는 호기(豪氣)를 부린다. 경찰이 교통정리할 때와 자원봉사자가 담당할 때에 시민들의 호응도가 다르다. 아파트 경비원이 주차위반을 지적하면 들은 척하지 않는 경우도 있다.

그런가 하면, 일반인들은 권한을 가진 사람이 그것을 남용하는 데 대해서는 비교적 관대하다. 정부가 범죄자 검거효과를 기대할 수 없는 검문을 무차별적으로 실시하면서 시민을 괴롭혀도 항의하는 사람은 거의 없다. 배정권을 쥔 사람이 골프 경기시간, 열차표, 행사 입장권을 마냥 빼돌려도 불평하지 않는다. 의사가 "예약 환자들이 줄을 서서 기다리는데 친분이 있는 환자를 먼저 검진"하여도 대체로 "으레 그러려니" 하고 포기한다.

권위주의가 우리 사회의 구석구석에 널리 그리고 자연스럽게 통하고 있다.

통제와 간섭

정부는 국민을 통치와 규제의 대상으로 생각하여 되도록이면 깊이 국민생활에 간섭하고자 한다. 정부기구는 점차 확대되고 규제는 갈수록 늘어난다. "난마와 같은 법규와 제도"는 상당 부분 권위주의의 소산이라고 할 것이다.

정부는 때로 버릇처럼 민간부문에 간섭한다. 종업원의 복지와 건물의 안전관리를 명분으로 기업체들로 하여금 열관리사, 노무사, 영양사, 방화관리자 등 30여 가지의 전담요원을 지정하게 의무화 한다. 도로에서 안쪽 차로(車路)는 고속차량, 바깥쪽 차로는 저속차량이 다니도록 권장하는 정도에 그쳐야 할 것을 각 차로에 다닐 수 있는 차량을 일일이 정하고 크게 써 붙여 놓아야만 직성이 풀린다. 운전면허증 발급일로부터 6개월 이내에 자동차를 운전하면 "초보운전"이라는 팻말을 붙이도록 제도적으로 강제한다. 가히 간섭벽(干涉癖)이라 할 것이다.

권위주의는 한편으로 지위가 낮은 사람을 인격이 낮은 것으로 치부하는 형태로 나타나기도 한다. 우리 정부도 그러하여 국민을 어린 자식 다루듯 시시콜콜 지시하는 경우가 자주 있다. 지하철에서는 노약자에게 자리를 양보하고 발이 빠지지 않도록 조심하라고 쉴새없이 타이른다. 경조사에 참석한 손님의 접대요령도 법규를 만들어 제시해 주어야 직성이 풀린다. 검찰은 한때 대학생들의 좌경화를 막겠다며 신입생 모두에게 계도(啓導) 서신을 보내려고 계획하기도 하였다. 이래저래 정부의 간섭은 더 심해지는 것이다.

기업체 내부에서도 통제와 간섭은 심하다. 최고경영자가 크고 작은 일을 다 알고 직접 결정하고자 하는 경향이 있다. 하부에 권한을 위임하는 경우에도 직원들이 못미더워 자세한 전결규정(專決規程)을 만들어 상호견제하게 한다. 최고경영자가 그러다 보면 모두가 따라할 수밖에 없어 윗사람의 아랫사람에 대한 통제와 간섭은 기업문화가 된다. (사장이 在庫量을 알고 싶어하면 본부장, 부장, 과장이 다 알고 있어야만 한다.) 그런 현상은 "세계 초일류 기업"이 되겠다는 재벌기업이라고 해서 다를 바 없다. 그래서 어떤 회사의 간부직원이 "몸은 대기업, 마음은 구멍가게"라고 표현하기도 했다(1996년).

조직규모가 웬만큼 커지면 권한분산이 필요하다. 환경이 복잡하고 (complex) 유동적일수록(dynamic) 그런 필요성은 더욱 절실하다. 그래서 많은 대기업들이 단위조직 간에 혹은 단위조직 내에서 권한을 하부위임하는 계획을 마련하곤 했다. 그러나 구성원들이 권위주의적 사고에 익숙해 있다 보니 그 때마다 지시, 통제, 간섭의 옛 질서로 되돌아 오고 말았다. 다음의 사례도 그런 현상에 해당한다 :

많은 대기업들이 내세운 현지화(localization) 전략은 의사결정 권한을 해외 현지법인에 위임하는 것을 전제로 하는데 거의 예외없이 실패로 끝나고 있다. Q그룹은 총수의 주도로 현지화를 상당 기간 추진한 바 있는데 역시 성과가 크지 못했다. 권위주의적 질서가 현지화 전략과 어울리지 않았던 것이다. Q그룹 현지법인에 근무하는 한 외국인이 저자에게 한국적 기업문화의 특성을 아래와 같이 평한 바 있다:

이 회사는 지금 딜레마에 빠져 있다. [기업] 조직에서 권한을 하부에 위임하는 것은 고객(customer)에 더 가까운 사람이 의사결정을 한다는 것을 의미한다. 현지화라는 것도 따지고 보면 권한의 하부위임이다. 그러나 이 회사는 [현지화, 즉 권한위임]을 봉건문화(feudal culture) 속에서 하려고 하고 있다. 회사 안에는 봉건적이고 위계질서를 존중하는 문화가 있다. 문화에 관한 한 18세기의 아시아이고 15세기의 유럽에 살고 있는 것이다.

기업의 문화가 사회 주류(主流)의 문화와 다를 수 없다고 할 텐데, 예를 들어 한국의 정치를 보라. [봉건적이지 않는가?] 심지어는 언어까지도 그렇다. "안녕하십니까? 안녕하세요? 안녕!" 하는 식으로 위계질서를 따른다. 추석에는 모두 고향에 가서 조상을 숭배한다. 종교도 봉건적이다. 한국은 기업, 사회, 종교, 정치 등등 모든 측면에서 봉건적이다. (1996년)

획일적 사고(思考)

권위주의는 기득권(旣得權)에 대한 존중이라고 말할 수 있는데 그것은 기존질서에 대한 존중으로도 나타난다. 위로부터의 지시에 반대없이 따르고, 기존법규와 관례에 순응하다 보면 조직체의 구성원들이 획일적인 가치관을 가지고 획일적인 사고를 하게 되는 경향이 있다.

조직문화가 획일주의적이면 전체 조직을 일정한 방향으로 이끌어 나가기 쉽다. 그러면 관리비용이 적게 드는 장점이 있다. 그러나 구성원의 사고와 문제해결을 위한 접근방법에서 다양성이 부족하게 된다. 그 결과 구성원 개개인의 창의력이 떨어지고, 조직의 혁신능력이 낮아진다. 조직운영에 효율성(效率性)은 있으나 효과성(效果性)이 떨어지게 된다.

세계화 시대는 변화의 시대이다. 환경이 안정적이면 효율성이 중요하지만 변화의 시대에는 혁신(革新)과 변신(變身)의 능력이 더욱 돋보인다. '체제순응자'(conformist)보다는 '별난 사람'(maverick)이 많아야 조직이 활성화되고 변화에 대한 발빠른 대응이 가능하다. 체제순응자가 과거를 보고 산다면, 별난 사람은 미래를 보고 산다고 할 수 있다. 세계화 시대에 개인, 기업, 정부 그리고 국가가 경쟁우위를 가지려면 아무래도 획일적 사고보다는 다양하고 자유분방한 사고가 유리하다.

불행히도 한국 국민들은 체제순응자에 가깝다. 권위주의가 획일적인 사고를 심어 준 까닭이다. 우리나라에 비하면 서양, 특히 영미계 국가에는 '별난 사람'들이 많다.

2. 인간관계 중심의 사회경제 질서

사람은 누구나 다른 사람과 끊임없이 거래를 맺으며 살아간다. 한쪽이 다른 쪽에게 일방적으로 혜택이나 부담을 주기도 하고, 쌍방간에 교환하기도 한다. 거래의 성립여부를 결정하는 기준은 나라마다 다르고 세월에 따라 바뀐다.

경제적 거래에 한정하여 생각한다면 서양의 여러 나라에서는 거래의 효율적 이행이 주된 관심사이고, 동양의 여러 나라에서는 상대방과의 사적(私的) 인간관계에 큰 비중을 두는 것으로 이해되고 있다. 서양의 경우를 계약관계에 바탕을 둔 사회질서라고 한다면 동양적인 사회는 인간관계 중심이라고 말할 수 있다.

한국은 경제적 거래에 있어서도 인간관계를 중요시하는 대표적인 국가이다. 개인과 개인의 거래는 물론이고 조직과 조직간의 거래에 있어서도

거래를 담당하는 사람 혹은 조직 우두머리 사이의 사적인 인연을 중하게
여긴다. 민간부문은 물론, 공공기관과의 거래에서도 흔히 같은 원칙이 적
용된다. 조직체 내부에서 이루어지는 행위나 거래에서도 인간관계 중시의
원칙이 적용되는 경우가 많다.

특별한 인간관계가 만들어지는 동기는 실로 다양한데 크게 '공통점'과
'과거의 인연'의 두 가지로 나누어 볼 수 있다. 공통점은 혈연(血緣), 지연
(地緣), 학연(學緣) 등 출생이나 활동배경 측면에서 공유하고 있는 사항을
바탕으로 한다. 과거에 거래한 적이 있다든지, 친분이 있다든지 하는 것은
과거의 인연이라고 할 것이다. 어떤 동기이건 사적 관계가 일단 이루어지
면 각종 거래에서 특별한 대접을 받게 되는 것이 한국적 현실이다.

그런 관행(慣行)은 유교적 전통의 영향이 크다. 유교적 가치관은 원만
한 인간관계의 형성에 초점이 맞추어져 있다. 높은 위치에 있든, 낮은 위
치에 있든, 나란한 위치에 있든, 특별한 인연이 있으면 서로 돌보아 주라
는 것이다. 우리는 어려서부터 이런 교육을 집에서, 학교에서 끊임없이 받
아 왔다. 사회에 진출하면 각급 조직체에서 인화(人和)를 가장 중요한 덕
목(德目) 중의 하나로 삼아 구성원 상호간에 끈끈한 인간관계가 성립하도
록 장려한다.

공사(公私)의 혼동

사적 인간관계가 사적인 일에만 영향을 끼친다면 나무랄 것이 없다.
그러나 실제로는 공적인 일에까지 연장되고 있다.

물론 인간관계를 중시하는 우리의 전통이 "공사를 구분하지 말라"는
것은 아니다. 굳이 한정(限定)하자면 "같은 값이면 아는 사람을 생각해 주
라"는 정도의 판단기준이 될 것이다. 그렇지만 항상 공(公)과 사(私)가 똑
부러지게 구분되는 것도 아니고, 개별적인 행위가 무슨 기준에 의해서 이
루어졌는지 정확하게 확인할 방법도 없다. "같은 값"인지 아닌지 알 수 없
는 것이다. 그러다 보면 자연히 끈끈한 사적 관계가 공적인 일에 영향을
미칠 수밖에 없다.

굳이 보기를 들 필요도 없이, 우리는 일상생활에서 공과 사를 구분하지 못하는 일 처리 사례를 늘 겪는다.

인간관계에 기초한 의사결정 혹은 업무처리는 사소한 일에만 국한되지 않고 조직체의 존립과 관련될 정도로 중요한 사항에도 적용된다. 대통령을 비롯한 정치인의 선출이 지역감정에 좌우된다. 장·차관, 장성(將星), 산하단체의 장이 학연, 지연에 의해 임명되고 있다. 매우 심각한 사회적 문제이다.

기업경영에 있어서도 사적인 인연을 중요시하는 것은 크게 다를 바 없다. 고위직급자의 임명에 있어서도 능력보다 인간관계를 기준으로 하는데, 이는 통상관례라고 말해야 할 정도로 흔히 볼 수 있는 일이다. 한 재벌의 "총수"는 특정 기업의 사활(死活)이 걸릴지도 모르는 대규모 기업인수를 단행하면서 "어려움을 겪고 있던 피인수기업의 최고경영자와 개인적으로 친하기 때문"이라고 답변하기도 하였다(WSJ, 98. 4).

최선이 아닌 선택

어떤 결정을 할 때에는 일정한 판단기준이 있게 마련인데, 그 기준의 적합성 여부는 결과에 의해서 평가된다고 말할 수 있다. 현대의 인간사회에서 경제가 차지하는 비중은 매우 크다. 자연히 어떤 결정의 선악을 경제적 효과가 판가름하는 경우가 많다. 인간관계에 기초하여 의사결정을 한다는 것은 "경제적 효과를 가볍게 생각한다"는 의미가 있는 만큼 잘못된 선택이 될 가능성이 높다.

개별 거래에서 '인간관계'에 의존하는 것도 나름대로의 경제적 의미는 있다. 인간관계는 기본적으로 상호신뢰를 바탕으로 한다. 서로 믿을 수 있는 만큼 약속된 거래가 일어나도록 보장하는 비용, 즉 거래비용(transactions cost)을 줄일 수 있다.

예를 들어 두 조직간의 상거래(商去來)에서 담당자가 학교동창으로 오랫 동안 친하게 지내왔던 사이라면, 물품의 가격, 규격, 품질, 납기(納期) 등에 관하여 자세하게 규정한 계약서를 만들 필요도 없고, 물품의 제작상태나 공정의 진행을 수시로 확인할 필요도 없으며, 분쟁이 생겼을 때에도 해결이 쉽다. 동일한 조직 내부에서 상하간에 신뢰가 형성되어 있으면 전체조직을 우두머리가 원하는 방향으로 이끌어가기 쉽고, 그만큼 조직관리 비용이 적게 들게 된다.

반면에 '계약관계'에 의존하는 것은 경제적으로 가장 높은 가치가 있는 상대방을 선택한다는 것을 말한다. 상거래라면, 가격, 품질, 기능, 납기 등을 종합하여 경제적으로 가장 유리한 조건을 제시하는 사람과 거래관계를 성립시키는 것을 말한다.

두 가지를 비교할 때 계약관계는 최적조건(最適條件)의 계약이 성립된다는 이점이 있고, 인간관계는 성립된 계약의 실행비용이 절감된다는 혜택이 있다. 현실에서 어느 선택이 유리할 것인가는 상황에 따라 다를 수 있다. 그러나 현대사회가 점차 신용사회가 되어 가고 있음에 비추어, 일반적으로 계약관계가 인간관계보다 경제적 효율성이 더 크다고 말할 수 있다.

한국 사회의 문제를 더욱 심각하게 하는 것은 너무 많은 일이, 그리고 매우 중요한 일이 인간관계에 입각하여 "정치적"으로 결정되고 있다는 점이다. 관치금융, 정경유착으로 대변되듯이 정부에 의한 사업권의 부여 및 국가자원의 배분에서 경제논리가 무시되는 경우가 자주 있었다. 기업이건 개인이건 금융기관에서 대출을 받기 위해서는 경영능력을 갖추기보다는 정계(政界), 관계(官界), 혹은 금융계에 아는 사람이 있어야만 뜻을 이루기가 쉽다.

기업들은 종종 거래조건은 따지지 않고 같은 그룹내의 회사 혹은 친지가 운영하는 회사와 거래를 맺는다. 구매나 영업담당자는 아는 사람이라 하여 가격이나 납기에서 혜택을 준다. 기업 내부에서의 직원 배치와 승진 심사에 있어서도 실적이나 능력보다 사적으로 가깝거나 비위를 잘 맞추는 사람에게 가산점(加算點)을 준다.

위와 같이 "정치적"으로 결정되는 일들은 각각의 행위에 있어서 경제적 효율성이 무시된 만큼, 국가, 정부, 기업, 혹은 개인의 성과가 뒤떨어지거나 비용이 추가되게 된다. 개개의 선택이 최선을 비켜 가는 것이며, 그런 행위가 종합되어 국가경쟁력은 낮아지게 된다.

기업환경과 인간관계

기업경영에 한정하여 생각하면 현재의 환경은 "① 경쟁이 치열하고, ② 복잡다기하고, ③ 변화가 심한" 것으로 표현할 수 있다. 그런 여건에서는 일반적으로 계약관계가 인간관계보다 더 높은 경제적 효율성을 가져다 준다고 보아야 한다.

점점 중요해지는 계약관계. 예를 들어 자동차 회사가 부품을 구매하는 경우를 생각해 보자. 우선, 가격과 품질이 다소 떨어지더라도 친척이 경영하는 회사로부터 구매한다면 그만큼 완성된 자동차의 성능은 떨어진다. 다음, 자동차의 부품은 수없이 많고 각각의 부품생산에 고도의 전문성이 요구된다. 따라서 인간관계가 있는 회사에 한정하여 부품 공급업체를 선정하는 것은 처음부터 무리가 있다. 마지막으로, 자동차 관련 기술은 하루가 다르게 바뀐다. 이런 상황에서 과거의 인연인 인간관계에 집착하는 것은 스스로의 손발을 묶어두는 것과 다름없다.

점점 의미가 상실되는 인간관계. 사회는 점차 정보화되어 가고 있다. 자동차 회사와 부품회사 간에 항상 정보가 교환되기 때문에 계약의 이행을 보장받기가 쉽다. 정보화는 또한 신용사회의 성립을 촉진하고 있다. 정보교환이 쉬워서 한 번 신용을 잃으면 회복이 어렵기 때문이다. 신용사회가 될수록 부품회사가 약속을 지키겠다는 의지는 강해진다. 따라서, 정보화의 진행과 더불어 인간관계가 가져다 주는 거래비용의 절감이라는 이점은 점차 퇴색될 수밖에 없다.

정적(靜的)인 전근대사회에서 '원만한 인간관계'가 최선이었는지는 모르지만, 동적(動的)인 현대사회에서는 경쟁에 살아남기 위해서 '제3자간의 계약관계'에 의존하지 않을 수 없다고 할 것이다. 1990년대 말의 시점에서 계약관계를 기초로 한 미국의 경제는 꽃을 피우고 있고 인간관계에 기초한 한국과 일본은 큰 어려움을 겪고 있다. 우연히 일어난 일이라고 보기는 어려울 것이다.

이중적 가치기준과 집단이기주의

인간관계를 중요하게 생각하는 것은 인연이 있는 사람과 없는 사람을 다르게 대접한다는 것으로 자칫 이중적 가치기준(double standards)이라는 문제를 낳는다. 실제로 우리 사회에는 이런 현상이 많이 나타나고 있다.

'일반적으로' 뇌물을 바치는 것은 나쁘다고 생각하지만 '내' 자식을 위하여 담임선생에게 촌지(寸志)를 주는 것은 크게 꺼리지 않는다. '일반적으로' 문서위조는 범죄인 것으로 알지만 '우리' 회사의 금융조달을 위하여 가짜 서류를 꾸미는 것에 대해서는 크게 가책을 느끼지 않는다. '일반적으로' 정실인사(情實人事)는 나쁘지만 '나'와 같이 고생한 사람에 대한 보답으로 자격이 다소 떨어지는 사람을 고위공직에 임명하는 것에는 심적 부담을 느끼지 않는다. 가치기준이 대상에 따라 바뀌는 것이다.

이중적 가치기준은 대체로 더 작고 가까운 집단의 이익을 위해 더 크고 먼 집단의 이익을 희생하는 형태로 나타난다. 그렇다고 우리 국민들이 '개인'을 항상 가장 앞세우는 것은 아니다. 어떤 면에서 유교적 전통은 남을 위해 자신을 희생하라고 가르친다. 나라를 위한 개인의 희생, 부모와 자식간의 상호희생, 친구를 위한 불이익 감내 등은 대표적인 미덕(美德)으로 치부된다.

그런 가치관 자체가 나쁠 것은 없다. 그러나 사적 관계를 지나치게 강조하여 희생과 연결시키다 보면 이중적 기준이 생길 수밖에 없다. 즉, 많은 국민이 개인을 희생할 준비는 되어 있지만 그것은 대체로 사적 인연이 있는 가까운 집단의 이익을 위한 것이며 전체 사회를 위한 것은 아니다. 소속된 작은 집단을 위해 '나'라는 개인을 희생할 준비는 되어 있지만 집단의 이익을 위해 사회라는 더 큰 집단에 피해를 주는 일이 흔한 것이다.

한마디로 집단이기주의(collectivo-egoism)라고 할 것이다.[1]

일반적으로 서양은 개인주의(individualism), 동양은 집단주의(collec-tivism) 문화라고 말할 수 있다. 일견 서양은 개체선(個體善)을 추구하고 동양은 공동선(共同善)을 추구하기 때문에, 사회나 국가 전체의 발전을 위해서는 동양적인 가치관이 더욱 효과적인 것으로 보인다. 그러나 우리의 집단이기주의는 정반대의 결과를 낳는다. 우리의 경우와는 달리 서양의 개인주의는 '일관된 원칙'이 있어서 남을 위해 희생하지도 않지만 남에게 피해를 주지도 않는다. 모든 선택과 판단에서 합리성을 앞세우기 때문에 '사회 전체'의 성과가 높아질 수 있는 것이다.

인간관계 형성비용

인간관계는 공통사항과 친분관계(과거의 인연)를 바탕으로 형성된다. 공통사항은 대체적으로 이미 결정되어 있어서 바꾸기가 어렵지만 의도적으로 만들 수도 있다. 실제로 많은 기업인들이 새로운 인간관계를 찾아서 대학의 장·단기 연수나 학위과정에 등록하고 있다. 종친회(宗親會), 군대 동기회 등 일견 매우 사소한 공통점을 찾아 단체를 결성하는 일 또한 우리 사회에서 흔히 볼 수 있다.

친분관계의 형성은 노력에 따라 크게 좌우된다. 그것을 위해서 우리의 기업과 개인이 바치는 시간, 노력, 비용은 실로 엄청나다. 동호회, 친목회라는 이름의 모임과 단체를 만들어 수시로 만나 친분을 돈독하게 한다. 각종 행사에는 사람을 만나러 적극적으로 참석한다. 사람을 사귀기 위하여 서류나 전화로 처리할 수 있는 일을 두고 일부러 방문한다. 접대라는 이름으로 각계 각층의 사람과 점심, 저녁, 휴일의 시간을 함께 보낸다. 현재에

---

1) 한 개인은 여러 집단에 소속되는데 각급 집단을 포괄범위에 따라서 개인 혹은 가정을 중심으로 동심원(同心圓)을 그려 볼 수 있다. 집단이기주의는 작은 원의 이익을 위해 큰 원의 이익을 희생한다는 것이다. 예를 들어 가정을 중심으로 직장, 지역사회, 국가의 동심원을 차례로 그려 보면 가정을 직장보다, 직장을 지역사회보다, 지역사회를 국가보다 먼저 생각한다.

영향력이 있거나 장래에 그러할 사람의 경조사(慶弔事)에는 만사를 제치고, 천리 길도 멀다 않고 찾아간다. 시간과 비용이 아낌없이 투입되는 것이다.

사회가 인간관계를 중심으로 움직인다면 개별기업이나 개인의 입장에서 유리한 인간관계를 확보하기 위하여 비용을 투입하는 것은 나무랄 게 없다. 오히려 도덕적으로 문제가 없는 한 효과적인 생존전략이 될 수도 있다. 문제는 그렇게 얻은 개별 구성원의 이익이 사회 전체의 이익으로 연결되지 않는다는 점이다. 사회 전체의 최선이 추구되지 못할 뿐만 아니라, 인간관계 형성을 위하여 가치창조와는 관계없는 비용이 지출되게 되는 것이다. 결과적으로 사회적인 비효과와 비효율이 초래되고 국가경쟁력은 저하될 수밖에 없는 것이다.

접대와 경조사에 지출되는 비용은 때에 따라 촌지와 뇌물이 된다. 부정과 부패가 시작되는 것이다. 부정과 부패는 전염성, 습관성, 중독성이 강하다. 누군가 시작하면 다른 사람도 이내 따라 하게 되고, 한 번 버릇을 들이면 계속하게 되며, 횟수를 거듭할수록 정도가 심해진다. 뇌물을 받는 사람이나 주는 사람이나 죄책감을 느끼지 않게 되어 부정부패의 유형도 다양해진다. 비용이 점차 늘어나고 도덕감과 윤리의식은 점차 약해진다.

접대비와 기밀비가 한국의 사회비리를 상당 부분 촉발하였다고 해도 과언이 아니다. 사적 인간관계를 지나치게 중시한 탓이다.

3. 절충과 타협

인간관계를 중시하고 인화(人和)를 귀하게 생각하는 전통적 관념은 "좋은 것이 좋다"는 말로 나타나기도 한다. 그 말에는 개인보다는 집단의 행복을 더 중요하게 생각한다는 의미가 내포되어 있다. 능력이 뛰어난 개인보다는 전체가 고루 혜택을 입는 것이 우리 국민의 정서에 맞는다. 실수를 하는 개인이 있어도 너그럽게 용서해 주는 것이 화합(和合)을 위해 바람직하다고 믿는다. 가부간(可否間)에 극단을 피하고 서로가 조금씩 양보하여 적당한 선에서 타협하고 절충하고자 한다.

온정주의(溫情主義)

사람이 이성을 가지고 있다는 것은 옳고 그름에 대한 판단능력이 있으며 그른 것보다는 옳은 것을 원한다는 말이다. 사람은 생래적(生來的)으로 선(善)과 합리를 추구하게 되어 있다.

그러나 우리 국민은 때로 화합을 위한다면서 합리성을 희생한다. 같은 집단 안에서는 일의 옳고 그름을 떠나서 유리한 위치에 있는 사람이 양보하여 전체적 조화를 이루고자 할 때가 많다. 집안에서는 형이 동생에게 양보하고, 집밖에서는 덩치가 큰 아이가 참아야 한다. 기업이나 개인 사이에 분규가 생기면 계약서와는 상관없이 사정이 더 나은 쪽이 양보하라고 주변에서 권유한다. 합리적인 판단보다는 서로 혜택을 나누어 갖자는 것이다. 비슷한 취지로, 정부의 예산배정에서도 우선순위를 객관적으로 평가하기보다는 부처(部處)나 지역간에 갈라먹기 식인 경우를 흔히 볼 수 있다.

잘한 사람이나 공을 세운 사람은 상을 받고, 죄를 지은 사람이나 실수를 한 사람은 벌을 받는 것이 합리적이다. 그러나 우리는 상벌에서 상당히 미적지근하다. 기업이나 정부조직에서 공로상은 대체로 순번제로 주어진다. 당해 연도의 공헌도와 상관없이 "금년에는 내가, 내년에는 네가" 하는 식이다. 일부 조직체에서 성과와 능력에 맞추어 구성원을 평가하는 제도를 도입해 보았지만, 실제 평가에서는 순번제가 적용되어 세월이 지나면 모두 같은 위치에 있게 되는 것이다. 기준에 맞춘 냉정한 평가보다는 "두루 좋은 상태"에 있기를 원하는 것이다.

우리는 과오(過誤)가 있는 사람들에게도 관대하다. 대표적인 예가 제1, 3, 5, 6공화국에서 대통령을 지낸 사람들에 대한 국민들의 태도이다. 잘못을 따질 때는 가을 서리 같고 성난 파도 같았던 국민들이 짧은 세월이 흐른 후에 모두 용서해 주고 말았다. 어떤 말로도 정당화하기 어려운 잘못으로 사법처리를 받은 전직 대통령도 있었는데 많은 국민들이 석방을 탄원하였고, 그들이 사면(赦免)되자 적지 않은 시민들이 대대적으로 환영하기까지 하였다(<그림 10-1>).

　사법부는 판결에서 곧잘 정상을 참작한다. 죄는 밉지만 사람은 미워할 수 없다는 명분은 그럴 듯하나 남용의 소지가 있다. 1997년에는 파렴치한 경제범을 처벌하면서 단순히 아버지와 아들이 동시에 연루되었다는 이유만으로 아들을 관대하게 처리한 적도 있었다.

　정치인이나 공무원이 개인의 입장에서 저지른 실수에 대해서 해당 조직체가 관대하게 처분하는 경우도 많다. 감사원이 비위(非違)를 적발하여 통보하여도 해당 부처에서 처벌하지 않고 적당히 넘기는 일이 심심치 않게 보도되고 있다. 기업체의 직원을 벌하는 것은 기업에 따라 다소 차이는 있지만 대체로 온정주의적인 경향이 강하다. D그룹의 "총수"는 도박으로 공금을 탕진한 직원도 파면하지 않고 재기(再起)의 기회를 준다고 스스로 쓴 책에서 밝히기도 하였다.

연공서열과 순환보직

　온정주의가 제도화된 것이 연공서열(年功序列)과 순환보직(循環補職)이다. 조직체에 근무하는 구성원에 대한 가장 확실한 보상은 승격(昇格)과 승급(昇給)인데 이를 위한 평가기준은 실적, 공헌도, 능력, 연공서열, 인간관계 등 여러 가지가 있을 수 있다. 조직체마다, 평가자에 따라 각 기준이 차지하는 비중이 다르다.

　우리 기업과 각급 정부조직은 대체로 연공서열을 가장 중요한 '공식' 평가기준으로 채택하고 있다. (비공식으로는 사적 인간관계도 중요하다.) 연공서열은 객관성이 가장 확실하여 잡음의 소지가 적고 장유유서(長幼有序)라는 우리의 전통에 부합하기 때문에 구성원 전체의 동의를 얻기가 비교적 쉽다는 장점이 있다. 그래서 전체를 만족시켜 조직의 융화를 이룰 수 있는 효과적인 방법인 것으로 믿어진다.

　조직의 구성원들은 남이 인정해 주거나 근무 조건이 유리한 "좋은 자리"에 앉기를 원하기 때문에 그런 자리를 두고 경쟁이 치열하다. 그럴 때

출처 : 중앙일보, 1997. 12. 23.(중앙일보사의 허락을 받아 전재함. ⓒ 1997 중앙일보사)

에 전체를 만족시키는 것이 순환보직이다. 일반적으로 각 자리에는 특별한 자격이 요구된다. 또 구성원을 전문가로 훈련시키기 위해서는 한 자리에서 장기간 근무시켜야 할 필요도 있다. 그러나 그런 필요성에 치중하다 보면 "나쁜 자리"에 있는 사람들의 불평이 생길 수밖에 없다. 불평을 없애고 전체적 융화를 추구하다 보면 짧은 간격을 두고 구성원들을 이동시키는 순환보직이 제도로서 도입된다.

개개의 조직은 나름대로의 목적이 있는데 이의 달성을 최우선하여 조직을 운영해야 함은 두말할 필요가 없다. 인화(人和)가 조직의 목적달성에 효과적이라면 그것을 추구하여야 마땅하다. 그러나 연공서열과 순환보직은 인화에는 도움이 될지 모르지만 조직의 경쟁력 확보에는 상당한 문제가 있다. 구성원들이 무사안일에 빠져서 업무성과가 나쁘고 기능향상을 위한 노력을 게을리 할 우려가 있다.

구성원의 성과가 나쁘면 조직 전체가 경쟁에서 밀린다. 요즈음의 기업 환경은 경쟁이 치열하며 복잡하고 유동적인 만큼 복합기능을 갖춘 전문가를 필요로 한다. 불행히도 우리의 전통적 인사관리 방법은 구성원을 필요한 인재로 양성해 내지 못한다. 한국 기업에 근무하는 미국인이 "한국 기업의 간부들은 전문능력자(specialist)도 아니고 그렇다고 일반능력자(generalist)도 아니다"라고 평한 바 있는데 바로 그런 이유 때문일 것이다.

양비론(兩非論)

우리의 언론은 특정 이슈의 정치·사회적 중요성이 높을수록 양쪽 모두에 문제가 있다는 소위 양비론(兩非論)의 애매한 태도를 취할 때가 많다. 극단적인 판정을 유보하고 적당히 얼버무리는 것이다. 1998년 7월에 '사상 처음으로' "소액주주"의 소송에 응해 사법부가 기업체(은행) 임원들에게 경영책임을 물리는 판결을 내린 적이 있는데, 어떤 언론은 당장 "소송만능" 풍조가 일어날 것을 걱정하였다. 사회적으로 무엇이 옳은지, 어떤 일이 권장되어야 하는지 판단하기를 망설이는 것이다.

사법부는 곧잘 원고와 피고 모두가 잘못했기에 쌍방이 부분적으로 책임져야 한다는 판단을 내린다. 개인간에 시비가 생겨도 적당한 선에서 합의하고 만다. 대표적 예가 아래와 같은 과실상계(過失相計)이다 :

교통규칙은 교차로 통과, 차로(車路) 변경, 앞지르기 등에서 진행우선권(rights of way)이 있는 차량을 명확히 규정하고 있다. 그런 규칙을 만드는 판단 근거는 물론 "교통사고가 발생할 가능성을 최대한 줄이자"는 것이다.

현실에 그런 취지의 교통규칙이 엄연히 있음에도 불구하고 막상 차량 대 차량의 접촉사고가 나면 보험금 지급과 관련하여 양쪽이 나누어서 책임을 지게 하는 경우가 많다. 대표적 보기로 T화재보험회사의 보상안내 책자(1996년)에서 몇 가지를 인용하면 아래와 같다 :

접촉사고 유형별 기본과실 비율

사고 유형	자기 차	상대방차	교통규칙
신호등 없는 교차로에서 자기 차 대로(大路), 상대방 차 소로(小路)	20%	80%	대로에서 진입하는 차량에 진행우선권이 있음
신호등 없는 교차로에서 자기 차 직진, 상대방 차 좌회전	30%	70%	직진 차량에 통행우선권이 있음
자기 차의 진행 차선으로 끼여드는 상대방 차	30%	70%	진로 변경하는 차가 사고를 방지하도록 주의할 의무가 있음
앞서 가던 상대방 차가 이유 없이 급제동하여 추돌(追突)한 경우	80%	20%	앞차를 따라갈 때는 급정지에 대비하여 안전거리를 확보해야 함
자기 차 직진(直進)시 유턴하던 상대방 차와 추돌	20%	80%	유턴하는 차가 전후방과 주위의 안전을 확인할 의무가 있음

어떤 문제가 생기건 당사자 모두에게 부분적으로 책임이 있거나 그렇다고 주장할 수는 있다. 예를 들어 강도사건의 경우에도 피해자가 주의를 소홀히 한 책임은 있다. 그렇기 때문에 잘잘못을 따질 때는 책임이 큰 사람의 잘못으로 판정하는 것이 보통이다. 그래야만 같은 문제의 발생이 방지되는 효과가 있다. 어떤 일에 대한 평가와 판정은 사람들의 장래의 행동에 결정적인 영향을 미치기 때문이다.

위의 과실상계 기준에서 사고에 대한 책임배분은 우선 교통법규와 달라 혼란을 초래한다. 즉, 운전자들이 규칙을 위반하는 상대방 차량에도 대비해야만 한다는 모순을 낳는다. 더구나 그것은 위반하고자 하는 운전자에게 상대방이 비켜 줄 것이라는 기대를 낳아 위반을 촉진하는 효과가 있다. 자연히 사고위험이 높아진다. 결과적으로 사회 전체의 피해 혹은 비용을 증가시키게 되는 것이다. 과실상계로 개별 사고를 "원만하게" 해결한다는 목적은 달성하였지만, 애당초 일어나지 않을 사고였다면 모두(보험회사 포함)가 피해자가 된 셈이다.

명분만 지키는 타협

우리는 전통적으로 명분(名分)을 중요시해 왔는데, 때로 명분은 타협과 절충을 위한 '핑계'로 사용된다. 명분이 아무런 실제적 의미가 없다면 '실리를 주고 명분을 취하는 것'은 아무 것도 얻지 못하였다는 말에 다름 아니다. 합리성이 결여된 타협을 정당화하기 위한 수단으로 명분이 사용되는 것이다.

우리의 급여와 임금체계는 매우 복잡하다. 본봉 인상률을 낮게 보이려고 각종 수당을 만들어 내었기 때문이다. (1997현재 은행원의 경우는 일반적인 수당 외에 급식비, 보건의료비, 복리비, 피복비, 당직비, 체육교양비 등 특별한 항목의 지급을 받는다.) 파업한 근로자에게는 보수를 주지 않는 "무노동 무임금"이 원칙이지만, 다른 이름을 붙여 파업기간에 대한 보수를 지급해 주는 것이 관례가 되다시피 했다. 일부 대기업은 큰 금액의 "무분규 격려금"을 지급하여 "돈으로 산 '노사평화'"라는 비아냥거림을 받기도 하였다(중앙, 97. 8. 6).

전매청이 담뱃값을 인상시킨 적은 별로 없으나 실제 담뱃값은 쉴새없이 올랐다. 기왕에 있던 담배의 질을 떨어뜨리고 같은 등급, 다른 이름의 새로운 담배를 만들어 높은 값을 받은 까닭이다. 공식 발표되는 물가지수와 주부가 느끼는 소위 "장바구니 물가"는 일반적으로 다르다. 정부가 물가지수 산정에 포함되는 상품의 가격을 인위적으로 통제하기 때문이다. 택시요금은 별로 오르지 않았으나 시민들은 합승과 과속운전 등의 불편을 겪게 되어 요금인상에 못지 않은 대가를 치르고 있다.

명분을 앞세운 적절하지 못한 타협은 자칫 일종의 속임수가 되는 만큼 구성원간에 불신감을 초래하게 되며, 당장의 고비는 모면할 수 있으나 문제를 속에서 곪게 할 수도 있다.

손쉽게 이루어지는 절충과 타협은 진위(眞僞), 선악(善惡), 미추(美醜), 경중(輕重), 완급(緩急), 호오(好惡)의 기준을 애매하게 만들어, 우리 사회의 원칙이 불분명해지고 질서가 흔들리게 되는 데에 일조(一助)하였다고 할 것이다.

4. 내실(內實)에 앞서는 형식(形式)

명분을 중요시하는 유교적 전통은 때로 실질보다는 겉모양에 더 신경을 쓰는 형식주의로 흐른다. (형식주의는 권위주의의 한 표현일 수도 있다.) 바깥 모양에 지나치게 신경쓰다 보면 허풍과 허세가 되기 쉽다. 스스로의 합리적인 판단보다는 "남이 어떻게 생각할까, 남은 어떻게 하고 있는가"가 의사결정의 기준이 되는 경우가 많다. 그렇게 함으로써 스스로의 위신을 세울 수 있다고 믿는다. 그러나 내실을 갖추지 못하는 겉모양은 그 밑천이 금방 드러나게 되어 있어 남의 존경을 받기는 어렵다.

캠페인의 홍수

우리는 무슨 일이 생기면 곧잘 캠페인부터 벌인다. 직·간접으로 정부가 주도하기도 하고, 민간단체나 언론기관에서 주도하기도 한다. 그러나 캠페인이 전시적(展示的)인 일과성(一過性) 행사로 끝나는 경우가 많아 문제를 해결하는 데에는 크게 도움이 되지 않는다. 비용만 낭비하는 결과를 초래하기 십상이고, 자칫 문제의 본질을 흐리게 하여 근본적인 해결에 방해가 될 수도 있다.

나라의 '경제사정'이 어려웠던 1997년은 유독 이런 캠페인이 많았다. 연초에는 과소비(過消費) 억제운동이 일어났는데 경상수지 개선효과는 의심스러운 반면 통상마찰의 빌미는 확실하게 제공하였다. 봄에는 한 관변단체가 "신국채보상운동"이라면서 은행에 예금통장을 개설하자는 운동을 벌였고, 여름에는 여러 단체들이 부도에 직면한 소위 "국민기업"을 살려야 한다면서 "범국민 '기아통장' 갖기 행사"를 벌였다. 그런 행사로 국민 저축률이 늘어났을 가능성은 거의 없는 반면, "문제의 원인이 무엇이고 어떻게 해결할 것인가" 하는 핵심 이슈를 희미하게 만든 측면이 있었다.

연말에 외환위기가 닥치자 "외화동전 모으기 운동"이 벌어졌는데 이는 비용이 더 많이 드는 비경제적인 일이었다. 어느 신문사가 "경제 살리기 1천만 명 서명운동"을 벌였는데 "캠페인 하는 사람부터 먼저 줄이는 것이 국가경제에 도움된다"는 핀잔을 듣기도 했다. 이어 많은 국민들의 호응을 받으며 "금 모으기 운동"이 활발하게 전개되었는데 여기서 이 운동의 의미를 다시금 생각해 보자 :

(사례 10-3) "금 모으기 운동"의 허실

1997년 12월에서 1998년 2월까지 두 달 여에 걸쳐 집중적으로 벌어진 금 모으기 운동은, 그 규모나 강도(剛度)에 있어서 유례가 없다고 할 정도로 범국민적이었다. 장롱 속에 넣어둔 금을 모아 수출함으로써 외화를 획득하여 외환위기를 극복하자는 취지의 이 운동은 정부조직, 언론, 금융기관, 기업, 시민단체, 교육기관 등이 모두 나서서 전국민이

참여하도록 독려하였다. 수백만 명의 국민이 참가하였고 수십억 달러에
달하는 외환획득 실적을 올린 것으로 알려졌다. 일부 언론은 한국인의
잠재력을 국제사회에 과시하였다고 자평(自評)하기도 하였다.

 일반적으로 대단한 일이었다고 인식되는 이 운동도 냉정히 따져 보
면 아래와 같은 여러 가지 문제점이 있다 :

① 비판이나 재고(再考)의 여지없이 바람몰이식으로 진행되어 많은 국
  민들에게 금 모으기가 위기극복을 위해 가장 중요한 일이고, 또 그것
  으로 문제가 상당 부분 해결될 것이라는 착각을 불러일으켰다. 실제
  로 중요한 것은 국민 각자가 맡은 일을 더 열심히 하여 각자의 경쟁
  력을 높이는 일이다.

   금 수출을 통해서 얻은 것으로 알려진 3~4십억 달러가 적은 돈
  은 아니나, 전체 외채(外債)의 규모에 비하면 미미하고 또, 그것이 한
  번에 그치는 일인 만큼 문제해결에 큰 도움이 되지 않는다. 더구나
  국민이 필요해서 소지하고 있었던 금이라면 언젠가는 다시 수입해야
  만 한다. 그렇게 보면 금을 모아 수출하는 것은 어려울 때에 소지품
  을 전당포에 맡기는 것과 같은 일시적 방편에 지나지 않는다.
② 국민이 모은 것은 금 세공품(細工品)이고 수출한 것은 금괴(金塊)이
  다. 엄청난 세공비용이 용광로 속에서 녹아 없어졌다. 국민 각자가
  금 세공품을 구입하는 것이 나름대로의 이유가 있다면 용광로 속에
  서 녹아 없어진 그 세공비용을 언젠가는 다시 부담해야 한다.
③ 금은 고가품이고 가격의 변동이 심하다. '재산관리상' 금을 판매하는
  시기의 선택이 매우 중요하다. 불행히도 우리가 금을 모아서 한꺼번
  에 수출한 시점에 국제 금시세는 아주 낮았다. 우선 급하다고 앞뒤를
  가리지 않은 격이다.
④ 국민 각자가 개인의 입장에서, 국민의 입장에서 무엇을 할 것인가는
  스스로 알아서 할 일이다. 그런데 금을 가져오면 애국자이고 그렇지
  않으면 비애국자인 것처럼 여론을 몰아간 것은 계층간에 위화감(違
  和感)을 조성하였다. 특히 부유층은 "장롱 속"에 금괴를 숨겨두었다

고 의심받았다. 소속된 조직체로부터 금을 가져오도록 강제당한 일부 서민층은 금은방에서 금 세공품을 사서 제출하는 웃지 못할 일이 벌어지기도 했다.
⑤ 금 모으기 운동을 벌이느라고 온 국민이 많은 시간, 노력, 비용을 들였다. TV 방영에 들인 비용만 해도 엄청나다. 금의 제련, 수송, 판매 대금의 배분 등의 작업도 돈이 꽤 드는 일이다.

외환위기를 해결하기 위해서는 '오랜 기간' 꾸준히 차분하게 노력하는 것밖에 다른 방법은 없다. 그러나 1998년 2월 말에 벌써 국내외의 언론이 한국 국민들이 위기의식을 잃어가고 있다고 지적하기 시작하였다. 요란했던 금 모으기 운동이 사태의 본질을 흐린 것이 그 원인 중의 하나인지도 모를 일이다. 사람은 큰 행사를 끝내고 나면 허탈감에 빠지는 경향이 있는데, 열기가 넘쳤던 범국민적 금 모으기 행사 뒤에 국민의 마음이 풀렸을 수도 있다.

허세 및 허풍

우리 국민들은 대체로 허세부리기를 좋아한다. 감투쓰기를 좋아해서 각종 모임과 단체의 간부를 선출하면 경쟁이 치열하다. 명함에 10개 이상의 직함을 써 다니는 사람도 있다. 소비도 과시적이다. 세계를 통틀어 고급 골프채, 화장품, 술 등의 단골고객은 단연 한국인이다. 대한항공(KAL)의 기내(機內) 면세점 매출액이 세계 제1위인 것이 이런 사실을 단적으로 말해 준다. 우리나라에는 1천 3백여 개에 이르는 외국의 의류 브랜드가 들어와 있는데, 그 중 일부는 한국사람 덕분에 유지되고 있는 것으로 알려지기도 했다(1997년).

기업도 마찬가지이다. 때로는 수익성을 희생해 가면서 편법을 동원하여 매출액이나 수출액을 최대한 부풀린다. 경쟁이 심한 몇몇 산업에서는 기업들이 매출액을 과장해서 발표하기도 했다. 덩치가 커 보이게 하기 위해서이다. 세계 최대, 세계 최초임을 자랑하지만 알고 보면 실속없거나 사실과 다른 경우가 많다. 재미교포 사업가가 기업인들의 허풍치는 자세에 대해서 꼬집는다 : "[한국 기업인들을] 만나 보면 다들 세계에서 가장 앞선 첨단기술을 원합니다. 그런데 막상 결정하기 전에는 다른 데서 어떻게 쓰고 있나 보자고 합니다. 누구보다 먼저 하겠다고 하면서 누구 하는 것을 보고 따라 하겠다는 겁니까?"(중앙, 98. 5. 2)

정부라고 다를 바 없다. 쌀은 "정권을 걸고서도" 시장개방하지 않는다고 큰소리 쳤지만 실제 대외협상에서는 제대로 항의해 보지도 못했다. 호기롭게 쏘아 올린 방송용 위성은 몇 년을 겉돌다가 소용없는 물건이 되다시피 하였다. 각급 지방자치단체는 국제화, 세계화를 내세웠는데 말만 요란했지 실속은 없었다.

정부 차원의 대표적 허세는 경제개발협력기구(OECD)에 가입한 것이다. 가입 후 일년 남짓한 사이에 나라가 부도위기를 맞아 구제금융을 받게 된 것도 역설적이지만 그것보다 먼저, 가입 자체만으로 우리 스스로를 곤궁에 빠뜨렸다는 문제가 있었다. 선진국에게 적용되는 여러 가지 부담스런 의무조항을 이행해야 했기 때문이다. 그런 과정에서 환경오염, 노동문제, 교통문제, 금융제도, 외환관리제도 등등에서 후진성을 면하지 못했던 우리의 사정이 외국에 더욱 잘 알려지게 되는 부작용을 낳기도 하였다. 아울러 규제완화나 시장개방을 시행할 마음이 전혀 없었던 관료계층에게 OECD 가입은 제 발등을 찍은 격이기도 했다.

스포츠와 국가위신

중앙정부, 지방자치단체, 관변단체, 기업들은 "이벤트 풍년"이라고 할 정도로 각종 국제행사를 유치해 왔다. 그 중에는 아무런 경제적 실속이 없는, 허세에 지나지 않는 것이 많았다. 내용이 부실하고 진행이 엉성하여 당초의 목적과는 반대로 주최측 나아가 국가의 이미지를 나쁘게 하는 경우도 없지 않았다.

범국민적 인기를 등에 업고 각급 기관, 단체, 기업이 벌이는 국제행사는 아무래도 체육대회라 할 것이다. 체육행사는 국가대항전에서 세계대회까지, 축구와 같은 인기종목에서 비치발리볼(beach volleyball)처럼 일반인들은 잘 모르는 것까지, 월드컵과 같은 단일종목 행사에서 올림픽처럼 종합경기대회까지 실로 다양하다.

어느 한국올림픽조직위원회(KOC) 위원에 따르면 1997년부터 2002년까지의 11개의 세계적 스포츠 이벤트 중에서 6개가 한국에서 열리게 되어 있었다고 하니 체육대회에 대한 우리의 관심을 짐작해 볼 수 있다 (중앙, 97. 2. 4).

스포츠 장려책의 일환으로 정부는 운동선수 대상의 각종 특혜조치를 도입하였다. 국제대회에서 입상한 선수에게는 큰 금액의 포상금과 연금이 주어진다. 올림픽 육상에서 금메달을 받으면 2억원의 포상금을 받는다. 월 연금이 100만원이 넘는 선수가 흔하고, 어떤 선수는 월정 연금 외에 일시불로 3억원이 넘는 연금을 받기도 했다. 공식대회에서 입상한 선수들에게는 상급학교 무시험 진학의 특례가 주어진다. 국제대회에 입상하면 병역도 면제받는다. 다음의 사례는 차라리 희극적(喜劇的)이라 할 것이다 :

> ## (사례 10-4) "'야구 드림팀 선발' 유감"[2]
>
> "한국판 드림팀"으로 불리는 방콕 아시안게임 국가대표 야구선수 명단이 11일 발표된 뒤 독자들 문의전화가 이어졌다. "프로선수들을 나눠먹기 식으로 선발했느냐," "이승엽 선수가 제외된 것은 이해가 되지 않는다"는 등 대부분 이번 대표선수 선발과정이 납득키 어렵다는 내용이었다.
>
> "우수선수들을 군대에 보내지 않으려고 ……"라고 밖에 설명해 줄 수 없었던 기자에게 "그런 식으로 금메달을 따서 뭐해"라며 전화를 끊어버리는 독자도 있었다. 분명 공감이 가는 지적이었다.
>
> 대한야구협회는 이번 대표팀 전원을 프로와 아마추어 가리지 않고 모두 병역미필자로 선발했다. 아시안게임에서 우승하면 출전선수들의 병역이 면제되기 때문에 아마선수 10명과 프로선수 12명으로 구성된 이번 대표팀은 '병역특례 후보팀'인 셈이다.

---

2) 중앙일보사의 허락을 받아 전재한 것임. ⓒ 1998 중앙일보사

　　야구협회는 아마·프로 야구의 스타급 선수들의 군복무 기간 동안 그라운드에 모습을 드러내지 못한다면 국내 야구의 활성화를 위해 바람직하지 않다는 이유를 들고 있다. 그러나 이번 대표팀에 프로·아마야구 정상급 선수가 포함되어 있기는 하지만 병역문제를 해결하기 위해 분명 기량이 처지는 일부 선수까지 선발한 것은 문제다.

　　실제로 이번 대표팀이 프로·아마를 망라한 드림팀을 앞세운 대만에 이긴다는 보장도 없으며 사회인 야구를 주축으로 하는 일본도 만만치 않다는 지적이다. 잘못될 경우 대표팀은 금메달도 놓치고 병역혜택도 놓치는 우를 범할 가능성이 크다는 것이다 ……. (중앙, 98. 10. 14)

　　국민이 개별적으로 스포츠에 관심을 가지는 것은 여가선용이라는 점에서 나무랄 바 없다. 그러나 정부나 기업이 국제체육대회를 과도하게 지원할 이유는 없다.

　　미국 등 선진국가에서는 국제스포츠 행사에 정부가 발벗고 나서서 지원해 주는 경우는 별로 없다. 그만한 가치가 없기 때문이다. 각종 행사를 민간에 맡겨 철저히 상업적으로 운영되게 할 뿐이다. 로스앤젤레스(1984년)와 애틀란타(1996년)의 올림픽이 그랬고 1994년의 월드컵이 그랬다.

　　반면, 한국이 치르는 국제행사는 경제적 타산이 맞는 경우가 거의 없다. 대부분 적자운영이다. 그래서 앞에서 인용한 KOC위원은 "우리가 국제적인 봉 노릇을 하는 것은 아닌지 하는 불안감도 든다"고 우려를 표명하기도 하였다.

　　1997년 초에 동계유니버시아드 대회가 개최된 경기장은 환경을 파괴한다는 반대를 무릅쓰고 건설된 것이었다. 국제대회라는 명분으로 정부가 스키장의 건설을 허가해 주었다. 불행히도 그 대회를 위해 수천억 원의 자금을 쏟아 부은 기업체는 자금난으로 부도위기에 몰리고 말았다.

　　경제적 타산이 맞지 않음에도 정부와 기업이 스포츠에 투자하는 것에는 "스포츠 = 국위선양(國威宣揚)"이라는 범국민적 믿음이 깔려 있다.[3]

---

3) 저자는 "스포츠 = 국위선양"이라는 믿음이 한국인의 관념 속에 뿌리깊이 박혀 있는 것을 경험하고 놀란 적이 있다. 1996년 10월 김포공항 입국 통관장에서 줄을 서서

정부나 국민이 당연한 것으로 간주하는 이 믿음의 근거는 매우 약하다.

선진국 사람들에게 스포츠는 스포츠일 뿐이다. 자국의 선수가 이기기를 바라지만 스포츠에 국가의 위신이 걸려 있다고는 생각하지 않는다. 독일이 통일되기 전에 동독이 올림픽에서 획득한 메달 수는 서독과는 비교가 되지 않을 정도로 많았지만 아무도 동독을 더 높이 쳐주지 않았다. 쿠바는 스포츠 강국으로 소문났지만 가장 불행한 나라 중의 하나로 꼽힐 뿐이다. '축구'라면 브라질을 당할 나라가 없지만 브라질이 경제적으로 강한 것도 국가위신이 높은 것도 아니다. 멕시코는 올림픽과 월드컵 대회를 치르느라 열성을 다했지만 누구나 인정하는 후진국이다. 그렇다면 우리의 믿음은 잘못된 고정관념에 지나지 않는다고 할 것이다.

5. 올림픽의 공과(功過)

우리가 국위선양 등을 내걸고 개최한 가장 대표적인 국제 스포츠행사는 "88 올림픽"이다. 올림픽은 원래 일개 도시가 주관하게 되어 있어서 "서울 올림픽"이라 불러야 옳지만 우리 행사는 범국가적으로 치렀기에 우리는 다른 이름으로 부르고 있다. 그야말로 거국적으로 지원하였던 88 올림픽이 개최된 지 10년이 지난 시점에서 그 이해득실을 여러 측면에서 냉정하게 따져 볼 필요가 있다.

경제적 이해득실

우선, 올림픽의 '경제적' 손익을 생각해 보자. 88 올림픽은 천억 원 대의 이익을 남긴 것으로 공식발표되었다. 그러나 거기에는 각종 유·무형의

통관검사를 기다리고 있었다. 줄밖으로 조금 떨어진 곳에는 20세 전후로 보이는 권투선수인 듯 싶은 젊은이 다섯 명이 몰려 있었다. 그때 세관직원 하나가 나타나서 그들을 이끌고 줄선 사람들을 무시하면서 먼저 통관시키는 것이 아닌가? 저자가 항의하였더니 세관직원은 "국위선양하고 돌아온 사람들을 두고 웬 시비냐" 하면서 오히려 핀잔을 주었다.

비용이 빠졌다. 많은 공무원과 기업체 직원이 조직위원회에 파견되어 오랜 기간 근무하였고, 국민들은 자원봉사자로 참여하여 무보수로 일하였다. 행사에는 상당수의 학생이 동원되었고, 행사기간중에 시민들은 교통문제로 고통을 겪었다. 눈에 보이지 않는 시간과 노력과 돈의 투자가 많았고 희생이 따랐다. 그런 사항이 모두 감안된다면 직접손익의 계산은 크게 달라질 것이다.

올림픽을 위하여 우리는 각종 사회간접자본과 시설에 엄청나게 '투자'하였다. 정부는 체육관과 운동장을 짓고 도로를 만들고 가로를 정비하였다. 심지어 기업들에게 고층빌딩을 짓고, 건물을 단장하며, 한밤중에도 불을 밝히게 하였다. 물론 그런 투자의 일부는 올림픽이 끝난 후에도 활용할 수 있다. 그러나 국가자원의 '투자'에는 우선순위가 매우 중요하다.

1990년대에 와서 우리가 당면하고 있는 국가경제적 여건에 비출 때 올림픽 경기장을 건설하거나 보도블록을 교체하는 것과 경부고속도로를 확장하거나 인천의 항만시설을 확충하는 것 중에서 어느 쪽이 더 중요하였는지를 묻는다면 그 대답을 망설일 사람은 거의 없을 것이다. 결국 올림픽 개최를 위해 투입한 자원을, 국가경쟁력을 높이는 보다 더 효과적인 곳으로 돌릴 수도 있었다는 것이다.

어떤 이는 올림픽 개최가 가져오는 고용과 생산유발 효과를 말하지만 이것은 어떠한 투자에나 따르게 마련이다. 경부고속도로나 인천항을 확장하는 사업에서도 올림픽 못지 않은 고용과 생산유발 효과를 얻을 수 있다. 일반적으로 말하면 한국과 같은 고성장 국가에서는 재원(財源)이 부족한 것이 문제이지 벌일 사업이 없어서 문제가 되는 것은 아니다.[4]

올림픽 개최로 인하여 한국이 세계에 더욱 잘 알려진 것은 사실이다. 그러나 단순히 잘 알려졌다는 것만으로는 경제적으로 크게 도움이 되지

---

[4] 한 전문가의 연구결과에 따르면 "재정지원으로 경기장을 건설하는 것"은 고용창출 방법 중에서는 "하책 중의 하책"(extraordinarily ineffective)이다. 그에 의하면 "경기장 건설을 통하여 한 사람의 실업자를 구제하자면 십만 달러를 투입하여야 하는데, 20달러 짜리 지폐를 그 금액만큼 맨하탄에 뿌리면 7~8개의 일자리가 생긴다"(Murphy).

않는다. 외국 소비자들이 올림픽 개최국가의 물건이라서 구매하는 것도 아니고, 올림픽 개최 국가라서 관광객이 저절로 찾아오는 것도 아니다. 상품의 구매는 가격, 품질 등 상품경쟁력이, 여행은 관광자원, 편의시설 등 관광경쟁력이 결정할 뿐이다.

실제로 88 올림픽이 상품수출과 관광진흥에 기여하였다는 확실한 증거가 없다. 올림픽이 수출이나 외환획득에 기여하였으리라는 것은 우리의 환상에 지나지 않았을 가능성이 크다.

국위선양(國威宣揚)?

우리나라에서 자유통행권(free pass)처럼 쓰이는 "국위선양"이라는 것을 생각해 보자. 앞에서 말했듯이 외국 사람들은 일반적으로 스포츠 강국을 훌륭하다고 생각하지 않기 때문에 올림픽 개최로 한국의 위신이 올라갔다고 보기는 어렵다.

역으로 88 올림픽은 "국가위신" 면에서 상당한 역기능(逆機能)을 가져오기도 했다. 하나의 사회는 여러 가지 측면에서 균형이 맞아야 정상이다. 올림픽을 성대히 치를 수 있는 나라라면 그에 맞는 경제·사회·문화적 수준에 도달해 있는 것이 상식이다. 그런 나라에서 다리가 내려앉고, 백화점이 무너지고, 지하철이 침수되는 등의 어이없는 일이 계속 일어나는 것은 어딘지 앞뒤가 맞지 않는다. 그런 일이 일어날 때 외국인들은 그저 고개를 갸우뚱할 뿐이다. 올림픽 때문에 그런 일들이 더욱 기이하게 느껴지고, 올림픽 때문에 더 많은 사람의 주목을 받게 되었다면 올림픽이 국가위신에 기여한 것은 과연 무엇인가? 이익인가, 손해인가?

비슷한 논리로, 올림픽을 치른 나라의 택시기사들이 바가지 씌우고, 승차거부하고, 의사소통은 전혀 되지 않는다는 사실을 알고 나서 외국인들이 가지는 실망감은 그만큼 더 커질 수 있다.

허풍치는 사람의 밑천이 드러났을 때에 주위 사람들은 크게 실망한다. 88 올림픽이 한국을 주시하였던 외국인들에게 그런 실망감을 가져다주었는지도 모를 일이다.

국민체육 진흥?

올림픽이 국민체육진흥에 얼마나 기여하였는가를 생각해 보자. 잘 알려진 대로 정부의 체육정책은 올림픽 등에서 메달을 딸 수 있는 체육엘리트의 양성을 그 기본으로 하고 있다. 엘리트체육이 일반 국민과는 상관이 없기에 한 언론은 "대중과 무관한 '별종 놀음'"이라고 부르기도 하였다. 어떤 생활체육 관련 인사는 "현재 한 해 300일 이상 집단합숙 훈련을 하며 선수를 육성하는 나라는 전 세계에서 한국과 중국, 쿠바 정도에 불과할 것"이라고 꼬집기도 하였다(조선, 97. 12. 24). 올림픽이 국민의 건강을 위한 것이 아닌 것이다.

서울에 있는 방대한 올림픽 경기장 시설은 잘 사용되지도 않으며 일반시민들에게는 이용할 수 없는 그림의 떡이다. 그러기에 인근지역 주민들은 소송을 제기하면서까지 "올림픽 기념관" 건립을 반대하였다(1997년).

올림픽을 치르고 남은 "수익금"을 기반으로 "사회체육을 진흥한다"면서 "서울올림픽기념 국민체육진흥공단"이 만들어졌다. 그 공단은 한 걸음 더 나아가 각종 체육시설을 이용하는 시민들로부터 "체육진흥기금"을 받아 수천억 원에 이르는 재원을 마련하였다. 그러나 막상 공단이 수행하는 일을 보면 TV방송, "경륜"(競輪), 호텔사업(올림픽파크텔) 등 수익사업에 관심이 더 많은 듯하다. 누구를 위해서 무엇을 하려고 "국민세금"을 사용하고 있는지 분명하지 않다.[5]

종합하면, 올림픽은 "국민체육진흥"에 크게 기여하지 못하였다. 그 결과 나라가 뒤흔들릴 정도로 관심을 쏟는 축구계에도 청소년을 지도할 사람이 없고, 시민을 위한 제대로 된 축구장이 하나도 없다.

---

5) 경마(競馬)가 서양에서 건전한 "레저 스포츠"일지 모르지만, 한국에서는 그렇지 않은 듯하다. 문화적 차이 때문인지 한국에서의 경마는 '공인된 도박'에 가까워가산을 탕진하는 사람이 생기는 등 심심치 않게 사회적 물의가 일어난다. 그런 형편에 누가 보아도 사행심을 조장하는 경륜을 "국민체육진흥"이라는 이름으로 도입한 것은 범임(凡人)에게는 이해하기 어려운 일이다.

"88정신"의 허실

마지막으로, "88정신"으로 불리기도 하는 "할 수 있다"는 자신감을 되짚어 보자. 인간에게 자신감과 적극성이 필요한 것은 두말할 여지가 없다. 그러나 바탕이 약하고 근거가 없는 자신감은 자칫 자만심으로 발전될 수 있다. 불행히도 올림픽이 가져다 준 자신감이 그렇게 되었다는 증거가 많다. 국민은 국민대로, 정부는 정부대로 한국이 갑자기 선진국이나 된 듯한 착각에 빠져 분수에 넘치는 행동을 보이기 시작했다. "샴페인을 너무 일찍 터뜨린 것이다."

올림픽 이후 국민들은 소비지출이 방만해졌고 관광과 유학 등의 해외여행이 부쩍 늘었다. 심리적으로도 해이(解弛)해져 열심히 일하기보다는 여가를 즐기려 하게 되었다. 신체적으로 힘든 일은 3D업종이라 하여 기피하였다.

기업은 투자규모가 커졌고, 인심이 후해져서 손익구조가 좋지 않았음에도 근로자들의 지나친 요구들을 손쉽게 들어 주었다. 다수의 대기업이 "세계 초일류 기업"을 표어로 내걸고 국내외에서 분수에 넘칠 정도로 왕성한 활동을 벌였다. 외국의 중소기업을 우습게 여기거나 작은 사업, 소량 주문을 무시하기도 하였다.

자신감이 생긴 정부는 국제행사의 유치에 부쩍 열을 올렸다. 국민과 기업에게는 해외투자, 해외여행 등 외환반출을 장려하였다. 경제개발협력기금(EDCF)을 만드는 등 후진국을 돕겠다고 나섰다. 정부와 기업은 현실적 능력과는 동떨어지게 첨단기술에의 도전을 내걸고 "신기루만을 붙잡으려" 하였다(유영준).

일종의 '자기도취적 건방짐'(sense of hubris)인 것이다.

자만심은 외국인에 대한 우월감으로도 나타났다. 적지 않은 여행객들이 태국이나 베트남 등 동남아시아 각국에서 현지인을 얕잡아보는 볼썽사나운 언행을 한 것은 국내 언론을 통해서도 자주 지적되었다. 그런 행동은 선진국에서도 다르지는 않았다. 이탈리아에 살고 있는 한 교포의 말을 들어보자 :

많은 한국인에게 "세상에서 한국보다 경쟁력이 강한 나라는 미국, 일본, 독일 등 몇 나라에 불과한 것"으로 비쳐졌던 것이다(태국거주 사업가, 1997년).

물론, 위에 말한 자만심과 방만함이 올림픽의 탓만은 아니다. 1988년 무렵은 민주화 바로 다음이었고 상품수지가 큰 폭의 흑자를 보이고 있었다. 그 두 가지 사유만으로도 한국인은 과거의 움츠림에서 어깨를 펼만하였는지도 모른다. 그러나 '자신감'이 '자만심'으로 변질된 가장 큰 이유는 올림픽을 전후한 정부와 언론의 과대선전으로 말미암아 시민, 기업인, 관료 모두가 착각 혹은 자기최면에 빠졌기 때문이라고 할 수 있다.

"할 수 있다"(I can do it)는 표어는 원래 "다소 도전적인 목표를 세우고 부딪쳐 보라"고 용기를 북돋우는 말이다. 그런데 그 "목표"는 평상의 노력으로는 어렵지만 능력과 노력을 십이분(120%) 발휘하면 달성할 수 있는 것이어야 한다. 현실성이 없는 허황된 목표는 구성원의 냉소(冷笑)를 받아서 역효과를 낼 수도 있다. 세계적으로 이류(二流)에도 못미치는 한국의 대기업들이 1990년대에 와서 너도나도 "세계 초일류(超一流) 기업"

을 내세우자, "제발 '초(超)'자는 빼자"라는 비아냥거림이 기업 내부에 번진 것이 바로 그런 경우에 해당한다. 자신감은 좋지만 자만심이나 허황된 꿈과는 구별되어야 하는 법이다.

"88 올림픽"으로부터 10년이 채 안되는 사이에 우리는 경제위기를 당하였다. 그런 차제에 우리는 "2002 월드컵"을 치르도록 되어 있다. 이제 그런 행사들에 대해서는 분위기에 편승(便乘)하기보다 냉철하게 이해득실을 따져 보아야 할 것이다.

6. 요약 및 결론

우리의 의지와는 상관없이 사회경제적 환경은 급하게 바뀌고 있다. 환경이 바뀌면 새로운 질서가 필요한 법이다. 불행히도 현재 요구되는 질서는 우리의 전통적 사고 및 관념과는 잘 어울리지 않는다. 따라서 우리에게는 새로운 질서에 맞추어 사고와 관념을 바꾸는 유연성이 요구되고 있다.

긴 역사를 통하여 우리는 폐쇄되고 정적(靜的)인 환경에서 살아 왔다. 그래서 서로가 서로의 선의(善意)를 기대할 수 있었다. 가부장적(家父長的)인 질서가 효과적이었고, 그런 만큼 온정주의에 입각한 절충과 타협이 필요했는지도 모른다. 국가의 통치자, 조직의 우두머리 등 "가부장"은 기득권을 유지하기 위해서 권위주의가 필요하였고, 때로 실질보다는 명분과 형식을 더 중요하게 생각하기도 하였다.

겉보기에 비중을 두다 보면 자칫 허세를 부리게 되는데 "88 올림픽"은 가장 대표적인 대외과시용 행사였다. 올림픽은 우리 스스로를 자만에 빠지게 하여 1990년대 말의 위기를 불러오는 한 원인이 되었다.

새 천년의 시작을 즈음한 시점의 사회경제 여건은 치열한 경쟁을 기본으로 하고 개체간의 관계는 복잡하다. 그런 상황에서 경제적 효율을 소홀히 다룰 수 없고 상대방의 선의에만 기댈 수는 없다. 따라서 우리는 사

생활을 벗어난 공적활동에 관한 한 사적 인연보다 냉정한 계산을 우선하
여야 할 것이다.

　사고와 관념을 바꾸는 것은 쉬운 일이 아니지만 망설이고 있을 수만
은 없다. 전통이 좋다면서 과거에 매달리면 시대에 뒤쳐지고 경쟁에 밀리
게 된다. 더구나 '심한 변화'를 특징으로 하는 현대의 환경이 요구하는 것
은 무엇보다 먼저 혁신(革新)과 변신(變身)의 능력이다. 전통이건 문화건
어느 한 가지에 지나치게 집착하는 것은 스스로의 손발을 묶을 뿐이다.

　새로운 세기에는 새로운 사회경제 질서가 필요하다. 우리는 그것을
위해 전통적 사고와 관습을 바꿀 수 있는 용기와 현명함을 가져야 할 것
이다. 뒤를 돌아보기보다는 앞을 먼저 내다보아야 할 것이다.

제11장 합리적 사회경제 질서의 미정립
-원칙, 제도, 교정(矯正) 장치가 없는 사회 -

한 사회의 질서는 눈에 보이지 않는 하부구조로서 그 사회의 기능성 (機能性)에 큰 영향을 미친다. 어떤 형태의 질서를 가지고 있으며 그 질서가 얼마나 잘 지켜지느냐에 따라 생활의 질과 경제적 수준이 좌우되는 것이다. 질서의 내용과 질서의 준수 여부는 정부의 정책과 구성원의 가치관에 의해 결정된다.

불행히도 우리는 '개방된 시장경제'에 걸맞은 사회경제적 규칙을 정립하지 못하였고, 그나마 만들어진 규칙도 잘 지키지 않고 있다. 현실을 놓고 보면 우리나라는 한마디로 '원칙과 질서가 없는 사회'라 하여도 과언이 아니다.

합리적 사회경제 질서를 확립하기에는 우리의 시장경제 역사가 아직도 짧은지 모른다. 그러나 그보다 먼저 우리 정부와 국민 모두의 잘못을 인정하지 않을 수 없다. 개방된 시장경제를 피할 방법이 없고, '주어진' 여건에 합당한 질서를 갖추지 못하였기 때문에 국가경쟁력이 취약하다면 스스로를 탓하는 것 이외의 다른 핑계는 아무런 의미가 없기 때문이다.

이 장(章)에서는 우리 사회의 무원칙함을 현상을 중심으로 살펴 보기로 한다. 그렇게 된 출발점은 정부 혹은 정치지도자 스스로가 원칙을 가지고 있지 못하다는 사실이라고 할 것이다.

1. 정책철학의 빈곤(貧困)

어느 조직이건 순탄한 발전을 위해서는 그 지도자의 비전(vision)이 필요하다. 비전은 한마디로 '장래를 내다보는 큰 그림'을 말한다. 비전이 확실해야 조직의 목표가 주어지고 지도자의 행동에 일관성과 계속성이 생긴다. 지도자의 행동에 일관성이 있어야 구성원들이 그를 믿고 따를 수 있다. 지도자가 어떤 비전을 가졌고 그것이 조직 전체를 위해 바람직한 것이냐 하는 것은 물론 그의 가치관과 철학에 의해 결정된다.

한 나라의 지도계층으로 우선 정치인과 고위관료를 들 수 있는데, 그들의 철학과 비전은 각종 제도와 정책, 즉 '사회경제적 규칙'을 정하는 결정적 요소가 된다. 그들에게는 국가와 사회의 발전을 위한 구상이 있어야 하고, 그것을 위해서는 개인이나 집단의 이익을 떠나 '전체 국민'의 편익을 위한다는 기본철학이 있어야만 한다.

우리 사회의 가장 큰 문제는 지도계층의 철학과 비전이 확실하지 않다는 점이다. 그렇게 된 데에는 여러 가지 다른 이유도 있을 수 있으나 근본 원인은 40년 가까이 계속된 경제개발 정책의 특성과 국민의 전근대적 가치관이라고 할 것이다. 그런 배경은 그들로 하여금 바람직한 철학과 비전을 갖추어야 한다는 절박감을 느끼지 못하게 하였다.

비전이 부족한 정책수립자

한국 정치인들은 종종 "철새"라고 불리듯이 정치적 신념과 신의가 없다. 다음 선거에서 당선에 유리한지 불리한지를 따져서 이리저리 정당을 옮겨 다닌다. 전형적인 "붕당정치"(朋黨政治)의 양상을 보이는 것이다. 결과적으로 우리의 정치사(政治史)는 이합집산의 역사가 되어 버렸다(<그림 11-1> 참조). 정당을 결성하고 정당원을 뽑는 기준과 원칙이 전혀 없는 것이다. 그처럼 정치인이 수시로 이리저리 정당을 바꾸는 것은 대의정치(代議政治)의 기본인 "선거"(選擧)의 의미를 정면으로 부정하는 일이다.

많은 정치인들이 예사로 약속을 어긴다. 국회의원, 심지어 대통령이 되거나 되겠다는 사람들까지 필요에 따라 말을 바꾼다. 제3공화국은 수차에 걸친 정치지도자의 '말의 번복(飜覆)'으로 시작되었다. 정당별 후보자 경선(競選)에서 탈락한 사람이 당초의 약속을 어기고 다른 당의 후보나 무소속으로 출마하는 것은 관행이 되다시피 하였다.

정치적 신념이 없는 정치인들에게 국가정책에 대한 철학과 비전을 찾을 수 없는 것은 오히려 당연하다 할 것이다. 그러다 보니 사회경제적 당위성보다는 정당 혹은 개인의 이해에 따라 법률이 제정되는 경우가 더 많

【<그림 11-1> 정치신념의 빈곤】

출처 : 조선일보, 1997. 11. 1.(조선일보사의 허락을 받아 전재함. ⓒ 1997 조선일보사)

다. 국회의원들이 소속정당 지도부의 명령에 따라 투표하기 때문에 "거수기"(擧手機)라는 별칭이 붙어 있다.

금융외환 위기를 전후하여 노동법과 금융개혁법이라는 국가경제의 장래를 좌우할 법률안이 국회에 상정되었을 때에 정치지도자들은 정책철학이 빈곤함을 극명하게 보여 주었다. 노동법은 노동계의 압력과 정당간의 힘겨루기 때문에 처리가 지연되었고 통과과정에서는 날치기 등의 온갖 우여곡절을 겪었다.

금융개혁 법률안이 국회로 넘어오자 재경위는 금융감독위원회의 소속을 총리실에서 재정경제원으로 바꾸려고 기도(企圖)하기도 했다. 금감위의 관할 상임위원회가 행정위로 바뀌는 것을 방지하고자 하는 재경위 소속위원들의 이기주의가 발동한 결과였다.

행정부(行政府)의 각 부처는 관할 업무와 관련된 각종 법률안, 제도, 정책을 입안하고 집행한다. 그런 일들을 주관하는 것은 장관을 비롯한 고위관료들인데 그들 역시 정책철학과 비전이 부족한 것으로 보인다. 무엇이 국가를 위해서 유익한 것인가 하는 인식이 모자라거나 주무부처 혹은 다른 이해집단의 이익을 앞세운다.

1980년대 중반 이후부터 10년 이상 계속된 금융개혁안은 재무부와 한국은행의 주도권 다툼으로 세월을 보내다가 1997년 국제기구의 압력을 받고서야 겨우 가닥을 잡았다.

금융외환 위기의 혼란 속에서 금융실명제를 사실상 폐기한 것은 현실경제에 대한 식견(識見)이 부족했거나, 아니면 금융자산이 많은 특정 계층의 이해를 대변한 것이다. 금융소득에 대한 종합과세를 폐지하고 개별거래의 세율을 높인 것은 어떻게 보아도 사회정의에 맞지 않는다. 자금출처를 묻지 않겠다고 한 것은 "지하자금"을 끌어내겠다는 명분을 내걸었지만 실상은 '지하경제'를 활성화시키고 상속세를 회피할 길을 열어 주었다. 부유층은 세금을 감면받아 좋지만, 모자라게 된 세금은 모두 서민의 몫으로 돌아오게 된다.

정책을 수립하는 사람들이 철학과 비전이 부족하다 보면 많은 법규가 자의적(恣意的)으로 제정·운영된다. 장기적·근본적 대책보다는 그때 그

때의 필요에 따라 미봉책이 양산되고 생색내기 대책이 마련되는 전시행정
이 펼쳐진다.

성의없이 만들어지는 법규

어떤 종류의 법규이든 그것은 국민, 즉 개인과 기업을 기속(羈束)한
다. 따라서 정부는 법규의 제정에 신중을 기하여야 마땅하다. 그러나 우리
나라는 법규의 제정과정부터 성의가 없다.

행정부처는 신중한 검토없이 정책이나 법률을 입안(立案)하는 경우가
많다. 국회는 행정부가 서둘러 준비한 법률안을 토론과 여과없이 통과시키
는 일이 흔하다. 언론에 보도된 대표적 사례를 보자 :

> ### (사례 11-1) "10초 만에 법안 한 개 '뚝딱'"
>
> 법 하나 만드는 데 10여 초. 김수한(金守漢) 국회의장은 국회 폐회일인 30일
> 오후 8시 25분부터 약 20분간 무려 4백 30여 번 방망이를 두들겼다. "의사일정
> 제1항 성폭력처벌특별법에 관한 개정안을 상정합니다." "땅, 땅, 땅." "이 안건에
> 이의 없으십니까? 이의 없으시면 가결되었음을 선포합니다." "땅, 땅, 땅." 金의장
> 이 "이의 없느냐?"고 외칠 때마다 여야 의원석에선 장난처럼 "없습니다," "없어
> 요"하는 대답들이 터져 나왔다. 국민의 생명과 재산이 건당 10여 초 정도만에 전
> 부 번개같이 통과되었다. 金의장은 이런 식으로 72개의 법안과 1개의 동의안을
> 포함해서 모두 73개 의안을 20여 분 동안에 다 통과시켰다. (중앙, 97. 7. 31)

법안에 대한 제안설명과 심사보고도 없이 "번개같이" 처리되는 법안
에 문제조항이 포함되어 있지 않다면 오히려 이상하다 할 것이다. 자연히
아주 많은 법률이 일 년이 채 안 되는 사이에 개정되는 운명에 처하고 세
월이 지날수록 자르고 기워서 누더기가 된다.

행정부가 즉흥적으로 입안하고 시행하는 대표적 사례로 교육정책이
있다. 교육정책은 온 국민의 초미(焦眉)의 관심사이고 정부 스스로 언필칭
(言必稱) "백년대계"(百年大計)라고 말하는 중요한 일이다. 그러나 교육정

책의 뿌리가 되는 대학 입시제도는 해마다 바뀐다. 관료들이 수능, 내신, 특차, 특례입학, 특수목적고 등등 원칙도 철학도 없이 제도를 만들고 바꾸어서 국민들의 원성을 사고 있다.

금지할 명분도 없고 금지할 방법도 없는 과외(課外)를 정부는 깊은 생각없이 불쑥 금지한 바 있다. 그 바람에 "분가한 삼촌이 가르치면 불법, 분가하지 않은 삼촌이 가르치면 합법," "10명을 동시에 가르치면 불법, 5명씩 나누어 가르치면 합법"이라는 웃지 못할 규칙이 만들어지기도 하였다.

탈법자에 맞춘 법규

우리 정부는 성악설(性惡說)적인 입장에서 국민을 평가하고 있는 듯하다. 국민은 언제라도 탈법과 위규를 할 개연성이 있는 것으로 가정하여 매우 자세하고 엄격한 법규를 만들어 내는 경향이 있다. 사회적으로 바람직하지 못한 일이 한번 생기면 재발을 방지한다는 이유로 새로운 법규와 제도가 만들어지곤 한다.

운전면허증을 갱신할 때면 새 면허증을 주소지로 우송하여도 될 것을 굳이 경찰서에 직접 와서 옛 면허증과 교환하게 한다(<사례 3-4> 참조). 옛 면허증을 불법적으로 악용하는 것을 막자는 것이다. 대학입학 특례제도를 편법으로 이용하는 사람이 적발되면 깜짝 놀라 서류를 이중삼중으로 제출하도록 제도를 바꾼다(<사례 7-2> 참조). 어쩌다가 가짜 박사학위가 문제가 되면 해외에서 취득한 학위는 설사 하바드대학이라 한들 "학술진흥재단"에 등록하고 확인서를 받아야만 인정을 받는다.

1995년에 특정 재벌이 기관투자가의 지분을 활용하여 특정 회사에 대한 경영권 분쟁을 일으킨 적이 있다. 그러자 정부는 기업의 경영권 안정을 명분으로 황급히 기관투자가의 의결권 행사를 제한하였다. 한두 명의 지방 자치단체장이 임기중에 사임하여 중앙정부의 선출직 선거에 출마하면 "위헌의 소지(素地)가 있는 줄 알면서도" 법률을 제정하여서 이런 일의 재발을 막아야만 직성이 풀린다. 관료와 은행원은 모두 잠재적 비리행위자이기 때문에 1~2년에 한 번씩 자리를 바꾸게 한다.

마치 "자라를 보고 놀란 가슴 솥뚜껑보고도 놀라는 듯하다."

특정 이해단체를 위한 정책

정부의 조치가 특정집단에는 이익이 되지만 많은 국민에게 피해를 주는 사례도 적지 않다. 오랜 세월을 끌어 온 의약분쟁(醫藥紛爭), 한양분쟁(韓洋紛爭)은 국민의 건강이라는 막중한 일이 걸렸음에도 이해당사자들의 눈치를 보느라 해결되지 않고 있다.

"변호사, 공인회계사, 세무사, 건축사 등 고소득 전문직에 대해 부가가치세를 부과하려던 세법개정안"은 1998년 초에 국회 상임위원회 심의에서 '예상했던 대로' 백지화되었다. "수임료에 부가세를 매기면 그 부담이 소비자에게 돌아간다"는 것이 그 이유였다. 대한민국의 소비자는 대부분의 상거래에서 부가세를 부담하고 있는데, 같은 논리라면 부가가치세 자체를 폐지하여야 마땅하다.

운전면허를 "운전전문학원"에서 따기 위해서는 수십 시간의 학원 강의를 듣도록 의무화하고 있다. 면허시험장에서 면허를 따는 것이 운전학원을 통하는 것보다 훨씬 어렵다는 것이 적지 않은 면허지망생이 가지고 있는 인식이고 보면 과연 누구를 위한 제도인지 분간하기 어렵다.[1]

환경을 파괴하는 무절제한 자연 개발, 염가판매를 처벌하는 의약행정, 구역을 제한하는 택시 운행구간, 꼬불꼬불한 버스노선 등등 비슷한 사례는 우리 주변에서 흔히 볼 수 있다.

누구를 위하여 정책을 입안하는지 분명하지 않다.

---

[1] 보도에 따르면 면허시험장의 평균 합격률은 44%이고 운전학원의 합격률은 80%라고 한다(KBS, 98. 7. 31). 저자가 만난 한 신규 면허 취득자(주부)는 "적지 않은 주부들이 면허시험장에서 계속 불합격하자 최후 수단으로 운전전문학원에 등록하고 있다"고 증언하기도 하였다(1997년).

고양이에게 맡긴 생선가게

법규를 제정할 수 있는 권한은 현실적으로 관료와 정치인에 독점되어 있다. 그들의 정책철학과 비전이 불확실하다보니 국리민복(國利民福)보다 스스로의 이익을 우선하여 법규를 제정하는 경우가 적지 않다. 법규제정과 정책결정 권한의 남용인 것이다.

산하기관의 조직을 확대하여 예산을 낭비하고 낙하산 인사를 감행하는 것은 국가운영의 효율성 측면보다 정치인과 관료집단의 이익을 위한 경우가 더 많다. 정부 산하기관이 정치인과 관료의 식읍(食邑)이 된 사실은 제7장에서 따졌고, 여기서는 정책결정과 관련된 권한남용의 한 사례를 보자 :

> ### (사례 11-2) 억지 논리로 부과하는 "관광진흥개발기금"
>
> 문화체육부는 1997년 7월부터 관광목적으로 출국하는 국민들에게 일인당 10,000원씩의 관광진흥개발기금(속칭 "출국세")을 징구하기 시작하였다. 그 제도는 취지 자체부터 문제가 있다. '관광'목적으로 출국한다고 해서 그런 사람만이 유독 "국내 관광진흥개발"을 책임질 이유는 없다. 국립공원 입장료 등과는 달리 수익자부담의 원칙이 적용되는 것이 아니기 때문이다. 정부 차원의 국내관광 진흥이 굳이 필요하다면 국민 전체가 비용을 부담하여야 마땅하다.
>
> 현실적으로 보아도 출국목적이 관광인지 상용(商用)인지 똑부러지게 구분이 되는 것도 아니고, 그 목적을 확인할 방법도 없다. 자연히 공항의 출국장에서 시비와 분규가 끊이지 않는다. 급기야 출장증명서를 발급해 오라는 등 시민들을 귀찮게 하였다.
>
> 1998년이 되자 주무부처는 한술 더 떠서 출국세를 외국인을 포함한 모든 출국자에게 부과하겠다고 입법예고하였다. 외국인으로부터 징구하는 것은 국가망신이라고 관광업계가 항의하자 정부는 출국세 징수로 거두어들이는 재원을 "관광산업에 투자하면 더 많은 외국인들이 우리나라를 찾게 될 것"이라는 억지 논리를 폈다. 도대체 왜 외국인이 한국의

관광진흥을 위해 비용을 부담해야 하는가?

그런 와중(渦中)인 1998년 5월에 정부는 징수한 출국세의 절반을 실직자 지원자금으로 쓰겠다고 발표하였다. 유독 해외여행자가 실업자를 구제하여야 하는 논리적·법적 근거가 있기라도 하다는 말인가?

그렇게 보면 출국세를 받는 저의(底意)가 의심스럽다. 출국자에 대한 징수는 "관광"이라는 용어가 같다는 형식주의적 논리를 빌어 주무부처의 가처분 예산을 최대한 확보하자는 발상인 듯하다. 일본을 제외한 선진국은 공항이용료도 받지 않는다. OECD 국가임을 자임하는 한국이 공항이용료에 덧붙여 세계에 유례가 없는 출국세를 받는 것은 이해하기 힘든 일이다.[2] 국민의 부담이나 국가의 위신은 고려하지 않고 부처의 이익만 생각하는 이런 조치는 정책입안 권한의 남용일 뿐이다.

그렇잖아도 국민은 "한국관광공사"라는 산하단체에 의혹의 눈초리를 보내고 있다. 그 단체는 오래 전부터 대형조직으로 존재하면서 막대한 예산을 사용해 왔다(직원 1,000여 명, 연예산 2,000여억 원). 낙하산 인사, 직원에 대한 과다한 퇴직금 지급 등 사회적 물의를 일으키지만 어떤 기여를 하고 있는지 분명하지 않다.

"한국을 찾은 관광객들이 전문 가이드는 물론 영문해설서나 관광안내도조차 없는 현실에 실망하고 있다든지, 문화유적 보전 실태도 만족스럽지 않지만 현장에 외국어로 된 유적지 소개자료가 잘 정비돼 있지 않아 답답할 수밖에 없다는 지적은 우리 정부와 한국관광공사가 그 동안 과연 무엇을 해 왔는지 의심케 한다"(조선, 97. 12. 6). 간단하지만 "관광진흥"의 출발점이 되는 그런 일들은 그저 몇 사람의 진정한 관심만 있었어도 이루어졌을 터이고, 관광공사가 소유하고 있는 제주도의 골프

---

2) 한 단체의 조사에 따르면 출국세를 받는 나라는 한국 이외에도 아프리카의 베넹이 있다. 우리 정부는 정당성이 없는 법을 제정하면서 곧잘 외국의 예를 내세운다. 보기를 들면 1998년 초 재경원이 "원가(原價)의 공개를 의무화하겠다"면서 포르투갈에 그런 예가 있다고 주장하였다. 국민연금 가입을 강제하면서는 스웨덴을, 자동차 공회전 단속을 계획하면서는 일본을 예로 들고는 했다. 사회경제적 여건의 차이는 무시하고 단순히 다른 나라의 예를 본받는다면 세상의 모든 악법(惡法)은 한국에 다 모이게 될 것이다.

장만 팔아도 해결될 수 있는 것이었다.

국회는 국회대로 정치인들의 편의를 위하여 선거법이나 정당법을 바꾼다. 국가경제 사정이 어려워도 예산승인권이 있음을 이용하여 국회의원들의 세비(歲費), 활동비, 운영비 등을 마음껏 올린다. 정치적으로 결정되는 특별사면은 유난히 정치인들과 그들에게 뇌물을 바친 기업인에게 관대하다. 한 법학자(한인섭)는 사면권의 남용을 두고 "비리분자와 사면권자가 본질적으로 같은 부류임을 입증한다"고 비판하기도 하였다(중앙, 98. 8. 21).

우리나라에는 공인노무사, 세무사, 관세사, 변리사, 법무사, 행정사 등의 전문인 자격제도가 많다. 그 제도는 업무표준화라는 장점도 있지만 자칫 직업선택의 자유를 제한할 우려가 있다. 더구나 많은 자격증이 전직 공무원에게는 시험을 면제해 주고 있다. "공무원 노후보장용" 자격제도라는 의심을 면하기 어렵다.

정부는 "전문경력인사 활용"을 빌미로 매년 1백 명이 넘는 전직 고위공직자들을 선정하여 대학강의를 맡게 하고는 "과학진흥 예산"에서 일인당 3천만 원씩을 지급해 주고 있다(1998년 현재). 막상 수혜대상자를 "과학"과는 아무런 상관없는 인사 중에서 선정할 수 있게 한 이 제도는 "마땅히 갈 데 없는 퇴직 공무원에게 자리를 마련해 주고자 하는 것"이라는 의심이 간다. 관리하라고 맡겨 준 정부예산을 편의대로 사용하는 것이다.

뒷걸음치는 개혁

1990년대가 되면서 우리 사회가 "행정개혁," "재벌개혁," "금융개혁"을 필요로 한다는 인식이 꽤 널리 퍼져 있었다. 정부도 그런 사항을 여러 번 공약(公約)하였다. 그런 정부의 약속은 대체로 용두사미(龍頭蛇尾)로 끝났다.

규제완화와 정부기구의 축소를 핵심으로 하는 행정개혁은 오히려 뒷걸음질친 느낌이 강하다. "행정개혁을 담당할 위원회를 새로 만들고 끝난다"는 우스개소리가 현실로 나타나는 일도 많았다. 1997년 말의 대통령 선거 후에 탄생한 정권인수위원회는 "정부기구 축소(제97항)"를 포함한 "신정부 100대 과제"를 선정하고, 그 실천을 위하여 30여 개의 '기구를 신설'하는 것으로 계획한 바 있었다.

재벌개혁은 전경련을 앞세운 재벌의 반대 그리고 실업방지와 경기활성화를 명분으로 한 구제금융의 공급으로 거의 진전이 없다.

'개혁'이라는 것은 이해당사자가 많고 파급효과가 큰 만큼 시행자가 강력한 소신을 가지고 꾸준히 밀어붙여야 성취할 수 있는 법이다. 정책지도자가 확고한 철학과 비전이 없다면 실현이 어렵다. 더구나 정책지도자들 스스로를 개혁하는 일이라면 웬만한 각오가 없으면 기대하기 어려운 일이다.

비전과 철학이 없이 만들어지거나, 명확하지 않거나, 합리성과 형평성이 없거나, 기준이 수시로 바뀌는 법규는 국민의 준법의지(遵法意志)를 손상시킨다. 예를 들어 국민의 가치관이 전혀 달라지지 않았는데 몇몇 정부당국자가 마음먹는 대로 과외가 "합법"이 되었다 "불법"이 되었다 한다면, 누가 관련법규를 지킬 마음을 가질 것인가?

법규가 자주 바뀌면 국민들이 혼란을 일으켜서 지키기가 더욱 어려워진다. 장래에 대한 예측이 불가능하며 국민들이 불안감을 가지게 된다.

2. 법규범의 정치적 운영

현실적으로 생활환경이 바뀌면 가치관과 관습이 바뀌고 이에 따라 사회법규도 바뀌어야 할 필요성은 있다. 때에 따라 정상을 참작한다든지 전체의 이익을 위해서 예외적인 조치를 취한다든지 하는 법규의 신축적 적용이 필요한 것도 사실이다.

그러나 법규가 불특정 다수의 국민에게 공평하게 적용되어야 함이 기본이고 보면 그 개정에는 분명한 원칙이 있어야 한다. 법규의 정치적 운영은 최소한에 그쳐야 하고, 그에 대한 국민의 공감대를 필수요건으로 한다.

불행히도 우리 사회에서는 법규의 제정뿐 아니라 운영과정에서 필요 이상으로 자주 정치적 판단이 개입되어 사회정의(社會正義)가 허물어져 왔다.

공권력의 이중잣대

우리 사회에서는 법규범이 형편에 따라 다르게 해석되고 적용되는 경우가 많다. 정치규범이 "정치적"으로 적용되는 것은 여야(與野)가 바뀌면 주장과 행동이 완전히 뒤바뀌는 일에서 쉽게 찾아볼 수 있다. 법적 근거가 불확실한 국무총리 서리(署理)의 임명, 고위공직자의 임명을 위한 인사청문회의 도입, 산하단체장의 발령 등이 비교적 근래에 있었던 대표적 사례라 할 것이다. 특정 정당이 야당일 때에는 이렇게 주장하다가 여당이 되면 언제 그랬느냐는 듯이 다르게 행동하는 것이다. 정치인의 판단과 결정에 이중잣대가 적용되는 것이다.

검찰은 사정기관(司正機關)이라 불리듯이 법규집행을 담당하는 '가장 중요한' 공공조직이다. 그렇기 때문에 검찰이 특정 계층을 편드는 것은 '금기사항 중의 금기사항'이라 할 것이다. 검찰은 정치적 판단을 배제하고 법규를 곧이곧대로 집행할 임무가 있다. 그러나 대한민국 검찰은 법규범을 특권계층의 이익에 맞추어 정치적으로 적용하는 경우가 많았다.

검찰력을 여당을 옹호하고 야당을 압박하는 데 이용하는 것은 새삼스러운 이야기가 아니다(<그림 11-2> 참조). 1997년의 대통령 선거 당시의 특정 비자금 사건을 두고 검찰이 내린 법률적 해석은 선거 전후에 판이하게 달랐다. 한국 검찰은 "권력의 시녀(侍女)"라고 불려도 크게 항변할 여지가 없다.

검찰의 총수가 나서서 "국론분열, 경제회생의 어려움, 국가 전체의 대혼란" 등을 검찰력 집행의 가늠자로 삼는다고 공언(公言)하기도 하였다(1997년). 그것은 정치지도자나 해 봄직한 이야기이다. 검찰은 정치인과 고위관료의 비리(非理)에는 관대하다. 엄청난 금액의 뇌물도 곧잘 "떡값"이라는 편리한 단어로 각색되어 면책된다. 같은 탈법행위도 공무원과 민간인에 대한 차별은 물론, 공무원간에도 직급에 따라 차이가 있다.

【<그림 11-2> 검찰에 대한 국민의 시각】

출처 : 조선일보, 1998. 5. 6.(조선일보사의 허락을 받아 전재함. ⓒ 1998 조선일보사)

　　힘있는 사람에 대한 법규의 차등 적용은 사정기관의 다른 한 축인 법원에서도 심심치 않게 이루어진다. 정치인과 공무원에 대한 낮은 형량(刑量), 여야 정치인에 대한 차등, 정치지도자의 의지에 따라 뒤바뀌는 판결 등의 '정치적 판결'은 흔히 보는 일이다.

　　한 통계에 의하면 서울지방법원은 뇌물, 알선수뢰죄 등의 '파렴치범'으로 구속기소된 438명의 공직자 중 85%를 집행유예나 벌금형으로 석방한 바 있다(조선, 97. 10. 10). 1997년 금융외환 위기의 신호탄이었던 한보 비리 사건은 오랫동안 온 나라를 떠들썩하게 하였지만, 채 일년도 지나지 않아 정치인과 공직자는 모두 풀려나고, 사안의 성격으로 보아 실무자에 지나지 않는 금융인만 감옥에 남아 있게 되었다.

　　그밖에도 대기업 경영자, 대학교수 등 사회지도층 인사에 대해서는 일반인이 보아 불공평함을 느낄 정도의 관대한 처벌이 내려지는 사례가 많다. 서울지방법원의 대출비리 사건에 대한 다음과 같은 판결이유 설명이 과연 '사법부'(司法府)의 사회적 역할에 부합하는 것인지 의심스럽다:

돈을 주고 자기목적을 이루려 한 행위는 엄히 처벌받아 마땅하나 사업을 하
는 사람을 구속하는 것은 어려운 국가경제에 도움이 되지 않아 집행유예를 선고
한다. (중앙, 98. 9. 9)

조세행정도 이중적인 기준이 적용되는 대표적 사례이다. 제도면을 볼
때 근로소득에 대한 과세가 엄정함에 비추어 재산소득에 대한 과세는 관
대하여 경제정의에 부합되지 않는다. 집행과정을 보면 부유층의 절세를 빙
자한 사실상의 탈세행위나 기업체의 소득누락 등에 대해서도 세무당국은
왠지 관대하다. 개인이나 기업에 대한 "세무조사"는 공공연하게 위협이나
보복의 수단으로 사용되어 왔다.

대표적 공권력이 모두 이중잣대(double standards)를 사용하고 있음
에 비추어 우리 사회에 원칙이 없음은 어쩌면 당연한 일이라 하겠다.

남발되는 '정치적 사면'

제3공화국에서는 정치적 이유로 구속된 "정치범"이 특히 많았다. 정
당하지 못한 이유로 범죄자 취급을 받은 만큼 당사자가 크게 반발하였음
은 당연한 일이었고 민심도 좋지 않았다. 자연히 정치지도자는 정치범들을
적당한 시기에 풀어 주고 시민권을 회복시켜 주게 되었다. 그럴 때에 단골
로 이용된 것이 '특별사면'(特別赦免)이었다. 제3공화국 정부에 대한 국민
들의 반발이 거세었던 만큼, 반대세력에 대한 구속과 특별사면은 끊임없이
되풀이되었다.

정권이 바뀌면서 특별사면은 빈도(頻度)가 점점 늘어나 일년에도 몇
차례씩 시행되었다. 사면의 폭은 정권간에 경쟁이라도 하듯 점점 커져서
급기야는 정치범뿐 아니라 뇌물수수나 공갈과 같은 파렴치범도 포함되게
되었고 대상자의 숫자도 점점 많아지는 경향을 보였다.

특별사면이 있을 때마다 정부는 "국민화합"이나 "국민사기 진작"을 내
세운다. 그러나 남발되는 사면은 몇 가지 문제가 있다 :

(사례 11-3) 법이 비켜 가는 특권계층

◇ 김영삼(金泳三)정부 출범후 구속됐던 주요인사 ◇

사 건	이 름	혐 의	구속시기	현 재
슬롯머신	朴哲彦의원	알선수재	93. 5	복권
	李健介의원	뇌물수수	93. 5	사면복권
	嚴三鐸전병무청장	공갈, 변호사법 위반	93. 5	″
	李寅燮전경찰청장	뇌물수수	93. 7	″
	鄭德珍희전호텔사장	조세포탈	93. 5	″
	千基鎬전치안감	뇌물수수	93. 5	″
율곡 및 군인사 비리	李鍾九전국방장관	뇌물수수	93. 7	″
	李相薰 ″	뇌물수수	93. 7	″
	金鍾浩전해군참모총장	군인사 비리	93. 4	″
	金鐵宇 ″	뇌물수수	93. 7	″
	韓周奭전공군참모총장	뇌물수수	93. 7	″
	鄭用厚 ″	군인사 비리	93. 5	″
	趙基燁전해병대사령관	군인사 비리	93. 4	″
	金宗輝전청와대 외교안보수석	뇌물수수	93. 5	″
	李養鎬전국방부장관	경전투헬기사업 관련 뇌물수수	96.11	잔형집행면제
12·12 및 5·18 관련	全斗煥전대통령	반란 및 내란수괴등	95.12	잔형집행면제 특별복권
	盧泰愚전대통령	반란 및 내란중요 임무종사등	95.11	″
	鄭鎬溶전의원	내란목적 살인등	96. 1	잔형집행면제
	黃永時전감사원장	반란모의 참여등	96. 1	″
	許三守전의원	″	96. 1	″
	許和平 ″	″	96. 1	″
	李鶴捧 ″	″	96. 1	″
	崔世昌전국방부장관	반란지휘	96. 2	″
	張世東전안기부장	반란모의 참여	96. 2	″
	車圭憲전교통부장관	반란모의 참여등	96. 8	″
	李熺性 ″	내란목적살인	97. 4	″
	周永福전국방-내무장관	″	97. 4	″
노태우 비자금	李賢雨전청와대경호실장	뇌물조성, 수뢰	95.11	″
	李源祚전의원	뇌물조성	97. 4	″
	金鍾仁전청와대경제수석	뇌물조성	93. 5	사면복권
전두환 비자금	安賢泰전청와대경호실장	뇌물조성, 수뢰	96. 1	잔형집행면제
동화은행 비리	安永模전동화은행장	대출커미션수수	93. 4	사면복권
산업은행 대출비리	李炯九전노동부장관	대출대가로 뇌물수수	95. 5	″
상지학원 비리	金文起전의원	부정편입학	93. 3	복권
농협 비리	韓灝鮮의원	업무상 횡령	94. 3	사면복권
한보	鄭泰守한보그룹총회장	사기-횡령, 뇌물공여등	97. 1	복역중
	申光湜전제일은행장	특혜대출대가 등 수재	97. 2	″
	寓贊穆전조흥은행장	″	97. 2	″
	洪仁吉전의원	대출압력대가 등 알선수재	97. 2	형집행 정지
	鄭在哲전의원	대출청탁 대가수수	97. 2	집행유예
	金佑錫전의원	공사수주편의수뢰	97. 2	″
	黃秉泰전의원	대출청탁알선 대가수수	97. 2	″
	權魯甲전의원	한보관련질의 무마대가수수	97. 2	형집행 정지
	李喆洙전제일은행장	특혜대출 대가등 수재	96. 5	복역중
기타	金賢哲	알선수재, 조세포탈	97. 5	보석
	金己燮전안기부차장	알선수재	97. 5	집행유예

출처 : 조선일보, 1998. 2. 19.

① 사면기준의 임의성. 기준에 부합하면 누구든지 혜택을 보는 일반사
면과는 달리 특별사면은 특정 인물을 정부가 고르기 때문에 정치적으로
이용될 소지가 다분히 있다. 실제로 특별사면은 정치인 및 고위관료 그리
고 그들의 범죄행위에 연루된 경제인에 집중되는 경향이 있다.

그런 계층의 사람들은 어떤 부도덕한 일을 저질러도 눈가림 식의 감
옥생활을 하다 가석방(假釋放)된다. 웬만큼 세월을 보내면 사면되고 피선
거권 등의 공민권을 회복한다. <사례 11-3>이 그런 사정을 잘 말해 준다.

정치인 등의 사면에는 서민(庶民)의 경우에는 필수적인 소위 "개전
(改悛)의 정"이라는 것도 문제가 되지 않는다. 1997년 말에 있었던 사면의
경우, 특정의 전직 정치인은 천문학적 금액의 추징금 납부를 위한 최소한
의 성의마저 보이지 않았지만 특별복권되었다. 그와 같이 특정계층에 집중
된 특혜는 정부가 언필칭 내세우는 "국민 대화합"과는 정반대로 계층간에
위화감(違和感)을 조성할 뿐이다.

② 준법정신의 손상. 1998년 초의 정권교체시에 대상자가 550만 명이
나 되는 대사면을 단행하면서 법무부장관은 "일반사면을 하면 법질서의
신뢰성에 문제가 제기될 수 있어 제외시켰으나 대신 운전면허 벌점삭제와
행정처분 철회로 실제 수혜범위는 일반사면의 폭보다 더 넓게 이뤄졌다"
고 말한 바 있는데 선뜻 이해가 되지 않는다.

사면은 죄를 지으면 벌을 받는다는 인간사회의 기본질서를 무너뜨리
는 일인 만치 그야말로 '예외적으로' 이루어져야 하고, 정당성과 형평성이
따라야 하므로 국회의 동의를 거치는 일반사면으로 이루어져야 마땅하다.
그럼에도 특별사면이 일반사면보다 더욱 '일반적으로' 이루어진 것이 우리
의 현실이다.

특별사면이 남발되면 그에 대한 기대감을 불러일으키고, 때로 역선택
(逆選擇)을 가능하게 한다. 부정한 방법으로 이익을 취하고 난 다음 발각
되면 사면을 기다리는 것이다. 실제로 1998년 초의 "대사면"이 있고 난 다
음 일반 국민들 사이에는 "정권교체기에는 죄를 지어도 괜찮겠다"는 말들
이 나돌았다. "법치국가"를 자임하는 나라에는 있을 수 없는 엄청난 준법

정신의 훼손이다.[3]

③ 국민사기의 저하.   특별사면은 기본적으로 죄를 지은 '특정의' 사람을 용서해 주자는 것이다. 만약 사면에 정당성이 없고 국민적 공감대가 없으면 선량한 대다수의 사람들은 상대적으로 박탈감을 느낀다.

실제로 "대사면"의 경우에 정치인들은 크게 환영하였지만 성실한 공무원과 준법운전자들은 상대적 불이익 때문에 불평할 수밖에 없었다. 특히 승격과 임용을 위해 경쟁이 치열한 공무원 사회에서 과거의 징계기록을 모두 말살한 것은 "마치 고교 성적부를 다 없애고 대학입시 내신성적을 매기는 것과 같은" 모순을 낳았다. 정부의 기대와는 달리 국민의 사기는 올라가지 않고 떨어진 것이다.

윤리기준이 모호한 정치권

제3공화국 시절의 정치적 탄압은 없는 죄를 만들어 내기도 하였다. 그랬기 때문에 죄가 없어도 형벌을 받는 경우가 많았고, 때로 감옥에 갔다는 것이 명예가 되기도 하였다. 그런 전통이 제6공화국 이후로 확대계승되어 '실제로 저지른 반사회적인 범죄'도 "정치적 탄압"이라는 명분을 붙여 사면되는 일이 많았다. 정치권과 국민들은 그들로 하여금 정치적으로 재기하여 사회의 지도자인 양 행세하게 도와 주는 일이 비일비재하였다.

<사례 11-3>에 나타난 사람들은 검찰수사 결과 실제로 범죄를 저질렀음이 판명되었다. '그들만이 검찰의 소추(訴追)를 받게 된 동기'와는 상관없이 죄가 드러난 이상 형벌을 받는 것은 지당한 일이다. 비슷한 일이 아무리 정치권에 일반화되었다 하더라도 그들의 행위가 정당화될 수 있는 것은 아니다. (다른 차가 과속으로 달리고 있다 해서 속도위반에서 면책되

---

3) 정권을 잡는 것은 당사자들로 보면 더없는 영광이고 기쁨일지 모르나, 일반국민의 입장에서 보면 우연히 그렇게 되었을 뿐이다. 정권교체를 축하한다면서 원칙없이 남발되어 질서의식과 준법정신을 해치는 특별사면이 과연 법정신이나 실정헌법(實定憲法)에 부합하는지 한번쯤 의심해 볼 일이다.

출처 : 중앙일보, 1998. 7. 31.(중앙일보사의 허락을 받아 전재함. ⓒ 1998 중앙일보사)

지 않는 것과 같은 원리이다.) 더구나 증거가 확보되지 않으면 무죄로 추정받게 되는 것이 법집행의 기본이고 보면, 설사 그들이 정치적 희생양이라 한들 그들은 '발각되지 않은 많은 다른 사람들'과는 처지가 전혀 다르다.

　저지른 행위가 반사회적인 것이고 그런 사실이 밝혀진 이상 그들 스스로 사회지도층으로 행세하지 말아야 윤리의식이 있다고 할 수 있다. 정치권이 그들을 "영입"(迎入)하여 공적으로 활동하게 한다면 정치철학을 의심받게 하는 일이다. 불행히도 우리 사회에서는 부정과 비리에 연루된 많은 정치인과 전직관료가 정치적 사면 절차를 거쳐서 정치인으로 재기하고 있다. 정치권 전체의 윤리기준이 모호한 것이다.

　일이 그렇게 되다 보니 정치계의 부정부패 스캔들은 끊이지 않는다. 비리사건이 발생하기만 하면 정치인이 "약방의 감초처럼" 연루되는 것이 현실이다(〈그림 11-3〉). 그런 현실을 두고 한 언론이 "정치인들의 부패불감증"이라고 꼬집기도 하였다(중앙, 97. 4. 2).

정치인과 고급관료는 시민의 눈에 가장 확실하게 뜨이는 말하자면 "사회지도층 인사"이다. 그들의 도덕감과 윤리의식이 모호한 상태에서 사회의 윤리와 질서가 확립되리라고 기대하기는 어렵다. 윗물이 맑지 않으면 아랫물도 흐리게 마련이다.

노동문제의 "정치적" 해결

경제문제를 정치적 잣대로 처리하는 일도 흔하다. 앞서 언급한 정경유착은 그 대표적 사례가 될 것이다. 기업감리 장치가 작동하지 않고 "소액주주"의 권익이 철저히 무시되는 현실도 경제적 계산보다는 지배주주의 권익을 보호해 주자는 정치적 판단이 작용하지 않았는지 의심스럽다.

노동문제 역시 정부와 기업이 정치적으로 다루어 왔다. 제3공화국 이후 정부는 경제정의보다는 기업보호나 "사회안정"을 우선시하여 노동운동을 탄압하여 왔고 기업은 기업대로 정부의 조치를 내심 환영하였다.

1987년의 민주화 이후에 노동운동은 과거의 탄압에 대한 반작용으로 과격하고 무원칙하게 진행되는 경우가 많았다. 그럴 때에 정부나 관련 기업은 합리적 타결점을 찾기보다는 사태를 빨리 수습하는 일에 중점을 두었다. 정부는 정치적 문제가 되는 것을, 기업은 파업이 장기화되는 것을 피하고자 하여 원칙없이 결말을 짓는 경우가 적지 않았다.

"무노동 무임금"에 대한 정부의 방침이 오락가락하였고, 불법파업이나 노동계의 정치적 활동에 대한 정부의 대응도 미적지근하였다. 파업이 시간을 끌면 당해 기업도 쉽게 포기하여 파업기간의 임금을 지급하곤 하였다.

당장의 노사협약 타결을 목적으로 경영권에 대한 노조의 간섭, 노조 전임자에 대한 임금지급, 기물파손에 대한 면책 등 상식에 벗어나는 양보를 하곤 하였다. 그 와중에 일부 노조간부는 민주화를 전후하여 "인간 이하"에서 "노동귀족"으로 신분이 상승하는 즐거움을 누리기도 하였다 (조선 98. 8. 26).

민주화 이후 십 여 년 동안 노사분규는 연례행사가 되다시피 하고 노조는 무리한 요구를 끊임없이 제기하였다. 급기야는 노조가 기업자산을 처분하여 얻어진 "매각잉여금"의 배당을 요구하였고, 실제 그런 요구가 받아들여진 사례도 있었다(1998년). 기업이윤은 위험부담에 대한 대가로 주주의 몫이 되는 것임에도 우리 사회에서는 시장경제의 기본원리조차 망각되는 일이 있는 것이다.

기업의 무원칙한 양보가 계속되다 보니 작업에 임하는 노동자의 근무기강마저 해이해졌다. 창원공단에서 20년간 근무한 어떤 퇴직근로자는 "노동현장이 '노동자 천국'이 되었다"면서 다음과 같이 탄식한다:

일본의 근로자들이 근무하는 모습을 지켜보면 대개 각 회사가 9시부터 오후 5시까지 8시간 근무를 한다…… 9시 정각이면 공장 안의 모든 기계는 가동된다. 모두가 얼마나 철두철미하게 시간을 지키고 자신의 일에 몰두하는지 옆 사람과 사담(私談)은 물론 자리를 뜨지도 않는다…… 거제에 있는 D중공업은… 정문에서 각자의 작업장까지는 대개 15분에서 30분 정도 걸린다. 그런데 거의 대부분이 정시 10분 전쯤 정문에 들어서서 줄을 서고 출근 카드에 시간체크를 하고 각자의 작업장으로 걸어간다. 그리고 탈의장에서 작업복으로 갈아입고 더러는 자판기에서 커피 한 잔 빼어 담배 한 대 물고 세상잡사 나누고 작업장으로 발을 옮긴다. 정해진 작업시간으로부터 빨라야 20분 지난 시간쯤에 10여분간 인원체크에 작업지시를 받고 각자 자기 위치에서 작업준비를 한다. 그러면 실제 작업이 시작되는 시간은 정시에서 빨라야 30분이고 보통 40~50분이 지난 시간이 된다……

그러니 일본 근로자들의 근무시간 8시간은 바로 기계가 돌아가는 8시간을 의미하고 우리 근로자들의 8시간은 자신의 몸이 회사 안에 있는 8시간인데, 오전에 앞뒤로 한 시간 까먹고 오후에 30분 정도 까먹으니 한 사람당 1시간 30분은 그냥 날아가는 시간이다. (이홍)

근로윤리가 이러하다 보니 생산성이 떨어지고 품질관리가 엉성하게 되었다. 한국인의 평균 주당 근로시간(49.2시간)이 미국인의 그것(42.7시간)에 비하여 15%나 많음에도 불구하고 일인당 평균 노동생산성은 77%

에 불과하다(1990년대 중반). 그 결과 한국 상품의 가격 및 품질경쟁력이 심각할 정도로 손상받을 수밖에 없었다.

노동권을 부당하게 억압해서도 안 되지만 노조가 경영권을 침해하도록 허용되어서도 안된다. 근로자는 정당한 대우를 받아야 하지만 그 이전에 스스로의 의무도 완수하여야 한다. 근로자와 경영층은 기업경영의 동반자로서 서로를 존중해 주고 각자의 권리주장에 있어서는 일정한 원칙이 있어야 한다. 경영층과 근로자가 맡은 역할을 충실히 이행할 때 기업이 건전하게 성장하고 사회질서가 확립되며 국가경제가 발전할 수 있는 것이다.

법규범이 정치적으로 운영되는 것은 어느 특정 분야에 국한되는 일이 아니고 한국 사회의 일반현상이라 해도 과언이 아니다. 집단행동이 상습화되고 걸핏하면 물리력을 쓰게 되었다. 되는 일과 안되는 일의 구분이 없어진 듯하다. '원칙이 없는 사회'가 되고 말았다. 사안(事案)이 형편에 따라 적당히 처리되다 보니 법규와 관행이라는 제도(institutions)가 무시되는 일이 흔한 것이다.

3. '엄격한' 법규, '느슨한' 집행

우리 정부의 규제는 복잡하고 엄격하다. 정부 주도의 경제개발 정책, 권위주의적 간섭벽(干涉癖), 집단이기주의에 따른 부처할거주의 등이 그 원인이었다. 법규는 엄격했지만 막상 그 집행은 매우 느슨하였다. 정치적, 온정주의적 고려가 지나치게 자주 작용한 탓이다.

엄격한 법규는 이를 집행하는 데에 많은 비용이 들고, 기업과 개인은 그것을 지키고 따르기 위해 시간, 노력 및 금전을 사용하여야 한다. 그러면 사회 전체가 부담하는 비용이 늘어나서 국가경쟁력을 갉아먹는다. 지나치게 엄격한 법규는 이밖에도 여러 가지 문제가 있다.

쌓이는 시민의 불만

사람은 누구나 속박을 싫어한다. 법규가 사회정의에 어긋난다든지 필요 이상으로 엄격하면 그것을 지키고 싶은 마음이 줄어든다. 사회계약에 따라 "악법도 법"인줄 알고 있지만 마음으로 따르지는 않는다. 법규를 만들어 출국세를 강제 징수하면 내지 않을 수는 없지만, 징수근거가 불합리한 만큼 속으로 불만을 삭여야 한다. 교통체증을 일으키면서 시행되는 음주단속에 마음 편할 운전자는 없다. 자칫 준법정신이 희석되고 정부에 대한 불만이 쌓이게 된다.

탈법의 조장

규제 위주의 법규가 기업과 개인에게 큰 부담을 주면 자연히 부정한 방법으로 이를 피하고자 하는 유혹이 생긴다. 도덕군자가 아닌 범인(凡人)들은 유혹을 자주 받으면 그에 빠지게 된다. 뇌물을 주거나 압력을 동원하여 문제를 해결하려고 시도하게 된다. 법규가 엄격할수록, 규제가 많을수록 부정한 방법을 동원하고자 하는 욕구가 커지고 그럴 기회가 많아진다. 아래의 사례를 보자 :

(사례 11-5) "부패 부추기는 '미성년 규정'"

포항에서 맥줏집(일반음식점)을 운영하는 A씨는 며칠 전 오전 1시 잠자리에서 한 경찰관의 전화를 받았다. "아이구 사장님, 밤늦게 미안합니데이. 내일 휴가를 가는데 아침 일찍 떠날거라, 마 할 수 없이 지금 전화했십니더." A씨는 돈을 챙겨 그 경찰관을 만나러 가야 했다. 손님의 대부분이 대학생이라는 현실이 그를 옭아매고 있기 때문이다. 대학 1, 2학년생은 대개 만 20세가 안 되지만 술집을 출입하는 게 엄연한 현실이다. 하지만 미성년자 보호법은 만 20세 미만의 미성년자는 술을 못 마시게 하고 있다. 그래서 이들을 출입시킨 업주를 처벌하고 있다. A씨는 단속을 피하기 위해서 담당경찰관과 돈독한(?) 관계를 유지하지 않을 수 없었다. A씨는 "법이 업주들의 목을 죄는 '범죄 수단'이 되고 있다"고 흥분했

⋮ 다 ……. (중앙, 97. 7. 3)

결과적으로 법규가 지나치게 복잡하고 엄격하다는 사실 그 자체가 위규와 탈법의 가능성을 높일 수 있다. 과제(過制)가 불법(不法)을 조장하는 셈이다.

"법규 따로, 집행 따로"

엄격하고 복잡한 법규는 기술상의 어려움 때문에 집행이 느슨해질 가능성을 높인다. 노상 독한 매연을 뿜고 달리는 버스와 트럭을 그대로 놓아두는 현실에서 자동차의 공회전(空回轉)을 단속하는 법규를 만들어 보았자 그것이 집행되리라고 기대하기는 어렵다.[4] 말하자면 "법규 따로, 집행 따로"가 되는 것이다.

실제로 법규가 지나치게 엄격하여 사문화(死文化)된 경우가 적지 않다. 고속도로에서 지정된 차로(車路) 위로만 달리는 승용차, 버스, 트럭은 아예 없고 정부 스스로 단속할 의지도 전혀 없다. 전철의 "노약자 보호석"에 신경쓰는 사람은 거의 없다.[5]

우리 정부는 자주 정치적 목적으로, 위규자를 벌하지 않거나 탈법자를 사면해 주었다. 국민들도 온정주의에 입각하여 비록 죄를 지은 사람도 너그러이 용서해 주는 경우가 많았다. "법규 따로, 집행 따로"가 더욱 조장된다.

만들어져 있는 법규, 즉 실정법규를 느슨하게 집행하면 심각한 사회적 문제가 따른다. 다수의 국민이 법규체계를 존중하는 마음을 잃고 손쉽게 위반하게 된다. 자칫 준법정신 자체가 무디어진다.

---

4) 1996년 12월에 환경부가 자동차 공회전에 대해 과태료를 부과하겠다고 나선 적이 있다.
5) 전철의 "노약자 보호석"과 '장애인 전용 주차장소'는 전혀 별개의 사안이다. 전철의 좌석에 앉은 '사람'은 언제나 자리를 양보해 줄 수 있지만 세워져 있는 '차'는 스스로 움직이지 못한다. "노약자 보호석"은 규제를 위한 규제이다.

위규, 탈법, 부적절한 행위는 전염성, 습관성, 중독성이 강하기 때문에 사회 전체의 기강이 무너지고 질서가 붕괴될 수가 있다(제15장 참조). 부적절한 행위를 막고 사회질서를 확립하기 위해서는 전례를 만들지 않는 것이 중요하다. 불행히도 우리의 법규체계와 집행관행은 탈법과 무질서를 조장하는 측면이 있다.

4. 사회감시기구의 퇴화(退化)

성인군자가 아닌 일반인들은 자신의 이익을 앞세워서 행동할 때가 흔히 있다. 스스로에게 도움이 되면 남에게 피해를 주는 일도 마다하지 않는 경우가 있다. 많은 사람이 이기적으로 행동하면 사회질서가 파괴되어 전체가 손해를 본다. 이런 일을 방지하기 위해 각종의 법규와 도덕률이 만들어진다.

사회질서의 유지를 위해서는 법규범의 제정 혹은 수립만으로는 불충분하다. 그것을 지키게 하는 강제장치가 필요한데 이는 바로 위반시의 제재조치를 의미한다. 제재조치로 말미암아 당하게 되는 '불이익'이 위반함으로써 얻는 '이익'보다 커야만 위반행위가 방지될 수 있다.

위반에 따르는 불이익은 '벌칙(罰則)의 종류 및 정도'와 '발각될 가능성'에 따라 좌우된다(제15장 참조). 벌이 미적지근하면 제재를 겁내지 않게 된다. 벌이 아무리 강해도 발각될 가능성이 없으면 불이익은 현실화되지 않는다.

미적지근한 처벌

우리 사회는 법규범을 정치적으로 운용해 왔다. 지도층의 탈법행위에 대해서는 지나치게 관대하였다. 법관과 변호사가 관련된 비리사건이 심심치 않게 발생하고 "전관예우"(前官禮遇)와 "유전무죄 무전유죄"라는 말로 표현되는 법관의 부적절한 판결 사례도 많았다(참조 : 방희선 ; KBS, 98. 10. 22).

탈법행위가 법규에 정해진 대로 제재되지 않는 일이 흔한 것이다. '불법파업' 등의 경우에서 보듯 규칙을 위반하는 행위도 단체로 저지르면 면책되는 경우가 드물지 않다.

'권력'(權力)의 주변에 있거나, '재력'(財力)을 가졌거나, 단체행동이라는 '물리력'(物理力)을 행사할 수 있는 사람들에게는 실정법의 규정과는 상관없이 주어지는 벌칙이 미적지근하다.

'전문 감시기구만 모르는' 탈법행위

우리 사회에서 법규범 위반행위가 발각될 가능성은 선진사회에 비하여 상대적으로 낮다. 즉, 탈법과 위규행위를 적발해 내는 사회의 기능이 약하다. 그 점이 문제를 더욱 어렵게 한다.

전통적 온정주의는 남의 잘못을 고발하거나 제재하지 않고 눈감아 주는 속성이 있다. 거기다가 국정이 오랫동안 원칙없이 운영되어 온 까닭에 사회감시기구(societal surveillance system)가 심각하다고 할 정도로 퇴화되었다. 공적 감독기관이나 민간 감시기구를 불문하고 제도적 장치가 제 기능을 하지 않는 경우가 많다. 그것은 대체로 업무담당자들의 부패, 비윤리성 혹은 소명의식(召命意識) 부족 때문이다.

검찰과 경찰은 가장 대표적이고 공식적인 사회감시기구이다. 조직의 목적 자체가 바로 탈법과 위규에 대한 감시이다. 그러나 이들 조직이 제대로 기능한다고 말하기는 어렵다. 검찰이 정치적으로 법규를 적용하는 일에 대해서는 앞에서 말한 바 있지만, 검찰관의 비리나 독직사건(瀆職事件) 또한 없지 않다. 교통단속이나 요식유흥업소 단속 등과 관련된 경찰의 비리는 상식화되었다. 검·경찰이 폭력조직과 연계된 사례까지 보도되는 것을 보면 아연할 수밖에 없다.

국회는 가장 힘이 센 사회감시기구이다. 국회의원은 상임위원회 활동, 국정감사, 국정조사, 청문회, 대정부 질문 등을 통하여 공공기관 및 기업체의 부조리를 감시하고 확인할 의무가 있다. 그러나 많은 국회의원들이 임무를 소홀히 하고 있다. 오히려 여러 가지 비정상적인 일의 당사자가 되기도 하고, 때로 남의 약점을 잡아 돈을 뜯는 일까지 보도되기도 한다. 국정감사마저 형식적으로 시행되는 일이 많다. 그러다 보니 국정감사에서 지적된 사항의 대부분이 고쳐지지 않고 있다. 소명의식이 없다 보니 국정감사가 "쇠귀에 경 읽기"로 끝나도 국회는 관심이 없는 것인지 모를 일이다.

정치인들은 한 걸음 더 나아가 검찰을 포함한 다른 사회감시기구에 압력을 넣어 기능을 방해하기도 한다. 정치인들이 사회감시 기능을 제대로 수행하기는커녕 가장 먼저 감시당해야 할 입장에 있다는 것이 많은 국민들의 시각이다(<그림 11-3> 참조).

경제활동과 관련된 공식 감시조직으로는 금융감독기구가 있다. 이들이 금융비리를 잘 밝혀내지 못한다는 사실은 수없이 발생한 금융 스캔들이 증명해 주고 있다. 부도처리될 기업에 대한 변칙금융, 각급 비은행 금융기관에서 광범위하게 이루어졌던 각종 편법금융 등등. 이들 스캔들의 전말을 살펴보면 감독기구의 적발능력보다는 소명의식이 더 큰 문제라고 해석할 수밖에 없다. 다음의 사례는 감독기구가 비리행위를 고의적으로 눈감아 주었다는 사실을 확인해 준다 :

(사례 11-6) 수출환어음 할인을 통한 변칙금융

수출기업은 상품을 선적하고 대금을 지급받기 위해 수출환어음(bill of exchange)을 발행한다. 은행을 통한 수출환어음의 할인(negotiation, 통칭 "nego")은 수출기업에게는 매우 유용한 금융수단이 된다.

경제개발 초기부터 내건 수출제일주의의 일환으로 정부는 국내은행에게 수출환어음을 할인해 주도록 적극적으로 권장해 왔다. 수출환어음 할인실적을 두고 은행간에 치열한 경쟁을 유도하였다.

그 결과 수출환어음은 기업에게는 금융혜택을, 은행에게는 외환거래 실적을 가져다 주는 아주 편리한 수단이었다. 자연히 수출환어음 및 관련 서류를 위조하려는 욕구가 생겼다.

실제로 1970년대에서 1980년대에 걸쳐 기업과 은행이 결탁하여 위조한 서류를 근거로 수출환어음을 할인하는 일, 통칭 "선(先) 네고"가 만연하였다. 사실상 모든 외국환은행이 관여하였고 수많은 기업이 해당

되었으며 그 금액은 막대하였다. 그러다 보니 "선 네고"는 관심있는 사람이라면 누구나 아는 공공연한 일이 되었다.

문제는 은행의 부적절한 행위를 감사(監査)하는 은행감독원의 태도였다. 많은 경우, 특정 은행점포로 감사를 나온다는 사실이 사전에 알려져서 은행과 관련기업으로 하여금 대비할 시간을 가지게 하였다. 현장에 나온 감사담당 직원은 핵심적인 장부나 서류는 보지 않고 변죽만 울리는 경우가 많았다. 기본장부를 잠깐 들여다보기만 하여도 금방 알아낼 문제사항을 일주일씩이나 소비하면서도 찾아내지 못하였다.

감독기관의 직원들이 감사대상 은행이나 기업에 부탁하여 적발되어도 문책이 거의 없을 경미한 하자사항을 자진신고하게 하고 감사를 종료하는 일도 심심치 않게 있었다. 그것은 "다치는" 은행원을 만들지 않고 감사담당자의 체면을 세워 주는 좋은 방법이었던 것이다.

선 네고가 적발되어 은행원이 심각한 처벌을 받는 일이나 기업체가 대가를 치르는 일은 거의 없었다. "선 네고"가 있다는 것을 모두가 다 알고 은행감독기관만 모르는 격이었다.

그밖에도 특수 분야에 대한 공적 감시감독기구가 많이 있지만 제대로 기능하지 않는 경우가 대부분이다. 보건위생이나 환경보전, 국토개발 등과 관련하여서도 각급 감시조직이 있으나 이들이 제 역할을 하고 있다고 믿는 국민은 별로 없다. 공공기관이 작성하는 "환경평가 보고서"가 엉터리인 것으로 밝혀지는 사례가 비일비재(非一非再)하고 공해물질은 심각한 정도로 강산을 오염시키고 있어도 단속의 손길은 멀기만 하다.

공공연하게 알려진 재벌기업의 위장계열사를 공정거래위원회는 잘 알지 못하는 듯하다. 각급 사립학교, 사설학원의 비리는 교육청의 직원과 연계된 경우가 많다(동아, 98. 9. 19). 예체능계 대학교수가 불법과외를 하는 사실을 유독 교육청만 눈치채지 못하고 있는 듯하다(조선, 98. 2. 2).

"세상 사람이 다 아는 사실"을 전문 감독기관만이 모르고 있는 한심한 현실을 설명하기는 어렵지 않다. 흔히 내세우는 "손이 모자란다"는 것은 핑계일 뿐이고 실제 이유는 그들이 "생선가게를 지키는 고양이"의 자세를 가졌기 때문이다.

무딘 민간의 고발정신

민간기구나 단체 및 일반 시민들도 사회감시 기능을 제대로 수행하지 않기는 마찬가지이다.

우선, 언론인들은 프로페셔널리즘이 약하여 신문이나 방송이 "사회의 목탁" 역할을 다하지 못하고 있다. 건축이나 토목공사와 관련되는 설계사나 감리사가 제 역할을 하지 못하기 때문에 수많은 구조물이 부실하여 인명사고가 끊이지 않는다. ISO 등 상품의 품질규격을 검사하고 인증(認證)하는 기관도 부실심사를 하는 경우가 많다.

한편, 일반 시민은 고발정신이 약하다. 고자질은 대체로 악덕인 것으로 치부된다. 자기에게 크게 손해되지 않으면 탈법과 위규를 보고도 그냥 지나치는 경향이 있다. 남이 교통법규를 위반하고 쓰레기를 버리거나 방뇨(放尿)를 감행하여도 대체로 모른 척한다. 그런 일들은 목격한 사람에게도 분명히 손해를 미치지만 절박하지 않기 때문에 그냥 넘긴다. 자신에게 큰 손해가 발생하여도 "점잖은 사람이 참아야지" 하면서 시비(是非)를 가리지 않고 덮어 버리는 경우가 많다. 여간 억울한 일을 당하지 않고서는 소송을 고려하지 않는다.

고발을 기피하는 것은 "선비문화"를 숭상한 전통의 영향도 있지만, 위규와 탈법이 만연하다 보니 모두가 둔감해진 결과이기도 하다. 아래에 인용한 한 시민의 불만이 그런 사실을 말해 준다:

(사례 11-7) 고발에 대한 당국의 무관심

한 달쯤 전에 버스를 타고 가다가 운전기사의 난폭운전과 손님에 대한 폭언을 목격하고, 차 안에 비치된 신고엽서를 적어 보낸 일이 있었다. 그런데 3월 27일 저녁 7시에 동대문 구청이라면서 전화가 왔다. 신고내용을 확인하겠다는 것이었다. 그는 신고내용을 확인하면서 "운전기사가 기분이 나쁘면 화도 내고 욕도 할 수 있는 것 아니냐. 이 문제가 재판까지도 갈 수 있는데, 본인이 한 말에 대하여 책임을 질 수가 있겠느냐? 하루에 이런 신고가 1백 통은 온다. 우리도 일일이 확인전화하기 힘들다"며 신경질적인 말투로 따지듯이 질문했다. 민원처리 공무원의 자세라고는 도저히 생각할 수 없는 짜증섞인 항의성 목소리였다 ……. (조선, 98. 3. 31, 독자투고)

시민고발의 제도적 장치가 마련되어 있지만 제대로 기능하지 않는 것이다.

"법을 지키면 손해"

위규와 탈법행위를 적발해 내는 공적·사회적 감시기구가 제대로 작동되지 않거나 적발되어도 처벌이 미적지근하면 유사한 행위는 끊이지 않는다. 사회에 '교정(矯正) 장치'가 없는 것이다.

그러다 보니, '제재에 따르는 불이익의 기대치'보다 '탈법행위가 가져다 주는 이익'이 더 큰 경우가 많다. 그래서 "법은 지키면 손해"라는 것이 국민들이 가지고 있는 보편적 인식이 되어 버렸다. 정치인, 관료, 대기업주는 탈법행위를 해도 정치적 사면으로 면책이 되기 때문에 그에 대한 유혹을 곧잘 받는다. 고속도로의 갓길이나 버스전용도로를 달리는 승용차가 많아도 제지되지 않아 선량한 시민들은 상대적 박탈감을 느낀다. 다음의 사례를 보자:

(사례 11-8) "'뒤집힌' 발코니"[6]

'아파트 발코니 개조 조건부 허용.' …… 건설교통부는 작년 10월 아파트 불법 구조변경 처리지침을 확정, 발코니 바닥을 콘크리트 등으로 돋운 뒤 거실과 발코니 사이를 튼 경우 원상복구토록 조치하라고 지시한 바 있다. 그러나 발코니 개조는 워낙 관행화되어 있어 각 지자체는 자진신고를 독촉하고, 확인하느라 민원인들과 힘겨운 투쟁을 벌여야 했다. 아파트 주민들이 조사 나온 공무원의 출입을 막아 승강이가 벌어진 일이 다반사였다. 일선 공무원들은 진작부터 건교부 지

---

6) 조선일보사의 허락을 받아 전재함. ⓒ 1997 조선일보사

침의 시정을 요구해 왔다. 서울시 관계자는 "건교부에서 열린 회의 때마다 대부분의 지자체들이 '발코니 높임과 이중 새시는 완화해 주어야 한다'는 건의를 했었다"고 말했다.

건교부의 이번 완화조치는 이 같은 건의를 그대로 수용한 것이지만, 그 시기가 너무 늦었다…… 가장 우려가 되는 것은 '법을 지키면 손해본다'는 인식이 확산되지나 않을까 하는 점이다. 일선 행정기관은 일손 부족을 이유로 불법개조를 적발하기보다 자진신고자만 닦달해 왔는데, 법대로 원상복구한 사람은 이번 조치로 또 한 번 뒤통수를 얻어맞는 꼴이 됐다. 지방자치단체는 정부방침을 곧이곧대로 시행한 곳일수록 주민의 원성(怨聲)만 사고, 우스운 꼴이 되고 말았다……

(조선, 97. 10. 16)

"법을 지키면 손해"가 되는 일이 많으면 시민의 준법정신은 심각하게 손상된다.

5. 법규는 있으나 질서는 없다

사회감시 기능이 퇴화되고 제재가 느슨하다보니 적지 않은 국민이 도덕불감증에 걸린 듯하다. 법규는 엄격하나 사회규율은 붕괴되고 질서는 문란해졌다. 공권력조차 권위를 상실해 가고 있다.

도덕 불감증

1997년 몇 달 사이에 언론에 보도된 사례를 중심으로 한국 사회가 안고 있는 문제의 깊이를 가늠해 보자 :

① 의원 42%가 선거법 위반 : 1996년 총선과 관련하여 127명의 국회의원이 선거법 위반 혐의로 입건된 것으로 법무부가 확인함(중앙, 97. 9. 28).

② 명절 열차표의 매진 : 추석이나 구정을 전후한 열차표와 비행기표
및 인기있는 체육경기 입장권의 유통과정에 대해 많은 국민들이
의혹을 가지고 있음(조선, 97. 10. 22).

③ 시내버스는 '달리는 무법자' : 시민단체들이 서울, 부산, 대구 등 8개
도시의 127개 노선을 조사한 바에 따르면 시내버스 한 대가 시간
당 평균 15회 교통법규를 위반하였음(중앙, 97. 10. 2).

④ 비리 해임교장 재발령 : 업체로부터 교육기자재 구입 사례비를 받아
해임되었던 서울의 초등학교장 9명이 징계 후 5개월도 안 돼 복직
됨(중앙, 97. 3. 11).

⑤ 불법 "프로자격" 부여 : 한국남자프로골프협회는 임의로 선정한 특
정인에게 본선 응시권을 주는 관행을 유지해 왔음(한경, 97. 11. 6).

⑥ 구급차에 채소 운반 : 한 시민이 목격한 바에 따르면, 사이렌을 울리
면서 달려간 구급차에서 채소가 내려짐(조선, 97. 9. 6).

⑦ 조작된 의료선진국 : 보건복지부는 병원의 서비스 실태를 조사하면
서 조사일자와 조사항목을 미리 알려 주어 현실과 동떨어진 결과
가 나오게 하였음(한경, 97. 9. 11).

⑧ 학부모가 시험감독 : 고입 내신성적을 둘러싸고 학교를 불신하게 된
학부모들이 중학교의 시험감독에 나서는 사례가 서울 강남구에서
다수 발생함(중앙, 97. 10. 13).

"영(令)이 서지 않는 사회"

그렇듯 사회구성원 중 다수의 윤리의식이 희미하고 질서감각이 무디
어졌다. 한 시민이 통탄한 대로 "영(令)이 서지 않는 사회, 서지 않는 영을
세우려고 노력하는 사람이 없는 사회, 그래서 우리 사회가 구석구석에서
삐걱대고 있는 것"이라고 해야 할 것이다(조선, 97. 5. 28, 독자투고).

강도짓을 하다가 붙잡힌 어떤 시민의 다음과 같은 항의가 단순한 억
지라고 생각되지 않는 것이 우리의 현실이기도 하다 :

내 잘못을 모를 리 있는가? 하지만 어차피 우리 사회가 한 군데도 깨끗한 곳
이 없이 전부 썩었는데 나 혼자 깨끗할 수 있겠나? 오히려 나는 사람을 해치지
않으려고 가정집이나 개인 아닌 금융기관을 털었다. (조선, 98. 2. 17)

준법정신의 저하, 공권력의 권위상실, 원칙과 질서의 붕괴가 심각한
지경에 도달했다 하여도 과언이 아닐 것이다.

6. 기업감리장치(Corporate Governance)의 부재(不在)

사회경제 질서는 하부구조가 되어 기업경쟁력에 영향을 미친다. 보
다 직접적으로 기업경영과 관련된 경제질서로는 기업감리(企業監理)가
있다.[7]

한국에는 1990년대 말까지도 그런 기능이 사실상 유명무실하였다.

새삼 말할 필요도 없지만 주식회사의 주인(owner)은 전체 주주이다.
그러나 우리나라에서는 최대 주주가 단독으로 주인행세를 하여 왔다. 그런
현상은 정부의 양적 팽창 위주의 경제정책과 일반 국민의 시장경제에 대
한 인식부족이 낳은 결과이다.

최대 주주는 "오너" 혹은 "기업주"라고 불리기도 하지만 막상 최대 주
주가 소유하고 있는 지분은 그렇게 많지 않아 '절대 주주'의 위치에 있는
것도 아니다. 29대 재벌(起亞 제외)에 소속된 상장회사의 최대 주주가 영
향력을 행사할 수 있는 실질지분율은 평균 10%에도 미치지 못한다. 그 중
일부 재벌의 경우는 5% 내외에 불과하다(<표 11-1>).[8] (相互出資 지분
에 의결권을 부여하는 것은 정당화되지 못한다. 왜냐하면 주주의 권리는
위험이 높은 '자본금'으로 투자하는 대가로 주어지는 것인데, 상호출자는
숫자로만 나타날 뿐 실제 자본금으로 기여하는 것은 없기 때문이다.)

---

7) '감리'(監理)라는 말은 증권선물위원회가 주식회사의 외부감사인이 그 업무를 성실
   하게 수행하였는지를 확인하는 것을 뜻하나, 여기에서는 더 넓은 의미로 사용하기
   로 한다.
8) 최대주주의 지분이 10%에도 미치지 못하기 때문에 한국 사회에서 흔히 쓰이는
   "오너," "소액주주"라는 말은 잘못된 용어이다.

〈표 11-1〉 재벌 "오너"의 상장회사 실질지분율

(1997. 4. 1. 현재, 단위 : %)

그룹명	"오너"(A)	특수관계인(B)	계열사(C)	실질지분율(D)
현 대	2.12	8.99	26.19	15.05
삼 성	1.20	2.51	20.94	4.69
L G	0.12	4.64	11.94	5.41
대 우	3.72	2.95	24.41	8.82
선 경	2.98	3.04	13.73	6.98
쌍 용	2.48	0.66	31.69	4.60
한 진	4.73	13.90	15.49	22.04
한 화	3.69	1.75	16.77	6.54
롯 데	1.51	1.19	31.96	3.97
29대 평균	3.46	4.51	18.70	9.80

주 : 1) 특수관계인은 8촌 이내의 친척, 비영리 재단, 계열사 임원 등 "오너"가 영향력
   을 미칠 수 있는 주주임.
   2) 실질지분율(D)은 상호출자 지분을 공제하였을 경우에 "오너"와 특수관계인이
   소유하게 되는 지분임 : D = 100(A+B) / (100-C)
   3) 기아그룹은 "오너"의 개념이 없었으므로 제외됨.
자료 : 공정거래위원회(조선, 98. 1. 9)

절대 주주도 아닌 최대 주주가 기업을 독단으로 경영하는 것은 지극
히 반상식적인 일이다. 그러한 잘못된 기업경영 관행은 결국 기업과 국가
의 경쟁력을 떨어뜨렸고 금융외환 위기를 초래한 바탕 원인이 되었다.

최대 주주에 의한 일반 주주 재산권의 침해

기업체의 운영원리는 주주의 위탁을 받은 이사회가 최고경영자(chief
executive officer, CEO)를 임명하고 일정한 제약조건을 붙여서 경영을 위
임하는 것을 출발점으로 한다. 최고경영자는 조직을 구성하여 기업을 경영
하며 위임받은 범위 내에서 권한을 행사한다. 이때 최고경영자는 경영층

혹은 특정 주주보다는 '전체 주주'의 이익을 위해 경영에 임할 의무가 있다. 그 의무를 게을리하는 것은 해임(解任)의 사유가 되며, 고의로 주주의 이익에 반하는 일을 하면 배임(背任)이 되어 형사책임을 져야 마땅하다.

재벌의 "오너" 혹은 "총수"는 주식회사의 원리에 비추면 '우연히' 최고 경영자의 자리에 앉게 된 최대 주주에 지나지 않는다. 그런 총수가 그룹 소속 상장회사를 마치 개인회사인 듯 경영하여 전체 주주의 이익을 심각하게 손상시키는 것이 우리나라의 현실이다. 남의 재산을 임의로 처분하는 재산권의 침해가 아무렇지도 않게 계속되어 온 것이다.

특별히 어느 기업을 지정할 필요가 없을 정도로 광범위하게 그리고 오랫동안 그런 일이 일어났다. 그래서 일반 주주들은 그런 관행이 스스로의 재산권에 대한 침해라는 사실조차 인식하지 못하고 있다.

흔히 일어나는 최대 주주에 의한 일반 주주의 재산권침해 사례를 정리해 보면 아래와 같다 :

① 정당한 절차를 거치지 않은 투자 결정. 큰 자금이 소요되는 사업은 기업의 사활(死活)과 관련되기 때문에 신중한 검토를 거쳐 이사회의 승인을 받아야 한다. 우리의 현실은 최대 주주의 기호에 따라, 그의 직감에 의존하여 대규모 투자결정이 이루어지고 있고 그만큼 실패의 가능성이 높다 (제5장 참조).

② 계열회사에 대한 지급보증. 비록 최대 주주가 같아도 계열회사의 일반 주주는 회사별로 각각 다르다. 따라서 특정 계열회사를 위해 지급보증을 하는 것은 전체 주주의 이익에 반하기 때문에 정당화되지 못한다. 지급보증을 받은 회사가 부실해지면 지급보증을 한 회사의 일반 주주가 피해를 볼 수 있기 때문이다.

실제로 금융외환 위기를 전후하여 부도처리된 H, J, K 등 여러 재벌의 경우에는 부실한 관계회사 때문에 건전한 회사가 줄줄이 무너졌다. 엉뚱한 사람들이 아무런 이유없이 막대한 재산상의 손실을 입은 것이다.

③경영자의 임명과 해임.　최고경영자는 여러 명의 고위경영자를 임명하여 기업의 일상 업무를 맡긴다. 그들의 능력과 자세는 경영성과에 결정적인 영향을 미친다. 고위경영자의 선임에 매우 신중하여야 하고, 아울러 그들이 효과적으로 기능할 수 있게 기회와 권한을 주어야 한다. 그러나 대다수의 재벌기업에서 총수가 임의로 개별기업의 고위경영자를 임명하고, 충분한 권한을 주지 않으며, 단기간(보통 2~5년)에 교체해 버려 능력을 발휘할 기회를 주지 않는다. 기업성과가 나빠질 가능성이 많은 것이다.

④주권(株券)의 남발.　주권, 즉 주식 및 주식관련 회사채(전환사채, 주식인수권부 사채)는 기업에 대한 의결권(議決權)과 주주의 재산권에 직접 영향을 미친다. 그 발행과 배정에 신중을 기하여야 하고 이사회의 승인, 공시 등 정당한 절차를 밟아야 한다.

많은 상장기업들이 자금조달 목적으로 무절제하게 증자(增資)를 실시하여 주식의 가치를 떨어뜨렸다. 주식을 "값싼 자금"으로 치부하는 인식 그 자체에 일반 주주가 재산피해를 입을 수 있는 위험이 잉태되어 있다.

적지 않은 기업이 전환사채 등을 남발하면서 임의로 선정된 투자자에 배정하는 "사모"(私募)의 방법을 선택하기도 하였다. 주식관련 사채의 사모방식은 기존 주주의 청약권을 박탈하여 재산권은 물론 의결권을 침해하였다.

⑤기업재산의 유출.　최대 주주가 기업의 자산을 마치 사유재산인 듯 임의로 외부에 유출(流出)하는 일이 자주 일어나 마치 관행인 듯 여겨지게 되었다. 기업재산의 부당 유출은 여러 경로를 통해 일어난다.

우선, 기업의 자산을 최대 주주 본인이나 가족에게 이전시키는 일이다. 이는 명백히 공금의 횡령이다.

다음, 정치자금이나 접대비로 활용되는 소위 비자금(秘資金)이다. 비자금이 실제 어디로 흘러갔는지 확인할 방법이 없으므로 낭비될 소지는 언제나 있다.

세번째로 지적할 수 있는 것이 계열사간의 내부거래이다. 자금지원이건 상품의 매매이건 거래가격이 시장가격에서 벗어나면 그것은 두 당사자 중의 한 회사의 부(富)가 부적절하게 다른 회사로 이전되는 것을 말한다. 시가(時價)가 액면가를 밑도는 관계회사의 유상증자에 청약하는 일은 그 관계회사로 부가 이전되는 결과가 된다.

네번째의 예로, 한때 유행한 적이 있는, 시가에 미달하는 전환사채를 사모로 발행하는 일이다. 그것은 전환사채를 임의로 배정받은 사람에게 기존 주주의 부가 부당하게 이전되는 결과가 된다.

(사례 11-9) 전환사채를 빙자한 기업재산의 유출

1997년에 S그룹 소속의 C계열사는 전환사채를 발행하면서 주권 전부를 "총수"의 아들에게 임의로 배정하였다. 발행 당시 C사의 지분은 총수 개인이 13%를, 여러 관계회사들이 나머지의 대부분을 소유하고 있었다. 기존 주주가 모두 "청약을 포기한 덕분에" 총수의 아들은 지분이 전혀 없었음에도 100억원의 대금을 지불하고 전환사채를 전량 인수할 수 있었다. 그는 인수 후 전환사채를 주식으로 전환하여 C사 지분의 63%를 확보하고, 하루아침에 '절대 주주'가 되었다.

이제 관련 당사자들의 이해관계를 따져 보자. C사는 장부상의 자본금이 35억원에 불과한 비공개회사였지만, 전국 각지의 요지에 5백만 평을 초과하는 토지와 임야를 가지고 있어서 실제 자산가치는 천문학적 숫자에 이르는 회사였다. 총수의 아들은 단지 100억원으로 엄청난 불로소득을 얻게 되었다.

그러면 재산상의 손실을 입은 사람은 누구인가? 총수 개인은 재산을 상속해 준 셈이니까 손해가 없을지도 모른다. 그러나 C사의 지분 대부분을 소유하고 있던 S그룹 계열회사들로부터는 막대한 부(富)가 "총수"의 아들에게로 유출되었다.

그 계열사들이 모두 상장회사인 것은 아니었지만 S그룹사에 대한 총수의 실질지분율이 10%에 훨씬 못 미치는 점으로 미루어 일반 주주들이 직접 혹은 간접으로 90% 이상의 지분을 소유하고 있는 회사들이었다. 어림잡아 총수 아들의 불로소득의 80%는 일반 주주들의 재산상

의 손실이 되는 것이다. (일부 언론이 그와 같은 행위를 "재테크"라 표
현했지만 그렇게 간단하게 생각할 문제가 결코 아니다. 심각한 범죄행
위일 수도 있다.)

　　이런 과정에서 뜻하지 않게 손해를 본 제삼자는 두말 할 필요없이
상속세와 증여세를 징구하지 못한 대한민국 정부이다.

　　⑥분식회계.　전체 주주는 기업의 주인으로 기업의 재무상태를 정확
하게 알 권리가 있다. 그러나 많은 기업이 결산회계를 조작하여 일반 주주
들을 기만(欺瞞)한다. 주주들은 의결권 행사나 투자여부 결정에서 잘못 판
단하게 되어 그만큼 재산상의 손실을 입을 가능성이 크다.

　　실제 적자(赤字)인 것을 흑자(黑字)로 조작하면 불필요한 법인세를
내게 되어 주주의 부가 정부로 이전된다.

기업감리장치의 종류(일반론)

　　기업의 경영층이 신의성실에 입각하여 주주의 이익을 위해 봉사하면
다행이지만 현실세계에서 그렇게 된다는 보장이 없다. 한국의 사례에서 보
듯 최고경영자 등이 스스로의 이익을 우선할 수 있는 것이다. 그래서 주주
는 여러 가지 방법으로 자신의 이익을 보장하기 위한 기구를 마련한다. 한
편 정부는 사유재산권을 보호하여 시장경제를 활성화한다는 측면에서 주
주를 보호하기 위한 제도를 마련하고 기구조직을 운영한다.

　　기업경영이 전체 주주의 이익과 일치되도록 감시통제하는 제도적 장
치를 주주권익 보호장치 혹은 "기업감리장치"(corporate governance)라
부른다. 그런 장치는 기업 내부에 마련되어 있는 것도 있고 외부에 공적으
로 혹은 사회적으로 준비되어 있기도 하다. 감리장치는 크게 아래와 같이
나누어 볼 수 있다 :

　　①기업내부 장치.　주주 혹은 기업이 자체적으로 마련하는 제도적 장
치는 주주총회, 이사회, 상임 감사(監事) 등이 있다. 그밖에도 주주들은 개

별적으로 혹은 다른 주주와 공동으로 회사의 경영층에 대하여 장부열람, 주주총회 소집 등의 요구를 할 수 있고, 경영층의 부적절한 행위로 재산상의 손실을 입었을 때는 소송을 제기할 수도 있다.

② 공적 장치. 시장경제에서 주주권익의 보호는 매우 중요하기 때문에 기업 외부에도 각종 감리장치가 마련되어 있다. 우선, 상법, 증권거래법 등과 그 부수 법규가 주권(株券)의 발행, 배당금의 지급, 경영층의 적절한 행위절차 등에 대해서 상세히 규정하고 있다. 다음, 주권의 발행 및 거래, 기업정보의 제공(公示 등)을 감독하는 위원회(증권선물위원회), 거래소, 감독원 등의 공적 기구가 있다. 마지막으로, "외부 감사기관(監査機關)"인 공인회계사가 있어서 경리회계 기록과 채권채무 발생의 적정성을 확인하게 되어 있다.

③ 사회적 장치. 기업경영의 적절성을 비공식적으로 감시하는 사회적 장치로는 언론(사회의 목탁), 은행 등의 금융기관(대출자금의 공급자), 기관투자가(공적 성격을 가진 주주), 관료 및 정치인(사회지도 및 법규제정), 학계(기업윤리에 대한 이론적 바탕 제공), 각종 경제단체(기업윤리 정립), 시민운동단체(시민의 권익보호), 사정기관(부적절한 행위에 대한 사후제재) 등 여러 가지가 있다.

④ 자본시장. 마지막으로, '주식매매시장(證市) 자체'가 기업감리 기능을 한다. 우선, 부적절하게 경영되는 기업은 수익성이 낮아져서 투자자의 외면을 받게 되어 주식시장을 통한 자금조달이 불가능하게 되는 만큼 경영층에 의한 주주권익 침해행위를 억제하는 효과가 있다.

주식시장에서의 "적대적 인수"도 부실경영을 방지하는 효과를 낳는다. 기업의 여건이 좋음에도 경영부실로 말미암아 주가가 낮으면, 다른 기업 혹은 개인투자가에 의해 인수당할 우려가 높아진다. 낮은 주가 덕분에 적은 돈으로 기업을 인수한 사람이 성실한 경영으로 이윤을 창출하면 기업의 가치가 높아지고 주가가 올라가게 된다. "적대적 인수"는 어감(語感)은 좋지 않지만 인수한 사람이나 일반 주주 모두에게 큰 이익을 줄 수 있다.

적대적 인수가 활성화되어 있으면 그런 위협(威脅)이 존재하고 있다는 사실을 아는 기존 경영층이 최선을 다하여 기업성과를 올리려고 할 수밖에 없다. 자연히 주가가 올라가고 주주의 권익이 보장되는 것이다.

한국의 기업감리 기능

불행히도 한국에는 1990년대 말까지도 위에 열거한 각종 기업감리장치가 정상적으로 기능하지 않았다. 그래서 최대 주주의 독단적 경영이 가능하고 일반 주주의 권익이 무시될 수 있었던 것이다.

주주총회는 경영층의 무성의, "총회꾼"을 동원한 고의적 방해, 일반 주주의 관심부족 등으로 사실상 유명무실(有名無實)하였다. 이사와 감사는 최고경영자에 의해서 일방적으로 임명되었고 거의 전부가 "임원"이라 불리는 내부인사였다. 임원들은 개별적으로 최고경영자의 직접 통제를 받았고, "이사회가 곧 경영층"이 되어 스스로를 감리해야 하는 모순을 낳았다.

주주가 직접 경영층을 견제하는 일은 일반 주주의 관심부족으로 잘 이루어지지 않았다. 더군다나 주주의 행동은 제도적으로 상당한 제약을 받았다.

주식관련 법규는 최대 주주의 기존 경영권을 지나치게 보호한 나머지 일반 주주의 이익에 배치되는 규정이 많았다. 주식관련 증권 발행의 장려, 기관투자가의 의결권 제한, 기업인수 방지장치 등은 일반 주주의 권익을 적극적으로 해친 것이다. 분식결산이나 다름없는 부적절한 결산보고, 계열회사 등에 대한 방만한 출자와 보증, 대주주의 한정책임을 담보로 한 무한정한 권한 사용 등을 허용한 것은 일반 주주의 권익이 침해되도록 제도적으로 방치한 것이다.

공적 감리기구인 위원회, 거래소, 감독원 등이 주주권익 보호라는 기능을 제대로 수행했다고 하기는 어렵다. 공인회계사는 직업윤리가 정립되지 않아서 경영층의 부적절한 행동을 오히려 비호해 주기도 하였다.

비공식적·사회적 감리기구들은 프로페셔널리즘의 부족, 인식부족, 관심부족으로 제 기능을 다하지 못하였다. 사정기관은 "대기업주"에게는 왠지 관대하여 자산의 부정유출 등 불법행위에 대한 제재도 미약하였다.

주식시장은 상대적으로 낙후해 있다. "경제적으로 아무런 의미가 없는" 액면가를 중요시한다든지 유무상증자를 기대하는 등의 잘못된 인식이 일반화되어 있다. 기업의 경영성적이 주식시가에 정확하게 반영되지 않는 경우가 더 많다. 기업이 무절제하게 주식관련 증권을 발행하여도 그런대로 시장에서 소화가 된다. 시장의 기능이 경영층의 성적을 제대로 평가해 주지 않는 것이다. 금융외환 위기 이전까지는 정부가 "적대적 기업인수"를 사실상 봉쇄하였다.

그렇게 보면, 금융외환 위기까지 한국에는 경영층을 견제하면서 일반 주주의 이익을 보호해 줄 기업감리장치가 사실상 존재하지 않았다 해도 과언이 아니다. 굳이 한 가지 예외를 들면 1997년 초부터 한 시민운동단체(참여연대)가 "소액주주"의 권익을 보호하는 사회운동을 벌였지만 "너무 늦고 너무 약했다."

결과적으로 기업경영이 아무런 견제장치 없이 방만하게 이루어졌고, 그것은 1997년의 금융외환 위기를 초래한 근본원인 중의 하나였다. 주가(株價)가 폭락한 것은 당연한 이치였고 일반 주주들은 막대한 재산상의 손실을 입었다. (일반 주주들은 '부당하게' 재산상의 손실을 입었음에도 참으로 관대하게 경영층을 용서해 주었다.)

1998년 이후 주주의 권익을 소홀히 취급하는 법규상의 문제점은 일부 보완되었지만 사회의 인식과 관행이 바뀌기에는 많은 시간이 소요될 것이다.

7. 합목적적 평가제도의 부재

국가, 기업 등 각급 조직은 그 구성원을 평가하는 규정이나 관행, 즉 평가제도를 가지고 있다. 평가는 크게 보아 두 가지 기능이 있다.

첫째, 과거의 행위에 대한 보상(報償)이다. 구성원이 소속된 조직을 위해서 바친 노력이나 시간 등에 대한 대가로 상벌이 주어지는 것이다. 잘한 사람은 상(賞)을 받고 잘못한 사람은 벌(罰)을 받는다. 상은 선택(選擇), 금전적 보상, 진급, 존경 등의 형태로 주어지고, 벌은 선택에서의 탈락, 금전적 피해, 신체적 피해 등으로 주어진다. 상벌은 인간에 공통적인 보상심리를 충족시켜 준다고 할 것이다.

둘째, 구성원에게 주는 메시지(message)이다. 사람은 일반적으로 상받기를 원하고 벌받기를 싫어한다. 자연히 상받을 일을 추진하고 벌받을 일을 피하게 되는 것이다. 평가기준과 그에 따른 보상의 정도가 현재와 미래의 행동양식을 크게 좌우하는 것이다.

이 절에서는 두번째 기능에 초점을 맞추어 우리 사회의 평가제도와 기업경쟁력의 관계를 따져보기로 한다.

평가제도가 경쟁력을 결정

기업이건 개인이건 소속된 사회 혹은 조직에서 통용되는 평가기준에 맞추려고 노력한다. 평가기준이 기업의 경영방침을 결정하고 개인의 가치관과 생활자세에 큰 영향을 미친다. 평가기준에 따라 조직 전체의 '현재의 성과'가 결정된다. 국가경제란 개개 구성원(기업 및 개인)의 활동의 집합이다. 그러므로 '국가의 경제적 성과'는 정부 및 기업이 채택하고 있는 평가기준에 의해 크게 영향을 받게 된다.

사람은 일반적으로 자기발전에 대한 의지가 있다. 장래에는 지금보다 더 나은 위치에 있기를 바라고, 그러기 위하여 사회나 조직이 높이 평가하는 일을 잘 해낼 수 있도록 하는 능력을 갖추려고 노력하게 된다. 따라서 구성원의 장래의 능력이 현재의 평가기준에 의해 좌우된다고 할 수 있다. 조직의 능력은 구성원의 능력이 바탕이 된다. 결국 조직 전체의 능력이 평가기준에 의해 결정된다. 그렇게 보면, 국가의 '경제적 능력', 즉 국가경쟁력이 정부와 기업의 '평가기준'에 의하여 좌우된다고 할 수 있다.

평가기준과 상벌이 합리적이면 사회나 조직의 구성원이 바람직한 행동을 하게 되고 조직 전체의 기량(技倆)이 높아지게 된다. 조직의 생산성이 높아지고 경쟁력이 강화된다. 평가제도가 사회나 조직의 경쟁력을 결정하는 것이다. 경쟁력이 강화되면 조직의 목적을 달성하기 쉬워진다. 만약 평가제도가 잘 짜여지지 않았거나 제대로 운영되지 않으면 반대의 현상이 나타난다.

잘못된 한국 사회의 평가기준

우리나라의 일반적 평가기준은 기업의 경쟁력 강화나 국가경제의 발전에 기여하지 못하였다.

정부가 기업체를 평가하는 기준은 경제·산업 정책에 그대로 반영된다. 우리 정부가 경제개발 개시 이후로 일관되게 채택한 기업평가의 잣대는 수익성보다는 매출액이었다. 최고경영자의 경영능력보다는 "정치력"이 더 높이 평가되는 일이 흔하였다. 결과적으로 자원배분이 왜곡되었고 기업체들은 기술의 개발이나 생산성의 향상보다는 백화점식 사업확장에 치중하고 대정부 로비에 심혈을 기울였다.

기업체의 직원평가제도도 잘못되어 있기는 마찬가지이다. 우선 체계적인 인사관리시스템이 없어 개별직원의 근무성적이나 자질(資質)을 평가할 기초자료가 축적되어 있지 않다. 자료가 없는데다가 모두가 온정주의적 성향이 있다 보니, 연공서열과 순환보직이 공식 인사관리 기준으로 통용되게 되었다. 게다가 사적 인간관계를 중요시하다 보니 개별기업체 내부에서도 "정치력"이 큰 영향을 미치고 있다. 직원 개개인의 입장에서 보면 업무성과의 제고나 자기개발을 위하여 각고의 노력을 쏟을 만한 동기가 부족한 것이다. D종합상사의 간부직원이 현실에 대해 아래와 같이 우려를 표명한다 :

[전통적인 평가제도에 따르면] 열심히 일하거나, 새로운 지식과 기술을 습득하거나, 맡은 일을 탁월하게 수행하여 돈을 벌어도 개인에게는 큰 혜택이 없다. 반면에 어떤 실수를 하건 목이 잘릴 염려는 없다. 성과가 좋아도 그만, 나빠도 그만인 셈이다. 그저 편하게 생각하고, "그 친구 꽤 괜찮은 놈이야"하는 소리를

들도록 이 사람, 저 사람 잘 사귀면 된다. 선임자는 "형님"이라고 부르고, 후임자
는 "아우"라고 부르면 남보다 빠른 진급이 보장된다. (1996년)

한마디로, 한국 사회에 통용되는 평가제도는 기업경쟁력의 향상이라
는 국가적 목표의 달성에 비효과적이다. 우리가 오래 전부터 시장경제를
지향해 왔지만 그에 걸맞는 평가제도를 1990년대 말까지도 정립하지 못한
것이다. 그렇게 된 것은 단기적인 경제성과에 지나치게 집착하고 전근대적
인 사고와 관습을 버리지 못한 때문이라고 할 것이다. 합목적적 평가제도
의 미비는 "국가경쟁력 약화"의 큰 원인이 되었다.

도덕적 해이(Moral Hazard)

사람은 누구나 실수를 저지를 수 있다. 그러나 그 빈도(頻度)는 정신
자세와 밀접한 관련이 있다. 실수를 범했을 경우에 가해지는 벌이 크면
긴장하게 되어 실수의 가능성이 적어진다. 처벌이 없거나 미미하면 알게
모르게 긴장이 풀려 자주 실수하게 된다. 그것이 바로 도덕적 해이(解弛)
이다.

잘 알려진 대로 우리 기업과 금융기관의 도덕적 해이가 금융외환 위
기를 초래한 중요한 요인 중의 하나였다. 기업은 계속된 영업적자로 부채
가 누적되어도 "재벌"이라고 불리기만 하면 퇴출(退出)되지 않고 구제금융
등으로 존립할 수 있었다. 금융기관은 부실채권이 생겨도 책임이 없었으므
로 대출기업에 대한 평가와 심사(審査)를 소홀히 하여도 무방하였다. 공권
력, 재력, 사회적 지명도를 어느 정도 얻어 "사회지도층"의 반열(班列)에
오르기만 하면 죄를 지어도 소추(訴追)를 받지 않거나 형벌을 받더라도
이내 사면을 받았다.

관료, 은행 경영진, 기업가 모두 "내실있는 기업경영"에 소홀하였고,
그 결과 국가경쟁력이 상실되었던 것이다.

한편, 기업 등 단위조직에 몸담은 개인은 웬만한 실수를 해도 "좋은
것이 좋다"는 원칙 아래 적당히 넘어가는 경우가 많았다. 특별히 긴장할

동기가 크지 못하였다.

우리의 평가제도는 각급 조직의 구성원을 지나치게 보호하였고, 잘한 사람과 잘못한 사람을 가리는 데에 실패하였다. 대기업체에게는 정부, 개인에게는 기업체라는 보호막이 늘 있었다. 기업의 존립은 이윤 창출력과 무관하고 개인의 출세는 프로페셔널리즘과 큰 관련이 없었다. 작물(作物)과 잡초(雜草)를 구분하는 제도(weeding-out system)가 없었던 것이다.

뼈를 깎는 고통, 살을 에이는 추위가 없었으므로 개인의 입장에서 혹은 기업 차원에서 도덕적 해이가 초래된 것은 오히려 당연하다 할 것이다.

인텔(Intel)의 그로브(A. Grove)는 '세계 초일류기업'을 경영하고 있으면서도 "걱정이 되어 안달하는 사람만이 살아남는다"고 말하고 있다. 그런 마당에 우리 국민은 경쟁력 면에서 특별히 내세울 것도 없으면서 정신적으로 이완(弛緩)된 상태로 살아온 것이다.

40여 년의 개발과정을 통하여 국민 모두가 일을 많이 한 것은 사실이다. 그러나 개별기업이나 개개 직장인이 위기의식과 책임의식을 가지고 진정으로 "안달"하였다고 보기는 어렵다. 무엇을 어떻게 하는 것이 이윤을 창출하고 기업과 국가경제를 튼튼하게 하는지 고심하기보다는 분위기에 휩싸여 "주어진 양적 목표의 달성"에 치중하였다. 양적으로 많은 근무시간이 가치창조로 연결되지 않았던 것이다.

나빠도 같이 나쁘면 괜찮다

"남 따라 나서기"라는 기업전략상의 실수가 과잉생산이라는 국가적 문제와 과당경쟁이라는 기업 차원의 문제를 초래하였다.

새로운 사업을 벌이려면 우선 독창적인 아이디어가 있어야 하는데, 그것을 위해서는 연구개발에 투자하여야 한다. 또 사업여건 분석, 시장개척등의 기업활동을 독자적으로 해결하여야 한다. 어려움이 많지만 경쟁이 적은 만큼 성공의 가능성은 높다. 그러나 일이 잘못될 경우에 사업을 주도한 사람이 홀로 그 책임을 져야 한다.

남 따라 사업을 벌이면 상황은 정반대가 된다. 경쟁이 치열한 만큼 성공의 가능성은 낮지만 잘못될 경우에 책임을 희석시킬 수 있다. 많은 기업이 연루되는 일이라면 사회문제가 되므로 정부의 지원을 기대해 볼 수 있다. 남 따라 나서지 않으면 확실히 뒤쳐지지만, 따라 나서면 잘못되더라도 혼자 죽지는 않는 셈이다.

다음 사례는 그 같은 공동운명식 사고방식에 의해 촉발된 것으로 보인다 :

(사례 11-10) "김치 딜"

90년대에 들어 국내은행들은 경험도 없는 상대에서 선·후발 은행 가릴 것 없이 국제 금융시장에 뛰어 들었다. 국내은행들은 해외점포를 지난 90년 말 1백 43개에서 96년 말 2백35개로, 외화대출이나 해외유가증권 등으로 보유중인 외화자산도 94년 714억 달러에서 96년 1,100억 달러로 54%나 늘렸다. 특히 아시아 지역 진출이 두드러져 90년 57개에 머물렀던 아시아 지역 점포가 96년에는 123개로 두 배 이상 급증했다. 국제 금융시장에는 한국계 은행들의 국제금융 업무를 빗대어 "김치 딜"이라고 놀려댔다. "김치 딜"이란 국내은행들이 해외에서 "신디케이티드론"을 구성할 때 한국계 은행들끼리 경쟁적으로 참여하는 현상을 빗댄 은어(隱語)다. (조선, 98. 2. 2)

위의 사례에서 경쟁적으로 국제금융 업무에 뛰어들었던 은행들은 모두 곤욕을 치렀지만, 그것 때문에 특별히 책임진 사람은 없었다.

합리적 평가제도가 없었기 때문에 남을 무조건 뒤따르는 투자가 조장되었다. 여러 산업에 걸쳐 부실기업이 양산되었고 엄청난 국가자원이 낭비되었다.

배움이 없는 사회, 같은 실수의 되풀이

제5장에서 한국기업들이 조직건망증에 걸린 듯 같은 실패를 반복하는 경향이 있음을 지적하였다. 실수를 반복하는 것은 기업에만 국한되지 않는 사회적 현상이다. 한 가지 실수를 같은 사람이, 혹은 이사람 저사람이 반

복하는 것이다.

부도(不渡) 등 기업문제가 생길 때면 거의 언제나 뇌물을 주고 받은 죄로 정치인과 기업인이 구속된다. 국회의원이 유관단체의 비용으로 해외여행을 갔다가 말썽을 일으키는 일도 세월이 바뀜에 아랑곳없이 일어난다. 은행장은 대출 부조리로 줄줄이 구속되어도 사고와 행동을 바꾸지 않는다. 다리, 백화점, 아파트가 내려앉고, 가스관이 터지고, 토목공사 현장이 무너지는 일은 정권이 바뀌어도 일어난다. 사고의 발생원인이나 처리방법이 똑같고 달라지는 것은 없다.

다시 기업을 말하면 백화점식 경영으로 나라가 부도위기에 몰리는 어려움을 당해도 위기의식이 희미하다. 무엇이 진정으로 문제인지를 깨닫지 못하는 듯하다. 재벌의 문제점을 보고서도 연관없는 산업으로 진출하는 기업이 나타난다. "남 따라 나서기" 전략의 실패 가능성이 높음을 깨닫고도 계속한다. 개별기업의 내부에서도 같은 실수가 여러 사람에 의해서 반복적으로 저질러진다.

정부, 정치지도자, 기업, 기업경영인 그리고 개개인이 과거의 실수, 남의 실수를 되풀이하는 것은 실수를 통해 배우지 못했다는 것이다. 배움이 없는 만큼 개인, 기업, 국가의 발전이 늦게 된다.

그런 현상은 실수를 해도 적당히 넘어가는 평가제도가 근본원인이라고 할 수 있다. 실수를 겁내지 않고 실수를 방지하기 위해 긴장하지 않으면 실수를 범할 수밖에 없다.

전문지식보다 "정치력"을 배양

우리 사회는 인간관계를 중요시한다. 사회가 인간관계를 중요시하면 구성원들은 인간관계의 형성에 시간과 노력을 쏟게 된다. 만약, 사회가 전문지식과 기능을 요구하면 구성원들은 그것을 갖추려고 노력한다.

한국 사회에서 "마당발"인 사람은 정치인도 되고, 은행장도 되며, 대학 총장도 된다. 자연히 기업과 개인은 전문지식과 기능의 연마보다는 인간관계에 의지하여 문제를 해결하는 능력, 즉 "정치력"(political skills)의

향상에 더 관심이 많다. 많은 시간, 노력, 비용을 들여서 거래처와 유관단
체의 간부, 정치인, 관료를 방문하고 접대하며 경조사에 참석한다. 자연히
전문기능의 개발에 투입할 시간, 노력, 비용이 줄어든다. 어차피 전문기능
이 소홀히 취급될 바에야 그것을 위해서 굳이 애쓸 필요도 없다.

　　현대가 전문가 사회임은 누구나 잘 알고 있다. 그럼에도 기업의 경영
능력이나 개인의 업무능력보다 정치력을 우대하는 것은 정부와 기업이 구
성원의 기량을 잘못된 방향으로 개발시키고 있음에 다름 아니다. 평가기준
이 잘못되어 능력개발이 잘못되는 것이다. 그 결과 우리 국민의 프로페셔
널리즘은 국제수준에 훨씬 못 미치게 되었다.

　　평가기준은 개개 구성원의 이해와 밀접한 관련이 있다. 따라서 대다
수 구성원이 수긍할 수 있도록 공정하고 합리적이어야 한다. 공헌도, 실적,
혹은 능력은 일반적으로 수용(受容)되는 기준이지만 '사적 인간관계'는 그
렇다고 하기 어렵다. 현대사회에서 인간관계 중심의 평가는 혜택을 받지
못하는 구성원의 불평불만을 일으킬 수 있다. 그만큼 구성원간에 위화감
(違和感)을 조성하여 전체의 사기를 떨어뜨리게 된다. 잘못된 평가기준은
개별조직 나아가 국가 전체의 생산성을 저하시키는 부작용이 있는 것이다.

　　정리하면, 한국사회에는 기업과 개인의 경쟁력을 향상시킬 수 있는
평가제도가 미비되어 있다. 흡사 온실 속에서 작물과 잡초가 함께 자라는
형국이다. 소출(所出)이 높을 리 없고, 자칫 잡초밭이 될 우려마저 있다.

8. 사회경제 질서와 국가경쟁력

　　규칙이 잘못 만들어지거나 질서가 지켜지지 않으면 단체활동이 순조
롭게 이루어지지 않는다. 마치 운동경기에서 규칙(rules of game)의 내용
과 그 규칙의 준수여부가 경기의 재미와 순조로운 진행을 결정하는 것과
같다. 한 나라가 합리적인 사회경제 질서를 세우지 못하면 국가경제가 원
만하게 발전할 수 없다. 질서에 따라 국가경쟁력이 좌우된다.

합리적인 규칙이 마련되지 못하면 자원배분이 왜곡된다. 국가 전체의 생산성이 떨어지고 자원이 낭비된다. 국민과 정부 사이에 전근대적인 관계가 형성되어 있으면 정부 위주로 국정이 운영되어 규제가 강화되고 국민의 불편이 늘어난다. 정부기구가 필요 이상으로 확대되고 예산이 방만하게 운영된다. 사회적 비용이 증가한다.

자원배분에 있어서 기업경영 능력이나 기술개발 능력이 제대로 평가되지 않으면 국가 전체의 기술수준이 낙후되고, 신상품 개발과 품질개선이 지연되며, 생산비 및 기업활동 비용이 증가된다. 상품의 기능, 품질, 가격 경쟁력이 떨어진다. 기업경쟁력 나아가 국가경쟁력이 저하된다.

규칙이 만들어져 있다 하여도 구성원이 제대로 지키지 않으면 질서가 파괴된다. 사회의 기능이 저하되고 효율이 떨어진다. 질서를 인위적으로 유지시키고자 하면 그만큼 비용이 증가한다. 교통질서를 어기면 교통체증이 일어나서 모두가 시간과 에너지를 소모하여야 하고, 그것을 방지하자면 다수의 교통경찰을 유지하여야 하는 것과 같은 이치이다. 추가되는 사회적 비용만큼 국가경쟁력이 떨어지게 된다.

우리 사회는 1990년대 말까지도 합리적 사회경제 질서를 세우지 못하였다. 자원배분의 기준이 외형이나 정치력이었다. 법규와 제도는 일정한 원칙없이 정치적 이유로 혹은 그때 그때 필요에 따라 제정되고 운영되어 왔다. 탈법과 위규행위에 대한 적발이 제대로 이루어지지 않고, 적발이 되어도 제재가 미적지근한 경우가 많았다. 사회 구성원이 반칙하는 일이 많고 질서가 문란하게 되었다. 그래서 개인, 기업, 정부의 '업무성과'가 떨어지게 되었다.

사회의 평가기준은 개인과 기업의 장래능력을 결정한다. 경영능력을 중요시하면 경영능력을 키우려고 노력하게 된다. 업무능력을 중요시하면 업무에 관련된 지식과 기능을 키우게 된다. 사회가 "정치력"을 중요시하면 정치력을 키우려고 노력하게 된다. 그렇게 되어 규칙은 한 사회의 현재와 미래의 능력을 좌우한다. 우리 사회는 기술력, 경영능력 등의 업무능력보다는 정치력을 우선하여 왔다. 그래서 개인과 기업의 '업무능력'이 떨어지게 되었다.

개인이나 개별 기업의 성취를 위해서는 정치력도 중요하다. 그러나 사회 전체의 발전을 위해서는 업무능력의 향상이 있어야만 한다. 개인과 기업의 기능향상은 파이(pie)를 키울 수 있지만, 정치력은 파이의 배분상태를 결정할 뿐이다. 아울러 정치력의 근간이 되는 사적 인간관계의 수립을 위해서는 막대한 시간과 비용이 들며, 이것은 사회 전체의 입장에서 보면 낭비일 뿐이다.

종합하면, 사회경제 질서의 미비가 개인, 기업, 정부의 '경쟁력'을 떨어뜨렸다.

9. 요약 및 결론

한국 사회는 세계화 시대의 시장경제에 맞는 사회경제 질서를 수립하는 데에 실패하였다. 그것은 우리 정부의 정책적 실수와 우리 국민의 전근대적 사고와 관념이 어우러져 빚어진 결과라 할 수 있다.

제9장에서 다루었듯이 우리 정부는 단기간의 양적인 팽창에 주력한 나머지 수단과 방법의 정당성을 가볍게 생각하였다. 정치논리를 경제논리에 앞세우는 전통이 시작되었다. 제10장에서 다루었듯이 우리 국민은 필요 이상으로 위계질서와 사적인 인간관계를 중요시하였다. 지나치게 온정주의에 기울어 선악(善惡)과 진위(眞僞)를 철저히 따지지 않아 왔다.

그런 연유로 정치인과 고위관료로 구성되는 정책결정 계층은 정책철학이 빈곤하였다. 장기적 관점에서 국가경제의 내실을 다지고 국가경쟁력을 강화하는 정책을 수립하지 못하고 정치적 목적 혹은 정부의 편의에 따라 법규를 제정하고 운영하였다. 그 결과 무엇보다 먼저 국가자원의 배분이 심각하게 왜곡되었다. 제정되는 법규의 내용이 국가경제의 건전성과는 동떨어지는 경우가 많았다. 정부규제는 강화되고 정부 및 공공기구는 팽창하였다.

정부는 자주 법규범을 정치적으로 운영하였다. 법정신, 사회정의, 경제원칙을 무시하고 정치적 이해관계나 편의에 따라 법규를 적용하였다.

공권력, 재력 혹은 물리력이 있으면 탈법행위도 용서되는 일이 흔하였다. 자연히 시민들의 준법정신은 약화되었다. 거기다가 각급 계층 인사들의 직업윤리가 정립되지 않아 사회감시기구와 기업감리장치가 작동하지 않게 되었다.

지도층과 일반시민 중 적지 않은 사람들이 "탈법을 해도 요령껏 들키지만 않으면 되고, 들키더라도 힘을 동원하여 적당히 해결하면 되고, 그것도 안되면 세월이 지나면 덮어지게 된다"고 생각하는 듯하다. 원칙없는 사회가 되고 말았다.

프리드만(M. Friedman)은 중국에 대해서 "정부의 기능이 지나치게 크기도 하고 지나치게 작기도 하다"(both too much government and too little)고 지적한 적이 있다(Rohwer, 1995). 정부가 불필요한 간섭을 많이 하는 반면에 합리적 사회질서를 확립하지 못한 점을 가리킨 말이다. 우리 현실에도 정확히 부합하는 말이라 할 것이다.

사회경제 질서는 국가경제의 하부구조이다. 그것이 부실한 우리의 국가경제가 40년을 견디지 못하고 위기에 처하게 된 것은 처음부터 예정되었던 일인지도 모른다.

역으로 말하면, 1990년대 말에 맞은 위기를 근본적으로 해결하기 위해서는 현재의 상황에 걸맞은 질서를 정립(定立)하고 국민 모두가 그것을 지키는 일로부터 출발하여야 할 것이다. 비록 그것이 많은 시간을 필요로 할지라도 장기적 관점에서는 현명한 선택일 것이다. 아니, 어쩌면 그것밖에 다른 해법이 없는지도 모른다.

제4부

국가경쟁력 향상의 길

　　제4부에서 저자는 제1~3부의 분석을 토대로 하여 '취약한 국가경쟁력'이라는 우리의 현안문제를 해결하기 위한 대처방안을 제시하고자 한다. 대안(對案)은 현상분석의 틀에 맞추어 국민 개개인의 역할, 기업의 전략, 정부의 역할 등의 셋으로 구분할 것이다.

　　제12장에서는 구체적 대안을 제시하기 위한 준비작업으로 몇 가지 중요한 상황요인을 확인한다.

　　제13장에서는 국민 개개인의 발상의 전환(paradigm shift)을 제안하고 공동선(共同善)을 얻기 위한 구체적 방안을 제시할 것이다. 원래 '발상의 전환'은 쉬운 일이 아니다. 그러나 현재 우리가 당면하고 있는 문제의 심각성을 정확히 인식한다면 의외로 쉽게 이루어질 수도 있다. 그야말로 마음먹기 나름인 것이다.

　　제14장에서는 한국 기업들이 당면하고 있는 경쟁여건을 확인하고 경쟁력 확보를 위한 전략과 효과적 경영을 위한 리더십을 설명할 것이다. 우리 기업의 현재의 경쟁적 위치를 놓고 생각하면 전문화는 필수적이다. 아울러 새로운 패러다임을 위해서는 새로운 리더십이 필요하다.

　　제15장에서는 바람직한 정부의 역할과 공무원의 자세를 따져볼 것이다. 각국의 현실이 "작은 정부가 좋은 정부"임을 확인해 주고 있다. 정부기구를 축소하는 것은 공무원 계층에게는 기득권의 부분적인 상실을 의미하는 것이 사실이다. 그러나 그것이 국가경쟁력 회복의 지름길임을 인식한다면 '일시적인 희생'이 반드시 고통스런 것만은 아닐 것이다. "소비자 위주의 행정"은 사회적 비용을 줄이기 때문에 즉시로 국가경쟁력의 강화에 기여하게 된다. 또한 그것은 별다른 희생없이 공무원의 자세전환으로 손쉽게 해결된다는 장점이 있다.

　　어떤 종류의 문제이건 해결방안은 여러 가지가 있다. 대안(對案)마다 효과와 소요기간이 다르다. 아울러 어느 대안이나 부작용이 있게 마련이다. 따라서 대안의 선택은 가치관에 좌우될 수밖에 없다.

　　저자는 다소의 고통을 감수하더라도 문제를 '근원적으로' 해결할 수 있는 대안을 제시하고자 한다. 문제가 근본적으로 수술되어야만 우리나라가 더이상의 더듬거림없이 한쪽 방향으로 발전해 나갈 수 있을 것이다.

　　제시되는 대안은 단기적 희생을 요구하지만 장기적으로 큰 효과를 발휘할 것으로 기대된다. 당장의 고통이 큰 만큼 시행하기는 쉽지 않다. 그러나 우리에게 주어진 상황은 어떤 형태이건 대가를 치를 것을 강요하고 있다. 다행인 것은 사회적 공감대(consensus)가 널리 형성된다면 상태개선(狀態改善)의 진행이 빨라져서 소요기간이 단축될 수 있다는 점이다.

　　지금 한국이 필요로 하는 것은 "개혁"(改革)이다. 역사가 말해 주는 바와 같이 진정한 개혁은 어디서 주어지는 것이 아니다. 국민 스스로가 일구어야 한다. 그런 의미에서 1990년대 말에 우리가 당면하고 있는 문제를 근본적으로 해결하기 위해서는 국민 개개인의 역할이 더없이 중요하다고 할 것이다.

제12장 국가경제와 개인의 이해(利害)
-상황에 대한 정확한 인식-

　　국가경제를 부강(富强)하게 만드는 지름길은 국민 개개인, 기업, 정부가 각각 제 역할을 충실히 수행하는 것임은 두말 할 필요가 없다. 무엇을 어떻게 할 것인가를 결정하기 위해서는 우리가 처한 여건과 상황을 정확히 이해하여야 하고, 아울러 우리의 행동이 가져올 결과를 미루어 짐작해 보아야 할 것이다. 이 장(章)에서는 우리 모두의 바람직한 행동과 밀접한 관련이 있지만 자칫 잘못 생각하기 쉬운 몇 가지 사항을 짚어 보기로 한다.

1. 부실건물은 기초부터 다시

　　우리의 국가경제는 한마디로 매우 어려운 상황에 처해 있다. 1960년대 초부터 시작된 고속성장은 1990년대 말에 와서 한계를 드러내었다. 국가경제의 온갖 구조적 문제가 표면에 나타나서 단순히 성장속도가 떨어지는 정도가 아니라 현상유지가 힘들게 되어가고 있는 것이다. 1970년대에 흔히 들었던 "자전거 이론"이 현실화된 형국이다. (자전거는 달리지 않으면 넘어지는 것처럼 한국경제는 쉬지 않고 성장해야만 버틸 수 있다는 의미였다.)

그렇게 된 것은 기업경쟁력 나아가 국가경쟁력이 취약하기 때문이다. 기업은 수익성이 낮음에도 무작정 덩치만 키웠다. 부채(負債)가 눈덩이처럼 불어나서 그 무게에 눌려서 많은 기업, 나아가 나라가 가라앉을 지경이 되어버린 것이다. 그런 결과가 초래된 것은 물론 직접적으로 기업의 실수이지만 정부와 국민 개개인은 그렇게 되도록 직·간접으로 도운 책임이 있다. 이러나저러나 국민 전체의 책임이며 국민 전체가 나서지 않으면 해결하기 어려운 일이 되었다.

이 시점에서 우리가 할 수 있는 것은 크게 두 가지 방향으로 생각해 볼 수 있다. 문제를 단기간에 해결하는 것과 근본적으로 해결하는 방법이 그것이다. 단기간에 해결하는 것은 당장의 고통을 최소화할 수 있지만, 자칫 문제가 재발하거나 악화될 염려가 있다. 근본적으로 해결하는 것은 오랜 기간에 걸친 고통을 감내하여야 하지만 재발할 염려가 적다.

구체적으로 말하면, 앞의 것은 금융·외환시장의 유동성 문제를 해결하는 것이고 뒤의 것은 국가경쟁력을 향상시키는 것이다.[1] '유동성 문제'는 현상의 변경없이 그때 그때의 상황에 대한 응급조치로 풀 수도 있다. 응급조치는 작은 변화만으로 가능한 만큼 고통이 적다.

한편, '국가경쟁력 향상'은 국민의 사고(思考)와 국가경제의 기본 틀을 바꾸어야 한다. 여러 가지 필요한 사항 중에서 최소한 국내총생산을 줄여서 기업간의 과당경쟁으로 초래된 "턱없이 높은 생산요소 가격"을 낮추어야만 한다. 당장 희생이 요구되는 것이다.

---

1) 1997년의 위기에 한정하여 말하면 두 가지 방법 중 첫째는 정부가 기업과 금융기관의 부도를 막아 주는 것이다. 금융기관에게는 정부가 자금을 제공하고 기업에게는 구제금융을 공급하는 방법이다. 둘째는 시장(市場)에 맡기는 것으로 부실한 기업과 금융기관은 부도나게 내버려 두는 것이다. 시장기능에 의한 "구조조정"인 것이다. 당시에 우리 정부는 첫번째의 방법을 선택하였다.

한국경제는 부실건물

　이해를 돕기 위하여 우리의 국가경제를 건물에 비교해 보자. 1960년대 초에 우리는 그때까지 살던 초막집을 허물고 현대식 빌딩을 짓기로 하였다. 정치적으로 마음이 바빴고 경제적으로 의욕이 앞섰다. 기초(합리적 질서)를 놓을 겨를도 없이 고층건물을 짓기 시작하였다. 기초가 부실한 마당에 기둥(대기업)이 튼튼할 수 없었고 급한 마음에 재질을 가리지 않고 굵기만 맞으면 가져다가 세웠다.

　덕분에 세계 역사상 유례가 없게 건축속도는 빨라서 제3공화국에서 5층까지 지었고 그 다음 정권들에서 9층까지 올렸다.

　그런데 거기부터 문제였다. 부실한 기초와 허약한 골조(骨造)로는 더 이상의 증축(增築)이 불가능했고 마침내 건물 전체가 기울게 된 것이다. 그것이 1997년의 위기였다.

　두 가지 중의 선택.　이 시점에서 우리에게 주어진 선택은 두 가지이다. 하나는 기우는 건물을 지탱하기 위하여 지지대를 세우고 보강공사를 하는 것이고, 둘은 건물을 헐고 기초를 다시 놓는 것이다.

　건물을 수리하게 되면 수리기간에 식구 중의 한 둘만 밖에서 생활하고 가구 중의 일부만 밖에 들어내면 된다. 수리기간도 짧다. 그래서 고통이 별로 크지 않다. 그러나 건물이 완전하게 수리되지 않으므로 언제 다시 기울게 될지 불안하다. 거기다가 기초와 골조가 약하기 때문에 더이상 증축할 수는 없다.

　부실한 건물을 헐고 처음부터 다시 시작하고자 하면 식구들이 모두 가건물이나 천막 안에서 살아야 하고 가구는 모두 바깥에 내어놓아야 한다. 시간도 많이 걸린다. "재개발 기간" 중에 큰 정신적·신체적 고생이 따른다. 그러나 기초와 골조가 튼튼하므로 신축한 뒤에 마음을 놓을 수 있으며 우리가 원하는 대로 10층이건 30층이건 건물을 높여 갈 수가 있다.

튼튼한 기초 위의 고층건물

두 가지를 놓고 볼 때, 저자는 기초부터 다시 놓는 것이 현명한 방법이라고 생각한다. 5~10년 후의 장래를 위하여, 그리고 후손들에게 '빚'이라는 유산을 물려주지 않기 위하여 당장의 고통을 참아야 하지 않겠는가? 현재보다는 미래를, 본인보다는 후손을 배려하는 전통적인 우리의 가치관에 비춘다면 저자의 생각은 아마도 대다수 국민들의 의견과 일치할 것이다.

일인당 국민소득 10,000달러는 상징적인 의미가 크다. 우리는 그 수준에 잠시 도달했지만 이내 주저앉았다. 우리가 소망(所望)한 바로 그 수준이 우리의 한계였던 셈이다. 이제 건물을 수리한다면 머지않아 다시 10,000달러 수준에 도달할 수 있을 것이다. 그러나 수리에 그친다면 그 시점에서 다시 아래로 떨어질 가능성이 크다(<그림 12-1>에서 B코스).

기존의 건물을 헐고 기초를 튼튼히 해서 다시 짓는다면 10,000달러는 물론 30,000달러 이상도 가능할 것이다(A코스). 다행인 것은, 우리가 기왕에 꽤 높은 건물을 지어 본 경험이 있기 때문에 새로운 기초 위에 건물을

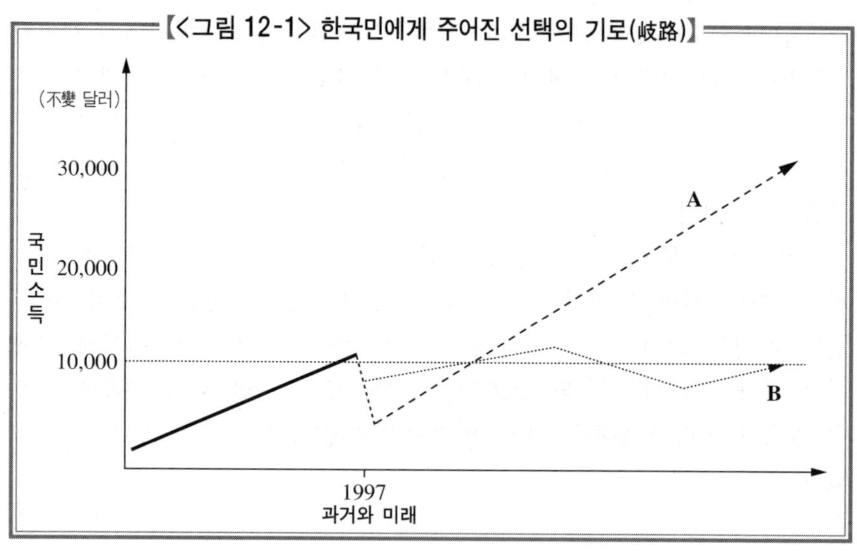

신축하더라도 생각보다 적은 시간이 걸릴 것을 기대해 볼 수 있다.[2]

미국은 1980년대 후반의 저축대부조합(S&L) 부실채권 문제를 근본적으로 수술하였는데 이때 다수의 기업과 은행이 도산하는 고통을 받았다. 반면에 일본은 거품경제의 붕괴로 인하여 발생한 1990년대 초의 금융기관 부실채권 문제를 해결하지 않고 미적거렸다.

그 결과 1990년대를 통틀어 미국은 유례가 드문 장기호황을, 일본은 장기불황을 겪게 되었다. 1990년대 말의 시점에서 볼 때, 미국의 금융위기는 먼 옛날의 일이 되었지만 일본의 그것은 아직도 해결하기 어려운 난제(難題) 중의 난제로 남아 있었다. 미국이 <그림 12-1>에서 A코스를 택했다면 일본은 B코스를 택했던 것이다.

한국의 문제도 촉발원인만 다를 뿐이지 금융기관의 부실채권이 핵심이라는 점은 1990년을 전후하여 미국과 일본이 당면했던 입장과 닮은 점이 많다. 그들 나라와는 달리 우리의 경우는 '기업부실'이 촉발 원인이다. 우리에게는 금융문제의 바탕에 취약한 기업경쟁력이라는 그들 나라에는 없는 문제가 한 가지 더 있는 것이다.

'취약한 기업경쟁력'이라는 문제는 단순한 금융상의 문제보다 해결하기가 훨씬 어렵다. 그래서 우리에게는 미국의 경우보다도 더욱 근본적이고 고통이 큰 치유책(治癒策)이 필요하다고 할 것이다.

2. "공짜 점심은 없다"[3]

당장 급한 불만 끄는 것, 즉 응급조치로 부실건물을 수리하는 것은

---

2) 오마에(K. Ohmae)는 대만, 홍콩, 싱가포르는 정부가 필요한 시점에서 규제를 완화하였기 때문에 일인당 국민 소득 10,000달러를 짧은 시일 안에 돌파하였지만, 한국 정부는 그러지 못하여 경쟁에서 뒤쳐지게 되었고 그래서 5,000달러 수준에서 맴돌고 있다고 지적한 적이 있다(ohmae, 1995). 그의 "예언"이 사실에 근접한 셈이다.

3) "공짜 점심은 없다"(no free lunch)는 말은 "응분의 대가를 치르지 않으면 혜택을 입을 수 없다"는 정도의 뜻으로 쓰이는 말이다. 기업경영이나 자산운용과 관련지으면 "위험을 부담하지 않으면 초과이윤이 없다"는 뜻이 된다.

고통을 뒤로 미룰 뿐 없애는 것은 아니다. 고통이 한꺼번에 다시 닥치든, 시간을 두고 서서히 나타나든 어차피 우리 국민 모두가 부담하여야만 한다. 국제기구나 미국 혹은 우리 정부 중 어느 누구도 그 고통을 대신해 주는 일은 없고 대신해 줄 수도 없다.

우리 정부는 경제개발 개시 이후 여러 차례에 걸쳐 부실기업을 구제하였고 금융외환 위기를 전후하여서는 그 지원의 범위와 규모를 엄청나게 확대하였다. 정부의 부실기업 구제는 표면적으로 금융기관의 대출알선, 대출금의 출자전환 등으로 나타났고, 그 이면에서 정부는 재정(財政) 혹은 통화증발을 통하여 금융기관을 지원하였다.

부실기업을 구제하는 논리는 기업의 연쇄도산을 막아 기업인들을 도와주고, 대량실업의 발생을 방지하여 근로자를 보호한다는 것이다. 논리 자체는 훌륭하나 '보호조치'에 필요한 비용을 부담할 사람이 누구인지를 깊이 생각해 보지 않으면 자칫 함정에 빠지게 된다.

한 가지 먼저 짚어둘 것은 독자적으로 생존할 수 없는 기업을 금융기관들로 하여금 지원하게 만들면 금융기관에 부실채권이 발생된다는 점이다. 지원이 계속되면 부실채권은 점점 누적된다. 아무 것도 달라지지 않은 상태에서 금융지원만 한다고 기업경쟁력이 생길 리 만무하기 때문이다. 취약한 기업경쟁력이나 막대한 부채가 그대로 있는 한, 지원받는 기업체가 정상화될 가능성은 거의 없다. 실제로, 짧지 않은 우리의 경제개발 역사상 구제금융을 받은 기업체가 회생한 경우는 극히 드물다. 오히려 한번 부실했던 기업은 경영이 점점 더 악화되는 일이 많았다.

모두가 국민부담

금융산업은 신용(credit)을 거래하기 때문에 국가경제에서 차지하고 있는 역할이 독특하다. 그래서 어느 나라 할 것 없이 금융기관, 특히 대형 은행이 위기에 처하면 정부가 나서서 구제해 주고 있다.

그런 사정은 우리나라라 하여 다를 바 없다. 금융기관이 부실해지면 정부가 여러 형태로 지원해 주고 있는 것이다. 더구나 우리 금융기관의 부실화는 "관치금융"이라는 고유의 관행으로 말미암아 일어난 일이므로 정부가 그에 대한 직접적 책임이 있다.

정부는 이윤을 창출하는 기관이 아니다. 직·간접의 재정(財政) 지원은 모두 '세금'이라는 형태로 국민이 부담하여야 한다. 중앙은행의 발권력(發券力)을 동원하면 물가가 올라서 국민의 실질소득이 감소하게 되므로 '눈에 보이지 않는 세금'이 된다. (눈에 보이지 않는 세금은 조세저항이 작으므로 정부는 통화증발로 문제를 해결하고자 하는 유혹을 항상 느낀다. 만약 이 유혹에 한번 빠지면 남미의 경우에서 보듯 국가경제는 헤어나기 힘든 나락(奈落)에 빠지게 된다.)

금융기관의 부실채권이 늘어나면 정부지원 규모가 점점 커져야 하고, 장래에 국민이 부담해야 할 세금이 점점 늘어나게 된다. 현재의 문제를 '정부지원'이라는 형식을 빌려 덮어두어도 언젠가는 '국민, 즉 기업과 개인의 고통'으로 돌아오는 것이다. 공짜 점심은 없는 것이다.

금융외환 위기를 우리 정부가 나서서 해결하고자 하였지만 따지고 보면 '국민의 세금으로 부실기업을 도와주고 실업자를 구제한 것'이다. 부실기업을 도와준 것은 명백한 자원의 낭비이다. 실업자를 구제한 것은 사회정의에 부합하는 바가 없지 않지만 정부가 택한 방법은 여러 가지 낭비가 따른 만큼 비효율적이었다고 말할 수 있다. '부실기업 지원'이라는 형식을 빌린 당면문제의 해결이 국가경쟁력을 좀먹는 것이다.

1997년의 금융외환 위기를 수습하기 위한 비용, 즉 '국민부담'이 모두 얼마일지는 짐작하기 어렵다. 금융기관의 총여신이 대략 750조원에 이르고 있음을 참작하여 총 부담규모의 '단위'를 추정해 볼 수 있을 뿐이다. 우리를 더욱 우울하게 하는 것은 응급조치와 미봉책을 위주로 하는 정부의 대응은 세월이 흐를수록 국민의 부담을 키울 것이라는 점이다.[4]

---

4) 총여신 중 어느 정도가 부실이 될지 알 수는 없지만 막대한 규모가 될 것임은 확실하다. 부실여신 중의 일부는 추후에 회수할 수 있다. 그러나 회수비율이 그렇게 높지 않을지도 모른다. 실제로 1998년에 외국기업에 매각된 H시멘트의 경우 채권단이 총액의 62%를 탕감해 준 사례가 있다. 시사해 주는 바가 있다고 할 것이다. 참고로 1997년의 우리나라의 GDP는 421조원(경상가격), 국세징수 예산은 64조원이었다.

한 비공식 집계에 따르면 우리와 사정이 비슷한 일본의 경우에 공공 부문의 채무(재정적자, 年基金 적자, 정부투자기관 적자 등)가 이미 GDP 의 250%에 이르고, 금융기관의 부실채권은 GDP의 20%에서 더 증가할 가능성이 크다(BW, 98. 5. 18). 직접 비교하기는 어렵지만 일이 어느 정도까 지 악화될 수 있는지 우리에게 경각심을 준다고 할 것이다. (일본은 과거 부터 누적된 재정적자가 크지만, 대외자산이 막대하여 민간부채가 국내 문 제에 한정된다는 점이 우리와 다르다.)

정부 중심의 사회보장은 국민의 손실

우리 정부는 기왕에도 의료보험, 국민연금, 산재보험 등의 사회보장제 도를 강화하여 왔다. 금융외환 위기 이후에는 실업자 구제기금, 실업보험, 실업자 구제사업 등 실업자 대책에 박차를 가하였다.

빈부의 차이를 줄이고, 실업이나 질병 등 특별한 어려움에 처한 사람 을 도와 주는 것은 단순히 사회정의라는 차원을 떠나서 국가경쟁력의 강 화에 도움이 된다. 그러나 여기서도 공짜 점심은 없다. 모든 비용을 결국 은 국민이 세금으로 부담하여야 한다.

1990년대 말 현재, 정부의 사회보장 정책 기조를 보면 모든 일을 정 부 주도로 하고 모든 기업, 모든 국민에게 무차별적으로 강제하고 있다. 여 기에는 큰 함정이 숨어 있다. 국민연금, 의료보험 등을 관리하는 정부조직 은 제7장에서 설명하였듯이 "비효율의 대명사"이다. 기금이 다른 정부목적 으로 이용되고, 기구는 특권계층을 부양하기 위한 자리로 활용되며, 예산 은 관리직원의 복지를 위하여 낭비되고 있다. 그런 낭비요소가 전혀 고쳐 지지 않음에도 정부는 사회보장의 확대를 기화(奇貨)로 정부의 역할을 키 우고 있다.

1998년 현재 정부는 의료보험 체계를 단일화하여 적자상태인 공무원 의보 및 지역의보를 흑자인 직장의보와 합칠 계획을 가지고 있다. 결국 기 업체의 비용이 증가하게 된다. 정부는 국민연금과 고용보험도 사업장의 규 모, 기업의 재정상태와 관련없이 일률적으로 적용하게 하고 있다. 머지않아 적자인 군인연금과 공무원연금을 국민연금과 합하여 기업부담을 증가시킬지도 모른다.

기업에게는 사회보장성 비용지출이 '고정비'(固定費)가 되었다. 그만큼 기업의 몸놀림이 둔중해 질 수밖에 없다. 사회의 각 계층간에는 정당화하기 어려운 소득의 이전이 일어나게 되었다. 기왕에 공영이었던 사회보장제도의 민영화가 추진되고, 조세(租稅)에서조차 누진개념이 줄어들어 가는 것이 세계적 대세임에도 우리는 연금이나 의료보험에서마저 소득재분배의 원칙이 적용되어 가고 있다. (의료보험과 국민연금을 통한 소득재분배를 주장하는 정부가 1997년 말에는 금융소득 종합과세를 폐지하였다. 정책에 아무런 원칙이 없다.)

정부의 선심성 조치는 거의 예외없이 국민의 손해로 돌아온다. 즉, 정부의 낭비가 있으면 국민 각자가 노후 혹은 비상시를 대비하여 스스로 저축하는 것에 비하여 그만큼 손실이 발생하는 것이다.[5]

기업은 1998년경 이미 직원급여의 대략 15%를 "사회보장비"로 고정지출하고 있다. 상당한 정도로 경영상의 압박을 받는다. 결과적으로 기업경쟁력이 떨어진다. 최종 수혜자가 될 직원의 입장에서 보면 그 15%를 정부에 맡기는 것보다 직접관리하는 것이 훨씬 효율적일 수 있다.

기업경쟁력이 약화되면 고용수준이 낮아져서 실업자가 늘어날 수도 있다. 실제로 저자가 아는 한 영세기업자는 국민연금과 고용보험의 적용 폭이 확대됨과 동시에 다수의 직원을 해고하였다. "연금과 실업보험은 '당사자에게도' 먼 후일의 혜택일 뿐인데, 당장의 비용지출은 큰 부담이 되어 회사의 존립이 문제가 된다"는 것이 그의 주장이었다(1998년). 그처럼 사

---

5) 사법제도가 확립되고 사회감시기구가 발달한 선진국에서도 사회보장제도는 관리조직의 비대화, 무책임하고 방만한 운영, "임자없는 돈"을 둘러싼 다툼과 부정부패 등 여러 가지 문제가 있다. 좋은 의도를 가지고 출발한 제도가 온갖 낭비를 초래하고 복지의 감소와 도덕적 후퇴를 가져오는 이런 현상을 프리드만(M. and R. Friedman)은 "복지국가의 모순"(fallacy of the welfare state)이라고 불렀다(Friedman, 1980). 어차피 국민부담일 바에야 자기 돈을 자기가 쓰는 것이 최선이라고 할 수 있다.

참고로, 국·공영의 사회보장에 대한 대안(代案)으로 프리드만은 빈민층에 대한 보조금(negative income tax)을 제안하고 있다.

회보장이 실업(失業)을 낳는다면 국민 전체에게는 더욱 큰 손실이 된다.

3. 세계화는 선택이 아닌 필수

1990년대 말은 명실(名實)공히 세계화(globalization)의 시대가 되었고, 우리도 더이상 그런 추세를 거역할 수 없다. 우리는 세계무역기구(WTO)와 경제개발협력기구(OECD)의 회원국으로서 대외적으로 시장을 개방하고 대내적으로 규제를 완화하여야만 한다. 거기다가 금융외환 위기를 수습하기 위하여 끌어들인 외국자본의 압력으로 개방과 규제완화를 더 이상 미룰 수 없게 되었다.

세계화 시대의 특징은 아래와 같이 정리해 볼 수 있다:

① 정보(information)의 순간적인 범세계적 공유
② 개인 및 기업활동에서의 국경의 의미 퇴색
③ 개인, 기업 및 정부간의 전방위(全方位) 경쟁
④ 철저한 시장경제적 질서
⑤ 환경의 급변

우리 모두는 이미 상당한 정도로 위와 같은 여건에서 살고 있으며 멀지 않은 시기에 환경의 냉혹함을 피부로 느끼게 될 것이다.

그런 환경에서 개인 혹은 개별조직이 살아남을 수 있게 하는 무기는 스스로의 경쟁력뿐이다. 누구의 도움이나 "인간적 배려"를 기대할 수 없다. 맹방(盟邦)도, 혈맹(血盟)도, 우군(友軍)도 없고 주위의 모두가 경쟁자일 뿐이다. 사적 정(情)을 떠나 철저하게 효과와 효율을 따지는 '냉정한 계산과 평가'가 있을 뿐이다. 개인, 기업, 정부가 효과와 효율을 쫓아서 행동해야 하고 각각의 입장에서 경쟁상대를 이길 수 있는 능력을 갖추도록 노력해야만 살아남을 수 있다.

정부가 통제할 수 없는 민간부문

새로운 질서에 적응하기 위해서는 정부의 역할이 특히 중요하다. 첫 단계가 규제완화라 하겠는데, 정치인과 공무원 계층은 민간부문을 통제하는 것 자체가 기술적으로 불가능해지고 있다는 점도 간과하지 말아야 할 것이다.

세계화가 진행되면서 정보교환이 순간적으로 일어나고 사람의 왕래와 상품의 이동이 자유롭다. 해외에서 일어나는 일은 방송, 활자매체, 컴퓨터 통신, 개인적 연락으로 순식간에 전세계에 알려진다. 전파(電波)를 차단할 수 없는 이상 외국문화가 전파(傳播)되는 것을 막을 수 없다. 국민이 전화나 인터넷(internet)을 통하여 외국 물건을 사는 것(電子 商去來)을 막을 수 없다. 외국 자본의 흐름을 규제하지 못하기 때문에 환율, 이자율, 주가를 다스리지 못한다.

기업이나 개인의 활동을 제약하려고 해보아야 그들의 활동 종류가 다양하고 지역적 범위가 넓어서 힘이 제대로 미치지 않는다. 기업의 해외금융을 막을 수 없다. 개인의 출장목적을 제한할 수 없다. 공무원이 해외에서 골프를 한다고 단속할 방법이 없다.

그래도 정부가 규제하겠다고 나서면 부작용만 생긴다. 다음의 사례를 보자 :

(사례 12-1) 정부통제로 말미암아 해외로 이전되는 경제활동

오마에(K. Ohmae) 씨가 일본의 우편체제를 예를 들어 말한다. 1994년 1월에 일본의 우표값은 [56센트]에서 [72센트]로 올랐다. 우편광고 사업자에게는 30%의 원가인상 요인이 되었다. 그것을 회피하기 위하여 사업자들은 광고물을 뭉치로 홍콩에 보내서 거기서 다시 일본의 수신인들에게 개별적으로 발송되게 했다. 전형적인 무위험차익거래(arbitrage)로 이번에는 국경을 건너 두 나라의 우편체제를 이용하여 일어난 것만 다를 뿐이었다. 홍콩의 일등급 우편료는 27센트에 불과하여 비용을 크게 절감할 수 있었던 것이다.

물론 일본 정부는 가만있지 않았다. 오마에 씨에 따르면, 정부는 홍콩으로 뭉

　　치 우편물을 보내는 것을 금지하는 조례를 만들었다. 그러나 정부는 다시 한번 비싼 대가를 치른 다음에 국경이 사라져 가는 이 시대에는 국내 우편료까지 임의로 통제할 수 없다는 것을 배우게 되었다. 광고사업자들이 전자우편으로 광고 문안을 홍콩에 보내게 된 것이다. 그 결과는 뻔했다. 정부는 우편료 인상으로 수입을 늘리기는커녕 인쇄사업과 우편사업을 홍콩으로 쫓아내고 말았다. "우리[일본]가 일자리를 잃었음에도 정부는 아무 것도 얻지 못한 것이다"라고 오마에 씨는 지적한다. (FEER, 97. 3. 20)

국경으로 막힌 듯하였지만 일본과 홍콩의 우편산업이 서로 경쟁한 것이며 결과는 경쟁력 있는 홍콩이 이겼다. 규제를 통해 재정수입을 올리려던 일본 정부의 시도는 큰 효과가 없었고 오히려 국가경제적 손실만 초래하였다.

우리 정부는 외국기업의 국내진입을 막을 수 없다. 금융외환 위기 이후에는 부실기업과 실업문제를 해결하기 위하여 외국기업을 적극적으로 유치할 필요성이 생기기도 하였다. 외국기업이 국내에 일단 진입하고 나면 그들의 행동을 임의로 통제할 수 없다. 시장경제 질서에 어긋나는 불합리한 정부의 간섭에 대해서는 그들은 여러 가지 압력 수단을 동원하여 정부에 항의할 것이기 때문이다.

역차별을 초래하는 무리한 규제

위와 같은 제반상황을 무시하고 정부가 굳이 민간부문을 통제하겠다고 나서면 한국기업과 한국민이 우선 통제의 대상이 되고 법규를 성실히 지키는 사람이 먼저 제약을 받아 피해를 보게 된다. 규제의 효과가 적을 뿐만 아니라 내국인(內國人)과 준법자(遵法者)를 "역차별"(逆差別)할 수도 있다. 정부의 통제욕구만 충족시킬 뿐 국가경제에는 아무런 도움이 되지 않는다.

한국 정부가 내국인을 차별대우한 대표적인 사례가 관치금융이다. 한국인 소유의 금융기관에 대해서는 정부가 각종 공식·비공식 압력을 행사

하였지만 외국계 은행을 임의로 다룰 수는 없었다. <사례 7-12>의 사리에
맞지 않는 부도방지 협약도 한국계 금융기관에만 적용되고 외국계 은행에
는 적용되지 않았다. 이렇듯 금융기관에 대한 규제와 간섭이 차별 적용된
결과, 한국에 주재하는 외국계 은행은 거의 예외없이 큰 수익을 올리고 있
음에도 한국계 금융기관은 대다수가 존폐(存廢)의 위기에 몰려 있다.

　　우리 사회의 질서가 문란하고 기강이 해이하며, "법을 지키면 손해"라
는 인식이 널리 퍼져 있음은 제11장에서 상세히 다룬 바 있는데, 이것이
바로 준법자에 대한 역차별이다. 그런 결과가 초래된 것은 부분적으로 정
부규제가 필요 이상으로 엄격한 점에 기인함은 물론이다.

4. "신토불이"(身土不二)의 허구성

　　세계화 시대에 가장 먼저 버려야 할 것은 맹목적 애국주의, 편협한
국수주의이다. 그것은 국제사회에서 용납되지 않을 뿐만 아니라 우리에게
도 아무런 도움이 되지 않는다. 상황이 그러함에도 일부 국민들은 신토불
이를 내세우며 더욱 속으로 움츠러드는 듯하다.

우리에겐 우리 것이 최고?

　　문화적으로나 사회경제적으로나 우리나라가 다른 나라보다 앞섰다고
주장할 근거는 별로 없다. 그럼에도 "우리 것이 최고"라고 생각하거나 "우
리 것만이 우리에게 맞는다"고 주장하는 것은 무리가 있다. 불행히도 우리
는 그런 성향이 강하다. 그런 태도는 우리의 발전을 방해할 뿐이다.

　　대표적인 예가 음식문화라고 할 것인데 한 번 찬찬히 살펴보자. 대다
수의 국민들은 우리 음식만이 우리에게 맞다고 생각한다. 그래서 해외여행
중인 사람은 흔히 "이틀 동안 한식(韓食)을 먹지 않았더니 병이 날 것 같
다"고 하면서 호텔 방에서 라면을 끓이거나 여행지의 한식집을 찾아간다.
사정이 허락하는 한 한식을 고집하는 것이다. 그러나 그것은 대체로 선입

견이고 자기암시에 지나지 않는다.

우선, 한식만이 우리 몸에 맞는 것은 아니다. 외국 음식이 익숙하지 않아서 처음에 거북할 뿐이지 몇 번 접하면 금방 익숙해진다. 익숙해지면 사람에 따라서는 양식이나 일식이 한식보다 좋게 느껴질 수도 있다. 양념에 재어 놓은 불고기보다 담백한 스테이크가 좋다는 한국인도 많다. 냉면보다 스파게티를 더 좋아하는 사람도 있다.

한식만을 먹다시피 하면서 자란 저자는 비행기 여행중에 뒷자리에 앉은 사람이 특별히 주문해서 먹는 미역국의 간장 냄새에 구역질을 할 뻔한 적이 있다. 저자에게 김치는 뺄 수 없는 부식이지만 식사 후에 집안에 냄새가 배는 것을 싫어하여 식사를 하자마자 치운다. 결국 우리 음식이라 해서 좋고 외국 음식이라 해서 나쁘거나 싫은 것은 아니다. 익숙함의 문제일 뿐이다.

다음, 한식이 우리 건강에 좋다는 것은 더욱 근거가 없다. 외국 음식을 먹는다 해서 탈이 나지 않는다. 서양 사람은 서양 음식을 먹고 살아 왔지만 한국인보다 체격도 크고 힘도 세며 건강하다. 우리 음식만이 우리에게 좋을 이유가 없다. 역시 익숙함의 문제일 뿐이다.

그렇게 보면 우리 음식이 최고라는 것은 외국 음식을 먹으려고 노력해보지 않았다는 말에 다름 아니다. 실제로 많은 여행객들이나 해외 주재원들이 해외에서도 굳이 한식을 먹는 습관을 가지고 있다. 외국 음식을 접할 기회를 스스로 거부하고 있으니 한식만이 우리에게 맞는다는 편협함을 키우게 된 것인지도 모른다.

누구를 위한 국산품 애용?

"국산품 애용"이라는 것은 경제개발 초기에 국내의 유치산업(幼稚産業)을 보호하기 위해서 어느 나라 정부이건 즐겨 내거는 구호이다. 우리나라도 예외가 아니어서 국민들은 경제개발 이후 40년 가까이 그 말을 들어 왔고, 어느덧 그것은 일반적 덕목(德目)으로 자리잡았다(<그림 12-2>).

"국산품 애용"이라는 말을 뒤집어 보면 품질이나 가격면에서 외국

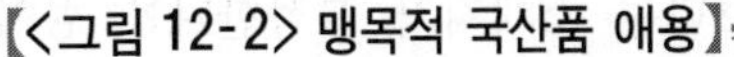

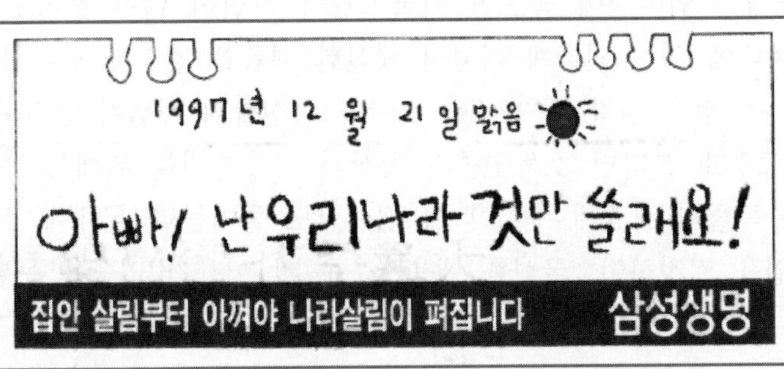

출처 : 기업체 광고문안 (1997. 12. 21)

제품에 비해 다소 불리하더라도 국내기업이 만든 제품을 사서 쓰라는 말이 된다. 국산품이 외제보다 더 좋다면 굳이 그런 말을 할 필요가 없기 때문이다. 그러므로 국산품 애용이 뒷면에는 '소비자의 희생'이 함축되어 있다.

소비자의 희생을 강요하는 일이라면 당연히 "무슨 목적으로 누구를 위하여 얼마나 오랫동안 계속되어야 하느냐" 하는 점을 냉정하게 따져 보아야 한다. 만약 희생이 정당화되면 양식있는 국민들은 시키지 않아도 그것을 감수할 것이다. 그렇지 않다면 "희생"은 그야말로 '억울한 희생'일 뿐이다.

희생을 하면서 국산품을 쓰는 것은 장래성은 있으나 지금 당장은 힘이 약한 국내의 기업에게 기회를 주자는 것이다. 그런 생각의 바탕에는 두 가지 전제가 깔려 있다. 첫째, 국내기업이 성장하면 국가경제의 규모가 커져서 고용이 늘어나고 국민의 소득수준이 높아진다는 점이다. 둘째, 보호를 받는 기업이 소비자의 희생을 최소화하기 위하여 최대의 노력을 해야 한다는 점이다. 그런 의미에서 희생의 기간은 짧아야 마땅하다.

이제 위의 두 가지 전제를 우리의 현실과 연결하여 생각해 보자.

우선, 국내기업이 성장해야 국민소득이 늘고 고용이 느는 것은 변함없는 사실이다. 그러나 유의해야 할 것은 세계화 시대에는 기업이 국경을 무시하고 생산시설을 설치하는 경향이 있다는 점과 국민소득에 기여하는 정도는 기업의 국적보다는 소재지가 결정한다는 점이다.

한국의 기업여건이 좋으면 외국기업이 자연히 많이 들어오게 된다. 여기서 국내에 있는 외국계 기업이 생산한 제품은 엄연히 한국산, 즉 "국산품"이라는 점을 놓쳐서는 안 될 것이다. 국산품의 개념이 달라져야 하는 것이다. 그렇게 본다면 소득수준의 향상과 고용증대를 위해서 유독 한국 기업만을 특별히 보호해 주어야 할 절실함도 줄어든다. 국내에 소재한 외국계 기업을 걱정하여 "국산품 애용" 운운 할 이유가 없음은 두말 할 필요가 없다.

다음, 지난 40년간의 경제개발 기간을 돌아볼 때 국민적 보호를 받았던 국내기업들이 소비자의 희생을 줄이기 위해 과연 최선의 노력을 해왔느냐 하는 점이다. 물론 그런 기업도 적지 않다. 그러나 그보다 폐쇄된 시장에서 거국적인 "국산품 애용" 정신에 안주하여 기술개발을 게을리한 기업이 더 많은 것이 현실이다.

유명 문구업체인 M사의 볼펜은 35년 전이나 지금이나 촉감이 좋지 않고 잉크가 새어 나온다. 그에 비해 파커(Parker) 제품은 깨끗할 뿐더러 글씨 쓸 때 너무 잘 미끄러지는 것이 탈이 될 정도이다. 그런 형편임에도 국민들이 M사를 위해서 희생하기를 바라는 것은 무리라고 아니 할 수 없다. 소비자의 희생은 지난 세월만으로도 이미 너무 길었다.

더욱 문제인 것은 정부와 국민의 보호를 받은 "기업주"가 소비자와 주주에게 피해를 주면서 자신의 이익만 생각한 경우도 적지 않았다는 점이다(제9, 11장 참조).

정리하면, 우리가 막연히 생각하는 것처럼 세계화 시대에는 국산품 애용의 필요성이 절실하지 않으며, 과거에 있었던 소비자의 희생이 국가경제 발전에 어떻게 기여하였는지도 확실하지 않다. 누구를 위한 "국산품 애용"인지 분명하지 않은 것이다.

외국자본은 국부유출(國富流出)의 첨병?

많은 국민들은 외국자본이 국내에 기업을 설립하거나 국내기업을 인수하는 것에 상당한 거부 반응을 보이고 있다. 국부가 유출된다는 것이다. 그러나 그것은 대체로 잘못된 생각이다. 여기서 이해득실을 찬찬히 따져 보자.

외국자본이 국내에 투자하면 국부가 일부 유출되는 것은 사실이다. 그러나 그것은 외국의 자본주가 남긴 이윤 중의 일부에 지나지 않는다. 국부유출, 즉 흔히 과실송금(過失送金)이라 불리는 배당금의 해외반출은 외자기업이 얻은 순이익 중에서 재투자를 위하여 유보하는 것을 제외한 나머지로서 투자원금이나 매출액에 비해 미미한 규모이다.

예를 들어, 매출액 이익률이 6%인 제조업체는 국제적 기준으로도 우수한 기업이라 할 것인데, 그 기업이 이윤의 절반을 가져나간다 해도 매출액의 3%에 불과한 것이다. 즉, 100의 생산유발 효과를 일으키고 기껏 3이 나가는 것이다. 더구나 이윤이라는 것은 소비자에게 그만한 가치를 창출해 주고 얻은 것이므로 반출되는 3마저도 국민이 희생한 것은 아니다. (기업을 처분하여 도로 가져가는 돈은 처음에 투자했던 자본을 가져 나가는 것이므로 국부의 유출이 아니다.)

반면, 외국자본이 가져다 주는 긍정적인 효과는 엄청나게 크고 많다. 대강 열거하여도 아래와 같이 다양하다 :

① 고용이 창출된다. 공장을 새로 짓거나 문닫을 공장을 계속 유지하면 그만큼 일자리가 늘어난다. 원가계산이 철저한 외국기업들은 생산직은 물론 사무직까지 현지인, 즉 한국인을 많이 채용하므로 고용유발 효과가 매우 크다.

② 국내에서 생산된 원료나 부품을 많이 구매하게 되므로 연관산업의 생산유발 효과가 크다. 고용은 더욱 늘어나고 국가경제가 성장한다. 근로자와 공급업체가 이익을 보는 것이다.

③ 더 좋은 점은 외국기업이 '국가경제의 체질개선'에 크게 기여할 수 있다는 점이다.

첫째, 새로운 산업기술(technology)이 도입되는 만큼 국내기업들이 직·간접으로 신기술을 습득할 수 있다. 국내기업들이 '기술개발의 중요성'

을 새삼 인식하게 된다면 그 또한 큰 도움이 된다.

둘째, 국내기업들이 경영 노하우를 배울 수 있다. 경영기술(management skills)이 기업의 성패를 좌우할 수도 있는 법이다.

셋째, 국내 소비자가 누리는 혜택이 증가한다. 새로운 상품, 좋은 품질의 상품을 싼값에 살 수 있게 되고, 더 나은 고객서비스를 받을 수 있게 된다. 세계의 일류기업들은 여러 측면에서 "고객위주의 경영"으로 무장되어 있다. 대접받는 소비자가 되는 것이다.

④ 외국기업이 한국증권거래소에 상장된다면 국민은 유망한 투자대상을 가질 수 있다. 외국기업들은 주주의 이익을 최우선으로 생각하기 때문에 주주권익이 보호된다. 그런 경영관행은 국내기업에게도 자극제가 되어 기업감리 기능(corporate governance)이 정착될 것이다.

외국기업이 국내에 투자하면 위의 설명과 같이 근로자, 기업인, 소비자, 주주 등의 국민이 이득을 얻고 연관산업의 기업체들도 도움을 받게 된다.

외국기업은 개혁의 촉진제

외국기업의 존재로 말미암아 "손해"를 보는 당사자가 있다면 그것은 정부가 유일하다고 할 것이다. 외국기업에 대한 부당한 통제나 불합리한 규제가 불가능하게 되므로 정부 혹은 관료들이 민간부문에 미치는 영향력이 줄어든다. 그러나 그런 점은 국가경제에는 오히려 이익이 된다.

과도한 정부규제가 국가경제 발전에 큰 장애가 된다는 사실은 누구나 다 알고 있다. 정부기능을 수행하는 계층이 기득권에 대하여 미련을 가지고 있기 때문에 사정이 개선되지 않고 있을 뿐이다. 외국기업이 많이 생겨나면 외부의 압력 덕분에 정부부문의 개혁이 빨라질 것이다. 그것은 기업경쟁력 회복에 큰 도움이 된다. 그런 면에서 오마에(K. Ohmae)의 말은 시사해 주는 바가 있다고 할 것이다 :

일본은 세계 최대의 채권국이고 경제의 기초도 괜찮다. 일본은 약 1조 달러로 추정되는 [금융기관] 부실채권을 대손상각(write-off)할 충분한 재원도 있다. 다만 그 쉬운 문제를 해결할 정치적 의지가 없을 뿐이다. 그것은 정치인과 관료집단 자체가 문제의 일부분이고 점점 악화되는 상황의 당사자이기 때문이다. 급기야 미국의 증권회사, 미국의 증권분석가, 미국의 신용평가회사가 지배하는 동경증시(東京證市)가 스스로 청소과정(clean-up process)을 개시하고 있다. (Asiaweek, 97. 12) [주 : 일본은 1990년대 말에 자본시장을 대외개방하였는데, 그 시점부터 외국인들이 새로운 기업감리 기능을 선보이기 시작하였고 결과적으로 기업개혁이 촉진되었다.]

실제로 우리 정부는 금융외환 위기 당시에 외국의 압력에 못이겨 기업인수 요건 등 몇 가지 사안과 관련한 규제완화 조치를 단행하였다. 그 중 일부는 사실상 국내기업을 "역차별"하는 제도를 철폐하는 형식이 되기도 했다.

기업경영에서도 내부개혁을 이루어 내기 위하여 외부의 힘을 동원하는 방법이 가끔 활용된다. 다음의 예를 보자 :

> ## (사례 12-2) 외세를 빙자한 기업의 내부개혁
>
> 니코증권(Nikko Securities)의 사장 가네코 씨는 기업문화가 니코증권이 스스로 개혁을 하는 일을 지난(至難)하게 만드는 가장 중요한 요인이라고 말한다. "[새로 결성하기로 한] 합작사업은 살로만 스미스바니 스타일, 즉 미국식으로 경영될 것이다"고 그는 말했다. 이 제휴사업에 대한 [미국측]의 가장 큰 기여는 '평계'를 만들어 주는 것이다. 업적평가제 같은 고통스러운 개혁을 가네코 씨 스스로 시행하기보다는 "외국인 주주 때문에 강제되고 있다"고 직원들에게 말하기만 하면 되는 것이다. (FEER, 98. 6. 11)

정치지도자가 진정으로 개혁을 할 마음이 있다면 짐짓 외국기업의 힘을 빌려 기득권 계층의 압력을 뿌리치는 방법도 생각해 봄직하다.

5. "수출"(輸出)은 살길이 아니다

1960년대 이후로 우리는 질적 내용을 무시하고 양적 성장에만 치중해 왔다. 그 결과 양적 성장을 추구했던 본래의 목적이 잊혀지는 일이 종종 있었다. 수출을 보기로 들면 그 본래의 목적은 '외환가득'임에도 외형적 수출목표만 따진 결과 왕왕 수출실적 제고가 외환손실로 나타났다.

같은 원리로 사회경제적 현상을 판단함에 있어서 양적 지표만 관찰하면 착오를 일으킬 수 있는 것이다.

양적 지표(量的指標)의 한계성

1997년의 위기 때에 "왜 우리 사회의 지도층은 그와 같이 엄청난 일을 사전에 경고하지 못하였느냐"는 탄식을 하는 사람이 많았다. 그 중에도 경제학자들이 비난의 첫머리에 올랐음은 당연한 일이었다.

개인적 경험을 바탕으로, 저자는 금융외환 위기의 예측과 관련하여 세 부류의 사람이 있었다고 생각한다 :

① 첫째가 거시경제 지표에 근거하여 한국경제의 기초(fundamental)가 튼튼하다고 본 사람들로 대다수의 경제관료, 국내외 경제학자(R. Dornbusch 포함), 국제기구(IMF 포함) 등이 이에 속한다.[6] 위기를 코앞에 둔 시점에서 한 대학교수가 피력한 다음과 같은 견해가 그런 입장을 대변해 준다 :

경제위기라고 신문 방송이 나서서 외쳐대고 정부도 위기론에 앞장서고 있지만, 실제로 냉정하게 생각해 보자. 한국경제는 과연 위기인가. 작년 경제성장률은

---

6) 1997년 3월에 IMF 총재 캉드쉬(M. Camdessus)는 "아시아의 문제는 최악의 경우에도 경기순환상의 일시적 후퇴(cyclical correction)에 지나지 않을 것이다. 그것도 정도가 심각하거나 오래 끄는 것은 아닐 것이다"라는 요지의 연설을 한 바 있다.

7%를 웃돌았고 물가상승률은 4.5%였다. 실업률은 2~3%대에 머물고 국가재정은 흑자를 기록했다. 이만하면 선진국 문턱에 들어서는 나라치고는 성적표가 나쁘지 않다. (조선, 97. 3. 6, 독자칼럼)

1997년 3월은 노동법 파동과 H그룹의 부도 직후인데, 그나마 정부나 언론은 위의 평가처럼 한국경제의 상황이 "위기"라고 생각하지도 않았다. 당시의 경제부총리는 한국의 상황을 멕시코와 비교하는 것에 대해 심한 불쾌감을 나타내기도 하였다. 국민들은 대체로 한국의 경제가 일시적인 어려움을 겪고 있지만 심각한 것은 아니고 쉽게 극복할 수 있을 것으로 생각하였다.

② 둘째 부류는 개별기업의 경쟁력이 취약하고, 수익구조가 불량하며, 부채의 규모가 커서 기업의 존립에 자신을 가지지 못했던 사람들로 기업체의 현장에서 피부로 느끼던 사람들이었다. 더러는 "이러다가 퇴직금이나 받겠느냐"는 말로 불안감을 표시하기도 하였다. 그들은 몸담고 있는 개개의 기업이 어려운 것은 알았지만 막상 국가경제가 위기에 봉착하리라고는 생각하지 못하였다.

③ 셋째 부류는 한국의 미시적 문제점을 바탕으로 한국경제가 오래지 않아 심각한 위기에 처할 것이라고 예상한 사람들로, 일부 국내 인사와 한국에 거주하면서 현실을 직접 경험한 일부 외국인이 이에 해당하였다. 결과적으로 그들의 말이 맞았지만 그들은 숫자적으로 적었고, 그나마 그들의 경고가 더러는 차단당하였다. 그래서 1997년의 국가부도 위기는 대다수 국민들에게는 "마른 하늘의 날벼락"으로 받아들여졌던 것이다.

다시 생각해 보아도 첫째 부류의 사람들을 크게 나무랄 수는 없다. 왜냐하면 그들의 말대로 한국경제의 거시지표는 나쁘지 않았던 것이다. 문제는 거시지표를 적용하는 데에는 분명한 한계가 있음에도 그들이 이점을 무시하였다는 것이다.

양적으로 표시되는 거시지표가 좋은 듯해도 미시경제의 질적 현실이 취약하면 국가경제가 무너질 수도 있는 것이다. 숲이 그럴 듯해 보여도 하나 하나의 나무가 속으로 썩어가고 있다면 그 숲은 오래가지 않아 파괴될 수밖에 없는 것과 마찬가지이다. 실제로 우리의 국가경제가 바로 그러했던 것이다.

그렇게 보면 사회 지도층이 지나치게 거지지표에 의존하였던 것이 화근(禍根)이었다고 할 것이다. 첫째 부류와는 달리 둘째 부류의 사람들은 개개의 나무는 잘 알았지만 현실적인 제약 때문에 숲을 생각할 여유가 없었다.

양적 성장, 질적 후퇴

양적 확대는 때때로 질적 후퇴를 가져온다. 정부 주도의 경제개발 40년에 걸쳐서 우리 사회는 다방면에서 엄청난 양적 성장을 이루었지만 질적으로는 후퇴한 감이 드는 측면도 많다. 경제적으로 보면 국내총생산(GDP)과 기업 매출은 크게 늘었지만 국가경쟁력과 기업수익성은 나아진 것 같지 않다. 수출은 늘었으나 외환가득액(상품수지)은 줄었다.

경제적 살림살이는 "나아졌으나" 문화적으로는 뒷걸음치는 듯하다. 대학은 많이 생겼으나 교육내용은 오히려 더 부실해진 느낌이 있다. 학자의 숫자는 늘었으나 학문의 수준이 나아졌다고 단정하기는 어렵다. 신문사와 방송국의 숫자는 늘었으나 사회에 대한 소명의식이나 기사와 보도의 품질은 떨어지는 듯하다.

정치인은 늘었으나 신념이나 식견의 확실성 측면에서 정치수준은 오히려 후퇴한 듯하다. 연예인, 예술인은 수는 많으나 그들의 작품은 더 가벼워진 듯하다. 프로 축구단이 생기고 국가대표팀에 대한 지원은 늘었으나 그들의 실력은 후퇴하는 느낌마저 있다. 전문가로 자처하는 사람들은 많아졌으나 전문가 의식이 뒤따라 주지 않는다.

전반적으로 사회의 지도층이 없어져서 원칙을 세우고 잘못을 고쳐 주는 사람이 드물다. 질서는 파괴되고 기준이 희미해진다. 그 한 가지 예가 어휘사용이다. 근래에 와서 언론이 잘못된 낱말을 사용하는 경우가 부쩍 많아졌다. 그것은 질적인 뒷받침 없이 언론인의 숫자가 늘어난 것이 근본원인인 듯한데 문제는 사회 전체가 잘못된 어휘를 그대로 받아들인다는 점이다.

"개방화"(開放化) 등은 대체로 "개방" 등을 잘못 쓴 것이고, "환율상승"은 "원화가치의 하락"이 맞다. 변동환율제에서는 "평가"(平價, par value)란 애초에 존재하지 않으므로 "평가절하"(devaluation)는 "시세하락"(depreciation)이라고 하는 것이 옳다. "재(財) 테크"는 일본에서는 괜찮으나 한국 어법에는 맞지 않는다. "大臟省"은 "대장성"이라 하고 있지만 이는 "재무부" 아니면 "오쿠라쇼"라고 읽어야만 한다.[7] "조선족"(朝鮮族)은 "재중동포"(在中同胞)나 하다 못해 "중국한인"(中國韓人)이라고 불러야 마땅하다.

정리하면, 양적 팽창에 치중하다 보니 사회 전체가 양적으로는 확대되었지만 질적으로는 뒷받침되지 못하였다. 언론의 경우처럼 때로 양적 팽창 자체가 질적 퇴화의 원인이 되기도 하였다.

'돈 남기는 수출'만이 살길이다

1990년대 말의 시점에서 우리에게 필요한 것은 겉보기보다는 내실이다. 국가경제건 기업경영이건 양적 성취보다는 질적 개선이다. 그럼에도 우리는 양을 중요시하는 옛 버릇을 은연중 드러내고 있다. 그 대표적인 것이 "수출만이 살길"이라는 관념이다.

우리가 1997년에 겪은 어려움의 핵심 중의 하나가 외환의 부족이었다. 수출을 통하여 외환을 획득할 수 있으므로 언뜻 보기에 그 말이 맞는 것 같다. 그러나 우리가 40년 가까이 수출지상주의를 택하여 왔음에도 외환위기는 닥쳤다. 이제는 수출지상주의의 효과성을 다시 생각해 보아야 할

---

7) 무릇 언어사용에 관한 원칙은 "백성이 날로 쏨에 편리함"이다. 엄연히 우리말의 보조문자인 한자를 우리 식으로 읽고 쓰는 것은 너무나 당연한 일이기도 하다. 그럼에도 "외래어 표기법"은 일본과 중국의 인명·지명을 우리식의 한자음을 제쳐두고 굳이 일본 발음, 중국 발음으로 적게 하고 있다. 탁상행정이다. "大藏省"을 "대장성"으로 읽는 것은 국민의 잘못이라기보다 '제도의 탓'으로 보아야 할 것이다.

때가 되었다.

저자는 수출지상주의의 효과가 크지 않았다고 생각하는 정도를 넘어서서 그것이 외환위기를 초래한 주범 중의 하나라고 믿는다(제1장 참조). 수단과 방법을 가리지 않고 '힘에 겨운' 수출목표를 달성하자는 것이 정부와 기업의 기본방침이다 보니 수익성이나 대금회수의 가능성은 무시하고 실어낸 상품이 많았다.

경제성, 즉 기업손익은 고려하지 않고 세워진 수출상품 생산시설이 적지 않았다. 그런 수출과 투자는 원자재와 시설재에 대한 해외 의존도가 높았던 만큼 국가경제를 두고 보면 외환 수입(收入)보다는 외환 지출(支出)이 더 많게 되는 결과를 초래하였다.

우리 모두가 수출을 하기는 했지만 그 수출을 위하여 쓴 외환이 더 많았다. 그것이 상품수지의 적자로 나타나고 경상수지 적자 폭의 증가에 기여하였다. 그런 모순을 해결하기 위해서는 대금회수가 불분명하거나 채산이 맞지 않는 수출 그리고 그런 수출을 위한 투자는 억제되어야 하는 것이다.

지난 40년간 우리가 일관되게 추진하였던 "수출지상주의" 모델은 역사적 의미가 소멸되었다. 새로운 세기를 즈음하여 우리에게 필요한 것은 새로운 모델이다. 그것은 무조건적 수출이 아니고 '외환을 벌어들이는 수출'이 되어야 하는 것이다. 외환위기를 타개하기 위하여 지상(至上)인 것은 "수출" 자체가 아니고, 총체적·장기적으로 평가한 '외환가득'이 되어야 하는 것이다.[8]

'외환을 벌어들이는 수출'을 이루는 지름길은 물론 국민 각자 그리고 개별 기업이 조용하고 차분하게 경쟁력을 키우는 것이다. 정부가 직접 나서서 "수출"을 독려하고, 기업은 수출의 진정한 의미를 망각하고 목표 숫자만 챙기는 식의 묵은 방법은 문제를 더욱 악화시킬 뿐이다.

---

8) 외환가득이 중요하다 해서 1998년처럼 "경상수지 흑자 400억 달러"를 정책목표로 내세우고 밀어붙이는 것은 옳은 방법이 아니다. 그런 접근방법은 어김없이 부작용을 낳는다.

양(量)보다는 질(質)

국가경제가 어느 정도의 규모에 다다르면 양적 지표(量的 指標)만으로는 평가할 수 없고 질적 내용이 매우 중요해진다. 그런 원리가 기업경영에 그대로 적용됨은 두말 할 필요가 없다. 매출액보다 수익성이 기본임은 진부(陳腐)한 이야기가 되겠고 종업원들의 근무시간도 마찬가지이다. 늦도록 붙잡아 두는 것보다 짧은 시간에 집중적으로 일하게 하는 것이 바람직하다.

세월이 갈수록 TV방송의 질이 낮아진다는 비판이 있다. 시청률만을 의식해서 10대 취향에 맞추어 프로그램을 편성하다 보니 그렇게 된 것이다. 한편 기업은 시청률을 기준으로 광고후원을 하고 있다. 그런데 광고효과는 시청률에 따라 결정된다고 볼 수는 없다. 오히려 시청자의 계층 분포가 더 중요하다. 광고효과는 구매력 있는 시청자가 얼마나 많으냐에 달려 있다. '구매력 있는' 성인층이 10대 위주의 프로그램을 기피하는 것이 현실이고 보면 "시청률이 높다는 것"은 '광고효과가 낮다'는 말이 될지도 모를 일이다.

그런 사정은 개인이라고 해서 다를 바 없다. 대학을 졸업한 사람이 별다른 특기를 갖추지 못하였다면, "대학졸업"이라는 사실 자체가 오히려 취업의 걸림돌이 될 수가 있다. 본인은 궂은 일을 할 마음의 준비가 되어 있지 않고 고용주는 "머리만 크다"고 기피하기 때문이다. 어느 수준까지 학교 교육을 받았느냐 보다는 얼마만큼 쓸모 있는 사람이 되었느냐가 중요한 것이다.

종합적으로, 새로운 시대에는 정부, 기업, 개인 모두 양보다는 질에 더욱 높은 가치를 두어야만 국가경쟁력을 향상시키기 쉬울 것이다.

6. 허풍과 엄살의 전술적 의의

다소 유치한 말이긴 하지만 장기적으로 보면 진실이 이기게 되어 있고 그렇기 때문에 "정직이 최선의 전략(戰略)"이라고 흔히들 말한다. 그럼에도 현실에서는 전술적(戰術的)으로 "허풍"을 떨거나 "엄살"을 부릴 필요가 있다. 모든 것이 경쟁인 사회에서 윤리적 문제가 없는 방법이라면 무엇이든 동원할 수밖에 없기 때문이다.

허풍과 엄살의 둘 중에서 어느 것을 택할 것인가는 상황에 따라 다르겠지만 기업이나 국가의 경영에서는 엄살이 유리할지도 모른다. 왜냐하면 허풍은 당장 상대방으로 하여금 경계심을 가지게 만들지만 엄살은 그 반대의 효과가 있다. 더구나 허풍은 그 밑천이 드러나면 비웃음의 대상이 된다는 부작용이 있다.

전통적으로 한국인은 허풍을 치고 중국인은 엄살을 부리는 경향이 있다. 고국을 떠나 생활하는 화교(華僑)들이 본토인의 질시를 피하기 위하여 "낮게 기는 것"(low-key)은 잘 알려진 사실이지만, 중국 본토인들도 엄살을 부리기는 이에 못지 않은 것으로 보인다(*cf.* Weidenbaum and Hughes). 아시아·유럽정상회의(ASEM)에 참석한 중국 총리가 언론의 관심에서 벗어나려고 애썼다는 것은 그런 성향의 한 단면을 보여 준다고 할 것이다(1998년 4월).

동남아시아의 여러 나라에 진출한 화교들은 현지 상권(商權)을 장악하고 있는데 그들의 "몸을 낮추는 전략"이 상당 부분 이에 기여하였다고 보아야 할 것이다. 우리가 심각한 금융외환 위기를 당했을 때 광역중화권(Greater-Chinese) 국가는 어느 한 나라도 그런 어려움을 겪지 않았다. 그 무렵 우리 정부가 중국 정부에게 수천만 달러 단위의 경제협력자금(EDCF)을 제공하는 행사를 가진 적이 있는데, 그 직후 우리는 수백억 달러의 구제금융을 받아야 했고 중국에 대해서도 아쉬운 소리를 하지 않을 수 없었다(1997년 11월). 허풍과 엄살이 초래한 결과를 상징하는 바 있다고 할 것이다.

1980년대 말의 "거품(bubble) 경제" 시기에 일본 기업들이 호기롭게 미국의 부동산에 투자하였다가 1990년대 중반에 중국계 자본가에게 헐값에 처분하고 철수한 사례가 많았다. 그것 역시 우연히 일어난 일이라기보다는 허풍과 엄살의 차이를 나타내 주는 일면이 있다고 할 것이다.

우리는 올림픽이 우리에게 "할 수 있다"는 자신감을 가져다 주었다고 말한다. 그러나 근거가 없는 자신감은 자칫 무모함과 자만심이 될 수가 있다. 실제로, 한국기업이 해외투자에서 줄줄이 실패한 것은 '무모함'의 결과이고, 반도체, 자동차, 철강, 조선, 석유화학 등 우리의 5대 수출 주종상품이 일본과 일치하는 것은 '과욕'이 초래하였다고 할 것이다. 그런 무모함과 과욕이 금융외환 위기의 한 원인이 되었으므로 "할 수 있다"는 자신감의 효과성도 다시 새겨 볼 필요가 있을 것이다.

7. 재평가해야 할 미풍(美風)과 양속(良俗)

풍속(風俗)이라는 것은 인간이 공동생활을 하면서 그때 그때의 필요성 혹은 가치관에 따라서 사회적 관행(慣行)으로 굳은 것이다. 풍속은 절대적인 것이 아니며 세월에 따라 바뀌는 것이 정상이다. 그럼에도 우리는 전통적 미풍양속에 지나치게 얽매여서 경제적 효율을 희생하는 일이 많다.

되새겨야 할 명절의 의의

우선, 이중과세(二重過歲)를 생각해 보자. 이름이야 어떻게 붙이든 "설날"도 기본적으로 새해(新年)라는 개념이다. 실제로 우리는 설날에 새해 인사를 하고 있다. 어떤 경우라도 '새해'는 하나뿐이므로 마땅히 신정과 설날 중에 하나를 골라야 한다. 그렇다면 어느 것을 고르느냐가 문제가 된다.

우리의 선조는 음력에 맞추어 생활했으므로 새해는 당연히 음력설, 즉 요즈음의 "설날"이었다. 그러나 현대에서 우리는 양력에 맞추어 살고 있으므로 새해도 당연히 양력설, 즉 "신정"(新正)이 되어야 한다. 무슨 이유로 음력에 집착하는가? 추석의 의미는 여러 가지로 해석할 수 있으므로, 굳이 양·음력을 따질 필요가 없다. 그러나 '새해'는 그 의미가 어디까지나 새로운 해(年)의 시작이므로 이론(異論)의 여지없이 우리의 생활양식과 맞추어야 한다.

　다음, 우리는 추석이나 설날이면 어김없이 조상을 섬기고 친척을 만나기 위하여 고향으로 간다. 온 국민이 동시에 이동하여 온 나라가 몸살을 앓으면서 엄청난 "사회적 비용"을 부담하고 있다. 과연 그만한 가치가 있는 투자인지 한 번쯤은 되짚어 볼 필요가 있다. 조상과 고향을 생각하는 것은 어떤 의미에서 '과거'로 회귀(回歸)하는 것이다. 현대와 같은 전방위 경쟁 시대에는 경쟁력 향상에 노심초사하여야 하는데, 그것은 곧 미래에 대한 쉼없는 관심을 말한다.

　국민 각자가 추석과 설날을 위하여 바치는 시간이 각각 일주일은 될 것이며 그것을 다 합치면 국가적 희생은 엄청나다. 경쟁시대를 살아가는 우리에게 '과거'에 그토록 깊은 관심을 가질 여유가 있을까?

달라져야 할 경조사(慶弔事)의 부조(扶助)

　사적으로 아는 사람의 경조사에 무조건 찾아가는 풍속도 한 번 되새겨 봄직하다. 예전의 정적(靜的)인 사회에서는 인간생활의 범위가 좁았으므로 경조사에 참여하는 사람이 대체적으로 당사자를 직접 알고 있는 경우가 많았다. 모두가 경제적으로 어려웠으므로 비용이 많이 드는 "큰일"(大事)을 치르기 위해서는 십시일반(十匙一飯)으로 서로 도울 필요가 있었다.

　동적(動的)이고 경제적으로 여유가 있는 현대에서는 그런 전제조건들이 모두 바뀌었다. 그러므로 전통이라고 그대로 고집할 필요는 없을 듯하다.

　현실적으로 경조사에 대한 참석이 무분별하게 요구되고 있어서 절대다수의 국민들이 부담을 느끼고 있다. 나라 전체로 보아 문상비(問喪費)로만 일년에 5조원이 든다는 통계도 있고 보면 결혼식, 회갑연 등의 하례비(賀禮費)까지 합하면 국민이 부담하는 금전적 비용만 해도 엄청나다. 결혼식장이나 상가(喪家)를 방문하느라 보내는 시간은 단순히 돈으로 계산하기 어려운 큰 부담이다.

많은 경우, 특히 힘있는 사람이 혼주(婚主)나 상주(喪主)일 때에는 경조행사 자체의 의미가 이상하게 변질된다. 청첩장에 온라인(on-line) 구좌번호를 적는 사람이 있는가 하면, 아들 결혼식에 경비행기를 동원하여 축하비행을 하고, 관공서의 직원을 동원하여 식장정리를 하게 한 정치인도 있었다. 행사 본래의 취지보다는 부조금 수령이나 지위과시에 더욱 치중하는 것이다. 한 시민이 겪은 일을 통하여 경조행사의 의미를 되새겨 보자 :

할아버지의 부음(訃音)을 들었을 때 마침 나는 해외에 주재하고 있었다. 아버지가 일찍 돌아가셨기 때문에 장손(長孫)인 내가 승중상(承重喪)의 맏상주였다. 나는 용케도 비행기표를 구해서 할아버지가 운명하신 지 채 하루가 지나지 않아서 시골집에 도착하였다. "8월 염천(炎天)"이라는 이유로 이미 입관(入棺)이 끝난 뒤였고 장례는 6일장으로 잡혀 있었다. 장례행사는 '사실상의 맏상주'인 큰삼촌이 자연스럽게 주관하고 있었다.

빈소에서 문상객을 응대할 때 삼촌은 "[부모를 돌아가시게 하였으니] 중죄인 (重罪人)입니다"라는 유교적 예의를 다 갖춘 인사말을 하곤 하였다. 그러나 손님이 없는 시간이면 삼촌은 친지들 그리고 여러 곳에 걸쳤던 과거의 근무처에 전화 연락하느라고 여념이 없었다. 주소가 확인된 친·인척 및 알 만한 사람에게는 별도로 개별 부고장(訃告狀)을 보냈다. 신문에 부고를 실었는데 끝머리에는 "개별부고 생략"이라는 말이 들어갔다.

큰삼촌은 고위공직에 오래 근무했기 때문에 여러 경로로 아는 사람이 많았다. 그래서 현직에서 은퇴한 지 수년이 지났음에도 문상객으로 시골집은 꽤 붐볐다. 집이 국토의 남단에 가까운 시골이었음에도 서울 등 먼 지역에서도 손님이 왔다. 내방객 중에는 현직에 있는 고위공직자도 적지 않았다.

장례기간 및 장례식 당일에 온 대부분의 손님에게 음식료가 제공되는 것은 물론 "노수"(路需)라는 이름의 거마비가 지급되었다. 유림(儒林)의 인사들을 초빙하여 생전에 벼슬이라고는 하지 않으셨던 할아버지를 학생(學生)에서 처사 (處士)로 승격시켜 드리는 행사도 거행하였다. 전체적으로 상당히 격식을 갖춘 장례였다.

　　장례절차가 모두 끝나고 결산하니 부의금 수입이 모두 6천만 원이었고, 지출된 비용은 3천만 원이었다. 가족회의에서 큰삼촌은 나중에 산소를 돌볼 일도 있고 하니 잔금 3천만 원을 본인이 보관하겠다고 선언하였다. 그에 대해 나의 어머니가 당장 불평하였다. "할아버지를 모시느라 갖은 고생을 다한 어머니를 제쳐두고 왜 남는 부의금을 삼촌이 가져가느냐"는 요지였다. 그 불평을 듣고 나는 "우리 손님은 별로 없었으니 어차피 큰삼촌 덕분에 생긴 부의금이며, 그것은 큰삼촌이 평생을 통해 투자한 돈을 이번에 회수한 것에 지나지 않으므로 미련을 갖지 마시라"는 말로 어머니를 위로하였다. (1996년)

위의 사례는 우리의 전통에 비추면 극히 정상적이고 "삼촌"의 처지에 비추면 조촐하다고 할 수 있을지 모른다. (대중매체의 보도를 보면 웬만한 지위에 있는 사람이 상주가 되면 부의금이 억원대에 육박한다.) 그러나 분명한 것은 장례행사의 의미가 뒤바뀌었다는 사실이다. 돌아가신 분에 대한 애도보다는 살아있는 사람의 "사업"을 위한 행사인 것처럼 보인다. 과연 유족들이 장례를 이처럼 요란하게 치러야 하며, 문상객들은 천릿길도 멀다 않고 찾아가야 할 것인가? 그런 일들이 이름 그대로 미풍이고 양속일까?

저자에게는 요란한 경조행사가 시대에 걸맞지 않는 관습인 것으로 보인다. 경제적 도움을 받아야 할 처지가 아니라면 그런 일들은 그야말로 "가족행사"로 치르는 것이 원래의 목적에 더욱 잘 부합된다. 흉사(凶事)의 경우에는 망자(亡者)를, 경사(慶事)의 경우에는 당사자를 아는 사람만이 참석하여도 행사의 의미를 충분히 살릴 수 있다. 많은 사람이 참석하는 것은 당장 참석자들에게 금전적·시간적 부담을 줄 뿐만 아니라 분위기를 소란스럽게 만들어 행사를 치르는 가족을 위해서도 바람직하지 않다고 할 것이다.

동방예의지국(東方禮儀之國)의 허상

예로부터 우리는 동방예의지국임을 자랑해 왔고 국민 대다수가 그것을 사실인 것으로 생각하고 있는 듯하다. 그러나 평균적 한국인의 행동을 보고 예의바르다고 하기는 어렵다. 오히려 정반대에 가깝다.

외국인의 눈에는 한국인이 종종 무례하고(rude), 세련되지 못한 것으로 비친다. 주위는 아랑곳하지 않고 떠들고 남을 치고 지나가기 일쑤이다. 줄서기 하나 제대로 할 줄 모르고, 차를 운전할 때면 아무 데나 끼여든다. 아이들이 공공장소에서 소란을 피워도 말리지 않는다. 목욕탕에서는 예사로 남에게 물을 튀긴다.

한국인은 미안해 할 줄도 모르고 고마워하는 데에도 인색하다. 그런 사정을 한 기업인은 아래와 같이 토로하고 있다 :

요즘 나라 밖에서 떠돌고 있는… 유머가 하나 있다 …… 북한, 한국, 일본 사람 셋이서 식당에 갔다. 주문을 받으러 온 웨이터가 테이블에 와서 말했다. "죄송하지만 오늘은 쇠고기가 품절(品切)입니다." 이 말을 들은 일본인은 "품절"이란 말이 무슨 뜻이냐고 물었고, 북한 사람은 "쇠고기가 무엇이냐"고 물었다. 그리고 한국인은 "죄송하다"가 무엇을 뜻하느냐고 물었단다 ……

백화점이나 대형빌딩에서 뒤에 오는 사람을 위해 문을 잡아 주어도 고맙다는 눈길 한 번 보여 주지 않고 마치 내가 문지기인 양 그냥 가는 사람들이 대부분이다. 어떤 때는 쥐고 있는 문을 놓을 수도 없이 사람들이 그냥 몰려 들어올 때도 많다. (중앙, 98. 2. 25)

우리에 비해 일본인들은 예절이 바르고 남에게 피해를 주는 일은 잘 하지 않는다. 한 일본 전문가의 말을 빌리면 일본에서는 "남에게 피해를 주지 않는 것과 단체생활에서 모나게 행동하지 않는 것이 아동교육의 출발점"이라고 한다(1998년). 한국에서 오래 살아온 한 일본인의 애기를 들어 보자 :

일본의 다테마에(建前)에는 한국보다 훨씬 더 '인내'가 들어 있다고 할 수도 있다. 한국에서 가끔 볼 수 있는, 동네 아주머니나 아저씨들이 고래고래 소리를 지르며 싸우는 모습은 일본에서는 거의 없다. 그런 분쟁을 야기시키는 것을 좋아하지도 않고, 최대한 참는 것이다. 자동차 접촉사고가 나도 한국처럼 뒤차들이 어찌 되건 고성을 주고받으며 다투는 일은 없다.

　　나는 아파트 7층에 산다. 요즘의 신형 엘리베이터와는 달리 우리 아파트의 엘리베이터는 내가 내린 뒤에도 다른 사람이 이용할 때까지 7층에 그대로 머물러 있는 구형이다. 그래서 나는 엘리베이터를 탈 때면 7층과 함께 꼭 1층을 눌러 둔다. 내가 내리고 난 다음에 1층에서 탈 사람이 내 아내일지 우리 아이들일지 누가 알겠는가? … 습관이랄까, 일본 사람들은 대부분 그렇게 한다. (모모세)

일본인들과는 달리 우리에게는 예절에 필요한 스스로의 절제와 남에 대한 배려가 부족한 것이다.

　　한마디로, 우리 스스로를 동방예의지국이라고 생각하는 것은 잘못된 고정관념이다. 그 이름에 걸맞게 예절을 보다 철저히 지키든가 아니면, 최소한 현실을 정확하게 알기라도 해야 할 것이다.

8. "구성의 오류"(Fallacy of Composition)[9]

　　시장경제는 개인적 이익을 위한 경쟁이 "보이지 않는 손"에 의해 조정되어 사회 전체의 경제적 최선(optimum)이 달성된다는 점을 기본원리로 하고 있다. 그 원리가 대체로 옳지만 때에 따라서는 개개인의 이기적 행동이 전체의 손실 내지 비용으로 나타나고, 나아가 그런 행동을 한 개인에게도 손실이 되는 경우가 있다.

　　규칙을 위반하여 개인적 이익을 추구하면 거의 틀림없이 전체의 손해로 나타난다. 규칙위반이 아니라도 각자가 눈앞의 작은 이익만 생각하면 전체적 비용이 증가하여 결국 모두가 손해를 볼 수 있다.

---

9) 케인즈(J. M. Keynes)는 "개개인이 저축을 늘리면 국가의 총생산이 줄어들어 개개인의 소득과 재산이 감소할 수도 있으므로 때로 정부의 개입이 필요하다"는 의미로 이 말을 썼다. 여기서는 정책함의(polocy implication)를 제쳐두고 "개개인의 이익을 추구하는 행동이 합쳐져서 전체의 손실로 귀결되는 현상"을 지적하는 일반적 용어로 사용하기로 한다.

개인의 이익이 전체의 손해

약 2천만 수도권 시민의 식수원(食水源)인 팔당호가 심각하게 오염되어 가고 있다. 모두가 개인의 이익만 생각하여 쓰레기를 버리고 폐수를 방출한 탓이다. 개개인은 쓰레기와 폐수처리 비용을 절감(節減)하지만 버리는 개개인을 포함하여 시민 전체의 건강이 위협받게 된 것이다. 멕시코시티는 자동차 배기가스로 인한 대기오염으로 악명이 높은데, 그 정도가 심하다 보니 시정부가 비상사태를 선포하고 차량의 운행을 제한해야만 한 적도 있었다(1998년).

개개인의 작은 반칙이 심각하게 환경을 오염시켜 전체 사회의 존립을 위협하게 되는 현상을 어떤 종교인은 "동반 자살"이라는 말로 표현하기도 하였다(조선, 97. 11. 2).

교통규칙을 위반하여 끼여들기를 하거나 갓길 통행을 하면 개개인은 이익을 볼 수도 있다. 그러나 그런 사람이 많아지면 혼란이 일어나서 모두가 손해를 보게 된다. 자칫 접촉사고라도 나게 되면 아수라장이 되어 부분적으로 얻었던 개인의 이익도 한순간에 날아가고 만다.

인천과 구로역 사이의 전철역은 개통 당시에는 10개였던 것이 18개로 늘었다(1998년 현재). 각 지역주민들이 거주지 가까이에 역을 세워달라고 압력을 행사한 덕분이다. 그 결과로 전철이 느림보가 되어 버렸다. 고양시와 수서지구를 연결하는 전철 3호선은 여기저기를 꼬불꼬불 돌아가서 버스보다도 더 느리다. 전철(지하철)의 생명은 많은 사람을 빠른 속도로 실어 나르는 데 있다. 그런데 모두가 작은 이익을 챙기려 하다 보니 절름발이가 되고 말았고 결과적으로 모두가 피해자이다.

앞서 예로 들었던 TV방송을 다시 생각해 보자. 모든 방송사가 "시청률"에 신경을 쓴 나머지 코미디언과 연예인이 출연하는 잡담 프로그램이 많고 나이 어린 "반짝 가수"들이 판을 치고 있다. 개별 방송국의 시청률은 올라갈지 모른다. 그러나 양식있는 시청자들이 TV를 외면하게 되어 '시청자의 숫자'는 오히려 줄어들 수도 있다. "저질 방송"으로 말미암아 TV방송계 전체가 피해자가 될 수 있는 것이다.

교통혼잡 해결방안

경제개발이 웬만큼 진행된 어느 나라에서건 교통혼잡이 골칫거리이다. 경제학자나 교통전문가들이 내린 결론은 "도로확장으로는 교통문제를 해결할 수 없고 교통량을 줄이는 것이 사실상 유일한 해법"이라는 것이다 (Mankiw ; Fortune, 97. 3. 31). 교통문제를 거의 완벽하게 해결하였다는 싱가포르는 교통량을 줄이기 위해 차량에 무거운 세금을 매기고 높은 통행료를 받고 있다.

교통혼잡은 시민의 자제(自制)에만 기대기에는 문제가 너무 심각하다. 교통량을 줄이는 현실성 있는 대안은 혼잡통행료(congestion toll)의 징구라고 할 것이다. 실제로 여러 나라에서 차량에 전자 감응장치(sensor)를 붙이는 등의 방법으로 집행비용을 적게 들이면서 통행료를 징수할 준비를 하고 있다.

그러나 우리는 혼잡통행료를 잘 받아들이지 않는다. 혼잡통행료를 징구하는 서울의 일부 도로에 대해서 "귀빈로" 등의 이름을 붙이면서 빈정거리기까지 하였다. 형평에 어긋난다는 것이다. 그것은 잘못된 생각이다.

기본적으로 자본주의는 '능력있는 사람이 혜택을 누리는 것'(應能享益)을 기본으로 하고 있다. 능력있는 사람만이 '자동차를 이용한 고속왕래'라는 희소한 재화를 가질 수 있는 것은 능력있는 사람만이 주택을 살 수 있는 것과 하등 다를 바 없다. 그럼에도 우리는 후자를 받아들이지만 전자는 거부하고 있다.

모두가 자기 이익만 내세워 차량을 운행하고, 형평을 빌미로 혼잡통행료도 반대한다면 생산성이 떨어지고, 물류비가 늘어난다. 국가경쟁력이 크게 저하되어 국민 모두가 피해자가 된다.

구성의 오류를 방지하여야 사회 전체의 이익, 나아가서 개인의 이익을 증진시킬 수 있다. 그러기 위해서는 각자가 규칙을 잘 지켜야 함은 물론 눈앞의 작은 손실을 감수할 줄도 알아야 할 것이다.

9. 요약 및 결론

시대는 우리 한국민에게 새로운 행동양식을 요구하고 있다. 어떤 길을 가고 어떻게 행동할 것인가를 결정하기 위해서는 주어진 상황에 대한 정확한 인식이 필요하다.

1990년대 말에 우리가 처한 상황은 전통적 관념 및 사고와는 잘 어울리지 않는다. 자칫 잘못된 판단을 할 수 있다. 우리가 특별히 유의하여 판단해야 할 상황을 정리하면 아래와 같다 :

① 한국경제의 문제는 "금융외환 위기"라는 말이 함축하는 것처럼 유동성 위기에 한정되는 것이 아니다. 국가경제의 뿌리가 튼튼하지 못하여 생긴 구조적 문제이다. 당장 고통이 따르더라도 근본적으로 수술하여야만 두고두고 만성적으로 고생하는 불행을 막을 수 있다.

② 금융외환 위기를 정부의 지원에 의존하여 해결하겠다는 것은 잘못이다. 정부의 지원은 결국 국민의 부담으로 돌아온다. 문제의 근본적 해결이 지연되어 악화된다면 국민의 부담만 늘어갈 뿐이다. 당장 고통이 따르더라도 국민 스스로 해결하는 길을 모색하는 것이 장기적 부담을 줄일 수 있는 길이다.

③ 우리의 산업과 시장이 개방되는 것은 필수적이다. 이런 환경에서 배타적이고 국수적인 태도는 스스로의 손발을 묶는 어리석은 일이 되기 쉽다. 외국 기업이나 상품을 대범하게 받아들이는 것이 국민 모두에게 득이 된다.

④ "신토불이"는 편협함을 나타내는 말에 지나지 않는다. 가능한 한 다양한 경험을 하고 다채로운 생활을 해 보는 것이 현대인이 취할 바이다.

⑤ 양적 목표에 집착하여 밀어붙이는 방식은 구시대의 유물이다. 우리의 그런 전략이 질적 퇴화를 가져와서 결과적으로 손실이 된 경우가 많았다. 맹목적 수출은 경상수지 적자폭을 크게 할 뿐이다. 모든 일에 있어서 내실(內實)을 앞세워야 할 때이다.

⑥ 우리는 기업이건 개인이건 허세와 허풍을 전술로 택하여 왔다. 그

방법도 바꿀 시기가 되었다. 중국 사람들처럼 엄살을 부리는 것이 유리할 때가 많다.

⑦ 전통이라 해서 무조건 지켜야 아름다운 것은 아니다. 풍습은 필요하기 때문에 생겼을 뿐이므로 상황이 바뀌면 달라져야 한다. 풍속에 관한 한 우리는 지나치게 보수적이다. 경조사에 수많은 사람이 참석할 이유가 없어졌다. 그럼에도 세월이 지날수록 참석자가 많아지고 더욱 호화스러워지는 듯하다. 그 때문에 엄청난 국가적 낭비가 초래되고 있다. 고쳐야 할 일이다.

⑧ 공동체 사회에서는 때때로 눈앞에 보이는 개인의 이익을 희생할 필요가 있다. 그래야만 전체의 복지가 증진되고, 그 결과 개인도 혜택을 보게 된다. 반칙을 통하여 개인의 이득을 추구하면 거의 예외없이 전체의 손실, 나아가 반칙한 당사자의 손해로 돌아온다. 개인의 이익을 위해서라도 전체를 먼저 생각하는 지혜가 필요하다.

제13장 개인의 역할과 임무
- 발상의 전환(Paradigm Shift) -

국가경쟁력을 향상시키기 위해서 가장 먼저 해야 할 일은 국가경제의 기초를 다시 닦는 것이다. 자원배분의 왜곡을 바로잡아야 하고 시장경제에 맞는 합리적이고 공정한 사회경제 질서를 세워야 한다.

정부의 선도(先導)가 있으면 기초를 다시 놓기가 한결 쉽다. 그러나 한국 사회에 필요한 것이 전반적 개혁(改革)이고, 예로부터 개혁은 "위"에서보다는 "아래"에서 이루어지는 일이 많았다. 사회를 변화시키기 위해서는 정부에 기대기에 앞서 국민 각자가 문제의식과 책임감을 가지고 사고와 행동을 바꿀 필요가 있는 것이다.

좀더 구체적으로, 국가경쟁력의 향상을 위해서 국민 개개인이 할 일은 ① 새로운 질서를 수립하여, ② 그 질서를 스스로 잘 지키고, ③ 나아가 질서가 잘 지켜지도록 사회를 감시하는 일이라 할 것이다.

정부에 대해서 적극적으로 의견을 개진(改進)하고, 정부나 기업이 잘

못하는 일이 있으면 항의할 줄 알아야 한다. 항의하지 않으면 불합리한 일들이 끊임없이 반복되어 달라지는 것이 없게 된다. 사회를 감시하고 "힘있는 사람, 힘있는 기관"에 대해 항의하는 것이 개인에게는 번거롭겠지만 전체 사회의 발전을 위해서 우리 모두 그런 번거로움을 이겨내는 슬기가 필요하다 할 것이다.

아울러 국민 개개인은 전문직업인으로서 스스로의 기능력(技能力)을 키우고 직업윤리를 확립할 필요가 있다. 기업가와 근로자는 기업의 구성원으로서 기업경쟁력을 직접 좌우한다. 공무원은 국가정책을 입안·집행하고 변호사, 공인회계사 등 특수직종에 있는 사람들은 사회경제 질서 유지의 책임이 있다. 그들의 능력과 직업윤리가 확립되어야 국가 전체가 능률적으로 기능할 수 있다.

1. 질서의 확립

새로운 시대에는 새로운 질서가 필요하다. 어떤 질서가 바람직한 것인가를 구체적으로 지적하는 것은 무리가 있으므로 여기서는 피하기로 한다. 다만, 제11장에서 지적한 바 있듯이 우리가 당면하고 있는 현실은 ① 시장경제를 기본으로 하고 있고, ② 국경이 무시되는 전방위 경쟁이 일어나고 있으며, ③ 환경은 복잡하고 유동적인 점을 확실하게 인식하여 그에 맞는 새로운 질서를 만들어야 할 것이다. 아울러 제12장에서 지적한 몇 가지 상황도 확실히 이해하여야 할 것이다.

어느 경우라도 새로운 질서의 수립은 국민 전체가 공감하여 합의할 수 있는 가치관이 정립되고 이를 바탕으로 제도와 법규가 마련되며 관행과 관습이 형성되는 과정을 밟아야 할 것이다.

시장경제적 질서의 수립

1960년대 이후 우리는 '경제적' 성과를 극대화하기 위해 진력(盡力)해 왔다. 그럼에도 불구하고 새 천년에 즈음한 시점에서 우리는 나라의 경제적 힘(국가경쟁력)이 취약하여 고민하고 있다. 우리의 특수사정을 제쳐둔다고 하더라도 현대사회에서 경제가 차지하는 비중은 새삼 강조할 필요가 없을 정도로 높다.

그렇게 본다면, 우리가 세워야 할 새로운 질서는 불가피하게 '경제적 효과와 효율'을 중요시하는 것이 되어야 한다. 자연히 전근대적 질서에서 탈피하여 시장경제적 질서, 계약관계를 중심으로 한 질서를 강화할 수밖에 없을 것이다(제10장 참조).

질서의 유지

어떤 형태의 질서든 일단 만들어지면 그것은 사회적 약속이다. 만약 개별 구성원, 즉 개개 기업이나 개인이 질서를 파괴하면 전체가 피해를 보게 된다. 그 피해는 종국적으로 질서를 파괴한 구성원 스스로에게도 어김없이 돌아온다. "구성의 오류"를 막기 위해서 기업이나 개인 각각이 질서를 지키도록 노력하여야만 하는 것이다.

질서를 지키는 것에 그치지 않고 한 걸음 더 나아가 개별 구성원이 남의 편익에 대하여 적극적으로 배려를 한다면 사회는 한층 성숙하고 발전하게 될 것이다. 모두가 남의 편의를 생각한다면 크게 힘들이지 않고 서로가 서로에게 혜택을 줄 수 있다. 각자가 "사용한 엘리베이터의 단추를 눌러 1층으로 보내 두는 일본인들의 습관"을 본받아 실천한다면 내 스스로가 먼저 덕을 보게 된다.

샛길에서 차가 밀리는 길로 진입하는 자동차에게 통행권을 양보하면 나의 시간 손실은 거의 없지만 상대방에게는 큰 도움이 된다. 반면, 샛길에서 차들이 빠르게 주행하는 큰길로 진입하려는 운전자는 충분한 간격이 생길 때까지 기다릴 줄 알아야 할 것이다. 무리하게 끼여들어서 뒤차로 하여금 브레이크를 밟지 않을 수 없게 만드는 '실례'(失禮)는 손을 들어서 인사하는 것으로 지워지지 않는다. 각자가 기본예절을 지키면 모두가 즐거운 기분을 유지할 수 있다. 그런 것이 일반화되면 내 스스로 큰 덕을 본다.

　　질서를 지키고 남을 배려하는 것은 '마음의 여유'만 가지면 손쉽게 할수 있다. 남의 이목(耳目)이나 수지타산을 제쳐두더라도 그런 여유 자체가스스로의 멋이고 품위이다.

2. 항변(抗辯)과 고발(告發)

　　"정부의 실패," 즉 부적절한 정책입안 혹은 정책이나 조직기구의 비효율적 운영이 있으면 개개의 국민이 피해를 입게 된다. 실제로 우리 국민은정부의 실패로 인하여 새로운 세기를 맞은 다음에도 엄청난 짐을 지고 살아가야 하게 되고 말았다.

　　"기업의 실패," 즉 잘못된 경영관행이나 부적절한 전략으로 경영성과가 나쁘면 개개의 주주(株主)가 손실을 입게 된다. 실제로 일반 주주들은1990년대를 통틀어 경영층의 잘못으로 말미암아 엄청난 재산상의 손실을입었다.

　　결국, 사회경제 질서가 불합리하거나 질서가 잘 지켜지지 않을 때 피해를 입는 것은 국민이다. 국민 개개인이 국가운영과 기업경영의 가장 직접적 '이해당사자'인 것이다.

　　불행히도 대다수의 우리 국민들은 그런 점을 명확하게 인식하지 못하는 듯하다. 그에 더하여 체면과 명분을 중요시하고 온정주의적 성향이 있어서 남의 잘못과 탈법행위를 보고도 못 본 체하는 일이 많다. 이래저래우리는 정부나 기업에 대해 잘 항변하지 않고 남을 고발하기를 꺼린다.

　　항변과 고발을 소홀히 한다는 것은 무엇보다 먼저 스스로의 손실을'감수'한다는 의미가 된다. 그뿐만 아니라, 잘못된 일이 계속 일어나게 '촉진'하는 효과가 있다. 위규와 탈법은 그것을 저지르는 당사자에게 당장 혜택을 가져다 주므로 저지 당하지 않으면 누구에게나 유혹이 된다. 한번 위규와 탈법을 저지르면 상습적이 되는 경향이 있다. 그리하여 점차 개인적손실이 확대되고 사회질서가 파괴된다. 결국 모두가 손해를 보게 된다.

제 밥그릇은 자기가 찾아야

항변과 고발을 꺼리는 관념과 습관은 분명히 고쳐져야 한다. 제 밥그릇은 자기가 찾아야 하며 남의 잘못은 항의를 하여야만 고쳐질 수 있다. 국민의 권리, 주주의 권리는 저절로 주어지지 않는다. 항의하면 고쳐질 수 있는 일을 그냥 지나치면 계속 손실을 입어야 한다.

경찰에 의한 과잉 음주단속이나 군(軍)에 의한 부당한 검문이 있으면 차를 정지시키고 항의할 필요가 있다. 귀찮다고 그냥 지나치는 것보다 자꾸 항의하여 그런 일이 아예 생기지 않게 하는 것이 최선이다. 항의하는 사람이 몇 명만 있어도 한 시민이 경험한 아래와 같이 상식에 벗어나는 일은 일어나지 않을 것이다 :

(사례 13-1) 교통지옥을 유발하는 검문

1997년 2월 15일 이른 아침부터 늦은 저녁까지 서울의 행주교와 성산교를 북에서 남으로 통과한 시민들은 다리를 건너는 데 두 시간 반에서 세 시간을 허비해야 했다(교통방송 보도). 무장 탈영병 검거를 위한 군의 검문 때문이었다. 군 검문으로 인한 한강 다리와 서울 일원에서의 교통대란은 1997년 들어서만 그 날이 이미 두번째였다.

나는 그날 아침 7시경 고양시의 화정동 쪽에서 행주교를 건너고자 하였는데 다리를 코앞에 두고 다리까지 도달하는 데에만 에누리없이 두 시간을 소비하였다. 다리 입구에 와서야 검문 때문이란 것을 안 나는 화가 치밀어 올랐다. 현장에 있는 초소로 찾아갔더니 안에는 여러 명의 군인과 경찰이 있었고 그 중에서 책임자임을 자처하는 사람(헌병 하사관인 듯하였음)에게 "시민의 편의를 이렇게 무시해도 되는 것이냐"고 따졌다.

그랬더니 그의 답변은 첫째, 무장 탈영병은 잡아야 한다. 둘째, 상부의 지시니까 따를 수밖에 없다. 셋째, 다른 시민들은 아무도 와서 따지지 않는데 왜 혼자만 그러느냐는 것이었다. 나는 어이가 없어 국방부장관과 서울시장은 사무실에만 앉아 있으니 시민의 고통을 알지 못하는 것이라고 쏘아붙이고 나왔다.

저녁 8시경 집으로 돌아오면서 보니 행주교에는 어처구니없는 그 일이 그 시간까지 계속되고 있었다. 서울 쪽으로 진입하는 것을 포기하고 돌아서는 차들 때문에 내가 진행하는 방향의 길도 상당히 혼잡하였다. 불현듯 그런 일을 밥먹듯이 당해도 항의할 줄 모르는 우리 국민들이 불쌍하다는 생각이 들었다.

"헌병"이 말한 것처럼 탈영병은 잡아야 한다. 그러나 탈영병이 군초소가 있는 다리를 통과할 가능성은 극히 희박하다. 그 사실을 아마도 군당국이 누구보다 더 잘 알 것이다. 그럼에도 국민의 권익은 안중(眼中)에 없다 보니 군당국이 그처럼 무리를 범하는 것으로 해석하여야 할 것이다. (교통이 막혀 생명이 위태롭게 되는 환자라도 생긴다면 누가 책임질 것인가?)

제지되지 않는 집단이기주의.　정치인과 관료계층의 정책철학이 빈곤하다 보니 우리 사회에는 집단이기주의를 제지(制止)하는 장치가 사실상 존재하지 않는 듯하다. 제11장에서 살펴본 대로 정치인, 관료를 포함한 특정 이해집단에게 특혜를 주는 법규나 정책이 손쉽게 입안·제정된다. 그럴 경우 반사적으로 손해를 보는 것은 언제나 목소리를 키우지도, 힘을 모으지도 못하는 '일반 국민'이다.

문화체육부의 부처 이기주의에 기인한 듯한 반상식적인 "관광개발진흥기금"도 어렵지 않게 국회를 통과하였다(<사례 11-2> 참조). 군인연금은 1977년부터 바닥이 났으나 현역이나 퇴역군인의 압력 때문인지 아무런 대책도 마련되지 않고 국고만 축내고 있다(<사례 7-11>). (그에 비해 일반 국민을 대상으로 한 국민연금은 날이 갈수록 제반 조건이 국민에게 불리해지고 있다.) 무역협회가 부동산 투자를 일삼아도 말리는 사람이 없다(<사례 7-13>). 그런 일들에 관련된 모든 비용은 두말 할 필요없이 일반 국민의 부담이다.

일반 국민만 "봉"이 되는 법규와 정책의 도입을 막자면 개인의 힘으로는 한계가 있으므로 여론조성에 적극적으로 참여하는 등의 방법이 필요하다고 할 것이다.

개혁을 촉진할 수 있는 시민의 행동

우리 사회에는 국가경쟁력을 좀먹는 잘못된 법규와 관행이 많다. 그것을 고치는 가장 확실한 방법 중의 하나가 시민의 행동이다.

우리나라가 가진 가장 큰 병폐 중의 하나인 "관치금융"을 보기로 들어 그것을 해소하기 위해서 국민들이 어떻게 해야 할 것인지를 생각해 보자 :

(사례 13-2) 관치금융과 은행주주

한국이 부도위기를 맞게 된 것은 자원배분이 왜곡된 것이 큰 이유이다. 자원배분을 왜곡시킨 근본원인은 관치금융이다. 문제를 근본적으로 해결하는 지름길은 "금융개혁"이며 그 사실은 오래 전부터 널리 인식되어 왔다. 그럼에도 정부의 버릇이 저절로 고쳐 질 것 같지는 않다. 온 국민은 중앙은행 독립문제를 둘러싸고 부처간의 권한다툼으로 1990년대의 십 년이 허비된 것을 보아 오기도 했다.

금융개혁을 실현하는 가장 확실한 방법은 은행주주가 나서는 것이다. 한 번 따져 보자.

은행 주식을 가졌던 개인들은 1990년대에 걸쳐 막대한 재산상의 손실을 입었다. 10년 남짓한 사이에 대부분 은행의 주가가 1 / 10 이하로 떨어졌고 심한 경우는 주식이 소각(燒却)되기도 했다. 주주들의 투자자산 중 90% 이상이 날아간 엄청난 손실인 것이다.

이제 그 손실이 왜 발생하게 되었는지를 생각해 보자. 각각의 은행은 주식회사로서 은행장을 비롯한 경영진이 주주의 위탁을 받아 경영하고 있다. 경영진은 주주의 이익을 보호하기 위하여 최선을 다할 의무가 있다. 물론 그들도 사람인 이상 판단을 잘못하는 소위 "정책상의 실수"는 있을 수 있다. 그런 실수는 경영진이 자리를 물러남으로써 용서되는 것이 보통이다.

그러나 경영층이 주주에게 손실이 될 가능성이 큰 사실을 알면서 부당한 대출을 하고 결과적으로 채권(債權)의 회수가 불가능한 일이 생겼다면 이는 "업무상 배임죄"에 해당된다. 그들이 책임을 져야 하는 것이다. 만약 그들이 정부의 압력을 받아서 부적절한 결정을 내렸다면 압력을 행사한 관료나 정치인도 권한 남용이라는 형사책임과 손해배상이라는 민사책임을 져야 마땅하다.

주주들이 정당한 이유없이 입은 재산상의 손실을 회복하고 나아가 장래의 손실을 방지하기 위하여 할 수 있는 일은 다양하다. 각종 기업 감리 장치를 동원하는 일이다. 그 중 두 가지 방법만 예시하면 아래와 같다 :

① 은행주주들이 개별적으로 혹은 단체로 '부당한 방법으로 재산상의 손실을 초래한 사람'을 상대로 하여 소송을 제기하는 것이다. 소송 대상자는 은행의 경영진일 수도 있고 불법적 압력을 행사한 관료나 정치인일 수도 있다.

상법이나 증권거래법에 주주의 권익보호와 관련된 절차가 규정되어 있기도 하지만 무엇보다 먼저 '헌법이 국민의 사유재산권을 보호해 주고 있다.' 합리적인 사법부라면 주주의 권익을 보호해 줄 것이다.

현실적으로 우리 사법부의 판결 관행을 신뢰할 수 없을지는 모르나 주주의 고발이 있다면 점차 개선될 것이 확실하다. 설사 당장 사법부가 피해복구를 도와 주지 않는다 할지라도 은행 경영자나 외부인사가 주주의 손실을 초래하는 일을 다시 저지르지 못하게 억제하는 효과는 있다.

위의 어느 경우라도 주주들에게는 이득이 된다. 세월이 흐름에 따라 관치금융이 사라질 것으로 기대해 볼 수 있다.

그렇게 보면 가장 확실한 금융개혁은 '은행주주들의 자기권한 주장'으로부터 시작된다고 할 것이다. 주주가 승소(勝訴)하게 되면 은행이나 정부라는 조직체가 아니고 은행 경영진이나 압력을 행사한 관료 측은 정치인이 '개인 자격'으로 책임을 져야 하므로 소송이 가져다 주는 경고효과는 더없이 확실하다.

② 은행주주 혹은 일반 국민이 관치금융에 간접적으로 항의하는 방법은 은행의 유상증자에 응하지 않는 것이다. 그것은 관치금융으로 입

을 재산상의 손실을 미리 막는 대비책이기도 하지만 은행의 자본조달
이 불가능해진다는 경고의 효과도 있다. 정부의 부당한 개입을 억제하
게 되는 것이다.

1998년에 K지방은행의 "재정상태가 극히 나빠서 유상증자를 시행한"
적이 있는데 청약가(請約價)가 시가(時價)보다 훨씬 높았다. 지극히 비상
식적인 일이었음에도 "지역은행을 살리자"는 취지로 다수의 주민들이 주
식을 청약한 일이 있었다. 개인적 손실을 감수한 것을 애향심(愛鄕心)의
발로라고 좋게 해석할 수도 있으나 값싼 동정심에 지나지 않는다. 그들의
행동에는 관치금융을 연장시키고 은행 경영층의 '도덕적 해이'를 조장하는
역작용이 숨어 있는 것이다.

극복해야 할 소송혐오주의

일본 소니(Sony) 사의 회장이었던 모리타(A. Morita)는 "미국은 변호
사를 양성하느라 바쁘지만 일본은 엔지니어를 키우느라 바쁘다"고 하면서
미국의 현실을 빈정거린 적이 있다(Morita, 1986). 아닌게 아니라 미국은 변
호사의 숫자가 1백만 명을 넘고, "모든 사람이 모든 사람을 상대로 소송한
다"는 말이 있을 정도로 소송이 빈번하게 이루어진다.

반면, 일본이나 우리나라 사람들은 소송제기하기를 지나치게 꺼린다.
웬만한 문제는 그냥 덮어두거나 적당히 타협하고 만다. 미국의 관행을 '소
송만능주의'라면 우리의 경우는 '소송혐오주의'라고 할 것이다.

소송만능주의는 개별 소송에 엄청난 시간과 변호사 수임료를 투입하
여야 하는 만큼 사회적 비용이 된다. 그렇지만 개개인이나 개별 조직체가
소송이 두려워서 탈법과 위규행위를 자제하게 되어 사회질서가 확립되고
남에게 피해를 주는 일을 삼가게 된다는 장점이 있다.

반면, 우리의 소송혐오주의는 우리 사회의 원칙과 질서가 문란하도록
조장하였고 그것이 국가경쟁력을 심각하게 훼손한 것이 사실이다.

국가경쟁력과 연관지어 말한다면 소송만능주의는 효과적이고 소송혐

오주의는 효율적이라고 할 수 있다. 비용과 효과를 총체적으로 분석한다면 소송만능주의가 일반적으로 더 나은 선택이 될지도 모른다. 원칙이 없고 질서가 붕괴된 한국 사회의 특수성을 감안하면 우리에게는 더더욱 소송만능주의가 절실한 것으로 생각된다.

근래에 와서 우리나라에서도 민간이 정부기관을 상대로, 혹은 개인이 기업이나 단체를 상대로 소송을 제기하는 일이 많아졌다. 사법부도 합리적인 판결을 내리는 사례가 늘어났다. 바람직한 현상이라고 할 것이다. 시민이 행정소송에서 이기는 일이 심심찮게 보도되고 있다. 한 대학생이 국가를 상대로 경찰의 부당한 불심검문에 대한 소송을 제기하여 1백만 원의 손해배상을 받기도 했다(1998년 11월). 예식장 측이 예식 간격을 임의로 줄이는 바람에 혼인(婚姻) 당사자가 입게 된 "정신적 피해"에 대하여 7백만 원을 배상해 주라는 판결이 난 적도 있다(1997년 6월).

위의 예처럼 시민이 재산상 혹은 정신적 피해를 보상받을 길은 상대가 누구임을 막론하고 열려 있다. 그럼에도 '스스로의 권익을 확보'하는 길을 버리는 것은 어리석은 일이 아닐 수 없다. '자연스럽게 사회질서 확립에 기여할 수 있는 길'을 굳이 버리는 것은 시대가 요구하는 시민의 자세가 아니라 할 것이다.

배심재판의 장점.　아울러, 시민의 입장에서는 한 원로 헌법학자(김철수)가 제안한 대로 배심재판 제도를 도입하는 문제도 냉철하게 고려해 볼 필요가 있다.

미국의 사법제도는 민·형사(民刑事)를 불문하고 배심재판이 원칙이다. 우리는 대체로 미국의 제도가 비효율적이라고 인식하고 있다.[1] 특히

---

1) 미국의 사법제도는 주마다 조금씩 다르다. 캘리포니아의 경우 무작위로 선발된 12명의 지역주민이 배심단(jury)을 구성하여 판사가 진행하는 재판에 참여한다. 배심단은 증인심문 등 전 과정을 지켜본 다음에 숙의(deliberation)하여 평결(verdict)을 내린다. 민사재판의 경우는 배심원 3/4의 동의로, 형사의 경우는 만장일치로 '원고 승소'가 결정된다. 형사사건의 경우 만장일치가 아니면 "유죄(guilty)가 성립"되지 않는 것이다. 떠들썩했던 "심슨 사건"(O. J. Simpson Case)의 경우는 배심단에 참여한 지역주민의 인종적 편견이 논란의 대상이 되었다.

1990년대 중반에 세계의 이목을 집중시켰던 특정 흉악범죄에 대한 재판절차를 보고 모두가 배심제도에 대해 고개를 흔든 경험이 있다.

그러한 특수 케이스(case)가 있을 수 있음에도 불구하고 평균적으로 보면 배심제도에 의한 재판이 훨씬 공정하다고 할 수 있다. 의도적으로 판결을 왜곡시키는 것이 불가능하기 때문이다. 당국의 정치적 판단이나 "전관예우"가 자주 작용하는 우리나라에서는 배심제도가 특별히 효과적일지도 모른다.

질서파괴에 대한 상호감시. 단순히 남을 헐뜯기 위한 고자질은 비난을 받아야 한다. 그러나 분명하게 잘못된 행위를 본인에게 지적하거나 감독기관에 고발하는 것은 오히려 장려해야 할 일이다. 당사자를 위해서나 사회전체를 위해서나 도움되는 일이 많기 때문이다. 현대사회는 복잡다양하고 변화가 심하여 구성원 상호간의 선의(善意)에만 기댈 수 없다. 질서를 유지시키기 위해서는 서로 감시할 사회적 필요성이 있다.

서양사람들은 대체로 탈법과 위규에 대한 상호감시를 잘하고 있다. 남의 차량에 손상을 입히고 도주하면 목격한 사람이 신고한다. 면허취소된 사람이 자동차를 운전하면 이웃 사람이 신고한다. 스스로 줄서기를 철저히 할 뿐만 아니라 새치기하는 사람은 그냥 두지 않는다.

골프장에서 늑장을 부리거나 큰 소리로 떠들면 순찰자가 찾아와서 제지한다. 아파트에서 떠들면 이내 관리인으로부터 전화가 걸려 온다. 이웃 주민이 배우자나 아이를 학대하는 것을 알게 되면 남의 일이라 하여 못 본 체하지 않고 경찰에 알려 준다. '고발정신'이 생활화되어 있는 것이다. 다음의 사례를 보자 :

(사례 13-3) "무심코 버린 노끈, 우편함에 되돌아와 있어"

독일 프랑크푸르트에 거주하는 한국 상사 주재원 김모(40) 씨는 어느 날 아침 출근길에 집 앞 주차장에서 이상야릇한 "사건"을 경험했다. 세든 집이 모두 여섯 가구가 입주해 있는 일종의 연립주택이라 집 앞 도로변에 입주 가구별로 지정 주차석이 마련돼 있는데 이 주차석에 세워 둔 김씨 차의 왼쪽 앞 백미러에

웬 노끈 한 개가 걸려 있는 것을 발견한 것. 책 같은 것을 묶는 데 쓰이는 헌 노
끈으로 전날 옆 주차석에 세워 둔 옆집 차에서 떨어진 물건으로 보였다. 그래서
김씨는 무심결에 노끈을 주차장 바닥에 그냥 던져버렸다. 그리고 이튿날. 출근길
에 평소 습관대로 현관문 앞의 가구별 우편함을 열어보던 김씨는 또 한 번 깜짝
놀랐다. 어제 버렸던 그 노끈이 자기 집 우편함 안에 들어 있던 것. "아니, 누가
이런 짓을? 우리 집 우편함에 정확히 넣어 놓은 것을 보면 내가 노끈을 버렸다
는 것을 누가 알고 있다는 얘긴데……" 곰곰 생각해 보니 바로 옆집에 사는 집
주인 로일 할머니의 행동임에 틀림이 없었다. 수더분하고 인심 좋지만 전형적인
독일 할머니들처럼 깐깐하기로도 유명했던 로일 할머니……. (조선, 97. 9. 29)

서양의 여러 나라에서 흔히 볼 수 있는 '반칙행위를 상호 감시하고
고발하는 시민정신'이 선진사회를 만드는 한 축이 됨을 부정하기는 어려울
것이다. "좋은 게 좋다"면서 무엇이든 덮어 두려는 우리의 관념과는 정반
대인 것이다.

내부고발의 사회적 기능

우리는 종종 이중적 가치기준을 적용하여 소속집단의 이익을 위하여
반사회적인 일을 저지르거나 못 본 척하는 경향이 있다. 게다가 사회 전체
가 그런 경향을 촉진한다. 만약 어떤 구성원이 소속집단의 비리(非理)를
감독 당국에 고발한다면 그는 소속집단으로부터 쫓겨나는 것은 물론이고,
사회에서도 배신자로 몰릴 가능성이 크다. 그러다 보니 개별 집단에 의한
반사회적 행위가 끊이지 않는다. 개별 집단의 이익은 증가할지 모르지만
사회 전체가 피해를 입고 질서는 파괴된다.

서양에서는 전체 사회를 위해 소속집단을 고발하는 것을 부도덕한 행
위로 보지 않는다. 일부 국가에서는 구성원이 소속집단의 반사회적 행위를
고발할 때 그 고발자를 보호해 주는 장치를 마련해 놓고 있다.

미국에서는 한 걸음 더 나아가 내부자에 의한 고발(whistle blowing)
을 장려하기도 한다. 기업체가 부정한 방법으로 정부 재정에 손실을 초래

한 사실을 고발하면 해고를 방지해 주고, 정부가 회수한 금액의 30%까지를 고발자에게 포상금으로 지급해 주는 제도이다.

그 제도 덕분에 미국 정부는 1980년대에 다수의 군수산업체로부터 12억 달러를 회수한 사례가 있다. 1997년에는 한 전직(前職) 회사원이 자신이 근무했던 제약회사가 약품대금을 과다 청구한 사실을 고발하여 연방정부가 325백만 달러를 회수한 바 있는데, 이 내부고발자는 막대한 금액을 포상금으로 받게 되었다(BW, 97. 3. 24).

우리도 각급 조직체에 의한 반사회적인 행위를 고발하는 제도를 도입할 필요가 있을 것이다(참조 : 매경, 98. 6. 20). 만약 현실적인 제약으로 그것이 불가능하다면, 최소한 사회나 정부가 내부고발자를 배신자로 모는 실수를 범하지는 말아야 할 것이다. 내부고발 행위가 사회질서 유지의 밑거름이 될 수 있으므로 비난할 이유가 없는 것이다.

우리의 전통적 관념에 비추어 남을 감시하고 고발하는 것은 썩 내키지 않는 일임을 부정할 수 없다. 또한 그렇게 하는 것이 귀찮고 성가신 것도 사실이다. 그러나 그것이 사회 전체가 제대로 기능하도록 촉진하는 만큼 개개인은 사회구성원으로서의 책임감을 가져야 할 것이다. 각자가 고발에 따르는 일시적인 작은 불편을 감수한다면 질서파괴 행위가 근절되는 만큼 장기적인 편익은 늘어난다. 결국, 고발에 따르는 불편함은 장래를 위한 투자가 되는 셈이다.

3. 전문가 의식의 확립

어떤 조직의 역량(力量)은 '개개 구성원의 능력(생산성)' 및 '개별 능력의 유기적 연결성'으로 결정된다. 구성원의 능력이 뛰어나고 구성원이 효과적으로 역할을 분담하여 모두가 제 역할을 성실히 수행하면 전체 조직의 생산성이 높아지는 것이다.

국가의 총체적 역량, 즉 국가경쟁력은 국민 개인과 개별 기업의 능력 및 이들의 사회적 역할분담과 그 유기적 연결에 따라 결정된다. 기업이라는 조직체의 역량은 개개 직원의 생산성을 효과적으로 연결하여 높일 수 있다. 그렇게 보면, 국가경쟁력 향상의 출발점은 '개인의 능력 혹은 개인 생산성의 제고(提高)'라고 할 것이다.

종사하는 직종을 불문하고 우리 국민은 대체로 전문가 의식(profes-sionalism)이 부족하다. 많은 국민이 전문적인 지식과 기술면에서 경쟁국가의 사람들에게 미치지 못한다. 적지 않은 직업인이 직업윤리를 망각한다. 프로페셔널리즘의 부족이 국가경쟁력 향상에 심각한 장애로 작용하고 있다.

1990년대 말의 시점에서 우리 국민 개개인에게 가장 먼저 요구되는 것은 '전문가 의식의 확립'이라고 할 수 있다. 전문기능을 향상시키는 것과 직업윤리를 확립하는 것이 매우 중요하다. 특히 직업윤리는 전체 사회가 제대로 기능하게 하는 밑받침이 된다. 그것은 자기개발을 촉진하고 개개 직업인이 사회가 주는 역할(召命, calling)을 확실히 수행하게 이끌어 준다.

전문직업인과 경제적 부(富)

원래 전문직업인(professional)이라는 말에는 "경제적 부(富)를 얻기 위하여" 어떤 일을 한다는 의미가 함축되어 있다. 그것이 사실이지만 직업 자체에 대한 애착(愛着)보다 단기적인 경제적 이익만을 앞세우면 스스로의 생명을 단축하는 어리석음을 저지를 우려가 있다.

현실에서 우리가 자주 접하는 보기가 직업 체육인이나 연예인이다. 올림픽에서 금메달을 획득한 사람이 여기 저기 언론매체에 출연하다가 스스로의 선수생명을 단축시킨 예가 있다. 적지 않은 직업 야구선수들은 체력단련과 기능연마보다 일시적 즐거움을 추구하거나 상금이 붙은 단발 홈런에 관심을 더 가졌다. 그 때문에 그들은 30대 중반이면 은퇴를 생각하여야 한다. 우수한 선수가 "돈" 때문에 여기저기 옮겨 다니다가 결국 버림을 받고, 체육 지도자가 되는 길마저 잃어버린 사례도 있었다. 프로 골프선수

가 연습보다는 부유층의 동반자로 골프코스에 나가는 일에 재미를 붙이는
경우도 많다.

　가수나 탤런트는 가창력(歌唱力)이나 연기력을 향상하기보다 당장의
인기에 연연하여 대중 앞에 지나치게 자주 나서거나 광고 모델료를 확보
하는 데에 관심이 많다. 그 결과 가수는 30대만 넘기면 인기를 잃고 탤런
트는 젊은이로서의 매력을 잃음과 동시에 잊혀져 가는 일이 많다.

　이런저런 이유로 전문기량의 향상을 게을리하면 스스로의 생명을 단
축시킬 뿐이다. 직업인으로서의 생명이 단축된다면 평생을 놓고 보았을 때
얻을 수 있는 경제적 부가 줄어들게 되는 것이다. 결국 "돈벌이"보다 직업
자체에 충실하는 것이 "부(富)의 총량"을 극대화하는 지름길이다.

　진정한 프로페셔널은 기량의 향상과 직업생명의 연장에 최우선적인
관심을 가져야 하고 그러면 경제적 부는 저절로 따라 오는 것이다.

　그런 사실은 체육인이나 연예인에 그치지 않고 변호사, 작가(作家)
등 모든 전문직업인에게 적용된다고 보아야 할 것이다. 즉, 일시적 인기,
부(富), 영화(榮華)에 연연하지 않고 직업에 충실하는 것이 직업적 성취뿐
만 아니라 부를 쌓는 데에도 더 효과적인 것이다.

"정치력"보다는 업무능력

　모두가 인식하고 있는 대로 우리의 생활환경은 점차 '전문가 사회'가
되어가고 있다. 막연한 기초지식보다는 실제적이고 구체적인 업무처리 능
력과 전문기술이 필요해지는 것이다. 게다가 개인간의 경쟁이 점점 치열해
지고 기술의 진보가 빠른 만큼 쉴새없이 기능을 향상시키지 않을 수 없다.
단순히 생존하기 위해서도 전문가 의식으로 무장할 필요가 있다고 할 것
이다. 크게 세 가지 측면에서 개인의 기능향상이 요구된다.

　① 연봉제의 확산.　한국 사회에 연봉제(年俸制)가 정착되기에는 상당
한 시일이 소요될 것이다. 그럼에도 사회가 그런 방향으로 나아가는 것만
은 틀림없는 사실이다. 연봉제는 업무성과에 따라 보수가 결정된다는 말에

다름 아니다. 업무성과를 올리기 위해서는 높은 기능력(技能力)이 요구됨
은 물론이다.

　　②업무능력만이 종신취업(終身就業)을 보장.　급변하는 환경 속에서 어
느 기업이건 종신고용(終身雇傭)을 보장해 줄 수 없다. 경쟁에서 이기기
위해서는 경기(景氣)에 따라 정리해고를 하지 않을 수 없다. 더구나 특정
기업의 존립 자체를 장담할 수 있는 여건도 아니다. 결국, 개별 직업인은
직장을 옮겨 다니지 않을 수 없다. 그럴 때 얼마나 빨리, 얼마나 좋은 새
직장을 구할 수 있느냐 하는 것은 스스로의 업무능력이 결정해 준다고 할
수 있다. 개인의 능력만이 '종신취업'을 가능하게 하는 것이다.

　　③ "인간관계"의 영향력 감퇴.　우리 사회가 폐쇄적이었을 때는 개인이
건 기업이건 인간관계에 의존해서 일을 처리할 수가 있었다. 그러나 "전방
위 경쟁시대"에 인간관계에 의존한다는 것은 경쟁력 측면에서 매우 위험
한 일이다. 그러므로 공적(公的) 업무의 처리에서 인간관계가 차지하는 비
중은 점차 줄어들 수밖에 없을 것이다. 인간관계 때문에 편의를 보아 준다
면, 보아 준 사람의 입장이 어려워질 것이기 때문이다. 더구나 연봉제가 정
착된다면 평가제도가 객관화되므로 정실(情實)이 끼여들 소지는 점차 줄
어든다. 결국 "실력이 말해 주는 것"이다.

　　사정이 위와 같다면 개인의 입장에서 노력을 바쳐 연마해야 할 대상
이 명백해진다. 인간관계를 통하여 일을 이루어내는 "정치력"보다는 업무
를 완벽하게 처리해 낼 수 있는 '기능력'을 길러야 하는 것이다. 누군가 고
용해 주기를 기다리고 있을 수만은 없고 누구든 고용하고 싶어하는 인재
(人材)가 될 필요가 있다.
　　시대가 필요로 하는 것은 "수완이 좋은 사람"(game-player)이 아니
고 '전문인'(professional)이다.

교육과 배움

한국은 일본과 더불어 교육열이 높기로 세계적으로 이름이 높다. 실제로 우리 국민의 학력수준은 어느 나라에 못지 않다. 그럼에도 불구하고 회사원, 공무원을 비롯하여 한국 직업인의 업무능력 수준은 경쟁국가에 미치지 못한다. 그것은 업무능력 향상을 위한 자기개발 의지가 부족하기 때문이라고 할 수밖에 없다. 자기개발 의지가 부족한 것은 부분적으로 우리 사회의 평가제도가 잘못된 탓도 있지만 궁극적으로는 본인의 책임이라고 아니 할 수 없다.

사회를 구성하고 있는 사람들에게 요구되는 능력은 직업, 맡은 일, 직위, 주변여건에 따라 다르다. 게다가 환경의 변화에 따라 요구되는 능력 자체가 수시로 달라진다. 그렇기 때문에 제도적 교육·훈련만으로 해결할 수 없는 부분이 많다. 뛰어난 기능력을 갖추기 위해서는 상황에 맞추어 스스로 지식을 넓히고 기능을 연마하는 것이 더없이 중요한 것이다.

진정한 전문직업인이 되는 데에는 정해진 기간의 '타율적 교육'(education)보다 끊임없는 '자율적 배움'(learning)이 필수적이다.

우리의 경우와는 달리 일본 사람들은 '교육'뿐만 아니라 '배움'에 대한 열정도 높다. 그들의 장인정신(匠人精神)은 바로 그런 열정의 표현이라고 할 수 있다. 우리가 일본인의 자세를 본받지 못하면 영원히 그들을 따라잡을 수 없을지도 모른다.

4. 독창성의 추구

한국 기업들이 남 따라 사업을 벌이는 것은 앞에서 지적하였다. 개인이라 해서 크게 다르지 않다. 국민 개개인이 별다른 생각없이 남의 행동을 따라하는 일이 흔하다.

속설(俗說)에 대한 맹신

우리 사회에는 근거 없는 속설(俗設)이 난무한다. 누군가 그렇다고 말하면 그대로 믿어 버려서 전 사회에 통용되고는 한다. 녹용과 웅담이 건강에 좋다는 믿음 때문에 세계 산출량의 대부분을 한국인이 소비하다시피 하고 있다. 몸에 좋다면 지렁이고 까마귀고 가리지 않고 먹는다.

누군가 검정콩이 좋다고 하면 시중의 검정콩이 바닥나고 채식(菜食)이 좋다고 하면 갑자기 쇠고기가 안 팔리게 된다. DHEA 촌극(寸劇)이 보여준 것처럼 효능이 검증되지 않은 의약품이나 건강식품이 어떤 나라에서 불티나게 팔린다 하면 그 뒤에는 어김없이 한국인이 있다.

기독교가 단시간에 광범위하게 퍼진 것은 아마도 한국이 기록일 것이다. 교리에 심취해서 기독교를 믿는 경우가 많겠지만 남 따라 나선 경우도 적지 않았을 것이다. 우리나라에는 60만이 넘는 무속인(巫俗人)이 있다는 통계도 있다. 많은 국민이 찾으니 그들이 존재할 수 있다. 가히 "무속이 판치는 나라"라고 부름직하다. 무속의 신빙성은 매우 의심스럽다. 그럼에도 남이 찾으니 나도 찾는 것이다.

국민의 절대 다수가 7월 마지막 주에서 8월 첫째 주에 여름 휴가를 간다. 휴가, 야유회, 등산을 가는 장소도 대개 비슷하다. 해외여행을 할 때에도 괌(Guam)이건 방콕(Bangkok)이건 남들을 따라 목적지를 고른다.

근거없이 남 따라 하는 것은 여러 가지로 손실을 초래한다. 건강이나 정력(精力)은 특정 약품이나 식품이 아니라 절제있고 항상적(恒常的)인 식생활을 통해서 얻어진다. 갑자기 특수한 식품을 취하는 것은 효과가 있더라도 일시적 충격요법에 지나지 않는다. 그렇다면 속설에 따른 지출은 낭비일 뿐이다. 저자는 보약, 강장제(强壯劑), 피로회복제는 일절 입에 대지 않지만 누구 못잖은 건강을 유지하고 있다.

여행이나 휴가를 남 따라 가는 것은 혼잡을 초래하여 즐거움을 줄이고 추가적인 비용(일종의 혼잡비용)을 발생시킨다.

남과 반대로 행동하는 것이 생활의 지혜

저자가 생활을 통해 터득한 지혜는 남과 반대로 행동하는 것이 더욱 보람있고 재미있을 뿐만 아니라 경제적일 때가 많다는 것이다. 여름 휴가를 8월 둘째주에 가면 교통혼잡도 피할 수 있고 동해안의 해수욕장을 "전세 낼" 수 있다. 어린이날에는 어린이 대공원보다 남산(南山)에 가는 것이 더 좋다. 서울 근교에서의 등산은 오후 늦은 시간에 시작하는 것이 좋다.

저자의 친구는 증권시장 여건이 아무리 어려워도 주식투자에서 성공을 거두곤 한다. 그의 첫째 비결은 "인기종목"을 피하는 것이었다. 한국에서 농축사업으로 성공하는 비결은 양파(農産)건 돼지(畜産)건 정부가 장려하는 사업을 비켜가는 것이다.

기업이든 개인이든 훌륭한 성과를 얻기 위해서는 무언가 '남다른 것'이나 '새로운 것' 혹은 '새로운 방법'을 찾도록 노력해야 한다. 현대는 혁신과 변화의 시대이다. 가장 확실한 성공의 비결은 독창적 사업이나 독자적 능력을 개발하여 남이 흉내낼 수 없도록 하는 것이다. 역으로, 독창적인 아이디어와 그것을 창출해 내는 능력이 없으면 큰 성공을 거두기 어렵다.

5. 중소기업과 평생직업(Lifetime Employability)

우리가 남 따라 하는 것 중의 대표적인 것으로 직업선택과 자녀교육이 있다. 절대 다수의 국민들이 직업의 안정을 추구하고 남에게 과시하고자 하는 욕구 때문에 중소기업체를 기피하고 대기업체를 선호한다. 그래서 대기업체는 입사경쟁이 치열하고 중소기업체는 사람을 구하기 어렵다고 아우성이다.

국민 대다수가 자녀는 자질이나 적성과는 상관없이 무조건 고등교육을 받아야 한다고 생각한다. 어려운 "입시관문"을 통과하기 위해서는 보충수업과 과외수업을 받게 해야 되는 것으로 여긴다.

이제는 그런 인식이 과연 옳은 것이지를 짚어 볼 때가 되었다. 과열된 교육열이 결국 직장선택을 위한 것이라고 보고, 무조건 대기업을 선택하는 문제를 먼저 생각해 보기로 한다.

직업의 안정과 중소기업

대기업체가 부도날 가능성이 적다는 것은 적어도 1997년까지는 사실이었다. '대마불폐'(大馬不廢)가 정부의 기본정책이었기 때문이다.

그러나 중소기업에 취업한다고 안정성이 없다고 말할 수는 없다. 직장생활을 통하여 나름대로의 특기를 개발하고 능력을 키운다면 비록 근무하던 기업체가 문을 닫는다 하여도 구인난(求人難)에 빠져 있는 중소기업체가 많은 현실에 비추어 다음 직장을 구하기가 어렵지 않다. '직장의 안정성'은 없으나 '직업의 안정성'이 있는 것이다. 따지고 보면 우리가 추구하는 것은 전자가 아니라 후자임이 분명하다.

규모를 불문하고 기업체를 경영하고 있는 사람들이 흔히 하는 말 중에 "사람은 많으나 쓸만한 사람은 없다"는 것이 있다. 뒤집으면 "능력만 있으면 일자리를 구하기는 쉽다"는 말에 다름 아니다.

개인의 특기를 개발하고 능력을 향상시키기에는 일반적으로 중소기업체가 대기업체보다 낫다. 실제로 대기업체에 오래 근무하다 그만둔 사람들이 "내가 뭐 할 줄 아는 게 있어야지" 하고 한탄하는 경우를 자주 본다. 반면에 중소기업체에 근무한 사람들은 특정 품목에 대한 깊은 지식이 있든가 복잡한 문제를 혼자서 도맡아 해결해 본 경험이 많다. 스스로 창업하거나 다른 중소기업체에 취업하기가 쉬운 것이다.

종합하면, '직장'(職場)의 안정은 대기업체가 나을 수 있으나, '직업'(職業)의 안정은 중소기업체가 나을지도 모른다. 1990년대 말의 유행어처럼 "평생직업"을 추구한다면 중소기업에서 직장생활을 시작하는 것이 낫다고 할 수도 있다.

직업에 대한 보람과 중소기업

개인이 직장을 선택하는 공통된 기준 중의 한 가지가 "보람"이다. 보람이라는 것은 곧 '가치있는 일을 하는 것'이라고 할 수 있다. 보람에 한정하여 비교한다면 중소기업이 일반적으로 대기업보다 훨씬 나은 위치에 있다. 다시 말하여, 중소기업에 근무하는 것이 '가치를 창조'할 기회가 더 많은 것이다.

대기업은 '조직원리상' 여러 가지 통제장치가 있을 수밖에 없다. 개개의 구성원은 그런 장치에 맞는 절차를 밟기 위하여 많은 정력을 소비하여야 한다. 쉽게 말하여 보고하거나 결재받기 위하여 작성하는 서류와 허비하는 시간이 많다. 회의에 바치는 시간 또한 엄청나다. 그와 같이 기업 내부의 문제 때문에 보내는 시간과 노력은 기업경영에서 필수적인 것은 아니며, 실제 중소기업체에서는 많은 부분이 생략되고 있다. 그런 만큼 '내부절차를 밟는 시간과 노력'은 '쓸데없는 일, 즉 가치창조와 무관한 일'이라고 평가할 수도 있는 것이다.

'가치'(value)란 시장에서 현실화되어 수입금(revenue)이라는 형식으로 기업체에 돌아오는데, 그것은 고객을 위해서 하는 일로부터 창출된다. 다르게 말하여, 가치창조란 결국 기업체의 내부가 아니라 외부를 위해서 보내는 시간과 노력에서 성취되는 것이다. 외부를 위해 보낸 시간과 노력만이 생산적인 것이다.

어느 나라를 구분할 것 없이 대기업체의 종업원은 내부를 위해서 보내는 시간이 많고 중소기업체의 종업원은 외부를 위해서 보내는 시간이 많은 것이 일반적 현상이다. 어느 독일인 경영컨설턴트의 경험담을 들어보자 :

나는 기업체 간부들을 만날 때 정력(energy)의 몇 %를 내부조직과 씨름하는 데에 소비하느냐고 묻곤 한다. 대기업인 경우 그 대답은 대개 50~80% 사이에 있고, 중소기업인 경우는 20~30% 언저리에 있다. 숨은 승리자들[세계시장을 지배하는 독일 중견기업]은 10~20% 정도라고 답하는 경향이 있다…… 비록 정

확한 척도는 아니라 해도, 기업간의 그러한 차이가 곧바로 생산성, 스피드
(speed), 경쟁력으로 나타날 수 있는 것이다. (Simon)

직장을 구하고자 하는 개인이 "보람," 즉 가치창조를 얻고자 한다면
대기업보다는 중소기업에서 그 목적을 달성할 가능성이 더 크다고 할 것
이다.

"사소한" 독창성과 창업(創業)

직업으로서 고려해 볼 수 있는 다른 한 가지는 스스로 기업경영을
시작하는 창업이다. 대기업체에 취업하여 안정된 생활을 누리는 것도 좋
은 선택이지만 창업을 통하여 능력발휘의 기회를 갖는 것도 해볼 만한
일이다.

잘 알려진 대로 미국이 1990년대에 경제적 번영을 누리게 된 바탕에
는 새로운 아이디어로 출발한 수많은 소규모 제조업체와 서비스업체들이
있었다. 소기업을 경영하는 사람들의 공통된 특징은 신기술 혹은 고급기술
이라기보다는 각자가 '독창적' 방법으로 '가치창조'를 극대화하고 있다는
점이다. 외형과 형식은 상관하지 않고 각자의 장점과 특기를 살리고 효율
성을 최우선으로 기업을 경영하여 성과를 올리는 것이다.

독창적이고 혁신적인 아이디어는 특정 산업에 국한되는 것도 아니고
특정 부문에 국한되는 것도 아니다. 이미 초대형 기업이 되었지만 월마트
(Wal-mart)는 아무도 눈여겨보지 않던 소매업에서, 델(Dell Computer)은
'최종 소비자에게 직접 판매하는 방법'을 창안한 덕분으로 타의 추종을 불
허하는 빠른 속도로 성장하였다. 창업에 필요한 것은 '거창한' 신기술이 아
니라 "사소한" 독창성인 것이다.

업종의 귀천을 따지는 것은 현명한 태도가 아니다. 조그만 식당이나
구멍가게로 출발하는 것도 컴퓨터 소프트웨어 개발 못지 않게 보람있고
가치 있는 일이다. 옛말에 "개같이 벌어서 정승같이 써라"는 말이 있는데
엄격히 따지면 "개같이 번다는 것"은 현대에는 성립되지 않는 말이다. 강

압(强壓), 위계(僞計), 협잡(挾雜)을 통한 것이 아닌 이상 "돈을 번다는 것"은 어떤 업종, 어떤 형태이건 소비자에게 가치를 창조해 주고 얻는 대가이다. 마쓰시타(K. Matsushita)의 말대로 "돈", 즉 이윤은 해당 기업에 대한 사회의 신임투표(vote of confidence)인 것이다. "돈"은 같은 "돈"일 뿐 고상하거나 천박한 것이 따로 있는 것이 아니다.

새롭게 기업을 시작하면 규모가 작을수록 위험이 적다. 스스로의 장점을 찾아내고 경험을 통하여 배울 수 있는 기회를 가지게 되어 실패의 가능성을 줄일 수 있다. 재정적 부담이 작으면 행동이 자유로워지기 때문에 선택의 폭이 언제나 넓다.

위에 지적한 것을 포함하여 몇 가지 사항에 유의한다면 기업경영은 그렇게 어려운 것이 아니다. 기업경영은 기본적으로 "보통사람인 최고경영자가 보통사람인 종업원을 데리고 보통사람인 고객에게 봉사하는 것"이다. 보통사람으로서의 건전한 상식만 가져도 충분히 가능하다. 기업경영은 "인수분해"(因數分解)처럼 복잡한 것이 아니고 차라리 "셈본의 사칙"처럼 단순하다. 누구라도 "창업"(創業)에 도전해 볼 만하다.

"백만장자의 자화상"

보통의 사람이 공통적으로 원하는 것 중의 하나가 '은퇴 후의 생활안정'이다. 은퇴하기 전에는 그때 그때 번 돈, 즉 소득(income)을 사용하여 생활을 유지할 수 있지만 은퇴한 뒤에는 모아놓은 재산(wealth)을 쓸 수밖에 없다. 만약 백만장자가 된다면 노후생활에 대해서는 일단 걱정하지 않아도 된다. 그래서 보통사람의 한 가지 소원이 백만장자가 되는 것이다.

어떻게 하는 것이 백만장자가 되는 지름길인가? 물론 정해진 답은 없다. 나라마다 다르고 때에 따라 다르다. 당사자의 적성이나 특기, 교육수준에 따라 다르다. 그렇더라도 '성공의 가능성을 높이는 공통적인' 비결은 찾아낼 수 있다.

비결을 짐작할 수 있는 한 방법이 백만장자가 된 사람들의 공통적 특징을 추출해 내는 것이다. 다음에 열거하는 것은 두 사람의 전문가가 20년

간 연구하여 보고한 미국 백만장자의 평균적 특징 중에서 고른 것이다:

①미국의 총 1억 세대 중에서 3백 5십만 세대가 1백만 달러 이상의 순자산 (net worth)을 가지고 있는데 평균 액수는 3백 7십만 달러이다.

②자영업자의 총수는 근로자 총수의 20%에 불과하지만, 전체 백만장자 세대 중 2/3가 자영업자이다.

③다수의 백만장자가 종사하고 있는 사업은 지극히 평범하다(dull-normal). 그들은 용접업자, 경매업자, 벼농사 짓는 사람, 이동식주택 보관자, 살충업자, 수집상, 도로포장업자 등등이다.

④그들의 연간 가용소득(realized income)은 재산의 7%에 지나지 않는다. 그들의 생활은 능력에 비해 훨씬 검소하다. 비싸지 않은 옷을 입고 국산차를 탄다.

⑤유산을 상속받지 못한 것이 재산을 모으는 데 하등의 지장을 초래하지 않았다. 전체의 백만장자 80%가 당대(當代)에서 재산을 일구었다.

⑥전체적으로 교육수준이 꽤 높다. 다섯 중의 하나만이 대학을 마치지 못하였다. 18%가 석사 이상이며 6%가 박사학위를 가졌다. 8%가 법률 관련 학위를, 6%가 의료 관련 학위를 가졌다. (Stanley and Danko)

자영업자가 백만장자가 될 확률이 높다. 그들은 학력이 높은 경우에도 직업의 귀천을 따지지 않는다. 그들은 화려함보다는 실속을 추구한다.

미국과 한국의 여건이 여러 가지로 다르기 때문에 위의 인용을 그대로 적용하기는 어려울 것이다. 그러나 시장원리나 기업경영 원리가 나라에 따라 크게 달라지는 것은 아님에 비추어 참고할 가치는 충분하다고 하겠다.

직업선택에 대한 인식전환

인생을 살아가는 데에 있어서 직업의 선택만큼 중요한 것도 드물다. 그것은 직장생활에서 느낄 수 있는 성취감이나 만족도, 그리고 개인생활의 질을 결정한다. 노후생활의 안정을 좌우하며 자녀의 장래에 큰 영향을 미친다.

직업선택에 있어서도 우리는 전통적으로 체면을 중요시해 왔다. 실제적인 이해계산보다 남의 눈을 의식하여 직업을 고른 경우가 적지 않다. 예를 들면, 일반적 직업선택 기준에 맞추면 "식당 경영"을 해야 마땅할 사람이 "삼성전자의 월급쟁이"가 되는 경우가 많은 것이다. 보람이나 경제적 부를 제쳐 두고 "내밀기 좋은 명함"을 선택한 것이다.

시대는 바뀌고 있다. 따라서 개개인도 가치관을 바꿀 필요가 있다. 우리는 허세와 명분에 대한 지나친 집착을 버릴 때가 되었다. 직장선택에 있어서 보람과 실리(경제적 부)를 쫓을 때가 된 것이다. 아래의 사례는 겉보기보다 실속을 찾는 미국인들의 직업관을 잘 보여 주고 있다. 우리도 한 번쯤 음미해 보아야 할 것이다.

(사례 13-4) "어스큐 일가(Askews)의 원만한 가족기업 경영"[2]

사회적 구조로서의 '가족기업'(family business)은 프로이드적 갈등과 아마츄어적 경영을 떠올리는 좋지 않은 이름이다. 그러나 현실은 아주 다르다. 총체적으로 가족기업은 더이상 다른 종류의 기업보다 비현실적이거나 서투른 것이 아니다. 현실적으로 필자는 '민첩함과 상호협조의 시대'인 요즈음의 경영환경에서 가족 기업체가 이상적인 모델이라고 생각한다.

창업자인 래리(Larry)와 그의 세 아들 데이빗(David), 팀(Tim), 피터(Peter)로 구성된 어스큐 일가와 "U. S. 알루미네이트(Aluminate)"라는 고속성장 회사를 살펴보자. 우선, [한 거래처의 구매책임자]는 "그들이 가족기업의 신축성(flexibility)과 민첩성(agility)으로 고객에 봉사하고 있다"고 말한다.

얘기는 디트로이트 강에서 시작된다. 지금은 60세가 된 래리는 오대호 주변의 이 공업도시에서 저 공업도시로 차를 몰고 다니는 화학제품 행상이었다. 주말이면 디트로이트로 돌아와서 그는 부인 수(Sue)와 아기인 아들들을 데리고 돛

---

2) 이 사례는 The Wall Street Journal의 고정 칼럼인 THE FRONT LINES By Thomas Petzinger Jr.의 기사 "The Askews Find Mostly Smooth Sailing In a Family Business"(98. 5. 5)를 허락을 받아 저자가 번역 · 전재한 것임. Reprinted by permission of The Wall Street Journal, ⓒ 1998 Dow Jones & Company, Inc. All Rights Reserved Worldwide.

배를 타면서 휴식을 취했다. 여러 해를 지나면서 아들들은 각각 다른 분야에 특기를 가지는 돛배 운항전문가가 되었다. 그러나 조그만 배에서는 각자가 순간적으로 맡은 일을 바꿀 수 있도록 준비태세를 갖추고 있어야 했다. 팀(Tim)은 "우리는 호환성이 있는 부품으로 자랐다"고 말한다.

어스큐 일가는 부유하지 않았으므로 아들들은 부자들의 대형 보트를 운항해 주면서 상급학교로 진학하였다. 나중에 그들은 세계적인 보트몰이 경주에 나가기도 하였다. 데이빗은 "누구든 남을 위하여 배를 몰아 보면 진정한 근로윤리(work ethic)를 얻게 된다"고 말한다.

자식들이 대학에 들어갈 무렵에 아버지는 기업가로 변신하였다. 고등학교 밖에 나오지 않았지만 타고난 장인(mechanic)이었던 그는 산업용 화학의 섬세한 부분을 재빨리 터득하는 능력을 가지고 있었다. 그는 중간재인 알루민산 나트륨을 생산하는 개량된 공정을 마음 속에 그려두고 있었다. 그는 오하이오(Ohio)에 있는 걸프 웨스턴 사의 공장에 대한 독점공급권을 따내었다.

그는 집을 담보로 잡히고 다른 투자자들의 도움을 받아서 단일 품목, 단일 거래처를 위한 5십만 달러의 설비를 갖추었다. 때는 1982년으로서 너도나도 "외주"(outsourcing), 즉 중요한 내부공정의 일부를 외부에 위임하는 것을 되뇌던 시점보다는 훨씬 전이었다. [주 : 아웃소싱은 1990년대에 유행한 말이다. 본 사례에서는 걸프 웨스턴이 중요한 공정을 어스큐 씨에게 위임하고 있다.]

몇 년이 지나지 않아 아버지는 도와 줄 사람을 필요로 하게 되었다. 그래서 미시간 대학(University of Michigan)에서 엔지니어링을 전공하던 큰아들 데이빗이 방학 때마다 [찾아와서] 아버지 회사의 회계시스템을 자동화해 주곤 하였다. 졸업 후에 돌아온 그는 다시는 떠나지 않았다. 그는 펌프를 고치고, 생산체제를 고치며, 아세틸렌 횃불을 휘두르며 다녔다. 그가 가진 기능의 혼합체는 외부 인사를 채용하는 방법으로는 얻을 수 없는 것이었다. 35세인 데이빗은 이제 볼티모어에 있는 주공장의 공장장으로서 일하고 있다.

둘째인 팀은 미시간 대학에서 화학을 전공한 후에 경영학 석사(MBA) 학위를 취득하고 핏 마윅(Peat Marwick)에서 컨설턴트로 일하다가 아버지 회사에 합류하였다. 33세인 그는 지금 볼티모어 본사에서 판매와 재무를 맡고 있다.

막내인 피터 역시 미시간 대학에서 인류학을 전공하였다. [조직]구성(composition)에 숙달된 그는 회사에 와서 잘 짜여진 품질관리 절차를 마련하였다. 그 작업은 개개 근로자들의 말을 주의 깊게 듣는 것을 필요로 하였다. 피터는 "인류학을 공부하면 다른 사람의 일 처리 방식을 존중해 주는 법을 배우게 된다"고 말한다. 31세인 그는 시간을 둘로 쪼개어서 공장에서도 일하고 대관(對官) 업무도 맡고 있다.

평생토록 함께 배를 운항해 온 형제들은 문제를 정면으로 부딪쳐서 해결하는 데에 익숙해 있었다. 1996년에 팀(Tim)은 신시내티(Cincinnati)에 있는 W. R. 그레이스 사의 신설 공장과 장기공급 계약을 체결하였다. 그레이스 사는 물품을 즉시 필요로 하였기 때문에 데이빗은 용접 마스크를 준비한 후 몇 명의 직원을 인솔하여 신시내티로 옮겨갔다. 그리고는 3개월 만에 공장이 정상가동되게 만들었다. 데이빗은 "우리는 양면괘지에 공장을 설계하였다. 우리가 직접 공장을 건설하였기 때문에 그렇게 많은 세부사항이 필요하지 않았다"고 말한다.

신축성은 기업문화가 되어 30명 직원들의 정신에 스며들게 되었다. 아버지와 데이빗은 볼티모어에 있는 공장이 엄청난 과잉용량을 가지게 설계하여 한 번의 작업으로 대량의 재고를 확보할 수 있도록 하였다. 그러면 직원들이 남는 시간을 트럭을 운전하고, 건물과 설비를 유지보수하며, 업무철차를 개선하는 데에 투입할 수 있는 것이다……

가족기업은 고유의 장점을 가지고 있지만 독특한 약점도 있다. 비록 아버지가 아들들을 동등하게 키우려고 각별히 주의해 왔지만 셋 중 오직 하나만 그의 뒤를 이어 사장이 될 수 있다. 더구나 그들의 역할이 다른 이상, 회사가 그들에게 똑같은 봉급을 줄 수 있는 것도 아니다. 그래서 [외부기관]의 도움을 받아서 어려운 문제들을 해결하기로 하였다. 아버지는 "외부 사람이면 사안(事案)을 아무런 감정을 섞지 않고 객관적으로 보지 않겠느냐"고 반문한다.

긴장된 여러 순간과 각자의 장점과 단점에 대한 긴 토의가 있고 난 다음 합의가 이루어졌다. 둘째인 팀이 사장이 되고 형과 아우가 그의 지휘를 받는 것이었다. 그러나 아직은 모두가 같은 입장에 있다. 왜냐하면 팀은 형제들이 포함된 이사회에 보고해야 하기 때문이다. (WSJ, 98. 5. 5)

남에게 보여주는 것보다 스스로의 보람을 찾고, 막연히 남 따라 하기보다 어떤 직업 혹은 직장이 스스로에게 적합한가를 차분히 따진다면, 우리의 직업관(職業觀)도 많이 달라질 것이다.

6. 자녀의 성공을 돕는 생활교육

일반적으로 말하면, 사람이 세상을 살아가면서 가장 먼저 갖추어야 할 것은 '직업인으로서의 문제해결 능력'과 '사회 구성원으로서의 건전한 상식'이다. 공교육(公敎育)과 사교육(私敎育)을 막론하고 우리의 교육제도는 국민들로 하여금 그러한 능력과 상식을 갖추게 하는 데에 매우 비효과적이다.

그렇게 된 것은 우선, 교육정책의 잘못이 크다. 어느 교육학자(김인회)가 "한마디로 우리의 근대교육 1세기는 통치를 위한 국민 길들이기 교육정책의 역사라는 성격에서 벗어난 적이 없다"고 단언할 정도로 정부가 일방적으로, 정부의 편의대로 학교교육과 입시제도의 방향을 결정해 왔다(조선, 98. 4. 15). 그런 과정에서 '획일적이고 주입식 교육을 조장한 점' 이외에는 철학도, 원칙도, 계획도 없었다.

다음으로, 적지 않은 국민들이 독자적인 판단이나 목적의식 없이 그저 남하는 대로 따라하였기 때문에 그러한 결과가 초래되었다.

여기에서는 교육정책이 잘못된 것은 접어두기로 하고, 국민 개개인의 입장에서 자녀교육을 어떻게 시켜야 할 것인가를 다시 생각해 보기로 한다.

사회적 성공과 대학교육

우선, 고등교육을 꼭 받게 해야 하느냐는 문제를 따져 보자. 이 문제는 아무래도 직업선택과 밀접한 관련이 있다. 꼭 공무원이나 대기업체의 사무직원이 되어야 한다면 대학교육을 받아야 한다. 우리 사회의 여건 때문에 "좋은 회사", 즉 대기업에 취직하기 위해서라면 "좋은 대학"을 나와야 하는 것이 사실이기 때문이다.

그러나 앞 절에서 설명하였듯이 좋은 회사에 취직한다 해서 특별히 보람이 있는 것도 사회적 성취가 높은 것도 아니다. "좋은 회사"가 '좋은 직장'을 말하는 것은 아니다.

보람과 성취를 우선시하여 "좋은 회사"를 바라지 않는다면 굳이 대학에 보낼 필요가 없다. 만약, "삼성전자 전무"보다 "괜찮은 식당의 주인"이 더 낫다고 생각하여 식당을 경영하고자 한다면 중·고등학교를 졸업하고 바로 직업전선에 나서는 것이 유리할 수도 있다. 왜냐하면 중소기업을 경영하거나 새로운 사업 아이디어를 내는 데에 꼭 대학교육이 필요한 것은 아니기 때문이다. 단순한 경영기술이나 실제적 아이디어는 현장경험을 통하여 더욱 확실하게 얻어지는 경우가 많다. 대학에 진학하지 않으면 출발이 훨씬 빠르다는 장점도 있다.

세계적 갑부(甲富)인 마이크로소프트(Microsoft)의 게이츠(W. Gates), 델 컴퓨터(Dell Computer)의 델(M. Dell), 영화감독 스필버그(S. Spielberg)는 모두 대학 중퇴자이다. "숨은 승리자"로 알려진 독일의 '세계적 중견기업'의 기업주들 중에서도 대학교육을 받지 않은 사람이 많다(Simon). 사업 아이디어가 생긴 이상 그들은 굳이 대학에 진학하여 시간을 낭비할 필요가 없었던 것이다.

하나 더 유의할 것은 한국 교육의 획일주의는 학생을 체제순응자로 만드는 경향이 있다는 점이다. 그런 교육이라면 신축성, 기민성, 창의력이 요구되는 중소기업 경영의 장애요소가 될 수도 있다. '대학에 가는 것이 장애가 될 수 있는 것이다.'

내 자녀에 맞는 교육

학교성적은 전부가 아니며 그저 여러 가지 측면 중의 하나일 뿐이다. 학교성적이 좋다고 사회에 더 필요한 사람이 되는 것도 아니고 사회생활을 잘하는 것도 아니다.

학교성적이 뛰어난 사람은 자존심이 강하고 고집이 세어서 오히려 조직생활에 잘 적응하지 못할 수도 있다. 조직생활에서 공동업무를 추진하는 데에는 건전한 상식을 가진 평범한 사람이 더 나을 수도 있다.

사람마다 적성과 특기가 다르다. 공부를 좋아하고 잘하는 사람이 있는가 하면, 요리에 취미가 있는 사람 혹은 사업능력이 뛰어난 사람이 있다. 학교성적이 사회생활에 필수적인 것이 아니라면 적성이 맞지 않거나 관심이 적은 자녀를 과외 등의 방법으로 무리하게 공부시킬 이유가 없다.

수준에 넘거나 적성에 맞지 않는 대학을 보내면 자칫 나쁜 결과를 초래할 수도 있다. 우선, 대학생활이 견디기 어려울 정도로 힘들 수가 있다. 심한 스트레스를 받다 보면 탈선하거나 정신적 혹은 신체적 건강에 손상을 입을 수도 있다. 재미 한국교포들도 국내의 부모들 못지 않게 자녀교육 열기가 매우 높다. 무리하게 자녀를 하버드(Harvard)나 스탠포드(Stanford)에 보내는 경우가 많은데 입학 후에 성적이 나빠서 고통을 겪는 사례가 흔하다. 종족에 상관없이 하버드 대학 재학생 중에는 유난히 정신질환을 앓는 사람이 많다.

실력에 넘치는 대학을 졸업하고 취업을 하여도 직장에서 두각을 나타내기가 쉽지 않다. 공부가 무리였다면 직장생활도 무리가 따르기 쉽다. 식당을 경영하는 등 적성을 살려서 자기 갈 길을 갔으면 크게 성취할 수 있었을 사람이 이류의 "월급쟁이"로 끝난다는 것은 본인을 위해서나 사회를 위해서나 불행한 일이다.

결론적으로, 남 따라 대학에 보낼 필요도 없고 무리하게 학교성적을 올리려고 애쓸 이유도 없다. 사회가 "좋은 대학 진학"을 강요한다고 탓하기 전에 내 자녀로 하여금 무엇 때문에 어떤 길을 가게 할 것인가를 확실히 결정해야 할 것이다. 결정기준은 무엇보다 먼저 적성과 특기를 살리는 방향이 바람직하다. 진로(進路)가 정해지고 나면 대학진학 여부 등 자녀교육의 방향이 자연스럽게 떠오를 것이다.

남이 어떻게 하건 불안할 필요는 없다. 자녀의 특성과 자질에 맞는 교육이면 되는 것이다. 자녀에 적합한 교육보다 더 확실히 자녀의 성공을 보장해 주는 대안(代案)은 없다.

"과외"(課外)와   대학진학

좋은 대학에 보내는 것을 목표로 세웠다 하더라도 종일토록 학교수업을 받게 하고 그것도 모자라 자정이 넘도록 과외를 받게 하는 것은 재고(再考)해 보아야 할 것이다.

강압적인 장시간의 교육이 입시에 효과적이라는 체계적인 연구결과는 없다. 단편적인 의견이나 설문조사에 따르면 '억지 공부'는 효과가 없거나 오히려 역효과가 난다.

서울시 교육위원회가 1,500여 명의 학생을 대상으로 실시한 여론조사 결과, 78%의 고등학생들이 보충수업은 도움이 안 된다는 답변을 한 것으로 집계된 바 있다(조선, 97. 11. 7). 개인과외 역시 그 효과가 불확실함에도 많은 학부모들이 허리가 휘청할 정도의 사교육비 지출을 마다하지 않는다. 지나친 과외는 실질적인 효과보다는 "옆집에서 과외를 시키니까 나도……" 하는 식으로 서로 따라하고 경쟁하기 때문에 더욱 만연되고 있다(조선, 97. 6. 3).

확실한 연구가 필요한 일이긴 하지만, 저자는 자신의 경험과 각종 보도자료에 의거하여 "보충수업과 지나친 과외는 대학진학에 도움되지 않는다"는 결론을 내리기를 주저하지 않는다.

저자의 결론이 맞다고 한다면, "교육제도가 잘못되어 사교육비가 너무 많이 든다"고 불평하기 이전에 학부모 스스로가 '과외를 자제하는 현명함'이 필요하다고 할 것이다. 모두가 과외를 자제한다면 과열과외가 빚어질 리 없고 부분적 보충을 위한 과외비가 하늘 높은 줄 모르고 치솟는 일은 없을 것이다.

지식보다는 문제해결 능력

일반인이 사회생활에서 필요로 하는 것은 단편적 지식보다는 종합적 문제해결 능력이다. 백두산의 높이가 2,700미터이건 3,700미터이건 우리 생활이 달라지지 않는다. 네팔(Nepal)의 수도가 카트만두이든 나이로비이든 아무런 상관이 없다. 절대다수의 사회인들은 2차 방정식을 모르고 미분·적분을 몰라도 생활에 불편을 느끼지 않는다.

인간이 살아가면서 개인적으로 혹은 조직의 구성원으로서 수행하는 역할은 다양하다. 역할을 수행하기 위해 풀어야 할 문제 역시 그 형태가 일정하지 않고 다양하다. 다양한 역할, 다양한 문제를 감당해 내기 위해서는 '종합적 능력'이 필요하다. 그에는 상황을 정확하게 파악하는 판단력과 효과적인 해결방안을 찾아내는 창의력이 중요한 요소가 된다. 그런 사정은 사업가이건, 회사원이건, 공무원이건 마찬가지이다.

불행히도 우리의 교육은 그런 능력을 키워주는 데에 실패하였다. 어떤 서양사람이 "한국 학생들의 경우 여러 분야에 많은 지식을 갖고 있지만 '왜'(why)라고 물어보면 이내 침묵하고 만다" 말한 적이 있다(조선, 96. 11. 4). "왜"를 모르면 문제를 해결할 수 없다. 우리의 교육이 잘못되었음을 단적으로 표현해 주는 말이라 할 것이다.

문제해결 능력은 주입식·암기식 '교육'보다는 경험과 훈련을 통한 '배움'을 통해서 더 쉽게 얻을 수 있다.

경험이란 "이럴 때는 어떻게 해야 한다"는 답을 가르쳐 주는 것이다. 그것은 동화책과 만화를 두루 읽고, 친구들과 놀면서 싸우기도 하고, 구슬치기, 야구, 수박서리를 해봄으로써 쉽게 얻을 수 있다. 그것은 낯선 곳에도 가보고 때로는 조금 위험한 일에 도전해 보는 방법으로 확실하게 얻을 수 있다. 그것은 교실 밖이나 집에서 혹은 여행지에서 다양하게 얻을 수 있다.

훈련은 접근방법(approach), 즉 "이럴 땐 이렇게 하면 답을 찾을 수 있다"는 것을 가르쳐 준다. 그것은 실험과 실습을 통해서 쉽게 얻을 수 있다.

서양의 각급 학교에서는 학생들에게 여러 가지의 복합과제(project)를 부과한다. 자연현상이나 인간생활에 관련된 복잡한 일을 풀어 보는 연습을 해 보게 하는 것이다. 한 예를 들면, 저자는 미국의 초등학교 5학년생이 한 학기 내내 식물을 키우면서 "소리가 식물의 성장에 미치는 효과"를 관찰하고 그 결과에 대한 보고서를 쓰는 것을 본 적이 있다. 놀랍게도

"가설수립", "현장조사", "결론도출"이라는 연구과정과 보고서 작성양식이라는 면에서 박사학위 논문과 한치도 다르지 않았다.

교육이 누군가가 가르쳐 주는 것이라면 배움은 스스로 깨치는 것이다. 문제해결 능력을 키우기 위해서는 배움이 중요한 만큼 자녀에게 무엇을 강요하기보다는 자율적으로 다양한 경험을 쌓도록 여건을 마련해 주는 것이 중요하다.

건전한 상식인

사람은 누구나 사회인이다. 그렇기 때문에 사회구성원으로서 적절한 행동을 해야 할 의무가 있다. 더 나아가, 그래야만 사회에서 배척을 당하지 않고 살아갈 수 있다. 개인적 이해타산을 따지더라도 바람직한 행동을 할 필요가 있는 것이다.

사회구성원으로서 적절하게 행동하기 위해서는 건전한 상식과 기본적 윤리가 중요하다. 그것을 위해서는 올바른 가정교육이 필요하다. 그런데 많은 가정에서 "입시 공부에 전념하게 하기 위해서" 혹은 "기를 죽이지 않기 위해서" 자녀들을 철없고 절제할 줄 모르는 아이가 되게 교육하고 있다.

그 결과 우리의 어린이들은 공공장소에서 남에게 피해를 주는 일을 예사로 저지르고, 부모는 이를 말리지 않는다. 단체활동에 들어가서는 생활의 기본규칙도 지키지 못하고 마음대로 행동하는 경우가 많다. 극단적으로 말하면 적지 않은 아이들이 망나니로 자라는 것이다.

남에게 피해를 주면서 자란 아이는 어른이 되어서도 상식과 절제가 부족하기 쉽다. 어른이 되어도 취향이나 행동이 어린이 같은 경우가 흔히 있다 ("피터팬 신드롬"). 많은 대학생이 "뭘 할지 몰라 방학이 더 피곤하다"고 하면서 허송세월하는 것으로 보도된 바도 있다(중앙, 97. 8. 25).

해마다 수백 명의 대학생이 과격시위로 구속되고 있다. 시위의 목적이 분명하지 않아 참가할 이유도 없건만 생각없이 가담하고, 그 결과 장래의 활동에 심각한 지장을 받게 되는 일도 적지 않다. 대학교육을 받으면서도 건전한 상식을 갖추지 못한 것이다.

어느 유괴사건에 대해 한 언론이 다음과 같이 표현한다 : "대학 나온 양가집 딸, 게다가 임신 8개월째인 가정주부이자 작가 지망생. 그리고 한창 젊은 나이인 20대 후반의 교양녀. 이쯤 되면 어느 한 구석 나무랄 데 없는 괜찮은 사람이라 할 만하다. 그런데 그런 사람이 천사같이 예쁜 8살배기 어린 소녀를 목 졸라 숨지게 했다. 돈 2천만 원 때문에……"(조선, 97. 9. 14).

그런 일들이 생기는 원인에는 여러 가지가 있겠지만 잘못된 가정교육의 영향을 무시할 수 없을 것이다. 건전한 상식 그리고 절제와 자율성을 길러 주지 않는 교육은 자칫 자녀를 "결손성인"(缺損成人)으로 키울 염려가 있는 것이다. 그렇게 될 때에 가장 큰 피해를 보는 것은 두말 할 필요없이 바로 그 자녀들이다. 과보호(過保護) 속에서 자란 사람이 평생토록 부모나 형제에 의존하여 살아가는 사례도 주변에서 더러 볼 수 있다. 가족 모두에게 큰 불행인 것이다.

남 따라 무턱대고 자녀를 교육하는 것보다 무엇이 진정으로 자녀를 위한 길인지 다시 생각해 보아야 할 것이다. "일본에서는 남에게 피해를 주지 말라는 것이 가정교육의 출발점"이라는 사실, 그리고 서양에서는 아이가 공공장소에서 잘못 행동하면 부모가 현장에서 체벌(體罰)을 가하는 점을 참고할 필요가 있을 것이다.

7. 세계인(Cosmopolitan)

우리는 점점 세계화된 환경 속으로 진입해 가고 있다. 개인이나 기업의 활동에 있어서 국경의 의미가 없어져 간다. 의사결정 혹은 선택의 기준은 국적에 앞서서 경제적 효율성이다. 각국의 문화도 서로 혼합되어 다양성을 특징으로 하는 사회가 되어 간다. 그에 따라 우리의 사고도 바뀌어야 마땅하다.

우리가 경제적으로 뒤떨어진 생활을 감수하겠다고 다짐하지 않는 이상, 국산품이나 국내자본만을 고집할 이유는 없다. 국가경제의 발전은 국산품만을 활용한다고 이루어지는 것이 아니다. 국내자본만 받아들인다면 경제개발과 성장이 늦어진다.

능력있는 외국기업이 국내의 기업을 인수, 경영하여 생산성이 더 높아지면 GDP는 빠르게 증가한다. 연간 매출액이 6조원인 K자동차를 외국회사가 인수하여 10조원으로 키운다면 그에 상응하는 만큼 우리의 부가 늘어난다. 요컨대 한 나라와 거기에 거주하는 사람들의 경제적 부는 거기에서 영업을 하는 기업의 주주나 경영자의 국적이 아니라 경영능력에 따라 좌우된다. 우리나라에 들어오는 외국자본을 거부할 이유가 없는 것이다.

우리가 고립된 사회에서 생활하고자 하지 않는 이상, 우리 것만이 중요하다는 편협한 생각을 버려야 한다. 우리 음식, 우리 문화, 우리 문자, 우리 제품만이 훌륭한 것은 아니다. 어느 나라의 것이건 나름대로 의미가 있다. 어느 것이나 취할 점이 있고 버릴 부분이 있다. 역사적 우연으로 혹은 익숙하다는 이유로 우리 것을 주장하는 것은 시대가 요구하는 사고방식이 아니다.

외국인은 두려워할 필요도 없고 배척할 이유도 없다. 그들도 우리와 똑같이 인격과 양식(良識)을 가진 인간이다. 단순히 피부색이 다르고, 출생지가 다르고, 언어가 다르다 하여 차별할 이유가 없다. 사적 생활에서는 친분관계가 중요하므로 가족, 친지를 남다르게 생각한다 해서 이상할 것이 없다. 그러나 공적 생활에서는 합리적 판단과 경제적 계산이 중요하므로 외국인이라고 차별해서는 안 될 것이다.

세계화 시대에는 사람, 상품, 정보의 이동이 자유롭다. 따라서 다양한 문화를 경험할 기회가 많다. 일반적으로 말하면, 다양한 생활이 바로 '문화적으로 윤택한 생활'이라고 할 수 있다. 그러나 우리는 문화적 측면에서도 매우 편협하다. 해외에 체류하거나 여행하는 사람, 심지어 이주한 사람들까지 한국문물을 고집하면서 현지문화를 접촉하는 기회를 스스로 봉쇄하고 있다. 고쳐야 할 일이다. 프랑스에 가면 한식집을 찾지 말고 프랑스 식당을 찾아야 할 것이다.

모름지기 마음을 활짝 열고 누구든, 무엇이든 다 받아들일 준비를 해

두는 것이 세계화 시대를 사는 시민의 바람직한 자세라고 할 것이다.

8. 개인의 역할과 국가경쟁력 향상

지금까지 논의한 개인의 역할을 국가경쟁력 향상이라는 명제와 관련하여 재정리하면 '합리적인 사회경제 질서 확립을 위한 적극적 활동'과 '개인경쟁력의 향상'이라고 할 수 있다(<그림 0-2> 참조).

새로운 질서의 확립은 경영의 질을 높이고 정부의 역할이 효과적·효율적으로 수행되도록 촉진한다.

프로페셔널리즘의 확립을 통한 개인경쟁력의 향상은 기업경쟁력을 향상시키고 질서유지에 도움을 준다.

현시대에 필요한 새로운 질서의 확립은 국민 개개인의 행동이 없으면 사실상 불가능하다. 그만큼 개인의 역할이 중요한 것이다.

개인의 기능력을 향상하는 것과 사회질서를 확립하는 것은 거의 예외 없이 개인의 이익으로 돌아온다.

현실성 있는 질서수립 방안

우리 사회에 새로운 질서를 수립하기 위해서는 사회개혁이 필요하다. 정부가 그것을 시작하면 손쉽지만 현실성이 낮다. 정부조직 혹은 관료계층이 기득권을 포기하려 하지 않기 때문이다. 그래서 정부 주도로 개혁이 이루어지는 일이 드물다. 여간 강한 외부의 압력이나 요청이 없으면 구두선(口頭禪)으로 끝나기 십상이다. 실제로, 우리나라에서 오랫동안 규제완화나 행정개혁이라는 구호가 요란하였지만 진척된 것은 미미하다.

어쩔 수 없이 국민이 직접 나서야 하는 것이다. 정부와 기업의 잘못된 행위를 감시하고 항의하면 개혁이 이루어지지 않을 수 없다. 새로운 사회경제 질서가 하나씩 하나씩 확실하게 수립되는 것이다.

한 시민운동단체(참여연대)가 소액주주들을 대표하여 C은행의 전직

경영진을 상대로 소송을 제기한 것에 대하여 우리 사법부는 1심에서 원고
승소 판결을 내렸다. 이 판결이 확정되면 경영진은 수백억 원을 '개인재산'
으로 변상하게 된다. '자연인'에게는 치명적인 판결인 것이다. 그 판결이 기
업경영인과 관료층에게 주는 메시지는 매우 강하다.

저자는 별것 아닌 듯 싶은 그 배상판결이 한국의 사회경제 질서에 미
치는 긍정적 효과는 금융외환 위기를 전후한 외국의 압력보다 더 클 것으
로 예측한다.

같은 시민단체가 S전자와 S텔레콤의 주주총회에 참석하여 경영층의
부적절한 행동에 대해 항의한 적이 있다. 그 효과도 만만치 않았다. 사법
당국이 "소액주주"의 권익을 적극적으로 보호해 주지 않아서 주주들이 경
제적으로 이득을 본 것은 크게 없었지만, 경영층이 따끔한 경고를 받은 것
은 분명하였다. 두 회사 경영진의 행동이 당장 달라졌기 때문이다.

나라를 가릴 것 없이 중소기업은 경제의 저변(底邊)을 이루고 있다.
중소기업과 대기업은 고유의 영역이 있어서 대기업과 역할분담을 하는 것
이 바람직하다. 중소기업은 변화와 혁신의 원동력이기도 하다.

사회경제적 역할이 그렇게 중요함에도 우리의 중소기업은 매우 취약
하고, 그것이 한국경제의 큰 약점이 되고 있다. 정부는 1980년대 중반부터
중소기업을 지원하겠다고 나섰지만 현실 여건은 갈수록 어려워지는 듯하
다. 중소기업 육성정책이 구두선에 그치고 있는 것이다. 그래서 중소기업
을 살릴 수 있는 현실적인 대안은 국민 개개인이 이 장(章)에서 설명한
것처럼 중소기업의 진정한 가치를 인정해 주는 일이다.

한국의 공교육 제도는 해방 이후 내내 시행착오의 연속이었다. 정권
이 바뀌거나 장관이 바뀌면 제도가 바뀌었다. 학생들은 끊임없이 실험의
대상이었다. 오직 하나 변하지 않는 것은 주입식·암기식 교육이 강요된다
는 점이었다.

잘못된 교육을 고치는 일 역시 학부모 개개인으로부터 시작하는 것이
빠른 듯하다. 학교교육이 어떻든 부모가 올바른 방향으로 자녀를 교육시킬
수 있다. 부모가 학교교육을 따라가지 않으면 그것은 바뀌게 마련이다.

"관리"(官吏)의 횡포와 비리는 조선시대부터 문제가 되었던 일이지

만 현대에 와서도 크게 달라지지 않고 있다. 드러커(P. Drucker)가 일본 정부의 예를 들어 "관료주의(bureaucracy)를 깨기 위해서는 천지개벽 (catastrophe)이 있어야만 한다"고 하였을 정도로 정부의 개혁은 어렵다 (Schlender). 국민의 행동이 따르지 않으면 정부개혁 나아가 사회개혁은 영원히 불가능한 것인지도 모른다.

개인의 역할과 개인의 이익

시장경제는 개인의 이해에 따른 행동을 기본으로 한다. 다행히도 이 장에서 설명한 것은 모두 개인의 이익과 일치한다. 합리적 사회경제 질서를 확립하면 국가경쟁력이 향상되므로 다소 시간이 걸릴 뿐이지 결국 개인의 경제적 이익으로 돌아온다.

사회경제 질서가 확립되어 있어야 비로소 '선진시민'이 되어 외국인의 존경을 받을 수 있다. 이 또한 유쾌한 일이다.

정부, 기업, 사회를 감시하고 잘못된 행위를 고발하는 것은 당장 개인의 이익이 된다. 그래야 부당한 신체적, 정신적 피해를 막을 수 있다. 특히 관치금융과 비윤리적 기업행위를 고발하면 당장 경제적 이익이 따른다. 명분과 체면을 생각하여 불의(不義)와 비리(非理)를 내버려두면 사정이 점점 악화되고 만다.

중소기업의 가치를 재확인하는 것은 개개인의 가치를 높이고 경제적 부를 일굴 수 있는 길이 될 수도 있다. 자녀로 하여금 '억지 공부'를 하게 하는 것보다 생활의 지혜를 터득하고 문제해결 능력을 키우게 하는 것이 그들의 장래를 밝게 해 주는 현명한 교육방법이다.

한마디로 개개인이 사회적 역할과 임무를 완수하는 것은 곧 스스로의 이익으로 돌아온다.

9. 요약 및 결론

새로운 천년을 즈음한 시점에서의 시대적 상황은 한국국민들에게 새로운 사고와 행동을 요구하고 있다. 사회경제적 개혁이 필요한 것이다. 필요한 것이 "개혁"(改革)인 만큼 국민 개개인의 적극적 참여가 요구되고 그것을 위해서는 발상의 전환(paradigm shift)이 있어야 한다.

한국 사회의 가장 기본적 문제를 하나 말하면 시대에 맞는 사회경제 질서가 없고, 그나마 마련된 질서마저 제대로 지켜지지 않는다는 점이다. 그 문제를 해결하기 위해서는 국민 개개인의 준법정신과 시민의 고발정신이 더없이 중요하다. 불합리와 부정에 대한 항변과 고발은 우리의 정서에 어긋나고 다소 귀찮은 일이지만, 상황이 심각한 만큼 그것은 절대적으로 필요하다. 항변과 고발은 자신의 이익과 공동선(共同善)을 확보하는 지름길인 셈이다.

국가경쟁력을 향상하기 위해서는 기업경쟁력이 높아져야 하는데 그 한 축이 개인경쟁력을 높이는 일이다. 국가경제가 국민 개개인에게 맡긴 임무를 효과적으로 완수하는 것은 한마디로 개개인이 프로페셔널리즘을 확립하는 일이라 할 수 있다. 즉, 자신의 기능을 향상하기 위해서 꾸준히 노력하고, 눈앞의 개인 이익보다는 사회적 소명(召命)과 직업윤리에 충실하는 것이다. 프로페셔널리즘의 확립은 평생을 통한 경제적 부(富)의 총액을 최대화하는 지름길이 되기도 한다.

한국경제의 취약점 중의 하나는 중소기업이 빈사(瀕死) 상태에 빠져 있다는 점이다. 그것은 사회정의에 국한되는 문제가 아니다. 중소기업이 변화와 혁신의 원동력인 만큼 국가경제 활성화의 출발점이 된다. 우리의 중소기업이 허약하게 된 것은 크게는 정부의 정책적 실수, 작게는 국민들의 잘못된 인식 탓이라고 할 수 있다. 따라서 그 문제를 해결하는 한 가지 방법은 국민의 인식전환이다.

생각을 바꾸면 직장으로서 중소기업이 대기업보다 더 나을 수도 있다. 가치있는 일을 한다는 점과 다양한 경험을 통하여 더 많은 기능력(技能力)을 얻을 수 있는 점 등의 장점이 있기 때문이다. 한 가지 문제가 있다면 중소기업에서는 '직장'(職場)의 안정성이 낮을 수도 있는데 그것은 기능력 향상을 통한 '직업'(職業)의 안정성으로 해결할 수 있다.

사람은 누구나 은퇴 후의 안정된 생활을 걱정한다. 그 문제를 해결하기 위한 가장 효과적인 방법 중의 하나가 젊은 나이에 중소기업을 창업하는 일이다. 기업경영이 쉬운 일은 아니지만 그렇게 어려운 일도 아니다. 건전한 상식을 갖춘 사람이 과도한 욕심을 자제할 수 있으면 성공의 가능성은 높아진다. 과도한 욕심은 '화려한 산업'과 '무리한 확장'을 추구하는 일인데 그것은 실패의 가능성을 높인다.

개인이나 사회를 위하여 할 일은 화려함이나 외양(外樣)이 아니고 가치창조이다. 시장경제에서 가치창조의 유일한 척도(尺度)는 이윤, 즉 수익성이다. 어떤 산업, 어떤 방법을 통하건 정당하게 번 "돈"은 모두 "정승같이 번 것"이다. 마포에서 왕족발집을 운영하거나 수송초등학교 앞에서 문방구를 열어서 번 돈은 이화여대 앞에서 꽃집을 경영하거나 실리콘 밸리에서 정보기술 산업에 종사하여 번 돈과 하나도 다르지 않다. 겉보기가 아니고 가치창조를 먼저 생각한다면 사업이 그렇게 어려운 것이 아니다.

국민 각자가 중소기업의 가치를 다시금 인정하게 되면 우리의 국가경제가 활력을 되찾는 데에 큰 도움이 될 것이다.

우리 사회에서는 학교교육도 오래 묵은 문제 중의 하나이다. 교육문제의 해결도 국민 각자의 인식전환에서 그 길을 찾을 수 있다.

첫째, 제도교육에 대한 맹신(盲信)을 버리는 것이다. 우리나라의 학교교육은 지식을 전달해 줄 뿐인데, 그것은 세상을 살아가는 데에 필요한 문제해결 능력과는 다르다. 문제해결 능력은 다양한 경험을 통하여 얻는다. 사회생활이나 직업생활을 통해서 얻는 것이 가장 확실하다.

둘째, 굳이 고등교육을 받게 하더라도 일류학교나 뛰어난 학교성적에 대한 집착을 버리는 것이다. 사적(私的)인 얘기지만 저자는 자식들에게 "일등(一等)은 할 필요도 없고 목표로 해서도 안 된다"고 말해 왔다. "일등"을 한다는 자체가 왕왕 스스로에게 족쇄가 되기 때문이다. A⁺를 받는 사람보다 B⁺를 받는 사람이 남의 실수와 '자신의 결점'을 용서해 주는 마음의 여유가 있다. B⁺인 사람은 사고가 다양하고 신축성이 있으며 폭넓은

것이 보통이다. 학자가 될 사람이 아니라면 세상을 살아감에 있어서 여유
와 신축성이 더욱 중요하다.

지식(知識)보다 지혜(智慧)가 더 중요하다면 굳이 대학에 보내거나
최고의 학교성적을 올리겠다고 집착할 이유가 없다. 자녀들로 하여금 다양
한 일에 관심을 가져서 폭넓게 배우고 언제나 어디서나 스스로 배우려고
애쓰는 자세를 잃지 않도록 하는 것이 중요하다고 하겠다. 그렇게 하는 것
은 잘못된 우리의 교육제도를 바로잡는 지름길이기도 하다.

종합해서 말하면, 사회경제 질서의 확립과 개인의 경쟁력 제고는 국
가경쟁력 향상에 결정적 역할을 한다.

제14장 효과적인 기업전략
- 달라진 환경과 새로운 리더십 -

한 국가의 경쟁력이란 결국 기업경쟁력의 집합체이다. 개별기업의 경쟁력의 확보 없이는 국가경쟁력의 향상이 불가능한 것이다. 이 장(章)에서는 개별기업의 입장에서 경쟁력을 확보함에 필요한 전략(戰略)과 리더십(leadership)을 따져 보기로 한다.

I. 달라진 기업환경

우리의 기업환경은 1987년 민주화에 뒤따른 '저임금이라는 이점(利點)의 상실'로부터 크게 바뀌기 시작하였고, 1990년대의 세계화 경향으로 또다시 달라지기 시작하였다.

불행히도 대다수 기업들이 환경의 변화를 인지하지 못하여 적절한 조치를 취할 시기를 놓쳤고, 그 결과 기업경쟁력이 떨어지게 되었다. 이제라도 환경을 정확히 인식하여야만 효과적 전략을 수립하여 경영성과를 올릴 수 있을 것이다.

샌드위치의 입장

한국경제는 1970년대 중반부터 1980년대 중반까지가 전성기였다. "한강의 기적"이라고 불리면서 여러 개발도상국의 모델이 되기도 하였다.

돌이켜 보면 우리는 범용화(汎用化)되었거나 쉽게 빌릴 수 있는 저급기술을 사용하였지만 잘 교육되고 값싼 노동력을 활용할 수 있었기 때문에 상품의 가격경쟁력을 확보할 수 있었다. 그것이 우리로 하여금 세계시장에 진출하여 성공할 수 있게 한 원동력이었다.

그 무렵은 정부의 지원과 양질의 노동력을 쉽게 얻을 수 있었으므로 특별한 경영능력이나 독특한 전략이 없어도 사업을 벌이기만 하면 어느 정도의 성과는 바랄 수 있었다. 경쟁력의 뒷받침이 없는 백화점식 사업확장도 '나름대로의' 의미가 있었던 셈이다.

그러나 1987년의 민주화와 더불어 '질 좋고 값싼 노동력'은 사라졌다. 그러자 우리의 상품은 가격경쟁력을 잃게 되었다. 여건이 바뀌면 당연히 기업전략을 바꾸어야 하나 기업들은 그렇지 못하였다. 구체적으로 말하면 공정개선 등을 통한 생산성 향상으로 가격경쟁력을 회복하든가, 기술의 개발을 통하여 기능경쟁력이나 품질경쟁력을 확보해야 했었다. 그것을 위해서는 산업기술에 대한 투자와 경영의 질적 개선이 필수적이었으나 기업들은 구태의연(舊態依然)하게 외형확대에 치중하였다.

그 결과 우리 기업들은 기능, 가격, 품질의 어느 분야에도 경쟁우위(competitive advantage)를 갖추지 못하게 되었다.[1]

---

1) 경쟁우위(competitive advantage)는 포터(M. Porter)가 유행시킨 말로서 특정 분야에서 경쟁자를 '절대적으로' 앞서는 능력을 말한다. 국제경제학에서 널리 쓰이는 비교우위(comparative advantage)는 두 가지 이상의 능력 중에서 '상대적으로' 나은 것을 말한다.

1990년대에 들어와서 소위 "후발개도국"이 빠른 속도로 추격해 오자 우리는 가격경쟁력에서 점점 더 밀리게 되었다. 한편, 기술수준에서 우리는 선진국의 적수가 되지 못하였다. 그럼에도 그들은 한국을 경쟁자로 의식하였고, 우리는 새롭고 의미있는 기술을 제공받을 수 없었다. 기술력이 점점 취약하게 된 것이다.

그리하여 우리는 후진국과 선진국 사이에 끼인 샌드위치가 되고 말았다.

누가 경쟁자인가?

우리가 1990년대에 처하게 된 어려움을 헤쳐 나가기 위해서는 우리 기업들이 대외경쟁력을 회복하여야만 한다.

가격경쟁력을 회복하는 한 방법은 노임을 하락시키고 노동집약적 산업에 치중하는 것이다. 그것은 다시 후진국형의 경제구조로 돌아가는 것을 의미하며, 그럴 때에 우리는 후발개도국과 경쟁하여야 한다. 그것이 유력한 대안(代案)임은 분명하다(맺음말 참조). 그러나 그것에 필요한 사회적 합의(consensus)를 얻기는 매우 어려울 것이다.

다른 대안은 상품의 기능 혹은 품질 경쟁력을 확보하는 것이다. 그렇게 되면 우리의 주요 경쟁상대는 미국이나 일본을 중심으로 한 선진국과 광역중화권 국가(Greater-Chinese countries)들이다. 현실적으로도 우리 국민과 기업은 그들 국가의 기업을 경쟁자로 인식하고 있다.

미국과 일본의 거대기업들은 기술력에서 한국기업들보다 월등히 앞섰을 뿐만 아니라, 시장선도자(market leader)로서 규모의 경제(economies of scale)와 시장표준(market standards) 제정자의 이점을 누리고 있다. 대만, 홍콩 등의 중화권 국가의 기업들은 대체로 중소기업으로서 나름대로의 특기가 있을 뿐만 아니라, 적은 관리비와 발빠른 변신으로 경쟁력을 유지하고 있다. 미·일계가 세계적 기업(global companies)이라 한다면 중국계 기업은 틈새시장 점유자(niche players)라 할 것이다(*cf.* IMD ; Porter, 1980).

그들 주요 경쟁국 기업들은 언제나 경쟁력과 수익성을 최우선적으로 고려한다. 한국기업처럼 별다른 특기도 없이 백화점식으로 사업을 벌이는 경우는 거의 없다.[2] 그들 기업들은 막대한 규모의 이익을 올리고 있으며 그런 추세는 상당 기간 계속될 것으로 보인다.

미국의 기업들은 1990년대 이후로 가히 전성기를 맞이하고 있다. 일본은 사회제도와 금융산업의 낙후로 경제위기에 처해 있지만 개별 제조업체들의 국제경쟁력은 여전히 막강하다. 중국계 기업들의 경영성과 역시 탁월하여 1997년에 시작된 "아시아 위기"에도 큰 어려움을 겪지 않았다.

경쟁국 기업들의 수익성이 뛰어난 것은 각자의 경쟁우위를 확보하고 있기 때문이다. 경쟁자를 미·일계로 설정하든, 중국계로 설정하든 우리 기업이 해야 할 일은 명백하다. 단순히 덩치만 키우는 것이 아니라 나름대로의 장기(長技), 즉 경쟁력을 길러야만 하는 것이다. 그래야만 수익성을 확보할 수 있고, 수익성이 확보되어야만 장기적 성장도 가능한 것이다.

기댈 언덕은 없다

세계화되는 환경 속에서 더이상 정부가 기업을 보호해 줄 수는 없다. 더구나 기업의 규모가 점점 커짐에 따라 정부 혹은 금융기관이 비상시에 구제자로 나서기도 어려워진다. 다른 재벌을 의식하여 경쟁적으로 덩치만 키우면 모든 문제가 적당히 해결되는 시대는 지나가고 있는 것이다. 믿을 것은 자신밖에 없다. 스스로의 능력만이 모든 것을 결정해 주는 진정한 경쟁의 시대가 되었고, 경쟁상대는 국내의 기업이라기보다는 외국의 기업들이다.

이제 우리 기업들은 온실 밖으로 나와서 혼자의 힘으로 미국, 일본, 중국계 기업과 머리를 부딪치며 싸워야 한다. 당연히 게임의 법칙이 달라진다. 매출액보다는 수익성이 경쟁력의 척도가 되고, "정치력"보다는 기술력(technology)과 경영능력(management skills)이 강점이 된다. 발상의 전환이 필요하고 새로운 전략과 지도력이 요구되는 것이다.

---

2) 인도네시아, 태국 등 동남 아시아의 일부 중국계 기업이 한국 재벌식의 백화점 경영을 하는 경우가 있지만 언제나 수익성을 먼저 따진다(*cf.* Weidenbaum and Hughes).

과다한 부채는 파멸의 신호

정부라는 보호막이 없어지면 내부능력에 부치는 기업확장은 삼가야 마땅하다. 그것이 기업의 존립을 보장받을 수 있는 필요조건이다. 과거의 전형이었던 '부채에 의존한 신규사업 진출'은 자제해야 할 것이다. 과다한 부채의존은 기업의 안정성을 크게 해친다.

다음과 같은 사정을 생각해 보자 :

"기(氣) 꺾인 기업인들"

…… IMF위기상황을 맞은 지금은 어떤가? 모두가 풀이 죽어 있다. 어디를 보아도 의욕과 자신감을 찾을 수 없다. 특히 기업인들은 망연자실하고 있다. 어느 대기업의 총수는 새벽 두세 시가 되도록 멍청하게 앉아 있는다고 한다. 엉망진창이 된 회사사정에 절망한 나머지 그냥 멍하니 밤을 지새우고 있는 것이다.

어느 중견재벌 오너는 사무실에서 몇 시간 동안 졸도했다. 회사자금 운영에 대해 노심초사하다가 쓰러졌으나 비서는 회장이 잠든 줄 알고 그대로 방치했다고 한다. 또 다른 중견재벌 총수는 회의를 주재할 때마다 산하기업의 월급쟁이 사장들을 나무라며 자기 가슴을 탕탕 친다는 것이다. 회사 사정이 이 지경이 된 것을 통탄하고 질책하는 몸짓이 된 것이다 ……

기업오너만 그런 것이 아니다. 월급쟁이 사장들도 마찬가지이다. 어느 대기업 사장은 사장직을 그만두고 고문으로 물러난 뒤 "만세를 부르고 싶은 심정이었다"고 실토했다. 사장직무를 수행할 때는 다급한 자금수급을 맞추느라고 밤잠을 못잘 정도로 고심했으나 사장직에서 벗어나자 홀가분한 기분이 되더라는 것이다.

요즘 월급쟁이 사장들은 대부분이 회사부채 보증을 섰기 때문에 회사가 망하는 경우 집까지 날릴 위험에 처해 있다. 그래서 회사일보다는 오히려 개인재산 보전 걱정이 태산같다. 월급쟁이 사원으로 회사에 입사한 뒤 사장이 되는 것이 일생일대의 명예이던 시절이 지나고 사장직을 기피하는 시대가 온 것이다. (조선, 98. 10. 15, 칼럼)

위와 같은 일은 다수의 한국 대기업에서 늘 일어나고 있다.

기업의 존립(存立)이 위태로우면 "오너"와 "월급쟁이 사장"을 포함한 최고경영층은 자금문제로 "노심초사"할 수밖에 없다. 경쟁국 기업의 최고경영자가 '기술개발, 혁신, 마케팅, 고객만족' 등으로 노심초사하고 있는 점에 비추면 경쟁의 결과가 어떠할지는 불문가지(不問可知)라고 아니할 수 없다.

한국 기업의 사정을 그처럼 어렵게 만든 사람은 누구인가? 누구의 잘못을 물어야 하고 누구에게서 해결책을 찾아야 할 것인가? 바로 기업인 자신이다. 스스로가 선택한 전략이 그런 결과를 초래한 것이다.

문제는 '자금 걱정'뿐만이 아니다. 부채에 의존한 무리한 사업확장은 최고경영층의 경영능력 혹은 중간관리자의 관리능력 부족이라는 문제를 초래할 수도 있다(<사례 5-4> 참조). 내부능력이 뒷받침되지 않는 사업은 그만큼 실패의 가능성이 높을 수밖에 없다.

존립에 대한 걱정으로 인하여 경영이 더욱 부실해지고, 내부능력에 부치는 사업확장 때문에 시장에 나가서 경쟁에 지면 부채는 더욱 쌓인다. 부채가 쌓이면 존립에 대해서 더욱 노심초사하게 되고 경쟁력은 더욱 떨어진다. 그런 악순환이 일어나면 해당 기업의 운명은 위태로워진다.

개발기간이 아닌 정상상태에서의 신규투자는 내부에서 창출한 자원, 즉 '이익잉여금'에 의존하는 것이 원칙이다. 우리나라는 경제규모나 산업구조에 비추어 이미 "개발연대"를 벗어났다. 투자형식도 정상으로 돌려놓을 때가 되었다.

2. 생존을 위한 업종전문화

개별 기업이 경쟁에서 이길 수 있는 나름대로의 장기(長技)를 가지려면 전문화가 필수적이다.

1990년대 말 현재의 상황에서 볼 때, 한국 기업들은 위에서 정의한 경쟁국가의 기업들에 비교하여 기술력, 경영능력, 관리능력 등의 모든 분야에서 뒤쳐져 있다. 게다가 우리 기업들이 즐겨 "경쟁상대"라 지칭하였던 미국과 일본의 기업들과는 규모면에서도 비교가 되지 않는다. 대부분의 주

<표 14-1> 한·미·일 기업의 규모 비교

1. 한국 기업

(1996년, 단위 : 십억 원)

업종	최대회사	매출액	순이익	이익률
1. 자동차	현대자동차	11,490	87	1%
2. 철강	포항제철	8,445	624	7
3. 정유	유공	8,322	68	1
4. 화학	LG화학	3,464	3	0
5. 제약	동아제약	271	7	3
6. 전자·전기	삼성전자	15,875	164	1
7. 통신	SK텔레콤	2,676	196	7
8. 기계	대우중공업	5,149	75	1
9. 소매업	신세계	1,215	9	1
10. 은행	외환은행	2,875	104	4

2. 미국 기업

(1996년, 단위 : 백만 달러)

업종	최대회사	매출액	순이익	이익률
1. 자동차	GM	163,369	4,963	3%
2. 철강	Alcoa	13,128	515	4
3. 정유	Exxon	119,434	7,510	6
4. 화학	du Pont	39,689	3,636	9
5. 제약	J & J	21,620	2,887	13
6. 전자·전기	GE	79,179	7,280	9
7. 통신	AT&T	74,525	5,908	8
8. 기계	Caterpillar	16,522	1,361	8
9. 소매업	Wal-Mart	106,147	3,056	3
10. 은행	Citicorp	32,605	3,788	12

<표 14-1> 계속

3. 일본 기업

(1996년, 단위 : 백만 달러)

업종	최대회사	매출액	순이익	이익률
1. 자동차	Toyota	108,702	3,426	3%
2. 철강	Nippon Steel	27,128	31	0
3. 정유	Nippon Oil	19,186	112	1
4. 화학	Mitsubishi Chem	15,379	-106	-1
5. 제약	Takeda*	5,856	460	8
6. 전자 · 전기	Hitachi	75,669	784	1
7. 통신	NTT	78,321	1,330	2
8. 기계	Mitsubishi Heav	27,889	1,097	4
9. 소매업	Daiei	28,281	-107	0
10. 은행	BOT-Mitsubishi	46,451	362	1

자료 : 대우증권. 상장회사 서베이, 1997 봄 ; Fortune, Aug. 4, 1997. (*는 Bloomberg)

력산업에서 한국기업은 미국이나 일본기업의 1/10에 불과한 규모를 가지고 있다(<표 14-1>). '규모의 경제'만 따져도 우리 기업들은 대단한 경쟁열위에 놓여 있다.

<표 14-1>에서 쉽게 짐작할 수 있는 일이지만, 경쟁 기업들은 대체로 특정 업종에만 종사하고 있다. 그런 기업의 최고경영자들은 경쟁력이 이미 세계적인 상태에 있음에도 '경쟁력 강화'를 위해 여러 가지 전략을 구사하고 있다. 다른 일에 한눈 파는 일이 없는 반면 전문업종에 대해서는 한시도 마음을 놓지 않는다.

중국계 기업들은 규모는 작지만 각각의 전문분야에서 특기를 갖추고 있다. 그들은 규모확장보다는 특기(特技)의 유지 · 개발을 통하여 경쟁력을 강화한다. 그들 역시 한눈 팔지 않으며 전문분야에서는 노심초사한다.

그러한 경쟁여건에서 한국 기업들이 여러 업종에 걸쳐 초점을 분산시킨다면, 그 결과에 대해서는 긴말을 필요로 하지 않는다. 1990년대 말의 시점에서 한국의 기업들은 '생존'(生存) 그 자체만을 위해서도 업종전문화가 불가피하다.

업종전문화의 이점은 한마디로 "백화점식 경영에 따르는 문제점의 제거"라고 말할 수 있다. 백화점식 경영에 대해서는 제5장에서 상세히 다루었기 때문에 여기서는 중복되지 않는 범위 내에서 전문화 전략의 수행과 관련된 몇 가지 사항을 짚어보기로 한다.

세계적 기업의 초점 강화

객관적으로 본 기술수준(기업의 내부능력)이나 경제여건(외부환경)에 비추면 한국기업의 적수(敵手)는 중국계 기업이라고 할 것이다. 그러나 국가산업의 구조나 재벌의 경영전략에 비추면 우리의 주된 경쟁자는 오히려 미·일계의 기업이다. 여기에 우리의 또 다른 고민이 있다. 기술수준뿐 아니라 규모면에서도 '세계적 대기업'과 경쟁해야 할 입장인 것이다.

미·일계의 기업도 1960년대 등의 시기에 유행처럼 사업을 다각화하기도 했다. 그러나 '치열한 경쟁'을 특징으로 하는 세계화 시대에서는 대체로 초점(焦點)을 강화하는 정책을 선택하고 있다.

특히 미국의 기업들은 1990년대에 와서 업종을 전문화하고 전문업종 내에서 규모의 경제를 얻고자 여러 방면으로 노력하고 있다. 그러한 미국 기업의 전략은 이종(異種) 사업의 분할, 동업종 기업간의 합병, 기업간의 전략적 제휴 등의 세 가지로 정리해 볼 수 있다:

① 이종사업의 분할. 이것은 기초기술이 다른 사업부문들은 쪼개어서 별개의 회사로 독립시키는 것이다. 경쟁자를 이겨내기 위해서는 노력을 한 곳에 집중해야만 한다는 판단이 있었기 때문이다.

AT&T사는 통신기기 사업(Lucent)과 컴퓨터 사업(NCR)을 분리시키고 통신사업에만 주력하고 있다. GM은 컴퓨터서비스 사업(EDS), 방위산업(Hughes), 자동차 부품사업(Delphi) 등을 분할하고 자동차 사업에 주력하기로 하였다. 그밖에도 ITT(복합기업), 3M(접착제), 안호이저 부시(양조업), 로크웰(산업전자), 펩시(음식료), 뉴욕 타임스(언론) 등 비슷한 사례는 수없이 많다.

이종 사업을 분할하는 추세는 점차 유럽과 일본으로 확산되고 있다.

② 동업종 기업간의 합병. 이는 규모의 경제를 통하여 시설비, 기술개발비, 기타 각종 간접비를 절감하기 위함이다.

금융산업에서 1990년대는 가히 "합병의 시대"라고 하여도 과언이 아닐 정도로 합병경쟁이 끝없이 일어나고 있다. 아메리카은행(Bank of America)은 시큐리티 퍼시픽을 합친 데 이어서 네이션즈와 합병하여 거대은행이 되었다. 케미칼 은행은 하노버를 흡수한 다음에 체이스와 합쳤다. 항공기 산업에도 합병이 유행처럼 번졌는데 로키드는 마틴과 합쳤고, 보잉은 맥도널을 흡수하였다.

그밖에도 방송에서 타임 워너와 터너, 회계서비스의 쿠퍼스와 프라이스 워터하우스, 통신의 MCI와 월드콤, 자동차의 다임러와 크라이슬러가 합병하였다.

미국에서 합병사례는 점차 늘고 있으며, 일본과 유럽으로 번져 나가고 있다. 그런 현상에 대해 한 기업전략가는 "우리는 각 산업분야에 몇몇의 세계적 기업만이 존재하는 거대기업(megacorporate)의 시대로 나아가고 있다"고 평한 바 있다(BW, 97. 9. 11).

③ 전략적 제휴(strategic alliance). 이것은 둘 이상의 기업이 제휴하여 비용을 절감하고, 위험을 줄이며, 기술을 공유하고, 서로의 강점을 활용하기 위한 것이다. 전략적 제휴는 특정의 프로젝트를 수행할 목적으로 '경쟁기업간'에 이루어지기도 한다. 제휴는 인수나 합병과는 달리 관련기업의 독립성이 유지된다는 장점이 있어 널리 이용되고 있으며 그 형태는 매우 다양하다.[3]

---

3) 전략적 제휴는 두 개 이상의 기업이 서로 협력하는 것으로, ① 장기 공급계약, 공동 생산과 판매, 공동 기술개발 등의 계약관계, ② 지분참여, 상호출자(equity swaps)

IBM은 보수적이기로 소문난 회사지만 1980년대부터 세계 각국의 기업과 활발하게 전략적 제휴를 맺기 시작하여 1990년대 중반 현재 약 20,000건에 이르고 있다(Yoshino and Rangan). 아무리 큰 기업이라고 해도 혼자서 경쟁을 이겨내기는 어렵다는 결론을 내렸던 것이다. 모토롤라와 일본의 토시바는 여러 방면에서 협동해 오고 있다. 그 두 회사는 다시 IBM 및 독일의 지멘스와 대용량의 반도체 칩을 공동개발하기로 한 바 있다.

코닝과 지멘스는 1977년부터 광섬유를 합작으로 생산하여 큰 성공을 거두었다. GM과 일본 토요다의 자동차 합작생산(NUMMI)은 대표적 성공사례로 널리 알려져 있다. 모빌은 영국의 BP와 유럽에서 주유소를 공동으로 운영하고 있다. 이미 세계적 규모의 항공사인 AA(American Air)와 BA(British Airways)는 광범위한 업무 협조를 하기로 약정한 바 있다.

전략적 제휴는 선진 각국에 공통적으로 일반화되고 있어서 일일이 열거하기가 어려울 정도이다.

효과적 기업확대 전략

세계적 기업들의 전략을 참고한다면, 한국 기업들도 '연관없는 산업에 진출하여 규모를 키우는 방식'에서 시급히 탈피하여야 한다.

재무나 인적자원면에서 내부능력이 뒷받침된다 하더라도 사업의 확대는 '기초기술이 같은 분야'에 한정시키는 것이 원칙이다. 경영초점의 분산을 막을 수 있기 때문이다. "포춘 500대 기업"의 20년간의 실적을 분석한 한 연구조사는 핵심적 강점과 핵심능력을 연장하는 분야에 한정하여 사업을 확장하고 잘 알지 못하는 분야로의 진출을 자제한 기업들이 빼어난 경영성과를 올린 것으로 결론짓고 있다(Peters and Waterman).

독자적인 제품기술로 기반을 잡은 대만의 한 컴퓨터 부품 제조업체의 간부는 다음과 같이 말한다 : "우리는 돈을 빌리지도 않거니와 핵심사업과 연관되지 않은 프로젝트에는 관심도 없다"(FEER, 1998. 1. 29).

등의 소유관계, ③ 합작기업(joint venture)을 설립하는 것 등 다양한 형태가 있다(*cf.* Yoshino and Rangan).

같은 맥락에서 기업의 확대는 '사업의 다각화'보다도 '지역의 다변화'를 통하는 것이 언제나 안전하다. 예를 들어, 서울에서 슈퍼마켓을 경영하여 성공한 사람은 축적된 자본을 재투자하여 서울에서 호텔사업을 새로 시작하는 것보다는 부산이나 광주(光州)로 슈퍼마켓 사업을 확장하는 것이 훨씬 효과적이다. 바로 독일 "숨은 승리자"들의 기본 전략이다(Simon).

'인적자원을 갖춘 기업'이라면 국경을 넘어 세계시장으로 진출할 수도 있다. 포터(M. Porter)가 추천하는 전략인데, 그의 말을 들어보자 : "국내시장에서 사업을 다양화하는 것보다 세계시장으로 [기존]사업을 확대함으로써 기업체의 강점 및 독자성을 활용하고 강화시킬 수 있는 것이다"(Porter, 1996). 독일의 숨은 승리자들도 이 전략을 채택하여 전문업종에서 세계적 강자가 되었다.

그렇다고 여기서 저자가 해외진출을 권장하는 것은 아니다. 오히려 정반대로 능력과 자세면에서 준비가 되어 있지 않으면 엄두를 내지 말아야 할 일이다. 해외시장에서 감당해야 할 위험은 국내와는 비교가 되지 않을 정도로 크다. 그만큼 성과를 올리기가 어려운 것이다. 그러므로 "국내시장에서 경쟁적 열위에 있기 때문에 해외로 나간다"는 식의 시도는 한마디로 잘못된 판단이다. "집안에서 새는 바가지는 집밖에서도 샌다."

썩는 사과는 일찍 버려라

단일 업종에 종사하는 기업도 여러 가지 사업을 하는 것이 보통이다. 품목이나 시장이 하나가 아니고 여럿이 될 수 있는 것이다. 역사적 이유로 다양한 몇 가지 업종에 걸쳐서 사업을 할 수도 있다.

우리 기업들은 잘 안 되는 사업을 잘라내는 것에 매우 서투르다. 쇠퇴해 가는 사업을 무턱대고 쥐고 있는 경우가 많은 것이다. 잘 안 되는 사업은 기업내부의 잘되는 사업으로부터 지원을 받을 수밖에 없다. 계속 지원을 받으면 쇠퇴해 가는 사업이 재생할 수도 있다. 그러나 그렇게 되기보다는 잘 되는 사업까지 어렵게 만들 가능성이 크다. 재무상의 부담도 있지만 경영층의 주의를 빼앗는 것이 더 큰 문제가 된다. 잘 안 되는 사업일수록 더욱 "골치를 썩여야" 하기 때문이다.

자칫 썩는 사과가 싱싱한 사과를 더불어 썩게 할 수 있는 것이다. 실제로, 금융외환 위기 당시 어려움에 빠진 H제과, K, J그룹 등의 경우 주력기업은 그런 대로 존립할 수 있을 정도였으나 계열사가 부실하여 그룹 전체가 공멸하게 되고 말았다.

미국의 기업들은 성과가 좋지 못한 사업부는 망설임 없이 잘라내는 경향이 있다. 포터(M. Porter)의 통계에 따르면, 기업인수를 통하여 새로운 산업에 진출한 경우의 50%는 다시 분할하고 있는 것으로 나타난 바 있다(Porter, 1987). 새로운 산업에 진출했다가 성공할 전망이 없으면 과감하게 잘라내는 것이다.

GE가 크게 성공한 것은 업계에서 1, 2위를 하지 못하는 사업부를 떼어내 버리는 웰치(J. Welch)의 기본방침 덕분인 것은 제5장에서 언급한 바 있다.

1995년 기업분할 당시에 3M은 수익성이 낮은 오디오와 비디오 테이프 사업은 폐기하였다. 코닝(Corning)은 기업의 상징이나 마찬가지인 가정용품 사업을 수익성이 낮다는 이유로 매각처분하기로 결정한 바 있다. 1968년에 메모리 칩으로 창업한 인텔은 경쟁력이 떨어진 1980년대 중반에 그 사업을 통째로 포기하였다(Grove). 그들 회사의 경영층은 "성장잠재력이 없는 사업은 잘라내어야만 핵심사업에 정력을 집중할 수 있다"는 신념으로 무장되어 있어서 조금의 망설임도 없는 것이다.

위험의 분산인가, 확실한 실패인가?

백화점식 경영을 옹호하는 이론으로는 "위험분산"이 있다. 여러 가지 업종에 참여함으로써, 경기변동과 산업의 부침(浮沈)에 대비할 수 있으므로 재벌그룹 전체의 안정성을 확보할 수 있다는 것이다. 일견 타당성이 있는 것 같지만 다각화전략은 당위성이 부족할 뿐 아니라 매우 위험하다.

재무관리 기초이론 중의 하나가 위험의 분산은 경영자가 신경 쓸 일이 아니고 투자자가 맡는 것이 더 효과적이라는 것이다(Brealey and Myers).

경영자는 개별 기업의 성과를 극대화하기 위해서 노력하면 되고 개별 주주가 여러 업종에 걸쳐 투자함으로써 업종별 부침에 대비해야 하는 것이다. 그렇게 보면 재벌의 백화점식 위험분산은 사회적·국가경제적 정당성이 없다.

앞에서 여러 번 설명하였듯이 세계적 기업들은 점차 업종을 전문화하고 있으며 일상의 경영에서는 노심초사하고 있다. 그런 경쟁자를 두고 우리 기업들이 다양한 업종에 종사할 것을 고집하면 그 결과는 '확실한 실패'일 뿐이다. 위험분산이라는 당초의 목적과는 정반대의 결과를 초래하는 것이다.

독일의 "숨은 승리자"들의 경영철학에 따르면, "위험이라는 것은 내가 잘하는 일에 집중함으로써 줄일 수 있다." "작은 못의 큰 고기가 되는 것이 상어가 우글우글한 큰 못의 작은 고기가 되는 것보다 훨씬 덜 위험한 것이다"(Simon).

여기서 다시 그로브(A. Grove)의 말을 들어 보자:

경쟁자가 뒤쫓아 올 때(그것이 언제나 사실이기 때문에 "노심초사하는 사람만이 살아남는 것이다"), 당신이 죽음의 골짜기에서 벗어나는 유일한 방법은 추격하는 사람들보다 더 빨리 달리는 것이다. 당신이 더 빨리 달리는 유일한 길은 한 방향만을 정해 두고 전력질주(全力疾走)하는 것이다. 추격자를 따돌리기 위해서 이리저리 방향을 바꾸는 것, 즉 위험분산(hedge)의 필요성이 있다고 우기는 사람도 있을 수 있다. 그에 대한 내 의견은 단연코 "아니올시다"이다.

위험분산은 그 자체로 비용이 크게 들뿐만 아니라 초점을 분산시킨다. 확실하게 모아진 초점(exquisite focus)이 없으면 조직이 가진 자원과 에너지는 1마일의 폭에 1인치의 깊이로 퍼지게 될 것이다 ……

당신이 [방향선택을] 잘못하면 죽게 될 것이다. 그러나 대부분의 경우 기업이 망하는 것은 방향이 잘못되었다기보다는 [하고 있는 사업에] 사력(死力)을 다하여 매달리지 않았기 때문이다. [방향을 정하려고] 멈칫거리는 사이에 그들은 자원과 추진력을 조금씩 조금씩 허비하는 것이다. 가장 큰 위험은 가만히 서 있는 것이다. (Grove)

정리하면, 전방위 경쟁시대에는 다각화를 통한 공존(共存) 전략이 공멸(共滅)을 낳을 가능성이 더 크다. 결국 '업종전문화'가 '다각화'보다 더욱 확실한 '위험방지 대책'이 되는 것이다. 트웨인(M. Twain)의 말처럼 "계란을 모두 한 바구니에 넣고, 그것에 주의를 집중해야만 한다"(Put all your eggs in one basket and WATCH THAT BASKET).

3. 종합상사의 종언(終焉)

단일기업으로서 다양한 사업에 종사하는 대표적 업종은 아무래도 종합상사(綜合商社)라고 할 것이다. 종합상사는 1975년에 정부가 정책적으로 도입한 제도인데, 제조업체의 수출을 대행하여 줌으로써 국가 전체 수출의 극대화를 목표로 하였다. 이 제도는 대체로 일본의 총합상사(總合商社)를 본뜬 것이었고, 실제로 각 종합상사는 일본의 영업전략을 베끼는 일이 많았다.

1980년대 중반부터 한국의 중대형 제조업체들이 직접 수출일선에 나서자 종합상사는 "겨울"을 맞았다. 생존을 위한 몸부림으로 종합상사는 해외유통 사업에 참여하는 등 그야말로 "종합적으로" 사업을 벌이게 되었다. 불행히도 전문성이 없었던 그들은 대부분의 사업에서 실패하고 말았다.

이제 종합상사의 존재이유를 다시금 음미(吟味)해 볼 때가 되었다.

종합상사의 사회적 역할

어떤 기업이 사회에 기여하는 정도는 마쓰시타(K. Matsushita)의 말대로 우선 수익성으로 평가할 수 있다. 그렇게 보면 종합상사가 사회에 기여한 것은 미미하다.

종합상사가 발표한 재무제표를 그대로 믿는다 해도 그들의 이익률은 매우 빈약하다(제4장 참조). 종합상사가 영위하는 사업의 위험이 매우 높음을 감안하면 그들이 기록한 이익률은 더욱 보잘것없어진다. (위험이 높

으면 이익률도 높아야 하는 것이 사업의 기본원리이다.) 그렇게 보면 종합
상사의 존재가치는 애초부터 회의적이었다고 할 수 있다. 그런 사정은 일
본도 마찬가지이므로 종합상사 '제도 자체'에 문제가 있는지도 모른다.

돌이켜 보면 종합상사들이 수출의 양적 팽창에 기여한 것은 부정할
수 없는 사실이다. 그러나 그들이 진정으로 수출의 목적인 '외환가득'에 기
여하였는지는 한마디로 말하기 어렵다.

그들은 기본적으로 과열된 수출실적 경쟁의 주역이었다. 수출실적을
돈으로 사는 등 바람직하지 않은 상관례를 만들었다. 동일 해외거래선
(buyer)을 두고 제살 깎기식의 덤핑 경쟁을 예사로 벌였다. D/A방식의 밀
어내기 수출로 상품을 불량재고로 만드는 사례, 위험이 높은 지역에 수출
하여 악성채권이 누적되게 하는 사례가 허다하였다. "금 수출" 등과 같이
가공실적을 쌓느라 불필요한 경비를 낭비하는 사례도 많았다. 수출 혹은
외환가득과 관련하여서도 종합상사의 공(功)과 과(過)를 엄밀히 따져 볼
필요가 있는 것이다.

웬만한 제조업체들은 이제 독자적으로 상품을 수출할 능력을 갖추고
있다. 수출대행업자로서의 종합상사의 입지는 점점 좁아졌고 그들의 사회
적 의미는 퇴색하였다. 무역협회 산하에서 전문적으로 영세기업의 수출을
대행하였던 종합상사 고려무역은 1998년에 청산절차를 밟았다. "영세기업"
마저 중개인을 필요로 하지 않게 된 것이다. 고려무역의 청산은 "수출대
행"의 국가경제적 의미가 상실됐다는 상징적 사건이라고 할 것이다.

사정이 바뀌었음에도 불구하고 종합상사간의 실적경쟁은 변함없이 치
열하다. 그런 여건에 비추면 변칙적인 방법으로 수출실적을 높이고자 하는
그들의 욕구는 나름대로의 자구책(自救策)인지도 모른다. 그런 욕구가 현
실로 나타나다 보니 온갖 무리가 따르게 되는 것이다. 한 소규모 그룹의
"총수"가 피력한 다음과 같은 소회(素懷)는 실상을 잘 말해 준다고 할 것
이다. "종합상사의 폐지가 검토되어야 한다. 종합상사의 밀어내기식 외상수
출 폐단이 경제위기를 초래한 한 원인이다"(중앙, 98. 3. 28).

위험한 사업다각화

종합상사의 활동 중에서 저자가 가장 우려하는 것은 준비없이 벌이는 국내외에서의 각종 사업이다.

1980년대 중반 이후 종합상사들은 일본의 총합상사를 흉내내어 해외에서 유통사업, 자원개발, 금융거래, 복합거래를 강화하였고, 더러는 제조업에 직접 참여하기도 하였다. 그러나 그들의 그런 활동에 치명적 약점이 있었으니 그것은 '전문성의 결여'였다.

상품의 "단순수출"의 경우와는 달리 현지유통 등 프로젝트성 사업은 상품에 대한 전문지식 없이는 성공하기 어렵다. 종합상사의 직원들이 맡아 해본 일은 대체로 상품의 중개(仲介)였다. 살 사람과 팔 사람을 연결시키는 것은 상품이나 소비자 기호에 대한 깊은 지식이 없이도 가능하다. 그러나 현지에서의 직접판매는 상품과 소비자를 포괄하는 복합마케팅 능력이 필수적이다. 현지에 광산을 개발하거나 제조설비를 운영할 때는 한층 더 높은 전문성이 요구된다. 그런 내부능력이 준비되어 있지 않으면 실패할 가능성이 매우 크다.

실제로 많은 종합상사들이 해외사업에서 수없이 많은 실패를 경험하였는데 그런 사정의 단면들을 제4장에서 다루었다. 실패사례는 흔한 반면, 누가 들어도 속이 후련한 종합상사의 성공사례는 사실상 전무하다.

종합상사는 국내에서도 다양한 사업을 벌였다. 수입대행, 영상산업, 할인점 사업, 금융사업 등에 경쟁적으로 뛰어들었다. 컴퓨터 소프트웨어 개발, 인터넷 서비스, 물류사업, 렌터카, 항공기 정비, 금화(金貨) 판매 등 종합상사가 손대지 않는 사업은 거의 없다고 해도 과언이 아닐 정도이다. 외환투기, 상품선물거래, M&A 등 한 번의 실수로 기업의 존립이 흔들릴 투기(投機)도 마다하지 않는다.

국내사업에 관한 종합상사의 성적표도 참담하기는 마찬가지이다. 목재업계에는 "종합상사의 목재사업 담당 임원 중에 출세한 사람이 없다"는 말이 있다. 다수의 종합상사가 목재를 수입·판매했지만 모두 실패하였기 때문이다. 종합상사가 외환 혹은 선물(先物)에 대한 투기로 천문학적 금액의 손실을 입는 일은 수시로 일어난다. 특히 1980년대 말에는 일부 외국인 은행의 투기조장과 맞물려 사회적 물의를 빚기도 했지만 투기는 여전히 반복되고 있다. 영상산업은 관련 상사 모두에게 골칫거리가 되었고, 그밖의 다른 사업도 언제 정착될지 기약이 없다.

그런 사정은 한국 상사들이 모델로 삼은 일본의 총합상사라 하여 크게 다르지 않다. 우선 위험이 매우 높은 사업을 벌이고 있음에도 해를 거듭하여 아슬아슬한 이익률을 유지하고 있는 점이 비슷하다. 대규모 사업실패도 심심찮게 저지른다.

미쓰이(Mitsui)는 이란에서 에너지 사업과 관련하여 약 4천억 엔의 손실을 입었다. 니쇼 이와이(Nisso Iwai)는 1998년 9월 현재 약 4천 5백억 엔에 달하는 부실 금융자산을 가지고 있다. 스미토모(Sumitomo)와 미쓰비시(Mitsubishi)는 파친코 사업에 손댔다가 총액 5억 달러의 손실을 남겼다. 거의 대부분의 일본 상사들이 동남아시아에 거액을 투자하여 고통을 받고 있는 것으로 알려지기도 했다.

일본 상사가 겪은 실패사례 중의 압권(壓卷)은 아래에 소개한 스미토모상사의 경우라 하겠다 :

(사례 14-1) 스미토모상사의 동투기(銅投機) 사건

1996년 6월에 일본의 대표적 총합상사인 스미토모는 구리사업부 책임자인 하마나카 씨가 권한 밖의 동(銅) 매매거래를 통하여 약 18억 달러로 추정되는 손실을 초래하였다고 발표하였다. 동사는 손실금이 과거 10년에 걸쳐서 누적되었음에도 눈치채지 못하였고, 미국과 영국의 상품선물거래 감독당국이 하마나카 씨에 의한 가격조작 행위를 조사하자 사건을 처음으로 인지하였으며, 하마나카 씨의 자백이 있고 난 다음에야 전모를 알게 되었다고 밝혔다.

문제의 발단은 일본의 제조업체들이 무역거래를 독자적으로 수행하기 시작한 1970년대까지 거슬러 올라간다. 총합상사의 입지가 흔들리게 되자 많은 상사들이 다양한 사업에 경쟁적으로 손을 대었고 그 중의 하나가 기초 원자재를 사고 파는 것이었다.

스미토모는 미쓰이, 미쓰비시, 마루베니와 함께 종합상사 중에서 전통적인 4대 강자였음에도 광물의 취급에는 한발이 늦었다. 다른 상사들이 광산을 개발하는 등 천연자원의 확보에 직접 나섰지만 스미토모는 런던과 뉴욕의 선물(先物) 거래소에서 구리(銅)를 구매하여 실수요자에게 되파는 것에 치중하였다. (동사는 한국에도 구리를 공급했던 것으로 알려졌다.) 후발주자로서 다소 조급함을 느낀 동사는 세계시장의 주도자가 되기 위하여 구리 매매활동을 강화하였다.

하마나카 씨는 약 15년간 구리사업부에 근무하면서 회사의 지원을 등에 업고 세계 구리시장의 큰손으로 활약하였다. 처음에는 실물거래와 연관하여 선물거래를 시작하였지만 차차 투기거래에 손을 대게 되었다. 투기거래에서 작은 손실을 보자 그것을 만회하기 위해 거래규모를 점점 키우게 되었다. 급기야 한번의 계약으로 100만 톤, 28억 달러 어치의 구리를 사기도 하고, 거래량이 런던금속거래소(LME)가 공급할 수 있는 실물 재고의 90%에 이르기도 하였다.[4]

회사의 허락을 받지 않고 임의로 거래를 하게 되자, 그는 서류를 위조하고, 장부를 조작하였으며, 은행계좌의 자금을 임의로 이동시켰다.

초기에 발생한 손실금은 선물중개업자로부터의 신용(credit)으로 충당할 수 있었다. 그러나 금액이 점점 불어나자 뉴욕의 체이스(Chase), 모건(Morgan) 등의 은행으로부터 10억 달러를 상회하는 변칙금융을 얻어야만 하였다. 변칙금융은 파생금융상품(derivatives)을 복잡하게 엮은 것으로 표면적으로는 대출이 아닌 것처럼 보였고 기간연장(rollover)이 비교적 손쉬웠다. 은행들은 스미토모상사를 믿었으므로 크게 의심하지 않고 그에게 신용을 공급해 주었던 것이다.

---

4) 외환이나 선물거래는 손쉽게 상쇄거래(off-set deal)를 할 수 있으므로 실물(實物)의 이동이 불필요하다. 따라서 어떤 의도로 선물거래를 시작하건 투기로 번지기 쉽다. 일단 투기를 시작하면 '인간의 속성상' 거의 예외없이 하마나카 씨와 같은 행동 패턴을 밟게 되어 큰 사고를 일으킨다(cf. Nicholson ; Schlender). 선진국에는 한 사람의 투기거래로 기업이 파산한 사례가 많다. 따라서 외환이나 선물거래 관련 부서에 대한 엄격한 감시장치가 필수적이고, 투기는 아예 생각해 보지도 않는 것이 상책이다.

　　1996년 9월에 스미토모상사는 총 손실금이 26억 달러에 이르는 것
으로 정정발표하였다. 사건이 밝혀진 즉시 하마나카 씨는 파면되었고,
다음해 2월에 최고경영자가 사임을 발표하였다. 사건 발표 직후 한때 스
미토모의 주식이 증시에서 거래정지되는 치욕을 겪기도 하였다.

　　약 2년간에 걸친 조사 끝에 하마나카 씨는 자신이 저지른 일이 "불
법거래"였음을 자인하고 문서위조와 사기죄로 8년형을 선고받았다. 고
위간부가 사건에 직접 연루되었는지는 밝혀지지 않았지만, 스미토모상
사는 불공정행위에 대한 감독책임을 지게 되어 미국의 상품선물거래위
원회(CFTC)로부터 1억 5천만 달러의 벌금을 부과받았다. 벌금과는 별
도로 2건의 집단 민사소송과 관련하여 4천3백만 달러를 배상해 주었다.
영국의 감독당국에게는 조사비용 조로 8백만 달러의 벌과금을 물게 되
었다. (WSJ, 96. 6. 14 ~ 98. 9. 21)

어설프게 시작한 사업다각화가 조그마한 부주의로 인하여 엄청난 사고로
귀결되고 말았다. 일본의 사회구조적 특성상 스미토모상사가 생존하기는
했지만 자칫 한 번의 실수가 파산으로 연결될 뻔했던 것이다.

자원의 재배치가 필요한 시점

　　종합상사는 전문능력 없이 의욕만으로 "종합기업"이 되고자 하였고,
그 결과 수많은 실수를 저질렀다. 그런 결과는 미리 예정되어 있었다고 하
여도 과언이 아닐 것이다. <사례 14-1>은 스미토모상사에 우연히 일어난
사고이기보다는 '종합상사에 내재하는 위험인 것'으로 보인다.

　　전방위 경쟁의 시대에 맨 먼저 필요로 하는 것 중의 하나가 전문성
이다. 특기를 살리지 못하는 "종합"으로는 경쟁력을 확보하기가 사실상
불가능하다. 경쟁시대에 어중간한 사람은 존립기반을 상실할 수밖에 없다.
예로부터 "집안을 망치는 것은 반풍수"였고 "사람을 잡는 것은 선무당"이
었다.

　　사정이 그러하고 전통적인 수출대행의 기능마저 의미를 상실했다면

굳이 종합상사를 고집할 필요가 없다. 새로운 세기를 맞으면서 변신(變身)을 적극적으로 모색하여야 할 것이다. 즉, 단일상품을 전문으로 취급하는 소규모 단위기업으로 분할되거나 그룹내의 제조업체에 분산·흡수되어서 전문성을 살리는 방향으로 재편되어야 할 것이다.

역사적 이유로 종합상사에는 그룹 내에서 가장 자질이 우수한 직원들이 많이 몰려 있다. 그들이 전문 제조업체에 배치된다면 그룹 전체로 보아 이상적인 인적자원의 활용이 될 수 있다. 종합상사는 대체로 그룹의 주도적 위치를 차지해 왔기 때문에 '총수의 관심'과 '자금'을 많이 차지하고 있다. 그런 희소한 자원이 전문 제조업체에 배분된다면 그룹 전체의 경쟁력 강화에 큰 도움이 될 것이다.

외형을 쫓던 한국경제는 한계에 봉착하였고, 이제 내실을 기해야만 할 형편이 되었다. 외형팽창의 선두에 섰던 종합상사는 고유의 사회경제적 기능을 다 하였다. 그럼에도 종합상사들이 '과거의 허명(虛名)에 취해' 전문성도 없이 "종합적으로" 사업을 벌인다면 소속재벌에 크나큰 재정적 부담을 줄 것임은 물론, 국가경제에 엄청난 손실을 초래할 것이다. 메모리 칩을 포기한 인텔처럼 과거에 대한 미련을 과감히 버릴 때가 된 것이다.

4. 주주권익의 보호가 성공의 지름길

한국의 기업이 성공하지 못한 가장 중요한 표면적 이유는 '수익성의 무시'라고 할 수 있다. 40여 년 간이나 수익성이 무시될 수 있었던 것은 부분적으로 기업감리 장치가 제 기능을 다하지 못하였기 때문이다.

따지고 보면 경영층이 주주권익을 보호하는 것은 스스로의 이익에도 부합한다. 그럼에도 잘못된 정부정책과 잘못된 경영철학이 잘못된 관행을 낳았다. 그 결과 일반 주주의 권익은 철저히 무시되었다. 불행은 그것에 그치지 않고 최대 주주인 "오너" 역시 주주로서의 권익을 상실하게 되고, "실패한 기업인"이라는 낙인이 찍히는 일이 많았다.

이제 무엇이 최대 주주 혹은 "오너"의 이익에 도움이 되는지를 재확인할 때가 되었다.

기업의 성공은 "오너"의 영광

"이익의 극대화(profit maximization)가 기업의 목표"라는 경제학의 전통적 명제에 대해서는 다소 논란이 있을 수 있다. 그러나 이익을 남기는 기업만이 존재가치를 가진다는 사실에 대해서는 재론의 여지가 없다. 이익은 재투자 혹은 사업확장을 위한 가장 확실한 자본이 되어 기업의 존립을 보장한다. 그것은 경영자가 사업을 확장할 능력이 있다는 증표이기도 하다. 이익을 남기는 기업은 장래도 밝다.

기업성공의 첫번째 잣대는 수익성이다.

실제로 미국계와 중국계 기업은 수익성을 우선적으로 고려한다. 그들 나라에서는 수익성이 높은 기업이 최상의 평가를 받는다. 미국의 마이크로소프트(Microsoft) 사는 연간 매출액이 130억 달러였지만 회사의 총가치(時價總額)가 2천억 달러를 넘었고, IBM사는 매출액이 6배인 790억 달러였지만 총가치는 절반인 1천억 달러에 불과하였다(1998년 2월 말). 덩치보다는 현재와 미래의 수익성을 먼저 평가하는 것이다.

한 기업의 성공이 사회적으로 인정받으면 그 영광은 누구보다 먼저 최고경영자에게 돌아간다. IBM이나 GM의 최고경영자는 잘 몰라도 웰치(J. Welch)나 게이츠(W. Gates)를 아는 사람은 많다. 경영하고 있는 기업의 수익성이 그들로 하여금 세계적 명성을 얻는 데에 큰 몫을 했음이 분명하다.

해외에는 성공한 기업인의 본보기가 많고 한국에는 실패한 기업인이라는 "반면교사"(反面敎師)가 많다. 금융외환 위기를 전후하여 사회적으로 망신을 당한 "오너"들은 한결같이 외형확장이 기업성공의 잣대라고 착각한 사람들이다. 현명한 "오너"들이라면 어느 길을 밟아야 할 것인지 쉽게 짐작할 수 있을 것이다.

투명성이 확립되면 "오너"와 소액주주는 같은 배를 타게 된다

한국 사회에서 "기업은 망해도 기업주는 살 수 있었던 것"은 기업경영의 투명성이 없었기 때문이다. 주식소유 지분이 잘해야 10% 내외에 불과한 "오너"들이 기업의 부(富)를 부당하게 유출하였기 때문에 다른 주주는 망해도 혼자만의 생존이 가능하였던 것이다.

금융외환 위기 당시 해외에서 구제금융을 끌어들여 온 "죄"로 우리 정부는 투명성(transparency)을 확립하기로 약속하였다. 게다가 시민의 의식도 높아져서 "오너"의 부당행위를 그대로 보아 넘기지 않을 것이다.

기업경영의 투명성이 확보되면 "오너"가 경제적 부를 이룰 수 있는 유일한 길은 합법적 방법, 구체적으로 '주주'로서 받는 배당금과 '경영인'으로서 받는 급여뿐이다. 급여는 한계가 있으므로 "오너"의 사실상 유일한 부의 원천은 배당금이 된다. 주주가 배당금을 많이 받게 되는 단 한 가지의 길은 수익성을 높이는 것임은 두말 할 필요가 없다.

이제 "오너"와 "소액주주"의 이해가 일치하는 시대가 도래(到來)하고 있는 것이다.

기업감리 장치 활용이 성공의 지름길

주주권익과 전문경영자의 이해가 '반드시' 일치하는 것은 아니기 때문에 여러 가지의 기업감리 장치(corporate governance)가 있다. 그것은 다르게 말하면 주주권익 보호장치이다. 그런데 '특수한 경우를 제외하면' 주주와 경영자의 장기적 이해는 일치한다고 볼 수 있다. (선진국에서는 한국과 달리 주주와 전문경영인이 분리되어 있으므로 두 그룹의 이익을 일단 구분해서 생각해 보아야 한다.)

주주에게 가장 크게 이익이 되는 것은 기업의 수익성이 높아지는 것이다. 다행히도 수익성이 높아지면 기업의 장기적 발전이 가능해지는 만큼 경영자의 성취감이 커지고 사회적 칭송과 존경도 따라 온다. 수익성이 두 그룹 모두에게 혜택을 주는 것이다.

그러한 전제라면 "오너"이건 전문경영인이건 경영자는 기업감리 장치를 적극 활용하는 것이 스스로에게도 유리하다. 그 장치는 기업의 수익성, 즉 이익률을 중시하게 되어 있고, 수익성이 높아지는 것은 대부분의 경영자가 달성하고자 하는 바로 그 목표이다.

다시 말해서 경영자가 기업감리 장치를 존중하는 것은 수익성을 우선한다는 말이다. 수익성을 먼저 생각하게 되면 경영자들은 의사결정에 신중하고 효과적 경영전략을 세우려고 노력하며 최소비용으로 목표를 달성하려고 노력하지 않을 수 없다. 스스로에게 경각심을 불러일으키는 것이다. 사람이 어떤 일을 성취하는 데에는 능력 못지 않게 자세가 중요하다. "무엇이건 마음먹기 나름이다." 경영자가 수익성 위주의 철학을 가지는 것이 기업성공을 향한 출발점이 될 수 있는 것이다.

기업감리 장치의 하나인 이사회를 외부인사로 구성하는 것은 여러 가지로 경영에 도움을 준다. 기업경영에 참가하는 "임원"(任員)은 이사회 구성원이 아니라 해도 어차피 활용하고 있는 자원이다. 내부인사는 "오너" 자신과 마찬가지로 내부의 약점을 잘 찾아내지 못할 뿐만 아니라 같은 기업문화에 오랫동안 젖어 있어서 사고방식도 비슷하게 마련이다.

"사외이사"(社外理事)는 기업경영을 멀리서 보기 때문에 내부인사가 가진 약점을 보완할 수 있다. 더구나 사외이사는 색다른 능력이나 경험을 갖춘 사람 중에서 선임할 수도 있다. 사외이사가 자문단이 될 수도 있는 것이다. 이사회가 경영층에 대한 견제역할을 제대로 수행하면 경영층이 방만함과 소홀함에 빠지는 것을 막아 주는 것은 두말 할 필요가 없다. "오너"자신의 입장에서 보더라도 필요한 견제장치인 것이다.

기업의 수익성이 높아지면 당장 주가(株價)가 올라간다. 주가가 올라가면 투자재원의 조달이 손쉬워진다. 자금조달이 용이하면 남다른 기업성장을 기대해 볼 수 있다. 시설확장을 통해 규모의 경제를 이룰 수도 있고, 기술개발을 통한 혁신이나 변신에서도 앞설 수 있다. 적절한 투자기회가 있으면 이를 즉시 포착할 수도 있다. 수익성을 높일 가능성이 커지는 것이다. 그러한 선순환(善循環)이 바로 대부분의 경영인이 바라는 것이다.

독일의 세계적 기업 벤츠(Daimler-Benz)는 한때 수익성이 악화되어 고전하였다. 그러나 기업감리 장치를 강화한 덕분에 재기하여 1998년에는 미국의 세계적 기업 크라이슬러(Chrysler)를 합병할 수 있었다. 다음의 사례를 보자 :

…… 한때 다임러의 주주는 사실상 도이체은행 하나뿐이었다. 행장이었던 헤르하우젠은 구식사고의 산업지도자(industrial statesman)였다. 그는 미국식 단기수익주의에 관심이 없었기 때문에 은행의 의결권 28%를 동원하여 다임러의 최고경영자 로이터를 지지하였다. 로이터는 "거대한 기술공화국"이라는 비전을 실현하기 위하여 우주항공, 소프트웨어, 가전제품 등등의 분야로 사업을 다각화하였다.

테러리스트가 1989년에 헤르하우젠 씨를 암살하였는데, 더 큰 "위험"은 다임러의 재무책임자(CFO) 리너였던 것으로 나중에 밝혀졌다. 리너는 회사주식이 뉴욕증권거래소(NYSE)에 상장되도록 추진하여 1993년에 완결하였다. 그것은 회사의 수익상태를 미국식 기준에 맞추어 공개하지 않을 수 없게 만들었다. 회사는 더이상 "감춰진 유보금"을 가지는 등의 불분명한 독일식 속임수를 쓸 수 없게 되었고, 로이터-헤르하우젠 전략의 참담한 결과와 직면(直面)하지 않을 수 없게 되었다.

우선, 세상은 벤츠가 오래 전인 레이건 시절에 미국인들에게 고급차를 팔아서 벌어들인 황금 항아리를 발견하고 경탄하였다. 회사는 회계장부를 공개하고, 25억 달러의 "특별이익"이 있음을 선언하였다. 아무튼 리너가 표현하였듯이, 새로운 규칙에 따라 "[경영] 성과를 나타내는 곡선은 영업사정을 더욱 확실하게 반영하게 되었다."

다음, 다임러는 현재의 영업현황을 공표하지 않을 수 없었고, 10억 달러에 달하는 막대한 영업손실이 있었음을 자인하고 말았다. 다각화전략이 대실패였음이 백일하에 드러난 것이다.

하루아침에 끼리끼리 어울리는 독일 산업상류층이 주목을 받게 되었다. 그들은 [그 때까지] 그들이 관할하는 재산에 대한 절실하고 빈틈없는 책임감을 느끼지 못하였던 것이다. [상황이 바뀌자] 다른 주주가 아닌 바로 도이체은행이 [다각화 전략으로 손실을 초래한] 로이터의 축출을 요구하였다……

　[신임 최고경영자 쉬렘프]는 독일에서는 처음으로 현대식 감량경영에 치중하여 수천 명의 종업원을 해고하고, 실패한 사업부문을 헐값에 처분하였으며, 자동차에 다시 초점을 맞추었다. 사회정서에 맞지 않는 또 하나의 조치는 고위간부들의 동기를 유발하기 위하여 독일에서는 최초로 주식매입권(stock option)을 준 것이다. 그는 "매출액에 우선하여 수익성이 고려되어야 한다"고 선언하였다.

　세상은 다임러를 믿기 시작하였고 주가는 폭등하였다. 종국적으로 크라이슬러 사를 인수할 수단이 생기게 되었다…… [주 : 대기업의 인수는 보통 주식교환 형식이 되기 때문에 주가가 오르면 다른 기업을 인수하기가 쉽다.]……

　다임러는 정직한 여인(honest woman)이 되었고 독일의 자본주의는　더이상 옛날 같지 않을 것이다…… (WSJ, 98. 6. 10)

벤츠의 사례는 주주권익의 보호가 기업성공의 지름길임을 단적으로 보여준다고 하겠다.

5. 혁신과 변신

역사적으로 인간의 생활환경은 끊임없이 변해 왔다. 그렇기 때문에 기업환경 역시 쉴새없이 바뀐다. 고객의 취향이 바뀌고, 경쟁기업의 능력이 달라지며, 새로운 기술이 발견되고, 사회의 제도와 관습이 변화한다. 개방사회가 되면서 변화의 속도가 빨라지고 그 폭이 넓어졌다.

그런 변화에 적응하기 위하여 세계적 기업들은 이미 여러 분야에서 경쟁우위를 가지고 있음에도 불구하고 한시도 혁신과 변신을 소홀히 하지 않는다. 혁신의 대명사라 할 인텔은 주품목인 마이크로프로세서의 신세대 제품을 끊임없이 만들어 내어 자신의 구세대 제품을 퇴출시키고 있다.[5]

---

5) 인텔의 창업자의 이름을 딴 "무어의 법칙"은 마이크로프로세서의 한 세대가 18개월이 될 것임을 예고하였다. 1990년대 말에 와서 인텔은 그 기간을 9개월로 단축하고 있다. 한 세대의 제품이 라이프 사이클상의 성숙기에 채 도달하기도 전에 신제품을 내놓는 방법으로 경쟁자들을 따돌리는 것이 인텔의 기본전략인 것이다.

그들은 혁신(革新)과 변신(變身)이 없으면 생존 자체가 불가능한 것으로 파악하고 있는 것이다.

금융외환 위기를 계기로 우리 기업에게도 '정부'라는 보호막이 걷히고 있다. 개별기업이 생존하기 위해서 혁신과 변신이 필요하게 된 것이다.

여기서 혁신은 '하는 방법'을, 변신은 '하는 것'을 바꾸는 일인 것으로 구분하기로 한다. 크게 보아 혁신은 기존사업 혹은 기존시장에서 경쟁력을 강화하는 것이고 변신은 수요의 변화 등에 대비하여 사업이나 시장을 바꾸는 것이다.

혁신(innovation)

기업의 성과는 여러 가지 요소에 의해서 결정되는데 그 모든 요소가 혁신의 대상이 된다. 신상품을 개발하거나 기존 상품의 기능성을 높이는 것은 물론이고, 디자인을 새롭게 하거나 생산공정을 개량하는 것이 포함된다. 직원의 사기를 높이거나 내부관리 절차를 개선하는 것은 물론이고 고객서비스를 강화하거나 마케팅의 효과를 제고하는 것이 두루 포함된다. 기업의 모든 활동, 기능·품질·가격·고객서비스 경쟁력과 관련된 모든 사항이 혁신의 대상이 된다.

혁신은 새로운 아이디어를 출발점으로 한다. 그 아이디어는 생산설비를 모두 바꾸어야 할 정도로 외형적 변화가 큰 것도 있고 공정 중의 극히 일부분을 바꾸는 정도로 변화가 적은 것도 있다. 기발하고 참신한 아이디어도 있지만 단순한 착상으로 큰 효과를 내는 것도 있다.

연구결과에 따르면 대기업보다는 중소기업이 혁신에 능한 것으로 알려진 바 있다. 중요한 혁신은 생각하지 않은 경로로 기대하지 않았던 사람에 의하여 이루어지는 경우가 더 많다. 새로운 아이디어를 내는 능력, 즉 창의력이란 지능지수(IQ)와도 큰 관련이 없다(Robinson and Stern).

혁신이란 대규모 투자나 특별한 능력을 반드시 필요로 하는 것이 아니다. 개개 직원의 '관심과 의욕'이 더욱 중요하다. 모든 직원이 일상적으로 수행하는 모든 일에서 혁신적인 아이디어가 나올 수 있다. 실제로 많은 직원들이 자기가 하고 있는 일을 보다 더 효과적으로 처리할 수 있는 아이디어를 가지고 있다.

대다수의 기업이 가진 문제는 직원들이 새로운 아이디어를 적극적으로 실행에 옮기거나 경영층에 알리지 않는다는 점이다. 머리 속에서 잠자는 아이디어나 행동하지 않는 창의력은 아무런 의미가 없다.

여기에 경영층의 역할이 필요하다. 즉, 전직원들이 스스로 하는 일을 개선할 방법에 항상 관심을 가지도록 유도하고, 새로운 아이디어가 있을 때에는 서슴없이 제안하도록 분위기를 만들어 주어야 하는 것이다. GE의 웰치(J. Welch)는 다음과 같이 말한다 : "인간의 정신으로부터 솟아나는 아이디어는 무궁무진하다. [경영층이] 해야 할 일은 그 샘을 발굴하는 것이다…… [창의력에 관한 한] 모든 사람이 제 몫을 한다는 것이 나의 신념이다"(Byrnes).

혁신을 장려하기 위해서 꼭 금전적인 보상이 필요한 것은 아니다. 오히려 윗사람이 관심을 보여 주고 좋은 제안에 대해서는 그 공적을 인정해 주는 것이 더욱 중요하다. 대부분의 사람들은 가치있는 일을 하는 그 자체에 큰 의미를 느끼는 것이다.

한국 기업이 가진 공통적 약점은 윗사람이 아랫사람의 의견에 귀를 기울이지 않는다는 점이다. 많은 신입사원이 초기에는 활발하게 관행(慣行)과는 다른 아이디어를 제시한다. 그럼에도 윗사람이 관심을 보이지 않는다. 그런 일이 두 번만 계속되면 그 신입사원은 입을 다물게 되는 것이 인지상정이다. 혁신의 싹이 없어지는 것이다. 시급히 고쳐야 할 기업문화이다. 경영층은 어느 위치의 직원이 어떤 내용의 제안이든 스스럼없이 제시할 수 있도록 유도하는 분위기를 조성하여야 할 것이다.

변신(change)

소비자의 기호나 경쟁여건이 달라질 때 기업의 대응전략이 바뀌어야 함이 보통이다. 전략이 달라지면 기업은 때에 따라 취급하는 상품, 나아가서 업종을 바꿀 필요가 있다. 회사의 규모를 늘리거나 줄이고, 조직구조를 대폭 바꾸어야 한다. 목표로 하는 고객이나 지역별 시장을 변경하여야 한다. 고위경영층을 비롯한 직원의 구성과 각종 경영시스템을 바꾸어야 하기도 한다. 경영방침이나 리더십스타일을 고쳐야 할지도 모른다.

변화가 심한 환경 속에 놓인 기업은 스스로 끊임없이 변해야 하며 그래야만 경쟁에서 살아남을 수 있다. 그래서 드러커(P. Drucker)는 "오늘날의 모든 조직은 변화의 관리(management of change)를 구조 속에 심어넣어야 한다. 스스로가 하고 있는 모든 일의 '조직적 포기'를 제도화해야 한다"고 잘라 말한 바 있다(Drucker, 1993).

사람은 대체로 변화를 싫어한다. 특히 조직사회에서는 기득권의 포기를 거부하는 경향이 있다. 그렇기 때문에 내부저항을 물리치고 기업이 변신하기 위해서는 최고경영자의 결단력과 추진력이 필요하다. 경영자의 스타일을 지휘자(leader)와 관리자(manager)로 나눌 수 있는데, 전자는 변화를 추구하고 후자는 기존질서를 존중한다. 변화가 심하고 복잡하며 경쟁이 치열한 기업환경에서 개별기업이 필요로 하는 최고경영자는 지휘자 스타일이며 그는 중단없이 기업의 변신을 추구할 용기와 의지가 있어야 하는 것이다(Kotter).

중소기업이 대기업보다 변신을 잘한다는 것은 두말 할 필요가 없을 듯하다. 기득권자가 적다는 그 사실만 보아도 변화에 대한 저항이 약할 것임을 쉽게 짐작할 수 있다. 다르게 말하면 변신으로부터 오는 파급효과가 적은 만치 변신이 쉬운 것이다. 반면 대기업은 조직의 연륜이 길고 안정된 만큼 변신이 어렵고 또 그것은 일견 정당화될 수 있는 일이다.

조직원리상 중소기업이 대기업보다 '혁신' 및 '변신'에 능하다. 혁신과 변신을 잘하는 기업의 생존 가능성이 높은 것은 두말 할 필요가 없다. 그렇다면 우리 기업들은 더더욱 기업규모에 대한 환상을 버려야 한다. 독일의 숨은 승리자들처럼 경영상의 효율을 유지하기 위하여 의도적으로 대기업이 되기를 피하는 지혜를 배울 필요가 있을 것이다(Simon).

실패사례는 떠들어라

변신은 모험이다. 지금까지 해 왔던 것에서 벗어나서 새로운 일을 하는 만큼 그 결과나 장래에 대한 보장이 없다. 실패할 가능성이 큰 것이다. 위험이 있다고 피하기만 하면 발전이 없고 경쟁에서 처지게 된다. 그러므로 기업경영에 있어서 모험은 불가피하다.

실패를 두려워해서도 안 되지만 그렇다고 계산없이 무모하게 덤비는 것은 현명하지 못하다. 불가피한 모험을 감수하되 실패의 가능성을 줄이는 것이 경영층이 할 일이다. 위험을 줄이는 방법에는 크게 세 가지를 생각해 볼 수 있다:

① 사실의 철저한 확인. 첫 단계로 외부환경과 내부능력에 관한 사실(fact)을 철저히 분석하여 제거할 수 있는 위험은 모두 피하는 것이 현명하다. 위험을 감수한다는 것은 정밀한 사실분석과 철저한 사업성 검토로도 확인할 수 없는 사항에 한하여 주사위를 던져 보는 것을 말한다. 사실분석 없이 새로운 일을 시도하는 것은 시력이 약한 사람이 소유하고 있는 안경마저 내버려두고 험한 길을 나서는 것과 같은 어리석은 짓이다. 무모함은 용기가 아니고 만용일 뿐이다.

② 실패사례에서 배움. 다음으로 같은 실수를 반복하지 않는 것이다. 우리 기업들은 같은 실수를 되풀이하여 왔다. 그것은 실패사례를 분석하는 복습의 과정이 없어 배우지 못하고, 외부는 물론 내부에도 비밀에 부치는 경우가 많아 경험이 확산되지 않기 때문이다. 그런 잘못을 저지르지 않기 위해서는 실패사례일수록 널리 알리는 것이 중요하다. 한 사람의 경험을 전직원으로 하여금 나누어 가지게 하는 것이다. 그런 목적으로 실패사례집을 주기적으로 만들어 내부 직원에게 배포하는 것도 효과적인 방법이 될 것이다.

③ 예행연습(豫行演習). 또 한 가지 방법은 익숙하지 않은 일은 소규

모로 시작하여 미리 연습해 보는 것이다. 그렇게 함으로써 환경요인을 확인할 수 있고 내부능력을 배양할 수 있다. 근거없는 낙관에 빠져 크게 일을 벌였다가 기업 전체를 곤경에 빠뜨리는 어리석음을 방지할 수 있다.

"사양산업"(斜陽産業)은 없다

우리 정부와 금융기관은 섬유 등 특정 산업을 사양산업으로 분류하여 지원을 꺼리고, 그러다 보니 기업인들도 덩달아 기피하는 경향이 있다. 그러나 그런 생각은 대체적으로 잘못이다.

섬유산업을 보면 사람이 생존하고 옷을 입는 이상 그것이 사양산업일 수는 없다. 수요가 있는데 시장이 없어질 수 없는 것이다. 문제는 어떤 섬유를 개발하고 어떤 옷을 만들며 어떤 공정을 통하여 생산하느냐에 달려 있다. 그래서 일본, 유럽, 미국에도 섬유와 의류산업은 나름대로 발달해 있다. 식당사업을 보더라도 혁신을 통한 새로운 가치창조의 여지가 얼마든지 있다. 실제로 여러 가지 새로운 형태의 식당이 계속 등장하여 번창하고 있기도 하다.

서양에는 "저급기술 산업이란 없고 저급기술 회사가 있을 뿐이다"라는 말이 해묵은 유행어(cliche)로 쓰이기도 한다. 실제로, 독일의 중소·중견기업을 대상으로 광범위하게 시행한 두 건의 연구조사는 "나쁜 산업이란 없다"는 동일한 결론을 내리고 있다. "어떤 산업에 종사하느냐"보다 "어떻게 기업을 경영하느냐"가 관건이라는 것이다(Simon ; Rommel *et al.*). 바꾸어 말하면 어떤 업종, 어떤 산업에서건 효과적 경영을 통하여 성공할 수 있으므로 특별히 사양산업이라고 낙인찍을 이유는 없다는 것이다.

다만 현실적으로 잘 쓰이지 않게 되는 물품이 있다. 트랜지스터 라디오, 증기기관, 성냥, LP 레코드판, 주판 등이 그런 보기라 할 것이다. 그런 경우에 대한 대비책이 바로 변신이다.

소비자의 취향이 바뀜에 따라 적시(適時)에 변신하기 위해서는 개별 기업이 업종을 '품목'(item)으로 지정하지 않고 '용도'(needs)로 지정하여야 할 것이다. "트랜지스터 라디오"보다는 '방송청취기구', "증기기관"이 아

니라 '동력장치', "성냥"을 넘어서 '점화장치' 등으로 사업의 분야를 지정해
두고, 같은 용도의 대체품을 끊임없이 개발해 나간다면 '용도'가 있는 한
사업은 영원할 수가 있을 것이다.

세상에 절대강자란 없다. 현재 경쟁력이 있는 기업도 어느 순간 곤경
에 처할지 모른다. 우리나라에서도 재벌의 순위가 수시로 바뀌고 수많은
기업이 명멸(明滅)해 왔다. 어느 기업이건 혁신과 변신이 필요한 것이다.

6. 고객(顧客) 위주의 경영

많은 한국 기업들이 고객 위주의(customer-oriented) 경영을 부르짖
어 왔지만 대체로 구두선에 지나지 않았다. 국내시장이 폐쇄되고 모든 경
쟁자가 공급자 위주로(supplier-oriented) 경영할 때는 그것이 심각한 문
제가 아니었다. 그러나 개방된 환경에서는 다르다. 세계적 기업들은 철저
히 소비자 위주로 무장되어 있으므로 공급자 위주의 한국 기업들의 입지
가 어떻게 될 것인가는 긴 설명을 필요로 하지 않는다.
고객 위주의 경영이란 상품의 개발 및 생산, 유통, 애프터서비스의 전
과정에서 고객의 입장을 절대시하고 고객의 편의를 최우선으로 고려하는
것이다. 그런 경영철학의 바탕에는 고객이 '가치창조'의 심판자이고 고객이
기업의 성패와 존폐를 결정한다는 관념이 깔려 있다. 그래서 GE의 웰치(J.
Welch)는 "직업의 안정성을 보장해 주는 것은 기업체가 아니고 고객이다"
라고 지적하기도 하였다(Tichy and Sherman).

고객을 리드(lead)함

상품개발 단계에서 소비자의 욕구에 부합하는지를 알아보기 위해서
흔히 사용하는 방법이 시장조사이다. 그런데 일류기업은 시장조사에 만족
하지 않고 한 걸음 더 나아간다. 그들은 "시장조사"란 기존상품과 유사한

것에 대한 소비자의 의견을 묻는 데에 지나지 않으므로 완전히 새로운 상품을 다룰 수는 없다고 믿는다. 그들은 고객이 미처 생각하지 못한 신상품을 만들어 냄으로써 고객을 "깜짝 놀라게 하려고" 꾸준히 노력하는 것이다.

소니(Sony)의 모리타(A. Morita)가 말한다 :

우리의 계획은 대중에게 어떤 상품을 원하는가를 묻지 않고, 새로운 상품으로 그들을 이끌어 나가는 것이다. 대중은 무엇이 [기술적으로] 가능한지를 모르지만 우리는 안다. 그래서 우리는 시장조사 기법에 크게 기대하지 않고, 특정 [신]상품과 그것의 용도에 관하여 깊게 생각한 다음 대중을 교육시키고 그들과 의견을 교환함으로써 그 상품에 대한 시장을 창조하는 것이다.

소니와 같은 기업이 없었다면 워크맨(Walkman), 휴대용 전화기, 개인용 컴퓨터(PC), 녹화장치(VCR), 팩스 등은 만들어지지 않았을 것이다.

고객에 대한 자세를 기준으로 하여 기업을 세 가지로 분류해 볼 수 있다. 첫째가 고객으로 하여금 내 방식을 따르게 하는 공급자 위주의 기업이다. 둘째는 고객이 원하는 것에 귀를 기울여 그들이 원하는 것을 만족시키려고 하는 기업이다. 셋째가 고객이 미처 생각해 내지 못했지만 필요로 하는 것을 찾아내는 기업이다. 진정한 일류기업은 세번째, 즉 고객만족 (customer satisfaction)을 넘어서 고객을 이끌어서 놀라게(to lead and amaze the customer) 하는 단계에 와 있는 것이다(이상 Hamel and Prahalad 에서 인용·재정리함).

"영원한 고객"을 만드는 서비스

고객의 편의와 가장 밀접한 관련이 있는 기업활동은 아무래도 고객서비스이다. 다양한 정보를 갖춘 현대의 소비자들은 상품자체의 품질이나 가격보다는 고객서비스, 즉 구매와 사용의 전과정에 걸친 편의성(convenience)을 더욱 중요하게 생각하는 경향이 있다. 고객서비스가 점점 중요해지는 것이다.

　세계적 기업들은 고객서비스의 향상을 위해서 노심초사하고 있다. 그들은 "한번 고객을 영원한 고객"으로 만들려고 여러 가지 노력을 한다. 상품의 기능이 개선되거나 신상품을 개발하면 여러 경로로 소비자에게 알린다. 많은 상품이 전화 한 통으로 집까지 배달되며, 그런 전화는 하루 중의 어느 시간대에나 가능하다. 마음에 들지 않는 상품은 "그 이유를 묻지 않고" 교환 혹은 환불해 준다. 사용중에 이상이 생기면 고쳐 주거나 고치는 방법을 가르쳐 주어 빠른 시간 안에 다시 쓸 수 있게 해 준다.

　빼어난 고객서비스를 가진 외국 기업의 사례는 너무 많아서 일일이 열거할 수 없을 정도이다. 별다른 산업기술도 없는 18세의 젊은이가 시작한 델 컴퓨터(Dell Computer)는 기발한 고객서비스를 기반으로 15년 만에 세계 시장에서 선두를 다투는 개인용 컴퓨터(PC) 제조업체가 되었다. 그 회사는 전화로 주문을 받아 고객이 원하는 규격(하드웨어 및 소프트웨어)과 수량에 맞추어 PC를 조립한 후 지정된 장소까지 배달하고 철저히 사후관리해 주는 것으로 대성공을 거두었다. 페드럴 익스프레스(Federal Express)는 고객이 직접 회사의 데이터베이스에 접속하여 송달중인 서류의 정확한 소재지를 알게 하는 제도를 도입하여 큰 인기를 끌고 있다.

반품(返品)은 불가피한 영업비용

　보도에 따르면 국내 백화점 고객 중에 부당한 이유로 반품을 요구하는 "얌체 손님이 많다"고 한다. 그런 반품이 총매출액의 "1%에 이르러 영업상 애로를 겪는다"고도 한다(중앙, 97. 6. 6). 그러나 그 정도라면 백화점의 불평은 큰 잘못이다.

　의심스런 고객이 설사 10%가 된다 하여도 선량한 90%의 고객을 먼저 생각하는 것이 영업의 기본이다. 모든 시스템을 선량한 고객이 편하도록 만들어 두어야 하는 것이다. 얌체 손님 때문에 발생하는 10%의 매출액 손실은 어쩔 수 없는 영업비용으로 생각하고 비용절감 방안을 별도로 강구하는 것이 원칙이다.

현대의 고객이 '가격보다 편의'를 우선한다면 소비자 위주의 경영은 자연히 고객을 늘어나게 한다. 고객이 늘어나면 대량생산이 가능해져서 원가가 줄어들게 마련이다. 고객만족 → 고객증가 → 규모의 경제에 따른 생산비 하락 → 가격하락 → 고객증가의 선순환(善循環)을 가져 올 수 있다. 보다 적극적인 고객만족의 경영방침이 필요한 것이다.

세계적 기업들은 제품의 개발에서부터 고객 서비스까지 고객 중심의 사고에 철저하다. 그들은 고객과의 대화를 통하여 요구사항을 알아내고 그것을 즉시에(real-time) 충족시키려고 노력하고 있다(McKenna). 한국기업도 선전문구가 아닌 행동으로써 고객 중심의 경영을 보여 주어야 할 것이다.

7. 새로운 리더십

우리 기업이 새롭게 태어나서 경쟁력을 갖추게 되려면 최고경영자를 포함한 경영층의 철학과 경영방식(leadership style)도 바뀌어야 한다. 무엇보다 먼저 부하직원을 믿고 권한을 위임해 주어 스스로 한 일에 대해서 책임을 지게 해야 한다. 우리가 시장경제를 선택하기로 한 이상 권위주의와 온정주의는 전방위 경쟁이라는 시대적 상황에 맞지 않는다.

기업경영은 분업(分業)

기업은 조직이므로 여러 사람이 나누어서 일을 해야 효과적이다. 따라서 최고경영자, 경영층, 중간관리자, 일반직원의 할 일이 따로 있다. 경영자가 모든 일을 제일 잘 한다 해도 그가 모든 일에 다 관여해서는 안 된다. 경영자가 할 일은 아랫사람을 걱정하기에 앞서 스스로 할 일을 확실히 수행해 내는 것이다. 리카도(D. Ricardo)의 "비교생산비 이론"을 적용할 필요가 있다.

사람은 신이 아니므로 아무리 능력이 뛰어난 경영자라도 아랫사람의 일에 자주 관여하다 보면 스스로의 일에 소홀할 수밖에 없다. 나무 하나 하나에 신경쓰다 보면 자칫 숲 전체의 모양이 이상하게 되는 것이다. 경영 자가 관심을 두어야 할 일은 부하직원이 저지를지도 모르는 1만원짜리 실 수를 막는 것이 아니고, 자신이 저지를 가능성이 있는 1억원짜리 실수를 막는 일이다. 그것이 바로 참된 역할분담인 것이다. 한창 일할 나이의 게 이츠(W. Gates)와 그로브(A. Grove)가 제2인자를 지정하여 일상업무를 위임하기로 한 것은 시사하는 바가 크다고 할 것이다.

사람의 눈(眼)에는 맹점(盲點)이 있어서 눈앞에 있음에도 보지 못하 는 것이 있다. 사람의 사고체계도 그러하여 매우 단순한 일을 잘못 생각하 는 일이 자주 있다. 경영자가 아무리 뛰어난 능력을 가지고 있다 해도 허 점(虛點)이 있다. 그가 독주하는 것은 위험하다. 일찍이 공자는 "누구에게 서든 배울 것이 있다"(三人行 必有我師)고 말한 바 있다. 부하직원의 의 견을 존중하면 틀림없이 새로운 사실을 발견할 수 있다. 역할분담에서 얻 을 수 있는 시너지인 것이다.

현대의 기업환경은 복잡하다. 경영자가 모든 일을 다 잘 알고 다 잘 하는 것은 현실적으로 불가능하다. 한편, 환경은 급변하여 재빠른 대응을 요구하기 때문에 현장에 있는 직원이 일일이 위에 보고하고 지시를 받게 되면 시기를 놓칠 가능성이 커진다. 부하직원의 힘을 빌리고 권한을 하부 에 위임하는 것이 더더욱 필수적이다.

부하직원을 믿어라

부하직원에게 일단 일을 맡긴 이상은 스스로 판단하여 처리하게 내버 려 두는 것이 바람직하다. 부하직원에게 "무엇을 하라"고만 말하고 "어떻게 하라"고는 말하지 않는 것이 좋다.

일반 기업체의 대다수 직원들이 매일 접하는 일은 대체로 복잡한 이 론을 필요로 하지 않는다. 건전한 상식만 있으면 스스로 판단하거나 누군 가에게 물어 보아서 당면한 일을 감당해 낼 수 있다. 더구나 직원들이 하는 일은 반복되는 것이 많다. 몇 번 시도해 보면 능숙하게 처리하게 된다. 경험이 쌓이고 지식과 기능이 늘어나면 점점 더 어렵고 복잡한 일도 해낼 수 있다. 전문가가 되어 가는 것이다.

다행히 우리 국민은 교육수준이 높아 상식은 그런 대로 갖추었다고 볼 수 있다. 신입사원이건 관리자이건 '현재 맡고 있는 일'을 수행할 준비가 웬만큼 되어 있다고 볼 수 있다. 경영자가 일일이 간섭할 필요가 없는 것이다.

실수의 용인(容認)

권한을 위임하면 물론 실수하는 직원도 생긴다. 그러나 한 번 실수에 크게 실망할 필요는 없다. 문제는 실수의 질이다. 처음의 의도, 준비상태, 진행과정이 훌륭했다면, 설사 결과가 나빠도 부하직원의 책임이라고 할 수 없다. 오히려 칭찬해 주어야 마땅하다.

많은 사람들이 성공보다는 실패를 통해서 더 큰 배움을 얻는다. 성공한 경험보다는 실패가 그 일을 추진한 사람의 마음에 더욱 깊이 새겨지기 때문이다. 게다가 '성공요인'을 알아내어서 추진하는 것보다 '실패요인'을 알아서 그것을 제거하는 것이 더 중요한 성공비결이 되는 경우가 많다. '작은 실패'가 '작은 성공'의 경험보다 더 큰 도움이 될 수 있다.

요컨대 부주의로 인한 실수 혹은 되풀이되는 실수가 아니면 다시 기회를 줄 필요가 있다고 할 것이다.

실패를 벌하지 않아야 직원들이 새로운 시도를 해 보게 된다. 새로운 시도가 장려되어야만 혁신(革新)과 변신(變身)이 가능하고 장기적 성장과 발전이 있다. 그렇기 때문에 세계적 기업에서는 실패에 대한 허용폭 (tolerance for failure)이 대체로 넓다.

같은 맥락으로 일류기업에서는 시킨 대로 고분고분하는 사람(confor-mist)보다 아이디어가 많은 괴짜(maverick)가 환영받는다. 다양한 아이디어의 제시와 새로운 시도를 적극적으로 권장하는 것이다. 그래서 게이츠(W. Gates)는 이의(異議, dissent)를 다는 직원을 아끼고, 그로브(A.

Grove)는 논쟁(debate)을 잘하는 직원을 특진시키고 있다.

권한위임이 동기부여의 지름길

직원들이 직장생활에서 만족을 느끼는 것은 여러 가지 의미에서 바람직하다. 직장만족을 느끼게 하는 방법은 다양하다. 금전적인 보수도 중요하지만 그것은 필요조건일 뿐 충분조건은 아니다. 현대의 직장인은 대체로 금전적 보상보다 자율적으로 업무를 수행하여 남의 인정을 받는 것, 혹은 자아를 실현하는 것(self-actualization)으로부터 더 큰 만족을 느낀다. 그렇다면 권한위임이 직원에게 직장만족과 동기(動機)를 제공해 주는 지름길이 된다.

직원은 키우는 대로 큰다. 시키는 일만 하다 보면 시킨 대로만 하게 되고, 자율적으로 일하다 보면 자주적이고 창의력 있는 사람이 된다. 위에서 "바보"라 생각하면 바보가 되고 "인물"이라 생각하면 인물이 되는 것이다. 문제를 해결할 수 있는 능력이 있다고 생각하면 어려운 일을 처리해 내고 그렇지 않으면 그런 능력을 기르지 못한다.

가장 확실한 배움은 자율적으로 일을 처리한 경험을 통해 얻는 것이다. 시행과정에서 여러 가지 아이디어를 짜내게 되며, 스스로의 책임인 만큼 실패요인이건 성공요인이건 머릿속 깊이 새기게 되는 것이다. 권한위임이 직원을 훈련시키는 효과적인 방법인 것이다.

"통제(統制)의 역설(逆說)"

구멍가게를 경영하면 주인이 모든 것을 다 알아야 하고 모든 일을 직접 처리하여야 한다. 그러나 웬만한 크기의 기업이면 그런 노력은 비효과와 비효율을 낳는다. 조금 큰 기업이면 그것이 물리적으로 불가능하게 된다. 억지로 통제하고자 하면 온갖 부작용이 따른다.

기업체의 사장이 접대비까지 따지자고 들면 큰일에 바칠 시간적 여유가 줄어든다. 접대비 지출이 다소 줄어들지 모르지만 프로젝트성 사업이 제대로 관리되지 않을 수도 있다. 그것은 올바른 "통제"가 아니다.

위에서 자잘한 일까지 통제하면 그것이 잘못되더라도 핑계를 댈 수 있다. 자연히 "도덕적 해이"가 생길 수 있다. 특히 최고경영자가 직접 결정한 일은 책임지는 사람이 없어 실패하는 경우가 심심치 않게 일어난다. 기업문화가 전근대적인 D항공은 항공기 사고가 빈발하여 사회적 물의를 빚어도 "오너 회장이 직접 나서야 되는 조직"인 것으로 알려진 바 있다(조선, 98. 10. 11). 그것 역시 제대로 된 "통제"가 아니다.

가장 확실한 통제는 권한위임이다. 권한은 곧 책임을 말하므로 권한위임은 책임의 소재를 분명하게 한다. 직원들이 책임의식과 주인의식을 가지고 일을 하게 되므로 사고(事故)가 방지되고 기업성과가 높아지는 것이다. 그것이 바로 어느 최고경영자나 원하는 진정한 의미의 통제이다.

무릇 "통제(control)란 추구할수록 이루기가 어렵고 포기할수록 쉬워지는 것이다."[6]

공정한 평가와 확실한 상벌

각급 조직에서 구성원에 대한 평가가 제대로 이루어지지 않고 있는 것이 우리 사회의 큰 문제점 중의 하나이다. 기업경영에서도 예외는 아니다. 많은 기업의 최고경영층은 신년사(新年辭)로 "신상필벌"(信賞必罰)을 강조해 왔다. 너무나 당연한 것이지만 그 말이 해마다 반복되는 것은 제대로 지켜지지 않는다는 사실을 거꾸로 증명해 주고 있다.

개별기업이 경쟁력을 확보하려면 직원에 대한 평가를 정해진 기준에 따라 공정하게 시행하여야 하고, 그 결과에 따라 확실하게 포상하고 징계하여야 한다. 그래야만 개개 직원의 자세와 능력이 회사가 원하는 방향으로 갖추어지게 된다. 말만이 아닌 '실행'(實行)으로서의 신상필벌이 필요한 것이다.

평가는 어느 경우에나 공정(公正)해야 함은 두말 할 필요가 없다. 아

---

6) 이 말은 대형 제조업체의 미국인 직원이 저자에게 한 말이다(1996년). 원문은 "The more control you seek, the less control you will have"이다.

울러 평가의 잣대는 언제나 합리적(合理的)이어야만 될 것이다.

8. 러더십의 출발은 언행일치(Integrity)

리더십을 한마디로 말하면 '행동'이다. 리더(leader) 혹은 지휘자는 말이 아닌 행동으로 구성원을 이끌어야 한다.

'경영의 질'이라는 측면에서 세계 제일인 미국의 GE는 바람직한 지휘자("A" leader)의 자질을 다음과 같이 정의하고 있다: "공정함과 절대적 언행일치(absolute integrity)를 바탕으로 어려운 결정을 과감하게 해 내는 식견과 용기." 현대의 경영환경에서 필요한 리더십이 어떤 것인지 명쾌하게 제시해 주고 있다.

한국 기업의 문화를 결정하는 데에 있어서 "총수"라 불리는 최고경영자의 역할은 거의 절대적이다. 회사가 어떤 가치를 추구하거나 변신하고자 하면 최고경영자가 모범을 보여야 한다. "직원들이 가족만 빼고 모두 바꾸기"를 원하면 스스로 그렇게 바뀌어야 한다. 해외지사를 현지화하고 권한을 위임해 주고자 하면 최고경영자 스스로 하부에 권한을 위임할 줄 알아야만 한다.

사회에 봉사하는 기업이 되고자 하면 최고경영자 스스로 떳떳하지 못한 방법으로 사적 이익을 추구하지 말아야 한다. 가치경영, 고객만족의 경영을 하고자 하면 최고경영자 스스로 가치를 창조하여야 하며, 단기적 회사의 이익보다는 고객의 편의를 먼저 생각할 줄 알아야 한다.

행동과 다른 말은 부하직원들이 마음으로 따르지 않는다. 시늉만 내다가 흐지부지되고 만다. 최고경영자가 반사회적·반기업적 행동을 하면 직원은 냉소주의에 빠진다. 빼어난 기업성과를 기대하기는 처음부터 틀려 버리게 된다.

<사례 11-9>가 언론에 보도된 다음날 S그룹은 사장단 회의를 열고 "경제 살리기 '내가 먼저' 캠페인"을 벌였다. 직원들이 내심 어떻게 생각했을지 다음의 글이 대변해 준다고 하겠다:

(사례 14-3) "총수님, S가족 대신 기어이 자동차를 택하시겠습니까?"

97년 말에 밀어닥친 IMF사태 이후 국내 다수 기업이 그렇듯이 우리 S전자 또한 지난 3월에 이어 대대적인 사업 구조조정과 인원감축을 추진하고 있습니다. 최근에 벌어지고 있는 상황은 이번에 회사를 떠나는 사람들뿐만 아니라 우리 모든 임직원이 일찍이 경험하지 못한 심리적 공황상태로까지 이어지고 있어, 마치 회사가 파산의 길로 치닫는 듯한 안타까움에 이 글을 띄우게 되었습니다.

저 자신을 포함한 S전자의 모든 직원에게 회사는 단순히 경제적 문제를 해결하는 방편이 아닌 삶의 전부였습니다. 회사는 결국 우리 자신이었으며 생명과도 같았습니다……

……2개월 여 전, 요구하지도 않았던 임직원 대토론회를 통해 9월 대량 감원설에 대해 사장께서는 단호히 부정하셨습니다. 아마도 9월이 아닌 8월이라는, 시기를 부정하셨던 것은 아닌지 모르겠습니다. 사장께서는 임직원을 기만하셨거나 2개월 후의 상황을 예측하지 못하는 최고경영자로서 자격미달이라는 책임을 면할 수 없습니다……

그러나 사장께서는 아무런 말씀이 없으십니다. 그리고 거의 대부분의 임직원은 2개월 여를 불안과 초조 속에 지내 왔습니다. 그리고 오너는 편법적인 방법으로 탈세하여 2세에게 막대한 재산을 증여했다고 매스컴의 질 좋은 안주(?)가 되어 종업원들을 망연자실케 하고 하셨습니다. 최소한의 인간미, 도덕성, 에티켓은 오히려 최고경영진들에 의해 이미 실종되었습니다……

……현재 경영진은 회사의 경영상태가 극도로 나빠지고 있어 대대적으로 사업 구조조정과 인력감원을 할 수밖에 없다고 말합니다. 그러나 대부분의 사람은 그렇게 믿지 않습니다. 오너의 숙원사업인 S자동차의 생존을 위한 최후수단인 K자동차 인수에 따른 반대급부로서 빅딜을 위한 사전준비 작업으로 인식하고 있습니다. 즉, 우리 회사와 종업원들은 오너의 욕망성취와 경영진의 이기주의의 희생물에 지나지 않는다는 시각이 지배적입니다. 실례로 지난 7월 31일자 어느 일간지에 자동차만 할 수 있다면 가전, 항공, [놀이공원] 등 전부를 내놓을 수 있다고 했습니다. 우리 모두는 오너가 원한다면 항시라도 회사를 떠나야만 하는 것이

⋮ 현실입니다. (참여사회, 1998. S전자 직원의 투고)

직원들은 최고경영자의 말이 아닌 행동으로부터 무엇이 중요하고 어떻게 행동할 것인가를 판단한다. 리더십의 출발은 언행일치(言行一致)인 것이다.

9. 새로운 인사관리제도

인사관리제도는 직원들의 행동에 가장 직접적인 영향을 미친다. 그 제도에 따라 직원들의 행동양식이 결정된다. 여기서는 한국식 인사관리제도의 여러 측면 중에서 종신고용, 인화(人和)의 강조, 연공서열에 의한 평가, 순환보직 등의 네 가지를 중심으로 따져 보기로 한다. 그것들은 모두 우리의 전통적 가치관에 뿌리를 두고 있는데 환경이 달라진 만큼 수정할 필요가 있다.

고용관계

일본과 한국의 고용관계는 크게 보아서 종신고용(lifetime employment)이다. 절대다수의 직업인이 평생동안 한 직장에서 근무한다고 말할 수는 없지만, 고용자나 피고용자나 "특별한 일이 없으면 종신토록 같이 간다"는 기본관념을 가지고 있다. 채용 당시에 그런 내용으로 쌍방간에 무언의 약속을 한다. 즉, 계약이나 제도가 아닌 도덕적인 종신고용인 셈이다. 그래서 피고용자에게는 무슨 일을 하느냐 보다는 어떤 조직에 몸을 담고 있느냐가 중요하다.

한국과는 달리 미국에서는 고용자나 피고용자나 아무런 도덕적 구속 없이 필요에 따라 해고하거나 직장을 바꾼다. 고용자는 능력과 경험으로 본 피고용자의 쓰임새를, 피고용자는 직장에서 얻을 수 있는 만족도와 기회를 주로 평가하는 것이다. 피고용자에겐 어느 조직이냐 보다는 어떤 일을 하느냐가 중요하다.

　종신고용은 직원들이 안정된 분위기에서 일할 수 있는 장점이 있다. 그러나 인건비가 고정되는 부담이 있고, 필요한 인재를 외부에서 데려올 수 없다는 어려움이 있으며, 직원들로 하여금 무사안일에 빠지게 할 우려가 있다. 미국식 임의고용(at-will employment)의 장단점은 종신고용과는 정반대가 될 것이다.

　바뀐 환경 속에서 우리 기업들은 어떤 것을 취해야 할 것인가? 전방위 경쟁시대에 무턱대고 모두 다 종신(終身)토록 같이 가자고 말할 수 없는 것은 분명하다. 필요에 따라 직원을 늘리거나 줄이는 신축성이 없으면 외국기업과 경쟁할 수 없다. 그렇다고 대다수 사람들이 "안정"을 직장선택의 첫째 기준으로 삼고 있는 우리의 현실을 완전히 무시할 수는 없다. 미국식의 임의고용은 인재유치나 사기진작에 문제가 있을 수 있는 것이다.

　양쪽을 절충하여 '가능한 한 안정감을 주되 불성실하거나 조직에 누(陋)를 끼친 사람은 가차없이 배제하는' 형태로 신축성을 발휘함이 바람직할 것이다. 다시 말해서 '그럴 만한 가치가 있는 사람'만을 철저히 구분하여 종신고용의 혜택을 주는 것이다.

사적인 인간관계의 장려

　많은 기업이 직원상호간에 밀접한 인간관계가 생기도록 공식·비공식적으로 장려하고 있다. 회사경비로 회식, 야유회, 체육대회, 단합대회를 가지게 하고 동호회를 결성하여 활동하게 하고 있다. 상사(上司)는 부하직원의 보호자 노릇을 하고 사생활에도 관심을 보인다. 인화를 이루어 마찰을 줄이고, 단위조직의 결속을 촉진하여 기업에 대한 소속감을 높이자는 것이다.

　인화(人和) 그 자체는 어느 조직에서나 바람직하다. 조직의 관리운영비가 적게 들기 때문이다. 그러나 상하나 동료간의 사적인 관계를 지나치게 강조하다 보면 공사(公私)가 불분명해지고 직원들이 능력배양보다는 인간관계의 형성에 더 많은 신경을 쓰게 된다는 약점이 있다. 능력과 자질

면에서 뛰어난 사람을 제쳐두고 사적으로 가까운 사람에게 중요한 일을 맡긴다면 생산성은 떨어질 것이며, 그런 일이 관행이 되다 보면 직원들은 힘있는 사람에게 아부하려고 노력하게 될 것이다.

경쟁사회에서는 조직간의 업무처리가 인간관계가 아닌 경제적 계산에 의해 이루어져야 한다. 그것은 개별 조직체 내부에서도 다를 바 없다. 사적 인간관계에 바탕을 둔 인화가 나쁠 것이 없지만 그것이 공적 업무를 좌우하는 것은 철저히 배제되어야 할 것이다.

아울러 사적 인간관계를 밀접하게 하는 제도와 공식행사는 지양하는 것이 좋을 것이다. 그런 일은 그 자체로 비용을 초래하지만 사적 관계를 필요 이상으로 강조할 우려가 있다. 어떤 조직이 마찰없이 기능하기에 필요한 정도의 인화는 '원칙이 잘 지켜지고 구성원이 상호 존중하는 분위기'에서 저절로 생성된다. 기업이 굳이 장려할 필요가 없는 것이다.

평가제도

직원을 평가하는 기준은 무엇보다 먼저 목적달성에 효과적이어야 한다. 대다수 기업들에게 시급히 필요한 것이 경쟁력의 향상이라고 할 때 평가하는 기준은 단연코 직원들의 생산성 향상에 초점이 맞추어져야 한다. 당장 열심히 일하여 생산량을 높이게 하려면 '성과'(成果)를 중요시해야 되고, 장래의 생산성을 높이려면 '능력'(能力)을 높이 사 주어야 한다.

평가결과에 따른 보상은 크게 급여인상과 승격으로 나눌 수 있다.

① 급여.   대다수 기업들은 호봉제를 실시하고 있는데, 급여가 호봉에 따라 결정되고 개개 직원의 호봉은 크게 보아 입사연도에 따라 정해진다. 그것은 직원의 성과나 자질과는 무관하므로 경쟁적 환경에는 적당하지 않다. 따라서 연봉제의 도입이 불가피하다.

그런 이유로 다수의 한국기업이 '성과에 따른 업적급(業績給)' 성격의 연봉제를 도입하겠다는 계획을 세운 것으로 알려졌다. 그러나 성과 내지 업적을 개인별로 측정할 수 있는 합리적 장치가 마련되어 있지 않아 큰 진척이 없다. 따라서 개별기업이 시급히 해결해야 할 일은 성과측정 장치 (measurement system)를 마련하는 것이다.

우리의 현실에서 순수 연봉제를 당장 시행하기에는 다소의 사회문화적 제약이 있다. 교육비, 주거비가 직원의 연령에 따라 크게 달라지는데 이런 비용들이 대체로 직원 개개인의 급여 내지 저축금에서 지급된다. 따라서 본봉은 연봉제로 하되 입사연도에 따라 결정되는 수당을 부분적으로 보완하는 신축성을 발휘할 필요가 있다고 할 것이다. (연봉제를 채택하면 실적에 따라 일년간의 급여총액이 결정될 뿐 실제로는 매월 분할지급된다.)

연봉제를 시행함에 있어서 하나 유의할 것은 실적에 따른 연봉의 차이가 어느 수준 이상이 되어야 동기유발 효과가 있다는 점이다. 그 차이는 적어도 총연봉의 10%는 되어야 한다는 것이 일반적인 의견이다(*cf.* Kerr).

② 승격.   더 높은 직급으로 올라가는 것은 책임의 범위가 커짐을 의미한다. 당연히 맡을 일을 감당할 수 있는 자질, 즉 능력과 근무자세가 그 기준이 되어야 할 것이다. 여기에는 연공서열, 즉 입사연도에 대한 고려는 가능한 한 배제하여야 한다.

외국의 예에서 보면 40대 초반에 최고경영자로 선임되는 사례가 많고 몇 단계 뛰어넘는 발탁은 화젯거리가 되지도 않을 정도로 흔하다. "20세기 최고의 경영자"라는 GE의 웰치(J. Welch)는 45세에 최고경영자(CEO)가 되었는데, 당시 후보군 중에서 서열상으로는 말석에 가까웠다. 씨티은행의 리드(J. Reed)는 40대 초반에 최고경영자가 되어 세계 최고의 은행 위치를 확고히 하였다.

여기서 한 가지 유의할 것은 직책과 급여가 반드시 비례하여야 하는 것은 아니라는 점이다. 능력있는 사람은 성취욕이 크기 때문에 금전적 보수보다는 능력을 발휘할 수 있는 기회, 즉 더 큰 책임, 중요한 직책을 더욱 중요시하는 경향이 있다.

평가제도와 고용관계를 종합하면, ① 열심히 노력하는 사람에게는 종신고용을, ② 성과가 뛰어나거나 연공이 쌓인 사람에게는 금전적 보상을, ③ 자질이 우수한 사람에게는 높은 직책을 주는 것이 바람직하다는 것이다. 그런 제도를 갖추면, 직원의 배치를 신축적·효과적으로 할 수 있고, 환경의 변화에 따라 새롭게 필요해진 인적자원을 외부에서 유치하기가 쉽다.

배치전환(配置轉換)

개별 기업이 치열한 경쟁을 이겨내기 위해서는 개개 직원이 맡은 일을 확실히 수행해 내어야 한다. 직원 각자가 자기 분야의 전문가가 되기 위해서는 특정 분야에서 장기간 근무할 필요가 있다.

한편, 복잡하고 유동적인 환경에서는 개개 직원이 다양한 문제를 해결해 낼 수 있는 능력이 있어야 한다. 직원들이 복합기능을 갖추려면 순환보직이 필요하다.

두 가지 중에서 우리 기업들은 거의 대부분 순환보직제도를 채택하고 있다. 문제는 대다수의 기업들이 아무런 계획도 없이 갈라먹기 식으로 직원을 이동시키고 있다는 점이다. 그런 방법은 직원의 기능향상에는 크게 도움이 되지 않는 대신 책임의식 저하, 전략의 단기화 및 연속성 결여 등 많은 문제를 낳는다. 지양해야 할 일이다.

경쟁사회에서 필요한 직원을 '복합기능을 갖춘 특정 분야의 전문가'라고 정의한다면, 그런 사람을 키우기 위해서는 개개 직원을 위한 이력계획(career plan)을 세우는 것이 바람직하다. 현장경험을 통한 배움이 제대로 이루어지도록 장기적 배치전환 계획을 세워 두는 것이 좋다. 특정 직원을 어느 분야의 전문가로 키울 것인가, 복합기능을 갖추게 하기 위하여 어떤 연관분야에 근무시킬 것인가를 결정해 두어야 할 것이다.

저자의 경험에 따르면, 10년의 이력기간을 두고 생각할 때 7년은 전문분야에 3년은 연관분야에 근무하게 하는 것이 좋을 듯하다.

외국인의 고용

해외사업을 효과적으로 경영하기 위해서는 현지인을 책임자로 고용하는 것이 필수불가결하다. 그들을 배제하는 것은 현지에서 성공하기를 포기하는 것과 다름없다.

나아가 국내 조직의 임직원으로 외국인을 고용하지 못할 이유가 없다. 외국기업과 경쟁하겠다면서 외국인을 중요한 자리에 고용하지 않는 것은 마치 적(敵) 알기를 포기하고 효과적인 무기를 사용하지 않으면서 전쟁에 나서자는 것과 같다.

우리나라에 소재한 외국계 기업에서 생생하게 확인할 수 있지만 세계적 기업은 현지인을 많이 고용한다. 그들은 외국인에게 본사의 핵심직책을 맡기는 것도 주저하지 않는다. 그런 일이 경쟁력 확보에 도움이 되기 때문이다. 중국계 기업들이 외국인을 본사 간부로 채용하는 점도 눈여겨보아야 할 것이다.

외국인을 고용하는 것으로 충분하지 않다. 그들을 믿고 그들에게 권한을 주어야 한다. 그렇지 않으면 그들의 능력은 사장(死藏)되고 그들의 충성심은 기대할 수 없게 된다.

우리 기업이 서양 사람들의 충성심을 의심하지만 그것은 대체로 근거가 약하다. 서양인이 동양인에 대해 편견(偏見)을 가지고 있지 않다고 말하기는 어렵다. 그러나 저자가 직·간접 경험을 통하여 얻은 결론은 서양인들은 대체로 공사(公私)의 구분이 분명하여 직장인으로서의 책임과 임무의 완수에 소홀하지 않다. 그들은 직업윤리에 철저하기 때문에 소속 직장의 이익을 보호할 줄도 안다. "본사의 눈을 의식하여 일이 없어도 저녁 늦게까지 사무실에 남아 있어야 하는" 한국식 기업문화를 고집하지 않는다면 대다수의 서양인들은 한국계 회사에 충성할 준비가 되어 있다.

한국과 일본을 제외한 여러 나라의 기업들이 국적에 구애되지 않고 직원을 채용하여 효과적으로 활용하고 있는 사례가 많다. 유럽에 기반을 둔 유니레버(Unilever) 사는 1930년대부터 현지인을 양성하여 본사파견 직원을 대체하여 왔고, 현재는 간부 중 95%가 현지인이다. 회사와 직원의 국적 개념이 희미해진 것이다(Bartlett and Ghoshal, 1989). 그런 사례들은 국적과 충성심의 상관관계가 약하다는 증거가 된다고 할 것이다.

일반적으로 조직에 대한 충성심은 양방통행(兩方通行)이다. 한국기업이 서양인 직원을 신뢰하지 않으면 그가 회사에 충성할 리 만무하다. 어차피 서양인을 써야 하고, 또 그렇게 하기로 했으면 한국인과 차별할 이유가 없다. 그들로 하여금 회사에 충성하게 만들려면 회사가 먼저 그들을 믿고 권한을 주어야 한다. 물론 그들의 충성이 보장된 것은 아니지만 가능성은 상당히 크다. 어느 정도 가능성이 있는 일이라면 "믿지 않아서 확실하게 배반하도록 만드는 것"보다 낫지 않겠는가?

10. 요약 및 결론

한국경제의 대종(大宗)을 이루는 재벌기업들이 1990년대 말 현재 처한 입장을 살펴보면 업종전문화는 경쟁력 제고의 차원을 넘어선 생존의 문제이다.

재벌그룹이 종사하고 있는 업종구조에 비추면 경쟁상대는 미국, 일본 등 선진국의 대기업이다. 실제로 다수의 재벌이 국제적 대기업을 경쟁상대로 지목하기도 했다. 경쟁상대 기업들과 비교하면 우리 기업들은 모든 면에서 열위에 있다. 산업기술력, 경영능력, 인적자원, 자금력 등등 비교가 되지 않을 정도이다. 우리의 임금이 다소 싸다고 가정하더라도 노동 생산성을 감안하면 직접 인건비마저 우열(優劣)이 확실하지 않다.

문제를 더욱 어렵게 하는 것은 업종별로 따져서 경쟁기업들의 규모가 우리 기업들보다 훨씬 크다는 점과 대다수 재벌들이 업종의 성격상 '규모의 경제'가 매우 중요한 주력기업들을 가지고 있다는 점이다.

그렇게 불리한 경쟁여건에서 재벌들은 기업경영에서 가장 희소한 자원인 최고경영자의 관심마저 분산시키고 있다. 그런 상태라면 승패는 처음부터 판가름난 것이나 다름없다.

예를 들어 GM과 한국의 자동차 회사를 비교하면 위에 지적한 한국

기업의 경쟁열위가 금방 드러난다. 최고경영자(CEO)만 비교해 보아도 GM의 경우는 자동차 업계에서 뼈가 굵은 사람이고 자동차 경영에만 전념하고 있어서 우리와는 현격하게 다르다. 제반 상황이 모두 불리함을 감안하면, 한국의 자동차 업계가 고전하고 있음은 어쩌면 당연한 일인지도 모른다. 1997년에 K자동차가 부도처리되고 S자동차는 흡수되었다. 냉정하게 평가하면 남아 있는 H, D, S자동차라 해서 형편이 크게 나을 것도 없다. 부도처리된 회사와 차이가 있다면 '차입능력'뿐인 듯하다.

종합상사에 대해서는 1980년대부터 역할재정립 논의가 활발하게 전개되었지만 신통한 해답을 찾지 못하였고 여건은 점점 어려워지고 있다. 미련을 버리고 해체하여 양질의 자원을 각 재벌그룹의 전문기업에 분산할 때인 것으로 보인다.

우리 기업들의 공통적 약점 중의 하나인 '외형에 대한 환상'을 버릴 때도 되었다. 수익성이 따르지 않는 규모확대는 아무런 의미가 없다. 경쟁이 치열하고 환경의 변화가 심한 현대에는 혁신(innovation)과 변신(change)이 기업성공의 필수요소인데, 그러한 능력을 확보하기 위해서는 덩치가 작은 것이 오히려 유리할 때가 많다.

기업의 주인은 전체 주주이다. 그래서 기업의 존재이유(*raison d'etre*)는 주주이다. 그것은 기업이 이윤 혹은 수익성의 극대화를 위해 경영되어야 한다는 말과 같다. 그래서 수익성(profitability)을 가장 일반적인 기업경쟁력 및 기업성과의 척도로 삼는 것이다. 그렇게 보면 '주주의 권익'을 우선하는 경영이 성공의 지름길이다. 구체적으로 말하면 최고경영자의 입장에서는 이사회 등 각종 기업감리장치(corporate governance)를 적극적으로 활용하는 것이 훌륭한 성과를 올리는 비결이 될 수 있는 것이다.

주주를 위한 경영이 목적이라면 고객 위주의 경영은 수단이다. 기업의 수입(revenue)과 수익(profit)은 모두 고객이 가져다 준다. 고객을 편하게 해 주고 고객에게 더 많은 가치를 창조해 주는 것이 바로 수입, 수익, 성공으로 연결되는 것이다. 나아가 세계화 시대에는 고객 위주의 경영이 생존을 위한 필요조건이 될지도 모른다. 세계적 기업들은 이미 고객 위주의 경영을 체질화하였기 때문이다. 현대의 수준 높은 고객은 고객서비스를 최우선적인 상품선택의 기준으로 삼는 것이 보통이다. 그만큼 고객 위주의 경영이 중요한 것이다.

우리의 최고경영자들은 지금까지 말과 행동이 일치하지 않는 경우가 많았다. 직원들의 희생을 강요하면서 사적인 이익을 추구하는 극단적인 일까지 다수의 기업에서 되풀이되어 왔다. 자신은 변하지 않으면서 직원들의 정신개혁을 요구하는 경우도 적지 않았다. 그런 일들은 리더십의 기본에 어긋나는 것이므로 효과가 있을 리 없다. 리더십(leadership)은 언행일치(integrity)이다.

1990년대 말 현재 우리는 사회경제적으로 혼란에 빠져 있다. 혼란기에는 어느 조직에서건 강력한 리더십이 필요하다. 어려움에 처한 기업일수록 언행일치에서 출발하는 최고경영자의 리더십이 확립되어야 할 것이다. 아울러 전통적 인사관리제도도 시대의 요구에 맞춰 대폭 수정할 필요가 있다고 하겠다.

제15장 작고 효율적인 정부
- 감독이 아닌 심판 -

한 나라를 운영하는 일선 책임은 정부에 있다. 따라서 국가경쟁력을 회복하는 지름길은 정부기능의 효과성과 효율성을 확보하는 것이다. 다시 말하여 정부경쟁력을 강화하는 것이다.

우리 사회에는 오래 전부터 정부경쟁력 향상에 대한 논의가 있었다. 그런 과정에서 다양한 처방이 제시되어 왔고 정권이 바뀔 때마다 정부의 개혁을 표명하기도 했다. 그러나 늘 말에 그쳤을 뿐 시행에 옮겨지거나 사회제도로 정착되는 것은 드물었다. 경쟁력 향상을 위해서 정부가 '해야 할 일'을 모르는 것이 아니라 '시행할 뜻'이 없는 것으로 보인다.

정부경쟁력 향상을 위해서는 무엇보다 먼저 정치인과 관료집단의 자세변화가 요구된다고 할 것이다.

1. 정부개혁은 관료집단을 위한 일

어느 나라에서건 '정부'는 주권(sovereignty)이라는 이름의 보호막이 있기 때문에 다른 정부와의 직접적 경쟁은 크게 걱정하지 않아도 된다. 정부가 아무리 잘못하여도 제3자에게 평가받아 퇴출(退出)될 염려가 없기 때문이다. 나라 안에서도 '정부'에 대한 평가와 그에 따른 상벌은 매우 느슨하다. 정치인 등 일부는 '선거'라는 평가장치가 있지만 절대다수의 정부 구성원은 신분이 보장되어 있어서 잘하건 못하건 개인적 이해(利害)에 큰 영향이 없다.

경쟁이 없으면 당장의 성과가 나쁘고 자기개발에 대한 의지도 약하게 되는 것은 어느 경우에나 예상되는 일이다.

그런 이유로 정부는 곧잘 국가 전체의 이익과 동떨어진 행동양식을 보인다. 한국의 정부도 예외가 아니다. 정치, 사회, 경제의 각 부문에 걸쳐 "개혁"이 절실함에도 크게 달라지는 것은 없다. 보기에 따라 개혁은 오히려 뒷걸음치고 있다.

국가의 경제적 경쟁력을 향상하기 위하여 지금 우리가 필요로 하는 것은 무엇보다 먼저 '합리적인 사회경제 질서'의 확립과 '정부기능의 축소'이다. 그것을 시행하기 위해서는 '장래를 위한 현재의 희생'과 '관료집단의 기득권의 포기'가 필요하다. 우리 사회를 두고 보면 앞의 것은 정치인이 거부하고 뒤의 것은 관료집단이 기피하고 있는 듯하다.

그러나 조금만 깊이 생각하면 국가경쟁력 회복이 정치인과 관료집단에게도 이익이 된다는 것을 알 수 있다. 개혁이 그들 자신을 위하는 길이 될 수 있는 것이다.

십 년만 참으면 더 나아질 경제적 부

정치인과 관료도 국민이다. 국가경제가 건실하고 활발하면 그 혜택은 그들에게 먼저 돌아간다.

국가경제를 장기적으로 내다본다면 현재를 희생하는 사회경제 개혁이 불가피함을 모두가 잘 알고 있다. 병든 부위(部位)를 근원적으로 수술하는 것은 당장 고통을 주지만 신체가 건강을 회복하는 지름길이다. 부실건물을 헐고 기초를 다시 다지는 것은 가건물에서 생활해야 한다는 초라함과 불편함을 강요하지만 안심하고 고층건물을 지을 수 있는 필요조치 사항이다.

현재의 희생을 감수할 것인가는 고통의 정도, 시간의 길이, 장래의 혜택 등을 종합적으로 판단하여 결정하는 것이 보통이다. 1990년대 말의 시점에서 한국이 필요로 하는 개혁을 수행하는 과정에서 정치인이나 관료집단이 겪어야 할 고통이 만만치 않은 것이 사실이다. 그러나 다행히도 고통의 시간이 그렇게 길지는 않을 것이다. 줄잡아 십 년이면 우리나라는 다시 성장의 가도(街道)를 질주할 수 있을 것이다(<그림 12-1> 참조).

그렇다면 문제는 '십 년을 참아내는 인내심'이다. 그것만 있으면 훨씬 나은 경제적 부(富)를 약속받을 수 있다. '십 년'은 스스로의 경제적 번영을 위하여 정치인과 공무원이 견뎌낼 만한 시간의 길이가 아니겠는가? 더구나 그것이 우리가 그토록 안쓰러워 하는 후손들에게 크나큰 혜택을 가져다 주는 것임에랴!

선진국 지도층으로서 받을 수 있는 존경

우리는 국제적으로 존경을 받고 싶어서 올림픽도 개최하고 OECD에도 가입하였다. 그럼에도 불구하고 1997년을 전후하여 우리의 참실력이 해외에 널리 알려져 민망한 꼴을 당하고 말았다. 경제적 능력이 없을 뿐만 아니라 사회경제 질서도 엉망이어서 세계인들을 크게 실망시켰던 것이다. OECD 가입이 오히려 부끄러울 지경이 되었다.

그런 형편에서 국가위신과 한국인의 체면을 회복하는 지름길은 외형이 아닌 내실을 다지는 일과 현대사회에 맞는 사회경제 질서를 확립하는 일이다. 그것을 위해 필요한 것은 물론 개혁이다.

한 나라가 경제적으로 부강하고 사회적으로 안정되어 있으면 어느 계층보다 먼저 정치인과 관료가 외국인으로부터 존경을 받는다. 결국 "개혁"이 정치인과 관료집단의 직접적 이익으로 돌아오는 것이다.

공권력의 존엄성 확보를 위한 지름길

국회 청문회에 증인으로 나선 한 시민의 태도가 불손하다 하여 정치
계가 흥분한 적이 있다. 왜 그런 일이 일어났을까? 도박판을 단속하던 경찰
관이 도박꾼에게 매맞아 중상을 입고, 술 취한 시민이 파출소에서 난동을
부리는 일이 심심치 않게 일어난다. 왜 그럴까? 예전에는 정치인과 공무원
이 선망받는 직업이었으나 지금은 사정이 완전히 바뀌었다. 왜 그럴까?
답은 간단하다. 국민의 세금으로 생계를 유지하는 다수의 정치인과
공무원들이 국민 위에 군림하고 국민을 귀찮게 하기 때문이다. 사회기강을
확립할 주체인 그들이 사회질서를 앞장서서 문란시키기 때문이다. 정부의
위신을 스스로 해친 것이다.
공권력의 존엄성을 위해 정부가 해야 할 일은 정부기구를 축소하고,
규제를 완화하며, 사회경제 질서를 확립하는 일이다.

결국 국가경쟁력 향상을 위한 제반 조치들은 다름 아닌 정치인과 관
료집단의 이익을 증대시키는 지름길이다.

2. 고객 위주의 국정운영

국정운영 개선의 출발점은 국민의 입장에서 법규를 제정하고 운영하
는 것이다. 그것은 소비자 위주의 경영이 기업성공의 비결이 되는 것과 똑
같다.
정부의 존재이유(*raison d'etre*)는 국민에 있다. 국민의 권익과 편의를
위하여 정부가 있고, 그 대가로 국민은 세금을 납부한다. 따라서 한 나라
의 행정서비스는 철두철미 소비자인 국민을 중심으로 이루어져야 한다.
"고객 위주 행정"의 '당위성'(當爲性)이 있는 것이다.
국민을 편하게 하는 법규와 제도는 기업과 개인의 준법비용(시간, 노
력, 금전)을 줄여 준다. 절감된 비용이 생산적인 일에 사용될 수 있는 만

큼 국가경쟁력이 향상된다. 국민의 편익이 우선되는 쾌적한 생활이 보장되
면 국민의 생산성이 높아질 것으로 기대해 볼 수도 있다. 국가경쟁력 향상
을 위하여 "고객 위주 행정"을 실시할 '필요성'(必要性)이 있는 것이다.
　　그러한 당위성 및 필요성과는 정반대로 우리 정부는 공급자 위주로
국정을 운영해 왔다. 탁상행정, 행정편의주의 등으로 표현되는 행정관행은
모두 공급자, 즉 관료의 입장에서 국정을 운영하는 것이다.

공급자 위주 행정의 사례

　　시급히 고쳐져야 할 정부 혹은 관료 중심의 국정운영은 너무 흔하여
일일이 예를 들 수 없을 정도이다. 아래에 몇 가지만 지적한다 :

　　① 탁상행정(卓上行政).　법규의 제정과 집행과정에서 현실을 무시하거
나 부작용을 고려하지 않는 경우이다. 우리 국민은 일상생활에서 그런 일
을 매일 접하고 있다.
　　교통행정을 예로 들면, 우선 교량이나 자동차 전용도로의 연결도로가
잘못 설계되어 있어서 제 기능을 발휘하지 못하고 있다. 도심지의 차선은
그야말로 제멋대로 그어져 있다. 왼쪽 차로(車路)는 느닷없이 좌회전 전용
이 되고, 오른쪽 차로는 예고없이 우회전 전용이 된다. 차선위반 없이 웬
만한 거리(예를 들어 5km)에 있는 목적지에 도착한다는 것은 사실상 불
가능하다.
　　신호체계도 불합리하기는 마찬가지이다. 녹색신호가 황색신호로 바뀌
는 순간에 교차로에 들어서면 영락없이 신호위반이 된다. 도심지 도로의
교차로가 넓고 건널목이 필요 이상으로 멀리 떨어져 있어 건널목에 닿기
전에 적색신호가 되기 때문이다. 녹색신호 전의 예비신호도 탁상에서 생각
한 아이디어이다.
　　도로구조, 차선, 신호체계가 모두 현실과 동떨어지게 마련되어 있어서
교통혼잡을 부채질하고 사고의 위험을 높이는 것이다.

② 행정편의주의.　법규의 제정과 운영에 있어서 집행부서의 편의를 앞세우는 경우가 많다. 정부는 편리할지 모르지만 국민은 재산상의 손실과 불편함을 겪어야 한다.

정부 각 부처는 경쟁적으로 산하단체를 만들어 왔는데 국회의 감시를 피하여 손쉽게 기구를 확장하고 예산을 확보하자는 의도인 것으로 보인다. 징수하기가 편한 까닭에 각종 목적세가 남발되고, 급기야 세수(稅收)의 20%에 이르러 조세행정의 효과성을 떨어뜨리고 있다.

기업이나 개인이 민원과 관련하여 부담하는 수수료나 부담금은 종류가 매우 많다. 국민을 더욱 괴롭히는 것은 단일 민원과 관련된 수수료나 부담금의 징수창구가 소관부처별로 다르다는 점이다. 공항에서의 출국절차를 보면 수수료는 두 번 내고(출국세와 공항이용료), 그 영수증을 따로따로 확인받아야 하며, 여권은 세 번 확인 받아야 한다(탑승수속, 관세청 직원, 법무부 직원).[1]

정부의 각 부처와 기구는 개별 단위의 입장에서 보면 독립적이지만 시민의 입장에서 보면 같은 정부일 뿐이다. 개별 조직간의 업무협조와 조정은 당연히 정부의 일이다. 시민으로서의 임무수행이나 민원업무 처리는 한 장소에서 이루어지는 "원스톱 서비스"가 바람직하다.

③ 보신주의(保身主義).　민원업무를 담당하는 공무원들이 신상의 안전만 생각하는 소위 "보신주의"도 공급자 위주 행정의 한 단면이다. 국민의 불편은 아랑곳하지 않고 나중에 잡음이 생기는 것을 확실하게 방지하자는 것이다.

④ 무시되는 시민권익.　정부가 국민을 위한다는 생각이 약하면 시민의 권익이 무시되는 사례가 빈발할 수밖에 없다. 무관심 때문에 손쉽게 해 줄 수 있는 일을 등한히하는 불친절도 흔하고, 정부의 행위가 적극적으로 시민들에게 피해를 주는 경우도 많다.

---

1) 1998년 11월에 두 가지 수수료를 한꺼번에 내도록 부분적으로 개선되었다.

처음 가보는 길을 도로표지판만 보고 찾아가는 것은 사실상 불가능하다. 공사(工事) 때문에 도로가 막혀 있어도 안내판을 세우지 않아 운전자들이 되돌아나와야 하는 경우도 수없이 겪는다. 건설교통부, 경찰청, 교통개발연구원, 교통안전기금, 도로교통안전협회, 각급 지방자치단체 등등이 있지만 누구도 수많은 시민이 매일 당하고 있는 고통을 풀어줄 '작은 친절함'이 없는 것이다.

우리 국민은 자주 정부의 행위로 말미암아 피해를 입는다. 한 예가 때와 장소를 가리지 않는 검문과 교통단속이다. 실적을 높일 목적으로 교통소통의 병목을 이용하는 검문과 음주운전 단속은 심한 교통혼잡을 초래한다. 그에 따른 시간 및 연료의 낭비와 짜증 그리고 탈법용의자 취급을 받는 데서 오는 불쾌감 때문에 국민들이 감내하여야 하는 고통은 엄청나다. 자기목적에만 관심을 두고 시민의 권익은 무시하는 것이다.

탁상에서 만들어지는 법규는 현실성이 없거나 효과보다는 비용이 클 수가 있다. 일단 제정한 법규를 현실성이 없어서 바꾸어야 한다면 혼란을 초래하고 준법의지를 저상(沮喪)시킨다. 국민의 불편을 초래하는 조치들은 시간과 비용이라는 부담을 초래하고 국민의 불평과 불만을 유발한다.

고객 위주 행정은 '자세'의 문제

정치인과 관료가 국민의 편익을 우선하겠다는 생각이 있으면 국정운영은 아주 달라진다. 그와 같은 정책기조나 행정관행의 변경이 어렵거나 힘든 것이 아니다. 단순히 생각을 바꿈으로써 큰 변화를 일으킬 수 있다.

국민을 잠재적 탈법자로 보지 않는다면 복잡한 규제를 만들어 선량한 다수로 하여금 시간과 노력을 소비하게 하는 방법보다는 위규자를 엄벌하는 방법으로 보다 더 나은 효과를 거둘 수 있다. 탁상에서 그림을 그리지 말고 이용자의 입장에서 자동차 전용도로의 진·출입로를 만든다면 추가비용을 들이지 않고도 절름발이 도로가 되는 것을 막을 수 있다. "탈영병을 잡으려면" 다리를 막을 것이 아니고 취약지구에 대한 순찰을 강화하는 것이 더 효과적이다.

아주 단순한 구체적 예를 하나 들면 아래와 같다:

(사례 15-1) 톨게이트의 영수증

1998년 중반까지 경인고속도로의 톨게이트를 지나자면 원하지 않는 운전자에게도 강제로 통행료 영수증을 발급해 주었다. 필요하지 않는 사람들이 받자마자 버리다 보니 톨게이트 주변은 늘 지저분하였다. 그것이 문제가 되었는지 진입구 근처에는 "영수증을 버리지 마시오"라는 듣기에 썩 유쾌하지 않은 말을 써 붙여 놓았다.

영수증을 '강제로 발급'하는 이유를 짐작하기는 어렵지 않다. 근무자의 부정행위를 막자는 것이다. 그런데 그 방법에는 적어도 두 가지의 문제가 있다.

첫째, 정부조직의 구성원, 즉 톨게이트 근무자를 감독해야 할 책임은 정부에 있음에도 시민에게 떠넘긴다는 점이다. 필요없는 영수증을 받은 시민은 그것을 간수했다가 폐기해야 하는 번거로움을 겪어야 하는데, 그것을 강제당할 이유는 없다.

둘째, 시민의 불편을 조금이라도 덜어주고자 하는 마음이 있으면 간단하면서도 효과적인 방법을 손쉽게 찾아낼 수 있다. 간부직원이 시범적으로 근무하게 하는 등의 방법으로 요일별·시간대별로 차량통행량을 파악해 두면 근무자가 함부로 공금(公金)에 손대지 못할 것이다. 더 손쉬운 방법은 도로면에 감지계(sensor)를 설치하는 것으로 차량통행량을 정확히 확인할 수 있다.

위의 예에서 보듯 공급자 위주의 행정은 예산이나 기술상의 문제라기보다는 공무원의 의식이나 자세의 탓이라고 해야 할 것이다. 그만큼 손쉽게 고쳐질 수 있는 일이다.

세계적 기업들은 고객 위주의 경영에 철저하다. 경쟁력 향상에 관심이 있는 국가들은 같은 개념을 국정운영에 도입하여 불필요한 간섭을 줄이고 절차를 개선하고 있다. 미국의 차량등록국(DMV)의 경우는 행정서비

스가 어느 정도 개선될 수 있는지를 잘 보여 준다 :

(사례 15-2) 미국 차량등록국(DMV)

미 차량등록국은 교통법규의 준수를 위한 대중의 협조를 최대화하기 위한 한 방편으로 교통위반자들이 무거운 벌금과 보험할증료를 무는 것에 대신하여 받도록 되어 있는 안전교육을 깜짝 놀랄 정도로 다양하게 시행하고 있다.

과속(過速)으로 한 번 혹은 여러 번 적발된 운전자에게 몇몇 주(州)가 제공하고 있는 선택을 보면 다음과 같다. 교육은 주 7일(토요일과 일요일 포함) 중의 낮 7시간이나, 주중(weekdays)의 저녁 3.5시간씩 2일간 연속하여 받으면 된다. 캘리포니아 주의 경우 속도 위반자는 각지에 산재한 3,000개의 교실에서 (공무원이 아닌) 독립된 공인교육자가 시행하는 교육에 참가할 수 있다. 교과는 코미디언이 기상천외의 재치로 포장을 하여 진행되기도 하고, 피자(pizza) 집에서 저녁 식사를 하면서 진행되기도 한다. [그밖에도 다양한 계층의 사람들을 위한 매우 다양한 프로그램이 있다.]

물론, 멀지 않은 장래에 교통 위반자들은 인터넷을 통하여 온라인 교육을 받을 수도 있을 것으로 기대된다. 그런데 차량등록국은 훨씬 옛날인 1986년에 소비자[교통 위반자를 말함]의 태도가 달라질 것임을 희미하게나마 감지하였고, 그래서 보수교육(補修敎育) 시행을 외부계약자에게 위탁하였던 것이다. 상호 경쟁해야만 하는 외부계약자는 온갖 방안을 강구하여 [소비자의 기호에] 맞출 수밖에 없는 것이다. (McKenna)

3. "작은 정부가 좋은 정부"

국가경제와 관련하여 정부의 크기는 두 가지 측면에서 따져 볼 수 있다. 첫째가 예산규모 등으로 나타나는 공공부문 활동의 정도이고, 둘째가 민간의 경제활동을 기속하는 공식·비공식 규제(規制)의 정도이다.

정부의 역할은 이 두 가지 측면에서 검토되어야 할 것이다.

공공활동의 정도

공공활동 규모의 적정성 여부는 제7장에서 설명하였듯이 사회보장제도, 지방자치의 정도, 공공부문 경제활동의 범위 등을 모두 감안하여야 하기 때문에 간단히 판단할 일은 아니다. 분명한 것은 정치·사회적 여건이 비슷하다면 공공활동의 규모가 작을수록 국가경제의 효율성이 높아진다는 점이다.

예산규모와 경제성장. 한 연구조사에 따르면 정부예산 규모와 경제성장률은 반비례하는 것으로 나타났다. 1960년에서 1996년까지 23개 OECD 회원국의 정부지출은 GDP의 27%에서 48%로 늘었는데 경제성장률은 5.5%에서 1.9%로 줄어들었다. 국가별·회계연도별로 분석하면 정부지출 규모와 경제성장률이 매우 뚜렷한 역(逆)의 상관관계를 나타낸다. "과도한 정부지출이 경제성장을 지체시키는 것이다"(Gwartney).

공공사업의 민영화. 정부는 안보, 치안, 질서확보 등의 사회유지 기능 외에도 상당한 경제적 활동을 한다. 정부투자기관 등을 설립할 때 내세우는 것은 효율성(效率性)보다는 공공성(公共性)이다. 그러나 현실의 각종 사업에서 어느 측면이 더 중요한지를 똑 부러지게 판단할 수는 없다. 그래서 정부의 경제활동 범위는 나라마다 다르다. 사회간접자본 시설의 건설 및 유지도 상당 부분 민간에 위임하는 나라가 있는가 하면 영리사업도 공공부문에서 영위하는 나라가 있다.

문제는 어느 국가라고 특별히 지적할 것 없이 정부가 맡았던 사업을 민간에 위임하면 생산성이 훨씬 높아진다는 것이다. 그에 대한 가장 확실한 증거는 두말 할 필요없이 계획경제의 붕괴라고 할 것이다. 계획경제와 시장경제가 공존하는 중국의 관계당국은 민간부문에 투자하는 것이 정부부문에 투자하는 것보다 2배나 생산적이라고 스스로 시인한 바 있다(Rohwer, 1995).

이 절의 마지막에서 다시 다루겠지만 전통적으로 정부부문인 것으로 인식되어 왔던 많은 사업을 민간에 이양하여 성공한 외국의 사례가 많다.

위의 사실들을 종합하면, 정부활동의 규모는 작을수록 좋다고 할 수 있다.

경제적 자유

"현시대의 경제표어는 자유이다. [사회주의 경제의 붕괴로 맞게 된] 냉전의 종식을 기점으로 하여 온 세상의 정책입안자와 투자가들은 점차적으로 자유로움이 바로 성장과 번영에 이르게 되는 길이라는 사실을 이해하게 되었다(to be free is to grow and prosper)" (WSJ, 97. 12. 1). 다시 말하여 정부가 경제에 관여하는 정도가 적을수록 국가 전체가 더 빠른 속도로 부강(富强)하게 된다는 것이 일반적인 믿음이다.

미국의 헤리티지 재단과 월스리트 저널이 발표한 1998년판 경제자유도 보고서는 홍콩 제1위, 싱가포르 제2위, 뉴질랜드 제4위, 미국 제5위, 대만 제7위, 일본 제12위, 독일과 한국 제24위인 것으로 순위를 매기고 있다. 그러면서 일본, 한국을 포함한 아시아의 몇 나라가 경제규모의 확장에 뒤따라 요청되는 경제자율화 조치를 시행하지 못하였기 때문에 위기를 당한 것으로 풀이하고 있다. 대조적으로 홍콩과 싱가포르는 매우 높은 경제적 자유 때문에 주위 국가가 겪는 어려움을 면할 수 있었다.

그 보고서가 홍콩에서 주목한 것은 "정부가 무엇을 하느냐 보다는 정부가 어떤 일을 자제하고 있는가"라는 점이다. 보고서는 "최소로 통치하는 정부가 최고로 잘 통치한다"(the government that governs least governs best)고 결론짓고 있다.[2]

---

2) 헤리티지재단(Heritage Foundation)과 월스트리트 저널(The Wall Street Journal)은 매년 경제자유도 순위를 분석하여 책자로 출간하고 있다. 여기의 인용은 WSJ (97. 12. 1)에 실린 The 1998 Index of Economic Freedom에 관한 두 편의 발췌문에서 따온 것이다. 경제자유도를 평가하는 항목은 모두 10가지로서 무역정책, 조세제도, 정부의 경제간섭, 통화정책, 자본의 유출입, 은행제도, 물가와 임금의 통제, 지적 소유권, 규제, 암시장 등이다.

<표 15-1> 경제자유도 조사 요약표

1995년

구분	국가수	인구(백만인)	GDP(조 달러)
자유로움 (Free)	27	942 (17%)	18.8 (81%)
부분적으로 자유로움 (Partly Free)	22	395 (7%)	1.1 (5%)
대체로 부자유로움 (Mostly Not Free)	13	1,645 (30%)	1.9 (8%)
부자유로움 (Not Free)	20	1,974 (36%)	1.1 (5%)
조사 미실시	109	546 (10%)	0.2 (1%)
세계 총계	**191**	**5,502 (100%)**	**23.1 (100%)**

자료 : Freedom House. "World Survey of Economic Freedom(1995)"
　　　(Messick에서 전재)

　　1995년에 82개국을 대상으로 시행된 한 설문조사는 경제자유도와 경제적 부가 강한 상관관계가 있음을 보여 주고 있다. 경제활동이 자유로운(free) 27개국은 전세계 인구의 17%를 점유하고 있을 뿐이지만 GDP의 81%를 생산하고 있는 것이다(<표 15-1>). "자유경제가 영속적인 성장과 발전에 이르는 가장 확실한 길"이라는 명제를 재삼 확인해 준다고 할 것이다.

　　20세기 경제학자로서는 케인즈(J. M. Keynes)에 버금간다는 프리드만(M. Friedman)은 이스라엘과 홍콩을 비교하면서 자유시장경제가 번영의 지름길이라고 결론짓기도 했다. 인구, 지정학적(地政學的) 여건, 주민의 상업주의 정신이 이스라엘과 비슷한 홍콩은 1950년에 일인당 GNP가 이스라엘의 67%에 불과하였으나 1994년에는 179%에 이르게 되었다. 경제발전을 위한 다른 제반 여건면에서 이스라엘이 오히려 유리했음에도 홍콩이 더욱 빨리 성장하게 된 것은 정부의 간섭이 적었기 때문이라는 것이 프리

드만의 설명이다(Friedman, 1998).[3]

한마디로 민간부문에 대한 개입이 작을수록 더 나은 정부라고 할 것이다.

과감한 기구축소

민간활동에 대한 정부의 통제와 간섭을 줄이는 지름길은 정부의 조직을 축소하고, 정부부문을 과감하게 민간에 이양하는 것이다.

"파킨슨의 법칙"이 말하듯 어떤 정부기구이든 존재이유를 댈 수가 있고, 어떤 공무원이든 자신의 존재가치를 설명할 수가 있다. 정부기구나 공무원의 존재이유라는 것은 어떤 형태이건 '민간활동에 대한 규제'로 나타날 수밖에 없다. 따라서 불필요한 규제를 혁파(革罷)하는 지름길은 정부기구를 축소하고 공무원의 수를 줄이는 것이다.

정부의 축소를 통하여 규제를 완화하고 경제적 효율성을 증대시킨 시범 국가의 하나가 뉴질랜드이다. 그 나라는 1985년에 85,000명의 공무원을 1995년까지 40,000명으로, 특히 교통부의 직원은 4,200여 명에서 60여 명으로 줄였다. 그 덕분에 연간 GDP 성장률이 같은 기간중에 -0.2%에서 5.5%로 크게 나아졌다.

비슷한 기능을 수행하면서도 정부기구가 얼마나 축소될 수 있는지를 오마에(K. Ohmae)가 경험한 다음의 사례를 통해 가늠해 보자 :

> ### (사례 15-3) 일본과 미국 정부의 효율성 비교
>
> 최근 어느 날 나는 동경(東京)에서 오레곤(Oregon) 주로 가는 비행기에서 몬타나(Montana) 주의 리빙스톤 시에 거주하는 한 젊은 [여자] 변호사의 옆자리

---

3) 프리드만 부부(M. and R. Feiedman)에 의한 세계적 베스트셀러 Free to Choose 는 정부부문의 확대와 더불어 노동생산성 증가율과 국가경제 성장률이 점점 줄어든다는 사실을 명쾌하게 보여주고 있다(Friedman, 1980). 그들에 의하면, 아무리 좋은 의도로 출발한 정부기구라도 그 운영을 담당하는 관료들에 의해 취지가 변질되어 국가경제에 순손실(純損失)을 끼치게 되는 "자연법칙"이 존재한다.

에 앉았다. 그녀는 자매도시인 [일본] 군마현(縣)의 나가노하라시를 방문하고 돌아오는 길이었다. 그녀가 전한 그 두 도시의 차이점은 많은 것을 얘기해 주었다.

두 도시는 각각 7,000여 명의 인구에 엇비슷한 규모의 조세수입을 올리고 있었다. 리빙스톤 시는 연 2백만 달러의 예산에 한 사람의 비상임 시장(part-time mayor, 그는 제재소 근로자임)이 일하고 있고, 전임의 직원(full-time represen-tative)은 전혀 없다. 대조적으로 나가노하라시는 38.7백만 달러의 예산과, 연봉 12만 5천 달러의 전임(專任) 시장과 18명의 전임직원을 가지고 있다.

일본의 3,000개 지방정부 조직은 모두 비슷한 상태에 있다. 엄청난 재정적자를 보이는 지방행정을 가능하게 하는 제도적 장치는 중앙정부의 정책과 절차에 충실히 따르는 대가로 중앙정부가 제공해 주는 지방교부금이다. (Ohmae, 1995)

과감한 민간이양

발상을 전환하고 명분에 집착하지 않으면 이양하지 못할 정부기능이 별로 없다. "무슨 일이건 민간부문이 더 효율적으로 해낸다"는 가설(假說)은 이미 정설(定說)이 되었다. 남은 문제는 공공성(公共性)인데, 이것은 정부가 적절한 평가기준을 선택하고 그 기준에 맞추어 민간부문이 자유롭고 공정하게 경쟁하게 함으로써 달성될 수 있다. 그런 전제라면 법률제정, 대외협상, 치안유지 등 공공성이 매우 강한 듯한 기능도 부분적으로 민간에 위임할 수 있다.

뉴질랜드는 항만청을 폐쇄하고 그 기능을 민간에 이양한 결과 생산성이 30~66%나 향상되었다. 칠레 정부가 사회보장제도의 일부인 연기금(年基金)의 운영을 민영화하자 연금수령액은 50% 정도 늘고, 민간저축률은 10% 이상 증가되었고 연간 GDP 성장률은 3%에서 7%로 향상되었다.

미국 역시 민간에 위임하는 공공사업의 범위를 점차 넓혀 가고 있다. 감옥, 보건소, 유료도로, 공공건물 관리, 쓰레기 수거 등이 그 보기이다. 뉴욕 시가 한 공원(Bryant Park)의 운영을 민간에 위임하였더니, 그 곳은 마약과 강력범죄의 소굴에서 "미국에서 가장 품위있는 환경"이 되었다(WSJ, 98. 5. 20).

　　다음의 사례는 공공 사업이 민영화를 통하여 어떻게 탈바꿈할 수 있는지를 잘 보여 준다 :

(사례 15-4) "〔미국〕 정부기구 기업이 되다"[4]

　　[펜실베이니아 주에 소재한] 석회석 폐광(廢鑛)의 지하 220피트에는 소속직원에 의해 인수된 최초이자 유일한 연방정부기구가 있다. 그 기구를 보면 자유시장 [경제]가 확산되고 있음을 느낄 수 있다.

　　대부분이 총무처(Office of Personnel Management) 소속 공무원이었던 750명의 직원이 이제는 "U. S. 조사서비스주식회사(USIS)"의 주주로서 일하고 있다. 그들이 하는 일은 예전과 마찬가지로 공무원 지망자의 신원조사 업무이다.

　　정부로부터 해방된 USIS는 연방기구뿐만 아니라 항공사, 카지노 업자, 주정부, 지방정부 등등으로부터 조사용역을 딴다.

　　신원조사 업무는 25년간 그 폐광에서 진행되어 왔는데 그것은 정부가 12백만 건에 달하는 신상정보 문서를 거기에 보관해 왔기 때문이다. 그 동굴은 안전하고 보안유지가 쉬우며 비용이 싸게 먹힌다. 들쭉날쭉한 백색의 바위벽으로 둘러싸이고 취사가 절대 금지된 점만 빼면 여느 사무실과 같다.

　　언뜻 생각하면 신원조사란 정부가 어떤 일이 있어도 영리법인에게 넘겨서는 안 될 일처럼 보인다. 그 업무의 요체는 국가안전의 유지이다. [그럼에도] 이제 정부목적으로 수집한 개인 신상정보의 기밀성을 보호하는 일이 비슷한 정보를 민간부문에 유료로 판매하기도 하는 기업체에게 위임된 것이다.

　　그 사업의 민영화에 반대하였던 일리노이 주의 민주당 소속 상원의원 폴 사이먼은 "[USIS같은] 민간기관이 비밀정보를 수집하면 정부가 응당 가져야 하는 통제기능을 잃게 된다"고 말한다.

　　사이먼이 "정보란 정부의 손에 있어야 더욱 안전한 법"이라고 민영화 계획을 입안한 당시 총무처상 제임스 킹을 설득하려 했을 때, 킹은 [그 이론에 대해] 단

---

4) 위의 사례는 The Wall Street Journal의 기사인 D. Wessel. "A Government Agency Becomes a Company"(98. 5. 14)를 허락을 받아서 저자가 번역·전재한 것임. Reprinted by permission of The Wall Street Journal, © 1998 Dow Jones & Company, Inc. All Rights Reserved Worldwide.

호하게 반박하였다. 킹이 증거로 내세운 것은 클린튼 정권 초기의 "파일게이트"(filegate) 와중에서 백악관 참모진이 FBI의 기록을 불법 활용한 사실이었다.

민영화 옹호론자들은 정보의 오용(misuse)을 방지하기 위한 모든 조치가 강구되었다고 말한다. 킹이 진공청소기에 비유해서 설명한다 : "빨아들인 내용물을 통제하고 그 품질을 관리하는 것은 총무처이다." USIS는 [청소기의] 연결관과 전동기(motor)를 장악할 뿐인 것이다.

USIS는 특정 공무원지원자에 대한 신상정보가 민간업체에 흘러 들어가지 않도록 만반의 대책을 강구해 두었다고 말한다. 사장인 필립 하퍼는 "회사는 민간부문의 의뢰 업무와 관련해서는 정부 데이타베이스에 접근할 수 없다"고 천명한다.

킹이 덧붙인다 : "악용의 소지는 없느냐고? 물론 있다. 그러나 그런 일이 한 번이라도 일어나면 하퍼 사장은 '배를 하늘로 향하고 뒤집어질 것[물고기의 죽음을 의미]'이다."

실직한 불만분자가 1883년에 가필드 대통령을 암살하고 난 뒤부터 연방정부는 공식적 신원조회를 실시해 오고 있다. FBI와 백악관이 대통령 임명직에 대한 조사를 담당한다. FBI, CIA와 군부는 스스로 업무를 처리한다. 총무처는 [그밖의 정부기구를 위하여] 일년에 대략 300,000건에 대해 조사할 책임이 있는데, 컴퓨터 데이터베이스와 지문을 확인하는 간단한 것부터 이웃 주민들을 대면 확인하는 것까지 다양하다.

법률에 의해서, 총무처는 신원조사 업무에 대해 해당 정부기구로부터 수수료를 받아 수지의 균형을 맞추게 되어 있다. 그러나 킹이 1993년에 부임했을 때 과다한 인력을 채용하고 있던 신원조사국은 한 달에 1백5십만 달러씩 적자를 내고 있었다. 그런 적자는 부분적으로 정부의 축소(downsizing of government)로 인하여 신원조사가 필요한 공무원의 신규채용이 줄어들었기 때문이었다.

킹이 말한다 : "우리는 [예전에] 정부조직 내에서 시장의 변화에 반응하게끔 조직되어 있지 않았다. 상황에 신축적으로 대응하기 위해서는 새로운 시장을 찾는 것이 필수적이었으나 우리는 그렇게 할 수가 없었다. 조직 구성원들이 다른 거래처를 두고 경쟁할 수 있도록 바뀌어야만 했다."

그는 계속해서 말한다 : "나는 매사츄세츠의 조그만 공업도시 출신이다. 나는 직원들을 길거리로 내몰려고 총무처장이 된 것은 아니었다. 한편, 직원들은 제

몫을 하려고 아등바등 애쓰고 있었다." 1994년에 그는 400명의 직원을 정리해고
하고 조사국을 종업원 소유의 기업체로 전환하는 작업을 시작하였다.

약 3년간에 걸쳐서 형식적 절차(red tape)를 없애고, 법률상의 유보조항을
극복했으며, 금융까지 주선했다. 그런 일들을 그전에는 누구도 상상하지 못했다.
그런 뒤인 1996년에 신설회사는 신원조사 업무를 인수하였는데, 향후 3년간은
정부의 독점계약자가 되는 보호장치를 확보하였다. 계약조건에 따라 종업원이
USIS 지분의 90%를 소유하고 민간부문에서 특채된 인사로 구성된 경영진에게
10%가 배정되었다.

총무처는 민영화조치가 사업개시 15개월 만에 벌써 2천만 달러의 국고예산
절감을 가져다 준 것으로 추정하고 있는데, 그것은 기대를 훨씬 넘어서는 것이
었다. 한편, USIS 직원들은 연방정부 공무원일 때와 같거나 더 많은 봉급을 받는
다. 한 외부전문가가 재무상태를 근거로 계산한 바에 따르면 USIS의 주가는
1997년 9월 현재 281.83달러였는데, 일년 전의 43.33달러에서 급등한 것이었다.
(WSJ, 98. 5. 14)

발상의 전환이 있으면 민간에 이양하지 못할 정부의 업무가 없다고
해도 과언이 아닐 것이다. 민간에 위임하여 시장경제의 경쟁원리가 도입되
면 효율성은 당장 나타난다. 정부기능의 다른 한 측면인 "공공성"은 위의
사례에서 말해진 것처럼 '오용(誤用)의 엄벌'로써 달성 가능한 것이다. 공
공성은 민간 이양을 거부하기 위한 명분에 지나지 않는지도 모를 일이다.

우리나라에서는 정부산하 각종 사업단체의 비효율성이 고질적인 사회
경제적 문제인 것으로 널리 인식되고 있다. 마음먹기에 따라서는 '모든' 산
하단체를 민영화할 수도 있을 것이다.

4. "이광요(李光耀) 함정"

싱가포르는 매우 독특한 "나라"이다. 1965년에 국가로서의 주권을 얻
고 난 뒤에 그 나라는 유례가 드물 정도로 빠른 기간에 경제적 부와 사회

적 안정을 이루었다. 그 나라는 경제적으로 자유로운 것으로 지적되는 반면에, 독립 이후 줄곧 계속된 일당통치, 태형(笞刑)까지 동원하는 엄격한 사회적 통제, 정부의 강력한 경제·산업 정책으로 대표되는 권위주의적 요소 또한 매우 강하다.

싱가포르는 공존(共存)이 불가능할 것 같은 '자유'와 '통제'를 절묘하게 조화시켜서 큰 국가적 성취를 이루었는데, 이것은 전적으로 "이광요"란 개인의 덕이라 하여도 과언이 아니다. 그는 탁월한 정치지도자로 알려져 있지만 그의 통치원리는 기본적으로 강압적 통제에 바탕을 두고 있다.

싱가포르식 인치(人治)의 함정

한 나라의 사회개혁이나 경제개발은 특정 인물에 의하여 이루어질 수도 있고, 사회 전체의 합리적 질서를 바탕으로 성취될 수도 있다. 앞의 것을 '인치에 의한 국가발전'이라고 부른다면 뒤의 방법은 '법치(rule of law)에 의한 국가발전'이라고 말할 수 있을 것이다.

한편, 국가경제의 발전은 정부가 민간의 경제활동에 깊이 관여하는 '계획경제적 방법'(command economy)이 있고, 정부의 관여를 최소한으로 줄이는 '시장경제적 방법'(free-market economy)이 있다.

우리는 1960년대에 인치로 출발하여 계획경제적 방법을 유지해 왔는데, 초기에는 성공하는 듯 보였지만 약 40년이 지난 시점에서 결국 실패한 것으로 판명되었다. 반면 비슷한 방법을 선택한 싱가포르는 큰 성공을 거두었다.[5]

싱가포르 및 개발 초기의 한국을 사례로 들어 국내외, 특히 고속경제성장을 꿈꾸는 중국 등의 국가에서 "이광요와 같은 강력한 지도자" 혹은 정부 주도의 경제개발이 바람직하다는 의견이 적지 않다. 그러나 이광요식 통치에는 그냥 넘겨서는 안 될 두 가지의 중요한 함정이 있다:

---

5) 싱가포르에 끼친 이광요의 영향은 매우 크다. 그의 사후 그 나라에는 큰 변화가 있을지도 모른다. 다만 이광요가 '인치'라는 수단을 동원하여 상당한 정도로 '법치'를 확립하였으므로 그만큼 혼란은 적을 것이다.

① '도시'와 '국가'의 차이.　싱가포르는 인구 3백만의 작은 도시이며 마치 하나의 거대한 기업처럼 경영되고 있다. 역사가 짧아 사회문화적 관념, 관행, 제도를 고치기가 비교적 쉬웠다. 그 나라의 통치방법이 보통의 국가에 잘 적용되리라는 보장이 없다. 중소기업과 대기업이 부닥치는 문제가 다르듯이 싱가포르와 인구 수천만, 수억의 국가를 다스리는 것이 같을 수가 없다(*cf.* Rowher, 1995). 싱가포르는 공무원의 부패를 근절했지만, 이광요가 중국 공무원의 기강을 손쉽게 바로 잡을 수 있으리라고 기대하기는 어렵다.

② 기대하기 어려운 청렴성.　이광요의 지도자로서의 능력과 자세는 "초인적"(超人的)이라는 말이 손색이 없을 정도로 그 전례를 찾기 힘들다.

이광요는 능력 측면에서 범인(凡人)이 갖추기 어려운 식견(識見)과 비전이 있었고, 나라를 다스리는 효과적이고 효율적인 방법을 알았다. 정보화 사회의 도래(到來)를 미리 내다보고 전체 도시를 정보통신망으로 연결해 나갔다. 싱가포르의 입지를 잘 알아서 상품의 선적과 하역을 원활히 하기 위한 사회간접자본을 우선적으로 확보하였다. 혼잡세와 자동차세로 교통문제를 해결하였다. 일벌백계(一罰百戒)와 솔선수범(率先垂範)으로 사회적 기강을 확립하였다.

이광요는 자세 측면에서 비인간적이라고 할 정도로 청렴하였고, 공과 사의 분별에 엄격하였으며, 원칙의 실천에는 흔들림이 없었다. 그의 가족이라 하여 특혜를 받는 일은 없었다. 그의 아버지는 평범한 시민으로 보석상 일을 계속할 따름이었고, 구정(舊正)이나 되어야 아들을 대면하였다. 이광요는 자신과 가족을 포함하여 어느 누구에게도 부정과 비리를 저지를 틈을 주지 않았다. 유례가 없는 강한 의지 덕분에 "절대 권력은 절대 부패한다"는 시공(時空)을 초월하여 적용되는 금언(金言)이 이광요에게만은 해당되지 않았던 것이다.

이광요 같은 정치지도자가 나와서 인위적으로 사회를 개혁하고 경제를 발전시키기를 기대할 수는 없다. 한 나라의 운명을 특정 인물의 손에 맡긴다는 것은 매우 위험한 일이다. (싱가포르와 비슷한 시기에 비슷한 정치적 상황에 처하였고 비슷한 지리적 위치에 소재한 인도네시아와 말레이시아를 보라!)

따라서 정치지도자, 정부, 국민이 할 일은 한 사람의 지도자를 기다리기보다는 모두가 힘을 합하여 정부의 통제와 간섭을 줄이고, 합리적인 시장경제 질서를 확립하는 일이라 할 것이다.

싱가포르와 대만

싱가포르의 경제자유도가 높은 것으로 평가받는 것은 세율이 낮고 대외교역의 제한이 없으며, 외국인 투자가에게 매우 우호적이기 때문이다. 그러나 정부정책에 반대하거나 불평하면 영업권을 박탈당하는 사례들에 비추어 사실상 정부가 각종 사업에 대한 인·허가권을 쥐고 있다. 정부에 반대하는 사람에 대해서는 세무조사를 하고, 영업실사를 하며 여신을 중단시키기도 한다(Messick).

싱가포르는 한국과 마찬가지로 정부주도의 경제개발을 시작하였다. 대형 공업단지 개발을 위시하여 정부가 경제활동에 직접 참여하였기 때문에 1997년의 경우 정부 및 정부관련 부문이 GDP의 60%를 차지하였다. 개발과정에서 외국자본의 필요성을 절감한 싱가포르가 처음부터 100% 지분소유를 인정하는 등 우호조치를 채택하였기 때문에 대형의 국제기업들이 속속 이 나라에 진출하여 왕성한 생산활동을 벌였다.

정부부문과 대형기업이 중심이 되는 이런 경제구조는 상당한 부작용을 초래하고 있다. 우선, 정부의 유·무형의 지원이 대기업과 안정성 위주로 된다는 점이다. 다음, 정부와 대형기업이 보수가 높고 안정된 일자리를 대량으로 제공하여 유능한 인재를 흡수해 간다는 점이다.

싱가포르의 정치지도자들은 '말로는' 모험하는 사업가를 갖기 원한다고 하지만, 강력한 통제의 손길(heavy hand)을 놓지 않는다. 신기술 기업을 새로 시작한 한 기업가가 말한다 : "관료들은 우리들에게 '정부가 기업의 손을 잡고 이끌어 줄 것으로 기대할 수는 없다'고 말하지만, 그것은 정확히 정부가 지금까지 해온 일이다."

신생기업에 대한 사회적 지원이 약하다 보니 기업을 창업하고자 하는 젊은이가 적고 사회의 혁신과 변신 능력이 떨어지게 된다. 싱가포르의 분위기를 앞의 기업가가 전한다 : "1997년에 다국적기업의 고액보수직을 그만두고 이 회사를 차렸을 때 나는 회의적 시각과 사회적 압력을 받았다. '왜 이런 짓을 하지? 직장에서 큰 실수를 저지르기라도 했느냐?'는 소리를 듣기도 했다." (이상 Dolven)

싱가포르에 비하면 대만은 중소기업과 신생기업의 낙원이다. 일년에 대략 4만 개의 기업이 생기고 3만 개의 기업이 문을 닫고 있다. 조금이라도 가능성이 있는 아이디어나 기술은 이내 기업이라는 실험으로 옮겨지는 것이다. 자활(自活)능력이 없는 아이디어, 기술, 기업은 미련없이 포기된다. 대신 가능성 있는 아이디어, 기술, 기업은 살아남게 되어 독자적 경쟁우위를 확보하게 된다.

대만에서는 개별기업이 경쟁력을 가질 뿐 아니라 활발한 기업 신진대사(新陳代謝)의 과정을 통해서 사회가 새롭고 건강해지는 것이다. 그런 과정에서 정부는 지원도 간섭도 하지 않는다. 한국처럼 "총수"나 계열회사가 있어서 지원하거나 간섭하지도 않는다. 오직 개별기업 스스로의 경쟁력만이 존립을 보장해 주는 것이다. 자연스럽게 대만의 국가경쟁력이 강화된다.

1998년 IMD의 세계경쟁력 보고서는 전반적 국가경쟁력에서 싱가포르를 2위, 대만을 16위에 올리고 있다(<부표 1-2>). 그러나 같은 보고서는 "기업가 정신," "기업창설," "과학과 기술" 면에서 싱가포르를 각각 17, 25, 9위에, 대만을 각각 3, 4, 7위에 올려두고 있다. 대만의 발전가능성이 더 크다고 하지 않을 수 없다.

같은 맥락으로, 프리드만(M. Friedman)은 크루그만(P. Krugman)이 주장한 "아시아 성장한계론"이 싱가포르에는 적용되지만 대만에는 적용되지 않는다고 말하기도 하였다(WSJ, 97. 2. 12). 기술발전이 뒷받침되지 못하여 싱가포르는 항구적(恒久的) 경제성장이 어려울 것이지만 대만은 문제가 없다는 것이다.

절대적인 것은 아니지만 비즈니스 위크지는 세계 100대 정보기술 회
사로 4개의 대만기업을 31위 이내에 올리고 오직 하나의 싱가포르 기업을
74위에 꼽았다(BW, 98. 11. 2). (불행히도 한국기업은 하나도 뽑히지 못했다.)
현대산업에서 정보기술(information technology)이 차지하는 비중을 감안
하면 두 나라간의 현실적 기술력 차이를 나타내 주는 하나의 지표라고 할
수도 있을 것이다.

산업정책(Industrial Policy)

싱가포르 성장의 이면에는 이광요 정부의 강력한 산업정책이 깔려 있
다. 정부가 사실상 성장할 산업과 기업을 고르는 것이다. "이광요가 싱가포
르를 이끄는 불도저이기 때문에 그가 가는 곳을 모두가 따라 가는 것이
다"(Dolven). 일본과 한국을 포함한 다수의 다른 아시아 국가도 산업정책
을 경제개발 정책의 기조로 한 점은 마찬가지이다(참조 : 박덕제 등).

각국에 공통적으로 산업정책(industrial policy)이 개발초기에 크게
기여한 것은 사실이다. 그러나 종합적으로 보면 득(得)보다는 실(失)이
많다 (Rowher, 1995). 정부가 국가산업의 구성과 발전에 미시적으로 관여하
는 산업정책은 개발초기에는 다소 순기능(順機能)이 있었지만 '정부 규제
와 간섭'이라는 질곡(桎梏)의 시발점이 되었다고 본다면 역기능(逆機能)
이 훨씬 컸음을 부정하기 어렵다. 아시아 각국을 보면, "정부의 비효율성
보다는 정부가 국가경제 활동에서 중립자(neutral umpire)가 되기를 거부
하는 점"이 더 큰 문제인 것이다(Messick). 정부정책의 비효과성이 가장 큰
문제인 것이다.

크건 작건 정부의 통제와 간섭은 국가경제의 발전에 도움이 되지 않
는다.

정리하면, 정치뿐 아니라 경제에서도, 이광요나 싱가포르를 모델로 하
는 것에는 큰 함정이 따른다.

5. "약법삼장"(約法三章)의 교훈

사회경제 질서를 유지하는 방법은 여러 가지가 있다. 크게 질적 통제와 양적 통제로 나눌 수 있는데 그것을 각각 미시적 통제와 거시적 통제로 부를 수도 있다. 우리 정부는 전통적으로 질적 방법을 택하여 국민의 일거수일투족(一擧手一投足)을 통제하고자 하였고, 그러다 보니 법규가 매우 자세하고 엄격하다.

문화적 전통에서 출발하여 제3공화국에서 강화된 '권위주의'가 그 유래라고 할 것이다.

자세한 법규는 준법비용과 집행비용을 높이기 때문에 집행이 어렵고 사회적 효율성을 떨어뜨린다. 바로 그런 이유와 전통적 '온정주의' 때문에 우리나라는 원칙과 질서가 흐릿한 사회가 되고 말았다.

한마디로 한국의 법규는 엄격하나 집행은 느슨하다. 국가경쟁력과 연관지어 생각하면 그것은 좋지 못한 방법이다. 가장 현명한 방법은 정반대가 되는 '느슨한 법규, 엄격한 집행'이다. 이것이 바로 새로운 천 년을 맞이하는 위치에서 우리 정부가 선택해야 할 전략이다.

간략한 법규는 준법의지를 높이고 준법비용을 줄임으로써, 엄격한 집행은 징벌의 효과를 크게 함으로써 질서유지에 도움을 준다. 바로 "약법삼장"과 '벼락'(落雷)에서 얻을 수 있는 교훈이다. 약법삼장은 느슨한 법규를, 벼락은 일벌백계(一罰百戒)를 상징한다.

이 절과 다음 절에 걸쳐서 질서확립을 위한 효과적 방법을 생각해 본다.

질서확립은 경제자유화의 전제

정부의 간섭이 문제라 하여 정부가 민간부문을 자유방임해야 된다는 것은 아니다. 사회라는 것은 생각이 다른 사람이 모여 사는 곳이기 때문에 구성원 서로가 약속한 행동규칙이 있어야 하고, 그에 따라 질서가 유지되어야 한다. 규칙을 제정하고 질서를 유지하는 것이 다름 아닌 정부의 역할이다.

경제자유도와 번영의 관계에 대해 한 '자유주의자'가 아래와 같이 '강제력에 의한 질서확립의 필요성'을 역설(力說)한다 :

> 아담 스미스로부터 밀튼 프리드만까지의 [자유주의] 옹호론자들이 인식했던 것처럼, '경제적 자유'는 정부가 시민들의 일상의 경제적 의사결정으로부터 인연을 끊는 것만이 아니다. 정부는 경제적 게임의 기준이 될 규칙을 만들고 모든 참여자가 규칙을 따르도록 조치하여야 한다. 정부는 최소한, 물리력(force)과 반칙행위(fraud)가 억제되고, 계약이 이행되며, 사유재산권이 확립되는 환경을 만들어야 하는 것이다. (Messick)

사회경제 질서를 유지하는 것, 즉 탈법(脫法)과 위규(違規) 행위를 방지하는 데에는 그런 행위가 처음부터 발생하지 않게 하는 것이 가장 효과적이다. 부적절한 행위는 전염성, 습관성, 중독성이 강하여 한번 저질러지면 만연(漫然)하는 경향이 있기 때문이다.

그래서 법질서 확립의 지름길은 '법규를 지키기 쉽게 만드는 것'과 '탈법행위에 따르는 기대손실'을 크게 하는 것이다.

탈법의 전염성(傳染性)

사람은 본능적으로 혹은 교육을 통해서 얻는 기본적 윤리감각이 있다. 위규의 유혹이 있어도 남보다 먼저 나서기를 꺼린다. 그러나 누군가가 법규를 어기는 것을 목격하면 그런 행위를 따라 하는 사람이 생기게 된다. 부적절한 행위를 저지른 사람이 제재를 받지 않고 무사하거나, 준법자보다 더 큰 혜택을 받는 것을 보면 따라 하는 속도가 빨라진다.

부적절한 행위의 전염성은 주변에서 쉽게 경험할 수 있다. 갓길을 통행하는 차량이 한 대도 없다가 누군가가 시작하면 여럿이 따라 한다. 기업의 장부조작, 실적조작, 변칙금융 등은 순식간에 번진다. 정부의 중앙부처가 산하기관을 만들어 예산을 남용하거나, 지방자치단체가 빚을 얻어 청사를 짓는 일도 경쟁적으로 일어난다.

탈법자가 적으면 그것을 제재하기는 쉽다. 그러나 탈법이 만연하면 단속하기가 어려워진다. 도심지에 있는 교차로는 출퇴근 시간에는 자주 엉킨다. 적색신호가 되기 전에 교차로를 완전히 빠져나가지 못하면 교통법규 위반이 된다. 그러나 위반하는 운전자가 너무 많다 보니 단속할 수가 없게 된다.

위규와 탈법의 해당자가 많아서 법규의 집행이 사실상 불가능한 사례는 우리 주위에서 흔히 볼 수 있다(<사례 11-8> 참조).

탈법이 시작되지 않게 하는 것이 중요하다.

탈법의 습관성(習慣性)[6]

위규와 탈법은 습관성이 강하다. 한 번 잘못을 저지르면 같은 잘못을 계속해서 저지르는 경향이 있다. 교통법규를 한 번 위반한 사람은 자주 위반하게 된다. 다음의 사례를 보자 :

(사례 15-5) 버릇이 된 불법주차

저자가 사는 아파트는 주차장이 비교적 넓어서 주민들이 지정된 장소 이외에 주차하는 일이 드물었다. 특히 아파트 진입로에 불법주차하는 일은 전례가 없었다. 그런데 언제인가 지하주차장을 수리하게 되어 자리가 많이 부족하였고 주민들은 어쩔 수 없이 진입로를 포함하여 여기저기 지정되지 않은 장소에 자동차를 세워 두게 되었다.

문제는 지하주차장의 수리가 끝난 다음에도 그러한 불법주차가 끊이지 않는 점이었다. 적지 않은 운전자들이 지하주차장에 빈자리가 있음에도 불구하고 버릇처럼 진입로에 주차하게 된 것이었다. (1997년)

---

6) "습관성"과 "중독성"은 정확한 의학용어가 아니며 저자가 편의상 나누어 본 것이다. 여기서 습관성은 같은 일을 되풀이하는 것이며, 중독성은 나쁜 습관의 정도가 양적·질적으로 점점 높아지는 것을 뜻한다.

위규는 시작되지 않게 하는 것이 긴요한 것이다.

탈법의 중독성(中毒性)

위규와 탈법은 또한 중독성이 있다. 한 가지 잘못을 저질러 본 사람은 다른 잘못도 쉽게 범하는 경향이 있다.

신호위반을 하면서 과속운전한 사람은 중앙선을 침범할 수도 있게 된다. 회사의 접대비를 한 번 유용(流用)하다 보면 보다 적극적으로 비자금을 만들어 가로챌 수도 있다. 절박한 상황에서 서류를 한 번 위조하면 더욱 대담하게 위조서류를 상습적으로 활용하게 된다. "바늘 도둑이 소도둑 된다"는 속담이 이러한 가능성을 잘 말해 준다.

실제로 기업의 변칙금융, 정치인과 관료의 부정과 비리, 정치권에 의한 특별사면(特別赦免)은 세월이 흐를수록 그 정도가 심하게 된 느낌이 없지 않다.

탈법이나 위규는 전례를 만들지 않는 것이 무엇보다 중요하다.

"약법삼장"(約法三章)

기업과 개인으로 하여금 준수하기 쉽게 만들어 질서확립에 도움을 주고자 하면, 법규와 제도에 아래의 몇 가지 특질을 부여하는 것이 바람직하다 :

① 간략함.　법규와 제도는 간략해야 이해하기가 쉽고, 지키기가 쉬우며, 지키는 비용도 적게 든다. 그래야만 탈법과 위규의 소지(素地)가 적다.

인간의 사회생활은 복잡하고 다양하기 때문에 여러 가지 형태로 바람직하지 못한 일이 일어날 수 있다. 그런 일이 자주 일어나거나 많은 사람들에게 해당된다면 새로운 법규를 만들어 방지하도록 해야 마땅하다. 그렇지 않은 일이라면 사법부가 당해 사항을 합리적으로 처리하여 판례를 남기는 것으로 족하다. 특수 사건, 즉 발생 가능성이 낮은 일을 법규나 제도로서 일반화하고 공식화하면 법규체계가 자세하고 복잡해진다.

법규가 복잡하면 일반 시민이 이해하기 어렵게 된다. 자세하고 엄격한 법규는 불필요하게 많은 사람을 기속(羈束)하고 필요 이상의 준법비용을 초래한다. 복잡할수록 위규의 가능성을 높이고 엄격할수록 탈법의 유혹이 강하다.

② 상식에 부합함. 법규는 합리적이고 상식에 부합하여야 한다. 법규는 서로 다른 당사자의 이해(利害)를 판별해 주는 경우가 많은데, 그 기준이 누구나 받아들일 수 있어야 불만이 생기지 않는다. 법규에 불만이 없어야 준법의지가 강해지는 것은 두말 할 필요가 없을 것이다.

③ 일관성과 계속성. 법규는 원칙적으로 항상성(恒常性), 즉 공간적 일관성(consistency)과 시간적 계속성(continuity)이 있어야 한다. 적용되는 원칙이 정당한 이유없이 장소에 따라 다르고, 때에 따라 바뀐다면 혼란이 초래될 뿐만 아니라 법의 존엄성이 없어진다. 특별법이나 한시법(限時法)의 제정은 가급적 삼가야 하는 것이다.

일관성과 계속성을 가지려면 법규가 우선 합리적이고 상식에 부합해야 함은 물론이다.

중국 진(秦)나라의 법은 자의적(恣意的)이고 가혹하였기 때문에 "백성"들의 원성이 드높았다. 진이 멸망한 후에 천하를 통일한 유방(劉邦)은 진의 악법을 모두 폐기하고, 살(殺), 상(傷), 도(盜)의 세 가지만 처벌한다는 삼장(三章)의 법을 도입하였다. 간략한 법 체계가 한(漢)나라의 융성에 어느 정도 도움을 주었는지는 알 수 없으나, 최소한 민심을 수습하는 데에는 크게 기여하였다. 음미해 볼 만한 일이다.

6. ‘벼락’(落雷)의 위험

질서를 파괴하는 탈법과 위규행위를 막고자 도입된 것이 징벌(懲罰)이다. 질서를 파괴하면 남에게 피해를 주는 만큼 본인에게는 어떤 ‘혜택’이 있다. 징벌은 질서파괴자가 특정 행위로부터 ‘혜택’을 얻는 대신에 부담해야할 대가, 즉 ‘비용’이다.

비용·효과분석 결과, 만약 비용이 혜택보다 크다면 질서파괴 행위는 타산에 맞지 않는 것이므로 현명하고 합리적인 사람이라면 저지르지 않게 된다.

징벌에 따르는 기대손실(Expected Cost)

질서파괴자가 누릴 혜택은 바로 알 수 있으나, 부담해야 할 비용은 처음부터 확정되는 것이 아니다. 적발될 가능성, 즉 확률(確率)과 적발되었을 경우에 가해지는 징벌의 정도에 의해 따라 결정되는 손실의 기대치(expected value)가 있을 뿐이다. 다시 말해 질서파괴 행위를 할 것인가 말 것인가를 결정하는 단계에서 볼 때 부담해야 할 비용은 확정치가 아닌 추정치이며 이를 ‘징벌의 위험’이라고 부를 수 있다.

질서파괴 행위를 막으려면 그에 따르는 징벌의 위험을 크게 만들어야 한다. 그 위험을 크게 하는 방법은 두 가지가 있다. 첫째가 ‘적발’의 가능성을 높이는 것이고, 둘째가 ‘징벌’을 키우는 것이다.

첫번째 방법은 적발의 효과는 확실하나 두 가지 문제가 있다. 절대다수의 선량한 사람, 즉 처음부터 법규를 지킬 마음을 가진 사람을 괴롭히고(준법비용), 복잡한 일을 담당할 기구를 만들어야만 하는 낭비(집행비용)가 따른다는 점이 그것이다.

두번째 방법, 구체적으로 적발되기만 하면 가차없이 엄하게 징벌하는 것은 준법비용 및 집행비용을 절감하면서 동일한 효과를 낼 수 있다는 장점이 있다. 흉악범이나 파렴치범은 중형(重刑)에 처함으로써 그런 범죄를 막을 수 있다. 무장 탈영병, 흉기를 소지하거나 도주하는 강도에게는 사정

없이 발포(發砲)하는 것이 그런 일을 막는 지름길이 된다.[7]

이해를 돕기 위하여 아래의 보기를 살펴보자:

(보기 15-1) 교통위반에 따르는 혜택과 기대손실

회덕분기점에서 광주 쪽으로 30km의 고속도로를 과속운전하는 것에 따르는 범칙금부담 위험을 계산해 보기로 하자.

적발될 가능성(確率)이 10%이고 범칙금이 100,000원이라면 기대손실은 10,000원이다. 이때 10,000원을 부담해서라도 과속해야 할 사정이 있는 사람은 과속을 감행할지 모르지만 그렇지 않으면 교통규칙을 지킬 것이다.

그런 상황에서 과속운전자가 많고 사고의 위험이 높아서 단속을 강화하고자 하면 크게 두 가지 방법을 선택할 수 있다.

첫째가 교통경찰을 촘촘히 배치하거나 무인촬영기를 많이 설치하여 적발의 가능성을 높이는 것이다. 적발 확률이 70%로 높아지면 범칙금의 기대치는 70,000원이 된다. 둘째 방법은 범칙금을 올리는 것이다. 새로운 범칙금이 700,000이라면 적발될 확률이 10%라도 기대치는 70,000원이 되는 것이다.

두 가지 방법에 따르는 범칙금의 기대치는 '교통경찰이 직무에 충실한 한' 똑같기 때문에 교통규칙의 준수를 강제하는 효과는 같다. 그러나 집행의 기술적 어려움과 수반되는 문제점에는 많은 차이가 있다. 두말할 필요없이 범칙금을 올리는 두번째의 방법을 선택하여야 사회적 비용을 줄일 수 있다.

우리 정부는 위 보기의 두 가지 중에서 첫번째 방법에 주로 의존해

---

[7] 우리나라에서는 도주하는 범인, 야간 검문에 불응하는 민간인에 대해 군경(軍警)이 발포하는 데 대하여 "총기의 과잉 사용"이라는 논란이 일어나곤 한다. 한편, 무장강도에 맨손으로 저항하는 금융기관 여직원은 "용감한 시민"이라고 표창한다.

군경이건 무장강도이건 총검을 들이대면 "두 손을 들고 모든 동작을 중지해야 한다"는 상식이 한국에서만은 통하지 않는 듯하다. 만약 다른 나라에서 그 '상식'을 어기면 목숨을 잃기 십상이다.

왔다. 우리의 복잡한 규제는 조금이라도 잘못이 있으면 잡아내자는 것이다. <사례 3-4>, <사례 7-2> 등의 민원업무에서 절차가 복잡하고 수많은 서류를 요구하는 목적은 한마디로 적발의 가능성을 높이자는 것이다. 수시로 벌어지는 교통단속과 노상검문의 목적 또한 마찬가지이다.

그 결과 법규가 복잡하여 집행비용이 많을 뿐 아니라 기업과 시민이 치러야 하는 고통과 비용이 엄청나다.

'벼락'이 주는 공포

사회경제 질서의 확립과 관련하여 우리 정부가 범한 두번째 실수는 법집행의 의지가 미약하였다는 점이다. 법규는 엄격했지만 사회감시 기능을 퇴화시켜 적발될 가능성을 낮추었다. 사정기관의 잣대가 이중적이고 정치적 사면이 남발되어, 적발된다 하여도 법규에 정해진 징벌이 제대로 가해지지 않았다.

결과적으로 탈법과 위규에 따르는 위험부담이 적어져서 질서 파괴 행위가 그치지 않게 된 것이다.

법규를 복잡하게 만들었지만 신통한 효과는 거두지 못하고 막대한 준법비용을 발생시켜 선량한 시민들만 손해보게 만든 셈이다.

인간은 거의 예외없이 벼락(落雷)을 무서워하고, 어떤 이는 비행기 타기를 겁낸다. 벼락을 맞을 가능성이나 비행기가 추락할 확률은 매우 낮으나, 한번 당하면 치명적이기 때문이다.

우리 정부가 취할 방안이 바로 여기에 있다. 이제부터라도 질서파괴자로 하여금 '벼락의 위험'을 부담하게 만들어야 한다. 그것이 사회적 비용을 줄이고 질서유지의 효과를 극대화하는 방법이다.

현실적으로 서양의 여러 나라들은 가혹한 징벌의 방법에 의존하여 사회질서를 효과적으로 확립하고 있다. 지위의 고하(高下)나 사회계층을 막론하고 부정과 비리가 탄로나면 사회적으로 파문(破門)을 당한다. 클린튼(W. Clinton)의 경우를 제외하고, 거짓말한 것이 탄로나면 설 자리를 잃는다. 기본적으로 남을 믿는 사회지만 한번 신용을 잃으면 매장당한다. 적발될 가능성이 적은 대신, 적발될 때의 징벌이 크기 때문에 절대다수의 사회 구성원들이 질서파괴를 시도할 엄두조차 내지 않게 되는 것이다.

부패는 뿌리를 뽑아야

1990년대 초·중반의 특정 정권은 집권초기에 사정(司正)의 기치(旗幟)를 높이 내걸어 국민의 인기가 하늘을 찌를 듯했다. 그러나 초기의 의지가 갈수록 퇴색하였고, 일부 처벌받았던 사람들도 대부분 특별사면해 주었다. 결국 그 정권의 사정은 범죄자에게 면죄부(免罪符)만 주고 끝난 셈이었다. 사회의 기강을 더욱 문란하게 하는 계기가 되었고, <그림 15-1>에 보는 것처럼 국민의 조롱을 받게 되었다.

그와 같은 '말'만의 사정, '엄포'에 그치는 부패척결(腐敗剔抉)은 그 다음 정권에 와서도 크게 달라지지 않았다. 1998년 한 해에 있었던 사례 중의 일부만 열거해도 아래와 같다 :

① 연초에 여러 명의 판사, 검사, 변호사가 금품수수 등의 비리에 연루된 적이 있는데 정부는 이들을 미적지근하게 처벌하고 사건을 종결하였다. 그런 다음 정부는 '돌아서서' 법조인의 윤리기준을 강화할 목적으로 판·검사의 근무지 변호사 개업을 제한하는 법규를 만들겠다고 선언하였다.

② 6월에 지도층 인사가 광범위하게 연루된 병역비리 사건이 터졌는데 아무도 제대로 처벌되지 않았다. 정부는 '돌아서서' 고위층 자제들의 병역을 특별관리하고 고위직 인사의 병역사항을 의무적으로 공개하도록 조치하겠다고 말하였다.

③ 3월에는 사상 유례없는 대대적 특별사면으로 수많은 부패행위자들과 온갖 반사회적 범죄자들의 죄를 사(赦)하여 주었다. 그러고는 몇 달이 지나지 않아서 부패방지법을 만들고 특별기구를 설치하겠다고 하였다(동아 98. 6. 27). 8월에 또 한 차례의 특별사면을 실시하여 부패행위를 저지른 정치인과 관료 등의 특권계층 인사들을 풀어 주었다. 정부는 '돌아서서' 정치개혁과 공직부패의 무기한 단속을 약속하였다.

출처 : 중앙일보, 1997. 3. 11. (중앙일보사의 허락을 받아 전재함. ⓒ 1997 중앙일보사)

④8월에 "불법 고액과외 사건"이 발생하였는데 서울대학교 총장만 희생되고 사건은 흐지부지되었다. 웬만한 특권층 인사만 되어도 서울대 총장보다 더 힘이 있는 듯 보였다. 정부는 '돌아서서' 불법과외 엄단을 내세웠다.

⑤8월에 H자동차의 불법파업을 정치적으로 적당히 해결하여 정리해고의 의미를 퇴색하게 만들었다. 그렇게 조치한 정부는 '돌아서서' "정리해고에 반발하는 불법파업의 엄단"을 강조하였다.

⑥연중 내내 정부는 '행동으로는' 부실 대기업에 협조융자를 공급하면서 '말로는' 구조조정을 하지 않으면 본때를 보이겠다고 재벌들을 으박질렀다.

정부의 위협에 시민들이 어떻게 반응할지를 짐작하는 것은 어렵지 않다. 시민은 정부의 '행동'을 두려워하지 '말'을 두려워하는 것이 아니다. 그렇기 때문에 집행의지가 없어 보이는 정부의 '말'을 겁낼 사람은 많지 않을 것이다. 더러는 코웃음을 치고 말지도 모른다.

위에 열거한 조치들이 정부의 약속대로 법제화(法制化)된다면 질서 확립의 효과는 의심스러운 반면 많은 부작용을 낳을 소지가 있다. 직업의 자유를 제한하고, 사생활을 침해하며, 정부를 팽창시킨다. 엄격한 법규를 새로 만들어 보았자 그것은 힘있는 사람을 비켜갈 것이 빤히 내다보이는 바 계층간에 위화감을 조장할 수도 있다.

우리 정부는 마땅히 사정의 방법을 바꾸어야 할 것이다.

공직사회나 민간조직을 막론하고 부정부패는 독버섯과 같다. 잘 번져나가고 작은 뿌리가 남아 있어도 다시 돋아난다. 따라서 부정부패를 막으려면 홀씨 하나 남김없이 근절(根絶)시켜야만 된다. 규모의 대소, 상황의 불가피성을 불문에 부치고 모든 부패는 엄격하게 다루어야만 효과가 있다. 적당히 치료하여 뿌리를 남기면 내성(耐性)만 키워서 더욱 만연하게 만든다. 한 외국언론의 사설은 우리에게 시사해 주는 바가 크다고 할 것이다:

최근 두 건의 대형 스캔들은 부패를 '적발하는 것'은 첫걸음에 지나지 않는다는 점을 명백하게 해 주었다. 사건이 끝까지 추적되고 관련자가 문책되지 않으면 대중의 냉소를 낳게 되는데, 부패는 냉소를 먹고 자라는 만큼 부패를 척결하려는 노력은 더더욱 성공하기 어려워질 것이다…… 필요한 분량의 약을 완전하게 쓰지 않으면 면역이 생기는 바이러스의 경우처럼, 부패는 나타나는 족족 체계적으로 처벌되고, 뿌리째 뽑히지 않는 이상 경제력과 대중의 도덕감을 계속적으로 좀먹게 될 것이다. (WSJ, 98. 1. 14)

미국은 자국 기업인들이 사업계약 체결을 목적으로 외국에서 뇌물을 주는 행위까지 국내와 다름없는 범죄행위로 다루고 있다. 우리나라는 정치계는 물론이고 검찰과 사법부까지 나서서 "경제를 살려야 한다"는 명분을 내세우면서 소위 "경제인"의 각종 범죄행위에 대해서 관대하게 다루고 있다. 매우 대조적이다.

우리 정부는 마땅히 부패척결의 방법을 바꾸어야 할 것이다.

7. 공무원의 생산성 제고(提高)

정부가 하는 일을 크게 정책입안 기능과 집행기능으로 나눌 수 있다. 후자(後者)의 대부분은 민간에 이양하거나 위임할 수 있다. 반면, 전자(前者)는 업무성격상 높은 전문성을 요구하며, 민간부문에 미치는 파급효과 또한 크다. 따라서 공무원은 능력면에서나 자세면에서 전문직업인이 되는 것이 바람직하다.

말 그대로의 "소수정예(少數精銳) 원칙"이 공무원 사회에 적용되어야 할 것이다.

여기서 어떻게 할 것인가를 구체적으로 언급하는 것은 적절치 못하므로 두 가지만 언급하기로 한다.

첫째, 전문가를 양성하기 위해서는 잦은 보직이동을 삼가고 엄격한 업적평가제도를 도입하여야 한다.

전문기능을 양성하기 위해서는 일정 분야에서 장기간 경험을 쌓아야 하고 체계적 이력관리(career plan)가 필요하다. 지나치게 잦은 이동이 없어야 정책의 계속성을 유지하고 책임소재를 분명히 할 수 있다. 1990년대 초·중반의 정권이 실패한 가장 중요한 원인 중의 하나가 고위공직자의 빈번한 교체에 있었음에 유의할 필요가 있을 것이다. 장기 근무시에 생길 수 있는 비리행위를 막는 것은 '벼락의 위험'을 정착시키면 그렇게 어려운 일이 아니다.

아울러 성과를 높이고 자기개발을 위한 노력을 유발하기 위해서는 경쟁원리를 도입해야만 할 것이다.

위의 원리는 제14장에서 설명한 민간기업의 인사관리와 다를 바가 없다.

둘째, 공무원의 신분보장제도를 폐지할 필요가 있다. 우리 사회, 그 중에서도 관료사회는 권위주의적 질서가 강하다. 그런 여건에서 "부당한 압력에 굴하지 않고 소신껏 일하게 한다"는 신분보장제도의 당초 목적이 달성될 수 없음은 오히려 당연한 일이다. 신분보장으로 단위조직 구성원간의 사적 인간관계가 고착되면 내부적으로 위계질서가 뚜렷해지고 대외적으로 폐쇄된다. 조직 내부에서 공사(公私)의 구분이 불분명해지고 구성원의 무사안일만 조장하는 경향이 생기게 된다. 그 점은 민간기업의 종신고용이 가져다주는 역기능과 유사하다.

민간기업의 경우와 마찬가지로 정부기구 인사관리제도의 대폭개선이 필요 불가결한 것이다.

8. 경기장, 경기규칙, 심판

민간의 경제활동을 운동경기에 비유한다면 정부가 해야 할 일은 경기하기 좋은 환경을 만들고 모든 선수가 페어플레이(fair play)를 하도록 유도하는 것이라고 할 수 있다. 보다 구체적으로 정부는 '경기장'과 '경기규칙'을 만들고 진행중인 경기에서 규칙이 잘 지켜지도록 '감시'하여야 한다.

그리고 정부의 역할은 거기서 끝나는 것이 바람직하다.

경기장이 잘 지어져 있으면 게임의 재미가 돋보이고 선수들의 기량향상에도 도움이 된다. 경기규칙이 합리적이어야만 관중들이 경기에 흥미를 느끼게 된다. 여기서 '경기장'은 사회간접자본 시설을 말하며 이는 '보이는 하부구조'이다. '경기규칙'은 사회경제적 법규와 제도가 되며 이는 '보이지 않는 하부구조'이다.

경기가 시작되면 정부는 '심판'으로서 규칙이 잘 지켜지도록 감시해야 한다. 규칙이 잘 지켜져야만 기대했던 경기의 재미가 살아남은 두말 할 필요가 없다. 그렇게 하기 위해서는 판정(判定)의 엄정성(嚴正性), 즉 엄격함과 공정함이 생명이다. 아울러 선수들이 규칙을 어기지 않는 이상 심판은 간섭하지 않도록 해야 경기의 흐름이 끊기지 않는다. 정부의 역할은 심판에 그쳐야 하며 경기 자체는 민간인인 선수와 감독에게 맡겨 두는 것이 바람직하다. 여기서 정부의 '심판기능'은 '엄정하게 법규를 집행하는 일'을 말한다.

우리 정부는 사회간접자본 시설을 준비하는 과정에서 투자의 우선순위를 그르치는 일이 많았고, 시설물의 디자인이 잘못되어 제 기능을 다하지 못하는 경우가 대부분이었으며, 예산의 낭비도 심하였다. 많은 개선이 필요하다.

우리 정부는 사회경제적 법규와 제도를 필요 이상으로 복잡하고 엄격하게 만들어 집행비용과 준법비용이 많이 들게 되었다. 효율성을 무시하였고 반칙의 유혹을 크게 하여 효과성도 의심스러워졌다. 크게 고쳐야 할 일로 보여진다.

우리 정부는 제도적으로 혹은 관행으로 민간경제 활동에 간섭하는 일이 많았다. 관치금융을 통해 자원배분에 직접 관여한 것이 그 대표적인 보기이다. 심판에 지나지 않아야 할 정부가 감독의 역할을 하여 경기의 흐름을 왜곡시켰다. 경기를 지휘하고 선수를 훈련시켜야 할 감독은 제 역할을 못하게 되고 선수들은 혼란을 느꼈다.[8] 지양(止揚)하여야 할 일이다.

---

8) 시장경제에서는 '감독'은 시장 그 자체, 혹은 "보이지 않는 손"(invisible hand)이다.

우리 정부는 법규를 이중잣대로 집행하여 사회기강을 흩뜨려 놓았다. 반칙을 하여도 득점할 가능성이 있으면 묵인하였고, 스타 플레이어는 각종 특권을 누렸다. 편파 판정을 일삼고, 은근히 반칙을 조장하는 일까지 있었다. 바꾸어야 할 일이다.

모름지기 경기장과 경기규칙이 잘 만들어져 있고 판정이 엄정해야만 경기가 흥미있게 되어 관중, 즉 소비자가 몰려든다. 그런 환경에서 경기를 하는 선수들은 기량(技倆)이 향상되어 국제시합에 나가서도 좋은 성적을 올릴 수 있다. 그래야만 국가의 대외경쟁력이 향상되는 것이다.

정부의 역할을 재정립(再定立)할 때라고 할 것이다.

9. 요약 및 결론

제7장에서 살펴본 대로 우리 정부의 경쟁력은 취약하다. 규제 위주의 법규와 제도는 기업과 개인에게 엄청난 시간, 노력, 비용의 부담을 주고 때로 반목적적(反目的的) 결과를 초래한다. 정부기구는 나날이 커져만 가고 운영은 비효율적이다. 특히 특권계층의 자리보장을 목적으로 정부 산하단체가 빠른 속도로 팽창하고 그 운영은 "비효율의 대명사" 아니면 "부실경영의 교과서"가 되고 있다.

그런 정부부문의 비효율이 국가경쟁력의 발목을 잡고 있는 것은 물론이며, 그 사실을 정치인과 관료집단 스스로가 잘 알고 있다. 그럼에도 불구하고 상황이 악화되고 있는 것은 크게 보아 정치인과 관료집단의 이기주의에 기인한다고 할 수 있다. 해결 방법이 없는 것이 아니라 의지(意志)가 문제인 것이다.

조금만 깊이 생각하면 사회경제적 개혁이 정치인과 관료집단에도 이익이 됨을 알 수 있다. 단적으로, 개혁이 진행되면 금융외환 위기를 손쉽게 수습할 수 있다. 우리 기업의 경쟁력이 강화되고 외국자본이 한국으로 밀려들어오게 되어 국가경제가 성장·발전하기 때문이다. 국가가 부강해지고 명실상부하게 OECD 회원국이 되면 가장 먼저 덕을 보는 것은 정치인과 공무원이다. 길게 잡아 10년을 내다보면 개혁이 바로 정부부문에 종사하는 사람들을 위한 일이 되는 것이다.

정부가 유의해야 할 또 한 가지 사항은 시장이 개방되고 사회가 발전할수록 규제 위주, 관료집단 위주의 국정운영이 받아들여지지 않을 것이라는 점이다.

정부의 외국기업 유치(誘致) 노력이 희망하는 대로 결실을 맺는다면 외국기업들은 각종 압력을 동원하여 불합리한 규제, 불필요한 정부간섭을 철폐하려고 할 것이다. 그들이 가진 가장 큰 무기는 물론 "철수(撤收)의 위협"이다. 1998년 말 독일에 좌파 정부가 들어섰을 때 한 언론이 '벤츠사가 해외로 이전할 가능성'이 "개혁을 촉진하는 비밀병기"(secret weapon)가 될 것이라고 한 것이 바로 그런 맥락이다(BW, 98. 10. 12).

1997년의 위기로 말미암아 한국의 사회경제적 문제점이 세계에 알려졌고 국내외에서 갖가지 개선방안이 제시되고 있다. 그 바람에 우리 국민들도 정부부문의 문제점을 널리 인식하게 되었다. 세월이 지날수록 부당한 규제와 간섭에 대한 시민의 반발도 거세어질 것이 틀림없다.

개혁의 의지만 있다면 그 방향과 방법은 의외로 쉽게 찾을 수 있다. 크게 보아 그것은 다음의 세 가지이다 :

①사회적 비용 혹은 낭비를 줄이기 위하여 과감하게 정부기구를 축소하고 '대부분의' 산하단체를 민영화하는 것.

②사회경제 질서의 확립을 위하여 '엄격한 법규, 느슨한 집행'을 '느슨한 법규, 엄격한 집행'으로 바꾸는 것.

③자원배분을 시장에 맡기는 것.

1990년대에 미국경제가 번창한 것은 프리드만(M. Friedman)이 평생을 두고 주장한 자유시장 경제(free-market economy)가 정책에 반영된 덕분이라고 평가되고 있다. (그는 Nixon과 Reagan의 자문역이었다.) 그는 80평생을 회고하면서 그의 부인과 함께 쓴 책을 다음과 같은 말로써 끝맺고 있다 :

　　우리의 공공정책론의 핵심 주제는 일관되게 '인간 자유의 창달'(promotion of human freedom)이었다 그것은 우리가 임대료 통제나 전반적 임금·가격 통제에 반대하는 근저(根底)를 이룬다. 그것이 우리가 교육의 자유선택, 라디오·TV의 민영화, 지원자로만 충원된 군대, 정부지출의 상한선 설정, 환각제의 합법화, 사회보장제도의 민영화, 자유무역 등을 옹호하는 이유이다. 그것은 우리가 산업과 개인생활을 최대한도로 자율화하도록 주창하는 바탕이 된다. (Friedman, 1998)

어느 분야이건 정부의 입김이 최소한에 그치는 것이 더욱 효과적·효율적이라는 말에 다름 아니다.

　　우리가 바라는 것이 미국과 같은 경제적 활력이라고 한다면 프리드만의 처방은 우리가 지향(指向)할 바를 상당 부분 시사해 준다고 할 수 있다.

　　정부부문의 개혁이 이루어지면 그것 차체로도 엄청난 경제적 효과가 있다. 더욱 바람직한 것은 그것에 이어 기업과 개인의 인식전환과 행동양식의 변화가 일어날 것이라는 점이다. 자연히 기업경쟁력이 향상되고 국가경제가 건실해질 것이다.

맺음말

1990년대 말의 위기는 우리의 경제·산업 모델 그리고 개인과 기업의 패러다임이 잘못되었음을 일깨워 주었다. 우리 격언에 "늦었다고 생각될 때가 가장 이르다"고 하였듯이 지금이라도 기회는 있다. 위기가 시작될 때 일부 외국 인사가 말했듯이 그것은 숨겨진 축복(blessing in disguise)일 가능성도 크다.

우리나라에는 5천만에 가까운 인구가 있다. 그것 자체가 매우 큰 잠재력이다. 그 인구에서 나오는 수요(需要)만으로도 거대한 시장이 될 수 있다. 웬만한 규모로 각종 산업을 일굴 수가 있는 것이다. 어떤 일이 닥쳐도 우리는 실망하거나 좌절할 필요가 없다.

남은 것은 어떻게 하면 우리 자신과 우리의 후손이 보다 나은 삶을 영위하게 만드느냐 하는 문제이다. 그것은 결국 우리 각자가 어떤 방향으로 자세를 가다듬고 어떤 방법으로 능력을 키우느냐에 달려 있다. 모든 것이 "우리 하기 나름"인 것이다.

1. 지피지기(知彼知己)는 승리를 위한 필요조건

인간생활의 대부분은 경쟁이다. 경쟁에서 이기는 첫걸음은 예로부터 "상대를 알고 나를 아는 것"이었다. 그것을 현대의 조직운영(기업경영)에 맞추면 "외부환경"을 철저히 분석하고 "내부능력"을 정확하게 평가하는 일이다(Andrews).

지난 경제개발 기간을 돌이켜 보면 우리는 옛 가르침과는 정반대의 길을 걸었다. 여건이나 상황을 정확하게 분석하지 않고 일방적으로 우리에게 유리한 방향으로 해석하기 일쑤였다. 우리는 무엇이든지 "할 수 있다"는 식으로 스스로의 능력을 과대평가하였다. 그래서 우리 정부, 기업, 개인이 그리는 경제전망, 사업계획 등은 거의 언제나 장밋빛이었다. 만약에 계획대로 안 되면 그 다음 대비책(contingency plan)이 무엇인가를 생각해 두는 경우도 별로 없었다.

우리는 모든 면에서 낙관론(樂觀論)으로 일관하였다. 극단적으로 표현하면, 우리는 1960년대 이후 40년 가까운 세월 동안 꿈과 현실을 혼동하고 있었다.

그렇게 된 것은 두말 할 필요도 없이 우리 스스로의 잘못이다. 정부는 다분히 정치적 목적으로 국가경제에 대해서 과대선전을 했다. 기업은 자원의 확보를 위해 과욕(過慾)을 부렸고 상대를 제압하는 전술로서 과장광고를 일삼았다. 그러한 분위기 그리고 깊은 생각없이 남의 말을 따르는 습성 때문에 일반 국민들은 정부와 기업의 과장홍보를 그대로 믿게 되었다.

정부, 기업, 국민이 온힘을 기울여서 치러 낸 올림픽은 그런 '착각'을 고착(固着)시켰다. 머지않아 열 손가락 안에 꼽힐 부강한 나라, 금방이라도 "세계 초일류 기업"이 될 것이라는 다소 허황된 생각을 하게 되었다. 국민은 이미 선진시민이나 된 듯한 환상에 젖었다.

불행히도 능력이 뒷받침되지 않는 그런 꿈은 실현될 수 없었다. 기분에 취해서 사는 동안 기업과 나라는 빚더미에 올라앉고 말았다.

깨야 할 꿈

지금이라도 우리가 갈 길을 제대로 찾고 국가경쟁력을 향상하기 위해 서는 꿈에서 깨어나야만 한다. 외부환경과 내부능력을 정확하게 파악하여 그에 맞추어 정부, 기업, 국민 각자가 해야 할 일이 무엇인지를 알아내고 그것을 실행에 옮겨야만 한다.

그러나 우리는 금융외환 위기의 와중(渦中)에서도 중심을 잡지 못하고 있는 듯하다. 정부, 기업, 국민이 과거처럼 분위기에 묻혀서 문제를 해 결하려는 것처럼 보인다. 엄동설한(嚴冬雪寒)을 적당히 넘기면 머지않아 봄이 올 것으로 생각하는 사람이 많다. 불행히도 일은 그렇게 간단하지 않다. 저절로 오는 계절의 봄과는 달리 '국가경제의 봄은 우리가 만들어야 만 온다.'

1998년 말까지도 정부, 기업, 국민 개개인이 국가경쟁력 강화에 필요 한 희생을 거부하고 있는 듯하다. 모든 것이 남의 탓이므로 스스로는 양 보할 이유가 없다고 생각하는 것 같다. 정부와 기업의 개혁은 지지부진하 다. 거리에 실업자가 넘쳐나고 서울역 지하도에는 노숙자가 무리를 짓고 있다고 대중매체가 강조하지만 소위 "3D 업종"에는 여전히 "사람 구하기" 가 어렵다.

위기 이후에 모두가 힘을 합쳐서 추진하는 일이 딱 하나 있다면 그것 은 "2002년 월드컵"인 듯하다. 정부, 기업, 국민의 절대적 지지가 따른다. 정부는 경제위기 해결을 위해 몇 백조 원이 될지도 모를 재정지출을 앞두 고 있으면서 거액을 들여 축구장을 짓는 등 "차질없는 행사"를 준비하고 있다. 기업체는 경쟁적으로 축구단을 운영하면서 큰돈을 투자한다. 축구에 대한 국민의 성원(聲援)은 외국과의 축구시합 TV중계 시청률을 70%대로 끌어올리기도 한다.

많은 국민들이 축구를 통하여 경제적 어려움에서 오는 스트레스를 해 소(解消)한다고 말하고 있다. 그럴 목적으로 월드컵을 성대하게 치러야 한 다고 생각한다. "월드컵을 성공적으로 개최하고" 거기서 좋은 성적을 올림 으로써 국민의 사기를 진작시켜야 한다고 믿는다.

국민의 사기를 높이는 것은 중요하다. 그러나 내실이 밑받침되지 않으면 자칫 현실도피가 될 수도 있다. 경제적 어려움은 문제를 정면으로 부딪쳐서 풀어야 하는 법이며, 딴 일에 몰두하여 한 순간 잊는다고 해결될 성질의 것이 아니다. 스포츠를 통해서 현실을 잊고 욕구불만을 발산하고자 한다면 그것이 환각제(幻覺劑)와 다른 점이 무엇인가?

현실을 직시(直視)할 때이다.[1]

2. 불가피한 축소균형(縮小均衡)

1990년대 말에 다다른 국가경제적 한계를 극복하는 것은 장기적 과제이며 그 출발점은 한마디로 축소균형이라고 말할 수 있다.

금융외환위기의 본질은 금융기관이 안고 있는 부실채권이고, 그 바탕에는 기업의 과투자와 과잉투자가 있다. 과투자를 해소하는 출발점은 업종전문화이고 과잉투자를 해소하는 길은 자산처분뿐이다.

앞에서도 지적한 바 있지만 1997년의 위기는 실제로는 '경제위기'였다. 기업대출금을 "출자전환"(出資轉換)하는 등의 기술적 방법으로 해결될 가능성이 희박하다. 그 위기는 기업경쟁력을 강화하는 방법이 아니면 극복(克服)될 수 없을 것으로 보인다. 유일한 해결책이 바로 축소균형이다.

과투자(過投資)의 해소

재벌간의 과당경쟁은 내부능력이 갖추어지지 않은 상황에서 각종 산업에 백화점식으로 참여하는 양상을 빚었다. 기술력, 근로자의 숙련도, 마케팅 능력, 자금력 등을 갖추지 못하고 벌이는 사업은 성공의 가능성이 희박하다.

---

1) 1998년 말에 IMF의 구제금융을 받게 된 브라질은 그해 여름 전국민이 월드컵 대회에 몰두하여 개혁이 늦어지는 바람에 엄청난 재정적 손실을 입게 되었다고 보도된 바 있다(WSJ, 98. 11. 5). 아이러니라 아니할 수 없다.

실제로 거의 대부분의 재벌이 거의 대부분의 업종에서 이윤을 얻지 못하고 있는 것이 우리의 우울한 현실이다.

상황을 더 어렵게 하는 것은 제3공화국의 중화공 육성정책과 1980년대 말에 생긴 자만심으로 말미암아 우리나라의 산업구조가 자본이나 기술 집약적 산업에 편중되어 있다는 점이다. 두 종류의 산업 모두에서 가장 먼저 필요로 하는 것은 기술력(技術力)이다. 불행히도 기술력은 한국의 기업이 가장 취약한 부분이다. 경쟁력을 얻기 어렵게 되어 있는 것이다.

분수에 넘치는 과투자를 해소하는 길은 각각의 재벌이 장기(長技)가 있는 분야를 골라서 거기에만 집중하여 기술을 개발하는 것이다. 자신없는 분야는 과감하게 처분해야만 살길이 생긴다. 처분되는 분야에서 회수하는 자금은 집중분야에 대한 기술투자 자본이 될 것으로 기대해 볼 수도 있다.

과잉설비(過剩設備)의 해소

재벌간의 과당경쟁으로 우리가 주력산업이라고 부르는 모든 업종에 엄청난 과잉설비가 있다. 과잉설비는 생산요소 가격을 높이고 생산품의 가격은 하락시킨다. 우리 국민들은 그런 동반자살식의 경쟁을 국내에서 익히 보아 왔지만 해외시장에서도 비슷한 양상을 보이는 일이 많다.

동반자살을 막는 방법은 과다한 설비를 없애는 것이다. 개별기업의 입장에서는 자산처분 혹은 일부사업 폐쇄 등의 방법으로 그런 목표를 이룰 수 있다.

국민소득 3,000달러?

과투자와 과잉투자를 해소하고자 하면 다수의 기업이 동시다발적으로 자산을 처분하여야 한다. 상당 부분 외국기업에 매각할 수 있겠지만 불가피하게 많은 시설을 폐쇄하여야 할 것이다. 생산량, 국민소득이 줄고 실업이 늘 것이다. 그러나 그런 고통은 다음 단계로의 도약을 위해서 어쩔 수 없이 감내(堪耐)하여야 할 일이다.

실업자의 증가가 가장 큰 어려움이지만 그것은 의외로 일시적인 현상에 지나지 않을 수도 있다.

우선, 기대하는 임금이나 급여의 수준을 낮추면 당장 일자리를 찾을 수 있다. 현재 외국의 근로자들이 맡고 있는 "힘들고, 어렵고, 위험한" 일이 많이 있다. 그런 일을 우리 국민이 하지 못할 이유가 없다. 우리 근로자들은 1980년대 중반까지만 해도 염색(染色) 일을 마다하지 않았고 중동(中東) 건설현장의 어려움도 견뎌내었다.

다음, 임금이 내려가면 우리가 사양산업(斜陽産業)이라고 밀쳐 두었던 노동집약적 산업을 다시 살릴 수가 있다. 섬유, 의류, 신발, 완구, 운동구, 생활용품 등등 1980년대 중반까지 세계 시장을 휩쓸었던 우리 상품이 많다. 우리가 믿는 대로 우리의 솜씨(손재주)가 뛰어나다면 노동집약적 산업에서는 지금도 충분히 승산이 있다. 그런 산업이 부흥하면 일자리가 지천(至賤)으로 생겨서 거꾸로 인력난(求人難)을 맞게 될지도 모른다.

실업(失業)이 해결되면 국민소득(國民所得)이 어떻게 달라질까 하는 것이 문제로 남는다. 새로운 일인당 국민소득 수준은 폐쇄될 산업시설의 양과 노동집약적 산업에서 대외경쟁력을 회복할 수 있는 임금의 수준에 따라 달라질 것이다. 두 가지 모두 간단히 짐작하기는 어려운 변수(變數)이다.[2]

이제 하나의 가상(假想)으로 제반 요인이 감안 혹은 반영되어 국민소득 3,000달러 정도가 될 것이라고 하자. 그럴 때에 과연 우리의 대외경쟁력은 어떠할 것인가? 우리가 그런 수준을 수용할 수 있을까?

쉽게 회복될 수 있는 경쟁력

국민소득이 낮아지는 것은 근로자의 임금이 낮아진 결과이다. 우리 국내총생산(GDP)의 약 50%는 근로소득("被傭者 報酬")이다. 국민소득이 3,000달러 수준으로 낮아지면 기존산업, 신규산업을 통틀어 저임금(低賃

---

[2] 크게 신빙성 있는 것은 아니지만 한국이 경쟁력을 회복하기 위해서는 생산시설의 77%를 폐쇄하여야 한다는 주장도 있다(FEER, 98. 10. 1).

金)이 생산원가 절감에 미치는 효과가 지대할 것임은 쉽게 짐작할 수 있다. 기술력이 문제가 되지 않는 산업에서라면 경쟁력 확보가 어렵지 않은 것이다.

그렇게 된다면 국가경제는 머지않아 활성화되고 실업문제의 해결은 더욱 손쉬워질 것이다.

우리는 거기서부터 새롭게 출발하는 것이다. 차근차근 기초를 다지면서 내실(內實)을 갖추는 것이다. 정부, 기업, 개개인이 기술개발에 진력(盡力)하고, 국민 각자가 기능력(技能力)을 갖추는 것이다. 내부능력에 맞추어 경제규모, 사업규모를 키워나가면 선진국에 진입하는 시간이 의외로 단축될 수도 있을 것이다.

그 때에도 우리는 잘 살았다

국민소득을 낮추는 것, 그 정도를 결정하는 데에는 국민적 합의가 필요하다. 분명한 것은 국가경제의 '기초'(基礎)가 잘못되어 있는 만큼 될수록 낮은 데서 시작하는 것이 장래를 밝게 한다는 점이다(<그림 12-1> 참조).

현실적으로 일인당 국민소득을 3,000달러로 낮추기 위한 합의를 도출하는 것은 지난(至難)한 일이다. 그러나 모든 것이 우리 마음먹기 나름이다.

일인당 국민소득 3,000달러라면 1987년이다. 그때 우리가 어떻게 살았는가? 따져 보면 지금보다 그렇게 나쁘지 않았다. 비록 자동차를 몰지 않았고 해외여행을 쉽게 하지 못하였지만 생각하기에 따라서는 그것이 반드시 아쉬운 것은 아니다.

1990년대 말을 그 때와 비교하면 늘어난 자동차로 말미암아 교통혼잡과 환경오염만 발생된 것으로 볼 수도 있다. 남 따라 해외여행에 나섰다가 여행사의 농간에 놀아나고 꽉 짜여진 일정에 고생만 했다고 여길 수도 있다.

1987년으로 돌아간다 해서 큰 문제가 없을 수도 있는 것이다. 마침 그 해는 저임금에 의존한 한국경제의 성과가 절정에 달하였을 때이기도 하였다. 정부와 기업이 그 시점부터 변하기 시작한 환경에 적응하지 못한 것이 금융외환 위기를 초래한 원인이었다. 이제 그 때로 다시 돌아가는 것은 처음부터 다시 출발한다는 상징적 의미가 있기도 하다.

국민소득이 3,000달러에 불과할 때 국민 대다수가 하게 될 일이 "궂은 일"이라는 것은 선입견에 지나지 않을 수도 있다. 사무직이 생산직보다 반드시 더 많은 가치를 창조하고 더 보람이 있는 것은 아니다. 사무직이 육체적·정신적 건강에 더 좋은 것도 아니다. 육체노동이 반드시 수준 낮은 일, 궂은 일은 아닌 것이다. 어떤 일을 하건 마음먹기 나름이다(제13장 참조).

보도에 따르면 우리와 비슷한 시기에 경제위기를 맞은 태국 사람들은 벤츠를 몰고 다니면서 행상을 한다고 한다(조선, 98. 10. 13). 체면이나 허욕을 버리고 형편에 맞추어 사는 것이다. 우리 주위에서도 사무직에서 퇴직한 사람이 농촌으로 돌아가거나 트럭 행상을 하는 예가 적지 않다. 현명한 판단이라고 아니 할 수 없다. 대다수 국민이 그렇게 하지 못할 리가 있겠는가?

우리 모두에게는 장래의 큰 행복을 위하여 눈앞의 작은 이익을 희생할 줄 아는 현명함이 필요하다고 할 것이다.

3. 어른스러워져야 할 때

우리가 현대적 정치·사회질서를 가지게 된 것이 반세기가 지났고 경제개발을 시작한 지도 40년이 가까워 온다. 외형적으로 우리나라와 사회가 성숙기(成熟期)에 다다른 것이다.

그럼에도 우리는 아직도 미숙(未熟)한 모습을 보이는 일이 적지 않다. 대외적으로 "국위"를 스스로 훼손하는 일이 많다. 대내적으로는 정부나 지도계층이 생각없는 행동을 보일 때가 흔하다. 성숙사회로의 진행에 큰 장애가 된다고 할 것이다.

국위(國威)를 세우는 길

1996년말부터 1997년 초까지 많은 외국 언론이 한국에 대한 비판적 기사를 실었다. 그것이 우리나라가 OECD에 가입한 직후인 점은 차라리 역설적(逆說的)이다. 외국 언론은 한국의 제도적·관행적 문제점을 주로 지적하였는데, 우리는 그러한 비판적 자세를 불순한 의도가 깔려 있는 "한국 때리기"로 인식하였다. 우리의 문제점을 자인(自認)하지 않았던 것이다.

부정보다는 솔직함.　불행히도 많은 시간이 지나지 않아서 외국 언론의 지적은 대부분 사실인 것으로 나타났다. 금융외환 위기를 맞은 우리는 더이상 OECD 가입국임을 자랑할 수가 없었고 외국인에게 대꾸할 말을 찾지 못하였다. 단선적(單線的)으로 반응하거나 사실을 부정하는 것으로 처리될 성질의 일이 아니었던 것이다.

우리의 허세는 결국 나라 망신, 즉 "국위 손상"의 정도를 더 크게 하고 말았다. 국제사회에서 부정과 은폐는 통하지 않는 만큼 처음부터 진실을 밝히는 것이 국위를 지키는 지름길이었던 것이다.

허풍보다는 당당함.　외국과 거래할 때에는 자신의 주장을 논리적으로 당당하게 펼쳐야만 무시당하지 않는다. 우리는 허풍을 잘 떨지만 막상 외국과의 거래에서 무기력함을 보일 때가 많다. 협상기술이 모자라거나 필요 이상의 저자세를 보인다. 그래서는 외국의 존경을 받기 어렵다.

미국의 통상전문 변호사들을 대상으로 실시한 설문조사에서 한국이 미국의 통상압력에 가장 약하여 겁만 주면 굴복하는 것으로 나타난 적이 있다(중앙, 95. 12. 28). 정부는 1997년에 미국산 쇠고기에 병원균이 있다고 선언하고서도 철저히 규명하기보다는 우물우물 넘겼다. 독도(獨島)의 영유권(領有權), 동해(東海)의 명칭, 어로수역(漁撈水域) 등의 문제도 나라 안

【<그림 16-1> 서투른 대외교섭】

출처 : 조선일보, 1998. 7. 31.(조선일보사의 허락을 받아 전재함. ⓒ 1998 조선일보사)

에서 요란하게 떠들었지만 실제적 대책을 강구하는 데에는 서툴렀다.

1998년에 있었던 한국 외교관의 불법 첩보활동과 관련된 러시아와의 외교 실랑이는 크게 보아 한국의 망신으로 끝났다(<그림 16-1>).

정치인들은 "외교를 내세우면서" 외국을 자주 방문하지만 제대로 성과를 올리는 경우는 드물다. 직업관료는 상대방을 철저히 분석하여 실제적인 전략을 짜기보다는 누구를 만난다는 형식에 치중한다. 대통령 후보가 되겠다는 정치인이 마이크로소프트(Microsoft)에 데이터 베이스의 한국 관련 자료가 틀렸다고 항의한 것을 자랑하기도 했다.

과공(過恭)은 웃음거리.　외국의 유명 연예인이나 운동선수는 과분하게 대접한다. 1997년에는 비싼 돈을 주고 고용한 모델이 공공연하게 한국을 비웃은 적도 있다. 비싼 출전료(出戰料)를 '지급하고' 초청한 프로골프 선수는 막상 시합에서 성의없이 경기를 하곤 했다. 모두 우리의 위신을 스스로 떨어뜨리는 일들이다.

1997년 4월 북한 정부는 주민이 기아선상(飢餓線上)에 허덕이고 있었음에도 그 실상을 파악하기 위해 방문한 미국 국회의원들에게 산해진미(山海珍味)를 대접하여 만방(萬邦)의 비웃음을 샀다. "주제파악을 하지 못한 것이다."

우리 스스로 북한과 같은 어리석음을 저지르지는 않았는지 되짚어 볼 필요가 있다. 우리는 "성대히" 끝낸 올림픽을 자랑스러워했지만 성수대교가 무너지는 바람에 더 큰 대외적 망신을 당하고 말았다. "서울 평화상"을 제정하여 큰 상금을 주겠다고 했지만 수상(受賞) 희망자를 찾아 다녀야 하는 형편이었다. 1998년 말에 정부는 "외채만기 협상에 기여한 공로"로 미국 금융인에게 훈장을 수여하였는데 적지 않은 국내외 인사로 하여금 어안이 벙벙하게 만들었다.

"돈 쓰고 욕먹은 꼴"이 아닌지 걱정되는 일이다.

한 나라의 위신, 즉 "국위"(國威)는 경제적 경쟁력이 강하고, 문화적 수준이 높고, 스스로 품위를 지킬 때에 얻어지는 것이다. 스포츠나 전시성 행사로 높일 수 있는 것이 아니다. 결코 허세와 허풍으로 얻을 수는 없다.

기업이나 개인의 경우도 마찬가지이다. 실력을 기르고 내실을 다지는 것이 남의 존경을 받는 첩경이다. 허세를 부리는 것은 엄청난 비용이 들지만 "위신"을 세우는 데에는 크게 도움이 되지 않는다.

우리 모두 "공주병"에 감염되어 있지 않은지 냉철히 따져 볼 필요가 있다.

극복해야 할 "정신문화의 가벼움"

정치인, 고위관료, 학자, 기업인 등은 사회의 지도층이므로 그들의 사고와 행동은 많은 국민에게 전형(典刑)이 된다. 그들의 사려 깊음, 신중한 행동은 사회 전체가 바른 판단, 현명한 선택을 하는 능력과 자세를 구비하게끔 촉진할 수 있다.

우리의 지도층은 그런 측면에서도 국민을 실망시켜 왔다. 다음의 사

례를 보자 :

"아니, 왜 여태 안 오는 거야……" 29일 서울 하얏트호텔 리젠시 볼룸에서 장관, 국회의원 등 '높으신 분' 200여 명이 오후 5시부터 행사 주인공을 기다리고 있었다. 그러나 1시간 30분이 지나도록 [그 주인공은] 나타나지 않았다. 결국 행사는 흐지부지되고 말았다. 그들은 체면도 잊고 투덜거리며 호텔을 빠져나갔다. 주인공은 박세리였다.

이날 행사는 한국여자프로골프후원회(회장 김한길 의원, 국민회의)가 주최한 '박세리 선수 환영의 밤'이었다. 회장인 김의원을 비롯, 바쁜 국감(國監) 와중임에도 국회의원만 20여 명이 참석했다. 문화관광부 신낙균(申樂均) 장관도 보였다. 한국여자프로골프협회(KLPGA) 이관식(李官植) 회장은 박세리에게 줄 골든 퍼터상까지 준비했다. 그런데 박세리가 나타나지 않은 것이다.

이런 '무례'를 범하다니 박세리가 건방져진 것일까. 그러나 내막은 그렇지 않았다. KLPGA가 지난 23일 박세리의 일정을 관리하는 삼성물산 세리팀에 이 행사 참석을 요청했다. 그러나 세리팀은 "일정이 빡빡한 데다가 30일부터 대회에 나가야 하기 때문에 29일 저녁 행사에는 참석할 수 없다"고 통보했다……. (조선, 98. 10. 30)

"지도층 인사"들이 사서 망신을 당했다. 일반 시민들이 무엇을 배울지 걱정되지 않을 수 없다.

깊은 생각이 없기는 지도층 인사들뿐 아니라 정부라는 조직도 마찬가지이다. 정부가 즉흥적으로 행동하고 한 걸음 앞을 생각하지 못하는 사례는 예외라기보다는 차라리 일상사(日常事)라고 할 정도로 흔히 볼 수 있는 일이다. 제7장에서 소개한 비효과적 정책사례는 따지고 보면 정부의 가벼움에서 초래되었다고 할 수 있다.

옛말에 "추수가 끝나기 전에는 풍년임을 말하지 말라"고 하였다. '옛

---

3) 조선일보사의 허락을 받아 전재함. ⓒ 1998 조선일보사

말 치고 틀린 것이 없음'은 너나없이 자주 경험하기 때문에 그 말 자체가 금언(金言)이 되었다. 그렇다면 추수가 끝난 다음에 풍년인지, 흉년인지 평가하는 것이 어른스러울 것이다. 그럼에도 우리 정부와 사회는 마치 모내기를 막 끝내고 나서 "금년은 풍년임에 틀림없다"고 말하는 성급함과 가벼움을 보일 때가 많다.

다음의 사례를 곰곰이 생각해 보자 :

(사례 16-2) 모내기 마치고 풍년(豐年)을 말하는 가벼움

정부는 1998년 말 <사례 16-1>의 주인공이 되는 골프선수와 미국에서 활동하는 한 젊은 야구선수에게 각각 "체육훈장 맹호장"을 수여하였다. 대통령이 청와대에서 그들을 환대하는 장면이 컬러사진으로 도하(都下) 각 신문에 크게 실리고 TV에 대대적으로 보도되었다.[4]

정부가 "큰 성과를 이룬 훌륭한 인물"이라고 공식적으로 인정한 것이다. 그러나 두 프로 선수는 본격적 활동 경력이 각각 1년과 2년에 불과하여 말하자면 이제 못자리를 갓 떠난 입장이었다. 그럼에도 우리 정부와 사회는 마치 추수가 끝나기라도 한 듯이 그들을 크게 평가해 주었던 것이다. 그들이 어떤 선수, 어떤 사람이 되고 어떤 수확을 거둘지는 그때부터 지켜보아야 할 터인데도 말이다.

정부의 가벼운 정책은 사회적 비용을 초래할 뿐만 아니라 전체 사회의 정신문화를 가볍게 한다. 정부 가벼움의 이면에는 물론 정치인과 공무원이라는 사회지도층 인사들의 가벼움이 있다.

결국 사회지도층이 '진득하게 기다리고 무게있게 행동하는 습관'을 들여야 할 것이다. 그래야만 우리 사회가 정신문화의 가벼움에서 벗어날 수

---

4) 훈장을 받은 두 선수가 "국위를 선양했다"는 것은 우리만의 환상이다. 외국 사람들은 두 선수의 국적(國籍)이 한국임에는 관심이 없다. 그것은 한국인 중에서 그 두 선수보다 더 잘 알려진 '아니카 소렌스탐'(세계 제1위의 여자 골프 선수)의 국적이 스웨덴이고 '새미 소사'(홈런 신기록 경쟁을 벌였고 내셔널리그 MVP가 된 야구선수)의 출신국이 도미니카인 점에 특별히 관심을 가지거나, 그들로 말미암아 소속국가의 위신이 세워졌다고 믿는 사람이 별로 없는 것과 마찬가지이다.

있을 것이다.

버려야 할 "체력은 국력"이라는 환상

제3공화국이 남긴 또 하나 잘못된 유산(遺産) 중의 하나가 "체력은 국력"이라는 명제(命題)이다. 개헌(改憲) 등의 무리수로 국민의 저항을 받게 된 제3공화국 정부는 정치적 목적으로 스포츠를 적극 장려하였다. 명분은 "국민의 체력강화"였지만 실제는 국민의 관심을 딴 데로 쏠리게 하기 위한 "엘리트 체육의 진흥"이 주요한 정책과제였다. 그 중에서도 각종 국제체육 행사에서 메달을 따는 것이 초미(焦眉)의 관심사였다.

그런 전통은 "문민정부"나 "국민의 정부"에도 계승되었다. 그리하여 우리 국민 대다수는 "체력은 국력," 정확하게는 "스포츠는 국력의 상징"이라는 주문(呪文)에 빠져 있는 듯하다.

그러나 그것은 큰 착각이다. 국제대회의 메달이 국위를 선양하는 것도 아니고 유독 "체력만이 국력"인 것도 아니다. 더구나 1990년대 말 우리가 절실히 필요로 하는 것은 기초학문과 산업기술의 발달이지 체육의 진흥이 아니다. 정부가 굳이 나서서 장려하고 관련 인사들에게 훈장을 준다면 그것은 체육이 아니고 학문이나 기술분야가 먼저라야 마땅하다.

우리 정부는 정책의 최우선 목표가 "경제"라고 '말'해 왔다. 정치인과 사법기관은 "경제인"이 지은 죄까지 너그러이 용서해 주고는 했다. 그러나 국제 체육행사의 거국적 유치, 운동선수에 대한 각종 특혜, 체육인에 대한 훈장남발 등을 보면 한국 사회가 가장 큰 관심을 보이는 분야는 실제로는 "체육"이 아니었나 하는 의문이 생길 정도이다.[5]

우리와는 달리 유태인(Jews)들은 학문발달에 대한 기여와 의사, 변호사 등 전문직업인으로서의 기능을 자랑한다. 노벨상을 받은 사람들 중 단일 종족으로는 유태인이 압도적으로 많다. 1901~97년간 총 692인(기

---

5) 정부가 훈장수여 대상자 현황을 기밀사항으로 취급하고 있어서 자세한 내용은 알 수 없다. 다만 관례에 비추어 보면 그 혜택을 받은 것은 퇴임공무원(별정직 및 교원 포함)과 체육인이 특별히 많았을 것으로 추정된다.

구·단체 제외)의 노벨상 수상자 중에서 98인이 유태인이다. 특히 자연과학 부문 수상자 중의 20% 이상이 유태인이다. 세계를 통틀어 유태인의 인구가 1,800만 명에 불과한 점을 생각하면 실로 가공할 숫자이다. 미국의 법조계와 의료업계에서는 유태인들이 판을 치고 있다. 눈에 띠게 성공한 기업인 중에도 유태인이 특별히 많다. (이 책에서 자주 인용된 M. Friedman과 A. Grove도 유태인이다. 프리드만은 1976년에 노벨 경제학상을 받았다.)

유태인들이 세계의 정치와 경제에 미치는 영향력은 막강하다. 특히, "미국의 정치인들은 유태인의 포로"라고 생각될 정도이다. 미국이 다른 나라에 대한 원조를 거의 중지하였음에도 이스라엘에는 어김없이 매년 30억 달러를 무상지원하고 있다. 1995년 11월에 암살당한 이스라엘 총리의 장례식에 참석하기 위하여 대통령과 하원의장을 포함한 내노라 하는 미국의 정치지도자들이 모두 대통령 전용기를 타고 이스라엘의 수도로 날아갔다.

한편, 전세계 유태인의 마음의 고향인 이스라엘은 사회주의적 경제정책으로 한때 어려움을 겪기도 했지만 기술개발에 집중하여 1990년대 말 현재 첨단기술의 강국으로 부상하고 있다.

유태인들이 '노벨상의 개수'를 세고 있을 때 우리는 '올림픽 메달의 개수'를 세고 있어서야 되겠는가? 한 번쯤 다시 생각해 보아야 할 것이다.

무슨 일을 하건 원고심려(遠顧深慮)와 용의주도(用意周到)함은 좋은 성과를 올리는 데에 큰 도움이 된다. 정부정책의 운영이나 기업경영이라 하여 다를 바 없다. 더구나 우리가 염원하는 선진사회가 되기 위해서는 경제뿐 아니라 정신적 성숙함도 있어야 한다. 시대가 요구하는 정신문화적 특성이 우리 사회에 자리잡도록 하기 위해서는 정부와 지도층의 어른스러움이 무엇보다 먼저 요구된다고 할 것이다.

4. 앞을 향하여

새로운 천 년을 시작하는 시점에서 우리는 우울하다. 나라 구석구석이 문제투성이임을 부정할 수 없다.

그러나 장래가 비관적인 것은 아니다. 앞날의 모든 일은 지금부터 우리 국민 각자가 무엇을 어떻게 하느냐에 달려 있다. 시민 개개인, 기업인, 학자, 정치인, 공무원, 전문직업인이 우선적으로 해야 할 일은 각자가 맡은 사회경제적 임무를 완수하는 것이다.

프로페셔널리즘으로 무장(武裝)

우리의 국가경쟁력을 향상하기 위하여 국민 각자가 우선적으로 해야 할 일은 한마디로 '프로페셔널리즘(professionalism)으로 무장하는 것'이다. 프로페셔널리즘은 ① 전문지식과 기술(knowledge and skills), ② 직업에 대한 애착 (commitment), ③ 직업윤리(professional ethics)의 준수 등의 세 가지로 구성되어 있다. 첫번째의 것이 능력(competencies)이라면 뒤의 둘은 자세(attitudes)와 관련된다.

선후(先後)를 따지면 능력보다는 자세가 더욱 중요하다. 왜냐하면 직업에 대한 자세가 제대로 잡히면 자연스럽게 능력을 개발하려고 노력할 것이기 때문이다. 국민 각자가 직업인으로서 필요로 하는 능력을 얻는 것은 직업에 충실하겠다는 자세만 갖추면 그렇게 어려운 일이 아니다.

결국 국민 각자가 명실상부한 프로페셔널이 되는 것은 자세, 즉 '마음먹기'에 달린 셈이다.

다행한 일은 우리 국민은 지능지수와 교육수준이 높아서 다른 국민들보다 뛰어난 자질(資質)과 소양(素養)을 갖추고 있다는 점이다. 적절히 개발하면 빼어난 능력을 확보할 잠재력이 큰 것이다. 국민 각자가 경쟁국가 사람들을 능가하는 경쟁력을 확보할 수 있는 것이다.

자유롭고 진취적인 환경

우리 국민 각자가 경쟁력을 확보하기 위하여 보완해야 할 것이 하나 있다면, 그것은 제도로 혹은 관행으로 굳어 있는 권위주의와 위계질서에 대한 맹종에서 탈피하는 일이다. 조직 구성원으로서건, 독립된 개인으로서 건 독창성과 창의력이 필요한 경쟁사회에 우리가 살고 있기 때문이다. 프리드만(M. Friedman)의 다음과 같은 말에 유의할 필요가 있을 것이다 :

> [자유로부터의] 진정한 희망(true hope of freedom)은 개개 시민들의 기업 정신(enterprise), 자주정신(initiative), 발명능력(ingenuity), 성취욕(drive), 용기 (courage) 등에 있다. 그들은 자발적으로 서로 협조할 것이다. '모든 분야에서의 [동시적] 진보'라는 기적(miracle)은 개인적 성취의 집합체에 의해서만 생성될 수 있다. (Friedman, 1998)

밝은 한국의 미래

국가경제적 성과는 국민 개개인의 능력과 자세에 의해 좌우된다. 기업경쟁력, 정부경쟁력, 개인경쟁력은 결국 사람에 의해서 결정되기 때문이다.

우리의 국가경쟁력은 결국 우리 국민 개개인에게 달려 있다. 개개인에게 가장 먼저 필요한 것은 자기가 맡은 바 역할과 책임을 정확히 인식하고, 그 역할의 사회적 의미를 절감(切感)하며, 최선의 노력으로 그 책임을 완수함과 동시에 끊임없이 기능력(技能力)을 연마하는 것이다. 그것은 바로 "기본에 충실하는 것"(back to basics)이며 그렇게 어려운 일이 아니다. 그것은 전적으로 우리가 마음먹기에 달려 있다.

결론적으로 우리 국민 각자가 프로페셔널리즘으로 무장한다면 한국의 장래는 어느 나라 못지않게 밝다고 할 것이다.

▐▐▐ 참고문헌

기업은행(조사부). 한국의 중소기업 (1996). 1996.

김용하, 석재은, 윤석원. 사회보험관리 효율성 개선방안 : 부과 및 징수체계를 중심
　　으로. 연구보고서 96-23. 한국보건사회연구원, 1996. 12.

김화주 등. "연금 가입자 벼락 맞나." 한경 Business (한국경제신문), 1997. 4. 15.

대우경제연구소. "세계화 시대에 대비한 우리나라 직접투자의 전개방향," 1995.

맥킨지(McKinsey Inc.). 한국 재창조의 길 : 맥킨지 보고서. 매일경제신문사, 1998.

모모세 타다시(百瀨格). 한국이 죽어도 일본을 못 따라잡는 18가지 이유. (주)사
　　회평론, 1997.

박덕제, 김석진. 기업경제학. 중앙경제사, 1996.

방희선. 가지 않으면 길은 없다. 지성사, 1997.

변의석. '96국가물류비 산정 및 추이분석. 교통개발연구원, 정책연구 보고서, 98-
　　06, 1998.

안병직. "식민지기 조선과 대만의 민족공업에 관한 비교연구." 경제사학, 제23호,
　　1997. 12.

왕윤종(편저). 한국의 해외직접투자 현황과 성과 : 심층보고. 대외경제정책연구원,
　　정책연구 97-02, 1997. 12.

유영준. 멍청한 정치 넋빠진 경제. 매일경제신문사, 1990.

이용호. 너는 그렇게 나는 이렇게 부정부패의 장본인이었다. 오늘의 책, 1998.

이제민. "한국의 경제발전과 제도개혁." 경제사학, 제17호 별책, 1993. 12.

이홍. "창원공단에서 20년간 근무한 퇴직 근로자의 울분 : '노동자 천국'이 된 노동
　　현장, 그래도 '억압과 착취'를 부르짖는다." 월간조선, 1997. 11.

재정경제원 예산실. 97년 한국의 재정. 매일경제신문사, 1997.

중소기업청. "중소기업 육성정책 방향." 중앙공무원교육원 강의자료, 1997. 5. 19.

통상산업부(국제기업과). "해외투자기업 실태조사 결과," 1995. 2. 2.

하병기. "우리나라 해외투자기업의 영업활동 분석과 대응방향 : 1995년도 영업활
　　동을 중심으로." 대한상공회의소 / 산업연구원, 1997. 9.

한국개발연구원. “정부의 역할과 기능 재정립.” 국가과제공청회 자료, 1997. 8. 22.

한국무역협회. “1997년도 산업실태 조사.” 1997. 6.

한국산업연구원. “주요산업의 수출경쟁력 변화.” 1997.

한국은행. IMF 기준에 의한 개편 국제수지 통계해설. 1998. 5.

Aguilar, F. J. and D. S. Cho. “Gold Star and Co., Ltd.” Harvard Busi-ness School Case Study, 9-385-264, 1985.

Ahn, Y. D. Traditional Korean Management Systems As Impediments to the Localization Strategies of United States' Subsidiaries. A Ph. D. dissertation (UMI No. 9820445). Claremont, CA : Claremont Graduate University, 1998.

Andrews, K. R. The Concept of Corporate Strategy. Homewood, Ill. : Irwin, 1987.

Bartlett, C. and S. Ghoshal. Managing Across Borders : The Transnational Solution. Boston : Harvard Business School Press, 1989.

──────────────────. The Individualized Corporation : A Fundamentally Different Approach to Management. New York : HarperBusiness, 1997.

Bernstein, P. L. Against the Gods : The Remarkable Story of Risk. New York : John Wiley and Sons, 1996.

Bleeke, J. and D. Ernst. Collaborating to Compete : Using Strategic Alliances and Acquisitions in the Global Marketplace. New York : John Wiley & Sons, 1993.

Brealey, R. and S. Myers. Principles of Corporate Finance. New York : McGraw-Hill, 1981.

Booz-Allen & Hamilton. Revitalizing the Korean Economy Toward the 21st Century. A research report sponsored by Vision Korea Executive Committee, Maeil Business Newspaper, Maeil Economic Research Institute, and Korea Development Institute. Seoul, Korea, October, 1997.

Byrne, J. A. “Jack : A Close-up Look at How America's #1 Manager Runs GE.” Business Week, June 8, 1998.

Clifford, M. L. Troubled Tiger : Businesses, Bureaucrats, and Generals in South Korea. Armonk, New York : M. E. Sharpe, 1994.

Dolven, B. "Taiwan's Trump." Far Eastern Economic Review, August 6, 1998.

Drucker, P. F. The Practice of Management. New York : Harper & Row, 1954.

──────────. The Age of Discontinuity : Guidelines to Our Changing Society. New Brunswick, NJ : Transactions Publishers, 1968(1992). [서남원 역. 단절의 시대. 서음출판사, 1995.]

──────────. Innovation and Entrepreneurship. New York : Harper & Row, 1985.

──────────. Post-capitalist Society. New York : HarperCollins Publishers, 1993. [이재규 역. 자본주의 이후의 사회. 한국경제신문사, 1993.]

Eccles, R.G. "The Performance Measurement Manifesto." Harvard Business Review, January-February, 1991.

Ellsworth, R. "Capital Markets, Financial Policies, and Strategy." Unpublished work. Claremont, CA : Claremont Graduate University, 1996.

Friedman, M. and R. D. Free to Choose : A Personal Statement. New York : Harcourt Brace, 1980.

──────────. Two Lucky People : Memoirs. Chicago : The University of Chicago Press, 1998.

Fukuyama, F. Trust : The Social Virtues & the Creation of Prosperity. New York : The Free Press, 1995. [구승회 역. 트러스트 : 사회도덕과 번역의 창조, 한국경제신문사, 1996.]

Geneen, H. The Synergy Myth. New York : St. Marin's Press, 1997.

Glain, S. "South Korean Exporters, Plagued by a Decline in Western, Japanese Markets, Try Old Strategy." The Asian Wall Street Journal Weekly. July 12, 1993.

Grove, A. S. Only the Paranoid Survive. New York : Bantam Double-day

Dell Publishing Group, 1996. [유영수 역. 편집광만이 살아 남는다. 한국경제신문사, 1998.]

Gwartney, J. "Less Government, More Growth." The Wall Street Journal, April, 10, 1998.

Hamel, G. and C.K. Prahalad. Competing for the Future. Boston: Harvard Business School Press, 1994. [이경상 역. 코아·컴피턴스 경영혁명. 신구미디어, 1995.]

IMD(International Institute for Management Development). World Competitiveness Yearbook. 1998 (April, 19), on-line service.

Kerr, S. "Risky Business : the New Pay Game." Fortune, July 22, 1996.

Kirk, D. Korean Dynasty : Hyundai and Chung Ju Yung. New York : M.E. Sharpe, Inc., 1994.

Kotter, J. P. Leading Change. Boston : Harvard Business School Press, 1997.

Krugman, P. Peddling Prosperity : Economic Sense and Nonsense in the Age of Diminished Expectations. New York : W. W. Norton, 1994a.

──────. "The Myth of Asia's Miracle." Foreign Affairs, Nov. / Dec. 1994b.

Mankiw, G. Principles of Economics. Chicago : The Dryden Press, 1997.

McKenna, R. Real Time : Preparing for the Age of the Never Satisfied Customer. Boston : Harvard Business School Press, 1997.

Messick, R. E. "Economic Freedom Around the World," The Wall Street Journal. May 6, 1996.

Micklethwait, J. and A. Wooldridge. "The Art and Practice of Japanese Management." Strategy and Business (by Booz-Allen & Hamilton), first quarter, 1997.

Morita, A. Made in Japan : Akio Morita and Sony. New York : Penguin Books, 1986.

Murphy, C. "The Folly of Taxpayer-Funded Stadiums." Fortune, December 21, 1998.

Nicholson, N. "How Hardwired Is Human Behavior?" Harvard Business

Review, July-August, 1998.

Ohmae, K. The Borderless World : Power and Strategy in the International Economy. New York : HarperPerennial, 1990.

──────. The End of Nation State. New York : The Free Press, 1995. [박길부 역. 국가의 종말. 한·언, 1996.]

Pascale, R. and A. Athos. The Art of Japanese Management. Warner Books, 1981.

Peters, T. J. and R. H. Waterman. In Search of Excellence : Lessons from America's Best-Run Companies. New York : Harper and Row, 1982.

Porter, M. E. Competitive Strategy : Techniques for Analyzing Industries and Competitors. New York : Free Press, 1980. [조동성, 정몽준 역. 경쟁전략. 경문사, 1985.]

──────. "From Competitive Advantage to Corporate Strategy." Harvard Business Review, May-June, 1987.

──────. The Competitive Advantages of Nations. New York : Free Press, 1990.

──────. "What is Strategy?" Harvard Business Review, Nov.-Dec., 1996.

Reading, B. Japan : The Coming Collapse. New York : HprperCollins, 1992.

Robinson, A. G. and S. Stern. Corporate Creativity : How Innovation and Improvement Actually Happen. San Francisco : Berrett-Koehler Publishers, 1997.

Rohwer, J. Asia Rising. New York : Simon & Schuster, 1995.

──────. "Asia's Tigers : Why They Still Have a Long Way to Grow." Fortune, September, 29, 1997.

Rommel, G., J. Kluge, R. Kempis, R. Deiderichs and F. Bruck. Simplicity Wins : How Germany's Mid-Sized Companies Succeed. Boston, Mass. : Harvard Business School Press, 1995.

Schlender, B. "Peter Drucker Takes the Long View." Fortune, Sept. 28, 1998.

Simon, H. Hidden Champions : Lessons from 500 of the World's Best Unknown Companies. Boston, Mass. : Harvard Business School Press, 1996. [김찬수 역. 숨은 강자들 : 한길로 정상에 오른 세계 500개 중소기업. 세종서적, 1997.]

Slater, R. The New GE : How Jack Welch Revived an American Institution. Homewood, Ill. : Richard R. Irwin, Inc., 1993.

Stanley, T. J. and W.D. Danko. The Millionaire Next Door : The Surprising Secrets of America's Wealthy. Atlanta, Georgia : Longstreet Press, 1996.

Tichy N. M. and S. Sherman. Control Your Destiny or Someone Else Will. New York : Currency and Doubleday, 1993. [김동기, 강석진 역. 당신의 운명을 지배하라. 21세기북스, 1994]

Weidenbaum, M. and S. Hughes. The Bamboo Network : How Expatriate Chinese Entrepreneurs are Creating a New Economic Superpower in Asia. New York : The Free Press. 1996. [지해범 역. 화교 네트워크. 세종서적, 1996.]

Woronoff, J. The Japanese Management Mystique : The Reality Behind the Myth. Chicago : Probus Publishing Co., 1992.

Yoshino, M. Y. and U. S. Rangan. Strategic Alliances : An Entre-preneurial Approach to Globalization. Boston : Harvard Business School Press, 1995.

▶ **·안 영 도·**

경영전략 컨설턴트

理學士 (物理學, 1972)
　서울대학교 문리과대학
經濟學士 (經濟學, 1977)
　서울대학교 사회과학대학
經營學碩士 (MBA) (國際金融, 1985)
　The Wharton School
　The University of Pennsylvania
經營學博士 (戰略經營, 1998)
　Peter F. Drucker Graduate School of Management
　Claremont Graduate University

기업체 근무 (1977∼1994)

檢 印
省 略

국가경쟁력 향상의 길
-한국적 문제의 진단과 처방-

초판 인쇄　1999년 3월 11일
초판 발행　1999년 3월 18일

저　자　안 영 도
펴낸이　朴 琪 鳳
펴낸곳　比峰出版社

주소　서울 마포구 서교동 464-41 미진빌딩 2층
대표전화　3142-6555
팩시밀리　3142-6556
등록번호　2-301(1980. 5. 23)

값　19,000원

ISBN 89-376-0243-1 03320